General Introduction to Administrative Law
(2nd edition)

行政法学总论

（第二版）

章志远　著

图书在版编目(CIP)数据

行政法学总论/章志远著. —2版. —北京:北京大学出版社,2022.5
ISBN 978-7-301-33019-7

Ⅰ.①行… Ⅱ.①章… Ⅲ.①行政法学—中国—研究生—教材 Ⅳ.①D922.101

中国版本图书馆CIP数据核字(2022)第080797号

书　　　名	行政法学总论(第二版)
	XINGZHENG FAXUE ZONGLUN(DI-ER BAN)
著作责任者	章志远　著
责 任 编 辑	徐　音　李小舟
标 准 书 号	ISBN 978-7-301-33019-7
出 版 发 行	北京大学出版社
地　　　址	北京市海淀区成府路205号　100871
网　　　址	http://www.pup.cn　新浪微博:@北京大学出版社
电 子 信 箱	sdyy_2005@126.com
电　　　话	邮购部 010-62752015　发行部 010-62750672　编辑部 021-62071998
印 刷 者	河北滦县鑫华书刊印刷厂
经 销 者	新华书店
	730毫米×1020毫米　16开本　33.5印张　584千字
	2014年8月第1版
	2022年5月第2版　2022年9月第2次印刷
定　　　价	95.00元

未经许可,不得以任何方式复制或抄袭本书之部分或全部内容。
版权所有,侵权必究
举报电话:010-62752024　电子信箱:fd@pup.pku.edu.cn
图书如有印装质量问题,请与出版部联系,电话:010-62756370

续写行政法学的新篇章

（二版自序）

《行政法学总论》初版面世之时，正值我由苏转沪之际。对彼时的我而言，新的生活环境充满各种挑战和不确定性，很难奢望能够再出新版。当我接受北京大学出版社邀请再次打量它时，七年时光已悄然流逝。回首沪上求知问道的匆匆岁月，我在行政法学园地续写了新的篇章，贡献了我们这代学人的绵薄之力。

兼顾面向司法和面向行政的研究范式一直是我积极倡导的行政法学研究进路。作为阶段性成果的小结，《行政法案例分析教程》（北京大学出版社2016年版）和《部门行政法专论》（法律出版社2017年版）的出版，是一次有益的学术尝试。令人欣慰的是，我目前所供职的学校已经在行政法博士生、硕士生甚至本科生培养中开设了"行政法案例分析"和"部门行政法"课程，一批年轻的学子在面向司法和面向行政的研究风格的熏陶之下，深化了对行政法学的整体认知。放眼行政法学界，围绕典型行政案例和部门监管实践所进行的深耕细作型研究蔚然成风，中国特色行政法释义学的建构前途可期。

社会转型时期行政审判制度的命运始终是我的学术关注重点。作为参与行政诉讼法修改及司法解释起草论证的一种记载，《社会转型与行政诉讼制度的新发展》（北京大学出版社2019年版）、《行政诉讼类型构造论》（法律出版社2021年版）的出版，见证了我对中国特色行政审判制度的持续观察。一部行政诉讼法的命运，就是当代中国法治建设命运的缩影。站在行政诉讼制度"而立之年"的新起点，唯愿更多年轻学人关注行政诉讼制度实施，推进行政诉讼理论研究。

当代中国社会治理实践中广泛存在的公私合作现象引起了我长久的学术兴趣。如果说《行政任务民营化法制研究》（中国政法大学出版社2014年版）的出版是一次立足"横轴"的学术之旅，那么《行政立法相对回避模式之建构》《迈向公私合作型行政法》《行政法治视野中的民法典》等论文的刊发则是一次聚焦"纵轴"的学术之旅。从微观到中观再到宏观，从行政任务民营化到公私合作治理再到公私法融合发展,随着行政法中"私"的因素与日俱增,行政法学的观念、原则和制度也会发生相应变化,法治政府建设必将在民法典时代迈开更为坚实的步伐,新时代的行政法学研究也会行稳致远。

沪上七载的学术研究除了围绕上述三个方面展开外,行政法法典化、党内法规实施对行政法治的影响同样引起了我的关注。身处百年未有之大变局的时代,丰富的法治改革实践激发学人的学术思考,扎根中国本土、阐释中国经验的行政法学话语体系、理论体系和学科体系亟待健全。在新时代的伟大学术征程中,行政法学总论知识体系完善尤为重要。作为行政法学新篇章续写的记载,本书的修订吸收了近年来我国法治政府建设取得的重要成果,也整合了个人在若干主题上的最新研究成果,希望此举能够进一步推动国内行政法学总论研究的发展。

岁月不居,时节如流。本书初版自序撰写之际,我还尚未不惑;待到二版自序落笔之时,我已正式开启中年人生。回首二十五年来研习行政法学的点点滴滴,惟有冷暖自知。所幸的是,无论身处何时何地,无论环境如何变化,自己始终能够怀揣学术梦想、保持学者本心、追随时代步伐。一个人的学术能力和学术舞台有大有小,但只要心存敬畏之心和感念之情,就一定能够在平凡的岁月里踏歌而行,演绎属于自己的精彩人生。唯愿自己能够在行政法学基础理论研究方面继续探索,未来还有机会继续修订出版《行政法学总论》,续写新时代行政法学的新篇章。

章志远

2021年盛夏定稿于京城东交民巷

守望在行政法学的园地

(代序)

当我站在 2014 年的时间节点,回望自己十八年来误打误撞、研习行政法学的历程时,一幕幕如烟往事竟如此清晰地浮现在眼前。人的一生,原来充满着那么多的偶然。

我最早接触行政法是在 1995 年的上半年。彼时的我正在母校安徽大学法律系就读三年级,"行政法与行政诉讼法"课程的授课老师是后来的博士同窗陈宏光老师,当时所用的教科书是二十几所地方高校的行政法教师合编的。以今日的眼光去打量那时的行政法学教科书,确实难以让人对行政法产生兴趣。好在陈老师授课通俗易懂,且在期末考试给了我全班最高分 95 分,一下子激发了我继续深入学习行政法的兴趣。

1996 年 9 月 23 日,经过免试推荐我正式开始攻读母校法学院的硕士生。不久,在汪汉卿老师的支持和程雁雷老师的鼓励下,我逐渐将学习和研究的重点转移到行政法领域。于是,从阅读龚祥瑞先生主编的《法治的理想与现实》开始,两年多时间里,我把母校图书馆能够找到的行政法、宪法、法理及法律史方面的著作都悉数"消灭"。其间,我听过唯一的一场高水平行政法讲座是时任杭州大学副校长胡建淼老师的"论行政法中的十大关系"。胡老师当年刚刚四十岁,但已经是蜚声学界的青年法学家。依稀记得他的演讲纵横捭阖、气场十足,现场不时发出会意的笑声。听完那场讲座之后,我就下决心一定要在硕士毕业前立即考博,走出安徽继续研习行政法。从作出考博决定之时起,我整个人就像上了发条一样,每天都在"图书馆—食堂—宿舍"三点之间如同钟摆般行走。尽管当时内心也非常寂寞,但在考博念头的支撑下,总算熬了过来。在经历了诸多曲折和磨难之后,硕士毕业前夕的一个阳光灿烂的初夏午后,我终于收到了来自苏州大学研究生招生办公室的博士生录取通知书,圆了自己的博士梦想。

1999 年 9 月 8 日清晨,我和陈宏光老师乘坐夜车抵达苏州,真正开启了自己研习行政法学的道路。攻读行政法学博士学位的三年里,恩师杨海坤老师给了我太多的关怀、指点和帮助。杨老师的学术研究呈现宏观与微观结合、基础与前沿并重、批判与原创统一的治学风格，对我后来的行政法学研究有很大影响。尤其难能可贵的是，杨老师一贯注重对学生进行个性化的培养，鼓励学生提出新的甚至是与导师完全相反的学术观点。正是在杨老师的鼓励和支持下，我迅速而果断地选择了当时还比较冷僻的行政行为效力问题作为博士学位论文的选题。经过两年时间的艰辛研究和写作，近二十万字的论文终于在2002年春节前定稿。2002年6月1日下午，我顺利通过了以应松年老师为主席的答辩委员会的答辩，成为苏州大学行政法博士点的首届毕业生，结束了自己的学生生涯。

2002年9月4日，我正式到苏州大学人事处报到，开启了自己的教师职业生涯。在长达十二年的教研岁月中，我亲身见证了苏州大学法学学科跌宕起伏的发展历程，也实现了自己由讲师到教授、由博士到博导的转变。身处边缘的地方高校，承受体制的隐性规训，肩负育女的巨大责任，自己一路走来实属不易。尽管有过徘徊，有过迷茫，有过失落，有过抗争，但所幸的是，自己在峰回路转之后却依旧能够保持一颗淡定的学者之心，善待学术，善待学生，善待学友。从《行政行为效力论》到《行政诉讼类型构造研究》，从《个案变迁中的行政法》到《行政诉讼法学研究的新视野》，这些著述见证了我十二年来的学术成长。从给本科生讲授必修的行政法、行政诉讼法课程到开设选修的部门行政法、行政法案例分析课程，从给行政法硕士生讲授行政诉讼法、部门行政法到给行政法博士生讲授行政法学总论，自己一直能够秉承教学与科研互动、科研反哺教学的理念，以虔诚的心、激越的情投入每一层次的教学之中，尽自己最大的努力为学生成长提供帮助。尽管受到生源质量、外在环境等诸多方面的不利影响，但自己指导的多名硕士生已经考取名校，追随名师继续研习行政法学。在培养他（她）们、与他（她）们朝夕相处的日子里，我分明看到了自己当年奋斗的影子。学生们的茁壮成长，圆了我的教师梦想。

在多年行政法的教研历程中，我深深感到一部专题式、个性化的行政法总论著作对于引领更多年轻学子投身行政法学研究的重要性。因此，在《中国行政法基本理论研究》出版之后，我除了聚焦行政审判转型和公私合作治理研究之外，一直在积累行政法总论相关教学和科研成果，希望能够写出较为理想的《行政法学总论》。两年前，北京大学出版社李铎编辑专门来电，邀请我结合自己的科研成果和国家立法、司法的新发展独立写出一部适合于研究生阅读的行政法总论。接受这个光荣而艰巨的任务之后，我在繁重的教务和家务之余加班加点,阅读整理了十年来最新的行政法学研究文献和最高人民法院公布的大量典型行政案件,并对自己的若干专题论文逐字逐句进行修改充实。经过艰辛努力,近六十万字的《行政法学总论》终于完成。十五年前,自己阴错阳差地与北大失之交臂。如今,《行政法学总论》在北京大学出版社的出版,算是圆了自己的北大梦想。

  回首自己十八年来的行政法学研习之路,可谓有所得也有所失,唯一没有变化的就是自己还在行政法学的园地里默默坚守。在未来的人生岁月中,无论世事和情境如何变幻,我都将继续前行,不断完善和拓展自己对行政法学总论的认识,并希望在不久的将来能够再出第二版。唯愿《行政法学总论》的不断充实和完善,记下我在行政法学园地辛勤耕耘的身影,伴随我的一生。

章志远

2014年初春于姑苏城外新景苑寓所

目录

第一章
行政法基本范畴论

一、行政 / 001
二、行政权 / 014
三、行政法 / 018
四、行政法学 / 032

第二章
行政法学方法论

一、面向司法的行政法学研究 / 047
二、面向行政的行政法学研究 / 055
三、面向比较的行政法学研究 / 069

第三章
行政法渊源论

一、行政法渊源的演进 / 079
二、行政法的成文法源 / 082
三、行政法的不成文法源 / 085

第四章
行政法理论基础论

一、行政法理论基础的学说概览 / 104

二、行政法理论基础的兴起背景 / 112

三、行政法理论基础的研究贡献 / 118

四、行政法理论基础的未来发展 / 124

第五章
行政法基本原则论

一、行政法基本原则研究的演进 / 130

二、行政法基本原则的一般理论 / 141

三、我国行政法基本原则的重述 / 146

第六章
行政法律关系论

一、行政法律关系的内涵 / 157

二、行政法律关系的类型 / 159

三、行政法律关系的特征 / 162

四、特别权力关系的演进 / 165

第七章
行政主体论

一、现行行政主体理论的生成 / 178

二、行政主体理论面临的困境 / 183

三、行政主体理论的发展展望 / 185

第八章
行政相对人论

一、行政相对人的形态 / 197
二、行政相对人的权利 / 199
三、行政强对人的义务 / 206

第九章
行政行为概念论

一、行政行为概念的理论争议 / 209
二、域外行政行为界分的回顾 / 214
三、严格主义界定立场的重申 / 217
四、行政行为理论的发展任务 / 222

第十章
行政行为效力论

一、行政行为效力的基本法理 / 232
二、行政行为效力的主要内容 / 241
三、行政行为效力的具体形态 / 252

第十一章
行政行为形式论

一、行政处罚论 / 260
二、行政许可论 / 271
三、行政强制论 / 281

第十二章
行政规范论

一、行政规范的内涵及其类型 / 291
二、行政规范的质量保障机制 / 296
三、行政规范的相对回避模式 / 300

第十三章
新型行政活动论

一、行政指导论 / 312
二、行政调查论 / 320
三、行政调解论 / 328

第十四章
行政裁量控制论

一、行政裁量控制研究的演进 / 336
二、行政裁量基准兴起的反思 / 338
三、行政裁量控制技术的发展 / 352

第十五章
行政程序论

一、行政程序法基本理论 / 370
二、行政程序法基本结构 / 374
三、行政程序法基本制度 / 377

第十六章
行政信访制度改造论

一、社会转型时期的信访潮 / 393
二、信访制度改革思路评析 / 396
三、信访法治化中的辩证关系 / 399

第十七章
行政复议制度发展论

一、行政复议制度的基本法理 / 404
二、行政复议与行政诉讼的程序衔接 / 409
三、行政复议制度的未来发展 / 422

第十八章
法治政府建设路径论

一、法治政府建设的三重根基 / 431
二、法治政府建设的理论创新 / 438
三、法治政府建设的模式创新 / 443

第十九章
行政法法典化论

一、行政法法典化的时代背景 / 458
二、行政法法典化的模式选择 / 466
三、行政法总则制定的基本遵循 / 470

第二十章
行政法学发展论

一、公私合作兴起与行政法学的回应 / 476

二、政府监管新政与行政法学的回应 / 496

三、民法典的实施与行政法学的回应 / 507

后　记 / 521

二版后记 / 523

第一章 行政法基本范畴论

"行政法的学科旨趣,在于检讨行政应如何受到法的拘束,以确保人民的基本权利。"①打开时下的行政法学教科书,虽然著者对"行政法"概念的表述各有不同,但一个最为直观简洁的定义基本上都是"行政法就是有关行政的法"。因此,"行政"是理解行政法内涵的前提性范畴。可以说,没有对行政的确切把握,就不能明确是否存在作为独立的法学分支学科的行政法之本质特性,因而也就不能正确地确定其范围和领域。② 有鉴于此,本章将就行政、行政权、行政法、行政法学等四个基本范畴进行辨析,以便对行政法形成初步的整体性认识。

一、行政

"行政"是理解行政法的起点。离开了人类的行政活动,行政法也就失去了存在的可能。当然,这并不意味着行政法就一定是与人类的行政活动同时产生的。作为一个多学科共同关注的基本范畴,行政本身包含着许多需要澄清的问题,以下将围绕行政的内涵、特征及分类三个基本问题展开论述。

(一) 行政的内涵

"行政"一词的英文表述是 administration,德文表述为 Verwaltung,它是

---

① 翁岳生编:《行政法》(上册),中国法制出版社 2002 年版,第 10 页。
② 参见〔日〕盐野宏:《行政法》,杨建顺译,法律出版社 1999 年版,第 6 页注释。

一个在行政学、政治学、行政法学等领域所广泛使用的术语。对于这一名词,人们从不同的角度赋予了其不同的涵义。有的从政治与行政分离的角度来解释行政,认为政治是国家意志的表达,而行政是国家意志的执行;有的从权力分立的角度来解释行政,认为行政是与立法、司法相并列的一种国家权力;有的则从管理角度来解释行政,认为一切组织的管理都是行政;等等。《现代汉语词典》对"行政"的解释是:行使国家权力的(活动);机关、企业、团体等内部的管理工作。可见,行政在原初意义上大致可作"管理""执行"理解。

作为一种管理活动,行政有公共行政与私人行政之分,前者是指公共组织对国家及社会事务的管理活动,后者则是指私人机构对其自身事务的管理。诚如西方社会学大师韦伯所言:"'行政'不完全是公法的概念。我们必须承认私人行政的存在,比如家庭、厂商内部的行政。同时,存在国家或其他公共机关的行政。"①一般来说,公共行政与私人行政之间的主要区别在于三个方面:一是主体不同:私人企业的行政管理的主体是私法上的团体,公共行政的主体原则上是国家,此外,近代法律还创造其他一些公共行政的主体,都属于公法人。二是目的不同:公共行政的目的在于满足政府所认定的公共利益,而私人企业的行政管理则以追求私人利益为目的。三是手段不同:任何私人不能把自己的意志强加于人,私人企业的管理原则上只能通过合同方式;公共行政在手段上可以采取强制措施,不问当事人是否同意,这种手段属于行政主体的特权。②虽然对上述区分并不能够作绝对的理解,如私人组织在特定情况下也可以承担某些公共行政管理事务,而在公共行政事务的管理中也可以采用合同等私法手段,但作为行政法学研究对象的行政(或者说行政法意义上的行政)仅指公共行政,私人行政并不包含在内。

在传统意义上,人们通常将公共行政仅仅理解为国家行政,行政法视野中的公共行政概念完全等同于国家行政。这从我国20世纪90年代出版的一些权威行政法教科书关于"行政"的界定中即可看出。实际上,作为现代行政法调整对象的公共行政并不仅仅是指国家行政,它还应当包括其他非政府组织的行政,即社会行政。这绝不是学者凭空想象的结果,相反地,它是行政自身的演变

---

① 〔德〕马克斯·韦伯:《论经济与社会中的法律》,张乃根译,中国大百科全书出版社1998年版,第42页。此外,美国"综合法理学"的代表人物博登海默也认为,行政"乃是为实现某个私人目的或公共目的而在具体情形中对权力的行使",故包括私人行政和公共行政两个组成部分。参见〔美〕E. 博登海默:《法理学:法律哲学与法律方法》,邓正来译,中国政法大学出版社1999年版,第364页。

② 参见王名扬:《法国行政法》,中国政法大学出版社1988年版,第2—3页。

规律使然。原因在于,行政的历史极为久远,只要有组织的存在就必然会有行政管理活动。从这个意义上来说,行政几乎与人类社会同时产生。在国家产生之前的原始社会,基于生存的需要,部落、部落联盟内部存在着大量诸如安排生产、分配食物、解决纠纷、举行祭祀等简单的行政活动。当国家产生以后,很多公共事务的管理从社会剥离出来而形成国家行政。不过,即使在这一时期,对社会公共事务的管理也并不是由国家行政所垄断。除了国家行政之外,还有社会行政。正如恩格斯在《家庭、私有制和国家的起源》中所指出的那样,管理是所有社会存在的必要条件。随着国家的产生,最重要的领导社会的职能便构成了国家管理的范围,同时,一部分管理社会的职能仍旧由非国家的组织去行使。① 然而,行政法却不同于行政,它并不是自国家产生以来就存在的。严格意义上的行政法只是国家发展到一定的阶段(即资产阶级革命取得胜利之后)才得以产生的。因此,从历史沿革上看,不是有了行政就有了行政法,行政法上的"行政"是在近代三权分立的宪法体制下所确立的概念。正如德国行政法之父奥托·迈耶(Otto Mayer)所言,立法、司法和行政三种国家活动依其实现国家目的的方式不同而相互区别,"惟其如此,一个可为我们所用的关于国家活动的行政的概念才在这个三分法中分离了出来。行政法正是为此而形成"②。

在20世纪以前,由于完全自由竞争的市场经济体制引发了一系列的社会问题,因而国家对经济生活、社会生活的干预日渐增强,以至于国家行政的范围不断扩大并空前膨胀,甚至可以说国家行政一度处于独霸天下的地位。在这一背景之下,传统行政法学所关注的公共行政无疑就仅仅表现为国家行政。然而,历史的经验再一次表明,政府干预也不是万能的。如同"市场失灵"一样,"政府失灵"也是无法避免的。于是,第二次世界大战以后,尤其是自20世纪70年代以来,一场以重新审视政府与市场关系为起点、以部分公共管理社会化和放松管制为主要特征、以治理和善治为目标的公共行政改革在全球范围内悄然兴起。这场方兴未艾的改革打破了国家对社会公共事务的垄断,国家与社会的分离使得大量非政府的社会公共组织应运而生。这些组织在公共事务的管理过程中发挥了越来越重要的作用,社会行政与国家行政一起共同构成了公共行政不可或缺的"两翼"。于是,社会行政逐渐被纳入各国行政法学的研究视野之中。一个典型的表现是,许多英美行政法学著作在讨论正当法律程序原则

---

① 参见〔苏联〕B. M. 马诺辛等:《苏维埃行政法》,黄道秀译,群众出版社1983年版,第2—3页。
② 〔德〕奥托·迈耶:《德国行政法》,刘飞译,商务印书馆2002年版,第4页。

时，引用公立学校开除学生学籍或给予其他纪律处分的案例，以及律师协会拒绝给律师颁发执业执照或吊销开业律师执照的案例。德国、法国、日本等国的行政法学著作大多设专章研究国家行政机关（包括中央和地方行政机关）以外的公法人行政。由此可见，作为现代行政法调整对象的公共行政既包括国家行政，也包括社会行政，二者的范围呈现出此消彼长的态势。在现阶段，国家行政是行政法的基本调整对象，社会行政则处于补充的地位；但随着国家进一步还权于社会，社会行政的范围将日渐扩大并伴随着国家的消亡而最终取代国家行政。

20世纪90年代末以来，伴随着我国高等学校、足球协会等社会公共组织与其成员之间纠纷的不断涌现，国家行政之外的社会行政也逐步进入行政法学者的研究视野。其中，姜明安教授在其主编的《行政法与行政诉讼法》一书中最早提出："国家行政属于公行政，但公行政并不等于国家行政。公行政除了国家行政以外，还包括其他非国家的公共组织的行政，如公共社团（律师协会、医生协会等）的行政以及公共企事业单位（国有企业、公立学校、研究院所等）的行政。"①稍后，罗豪才教授也指出："行政法是关于公共行政的法。公共行政是行政中的一种，包括国家行政和行使某种公共职能的社会组织（如非营利的行业、专业协会组织）的行政。"②此外，张永伟、黎军、石佑启、沈岿等行政法学者相继以专著或论文的形式对公共行政理念及传统行政法范式的转变做了更为深入的研究。③ 正是通过这些学术努力，"作为行政法调整对象的公共行政包括国家行政和社会行政"才逐渐成为行政法学界的共识。

党的十八大以来，以习近平同志为核心的党中央适应国家治理面临的新形势新任务新要求，通过一系列重大制度安排和体制机制改革创新，全面推进党、国家、社会各方面事务治理的制度化、规范化、法治化。党的十八届三中全会通过的《中共中央关于全面深化改革若干重大问题的决定》提出要"推进国家治理体系和治理能力现代化"，进一步拓宽了公共行政的内涵。国家治理体系现代化体现的是"多元共治"，而"共治"（co-governance）一词的基本含义就是共同治理。④ 多元

---

① 姜明安主编：《行政法与行政诉讼法》，北京大学出版社、高等教育出版社1999年版，第2页。
② 罗豪才：《行政法学与依法行政》，载《国家行政学院学报》2000年第1期。
③ 具有代表性的研究成果包括：张永伟：《行政观念更新与行政法范式的转变》，载《法律科学》2001年第2期；黎军：《行业组织的行政法问题研究》，北京大学出版社2002年版；石佑启：《论公共行政与行政法学范式转换》，北京大学出版社2003年版；沈岿编：《谁还在行使权力——准政府组织个案研究》，清华大学出版社2003年版。
④ 参见金国坤：《国家治理体系现代化视域下的行政组织立法》，载《行政法学研究》2014年第4期。

主体中的"党"发挥了领导核心的作用,是国家治理的必然主体,党政关系变化成为影响公共行政的重要因素。广义上的党政关系指的是党与国家的关系,是党的机构与国家机构的关系,主要是党组织与国家权力机关的关系问题;狭义上的党政关系特指党的机构与国家行政机关的关系问题。① 习近平总书记在党的十九大报告中指出:"中国特色社会主义最本质的特征是中国共产党的领导,中国特色社会主义制度的最大优势是中国共产党的领导。"②这一政治论断随即载入修订后的《中国共产党章程》,并写入十三届全国人大一次会议通过的《中华人民共和国宪法修正案》。党的十九届三中全会通过的《中共中央关于深化党和国家机构改革的决定》和《深化党和国家机构改革方案》提出了一系列党政机构合设、合署的制度安排,中国共产党本身已经成为嵌入当代中国政治结构、具有与国家机构相对应的科层制结构的组织,形成了一种"有效实现执政党政治领导权与政府机构行政权相平衡"的极具中国本土特色的"党政体制"。③党的元素融入行政过程之中,成为中国行政法最具本土色彩的内容。

行政法视野中的行政至今仍是一个众说纷纭的基本范畴。中外学者先后以"消极说""积极说""综合说""特征描述说"等多种方法对行政作出了相应界定,但任何一种标准又似乎都不能克服"行政"一词的多义性和变动性。也许正是因为行政本身的特点,使得一个既能够覆盖当下又能够预示未来的概括性定义几乎是不可能出现的,以至于德国学者福斯多夫发出"行政只能加以描述,而无法予以定义"的感叹。不过,学者们对行政的表述虽然形式各异,但如果仔细加以对比,不难发现,大多都是从实质意义或形式意义相结合的角度来理解行政的。前者是以某种职能活动是否具有执行、管理的性质作为界定行政的依据;后者则是以行使国家职能的机关的性质作为界定行政的依据。当然,由于各国的文化背景不同,实质意义与形式意义在行政结构与运行中所占的比重与侧重点有所不同。我国学者也习惯于将公共行政分为实质意义上的公共行政和形式意义上的公共行政,且大多认为行政法上的行政一般是指形式意义上的行政,实质意义上的行政则起到一定的补充作用。④

"不同的时代,政府有不同的管理职能。行政的范围是变化着的和发展着

---

① 参见金国坤:《党政机构统筹改革与行政法理论的发展》,载《行政法学研究》2018年第5期。
② 习近平:《习近平谈治国理政》(第三卷),外文出版社2020年版,第16页。
③ 参见景跃进等主编:《当代中国政府与政治》,中国人民大学出版社2016年版,第27页。
④ 参见姜明安主编:《行政法与行政诉讼法》,北京大学出版社、高等教育出版社1999年版,第3页;周佑勇主编:《行政法专论》,中国人民大学出版社2010年版,第2页。

的。不同的国度,不同的地区,政府主管事务的多寡和干预领域的广窄会有很大的不同。"①正是由于公共行政始终处于不断变迁之中,因此对行政作出非常精确的定义确非易事,但这也并不表明人们对行政的基本内涵就完全不能把握。作为一种学术尝试,本书将行政界定为国家行政机关或其他特定的社会公共组织为实现公共利益对公共事务进行组织、管理的活动及其过程。对这一定义,可作三点说明:第一,行政法上的行政指的是公共行政,既包括国家行政,也包括社会行政。在我国现阶段,主要指的是国家行政,形式意义上的行政。引入公共行政概念有助于回应行政任务多样化的发展现实,进一步拓展我国行政法的"疆域"。第二,行政的概念由主体、客体、目的及方式四个要素组成,即行政的主体——国家行政机关或其他特定的社会公共组织、行政的客体——公共事务、行政的目的——实现公共利益、行政的方式——组织及管理。第三,行政法上的行政既是一种活动,也是一种过程,是活动与过程的有机统一。其中,活动意义上的行政与立法、司法相对应,强调其主动执行法律的属性;过程意义上的行政指的是执行法律、处理公共事务的各个环节,强调其在时空上的连续性。

(二) 行政的特征

关于行政的典型特征,德国学者毛雷尔将其归结为四个方面,即"行政是社会塑造活动""行政的出发点是公共利益""行政主要是积极的、针对将来的塑造活动""行政是为处理事件而采取具体措施或者执行特定的计划的活动"②。我国台湾地区学者翁岳生教授则进一步将其归结为六个方面,即"行政是广泛、多样、复杂且不断形成社会生活的国家作用——形成性与整体性""行政是追求利益的国家作用""行政是积极主动的国家作用""行政应受法的支配——合法性与合目的性之兼顾""行政的运作应注重配合及沟通""行政系作成具体决定的国家作用"③。总的来说,行政活动的主动性、持续性、公益性、塑造性、未来性、具体性等特征已成为基本共识。鉴于一般的教科书对这些行政的典型特征都有较为细致的描述,以下将着重就作为行政最根本特征的公共性详加论述。公共性可视为行政最根本的特征,它不仅是行政其他具体特征的源泉,而且还为

---

① 姜明安:《行政的"疆域"与行政法的功能》,载《求是学刊》2002年第2期。
② 〔德〕哈特穆特·毛雷尔:《行政法学总论》,高家伟译,法律出版社2000年版,第6—7页。
③ 翁岳生编:《行政法》(上册),中国法制出版社2002年版,第13—22页。

行政共同体的行动提供了最高的伦理标准。①

1. 行政公共性的背景

"公共性"是一个被广泛运用于政治学、哲学、经济学、法学等领域的概念。在西方,政治学意义上的公共性概念最早可追溯到古希腊时期柏拉图在《理想国》中对城邦正义精神的论述。但在现代行政法学上,行政公共性理论却发端于20世纪60年代的日本,其研究至今在该国依旧呈方兴未艾之势。在中国,我国台湾地区行政法学理引入日本的行政公共性理论之后,往往将其视为行政法上的一般法律原则。② 在我国大陆地区行政法学理上,行政的公共性理论并未受到关注。直到21世纪初,杨海坤教授才率先展开对行政公共性理论的研究。他认为,公共性是现代国家行政诸特征中最基本的特征,其理由包括:行政作为一种公共权力是适合社会公共生活需要的形成物;行政以公共事务的管理为内容,以公共利益为价值取向;行政的公共性具有直接性、主动性,以此与立法、司法的公共性相区别;公共性是行政其他特征的根本来源,其他特点都来源于公共性。此外,他还进一步指出:"公共性是行政的生命力所在,是其存在价值所在;没有公共性,就没有行政。"③ 其实,行政公共性理论之所以能够进入行政法学研究的视野,应当说是具有深刻的社会背景的。其中,"行政国家"的出现和社会行政的勃兴就为现代行政公共性的诞生奠定了坚实的社会基础。

第一,行政国家的出现,致使行政裁量日趋复杂、职能大为扩张,客观上需要以公共性作为最高理念,引导行政的正当运作。行政的范围、形态因历史时期的不同而相去甚远。直到20世纪之初,"除了邮局和警察以外,一名具有守法意识的英国人可以度过他的一生却几乎没有意识到政府的存在"④。这种职能单一、范围狭窄的行政正是西方自由法治国时代的真实写照。然而,20世纪以来,尤其是第二次世界大战以后,随着科技、经济和社会的发展,政府行政权急剧扩张,行政职能日益强化,行政组织的作用和自主权明显扩大,这一现象即为"行政国家"。日本学者手岛孝曾经将"行政国家"定义为"本来作为统治行为

---

① 正如达尔所言:"作为一个学科或潜在的科学的公共行政学的基本问题比纯粹的管理问题要宽广得多;与私人管理学相对照,公共行政学的研究预设不可避免地要将公共行政问题置于伦理考虑的脉络背景之中。"转引自陈振明:《公共管理学》,中国人民大学出版社1999年版,第9页。
② 参见程明修:《从行政法之观点论行政之公共性》,载城仲模主编:《行政法之一般法律原则》(一),三民书局1994年版,第79—115页。
③ 杨海坤:《现代行政的公共性理论初探》,载《法学论坛》2001年第2期。
④ 〔英〕威廉·韦德:《行政法》,徐炳等译,中国大百科全书出版社1997年版,第3页。

执行过程之承担者的行政,同时亦进入国家基本政策形成决定的政治过程,甚至起到中心的决定性作用这样的国家"①。在行政国家中,行政"从'政治侍女'的地位一跃上升到执政治牛耳之位"②。"行政国家"的出现意味着行政裁量的复杂化和行政职能的多样化,这是西方社会法治国时代的首要特征。一方面,它使社会成员有可能获得更多的公共产品和服务,从而增加公众对行政的依存度;另一方面,行政的优越性又可能引发公共权力滥用、官僚主义甚嚣尘上、行政效率低下等负面效应,从而对社会成员的基本权利和自由造成威胁。因此,在行政国家时代,必须以公共性作为行政的最高价值理念,引导行政沿着尊重基本人权、增进公共福祉的方向运行,从而为行政自身的合法性、正当性奠定基础。

  第二,社会行政的勃兴,致使公共事务的参与主体日渐呈现多元化的趋势,抽象的公益概念已经难以涵盖行政的目的,公共性随之萌生。在传统行政法学上,国家被视为公共事务管理的独享者,行政亦属国家的专有职能。这种认识一直延续到行政国家的出现。然而,如同市场存在缺陷一样,政府也会失灵,尤其是行政国家所带来的官僚主义、效率低下、资源浪费、行政腐败等副产品更加促使世人反思国家垄断公共事务的正当性。在这种背景之下,大量的非政府组织、社会团体等第三部门应运而生。它们一般都代表着特定阶层或群体的共同利益,相对于国家而言形成了诸多的"压力集团",并开始与国家共同分享公共事务的管理权。于是,社会行政随之兴起。种种迹象表明,行政职能的社会化已经初露端倪。事实上,这也正是国家与社会适度分离、形成二元对立结构的必然产物。诚如马克思所言,国家是"独立于社会之上又与社会对立"的"超自然的怪胎"③。国家逐步还权于社会是人类历史发展的必然。随着公共事务参与主体的多元化,尤其是大量非政府组织对公共产品和公共服务的承担,建立在国家行政基础之上的抽象公益概念,因其利益内容和受益主体的双重不确定性而难以表达公共行政的目的。具体言之,公益强调的仅仅是作为行政活动结果而被实现的利益,至于这一利益由谁享有、以何种标准经过利益衡量最终得出则不得而知。相比较而言,一方面,公共性照应了国家行政和社会行政并存的事实,尤其能够满足现代服务行政的需要;另一方面,其内部又同时蕴含了公

---

① 转引自〔日〕大须贺明:《生存权论》,林浩译,法律出版社2001年版,第52页。
② 张国庆主编:《行政管理学概论》,北京大学出版社1990年版,第234页。
③ 《马克思恩格斯选集》(第二卷),人民出版社1972年版,第409页。

共利益乃至私益的成分,且兼顾了行政活动的过程与结果,因而能够以其自身的包容性取代公益而成为支配行政运行的最高理念。①

2. 行政公共性的内涵

在行政法学理上,行政公共性理解的视角呈现多元化的格局,学者弗莱斯曼关于"将公共的概念作为代表国民的一个政府和具有各种各样的不同利害关系的多数市民之间的关系来把握"的观点值得重视。他认为,政府并不是为了特定的个人、集团或者其自身而存在,而是为了各种各样的个人及集团而存在。也就是说,政府是公共的代表者,必然以与其地位相符合的基准来行动。而提供这一基准,便是公共的概念所发挥的作用。②沿着这样的思路,可对行政公共性概念作如下解释:行政共同体通过对公共事务的管理,向社会成员提供公共服务和公共产品以满足其人道生活的需要。具体而言,行政公共性可以从以下四个方面加以说明:

第一,现代行政的主体是社会成员基于公共生活的需要所产生的共同体。根据哈贝马斯的交往理论,人是社会存在物,为了生存,必须与他人交往。③唯有交往,各种社会关系才能形成。因此,在现代社会,公民个人之间始终是彼此联系、相互依存的。在追求自身利益最大化的过程中,社会成员之间的矛盾与冲突在所难免。为了协调各种社会利益关系、构建社会公共生活秩序和维护社会正义,拥有一定公共权力的行政共同体便是不可或缺的。随着市民社会的不断发展,大量非政府组织和社会团体也逐渐同国家、政府一道共同分享公共权力,成为公共行政部门中的一支重要力量。作为公共管理活动的主体,这些行政共同体都具有不同于一般私域组织的公共性特征,如它们都有着明显的代表性。在现代社会,国家、政府都希冀成为最大多数人利益的代表者,在构成上都尽可能吸纳一切可以吸纳的阶层、界别参与其中;而社会团体等第三部门本身就是出于各种利益的需要而结成的共同体,其天然的使命就是代表并维护团体成员的共同利益。可见,行政共同体的存在并不是为了谋求其自身的利益。相

---

① 关于公共性与公益的区别,我国台湾地区学者程明修先生曾对日本学者的诸多观点作过详细介绍。他指出:"由静态面之认识以观,公共性乃公益判断之基准,就动态面之公共性分析以观,将被实现之权利或利益与被侵害者之权利或利益分裂、对立地客观加以认识,并为两者间之价值序列与体系化之分析(公共性分析),方得以确认行政存在之理由。"参见程明修:《从行政法之观点论行政之公共性》,载城仲模主编:《行政法之一般法律原则》(一),三民书局1994年版,第102—104页。
② 参见杨建顺:《日本行政法通论》,中国法制出版社1998年版,第423—424页。
③ 参见欧力同:《哈贝马斯的"批判理论"》,重庆出版社1997年版,第226页。

反地,它完全是基于公众社会生活的要求而存在的。这是行政的公共性在主体上的具体表现。

第二,现代行政的客体是公共事务。由于公共权力来源于社会成员共同生活的需要,因此其作用的对象也必然是公共事务,即国家事务、政府事务以及社会的公共事务。公共事务不同于私人之事,它是"一种为满足公众需要的,由国家组织的,固定、持续地向公众提供的服务"①。纯粹的私人事务完全可以通过市场交易规则获得解决,而公共事务则关系到不同群体的利益,依靠市场方式难以有效解决,社会的基本公正也难以达致,只能借助行政共同体的公共权力予以解决。公共事务体现在为数众多、形态各异的行政活动领域之中。尤其是伴随着福利行政时代的到来,"最少干预、最好政府"已为"最多服务、最好政府"的理念所替代,举凡经济、社会和文化生活等一切领域的公共问题,都需要公共行政部门及时干预、引导和供给。通过致力于公共事务的管理,行政共同体可以为社会成员的生存和发展营造良好的环境,从而极大地满足公众的社会需要。这也从一个侧面反映了行政的公共性特征。

第三,现代行政的功能是向社会成员提供有效的公共服务和合格的公共产品。在现代社会,行政共同体通过征收、罚没等手段集结了大量社会财富,从而具备了实施行政所必需的物质基础。就本质而言,现代行政已不再是单方的权力宣示,用福斯多夫的话来说,就是利用公共资源对个人给予"生存照顾"。虽然公共行政部门依旧保留着一定的公共权力作为其活动的基础和后盾,但"他们如今保有权力的根据不再是它们所享有的权利,而是他们所必须履行的义务",同时,"他们的权力有一个限度,这个限度就是他们履行义务所必须的权力的最小值"。② 当今社会,不仅公共扶助、公共设施、社会保障等给付行政活动是对公众生活服务的提供,即便是治安维持、交通管制、执业禁止等传统的干预行政活动也是为了防止社会成员基本权利和自由遭受侵害而实施的服务举措。随着公共服务和公共产品内容、数量及质量的不断增长,社会成员从中的获益也将大大增加,对行政共同体的依存度会随之增强。毫不夸张地说,"公民从出生到死亡的全部生活都和行政部门所提供的服务密切相关"③。服务理念的渗

---

① 〔法〕莫里斯·奥里乌:《行政法与公法精要》(上册),龚觅等译,辽海出版社、春风文艺出版社1999年版,第17页。

② 参见〔法〕莱昂·狄骥:《公法的变迁·法律与国家》,郑戈、冷静译,辽海出版社、春风文艺出版社1999年版,第13页。

③ 王名扬:《法国行政法》,中国政法大学出版社1988年版,第13页。

入是现代行政发展的基本走向,同时也是行政公共性在功能上的具体体现。

第四,现代行政的价值取向在于不断满足社会成员人道生活的需求。公共权力作为一种稀缺资源,在现代法治社会中必然要在不同的公共组织之间进行分配,因而特定的行政共同体实际所享有的公共权力总是有限的。但就个体的社会成员而言,每个人的需求又都是多元、多层次的,不同的人之间也会有不同的需求。再者,作为社会发展的重要推动因素之一,人们的需求总是处于流变状态之中,甚至是无法得到彻底满足的。因此,在有限的公共权力与无限的社会需求之间必然存在着诸多矛盾。同时,与私人活动以追求个人利益最大化为目标不同,公共行政活动必须注重在民主政治的理念下保障公众的充分参与、实现更大的社会正义以及承担为公众谋取福祉的责任。对于行政共同体来说,提供每一个个人最低限度的生存水准所需要的公共服务就应当成为其首要的职责,它"必须不断地了解和掌握大多数国民的意向,根据其专门的知识和经验,以其自身的职责制定出始终一贯的政策,为实现该政策而充分发挥领导和指导作用,从无限存在的行政需要中优先选定对于国民来说是最为有益的政策,并准确而迅速地付诸于实施"①。可见,行政共同体应当以满足社会成员人道生活需求为其行动的价值归依。这是行政公共性特征的又一真实写照。

(三) 行政的类型

基于行政自身的多样性和复杂性,有必要在学理上按照一定的标准对其进行分类,从而加深对各种不同类型的行政的理解。在有关行政的多种分类中,以下五种分类对于理解行政自身的变迁、行政法任务的演变乃至具体的行政法律制度都有重要的现实意义。

第一,秩序行政与给付行政。这是根据行政任务的不同所做的分类,也是对行政活动最常见的一种分类。其中,秩序行政也可称为干预行政或干涉行政,是指通过限制公民的权利、自由或对其施加义务、负担达到维护公共秩序和安全目的的行政活动。秩序行政往往都是以下达命令的方式表现于外,必要时可以采取一定的强制措施确保行政任务的实现。例如,对精神病患者及其他流行病患者采取强制治疗措施,目的就在于维护公共安全和公共卫生秩序;对重度污染企业采取关闭措施,目的就在于维护环境公共利益。给付行政也可称为

---

① 杨建顺:《日本行政法通论》,中国法制出版社 1998 年版,第 108 页。

服务行政或福利行政,是指通过给予公民相应的利益、便利等达到增进公共福祉目的的行政活动。在现代社会,随着国家职能的转变,积极主动地提供人民最大的服务与照顾已经成为国家的重要任务。与此相适应,给付行政在整个行政活动中所占的比重也日益增大。给付行政的表现形式很多,大体上可以分为对个体提供特定形式的给付和通过兴建公共设施等形式为社会全体成员提供的给付两种。例如,政府对下岗工人、失地农民、受灾群众、留守儿童、残疾人等特定的社会困难群体提供免费就业培训、发放救济金、减免学费等形式的帮扶就属于前者;政府兴建道路、桥梁、隧道、垃圾处理场等公共基础设施以及兴办教育、卫生、医疗、体育等公共服务事业即属后者。秩序行政与给付行政的划分体现了行政活动自身的发展演变规律,也预示着现代行政法对有限行政和有效行政双重价值的追求。当然,这种划分也不是绝对的。例如,近年来一些地方政府出于生态文明建设考虑,对燃放烟花爆竹行为纷纷采取限制甚至禁止举措。从表面上看,这类行政活动具有干预色彩,属于典型的秩序行政,但从维护生活环境上看则具有给付行政属性。同时,随着现代行政的发展,也出现了一些秩序行政和给付行政所难以包容的领域,如分配行政、计划行政等。

第二,强制行政与非强制行政。这是根据行政方式的不同所做的分类。其中,强制行政是指通过强制性方式达到目的的行政活动。在传统行政法上,行政活动大多属强制行政。例如,在警察行政、税务行政等领域,命令、制裁等强制性手段即被较多采用。非强制行政则是指通过劝导、契约、指导、建议、激励等柔性的非强制方式达到目的的行政活动,在现代行政法上,随着公共行政改革的推进,大量新型的非强制方式日益取代传统的强制方式而成为行政活动的重要组成部分。"行政并不仅是行政行为和行政强制执行,而是使用各种各样的手段来实现其目的……行政,除从前范围内的公法上的方法以外,也使用所谓私法上的手段进行活动……在现实的行政中,还存在裁量基准、行政指导、行政计划、行政调查等各种行为和制度。"[1]例如,在大量的给付行政活动中,信息发布、订立契约、实施指导等都成为广泛使用的手段。即使在传统的秩序行政领域如交通行政管理活动中,非强制性手段也逐渐得到了运用。可以说,由强制行政走向非强制行政是行政自身模式转换的重要表现,其区分也预示着现代行政法发展的重要转向。

第三,羁束行政与裁量行政。这是根据行政受法律拘束程度的不同所做的

---

[1] 〔日〕盐野宏:《行政法》,杨建顺译,法律出版社1999年版,第36—37页。

分类。其中,羁束行政是受法律规范严格限定的行政活动,裁量行政则是受法律规范宽松约束的行政活动。行政本身所具有的灵活性和能动性以及法律规则本身的滞后性都决定了裁量自由在行政活动中的重要意义。裁量意味着行政活动的实施者在行政过程中拥有相对自由的选择和判断权力,对复杂多变的行政事务进行灵活的处理。"'裁量'常有这种功能,从法律和法律僵化的控制中抽取关系当事人利益的敏感裁量事宜,转由行政使用灵活的手段处理。"①在现代社会,行政活动更多地表现为裁量行政形态。一般来说,根据判断方式的不同可将裁量行政进一步区分为要件裁量和效果裁量。前者是行政主体在要件设置上的自主判断,如"具有火灾、爆炸危险的场所"的具体判断认定;后者是行政主体在行为效果选择上的自主判断,如对不同行政处罚种类和具体幅度的掌握。羁束行政与裁量行政的划分既体现了行政自身发展的规律,也预示着现代行政法发展方向的重要调整。

第四,侵害行政与受益行政。这是根据行政活动对公民所产生的法律效果的不同所做的分类。其中,侵害行政是行政主体侵入公民权利领域并且限制其自由、财产或者给其施加负担的行政活动,如一些特大城市对公民私车购买、牌照发放、道路通行等所采取的各种限制性措施;受益行政则是行政主体为公民提供给付或者带来其他利益的行政活动,如发放各种补贴、提供税收减免等。当然,侵害行政与受益行政的划分也不是绝对的,二者之间在很多方面还存在相互交叉。例如,在行政许可活动中,对于获得许可的一方公民来说是受益行政,但对没有获得许可的一方公民或者其他相邻人、公平竞争人来说可能就是侵害行政。侵害行政与受益行政的划分对于理解行政法上的法律保留原则以及行政行为的撤销和废止限制规则都有重要意义。

第五,内部行政与外部行政。这是根据行政活动范围的不同所做的分类。其中,内部行政是指对行政机关或其他的公共组织自身的内部事务所进行的组织、管理活动,如行政机关公务人员的录用与日常管理、内部职位的配置、编制的拟订与执行、会议召集及表决等事务;外部行政是指行政机关或其他的公共组织对不隶属于自身的事务所进行的组织、管理活动,如公安机关对社会治安事务进行管理,依法处罚扰乱社会秩序者,律师协会对违纪执业的律师进行处罚,等等。传统观点认为,内部行政因与外部公民的权利义务无关,所以不属于行政法学的研究对象,应当归属于行政学范围。然而,随着特别权力关系理论

---

① 〔德〕平特纳:《德国普通行政法》,朱林译,中国政法大学出版社1999年版,第58页。

的日渐式微,大量的内部行政也逐步趋于法治化,如行政机关的编制、公务员的管理等都纳入行政法学的范围之中。同时,一些内部行政活动产生外部化效果的争议也诉诸司法途径解决。因此,对内部行政与外部行政的划分不能作狭隘的理解。

二、行政权

行政虽然是理解行政法的重要起点,但行政法并非是与行政同时产生的。行政法之所以要对公共行政进行规范,是由公共行政的内核——行政权所决定的。行政权是一个动态的概念,其具体内容因社会发展和时代变迁而有所不同。在长期的奴隶社会及封建社会王权专制统治时代,既无民主可言,也无立法、司法、行政三种权力的分立与制衡,自然没有行政法产生的土壤。[①] 直到资产阶级革命取得胜利之后,行政权才从国家的整体统治权中分立出来,成为与立法权、司法权相并列的一种独立的国家权力。正是由于行政权的独立化及其广泛运用,才使得对行政权的规范成为普遍的社会需求。于是,现代意义上的行政法得以应运而生。可见,行政权是行政法学的理论基点,是"行政法一切特殊性的根源",行政主体、行政作用、行政责任等众多行政法学的基本范畴无不与行政权的存在息息相关。为此,下文将围绕行政权的内涵、内容及形式等问题展开论述。

(一) 行政权的内涵

作为行政法所聚焦的对象,行政权自身也处于不断发展变化之中。对行政权内涵的把握,需要立足于横、纵两个侧面的比较。首先,就横向比较来说,需要区分行政权与立法权、司法权等其他性质的国家权力,凸显行政权在整个国家权力体系中的特殊地位。现代意义上的行政权与权力分立观念有着天然的联系。可以说,没有一种作为独立权力形态的行政权的存在,就无行政法可言。除了具有支配性等权力的一般特征之外,行政权还具有立法权与司法权所没有的某些独特属性,如积极性、主动性、倾向性、直接性、单方性、整体性、广泛性、

[①] 正如西哲孟德斯鸠所言,君主专制的特征是"既无法律又无规章,由单独一个人按照一己的意志与反复无常的性情领导一切"。参见〔法〕孟德斯鸠:《论法的精神》(上册),张雁深译,商务印书馆1961年版,第8页。

经常性等。因此,为了反映行政权的特殊性,在对行政权进行界定时就必须突出其自身特有的属性。其次,就纵向比较来说,需要注意行政权自身内涵和外延的发展、变化,使其概念的界定能够适应现代社会对行政权的客观需求。综观西方国家行政法的发展演变史,不难看出,作为行政法规范对象的行政权经历了一个由小到大的生长过程。在资产阶级革命胜利之初的自由法治国时期,由于整个社会崇尚"干预越少的政府就越好"的理念,因此政府仅仅扮演着"守夜人""看门狗"的角色,行政权的作用局限在国防、外交、税收、治安等传统领域,至于广阔的经济生活和社会生活领域,政府则不能随意过问。然而,完全自发的市场竞争机制也会失灵,社会财富分配不公、弱者生存危机、垄断导致的不公平竞争以及影响人类生存与发展的环境恶化等问题的出现就是明证。这些问题的涌现引发了现代社会中行政权功能的嬗变,行政权对社会的适度干预成为现实的迫切需求。因此,自20世纪初期以来,行政权呈现出强劲的扩张势头。一方面,行政权日渐向经济生活和社会生活领域挺进,发挥"有形之手"的积极干预功能;另一方面,政府所行使的权力已经远远突破了传统的行政权范围,逐渐渗透到立法及司法领域,与立法机关和司法机关一起分享制定规则和解决纠纷的权力。可以说,在现代福利国家,公民"从摇篮到坟墓"的一切活动都可能会与行政权发生关系。然而,过度的行政干预又引发了人们对"政府万能"的怀疑,于是,自20世纪70年代开始,一场新的公共行政改革在各国悄然兴起。伴随而来的是,行政权的范围、功能及作用形式又发生了新的变化。可见,不了解行政权自身的发展和演变历程,就难以对其内涵作出完整的表述。

基于以上分析,本书将行政权界定为国家行政机关或其他特定的社会公共组织对公共行政事务的管理或对社会成员提供的公共服务。对这一定义,可作三点说明:第一,行政权的主体或享有者是国家行政机关及其他特定的社会公共组织。一般来说,与国家和社会重大利益相关的管理职能由国家行政机关所独享,而大量的执行性、操作性事务尤其是公共服务的供给职能则完全可以放手由其他社会公共组织代为行使。当然,在不同国家或同一国家的不同时期,非政府的社会公共组织对行政权的分享程度各有不同。不过,随着"国家—社会"的进一步分离,权力的社会化趋势将更加明显,社会公共组织行使行政权的比重也会日益提高。第二,行政权的实质内容是管理公共行政事务和提供公共服务。在当代社会,除了对公共行政事务进行管理以外,行政权的最大使命就在于不遗余力地为社会成员提供优质的公共服务。按照德国学者福斯多夫的说法,现代行政权应当是"一个为照顾公民生活所需,而提供积极服务、给付行为的主体"①。因此,在行政权的定义中加入公共服务的内容无疑具有鲜明的时代意义。第三,行政权的显著特征是直接性和主动性。与立法权及司法权相比,行政权具有明显的直接性和主动性特点。诚然,立法权和司法权也会对公民的权益产生影响,但这种影响大多是间接的、被动的。原因在于,司法权的运作奉行"不告不理"的原则,即使出现司法腐败或司法不公,但只要公民未提起诉讼,其自身的权益就不会受到实际影响;立法权对社会生活变化的反应则比较迟缓,对公民权益的影响往往要借助于行政执法或司法活动。唯独行政权是"主动攻击型"的,其不仅要主动地处理公共行政事务、提供公共服务,而且还直接与公民打交道,其行为对公民的权益往往都会产生现实的影响。因此,直接性和主动性大体上突出了行政权管理行政事务、提供公共服务的特点,体现了与其他国家权力之间的区别。2004年国务院印发的《全面推进依法行政实施纲要》(以下简称《依法行政纲要》)提出,要转变政府职能,深化行政管理体制改革,依法界定和规范经济调节、市场监管、社会管理和公共服务的职能,这为确定行政权的内涵提供了政策指引;2015年中共中央、国务院印发的《法治政府建设实施纲要(2015—2020)》(以下简称《法治政府纲要》)提出,要依法全面履行政府职能,坚持政府职能切实转变,宏观调控、市场监管、社会管理、公共服务、环境保护等职责依法全面履行,行政权的内容在法治政府建设进程中又被赋予了新的内涵。可见,行政权是一个不断发展的动态概念,必须在社会变迁中赋予其新的时代内涵,进而使其能够保持行政法学理论基点的地位。

(二) 行政权的内容

根据不同的标准,可以对行政权进行更为细致的分类。其中,内容和形式是较为重要的分类标准。了解行政权的内容有助于人们认清行政权的"疆域",即行政权该管哪些事务、不该管哪些事务;了解行政权的形式则有助于人们认清行政权的运行方式,即行政权究竟该怎样管理行政事务。在西方国家,行政权内容的变迁大致经历了"小—大—小"的过程;在我国,行政权内容的演变则表现为"超大—大—小"的过程。从总体上看,无论是国家行政机关还是社会公共组织,其所享有的行政权主要用于解决三个方面的问题:一是"管事",即对国家和社会的公共事务进行管理;二是"管物",即对维系行政事务管理的各种物

---

① 转引自陈新民:《中国行政法学原理》,中国政法大学出版社2002年版,第29页。

质手段进行管理;三是"管人",即对行使行政权的机关、组织及其具体的组成人员进行管理。就此意义而言,行政权的内容包括行政事权、行政财权和组织人事权等三个部分。

第一,行政事权。行政事权是行政权的首要内容,对物质手段和人的手段进行必要管理的最终目的还是服务于行政事权。按照具体管辖事务的不同,行政事权主要包括四个方面的内容:一是维持公共秩序。社会的发展、人民的幸福都离不开国家的安全与公共秩序的稳定。因此,维持公共秩序成为各个时期行政权的重要使命。一方面,政府对外享有国防外交权,从而积极营造良好的外部秩序;另一方面,政府对内享有维持治安权,进而维护国内的秩序稳定。由于公共秩序事关全体社会成员的共同利益,因此一般都由国家行政机关亲自行使。二是提供公共产品。在现代福利国家,提供公共产品已经成为政府的核心职能。当政府从过去直接管理私人产品生产活动的职能中退出时,对公共产品的组织和供给便成为其存在的合理性基础。举凡修建基础设施、举办公共事业、整治环境污染、加大教育投入、完善行政立法、保护私有财产等都属于这方面的行政事权。三是调控经济运行。大力发展经济、提高人民生活水准是衡量政府施政能力的重要标尺。举凡拟订经济发展计划、促进产业结构调整、维护市场竞争秩序、适时调整货币政策等都是这方面的行政事权。四是健全社会保障。随着社会贫富分化的不断加剧,困难群体的社会保障成为重要的时代课题。为了维系社会的基本公正,政府就必须竭力完善社会保障体系,缩减收入差距。举凡失业救助、社会优抚、社会保险等都是这方面的行政事权。

第二,行政财权。国家行政机关及社会公共组织对行政事务的管理必须以强大的物质基础作为后盾,否则,行政活动就无法开展。因此,行政权的重要内容之一就是财权。具体来说,行政财权主要包括三个方面的内容:一是财政收入。这一权力解决的是物质手段的集合问题,即收入"从哪里来"。举凡征收税款、行政收费、行政罚没等都属于这方面的权力。二是财政支出。这一权力解决的是物质手段的流向问题,即收入"怎样支出"。举凡修建基础设施、兴办公共事业、各种经费支出都属于这方面的权力。三是公产管理。这一权力解决的是公共财产的维护问题,即公产"怎样保管"。举凡公共财产的使用、保护、维修等都属于这方面的权力。

第三,组织人事权。行政事务的管理必须依靠一定的组织和具体的人员来完成,因而对组织和人员进行管理也是行政权的重要内容之一。具体来说,组织人事权包括两个方面的内容:一是行政组织权。这种权力主要针对行政机关及社会公共组织本身而行使,如行政机关设立、合并、撤销的审批权以及机构编制审核权、内部机构调整权、行政委托权等。二是人事管理权。这种权力主要针对公务人员个人而行使,如公务人员的考试录用权、岗前培训权、违纪惩戒权、工作调动权、考核晋升权等。

(三) 行政权的形式

行政权的形式是指行政权的具体运作方式。如同行政的内容一样,行政权的运作方式也经历了一个由少到多、由单一强制方式到与非强制方式并重的过程。具体到每个国家,其行政权的形式也有所不同。例如,大陆法系国家普遍承认行政强制权是行政权的一种形式,而英美法系国家则对此持否定态度。又如,在英美法系国家,行政立法权并非是行政权的一种形式,而是以授权或委任立法的方式行使,但法国等国家则将行政立法权视为行政权的当然组成部分。从行政权的运作实践来看,以下形式都是十分常见的:行政规范制定权;行政命令权;行政处理权;行政处罚权;行政许可权;行政强制权;行政确认权;行政征收征用权;行政调查权;行政奖励权;行政裁决权;行政复议权。鉴于一般的行政法教科书对这些形式已有详细论述,此处不再赘述。

三、行政法

"虽然对行政法的研究要对许多具有挑战性的概念进行探讨,但具有讽刺意义的也是最难的概念之一莫过于对行政法本身的界定。行政法概念含混不清的原因之一是基于这样一个事实:行政法领域实际上还处于婴儿期,而且正企图从过去已经出现的很多传统的法律领域(宪法、合同法、刑法)独立出来。"[1]加之行政法如同公共行政一样仍然处于不断发展变化之中,这就为行政法的精确界定增添了难度。下文将围绕行政法的内涵、特征及其与宪法之间的关系等问题展开论述,试图摹绘法律体系中行政法的角色脸谱。

(一) 行政法的内涵

当人们随意翻阅一本中外行政法教科书时,不难发现,著者几乎都会不厌

---

[1] 〔美〕肯尼斯·F.沃伦:《政治体制中的行政法》(第三版),王丛虎等译,中国人民大学出版社2005年版,第6页。

其烦地对"什么是行政法"作出一番界定。不同法系国家对行政法概念的表述就很不一致。在英美法系国家,行政法通常被认为是一种控制行政权力运行程序的法律规则,甚至把行政法仅仅理解为程序法,侧重于对行政相对人权益的保护。例如,美国行政法学者施瓦茨指出:"行政法就是控制国家行政活动的法律部门,它设置行政机构的权力,规范这些权力行使的原则,以及为那些受行政行为侵害者提供法律补救……行政法更多的是关于程序和补救的法,而不是实体法。由各个不同的行政机关制定的实体法不属于行政法的对象,只有当它可以用来阐明程序法和补救时才是例外。我们所说的行政法是管理行政机关的法,而不是由行政机关制定的法。"[1]英国行政法学者韦德也认为:"行政法定义的第一个含义就是它是关于控制政府权力的法……作为行政法的第一种表述,可以说行政法是管理公共当局行使权力、履行义务的一系列普遍原则。"[2]

在大陆法系国家,行政法则往往被理解为有关公共行政的法律规范,既包括实体法,也包括程序法。例如,德国行政法学者毛雷尔指出:"行政法是指以特有的方式调整行政——行政行为、行政程序和行政组织——的(成文或者不成文)法律规范的总称,是为行政所特有的法。但是,这并不意味着行政法只是行政组织及其活动的标准。更准确地说,行政法是并且正是调整行政与公民之间的关系、确立公民权利和义务的规范,只是其范围限于行政上的关系而已。"[3]日本行政法学者室井力也认为:"从广义上讲,行政法是指行政组织、作用以及处理与此有关的纠纷乃至行政救济的法。"[4]

此外,即使在同一个国家,不同时期、不同学者之间对行政法的定义也不尽相同。例如,在当代美国行政法学理上,就存在两类代表性的行政法定义:一是流行最广的狭义行政法概念,认为行政法是关于行政活动的程序的法律,不包括行政活动的实体法在内。如戴维斯教授认为,就美国普遍使用的意义而言,行政法是关于行政机关的权力和程序的法律,包括法院对行政活动的司法审查在内,也包括行政机关所制定的程序法规在内。二是代表较新趋势的广义行政法概念,认为行政法是关于公共行政的法律,不仅包括程序行政法,也包括实体行政法;不仅包括外部行政法,也包括内部行政法。如斯图尔德教授即认为,行政法是规定行政机关的组织和权力的法律规则和原则,它也规定行政机关所使

---

[1] 〔美〕伯纳德·施瓦茨:《行政法》,徐炳译,群众出版社1986年版,第1、3页。
[2] 〔英〕威廉·韦德:《行政法》,徐炳等译,中国大百科全书出版社1997年版,第5、6页。
[3] 〔德〕哈特穆特·毛雷尔:《行政法学总论》,高家伟译,法律出版社2000年版,第33页。
[4] 〔日〕室井力主编:《日本现代行政法》,吴微译,中国政法大学出版社1995年版,第14页。

用的程序,确定行政决定的效力,划定法院和其他政府机关在和行政机关的关系中各自的作用。①

可见,由于各国法律传统和现实条件的不同,一个统一的、放之四海而皆准的行政法定义确实难以存在。也许,"英国行政法是指……""德国行政法是指……""日本行政法是指……""中国行政法是指……"的表述更为妥当。尽管对行政法的精确界定非常困难,但这并不妨碍人们对行政法作出一个相对合理且易于接受的定义。通过上述比较考察,可以发现,从行政法所包含的内容角度对行政法进行直观明了的定义更受学者青睐。为此,本书遵循"行政—公共行政—行政权—行政法"的发展链条,从行政权角度将行政法界定为有关行政权的授予、行使、监控及其补救的法律规范和原则。对这一定义,可作三点说明:第一,行政法是规范行政权的法。人类社会为什么需要行政法?这涉及行政法产生的社会动因问题。前已论及,公共行政及其自身的权力性质决定了公民权益遭受侵犯的极大可能性,出于对行政权加以制约的社会需要,行政法才得以产生。因此,行政法就是以规范行政权为己任的法。第二,行政法是规范行政权的来源、运用及其结果的监控与补救的法。行政法如何规范行政权?这涉及行政法的内容问题。从逻辑上看,行政权包括三个内在的链条,即权力的来源(行政机关能够做什么)——权力的实际行使(行政机关怎样做)——权力运行后果的补救(行政机关做错了怎么办)。因此,行政法就必须对这三个不同的环节分别进行规范。于是,行政法的内在结构就由三个部分组成:行政实体法、行政程序法和行政救济法。行政实体法所要解决的是行政权的来源问题,一般包括某些专门的行政组织法和单行的法律;行政程序法所要解决的是行政权的行使问题,一般指统一的行政程序法典和某些单行的程序法;行政救济法所要解决的则是对行政权行使后果的补救问题,一般包括各种形式的监督、救济、责任法等。第三,行政法是一类法律规范和原则。行政法通过哪些具体形式表现出来?这涉及行政法的形式问题。由于行政法很难实现完全的法典化,因此它主要是由一系列的法律规范所组成的。同时,一些公认的行政法原则也是其重要的表现形式。

(二) 行政法的特征

作为一个独立的部门法,行政法除了具备法律的一般特征以外,还具有不同于民法、刑法等其他部门法的独有特征。概而论之,行政法的特征可以从形

---

① 参见王名扬:《美国行政法》(上),中国法制出版社 1995 年版,第 39—40 页。

式、内容及性质三个方面予以归纳。

1. 形式特征

行政法在形式上具有两个特点：第一，行政法没有统一、完整的法典。与民法、刑法具有完整统一的法典所不同的是，迄今为止各国尚无统一、完整的行政法典。行政法之所以难以法典化，原因主要在于行政法的内容非常庞杂，而且专业性、技术性较强，加之很多行政关系本身还处于不断变化之中，人类有限的智识水平难以制定出包罗万象的统一法典。当然，行政法不存在统一完整的法典，并不意味着行政法没有法典，一些国家纷纷制定统一的行政程序法典就是明证，我国已经颁行的《中华人民共和国行政处罚法》（以下简称《行政处罚法》）、《中华人民共和国行政许可法》（以下简称《行政许可法》）、《中华人民共和国行政强制法》（以下简称《行政强制法》）等就是单行的局部行政法典；同时，也不意味着行政法永远不能制定出统一的法典，如荷兰在20世纪90年代就制定了《行政法通则》，率先实现了行政法总则的法典化。[1] 第二，行政法规范赖以存在的法律形式、法律文件的数量居部门法之首。这是因为，在立法体制上，行政立法是多级立法，特定的权力机关及行政机关都可以立法，层次不同，名目繁多，种类不一，其效力级别亦有区别。相比较而言，民法、刑法等在通常情况下只能由最高权力机关制定，法律形式单一，法律文件数量有限。当然，多级行政立法体制归根到底还是由行政法内容的广泛性、行政法规范的易变性所决定的。

2. 内容特征

行政法在内容上也具有两个特点：第一，行政法的内容广泛，规范易于变动。现代行政活动领域极其广泛，既涉及国家事务的管理，又覆盖社会公共事务的管理，不限于传统的治安、军事、税务、外交，还包括工商、食品、卫生、保健、环境、交通、社会福利等，可以说几乎所有社会生活领域都有行政活动的渗透。因此，在各个管理领域里都需要有行政法加以调整，这就决定了行政法具有极为广泛的内容。"行政法规范就像分布在同一个农庄中的农田，分散而又需要协调一致。"[2] 同时，由于社会经济、科技文化始终处于不断发展之中，因此国家

---

[1] 参见〔荷〕勒内·J.G.H.西尔登、弗里茨·斯特罗因克编：《欧美比较行政法》，伏创宇等译，中国人民大学出版社2013年版，第160页。

[2] 〔德〕汉斯·J.沃尔夫、奥托·巴霍夫、罗尔夫·施托贝尔：《行政法》（第一卷），高家伟译，商务印书馆2002年版，第4页。

行政管理的特点之一也在于与时俱进地适应社会变迁的需要。作为调整行政管理活动的法律规范,行政法必须回应社会客观环境的变化,用法律手段推动社会经济及科技文化的发展和繁荣。第二,行政法的实体性规范与程序性规范交织在一起。现代民法与民事诉讼法、刑法与刑事诉讼法都是实体法与程序法分开,可以分别制定且各成体系发展成独立的部门法。然而,在行政法领域,实体性规范与程序性规范往往交织在一起,共存于同一个法律文件之中。例如,我国《行政处罚法》既规定了行政处罚的种类、主体等实体问题,同时也规定了行政处罚的程序问题,是一部融实体性规范与程序性规定于一炉的法律。

3. 性质特征

行政法在性质上的特征可以概括为"规范行政权的国内公法",具体表现为以下三个层次:

第一,行政法是公法。公、私法的划分在西方法律史上源远流长,尤其为大陆法系国家和地区所推崇。即使在不注重公、私法划分的英美法系国家,实践中同样存在公、私法。尽管公、私法划分的标准在法学理论上一直聚讼纷纭,但这一划分法律的传统一直延续了下来。长期以来,受法律教条主义的影响,我国对公、私法的划分普遍予以否认。20世纪90年代之后,法学界才重新探讨这一问题,并形成了"私法优位论"与"公法优位论"理论之争。由于行政法是关涉政府与人民、国家与社会关系的法,因此一般被公认为是典型的公法。虽然"行政私法"概念开始流行于大陆法系国家和地区的行政法学理,但私法手段在行政法上的援用并未从根本上改变其公法属性,公、私法并存的局面将一直延续下去。"私法不发达,在某种意义上是因为公法出了问题。公法比私法更容易成为压迫性的法律。如果公法非但不足以防治反而还助长公权者的专横与腐败,私人领域、私法关系就会蒙受很大的损害……法治既是一个公法问题,也是一个私法问题。但是,归根结底是一个公法问题。"①

第二,行政法是规范行政权的公法。整个公法大家族是由宪法、行政法、刑法、军事法、诉讼法等多个部门法所组成的。尽管公法的使命都在于规范公权力的行使、防止公权力的越界或滥用,但行政法与其他公法的区别也是十分明显的。作为一个"大器晚成"的公法部门,行政法所孜孜以求的终极目标就是将行政权——这一最可能被滥用的公共权力——关进法律规范的笼子内。也正

---

① 夏勇:《法治与公法》,载夏勇编:《公法》(第二卷),法律出版社2000年版,第600—601页。

是由于这一特殊规范对象的存在,行政法可以被视为最典型的公法部门。

第三,行政法是规范行政权的国内公法。由于行政法是以一个国家内部的行政权力为规范对象的,因此行政法当然是国内法。随着国际关系的日益密切,各国政府及其部门在行政领域的合作也日益频繁。在这一背景之下,国内很早就有学者提出过"国际行政法"概念,认为国际行政法就是有关国际行政(指各国行政机关包括国际组织行政机构之间就某些共同性问题进行合作、协调和互助的活动以及国际组织的内部行政管理活动)的法。[①]德国学者沃尔夫等也提出:"对行政法可以从国际法的角度研究,而不能局限于本国和本地区。国家界限之外的行政作用也应当纳入行政法的研究之中。这种研究的出发点应当是如何促进主权国家间的行政法合作……国际行政法起源于国际私法,调整本国和外国之间的行政法关系,其核心任务是避免和解决公法冲突的规范(冲突法),根据国家间有关简化行政法交流的条约限制国内行政法的适用范围。国际行政法是指调整涉外行政法事件的公法规范以及确定国际(涉外)事件如何适用法律的规则的总和。"[②]不过,所谓的"国际行政法"并非成熟的概念。一方面,各国行政法之间的相互借鉴甚至趋同并没有改变行政法作为国内法的本质属性,行政法的主要使命依旧是规范一国行政权的行使。即使存在某些涉外因素(即所谓的"涉外行政法"),它仍然属于国内法范畴,并非国际行政法。另一方面,作为跨国间共同遵守的行政法以及有关国际行为的规范只能算作国际公法的内容。"由于国与国之上,并没有一个更高主权的团体存在,上述国际间的秩序,并非建筑在出自更高公权力的法规范之上,也无法用'法'来予以规范,毋宁是如同国际公法,以实力与互利原则来运作之,所以这是属于以各个国家为当事人的国际条约所处理之事项。"[③]因此,从根本上来说,行政法是规范行政权的国内公法,即使在全球化进程不断加快、全球治理日渐兴起、"全球行政法"[④]概念开始出现的今天,行政法的这一性质仍然没有改变。

(三)行政法与宪法的关系

在现代法律体系中,行政法与宪法的关系最为密切。一方面,作为国家根

---

① 参见张泽想:《国际行政法初探》,载《中南政法学院学报》1990年第1期。
② 〔德〕汉斯·J.沃尔夫、奥托·巴霍夫、罗尔夫·施托贝尔:《行政法》(第一卷),高家伟译,商务印书馆2002年版,第16—17页。
③ 陈新民:《中国行政法学原理》,中国政法大学出版社2002年版,第7页。
④ 〔美〕本尼迪克特·金斯伯里等:《全球行政法的产生(上)》,范云鹏译,载《环球法律评论》2008年第5期。

本大法的宪法的核心内容是对国家权力的实现方式及其运作进行规范,表现出浓厚的政治色彩;行政法关心的则是行政权的存在及其行使的合法性,表现出更多的技术色彩。因此,二者在调整对象、范围及方法上都存在差异。另一方面,出于对限制公共权力、保障公民权利的共同关切,二者在内容、功能上有颇多相同之处,都被认为是传统公法的重要组成部分。诚如哈耶克所言,宪法"旨在分配权威,限制政府权力",而行政法指"调整政府机关及其公务员的行为的规则,决定社会资源的配置方式",二者的核心作用都在于"对政府手中的任意权力加以限制,以免公民个人及其财产沦为政府恣意支配的工具"。[①] 正因为行政法与宪法都是研究公法现象的法律部门,所以对二者之间关系的揭示自然就成为公法学研究的重要议题。检阅中外公法学文献,"行政法的宪法基础""行政法的宪政背景""作为动态宪法的行政法""行政法是宪法的具体化"等表述彰显出宪法对行政法的引领作用和行政法的"属宪性"特征;同时,"宪法灭亡,行政法长存""宪法易逝,行政法长存"的警语又隐约表达出行政法对宪法的延续作用和行政法的"独立性"特征。那么,行政法与宪法之间的关系究竟是"亲密无间""保持距离"还是"若即若离"呢?

考察各国行政法的发展历程,不难看出,行政法的产生确需相应的宪法基础,行政法的发展不可能离开宪法的指引;同时,行政法的发展落实了宪法原则和宪政理念,甚至对宪法发展起到了一定的推动和倒逼作用。可以说,行政法与宪法之间存在着一种事实上的"互动"关系。这种关系的得出,源于如下三个方面的生动实践:

1. 宪法为行政法的产生和发展指明了方向,行政法的发展落实了宪法原则

出于对公共权力制约及基本人权保障的共同关切,行政法的命运同宪法的命运息息相关。诚如德国联邦宪法法院前任院长韦纳所言,每一个宪法时代都有与之相适应的行政模式。[②] 行政法的基本原则和制度要受到宪法原则的制约,而宪法的原则性规定也有赖于行政法的具体落实。中外行政法的发展变迁史已经充分证明了行政法与宪法之间的这种血肉联系。

以行政法的母国——法国为例,作为法国资产阶级革命胜利成果的记载,1789年的《人权宣言》第16条明确规定:"凡权利无保障和分权未确立的社会,

---

[①] 参见张文显:《二十世纪西方法哲学思潮研究》,法律出版社1996年版,第258页。
[②] 参见〔德〕哈特穆特·毛雷尔:《行政法学总论》,高家伟译,法律出版社2000年版,第13页。

就没有宪法。"法国行政法正是在三权分立的宪法原则指引下产生的。与其他国家不同的是,在法国大革命中,代表新兴资产阶级利益的中央集权和行政制度比代表封建势力的司法更得人心,政府和法院之间的斗争也因此而成为新旧制度之间的殊死较量。参与大革命的政治家们亲眼目睹了司法权控制行政的恶果,因而他们根据法国人对分权原则的独特理解,精心设计了行政机构只应受上级行政机构控制、行政诉讼案件只能由专门的行政法院受理的制度,从而催生了法国式行政法的产生。大革命时期制定的两个法律文件直接为法国行政法和行政审判制度的建立奠定了坚实的基础。第一个法律是1790年8月16日至23日制宪会议所制定的关于司法组织的法律,该法第13条规定:"司法职能和行政职能不同,现在和将来永远分离,法官不得以任何形式干扰行政机关的活动,也不能因其职务上的原因,将行政官员传唤到庭,违者以渎职罪论。"1796年9月4日的另一项法令重申了"严禁法院审理任何行政活动"。换言之,有关人民同行政机关之间的纠纷应由行政机关自身解决,从而达到行政权与司法权严格分离的功效。此后,经过长达一个世纪的发展,法国独立的行政法院体制最终得以确立。行政法院法官在审判实践中创造了诸如行政行为无效理由、公产制度、行政合同等众多行政法上的重要原则和制度,不仅成功地对行政部门实施了有效控制,而且为保障公民权利做出了重要贡献,从而使宪法分权原则得到了具体落实。

与法国相比,在被尊奉为宪法母国的英国,其行政法的发展进路则显示出另一番景象。英国光荣革命在法律上的成果主要体现在宪法领域。早在资产阶级革命的酝酿时期,议会就迫使国王接受《权利请愿书》,对王权加以限制。随后,代表新兴资产阶级利益的议会出于对王权的恐惧,先后以《人身保护法》《权利法案》《王位继承法》等一系列重要的宪法性文件对国王的权力予以进一步限制,将其置于议会的严格监督之下,从而树立了议会的至尊地位。在此基础上,英国宪政的两项基本原则——议会主权和法治原则逐渐形成。这两项宪法原则共同构成了英国行政法的基础。法治原则的基本内涵之一是法律的平等保护,它要求对政府执行公务的行为合法性的诉讼同私人一样,都由完全独立于行政之外的普通法院管辖;而议会主权则意味着法院必须无条件地适用议会所制定的一切法律,不能审查议会所通过的法律是否违法。因此,对于政府在法律所规定的权限范围内的行为,普通法院就无权过问。只有当行政机关超越其权限范围时,法院才能予以干预。于是,"越权无效"成了英国普通法院监控行政权的首要原则。"公共当局不应越权,这一简单的命题可以恰当地称之为行政法的核心原则。"①毫无疑问,这一核心原则就是议会主权和法治原则的直接派生物。英国法院在长期的审判实践中,逐渐形成了有关"越权"的具体标准,使得上述核心原则的内涵日渐丰富,进而具体地落实了宪法的基本原则。

法国与英国行政法的产生方式虽各不相同,但其发展历史却都体现了宪法原则、理念对行政法的巨大影响以及行政法对宪法原则的具体化作用。同样的情形还表现在德国行政法的发展过程中。第二次世界大战以后,德国《基本法》所确立的法治国原则、社会福利国家原则、尊重基本权利原则就深刻地影响了其行政法的发展。其中,法治国原则要求国家与公民之间的关系必须由法律加以明确规定,行政必须严格执行法律,以法律为其依归。于是,法律优先、法律保留便成为约束行政权行使的重要原则。与此相适应的是,传统行政法中的特别权力关系理论也日渐衰微。德国行政法上的信赖保护原则同样是从法治国原则引申出来的。而按照社会福利国家原则的要求,行政除了维持公共安全与秩序以外,还必须为公众提供服务、提高社会福利水平。因此,传统行政的领域日益拓展,给付性行政、助长性行政等新型行政大量产生。尊重基本权利原则要求一切国家机关均负有维护人的尊严与自由的职责。在这一理念的指引下,行政活动不仅要在形式上合乎法律的规定,而且还要在实质上体现公正性。基于此,当公民的权利受到行政活动的不利影响时,不但有权在事后寻求行政或司法上的救济,还应当在事前、事中享有参与、表达意见及获得通知的权利。1976年的《联邦行政程序法》即是对这一原则的具体化。

就我国行政法的发展而言,首先,其主要贡献之一在于落实了现行《中华人民共和国宪法》(以下简称《宪法》)的原则性规定。例如,我国现行《宪法》第5条规定,一切违反宪法和法律的行为,必须予以追究。但长期以来,我国行政法律责任体系很不健全,致使对违法行政责任的追究无法落实。多年来,国家立法机关依据宪法,先后制定了《中华人民共和国行政诉讼法》(以下简称《行政诉讼法》)、《中华人民共和国国家赔偿法》(以下简称《国家赔偿法》)、《行政处罚法》等一批重要的法律,使得行政法律责任体系初步建成。于是,宪法的上述原则性规定在行政法领域被具体化了。其次,我国行政法的发展也广泛传播了宪法理念。"宪政是宪法的灵魂、动力和支柱","没有宪政精神和宪政运作,宪法就徒有其名"。② 受指导思想和立宪技术的限制,我国现行《宪法》还存在不少

---

① 〔英〕威廉·韦德:《行政法》,徐炳译,中国大百科全书出版社1997年版,第43页。
② 参见郭道晖:《法的时代精神》,湖南出版社1997年版,第379—381页。

宣言性、纲领性条款,使宪法本身的适用性较弱。在日常生活中,普通公民一般难以感知宪法的现实存在。行政法的充分发展,使得宪法能够走下圣坛,宪法理念得以融入社会生活。尤其是体现民主、法治意蕴的《行政诉讼法》《国家赔偿法》《行政处罚法》的颁布实施,大大增强了公民的权利意识和主体意识,他们开始深深地懂得:自己要守法,政府更要守法;自己违法要承担责任,政府违法也要被追究责任。就行政官员而言,有限政府、依法行政、权力监督等观念也逐步被接受。行政法已经自觉或不自觉地担负起了普及宪法理念的神圣使命。行政法如同是一座架在宪法理念与社会现实生活之间的宽阔桥梁,正是通过行政法的桥梁作用,宪法理念才在中国逐步转变为现实。

以上分析表明,行政法不仅在制度层面上是宪法的具体化,而且在价值层面上也酣畅淋漓地表达了对宪法理念的追求。行政法的发展水平直接影响到宪法文本的实施程度,两者之间呈现出明显的正比例关系。如果说宪法是国家与公民之间关系的制度安排,那么行政法就是这一制度安排的现实运作。当有限政府的宪法理念与制度架构确立之后,行政法便成为"文本上的宪法"走向"现实中的宪法"的关节点。从这个意义上说,宪法为行政法的发展指引了方向,行政法则是"动态的宪法""具体化了的宪法"。

2. 行政法的发展在一定程度和范围内补充、发展了宪法,缩短了宪法与社会变迁之间的距离

由于立法者主观认识的有限性与社会生活的无限性之间存在着难以消解的矛盾,因此"法律所未及的问题或法律虽有涉及而并不周详的问题确实是有的"①。立法如此,立宪亦是如此。成文宪法的高度原则性、概括性及其预测能力的有限性,都注定了其往往滞后于复杂多变的社会现实。尤其是当社会处于急速转型的时期,宪法的稳定性与社会现实的变动性之间的冲突更为明显。由于频繁的修宪极可能导致宪法权威的丧失,因此必须寻求修宪以外的应变机制去消解上述冲突。就调整对象而言,宪法与行政法有相当部分是重合的,因而行政法在遵循宪法的基本原则、精神的前提下,对宪法的发展是可以有所作为的。行政法的作用与功能,是与它所规范的行政权密切相关的。在国家权力结构体系中,行政权与立法权、司法权相比,具有广泛性、直接性、主动性、积极性等特点。面对着社会政治、经济、科技的发展,行政权的反应最为迅速、敏感、有

---

① 〔古希腊〕亚里士多德:《政治学》,吴寿彭译,商务印书馆1965年版,第163页。

效,因而行政法能够适应社会变动的需要,进而缓解宪法所面临的窘境。换言之,在特定情况下,行政法的发展对宪法内容具有补充、丰富和拓展的功能,在一定限度内能够消解社会变动与宪法滞后之间的紧张关系。

在西方行政法治的实践中,行政法发展对宪法的补充、完善甚至修正的例证大量存在。其中,美国即是典型代表。例如,正当程序是美国宪法的核心理念,美国《宪法修正案》第 5 条和第 14 条都先后明确宣示"未经正当法律程序不得剥夺任何人的生命、自由或财产"。这些条款开始仅适用于刑事司法领域,目的在于赋予刑事当事人被公正对待的权利。但随着行政权的不断扩张和膨胀,公民合法权益遭受行政权侵犯的危险日益增大,在这种背景之下,正当程序条款的适用范围也随之扩大,凡是在广义上剥夺公民的基本权利时都必须保障其享有被告知和陈述意见并得到听取的权利。美国 1946 年制定的《联邦行政程序法》即对当事人在行政活动中所享有的程序性权利作了明确规定,这一具有划时代意义的法典不仅直接导源于宪法的正当程序条款,而且在内涵和范围上都大大地完善了宪法修正案的规定。第二次世界大战结束以后,随着行政民主化、公开化步伐的加快,美国国会于 1966 年制定了《情报自由法》。该法第一次以成文法的形式保障了私人享有取得政府文件的权利,从而在法律上正式确认了公民的又一基本人权——知情权。正如时任美国司法部长克拉克在阐述该法的目的时所言:"如果一个政府真正地是民有、民治、民享的政府的话,人民必须能够详细地知道政府的活动。没有任何东西比秘密更能损害民主,公众没有了解情况,所谓自治,所谓公民最大限度地参与国家事务只是一句空话。如果我们不知道我们怎样受管理,我们怎么能够管理自己呢?在当前群众时代的社会中,当政府在很多方面影响每个人的时候,保障人民了解政府活动的权利,比任何其他时代更为重要。"①毫无疑问,该法的颁布实施是对美国行政法的重大发展,它大大丰富了公民基本权利的内容,使公民对政府的监督有了切实的法律保障。更为重要的是,该法拓宽了美国"权利法案"的内容,是对美国宪法的重要补充和发展。再如,自 19 世纪下半叶开始,随着资本主义经济的迅速发展,大量的社会问题、矛盾滋生,美国政府开始对社会经济活动进行广泛干预。以 1887 年州际商业委员会的创立为标志,一种被称为"第四种权力"的独立管制机构在美国大量涌现。这种机构既不从属于国会,也不从属于法院,又不完全从属于政府。它们"根据有关的法规而运作,那些法规授予机关以'立法权':

---

① 转引自王名扬:《美国行政法》,中国法制出版社 1995 年版,第 959—960 页。

颁布控制个人行为并对违法行为科以民事或刑事重罚的规则;'行政权':调查潜在的违反规则或法规的行为并对违法者提起诉讼;以及'司法权':裁决具体的关于某人或某个公司是否未能遵守有关指导标准的纠纷。"①从一定意义上说,这些独立管制机构的出现,是美国行政法兴起的标志性事件。然而,这种集立法、行政、司法权于一身的做法却对美国宪法权力分立与制衡原则构成了挑战。它使得传统的、绝对的三权分立原则逐渐被淡化,而行政裁量权的行使却日渐加强。诚如美国行政法学者施瓦茨所言:"由于当代复杂社会的需要,行政法需要拥有立法职能和司法职能的行政机关,为了有效地管理经济,三权分立的传统必须放弃。"②这是行政法发展改变某些传统宪法原则的重要例证。

在我国行政法发展的进程中,宪法被补充、发展的事例也很多。例如,我国现行《宪法》以专章的形式赋予公民以大量的基本权利。然而,"无救济无权利"。尤其是在公民的权利遭到来自行政机关的侵犯时,这种救济就愈显重要。可见,权利的救济远比权利的宣告重要。伴随着《行政诉讼法》《国家赔偿法》《中华人民共和国行政复议法》(以下简称《行政复议法》)的颁行,我国公民所享有的行政救济权日益扩大。至此,公民权利的实现获得了有力保障。又如,现行《宪法》第 35 条虽规定公民享有言论自由,但对公民的知情权未加以明确规定。相比之下,2003 年 1 月 1 日起开始实施的我国第一个有关政府信息公开的地方规章——《广州市政府信息公开规定》,已经率先承认公民享有知情权。该规定第 1 条即开宗明义地指出,"保障个人和组织的知情权"是其首要的宗旨。政府信息公开地方立法步伐的加快,也倒逼国务院于 2007 年颁布了《中华人民共和国政府信息公开条例》,并于 2019 年进行了修订。在现代社会,宪法理念下的政府必定是"透明政府"和"责任政府",政府信息公开法治化可谓任重而道远。行政立法对知情权的确认弥补了宪法条款的不足,丰富了公民基本权利的内容。这是我国行政法对宪法有关公民权利规定的重大补充和发展。在国家权力的配置与制约方面,行政法对宪法也有补充和发展。例如,现行宪法所设定的权力框架显现出明显的"强行政、弱司法"的倾向,《行政诉讼法》的颁行则在一定程度上改变了这种格局。该法实施在客观上提高了司法机关的法律地位,凸显出司法权对行政权的制约功能,发挥了司法在建设法治国家中的

---

① 〔美〕欧内斯特·盖尔霍恩、罗纳德·M.利文:《行政法和行政程序概要》,黄列译,中国社会科学出版社 1996 年版,第 6—7 页。
② 〔美〕伯纳德·施瓦茨:《行政法》,徐炳译,群众出版社 1986 年版,第 6 页。

应有作用,被誉为"人治时代的终结,法治时代的开始"①。

以上分析表明,行政法的发展并非简单、被动地表述和物化宪法,在遵循宪法基本价值、理念的前提下,行政法还具有积极的能动作用,在规范国家权力与保障公民权利两个方面都能有所作为,从而实实在在地补充、发展着宪法。至此,行政法与宪法之间的互动关系已初露端倪。

3. 行政法的深入发展倒逼着宪法的更新与改造,是宪法修改的重要动力源

为了维护自身权威,宪法必须保持相对的稳定。但是,当社会的发展已经对宪法提出尖锐的挑战时,修宪的时刻就到来了。我国现行《宪法》颁行以来,已经经历五次局部修改。从实证角度分析,我国宪法修改一般来源于党的方针、政策的调整。但是,部门法的发展,尤其是行政法的发展,实际上也能在广泛的实践领域为宪法提供丰富的素材和实证基础,从而推动着宪法的完善和修改。例如,早在20世纪80年代中期,深圳经济特区基于改革开放的实际需要,曾以地方性法规的形式肯定了土地使用权出租的做法。后来,七届全国人大一次会议以修正案的形式改变了现行《宪法》关于禁止土地出租的规定,承认土地的使用权可以依照法律的规定转让。从表面上看,前述做法突破了当时宪法的规定,但它并未被宣布违宪。相反地,这一新生事物经过实践检验后却在宪法修改时被吸纳。十届全国人大二次会议以修正案形式确认了土地征收征用补偿制度和建立健全同经济发展水平相适应的社会保障制度,契合了给付行政时代国家承担的保障义务。可见,行政法的发展是引起宪法修改的重要动力源。

20世纪90年代以来,我国行政法发展步入"快车道",为宪法更新带来很多机遇。例如,自1996年《行政处罚法》颁布以来,通过正当程序控制行政权、尽快实现行政程序法法典化已成共识。行政程序兴起反映到宪法层面,即一切权力的行使不仅要恪守法定的边界,而且还要遵循权力运行的程序性规则。唯有如此,公民的基本人权才能得到有效维护。反观我国现行《宪法》,虽然对国家机关的职权与公民的基本权利都有较为详尽的规定,但权力运行及权利保障的程序规则依旧欠缺。例如,现行《宪法》第63条规定,全国人大享有罢免重要国家公职人员的权力;第73条规定,全国人大代表及全国人大常委会委员对国

---

① 龚祥瑞主编:《法治的理想与现实》,中国政法大学出版社1993年版,第5页。

务院及其组成部门有权提出质询。显然,这些权力对于敦促国家机关及其公职人员认真履行宪法和法律所赋予的职责具有非常重要的意义。但由于缺乏相应的程序性规定,这些权力大多处于"闲置状态",很难在现实的政治生活中发挥作用。又如,现行《宪法》第13条虽然对公民的财产权保护作了概括性规定,但并未确立"未经正当程序不得任意剥夺"原则,公民财产权保障存在疏漏,反映了现行《宪法》存在"重实体、轻程序"的倾向。只有依靠宪法所确立的基本程序规则,"纸面上的"宪法权力与权利才能从规范状态走向现实状态。在追求宪法实体价值的同时,也应当加快宪法程序建设的步伐。这既是传统宪法对行政程序兴起的积极回应,也是其更新、改造实现自我超越的希望所在。

行政法对宪法完善和发展的推动作用还可以从域外行政法治实践中获得求证。自20世纪70年代开始,世界各国都面临着公共事务日趋多样复杂与政府管理效能低下的共同难题。在充分认清政府也会失灵并重新审视国家与市场关系的基础上,一场旨在打破政府垄断社会公共事务管理的行政改革正在全球范围内悄然兴起。各国政府治道变革的具体路径及时间先后虽各有不同,但其总体趋势都在于实现"政府职能的市场化、政府行为的法治化、政府决策的民主化和政府权力的多中心化"[①]。作为这一改革的成果,一方面,大批非政府的社会公共组织应运而生,并成为许多社会公共事务的直接管理者和服务者;另一方面,政府的服务观念大为增强,行为方式也日渐灵活多样,以合同、指导为代表的柔性行政手段获得了广泛的运用。公共行政改革对各国行政法的发展产生了巨大影响,它不但拓宽了行政法的适用范围,而且还促成了行政法上一系列制度与观念的更新。各国行政信息公开法制化步伐的加快即是典型表现之一。反映到宪法层面上,这场改革必然会要求进一步落实有限政府理念,从制度和机制上保障公民更加广泛地参与国家的政治生活和民主管理,同时对公共权力的行使作出更为明确的限制性规定。正如学者在展望21世纪亚太地区各国宪法的发展趋势时所言:"……以国家治理的一些全新的理念为依据,对国家的政治体制,特别是对如何实现高度民主化管理方面,对传统宪法的政治理念和体制进行全面的改造或更新。"[②]

以上分析表明,行政法的发展虽然受制于宪法,但它对宪法自身的完善与

[①] 〔美〕文森特·奥斯特罗姆:《美国公共行政的思想危机》,毛寿龙译,上海三联书店1999年版,"译丛总序"第1页。

[②] 陈云生:《亚太地区各国宪法的发展及权利和义务价值观的冲突与融会》,载张庆福主编:《宪政论丛》(第1卷),法律出版社1998年版,第401页。

发展却也能起到"催化剂"作用,宪法必须正视行政法深入发展所提出的挑战与要求。如同行政法不可与世隔绝一样,宪法的发展也应当从部门法中汲取营养,尤其要从行政法的发展中获得启示与动力。从这个意义上说,行政法与宪法之间的互动关系已经十分明晰了。

四、行政法学

伴随着行政法的兴起和发展,作为法学分支学科的行政法学也开始生长。行政法学是专门研究行政法现象产生和发展规律的学科,也是一门正在不断发展中的年轻学科。下文将围绕行政法学的理论体系、学习方法、目标定位及时代转型问题展开论述,试图摹绘法学学科体系中行政法学的角色脸谱。

(一) 行政法学的理论体系

"相对于民法、刑法,在政府职能的扩增及管制结构的快速变化下,行政法成为一个不断在找寻自我的学科。"[①] 行政法学的"不断找寻自我",意味着作为法学分支学科的行政法学尚处于发展阶段,其"疆域"并未最终定型。当然,就广义层面而言,行政法学的理论体系包括行政法学总论、行政法学分论、比较行政法学等分支学科;就狭义层面而言,行政法学的理论体系就是行政法学总论,具体包括行政法学基础理论、行政法主体论、行政活动论、行政救济论等内容。

目前,一般的行政法学教科书所讲述的内容实际上都是总论,分论内容鲜有涉及。[②] 不过,行政法学理上一直有"一般行政法"与"特别行政法"之分。其中,前者是指"原则上适用于所有行政法领域的规则、原则、概念和法律制度,应当涵盖行政法领域的普遍的、典型的横向问题";后者是指"调整特定行政活动领域的法律"。[③] 就内容而言,一般行政法实际上就是行政法学总论,特别行政法实际上就是行政法学分论(又称行政法学各论、部门行政法学)。行政法学总

[①] 叶俊荣:《行政法案例分析与研究方法》,三民书局1999年版,第2页。

[②] 国外的一些行政法教科书也有专门论述分论内容的实例。例如,日本学者室井力主编的《日本现代行政法》第五编"主要行政领域——现代行政与国民生活"就涵盖了警察行政法、卫生行政法、公用事业行政法、环境行政法、教育行政法、社会保障行政法、经济行政法及财政行政法等内容;韩国学者金东熙的《行政法Ⅱ》第6编"特别行政作用法"论述了警察行政法、给付行政法、公用负担法、地域开发与环境行政法、经济行政法及财务行政法等内容。

[③] 参见[德]哈特穆特·毛雷尔:《行政法学总论》,高家伟译,法律出版社2000年版,第34页。

论的任务是"描绘这个崭新法律部门的结构和轮廓,提出统一的最低行政法规则"①;行政法学各论不仅为总论研究提供了丰富的素材,而且还承担着检验、修正和发展行政法学总论的使命。也就是说,行政法学总论指引着行政法学分论的发展,而行政法学分论的发展反过来也能够"反哺"行政法学总论的研究,二者之间理应形成一种"良性互动"的状态。近年来,我国行政法学界开始重视行政法学分论研究,积极倡导行政法学分论研究与总论研究之间的双向交流,在二者关系的理解及部门行政法的发展进路上形成了诸多共识。② 就具体涉足领域而言,既有教育行政法、警察行政法、药事行政法、食品安全行政法、人口与计划生育行政法、公用事业行政法等微观层面的部门行政法研究,也有经济行政法、社会行政法、规制行政法、风险行政法、应急行政法、合作行政法等中观层面的部门行政法研究。事实上,行政法各论"实为无限之沃野"③,今后在我国还有相当大的发展空间。部门行政法的深入、持续研究,必将大大增强行政法学回应真实世界的能力,进一步提升行政法学总论的理论水准,进而拓展行政法学研究的疆域。

在行政法学总论是否包括行政诉讼法学问题上,我国行政法学理曾有过"并列论"与"从属论"的争论。其中,前者认为,行政诉讼法与刑事诉讼法、民事诉讼法一起同属于诉讼法,它与行政法的调整对象相去甚远,因而二者是两个相并列的独立法律部门。后者则认为,行政诉讼法与行政法的关系不完全同于刑事诉讼法与刑法、民事诉讼法与民法的关系。刑事诉讼法与刑法、民事诉讼法与民法都是并列的法律部门,但行政诉讼法却不是与行政法并列的法律部门。行政诉讼法在实质上应作为行政法的一个组成部分,从而行政诉讼法学在实质上也只应作为行政法学的一个组成部分。④ 目前,"从属论"已成主流认识。之所以对行政法学理论体系作这样的处理,一则行政法的发展史表明,行政诉讼制度的建立往往是一国行政法产生的根本标准;二则作为对行政权运用

---

① 〔德〕汉斯·J.沃尔夫、奥托·巴霍夫、罗尔夫·施托贝尔:《行政法》(第一卷),高家伟译,商务印书馆 2002 年版,第 93 页。
② 国内学者有关部门行政法研究与行政法总论研究关系的论述,可参见余凌云:《部门行政法的发展与建构——以警察(行)法学为个案的分析》,载《法学家》2006 年第 5 期;宋华琳:《部门行政法与行政法总论的改革——以药品行政领域为例证》,载《当代法学》2010 年第 2 期;朱新力、唐明良:《行政法总论与各论的"分"与"合"》,载《当代法学》2011 年第 1 期。
③ 〔日〕铃木义男等:《行政法学方法论之变迁》,陈汝德等译,中国政法大学出版社 2004 年版,第 55 页。
④ 参见杨海坤:《中国行政法基本理论》,南京大学出版社 1992 年版,第 562—566 页;姜明安:《行政诉讼法学》,北京大学出版社 1993 年版,第 2—4 页。

结果的监控和补救手段之一,行政诉讼是行政权控制三链条中不可或缺的重要环节;三则相比较而言,行政诉讼法与行政法的联系远远要超过其与刑事诉讼法及民事诉讼法的联系。当然,强调行政诉讼法是行政法的一个组成部分或一个分支,并不排除行政诉讼法在教材编写、课程设置及研究队伍等方面的相对独立性。

(二) 行政法学的学习方法

比较法的观察显示,行政法几乎是中外法学院公认的一门最难教、最难学、最难考的课程。在我国大陆地区各大法学院,行政法课程内容之繁杂、概念之抽象、授课之无趣往往令学生望而生畏。在历年举行的国家统一法律职业资格考试中,行政法科目的得分都是相当低的。即便已经侥幸通过了法律职业资格考试,很多法科学生依旧坦言自己对行政法的印象还是云里雾里。在我国台湾地区,行政法同样是令各大学法科师生头疼的学科。根据学者的调查访谈分析,我国台湾地区的行政法学教育在每一个环节都出了问题,使得学生根本无法学好这门学科。这些原因包括:各校法律系没有明确的教学目标与完整的课程设计,无法让学生循序渐进、由浅到深地学到行政法的理论精髓;教师所进行的分割式教学和考试,导致学生根本无法窥知整个行政法的体系;教师只介绍行政法的概念和理论,学生根本无法习得行政法规的适用技术;行政法总论排课太早;司法考试出题不当。[①] 在美国浩如烟海的行政法学文献中,有关行政法教学的讨论同样相当热烈,这也从一个侧面反映出美国法学院行政法难教、难学的无奈现实。早在 1990 至 1991 年间,Schotland、Pierce、Shapiro 等行政法学者就以通信的方式在美国行政法评论杂志上就行政法教学问题展开过讨论;1991 年 8 月,Widener 大学法学院成立不久即召开了以"21 世纪行政法实践发展和教学"为主题的论坛,Sargentich 教授对 21 世纪行政法教学展开了全面论述;1999 年 11 月,Brandeis 法学院召开了第一次行政法学术论坛,近二十位著名行政法学教授围绕行政法教学、课程设计、教科书撰写进行了深入讨论,Shapiro 教授在那次论坛上还发表了著名的《法科生不喜欢行政法的十大原因

---

① 参见陈淑芳:《各大学法律学系行政法学教学之现况与检讨》,载法治斌教授纪念论文集编辑委员会编:《法治与现代行政法学——法治斌教授纪念论文集》,元照出版有限公司 2004 年版,第 733 页。

及其对策》。①

尽管讨论并非如美国学者那样热烈,但我国行政法学者近年来也针对行政法学教学问题进行了一些有益尝试,显示出行政法学对自身危机的某种自觉反应。这方面的努力主要体现在三个方面:一是出版了若干极具个性化的行政法学教科书,为行政法学教学改革探索奠定了基础。在主流行政法教科书之外,学者个人独立完成出版的个性化教科书日渐增多,呈现出多花齐放的格局。章剑生教授的《现代行政法基本理论》(法律出版社 2008 年版、2014 年第二版)"基于现代行政法的内、外部逻辑关系,以专题研究的方法,系统地论述了现代行政法的基本理论";余凌云教授的《行政法案例分析和研究方法》(中国人民大学出版社 2008 年版、清华大学出版社 2019 年第二版)是"通过对行政法的案例分析,思考、总结和演示案例研究方法的一部探索性学术专著";章志远教授的《个案变迁中的行政法》(法律出版社 2010 年版)"从行政法学视角对诸多备受社会关注的典型个案进行了细致入微的专业解读";余凌云教授的《行政法讲义》(清华大学出版社 2010 年版、2014 年第二版、2019 年第三版)"以专题样式对传统行政法体系做了结构性调整,力求在着力梳理已有研究成果基础上,尝试理论的创新,通过对相关理论的细微解构,尽量贴近与回应我国行政法实践需求,解决行政法理论对实践的失语";叶必丰教授的《行政法与行政诉讼法》(高等教育出版社 2007 年版、2012 年第二版、2015 年第三版)以"判例说理"的方式对行政法学原理进行了简明扼要的阐释。这些富有特色的行政法教科书、行政法案例分析教材的出版,代表了行政法学界对行政法学教学问题的不懈探索。二是各大高校法学院在行政法学课程设计上不断改革,行政法学教学向纵深推进。在传统的法学专业十四门核心课程中,"行政法与行政诉讼法"仅占一席,绝大多数高校法学院也仅开设这一门课程。由于课时极为有限,授课教师往往只能选择性授课,很多行政法知识特别是行政诉讼法知识仅仅一带而过,其结果必然加剧了法科生对行政法课程的厌恶感。近年来,多数高校法学院在本科教学中已经分设"行政法""行政诉讼法"两门必修课,同时还根据师资力量选择性地开设了"部门行政法""行政法案例分析""行政程序法"等多门选修课,在一定程度上扭转了行政法学教学课时不足、内容过于宏观等状况。三是行政

---

① 相关论文可参见 43 Admin. L. Rev. 113(1991)、1 Widener J. Pub. L. 147(1992)、38 Brandeis L. J. 351(1999—2000)。其中,Shapiro 教授的论文还被高秦伟教授译成中文发表,参见〔美〕西德尼·A. 夏皮罗:《行政法教学的省思:期待续集》,高秦伟译,载《行政法学研究》2006 年第 4 期。

法学者组织了有关行政法学教学问题的学术研讨,逐步形成了某些共识。例如,清华大学法学院分别于 2010 年 9 月 25 日和 2012 年 11 月 24 日组织召开了全国范围的"行政法学教材编写"和"行政法学教学方法"学术研讨会,在很大程度上引发了行政法学者对自身学科建设和教学方法的反思。与此同时,一些行政法师资力量比较集中的法学院校也相继在内部召开了本校、本院行政法学科建设的会议,讨论了包括行政法学教学改革在内的诸多重要议题。

  改革开放以来,我国行政法学教学和研究经历了从无到有、从小到大的发展历程,对国家的行政法治建设起到了重要的推动作用。同时也应当看到,当下的行政法学教学和研究还存在很多危机,在一定程度上陷入了"顶天"不够、"立地"不足的"黑板行政法学"境地。[①] 与根深叶茂的民法学和刑法学相比,主流法学刊物上发表的高端行政法学论文明显偏少,行政法学研究成果很难辐射到其他法学二级学科,行政法学对整个法学研究进步的贡献度明显偏低,行政法学青年人才储备明显不足。行政法学研究的这些危机成因较为复杂,但与行政法学教学方法的落后也直接相关。由于缺乏权威、实用的教科书,加之课时稀少、开课时间过早,行政法教师的授课普遍存在选择性讲授的情形,很多教师往往对自己感兴趣的内容大讲特讲,对自己没有兴趣或者没有研究或者认为并不重要的内容则一带而过。如此循环往复,就很难吸引足够优秀的法科生以行政法学研究作为自己的志业。于是,在法学研究之林中,行政法学就失去了人力资源这一核心竞争力。同样地,行政法学科的兴衰关键取决于人才的数量和质量,很难想象粗劣的法科生行政法学教学能够吸引多少优秀的年轻人真正在内心深处渴望进一步了解、学习、研究并运用行政法。因此,从提升行政法学术研究水平、确保行政法学研究可持续发展的角度看,必须认真对待行政法学的学习方法。结合多年从事行政法学教学、研究工作的体会,笔者认为,法科学生学习行政法学需要着重把握以下五个方面:

  1. 阅读经典

  每个学科都有自己的经典,每个研究领域也有自己的经典,每个研习者心中更应有自己的经典。经典著作是那些能够穿越时空、为读者带来思考启迪和

[①] 胡建淼教授在中国政法大学五十周年校庆"走向 21 世纪的中国行政法与中国行政法学专题研讨会"上的发言。有关这次研讨会的观点综述,参见司坡森、宫晓姝:《推动依法行政,建设社会主义法治国家——中国政法大学五十周年校庆"走向 21 世纪的中国行政法与中国行政法学专题研讨会"综述》,载《行政法学研究》2002 年第 3 期。

心灵震撼的作品。对经典著作的深入研读,既能够使读者迅速掌握本学科的基本原理,也能够提升读者的认识境界,更能够激发读者的思考欲望。可以说,阅尽本学科公认的经典,读者就在很大程度上完成了自己的原始积累,也在很大程度上占据了本学科的制高点。经典既可以是出自国外名家之手的巨著,也可以是出自本国名家之手的名著。例如,王名扬先生的"行政法三部曲"——《法国行政法》《英国行政法》和《美国行政法》就是国内行政法学研习者的案头必备之作,激励着几代行政法学人为了中国行政法学的崛起而努力奋斗。又如,读者想了解或研究行政裁量问题,美国学者戴维斯的《裁量正义》就是绕不开的经典;读者想了解或研究公私合作问题,美国学者萨瓦斯的《民营化与公私部门的伙伴关系》就是必读经典;读者想了解或研究行政程序问题,季卫东教授的《法律程序的意义》就是值得深究的启蒙之作。身处信息爆炸、数码阅读、浮躁流行的新时代,回归经典当是一个学人最重要的生活。"读书,是摆脱庸俗、肤浅和过分世俗的唯一出路。读书,才能实现自我的救赎。"①

2. 精研法条

我国是成文法传统深厚的国家,行政法的主要表现形式就是成文法。因此,学习行政法知识首先就必须认真研读法律条文,掌握法律条文的原意。由于行政法律规范的数量始终居部门法之首,加之当下法律职业资格考试行政法科目的范围较为广泛,因此行政法法条研读需要运用较为灵活的方法。一方面,对行政法法条要进行"纵向"研读,即按照颁行先后或位阶大小顺序对大量行政法条文进行分拆式阅读。例如,有关程序违法的行政行为的处理问题,《行政诉讼法》《行政处罚法》《行政复议法》等相关法律的规定就很不一致,这就需要研习者结合立法时的相关材料说明及学理进展进行分类总结,从中管窥不同时期立法精神的变迁,并能把握今后立法可能的走向。另一方面,对行政法法条要进行"横向"研读,即抽取关键词对大量行政法条文进行拆解式阅读。例如,"申诉"一词频繁出现在我国诸多法律规范之中,但不同场合下的含义却并不相同。为此,研习者就可以认真检视当下中国法律文本中有关申诉的规定,进而发现存在四种意义上的申诉权,即"作为宪法基本权利的申诉""作为行政法上一种正式救济权的申诉""作为启动诉讼再审程序的申诉""作为启动行政程序重开的申诉"②。除此以外,行政法研习者还需要树立立法史的观念,对法

---

① 陈瑞华:《论法学研究方法》,北京大学出版社2009年版,第86页。
② 参见章志远、顾勤芳:《中国法律文本中的"申诉"研究》,载《法治研究》2011年第8期。

条的理解应当回溯到草案的制定过程之中。例如,《行政强制法》的制定过程长达十二年,其间历经全国人大常委会五次审议。因此,将最终的法律文本与多个草案进行对比阅读,就可以感受到立法过程中的巨大分歧和立法者作出决断的理由。这样的深入学习不仅能够全面掌握立法的原意,而且能切实培养研习者的法律解释能力,进而为法治政府建设输送更多合格的专业人才。

3. 熟悉案例

总体来说,当下正统的行政法学教科书仍然普遍充斥着生硬的概念和原理,不仅教师难以生动地传授行政法学知识,而且学生也缺乏学习行政法学的兴趣。可以说,实例的匮乏已经成为影响行政法学教学质量提升的一大障碍。2011年12月23日,教育部和中央政法委员会联合发布了《教育部 中央政法委员会关于实施卓越法律人才教育培养计划的若干意见》,明确要求卓越计划的主要任务之一是"强化法学实践教学环节",其中要求之一就是"搞好案例教学",目的在于切实提高学生的"法律诠释能力、法律推理能力、法律论证能力以及探知法律事实的能力"。在这一高等法学教育改革的新背景之下,行政法的案例教学就显得格外重要。其实,行政法案例教学的推广目前已经具备了扎实的基础。一方面,近年来,我国行政法案例研究方法蔚然成风,为法科生行政法案例教学提供了师资力量和教学方法上的保障;另一方面,各种行政法案例素材成倍增长,为法科生行政法案例教学提供了分析样本和研究素材上的保障。除了最高人民法院每年定期公布《最高人民法院公报》和《人民法院案例选》外,最高人民法院行政审判庭还专门编辑出版了多卷本的《中国行政审判案例》,专门整理行政审判方面的经典案例。自2011年以来,最高人民法院相继公布了31批共计178个指导性案例。其中,行政指导性案例有26个。随着人民法院裁判文书网功能的不断增强,查阅法院案例已经相当方便快捷。因此,熟悉案例、研读案例并从中发现新的行政法规则将成为未来行政法学教学的重要内容。

4. 观察实践

如果说精研法条是研习者聚焦于立法机关、熟悉案例是研习者聚焦于司法机关的话,那么观察实践则是研习者聚焦于行政机关。传统行政法学过分强调行政活动的形式合法性和个人权利的司法保护,殊少涉及政策面的分析。面对卓越法律人才培养教育和法治政府基本建成国家战略的实施,行政法学教学必须更加注重对中国本土政府创新实践的关注,尽可能发挥行政法实践教学的实际效果。为此,就必须将发生在行政管理领域的诸项政策、制度实践纳入行政法学的观察视野,使行政法研习者真正能够感受到时代发展的脉搏。例如,为了治理城市交通拥堵难题,一些大城市的治理者可谓挖空心思:有的地方大力发展地铁等轨道交通,通过向地下要空间缓解地面交通压力;有的地方通过引入私人资本,大力发展公共交通;有的地方对私人汽车购买和使用进行各种限制(如限购、限行、牌照拍卖发放);有的地方甚至还禁止颇受工薪阶层喜爱的电动自行车、摩托车上路。这些交通治理政策实际上都是对诸多利益纠结的一种权衡,展现了不同利益之间的博弈,也预示着新的制度变革的可能。从行政法学原理角度对这些活生生的本土实践加以分析,无疑能够有效解决真实世界面临的治理难题,培养学生运用合法性与最佳性相结合的行政法分析能力。

5. 尝试比较

德国学者塞克尔曾言:"不知别国法律者,对本国法律便也一无所知。"[1]我国的行政法学是在学习借鉴德国、日本、美国、英国、法国等西方国家的基础上发展起来的,很多行政法的基本概念、制度和原则都存在明显的移植痕迹。因此,在行政法学的教学过程中,比较法元素的融入相当有必要。近年来,随着对外法学交流的不断加强,一批奋发有为的年轻学者负笈欧美、日本等地留学访问,翻译了大量西方国家不同时期的经典行政法学著作,为学界把握西方国家行政法学的发展流脉、追踪国外行政法学的研究前沿作出了巨大贡献。在未来的行政法学教学过程中,这些饱含译者辛劳、智慧的译著和译作无疑应当得到更为广泛的使用。特别是随着国外一系列法律数据库的及时引入,今后在国内查阅国外法学文献将更为便利,年轻的法科生当以"学习王名扬、赶超王名扬"的激情和毅力投入比较行政法学的研习之中,为改变我国行政法学的落后局面、为法治中国进程的加快贡献力量。

(三) 行政法学的目标定位

按照学界通行的说法,我国的行政法学研究恢复于20世纪70年代之末,定型于20世纪90年代之中,而今正处于深入发展阶段。[2] 如果单从研究成果的数量或者学科纵向发展上看,目前的行政法学研究确实已经取得了辉煌的成

---

[1] 转引自〔日〕大木雅夫:《比较法》,范愉译,法律出版社1999年版,第68页。
[2] 关于新中国行政法学发展分期的代表性论述,可参见姜明安主编:《行政法与行政诉讼法》,北京大学出版社、高等教育出版社1999年版,第70—72页。

就。通过学界同仁的努力,行政法学的基本范畴逐一得以确立,行政法学自身的理论体系日益健全、研究领域不断拓展,行政法学已然跻身于法学大家庭之内。不过,如果从研究成果的质量或者学科横向比较上看,行政法学研究无论是在深度和广度还是在理论水准和现实影响上,都与刑法学、民法学、刑事诉讼法学、民事诉讼法学等学科存在差距。在法治国家、法治政府、法治社会一体建设不断加快的当下,行政法学面临新的发展契机,其目标定位至少体现在如下四个方面上:

1. 行政法学本土化

行政法学的本土化亦可称为行政法学的中国化,意指需要建构行政法治普遍原理同中国行政法治相结合的、能够合理解释中国行政法现象并指导当代中国行政改革的行政法学理论体系。综观中国行政法学发展的坎坷之路,不难发现,由于现实行政法制度建构的急切需求以及全社会对依法行政的热盼,加之中国本土几乎没有多少现成的制度可资借鉴,过去的行政法学理论大多是从国外引进的。小到行政法、行政主体、行政行为、行政程序等基本范畴,大到整个行政法学的理论架构以及"控权""保权""平衡"等行政法学基本观念,无不打上了英美法系或大陆法系的烙印。对外国相关行政法学说和制度的引介能够为国内行政法制度构建和学术成长提供重要的参照系,甚至还可以通过直接移植援用而缩小与国外的差距。不过,中国当下行政法治实践所遇到的诸多难题是无法单纯依靠某国或者某种学说或制度就能够解决的。未来的行政法学应当提倡一种本土化的研究风格,努力发展"中国的行政法学"。倡导行政法学的本土化具有重要的理论与实践价值:其一,本土化的研究思维有助于实现中国行政法学自身的功能定位,即未来的行政法学研究应当以为中国行政法问题的解决提供理论支持为己任。其二,本土化的研究能够实现中国行政法学问题意识及学术体系的形成。当代中国急速的社会转型为我们展示了一幅幅波澜壮阔的精彩画面,提出了许多也许只有中国才独有的行政法问题。因此,行政法学人应当更多地关注真实世界的行政法问题,倡导一种"从经验到理论"的研究。只有建立在这一基础之上的中国行政法学才可能贡献出正确描述和合理解释中国社会现实问题的理论学说。其三,本土化的研究为传统行政法学的整体反思和重构提供了契机。我国的行政法学无论是在基本概念的表述还是研究方法的选择抑或是理论架构的安排上,都存在盲目照搬、缺乏本土关怀的倾向。为此,行政法学人应当立足于中国现实问题的解决,结合当前政府改革的实践,对行政法学的基本范畴、基本原则、学说观点认真进行检视,并在此基础上适度进行重构。当然,行政法学的本土化并非是搞盲目的排外主义,也不是拒绝参与国际学术对话。本土化的实质是中国行政法学研究主体性的回归,其生命力在于"打造"中国经验与人类普适性行政法治原理相结合的行政法学知识体系。从这个意义上来说,行政法学的本土化是我国行政法学走向成熟的基础和标志,也是其自信地"走出去"的前提。

2. 行政法学和谐化

行政法学的和谐化是就行政法学理论体系的逻辑严密、结构合理而言的。行政法学研究成果要想向现实转化,发挥理论本身所固有的现实指导作用,就必须具有一种"规模"效应,即能够建立起体系完整、内部和谐的专业化的知识系统。未来的行政法学研究必须坚持"和谐观",注重行政法学各个分支领域研究的整体推进,最终形成规模宏大、结构科学、布局合理的行政法学理论体系。为此,需要注意学术研究的分工与合作:"分工"体现了学术研究的个体意识,能够实现行政法学研究的专门化和精细化;"合作"则体现了学术研究的集体意识,能够实现行政法学研究的全面化和规模化。就广义行政法学而言,应当实现行政法学总论与分论的"齐头并进";就狭义行政法学而言,应当实现行政法学基本原理、行政组织法学、行政行为法学、行政救济法学四个组成部分的"并驾齐驱"。通过有效整合这种单个学者的"个人行动"与学术共同体的"集体行动",我国的行政法学派别才能够不断涌现,进而营造行政法学研究的规模效应。近年来,我国行政法学者的"集体行动"意识明显增强,"行政法释义学""规制行政法学""社科行政法学"等一些富有特色的学术派别初步形成。这些个性化研究群体的涌现,是我国行政法学研究正日益走向深入、走向成熟的重要标志,预示着一个和谐的、专业化的行政法学知识体系趋于定型。

3. 行政法学综合化

行政法学的综合化意指应当在整个社会科学的宏观背景之下,通过分享其他人文社会学科的研究成果,以综合的研究方法构建"开放式"的行政法学知识体系。法学的学术史表明,法学体系的发展达到一定的阶段之后即面临学科分化基础上的综合问题。当今时代,无论中外,不仅社会科学领域的研究日新月异,法学各分支学科的研究也取得了长足发展。具体就我国的法学研究而言,20 世纪 80 年代史学家所惊呼的"法学幼稚"局面已经大为改观。相比较法理学、法律史学等法学基础学科以及刑法学、民法学等部门法学科而言,我国行政法学的知识积累还存在欠缺，尚未实现以一种开放的姿态接受其他学科研究成果对自身的影响。从某种意义上来说，这也正是行政法学研究一段时间内陷入自说自话甚至自我欣赏境地的重要原因。由于行政管理现象的多样性、复杂性，单靠行政法学自身已经无力解释这些社会现象。行政法学的综合化可以分为两个层面展开：其一，行政法学应当加强与法学其他学科以及整个人文社会科学之间的对话与交流，分享其他学科的研究成果与研究方法。通过广泛汲取这些学术资源，增强行政法学的知识积累，建立科学的方法论体系，为行政法学的综合性研究奠定坚实基础。其二，行政法学应当积极参与类似交通治理、食品安全监管、生态环境治理等交叉性、综合性问题研究，进一步扩大本学科研究成果的社会影响。

4. 行政法学国际化

行政法学的国际化是就我国行政法学研究的视角和使命而言的。随着全球化进程的加快，行政法学国际化趋势日益明显。正如开放的中国离不开世界一样，中国的行政法学也离不开国际行政法学。行政法学的国际化趋势可以从如下两个层面来理解：其一，中国的行政法学者应当通过各种渠道和形式了解国外行政法学发展的最新动态，自觉以全球化的眼光来审视中国的行政法问题。例如，国外行政程序法法典化的浪潮、政府规制改革的兴起、民营化的潮涨潮落等都值得引起我国行政法学者的关注。当然，这种关注与吸收并非是简单的知识"输入"，而应当是在熟知国外动态基础上的"创造性转换"。学术界既需要考虑到中国现实问题的个别性，更需要考虑到这些问题的普世性。其二，中国的行政法学者应当以更加积极、自信的姿态研究国际社会共同面临的行政法问题，使中国的行政法学能够走向世界。全球化的过程就是一个以全球性公共事务为中心的复合治理结构建立的过程，也是一个契约精神融入主权国家参与国际竞争和开展有效合作的过程。在全球化的发展进程中，一系列超越民族国家地理疆域的具有全球性的问题不断产生，如全球气候恶化、跨国恐怖犯罪、跨国毒品交易、新冠疫情防控等。这些问题固然是各个国家的国内问题，但都远非单个国家的力量所能解决，甚至是众多国家联合起来也都难以彻底解决的，因而需要国家以及非国家的、公共的和私人的诸多全球性力量共同参与治理。因此，行政法学国际化要求中国的行政法学者关心人类社会发展的命运，参与某些全球性行政法问题的研究，尽可能采取国际行政法学界公认的概念体系、分析工具和研究方法，向国际社会推出高水准的研究成果。如果说行政法学国际化的第一层理解是中国行政法学界单向"输入"的话,那么后一层理解就应当是中国行政法学界对国际社会的一种"输出"。"输入"体现了中国行政法学的发展离不开世界,"输出"则体现了世界行政法学的发展也离不开中国学者的积极参与。行政法学国际化发展趋势将使中国行政法学与国外行政法学之间的联系更趋紧密,在这种双向互动中,中国行政法学研究不仅能够吐故纳新,逐渐缩小与西方行政法治发达国家之间的差距,而且还能自信地走向世界,为世界行政法学发展贡献"中国智慧"。

(四)行政法学的时代转型

作为一门直面公共行政改革的学科,行政法学始终是一门处于持续变化且不断找寻自我的学科。党的十九大报告明确指出:"经过长期努力,中国特色社会主义进入了新时代,这是我国发展新的历史方位。"新时代的社会主要矛盾、国家发展理念和公共行政任务都已发生深刻变化,必然会影响到行政法学的整体发展格局。在历经多年的学术积淀之后,我国行政法学在新时代将面临着学术视域、学术思维和学术重心的三重转型。

1. 行政法学视域嬗变:从秩序行政到给付行政

长期以来,我国传统行政法学聚焦秩序行政活动,行政法学理论框架、基本原则、行为形式论等核心内容都建构在单向度的秩序行政基础之上,其使命就在于通过行政合法性和合理性原则的确立防止行政权超越法定的边界,并通过撤销诉讼中心主义的制度构造为公民权利提供事后的法律救济。面对给付行政任务比重的急剧上升,传统行政法学知识体系的解释力和回应性日显不足。为此,新时代的行政法学研究应当将视域投射到给付行政领域,为行政法学总论体系的更新提供新的智识来源。

给付行政法的研究至少可以从四个方面补齐传统行政法学的短板:一是"有为行政"的发展逻辑。以秩序行政为中心的传统行政法学建构在"有限行政"的逻辑起点之上,强调政府职能的有限性而忽略了政府职能的科学性,强调行政活动的合法性而忽略了行政活动的最佳性。"依法全面履行政府职能"的提出,能够顺应社会、国家、时代的需要。二是"辅助性原则"的及时引入。法律保留、法律优位、比例和诚实信用原则经由法解释路径可以继续观照到给付行政领域,但体现个人自主、社会自治、市场优先的辅助性原则更加契合给付行政发展的需要。政府购买公共服务、政府与社会资本合作模式的兴起,为辅助性原则的生成提供了注脚。三是"法律关系论"的方法补足。给付行政的兴起使得单纯的行政行为形式论很难适应法律关系多元化变迁的需要,特别是在给付行政民营化的背景下,更应当从法律关系的类型中把握具体的权利义务归属。四是"行政给付诉讼"的新型构造。给付行政活动的兴起和民生重点领域政府立法的推进,能够扩大当事人公法给付请求权的范围,为相应行政争议的解决提供规范依据,进一步丰富行政诉讼类型化。

2. 行政法学思维切换:从事后补救到事前预防

在全面建设社会主义现代化国家的新征程中,党和政府面临着社会矛盾和问题交织叠加的风险。无论是民生改善还是生态保护,无论是乡村振兴还是城市治理,都会遇到各种不确定因素和复杂情况的挑战。一方面,城镇化进程的迅猛推进改变了原有的人口布局和社会结构,利益主体和利益诉求的多元化加剧了利益整合的难度;另一方面,新一轮改革和发展所面对的体制机制创新都是难啃的硬骨头,而国家治理体系和治理能力的提升又迫在眉睫。公共行政已经全面步入风险社会时代,行政系统必须具备应对各种风险的意识和能力。

传统行政法立足"有权必有责、用权受监督、侵权必赔偿"的思维模式,希冀通过自上而下的依法行政理念的灌输,迅速实现国富民强的发展目标。然而,面对社会运行风险的加剧,这种思维模式弊病日显。近年来,以发展为导向的项目引进、基础设施建设和行政区划调整等活动频频遭遇阻力,隐藏着公共决策背后复杂的利益博弈;食药品监管、特种设备监管和安全生产监管领域事故频发,表明"人盯人"的严格执法模式已经无济于事。新时代的行政法治必须实现从事后补救向事前预防的思维切换,经由一系列风险规制活动的开展,有效防范行政活动所面临的各类自然风险和社会风险。

风险预防思维导向的应用,至少可以从三个方面增强传统行政法学的回应性:一是聚焦行政决策研究。传统行政法学聚焦行政行为,尤其关注行政处罚、许可、强制等执法行为的合法性。风险社会的治理模式则往往是"决策于未知之中",需要对更具现实普遍影响的决策活动给予关注。为了切实提高决策质量,必须从主体、对象、标准、程序和效力等方面完善行政决策的风险评估机制,真正将预防性原则贯彻到行政决策活动的全过程之中。二是重视风险交流机制研究。在环境、食药品安全、产品质量等监管领域,由于信息不对称的客观存在,一般性的参与往往很难消除相对人对潜在风险的恐慌心理。为此,应当在汲取过往"邻避运动"教训的基础上探索新的风险交流机制,借助科技知识和专家伦理搭建起官民沟通的桥梁。三是关注信息规制研究。风险规制无法倚赖"人盯人"的传统执法方式,必须回应信息技术时代的发展需求,利用大数据实现信息规制,切实解决日益凸显的执法任务繁重与执法资源有限之间的矛盾,将行政活动过程中的风险降低到可控范围之内。

3. 行政法学重心位移:从行为控制到组织建构

新时代行政任务的变迁固然需要通过行政活动方式的多样化改造加以回应,但作为对政府职能进行科学配置的组织建构则更加值得关注。党的十九大报告对"深化机构和行政体制改革"寄予厚望,并明确规定:"统筹考虑各类机构设置,科学配置党政部门及内设机构权力、明确职责。统筹使用各类编制资源,形成科学合理的管理体制,完善国家机构组织法。"可以说,关注行政上游的顶层设计已经成为法治政府建设新的突破点。

传统行政法学的理论体系围绕行政行为的合法性控制而建,行政组织法始终处于边缘地位。这种状况不仅无法回应多中心治理时代的理论需求,也直接造成行政中、下游现实问题的滋生。由于理论匮乏和规范缺失,实践中行政组织随意设立、无序运行的现象十分常见,在很大程度上阻碍了行政法治进程。为此,新时代的行政法治需要将重心适度调至组织法建构。

行政组织法的研究至少可以从三个层面展开:一是纵断面的组织法研究。行政权在不同层级行政机关之间的合理配置,关乎行政成本、行政效率和区域利益。在中央地方关系法治化一般原理的指导下,要着重研究地方不同层级政府之间权力的科学配置,尤其需要关注县改市、市改区、乡镇合并、镇改街、管委会等组织法新问题。二是横断面的组织法研究。行政权在同一层级政府不同部门之间的合理配置,关乎政府职能的全面依法科学履行。如何在权力清单改革的基础上进一步精简、合并机构,如何回应相对集中执法权改革,这些都是当前行政管理体制改革中急需解决的问题。三是政府向社会分权的组织法研究。在打造共建共治共享的社会治理新格局的过程中,如何通过授权、委托、外包、合作等多样化的方式实现行政职能向民间的有序移转,是实现公私合作治理的关键问题,也是中国行政主体理论发展的重要契机。

【扩展阅读】

1. 石佑启：《论公共行政与行政法学范式转换》，北京大学出版社 2003 年版。

2. 〔新西兰〕迈克尔·塔格特编：《行政法的范围》，金自宁译，中国人民大学出版社 2006 年版。

3. 〔德〕Eberhard Schmidt-Assmann：《行政法总论作为秩序理念——行政法体系建构的基础与任务》，林明锵等译，元照出版有限公司 2009 年版。

【延伸思考】

1. 公共行政的变迁对现代行政法带来了哪些挑战和机遇？
2. 如何处理好行政法学总论研究与各论研究之间的关系？
3. 如何理解行政法是一门不断"找寻自我"的学科？

第二章　行政法学方法论

理论的困境往往直接源于方法的陈旧与落后。先哲有言："工欲善其事,必先利其器。"①良好的研究方法虽然不一定能产出优秀的研究成果,但滞后的研究方法断难产出优秀的研究成果。事实上,研究方法的单调和落后正日益成为阻碍我国行政法学研究深入发展的关键性原因。近年来,行政法学界开始有意识地反思研究方法问题,并在案例研究、部门行政法研究和比较研究方法的运用上用力甚勤。本章拟对这三种方法运用的现状进行述评,希冀以此为契机推动我国未来行政法学研究方法论的革新。

一、面向司法的行政法学研究

自 2008 年以来,案例研究方法在国内行政法学研究中迅速兴起。一方面,一大批 60 后、70 后、80 后乃至 90 后行政法学者开始以"案例"为观察视角,通过解读《最高人民法院公报》《人民法院案例选》《中国行政审判指导案例》等权威媒体登载的典型行政案例的裁判文书,缩短了行政法学研究与现实世界之间的差距,增强了行政法学研究的现实解释力和回应性;另一方面,《法学研究》《中国法学》等主流法学刊物以及多家知名出版机构和最高人民法院都对行政法案例研究秉持了一种积极的回应立场,行政法案例研究的系列成果得以公开

---

① 《论语・魏灵公》。

问世,具有浓郁民间色彩的"判例研读沙龙"的连续开读显示了行政法理论界与实务界的有效沟通,一个行政法案例研究的学术共同体正呼之欲出。在行政法案例研究方法成为时代新宠的当下,客观评价其学术贡献并指陈其局限进而对行政法学研究方法进行整体性反思,无疑具有特殊的现实意义。

(一) 行政法案例研究的贡献

就我国当下行政法案例研究的学术贡献而言,大体上表现在如下三个方面:

1. 发展了行政法的不成文法源

受成文法传统的影响,加之行政诉讼案件的相对稀少,我国主流行政法学研究长期忽略对判例素材的运用,表现出较为强烈的立法论研究偏好。围绕重大行政立法展开研究固然能够推动行政法律规范体系的形成,但无视判例也不可能真正理解现行法律。对于身处社会转型时期的当下中国而言,行政法的发展不仅需要立法机关通过创制法律加以推动,而且更需要司法机关通过个案累积加以完善。行政法案例研究方法的兴起在很大程度上改变了成文法"一统天下"的格局,使行政审判中的典型案例日益发挥着不成文法源的作用。

2. 推动了行政法制的创新

法律规范易于变动是公认的行政法形式特征。为了缓解法律规范有限性与行政任务复杂性之间的矛盾,通过司法解释、发展行政法律规范便成为重要的路径。近年来,行政法学者通过对诸多典型行政案例的阅读整理,提炼出一系列富有价值的行政法规则,推动了中国行政法制的创新。例如,特别权力关系一直被视为行政法治的禁区,但通过"田永诉北京科技大学拒绝颁发毕业证、学位证案""何小强诉华中科技大学履行法定职责纠纷案"等诸多高校被诉案件的审理,高等教育领域中最重要的一类关系已经被纳入现代行政法治的调整范围,"基础关系"与"管理关系"的区分、司法有限审查与尊重学术自由之间的拿捏都已通过案例的学术梳理得以确立。

3. 提升了行政法学的回应性

我国目前的行政法学研究还表现出浓郁的概念法学气息,概念界定和特征描述充斥于主流行政法教科书即是明证。建立在概念演绎和逻辑推断基础上的行政法学对真实世界缺乏回应性,既无法解释也不能指导丰富的行政法制实践。深入研究中国当下发生的案例，能够在司法判决与理论研究之间形成紧密而有效的互动，通过规则提炼提升行政法学的回应性。例如，在行政不作为的判断基准上，人民法院并没有受制于现行行政不作为理论学说的束缚，而是基于实质主义立场创造性地演绎了"作为义务源自何处""有无现实作为可能""究竟是否已经作为"的三重判断基准。尤其是通过对个案特殊情境中危险预见可能性、避免损害发生可能性和公权发动期待可能性的权衡，初步构建了危险防止型行政不作为的分析框架，为行政法上行政不作为理论模型的重塑提供了弥足珍贵的本土司法经验。

（二）行政法案例研究的局限

毋庸讳言的是，国内行政法案例研究在取得重大学术贡献的同时，也同样存在一定的局限性。对这些局限性的反思不仅有助于案例研究自身的进一步发展，也能够促使人们思考整个行政法学研究方法的创新。仔细检视近年来行政法案例研究的相关成果，可以发现个中的局限集中体现在分析素材和分析方法两个方面。

1. 行政法案例分析素材的局限性

目前，案例分析素材的局限性主要表现为如下两个方面：

一是重"判决案例"、轻"非判决案例"。判决案例虽然能够为研究主体提供基本的分析文本，但受制于当事人主张及相关法律争点的拘束，判决范围往往比较狭窄，甚至根本无法触及行政案件背后的政策争议和利益博弈。相比之下，那些没有进入司法审查程序仅存在于行政管理实践中的大量事例则更能充分展现事件背后的利益分布与政策抉择。例如，近年来各地在治理交通拥堵过程中所形成的"私车牌照拍卖""单双号限行""禁止电动自行车行驶""曝光酒驾""拍违有奖""公交特许经营"等举措都曾经引起过广泛的社会争议，显示出公共政策的制定者、实施者和承受者之间的分歧与交锋。这些鲜活的事例虽然没有进入司法审查程序，但同样是行政法学研究的重要素材。围绕各项公共政策正当性的讨论，能够促使行政法学者深入行政活动的过程，探究应当如何形成更富理性的行政政策。遗憾的是，当下的行政法案例研究表现出明显的判决案例偏好，围绕非判决案例展开的研究还相当匮乏。

二是重最高人民法院公布的各类"典型行政案件"、轻地方司法实践中发生的"新型行政案件"。最高人民法院通过各种渠道公布的行政案件虽然具有权威性、典型性等优点,但一般都经过了人为的加工剪裁,研究主体在很多时候实际上根本无法掌握案件的全貌,因而未必是最为理想的案例分析文本。同时,在所公布的很多类型行政案件中,原告一方都存在较高的胜诉率,与当下行政审判整体上难以有效保障公民权益的现状不符,在一定程度上降低了这些案件的代表性。在我国,大多数行政案件都是由中级人民法院和基层人民法院审理的。受制于多种现实因素的影响,很多富有研究价值的新型行政案件都难以进入最高人民法院的视野。这些新型行政案件在当时、当地往往都有广泛的社会影响,有的还引起过媒体的强烈关注,因而案件的真实全貌更易掌握,是更为理想的判决案例素材。例如,近年来发生的"冒名结婚案""钓鱼执法案"都反映出基层行政执法的现实生态,蕴涵着丰富的研究素材,但这些案例并没有引发行政法学者的应有关注。

2. 行政法案例分析方法的局限性

如果说案例分析素材的局限性遮蔽了研究者的视野的话,那么案例分析方法的局限性则直接影响到案例研究成果的学术质量。就目前行政法案例分析的方法而言,主要存在个案研究和群案研究两类方法。其中,前者是针对某一具体个案所展开的"解剖麻雀式"的分析;后者则是以某一具体领域(如工伤认定)、地区(如北京市)或问题(如违反法定程序)为中心,围绕一批案例所展开的"一网打尽式"的分析。个案研究的主体主要包括法官和学者。综观当下的行政法个案研究成果,法官的研究大多都是以请求权基础为核心的分析。这种分析方法往往站在法官的立场,强调当事人在个案中得以依照何种法律依据主张什么样的权利,或者哪些法律上的权利已受到行政机关的侵害,有什么样的救济渠道。这类案例分析文章大多遵循"案件是否属于法院行政诉讼的受案范围——当事人是否具有原告资格——被告的法律适用是否正确——法院的裁判是否妥当"的思路。这种源自民法的案例分析方法对于法律思维的训练以及行政诉讼法律规范的解释与适用,无疑具有重要的意义。但是,现代行政活动过程蕴涵着广泛的裁量空间,每一项诉争行政处理决定作出的背后都存在复杂的利益博弈和政策考量,传统的请求权基础分析方法因议题局限和静态论断而无法适应现实的需要。相比之下,学者对个案的研究则超越了以请求权基础为核心的单一分析模式,往往具有更为广泛的议题预设,在对个案法官裁判思路的解析中融入了规范、学说等多类元素,呈现出一种穿行于"个案—规范—学说"之间的研究进路。有的研究者在个案分析中还运用了我国台湾地区学者叶俊荣教授所倡导的"三层次分析法",通过"权利与救济""制度与程序""政策与策略"的三维分析,试图打通行政诉讼法、行政程序法和行政实体法之间的界限,实现行政法内部各组成部分的贯通。① 个案分析存在过分解读个案裁判中法官只言片语的倾向,三层次分析法则存在牵强附会或去法化的症状。

值得关注的是,群案研究近年来日渐获得行政法学者的青睐,其中尤以某一具体领域或某一问题争点为核心的群案研究最为典型。前者如学者对工伤认定、规划许可、信息公开等新类型行政案件的批量式研究;后者如学者围绕违反法定程序如何审查、行政不作为如何判断、行政法规范解释如何审查所展开的批量式研究。公允论之,行政法的群案研究已经成为衡量学者尤其年轻一代学者学术耐心、学术勇气和学术实力的重要标准。同时,从本土司法经验的提炼和法学实证研究的强化上看,群案研究在行政法学中都值得进一步倡导。不过,综观已有的行政法群案研究成果,还存在两个方面的问题:一是对群案之间的内在关系殊少关注。案例在一定意义上就是社会学研究中的"样本",如何选择样本、样本选择是否适当直接决定着相关研究的质量。就行政法的群案研究而言,不同案件发生在不同的时期、不同的区域并为不同的法官所处理。因此,研究者对群案之间的内在关系就必须给予关注,努力寻找不同案件之间的关联,特别是前案裁判对后案裁判可能产生的影响。当下的研究大多将群案中的个体视为静态的样本,忽略了不同案件发生的特殊背景和不同法官裁判的行动逻辑。研究者往往穿行于法官裁判的字里行间,从这些并不高明的文字中挑选自己所需要的信息,并最终得出多少带有预设性的结论。二是对群案缺乏必要的批判。受制于司法体制的束缚和现实利害关系的考量,加之自身法律素养和社会经验的局限,人民法院行政审判的总体质量尚待提高。即便是最高人民法院经慎重遴选发布的典型案例,法官的裁判也并非无懈可击。检视当下行政法群案研究成果,研究者大多对法官的裁判结论及理由说明予以高度认同,并经过学理推断之后提炼出中国本土的司法智慧。如此一来,研究者所挑选的样本都成了正确的范本。在缺乏样本批判基础上所得出的研究结论,其可信度和有效性自然就难以排除合理的怀疑。

(三) 行政法案例研究的展望

对行政法案例研究方法的深刻反思并非要否定其本身存在的价值。相反,

---

① 参见叶俊荣:《行政法案例分析与研究方法》,三民书局1999年版,第23页。

对于目前"顶天不够、立地不足"的行政法学研究而言,具有浓郁实证气息的案例研究方法尤其值得大力推广,毕竟一国行政法的思想既不可能来源于书斋之内的臆想,也不可能来源于简单的逻辑推断,更不可能来源于他国知识的简单照搬。基于上述两个方面的反思,未来行政法案例研究需要从分析素材的多样化和分析方法的精细化方面进行努力。其中,案例素材的多样化包括司法案例与非司法案例并重、"庙堂之高"案例与"江湖之远"案例并重;分析方法的精细化包括个案研究与批量研究并重、司法中心与行政中心并重、充分尊重与合理批判并重。案例来源的多样化和分析方法的精细化有望进一步提升行政法案例研究的质量,并在一定程度上改变我国行政法学研究的现有格局。

1. 非司法案例的遴选与分析

非司法案例的遴选应当坚持三个基本标准:一是典型性。在我国,从中央到地方,每天都会发生大量的与行政管理有关的事件。然而,很多事件仅仅具有局部意义,有的甚至是某地所特有的问题,这些都不太适合在有限的课堂教学中进行分析。因此,事件是否具有典型性、代表性,是否反映了我国行政管理领域普遍存在的问题,就应当成为遴选行政事例的首要标准。例如,近年来,全国很多城市相继出台禁止燃放烟花炮竹的地方政府规章,其背后牵涉的政府应当如何对待民间习俗、公共权力如何在环境保护和传统文化之间寻求平衡的问题,值得吸收进行政法案例研究之中。二是时代性。在现代大工业社会,行政管理领域可谓日新月异。在这一背景之下,非司法案例的选择就应当"与时俱进"。每一年度行政管理领域都会发生多起重大的社会事件,这些事件通常都会引起社会各界的广泛关注,甚至相关领域的管制政策也会发生重大变迁。这些新鲜的事例具有重要的分析价值,应当优先作为行政法学案例研究的素材。三是争议性。就内容而言,很多行政事例所反映的问题较为单一,且往往具有"标准答案"。相反地,对于那些极具"争议性"事件的分析,往往会同时出现若干种不同的解决方案,有助于分析者在不同的方案中进行选择,从而有可能形成相对较好的管制政策。例如,上海市实行的"私车牌照拍卖"制度多年来屡受质疑。这一事件涉及法律的统一适用、个别地区的灵活变通、道路交通管制政策的选择、政府对公共利益的判断等重大现实问题,不同的利益群体(如有车族与无车族之间、本地牌照者与外地牌照者之间等)对此都有不同见解,同样具有较高的分析价值。①

在经过认真细致的筛选之后,如何有效展开对非司法案例的分析便成为摆在研究者面前的重要课题。以"黑龙江率先恢复强制婚检"事件为例,非司法案例的具体分析流程如下:(1)展现事件全部发展过程。"黑龙江率先恢复强制婚检"事件包括以下几个阶段:1986年卫生部与民政部联合发文,开始在结婚登记之前试行婚检;1994年《婚姻登记管理条例》规定有条件的地方应当实行强制婚检制度;1995年《中华人民共和国母婴保健法》规定强制婚检制度;2003年新修订的《婚姻登记条例》改强制婚检为自愿制度;2005年《黑龙江省母婴保健条例》保留强制婚检制度。通过以上回放,研究者可以了解这一重大事件的全部发展过程,为其后的分析奠定了重要的事实基础。(2)揭示事件涉及专业问题。就"黑龙江率先恢复强制婚检"事件而言,可以从形式与实质两个方面分析其所涉及的专业问题:形式问题主要是不同法律规范之间的冲突及法律位阶的维护,即国家的法律、行政法规、地方性法规之间的冲突及其消解;实质问题就是在传统个人自由领域,政府的公权力应当如何介入。(3)挖掘事件之后社会背景。就"黑龙江率先恢复强制婚检"事件而言,必须深度发掘其背后的复杂社会背景,具体包括:因婚检乱收费而加重了公民的负担,引起社会对强制婚检制度的不满;婚检机构只关注收费不重视检查的做法,背离了该项制度设计的初衷;随着社会开放程度的增加,婚姻领域的自由度日益增强,强制婚检存在的正当性基础发生动摇;婚检与公民隐私权保护的潜在冲突;微小人群存在的问题是否需要通过建立适用于所有人的制度来解决;婚检机构的利益争夺;等等。通过对这些背景因素的考察,研究者能够深入了解事件的起因及现实困境,为其从管制政策变革角度探索问题的解决提供了全面的信息。(4)探寻事件可能解决之道。就"黑龙江率先恢复强制婚检"事件而言,可以从成本收益原则、公共权力与私人权利冲突与消解、不同代际之间权利的冲突与消解、政府对公共利益的判断与维护等方面剖析强制婚检管制政策的利弊。基于公共利益的需要,在婚姻登记中应当实行身体检查制度,但不宜采取整齐划一的强制做法,也不宜采取撒手不管的自愿做法,比较可行的是采取灵活易行的劝导、指导方法,将婚检当作公民的一项福利而非义务来对待。与此同时,还应当通过健全社会医疗保险体系来克服纯粹的婚前检查制度,使得体检真正成为每个公民自

---

① 参见章志远:《私车牌照的拍卖、管制与行政法的革新》,载《法学》2008年第6期。

觉的行动。①

2. 司法案例的多维分析

司法案例的分析需要尊重既有的裁判结果,同时也需要保持必要的批判立场,避免司法案例分析落入符合预设标准答案的窠臼。除了继续分析批量案件的裁判结果、发现并提炼中国本土的司法经验与智慧之外,同时也应当倡导对个案的深度研究。②

一是个案专注式分析。无论是最高人民法院通过正式渠道公布的行政案例,还是特定时期发生的社会关注度高的行政案例,都蕴涵着丰富的制度资源,值得从不同角度予以深入分析。个案专注式分析可以从程序和实体两个方面展开。例如,在分析"中国行政信息公开第一案"("董铭诉上海市徐汇区房地局信息不公开案")时,鉴于当时国家层面尚无统一的信息公开立法,且《行政诉讼法》未就信息公开诉讼的基本程序规则作出规定,因而可以立足程序视角分析这类案件的诉讼的起诉规则和审理规则;③在分析最高人民法院6号指导案例"黄泽富、何伯琼、何熠诉四川省成都市金堂工商行政管理局行政处罚案"时,可以围绕该案裁判要旨对其中的解释技术进行条分缕析,即受案法院经由文义解释和目的解释方法的运用,对法定行政程序作出了扩张性解释,并由此提炼出行政处罚听证程序适用范围的判断标准。④

二是个案引申式分析。对司法案例除了进行个案专注式分析之外,还可以撇开个案具体的裁判结果进行个案引申式分析。原因在于,与民事诉讼、刑事诉讼相比,行政诉讼更为复杂。受制于多种因素的影响,法院往往很难作出是非曲直的裁判。对于这类司法案例,如果不顾客观环境一味批评案件的裁判结果,就可能失去通过反思个案、发展规则进而影响后续类似案件处理的宝贵机会。例如,在分析"中国姓名权第一案"("赵C姓名权案")时,鉴于案件以双方和解、撤回上诉告终,且国家层面尚无专门规范姓名的法律规范,因而对该案裁判结果本身无须给予更多关注,可以运用三层次分析法对姓名规制环境的变

---

① 参见章志远:《制度变迁、利益冲突与管制重塑——立足于婚检管制模式演变的考察》,载《法学家》2007年第6期。

② 民法学者有关案例研究进路中"解题式""论文式""规范抽取式""综合性"研究方法的总结,值得引起行政法案例研究者的关注。参见周江洪:《作为民法学方法的案例研究进路》,载《法学研究》2013年第6期。

③ 参见章志远:《信息公开诉讼运作规则研究》,载《苏州大学学报》2006年第3期。

④ 参见章志远:《法定行政程序的扩张性解释及其限度——最高人民法院6号指导案例之评析》,载《浙江社会科学》2013年第1期。

化、姓名规制目标的设定以及姓名规制手段的选择进行延伸式分析。一方面，民众个性的张扬、婚姻家庭关系的裂变、姓名平行现象的激增、国家语言文字政策的变迁以及信息社会标准化的现实需求，共同构成了姓名规制所面对的社会环境；另一方面，应当以公序良俗的维护作为姓名规制的基本目标，通过命令控制与激励指导双重手段的运用，对姓名的结构、长度、内容及变更进行适度规制。①

二、面向行政的行政法学研究

在面向司法的行政法学研究兴起的同时，面向行政的行政法学研究也开始复苏。这一研究进路聚焦行政活动的实体面相，从一个或多个具体行政领域的规制实践入手，经由规制目标、规制机构、规制流程和规制手段的解析，试图建立对真实世界行政过程具有现实回应性的学理体系。无论在传统的警察行政法、教育行政法等领域，还是在新兴的食品安全法、合作行政法等领域，都推出了若干重要的研究成果。同时，简单套用总论和过分纠缠细节的隐忧仍然存在。面向行政的进路要想真正实现与面向司法的进路比翼双飞，历史使命和方法论的自觉尤显必要。

（一）部门行政法研究的三重使命

1. 寻求社会治理良策的初级使命

当代中国正经历着几千年来所未有的变革局面：市场经济体制取代了计划经济体制，但市场在资源配置中的主导性作用尚未确立；工业文明正在取代农业文明，但城镇化的快速推进也加剧了社会运行的潜在风险；法治模式取代了人治模式，但全社会对法律的信仰尚未形成。面对整体性、系统性和持续性的社会结构变迁，作为具有创造性"社会塑造活动"②的行政表现最为敏感，也最需要对现实世界作出及时回应。行政法学总论知识体系虽具有"储藏器""转换器""手段工具"③的功能，但也无法如同自动售货机般随时提供放之四海而皆

---

① 参见章志远：《姓名、公序良俗与政府规制——兼论行政案例分析方法》，载《华东政法大学学报》2010年第5期。
② 〔德〕哈特穆特·毛雷尔：《行政法学总论》，高家伟译，法律出版社2000年版，第6页。
③ 〔德〕Eberhard Schmidt-Assmann：《行政法总论作为秩序理念：行政法体系建构的基础与任务》，林明锵等译，元照出版有限公司2009年版，第5页。

准的解决方案。部门行政法学的首要历史使命在于努力寻求社会治理的良策，形成以现实问题妥善解决为导向的进路。换言之，面向行政的研究进路首先要立足于"救急"，直接针对真实世界的社会治理议题提出具有可操作性的解决方案。诚如我国台湾地区学者黄锦堂教授所言："以各论之各种新奇、特殊之政策手段为基础而希望建立以细腻行政法总论之命题，非但没有必要，甚且将造成误导。"①

纵览近十年的部门行政法学研究，很多成果都展现出研究者自觉的问题解决意识。例如，宋华琳教授在《药品行政法专论》中针对我国药品审评、药品标准、药品行政规制收费领域现实问题的诸多改革建议，就体现出浓郁的问题导向型风格。② 笔者探讨了城镇化进程中地名无序变更现象的社会成因和现实危害，并从实体、程序和救济机制的完善方面提出了解决这一社会问题的应对之策。③ 除了依托传统的论著成果发表渠道外，行政法学者还通过承担政府委托的横向课题研究、参与政府决策咨询论证、提交智库成果报告等新兴手段贡献了自身的智慧，对诸多具体行政领域社会治理方案的优化发挥了应有的作用。

当代中国的社会转型正在为行政法学研究者源源不断地提出一系列复杂的社会治理问题，面向行政的研究进路具有广袤的发展空间。仅以传统的秩序行政为例，即可看出社会治理过程中利益衡量的艰难程度。例如，近年来，全国各地围绕"燃放烟花爆竹"推出了大量禁止性、限制性措施，有的地方收效显著，有的地方禁而不止，有的地方甚至引发诉讼。④ 燃放烟花爆竹是中国传统的民间社会习俗，尤其是在特殊节假日或婚丧日，更是寄托着人们复杂的内心情感。因此，对燃放烟花爆竹行为是否需要作出限制、选择何种限制举措，就需要全面考虑规制影响因素，分期分批循序推进，避免因采取简单粗暴的做法适得其反，进而损伤政府的公信力。为此，行政法学者可以通过各种途径介入其中，全面分析当地的规制环境（环境污染、消防安全、产业调整、空间布局、地方财力等）和利益分布（生产企业、销售企业、燃放个人和单位等），促使主事者在禁放与限

---

① 黄锦堂：《行政法的概念、起源与体系》，载翁岳生编：《行政法》（上册），中国法制出版社2002年版，第108页。
② 参见宋华琳：《药品行政法专论》，清华大学出版社2015年版，第六、九、十章。
③ 参见章志远：《地名变更的法律规制》，载《法商研究》2016年第4期。
④ 参见周瑞平、张敏：《安徽省政府要求烟花爆竹企业整体退出 合肥中院一审判决认定政府行政行为违法》，载《人民法院报》2015年4月25日。

放之间作出适宜的审慎选择。又如,作为一种游离于现行法律规范之外的、以"不正对不正"为基本关系结构的"私力救济"行为存在于民事纠纷解决过程之中。① 私力救济行为具有"双面刃"效应,既可能弥补公力救济存在的不足,又可能破坏既定的社会秩序。在"法无授权不可为""法定职责必须为"的法政氛围之下,公安机关同时面临行政乱作为(不能随意介入民事纠纷)和行政不作为(不及时履行保护公民人身权财产权职责)的风险,如何正确处置不当私力救济行为已经成为困扰公安机关行政执法的难题。为此,行政法学者当及时发声,从依法行政的基本要求、相关法律规范的解释、侵害法益与维护法益之间的衡量等角度提出较为可行的解决方案,着力破解当前治安管理领域中的难题。

面对"实为无限之沃野"②的具体行政领域,行政法学者在社会治理进程中迎来了难得的发展机遇。特别是在当下"中国问题导向"和"领导批示至上"学术评价标准的影响下,全身投入实践可能成为行政法学者的新常态。从理想状态来看,学者聚焦法治政府建设实践,既能够为寻求社会治理良策提供智力支持,又能够为后续学术研究不断积累新素材。不过,实践服务与理论研究毕竟分属不同类型的智识活动,二者存在"时效性和持久性""碎片性和整体性""实战性和引领性""建设性和反思性"的内在差异。③ 从研究个体来看,学者关注具体行政领域的社会治理无可厚非;从研究群体来看,行政法学科长远发展必须回归理论。因此,部门行政法学在完成寻求社会治理良策的初级使命的过程中,必须始终坚守社会良知和学术底线,避免沦为行政领导意志的诠释者和传播者,进而使行政法学陷入"术多而学少"的境地。

2. 推动行政法制创新的次级使命

国家治理体系现代化要求国家层面尽快形成系统完备、科学规范、运行有序的制度体系,使国家治理各方面的制度更加成熟、更加定型。《法治政府纲要》将"依法行政制度体系完备"列为法治政府是否基本建成的七大衡量标准之一,并将其目标确立为"提高政府立法质量,构建系统完备、科学规范、运行有效的依法行政制度体系,使政府管理各方面制度更加成熟更加定型,为建设社会主义市场经济、民主政治、先进文化、和谐社会、生态文明,促进人的全面发展,

---

① 徐昕教授曾经以"正对不正"隐喻正当防卫行为、以"正对正"隐喻紧急避险行为,以此区别于狭义上的私力救济行为。参见徐昕:《论私力救济》,中国政法大学出版社2005年版,第118页。
② 〔日〕铃木义男等:《行政法学方法论之变迁》,陈汝德等译,中国政法大学出版社2004年版,第55页。
③ 参见章志远:《基本建成法治政府呼唤行政法学基础理论创新》,载《法学论坛》2017年第2期。

提供有力制度保障"。法治的真谛在于良法善治。在我国行政法律规范体系已经建立的当下,聚焦具体行政领域法律规范的实施,不断推动行政法制的创新自然就成为部门行政法学研究的又一重要使命。"行政法律制度须契合时代脉动及社会环境,不断开发、创新、改革各种行政组织、行政活动、行政手段等制度,方能达成行政任务之现代使命。"①

在近十年的部门行政法学研究中,以制度设计更新为旨趣的成果颇多。例如,马怀德教授在分析行政区划变更乱象的基础上,提出"加快行政区划立法、完善行政区划变更体制"的建议,对推进国家层面行政区划法制化具有重要意义。② 余凌云教授梳理了道路交通事故责任认定的制度沿革和实践困境,认为"应由谁承担涉及专业判断的过错认定职责"问题的深层次原因在于道路交通安全法确立的完全开放的专家证言模式无法一蹴而就,法官又不愿意采纳专家证言并承受审判风险,因而会尽量依赖警察的责任认定。在此基础上,他提出应当改革道路交通事故责任认定制度,采取可控的开放模式,进而有序推进制度改革。③ 苏宇博士有关公安机关接处警法制的研究,也体现出浓郁的制度设计情结。④

随着基本建成法治政府步伐的加快,行政法制更新作业将日趋繁重,行政法学者广泛参与其中的机会也随之激增。"拓展社会各方有序参与政府立法的途径和方式""探索委托第三方起草法律法规规章草案"是提高政府立法质量的重要"药方"。"一些行政决定充满着如此技术性和复杂性的问题,受到影响的公民需要克服很大的困难和花费许多时间才能理解作出决定的过程,更不用说参与决定作出的过程了。"⑤有鉴于此,行政法学者须当仁不让地参与其中,为提升政府立法质量、创新行政法制贡献智慧。当然,面对具体行政领域的法制更新,行政法学者同样面临知识结构和思维方式的挑战。这就需要调动更多专业研究者的积极参与,避免传统的依赖行政力量指定少数专家垄断式参与模式带来的弊病,进而真正实现具体行政领域的良法善治。

---

① 刘宗德:《制度设计型行政法学》,北京大学出版社 2002 年版,第 108 页。
② 参见马怀德:《行政区划变更的法治问题》,载《行政法学研究》2016 年第 1 期。
③ 参见余凌云:《道路交通事故责任认定研究》,载《法学研究》2016 年第 6 期。
④ 参见苏宇:《接处警法制的反思与重构》,载《当代法学》2017 年第 1 期。
⑤ 〔美〕乔治·弗雷德里克森:《公共行政的精神》,张成福等译,中国人民大学出版社 2003 年版,第 97 页。

3. 反哺总论体系更新的终极使命

如果说寻求社会治理良策和推动行政法制创新是部门行政法学应急目标的话，那么回到理论本身则是部门行政法学的终极目标。"公共行政既是行政法学者研究的有效对象，也是他们需要保持回应性的事项。重要的是，行政法应与其行政背景同步。"①在秉承济世情怀、运用行政法理解决诸多具体行政领域形而下问题的基础上，学者当超越局部，立足系统性和整体性视角，重新审视传统行政法总论学说体系的解释力和回应度，努力解决形而上的问题。诚如德国学者阿斯曼所言："从个别领域之专业部门行政法发展而成的行政法学总论，与各别专业行政法演变对于行政法学结论的引导，形成一种互动的过程。"②可以说，目光时常在部门行政法与行政法学总论之间流转，应当成为部门行政法研究者的座右铭。

从近年来新生代学者的部门行政法研究成果上看，反哺总论的理论自觉愈发明显。在对一个或多个具体行政领域长期跟踪观察的基础上，研究者将这些宝贵的"问题源"及时转化为更新行政法学总论的"内动力"，从检验、修正、发展等不同层次掀起了数轮反哺总论的冲击波。概而论之，这种终极的学术努力主要是从"整体变迁"和"局部变迁"两个层面展开的。就前者而言，风险行政和合作行政的兴起引发的行政法学总论反思即是典型例证。金自宁教授的《风险中的行政法》一书，以环境风险监管为依托，既关注现代社会中的风险规制活动对行政法治经典理念、制度和原则等规范要求的挑战，也关注行政法治实践对风险规制现实需求的已有回应和可能发展。该书集中论述了"作为风险规制行为合法性标准之一的风险预防原则""贯穿风险规制全过程的风险交流""风险规制不可能将风险削减为零下的责任和救济"，第一次较为系统地完成了行政法学总论在风险时代的更新尝试。③ 笔者以警察行政任务和公用事业供给领域的民营化实践发展为依托，集中论述了传统行政法学如何从组织、行为和救济层面因应行政任务民营化的挑战。④ 就后者而言，行政组织法和行政行为法等不同侧面的法理发展即是典型例证。马英娟教授的《政府监管机构研究》一书，

---

① 〔英〕卡罗尔·哈洛、理查德·罗林斯：《法律与行政》（上卷），杨伟东等译，商务印书馆2004年版，第76页。
② 〔德〕Eberhard Schmidt-Assmann：《行政法总论作为秩序理念：行政法体系建构的基础与任务》，林明锵等译，元照出版有限公司2009年版，第1—2页。
③ 参见金自宁：《风险中的行政法》，法律出版社2014年版。
④ 参见章志远：《行政任务民营化法制研究》，中国政法大学出版社2014年版。

以中外政府监管实践的发展为依托,围绕"什么是政府监管机构""为什么设立政府监管机构""如何设置政府监管机构""政府监管机构监管什么""政府监管机构如何监管"五个主要问题,对"构建现代政府监管机构、实现良好监管"命题展开了深入论证,推进了行政组织法学的更新。① 沈岿教授编辑的《谁还在行使权力——准政府组织个案研究》一书,以证券监管、公立高校、村民自治、行业协会等多个领域为例,系统论述了传统行政机关之外实际行使权力的准政府组织,对行政主体理论的更新助益良多。② 笔者立足功能主义视角,以违法事实公布手段在食品安全监管、环境监管、交通治理、人口与计划生育管理等领域的频繁运用为依托,创造性地提出了作为一类新型声誉罚的违法事实公布,推动了行政处罚法理的更新。③ 此外,学者对行政约谈④、行政担保⑤等新型行政活动方式的关注,也体现了这种立足具体行政领域、反哺总论体系更新的学术旨趣。可以说,部门行政法与行政法总论之间生动活泼的互动局面正在形成。

近三十年来,欧美国家同样处于一个"重新建构行政法概念"的时代。⑥ 面对公共行政领域的巨大变迁,传统行政法理论遭遇诸多危机和挑战,行政法总论改革热潮几乎在各国同时兴起。⑦ 总体来看,"行政法基本理论必须转型""行政法有必要与行政学再度结合"已经成为行政法学的基本共识。⑧ 在完成初级和次级使命的基础上,我国未来的部门行政法学更应及时完成反哺总论体系更新的使命。总体而言,置身全球化、信息化、民营化的时代背景之下,行政法学总论体系在基本范畴、逻辑结构和价值理念上都将迎来整体性变迁。在此过程中,部门行政法反哺总论的功能可从三个方面展开:一是检验。如何调和具体行政领域实践的飞速发展与固有的行政法学总论学说之间的矛盾,将成为部门行政法研究无法绕开的首要议题。行政法学基本原理能否适用、可否解释

---

① 参见马英娟:《政府监管机构研究》,北京大学出版社 2007 年版。
② 参见沈岿编:《谁还在行使权力——准政府组织个案研究》,清华大学出版社 2003 年版。
③ 参见章志远、鲍燕娇:《作为声誉罚的行政违法事实公布》,载《行政法学研究》2014 年第 1 期。
④ 参见孟强龙:《行政约谈法治化研究》,载《行政法学研究》2015 年第 6 期。
⑤ 参见罗智敏:《论确保行政上义务履行的担保制度》,载《当代法学》2015 年第 2 期。
⑥ See Marshall J. Breger, Regulatory Flexibility and the Administrative State, *Tulsa Law Review*, Vol. 32, Iss. 2, 1996.
⑦ 相关论述,参见〔美〕理查德·B. 斯图尔特:《美国行政法的重构》,沈岿译,商务印书馆 2002 年版;〔日〕大桥洋一:《行政法学的结构性变革》,吕艳滨译,中国人民大学出版社 2008 年版;〔德〕Eberhard Schmidt-Assmann:《行政法总论作为秩序理念:行政法体系建构的基础与任务》,林明锵等译,元照出版有限公司 2009 年版。
⑧ 参见廖义铭:《行政法基本理论之改革》,翰芦图书出版公司 2002 年版,第 23 页。

于具体行政活动的情境之中,都需要不断进行检验。例如,传统的授权和委托理论能否解释行政任务的民营化现象?传统的申诫罚、财产罚、行为罚和人身罚分类是否周延?"有法必依、执法必严"的理念是否允许例外情形的存在?这些貌似"公理"的总论学说都应当接受实践发展的检验。二是修正。当实践发展屡屡突破传统学说且无法通过法解释予以适用时,行政法学总论体系就应当及时进行修正。例如,作为基本范畴的行政主体本身尚可保留,但核心意涵的行政权力似应以行政任务履行等其他关键词予以替代;作为行政法学理论柱石的行为形式论尚未过时,但其局限应通过关注行政过程和法律关系结构予以弥补;作为行政执法基本理念的严格规范公正文明需要坚守,但例外情形之下的执法和解也应获得认可。行政法学总论体系的形成本就源自不同行政领域实践的归纳,当具体行政领域的实践出现某些共性变化时,总论体系无疑需要与时俱进地加以修正。三是发展。传统行政法学立基于公私对立、公权力对私权利具有天然侵害性的预设之上,其使命往往聚焦防范公权力的作恶。现代行政任务的多样化和复杂化发展,已使得公私合作成为社会关系的常态,激励公权力行善同样是行政法的使命。为此,合作行政背景之下的新原则、新手段、新救济就应纳入行政法学总论之中。在行政行为法领域,除了"不断对未型式化之行政行为加以型式化"[①]外,还可在传统高权行政下的"刚性"行政行为之外,发展出与之相对应的"柔性"行政行为和"中性"行政行为,进而形成新的行政行为理论谱系。

无论是行政法基本范畴、基本原则的修正和发展,还是新的范畴、原则和理念的提出,都需要依托于对多个具体行政领域实践发展的持续观察和理论概括。某些显赫一时的实践制度创新可能有助于特殊时期特定问题的解决,但时过境迁之后却成为一种偶然的权宜之计;某个领域、某个地区的试点经验也许能够产生实效,但能否推而广之成为全局性、整体性的制度构造则有待时间检验。"每一种行政法理论背后,皆蕴藏着一种国家理论。"[②]置身加快法治政府建设的新时代,部门行政法学研究当全面推进,同时完成初级、次级和终极历史使命,努力推动行政法学研究范式从关注合法行政向聚焦良好行政的转变,从而实现行政法学总论体系的吐故纳新。

[①] 林明锵:《论型式化之行政行为与未型式化之行政行为》,载翁岳生教授祝寿论文编辑委员会编:《当代公法理论》,月旦出版社股份有限公司1993年版,第357页。

[②] 〔英〕卡罗尔·哈洛、理查德·罗林斯:《法律与行政》(上卷),杨伟东等译,商务印书馆2004年版,第29页。

(二) 部门行政法研究的三重进路

1. 精耕细作的微观部门行政法学研究

与注重抽象思辨和理论演绎的行政法学总论研究相比,部门行政法学研究必须先返回"法的形而下",通过深入观察具体行政领域的实践运作,逐步熟悉具体行政领域的法律规范、政策文件、制度变迁、组织形态、利益分布、活动手段和程序设计。就研究范式而论,这种深入一线行政实践、崇尚精耕细作的模式可归为"微观部门行政法学研究"。从学术运行自身的规律来看,微观部门行政法学研究都是行政法学科和学人必须亲历的阶段。就研究特质而论,微观部门行政法学研究以解决真实世界存在的现实问题为导向,以寻求社会治理良策、推动部门行政法制更新为使命。当然,从研究成果的客观效应上看,微观部门行政法学研究对检验行政法学总论的普适性和拓展行政法学研究的疆域也可能会产生积极的推动作用。

近十年来,微观部门行政法学研究已经取得了重要进展,已在中生代和新生代行政法学者中形成了特有的学术"标签"景观。例如,余凌云教授在警察行政法研究领域浸润多年,围绕警察行政强制、警察行政调查、治安管理处罚、公安行政执法程序、道路交通事故责任认定等具体问题展开过非常深入细致的研究,初步实现了警察行政法的体系化建构;王克稳教授在经济行政法研究领域长期耕耘,不仅较早搭建了经济行政法的基本体系,而且还围绕行政审批制度改革、集体土地征收、自然资源国家所有等若干经济行政领域的热点议题产出了一批高质量的研究成果;湛中乐教授在教育行政法领域精耕细作,不仅亲身代理了若干重大教育行政案件,而且在大学章程、学术自由、学生权益保障等诸多问题上展开了深入详实的研究;宋华琳教授在药品行政法领域精耕数年,围绕药品监管体制、监管方式流变展开过艰深的实证和比较研究,其《药品行政法专论》一书即是这一领域的集大成之作。除了这些典型的标签之外,王贵松、高秦伟、戚建刚等学者在食品安全监管领域的辛勤耕耘,使得食品安全法研究成为新的学术聚焦点。沈岿教授的《电子商务监管导论》一书,则预示着行政法学向互联网时代的一次勇敢跃进。"在如今电子商务深深影响人们的工作、生产与生活的互联网时代,我们应积极反思植根于工业时代传统经济模式中的现有行政法理论,积极构建适应互联网时代的现代化行政法体系,从而实现良好行政,进而最终实现人性尊严和福利的有效保障。"①随着更多微观部门行政法研究的兴起,传统行政法学的疆域必将获得进一步拓展。

微观部门行政法研究已经创造了实践和学术的双重价值:一方面,现实需求和问题解决导向的研究进路增强了行政法学对真实世界的回应能力,具体行政领域的良法善治局面有所改观;另一方面,伴随着个性化行政法学研究风格的兴起,学术共识不断形成,学派林立初步显现,推动了行政法学研究总体格局的更新。面向行政的部门行政法学和面向司法的行政法教义学已然成为当下行政法学的两大支柱。日益深入的微观部门行政法研究对行政法学者的知识结构和思维方式也形成了巨大挑战,使得很多研究者"不习惯"或者"不敢去"投身具体行政领域的抽丝剥茧式的研究。② 这就需要年轻一代行政法学者秉承"持久战"观念,积数年之功开辟新的部门行政法研究领域,实现理论创新与实践引领的双赢。事实上,前述几位"标签"学者在其特有的部门行政法领域就有着长达二十年的学术积累,有的长期亲身代理某类行政案件,有的长期与特定实务部门紧密合作,有的从博士阶段就开始展开针对性的部门行政法研究。这些成功的研究样本既展示了微观部门行政法研究的美好前景,也诠释了微观部门行政法研究的艰深过程。

在我国未来的行政法学研究版图中,微观部门行政法研究依旧存在广阔的空间,需要倡导"求新""求广""求异"的基本进路。所谓求新,就是要努力追踪具体行政领域的新课题,巩固传统的部门行政法研究阵地,始终走在行政改革实践的前沿。以教育行政法为例,除了继续关注公立高校师生权益保障及大学学术自由等传统议题外,因高考减招、大学更名、学科评估等活动引发的重大行政决策争议也应当受到关注;在公立高校之外,民办教育的政府监管问题、职业教育的政府促进问题、义务教育的公平实现问题都亟待行政法学予以回应。所谓求广,就是要努力填补微观部门行政法研究的空白,不断拓展行政法学的疆域,为行政法学理论体系化奠定更为广阔的基础。尽管行政法学研究不得不长期纠结于抽象与具体之间,但不可否认的是,具体行政领域关注的越多,就越有利于行政法学研究的抽象化和精准化,进而避免研究者陷入"只见树木、不见森林"的境地。就未来的微观部门行政法学研究而言,专业性较强的海关行政法、税务行政法,时效性凸显的安全行政法、环境行政法,以及前瞻性极强的互联网

---

① 沈岿等:《电子商务监管导论》,法律出版社2015年版,第20页。
② 参见宋华琳:《药品行政法专论》,清华大学出版社2015年版,第5页。

行政法,都亟待更多的行政法学者投身其中。所谓求异,就是要秉承相对独立的研究立场,避免介入具体行政领域过深而迷失自我。身处法治政府建设提档升级的关键时刻,行政法学者通过担任兼职政府法律顾问、立法咨询专家、行政复议委员会委员甚至直接挂职等方式全方位参与法治政府建设。这种参与当然有利于学者走出书斋、深入了解实践,也可能有助于学者更好地从事学术研究。过度介入法治政府建设实践不仅耗散了行政法学的有生力量、弱化了行政法学最为重要的学术生产能力,还存在被实践同化甚至完全依附实践的风险,进而使行政法学丧失应有的批判性特质。学者曾批判传统行政法学将视野限定于法律解释和法律技术分析而过度关注"行政的病理",呼吁引入行政学视角。[①] 然而,矫枉却不必过正,学者在对具体行政领域的制度运作保有"同情的理解"的同时,还应当保持一份应有的清醒和批判。亲身观察行政实践而非完全融入行政实践、全面掌握具体行政领域的经验事实而非片面摘取局部事实,应当成为未来微观部门行政法学研究的基本立场。只有坚持求新、求广和求异的研究进路,微观部门行政法学研究才能形成根深叶茂的局面。

2. 承前启后的中观部门行政法学研究

大量微观部门行政法的深入研究,确实能够为行政法总论的完善奠定扎实基础,但也面临着简单套用总论一般原理和过分纠缠技术细节的风险。应当适度整合微观部门行政法研究,通过一定要素的提炼和归纳形成若干中观层面的部门行政法,在微观与宏观之间架起交流沟通的新平台,最终服务于行政法学总论的检验、修正和完善。就研究特质而论,中观部门行政法的素材直接来源于微观部门行政法,其使命则在于通过共性提取最终反哺行政法学总论,进而发挥承前启后的特殊学术功效。

近十年是我国传统行政法学研究整体更新的转折期,中观部门行政法研究在这一进程中获得了重要进展。其中,规制行政法研究的兴起即可佐证。以宋华琳教授为代表的一批中青年学者,通过系统译介英美政府规制理论和持续观察中国不同领域政府规制实践,勾勒出规制行政法的一般原理,引领现代行政法学从以司法审查为中心转向以行政过程为中心。[②] 综观规制行政法研究的

---

① 参见〔日〕大桥洋一:《行政法学的结构性变革》,吕艳滨译,中国人民大学出版社 2008 年版,第 263 页。
② 参见朱新力、宋华琳:《现代行政法学的建构与政府规制研究的兴起》,载《法律科学》2005 年第 4 期。

十多年发展进程,"源自微观——立足中观——面向宏观"是其重要的学术生长进路。一方面,食品监管、药品监管、金融监管、环境监管、公用事业监管等具体领域的行政实践都被纳入论者的分析视野;另一方面,安全、质量等社会性规制与准入、价格等经济性规制受到同等关注。在多种微观部门行政实践观察的基础上,规制机构、规制手段、规制程序等规制行政法的共通原理逐渐得以形成,并最终反哺行政法学总论。在规制行政法发展的基础上,经过沈岿、宋华琳、高秦伟、戚建刚、王贵松、金自宁、赵鹏、胡敏洁等学者的译介和研究,又一重要的中观部门行政法——风险行政法正在形成。"风险规制实践对传统行政法带来了诸多挑战,行政法亟需变革以应对挑战。在研究对象上,行政法应从已知领域转向'未知'空间;在学科定位上,行政法应从偏重法解释学转向偏重法政策学;在基本原则上,行政法需要植入预防原则和应急原则;在核心内容上,行政法要完成以行政行为为中心到以行政过程为中心的嬗变;在研究方法上,行政法应从偏爱解释方法向注重跨学科方法进行转变。"①此外,于安教授有关"发展行政法""社会行政法"的探讨,笔者有关"合作行政法"的初步构建,也体现了中观部门行政法的意蕴。② 随着微观部门行政法研究的不断深入,更多样态的中观部门行政法可能成型。

中观部门行政法的研究同样创造了实践和学术的双重价值:一方面,中观部门行政法原理探究和制度构造取材于若干个微观的部门行政法,其成果反过来又直接影响到微观部门行政法的重构。无论是食品安全监管体制和制度的创新,还是政府环境保护力度的空前加大,都与规制行政法研究的贡献密切相关。另一方面,中观部门行政法的多样化发展对行政法学总论更新起到了重要的推动作用,预防原则的引入、规制工具与行政活动方式的耦合等都是重要例证。伴随着中观部门行政法研究的不断深入,既有的行政法学原理面临着检验、修正和完善的良好契机。当然,与纯粹的微观部门行政法相比,中观部门行政法对研究者的学术视野、涉猎范围和提炼能力提出了更高要求。可以说,中观部门行政法研究依旧任重道远。

3. 纵横捭阖的宏观部门行政法学研究

在论及部门行政法研究与行政法学总论之间的关系时,有学者曾经指出:

---

① 戚建刚:《风险规制的兴起与行政法的新发展》,载《当代法学》2014年第6期。
② 参见于安:《论协调发展导向型行政法》,载《国家行政学院学报》2010年第1期;《论社会行政法》,载《现代法学》2007年第5期。章志远:《迈向公私合作型行政法》,载《法学研究》2019年第2期。

"行政法各论的独立性是相对的,总论仍是各论'走不出的背景',总论与各论之间可以界定为'一般与特别''形式与实质''传送带与反向传送带'三种关系形态。"[①]按照这一理解,部门行政法研究不仅要"脚踏实地"(深入观察具体行政领域),而且还要"仰望星空"(自觉反哺行政法学总论)。如果说微观部门行政法研究能够为行政法学总论发展源源不断地提供原始素材的话,那么中观部门行政法研究则能够为行政法学总论发展提供坚实的智识基础。除了这两种研究进路之外,以行政法学总论元素为分析基准,以大量具体行政领域实践样本为提炼依托,通过"中度抽象水准"命题提取发展行政法学总论的研究进路尤为重要。与微观与中观部门行政法研究进路相比,这一纵横捭阖的宏观进路对行政法学总论的发展功能更为直接。在当下行政法学发展的黄金时期,横跨不同行政领域,直接以检验、修正、反哺、发展行政法学总论为依归的宏观部门行政法学研究需要大力推广。

近些年来,纵横捭阖的宏观部门行政法学研究取得了相应进展。在行政组织法领域,各类形形色色的管委会(包括经济技术开发区管委会、风景名胜区管委会、产业管委会等)大量涌现,对"法律、法规授权组织"的行政主体理论模式提出了挑战;行政机关内部设置了大量的委员会(包括食品安全委员会、行政复议委员会、城市规划委员会等),对"授权—委托"理论构成了挑战;私人力量不同程度地参与了大量秩序行政和给付行政任务的实际履行,传统"行政主体—行政相对人"并立关系格局被打破。行政法学对这些组织形态的实践变化给予了初步回应,以行政主体为中心的组织法原理正在重构之中。在行政行为法领域,丰富多样的政府规制工具同样受到了行政法学理的关注,有的形成了"法解释学立场上的行政行为形式论"与"法政策学脸谱下的规制工具理论"比翼双飞的解释框架;有的形成了传统行政行为形式论补强式的解释框架,如对食品安全、环境监管、价格监管等领域广为流行的"违法事实公布"所进行的行为形式类型化处理。同时,市场监管领域的技术标准、高校的大学章程和行政处罚领域的裁量基准等形式各异的规范性文件纷纷走入研究视野,行政规范的学理体系面临重构的契机。在行政救济法领域,群案研究的兴起不仅能够提炼中国本土的司法经验进而指导未来的司法实践,而且也能够通过不同行政领域纠纷解决智慧的提取为行政法学总论的完善奠定基础。例如,工伤认定行政案件司法审查的核心就在于对"工作时间、工作地点、工作原因"等不确定概念行政解释

---

① 朱新力、唐明良:《行政法总论与各论的"分"与"合"》,载《当代法学》2011年第1期。

的尊重与审查,公立高校被诉行政案件司法审查的核心也在于对高校校纪校规的尊重与审查。对工伤和教育领域行政案件的系统梳理,有助于行政法规范解释与适用原理的更新。随着更多具体行政领域实践素材的挖掘整理和中度抽象水准论题的抽取,直接服务于行政法学总论发展的宏观部门行政法研究有望获得进一步提升。

宏观部门行政法研究创造了重要的实践和学术价值:一方面,对相关具体行政领域的制度再造发挥了引领作用,使行政"合法性"和"最佳性"同时得到有效维系;另一方面,促进了行政法学总论各个组成部分的发展完善,增强了行政法学理论的现实回应性。可以说,目光时常在总论与分论之间灵活流转已成为这一研究进路的最大亮点。伴随着微观和中观部门行政法研究的不断深入,这种宏观层面的部门行政法研究亟待展开。宏观部门行政法研究的要求更高,研究者既要能够"顶天"(具备深厚的总论功底),又要能够"立地"(拥有宽广的分论基础);既要能够"深入"(勇于直面诸多具体领域的细节),又要能够"浅出"(及时反哺总论体系的要素)。

身处当下急速的社会转型时期,法治政府建设实践为行政法学理论创新提供了宝贵的契机。如果说行政法学研究曾经一度出现理论与实践相脱节现象的话,那么当下快速的实践发展早已为研究者大量接触实际创造了多种机会。即使自身不代理行政案件、不到行政机关挂职锻炼、不担任政府兼职法律顾问,立法论证、决策咨询、法案起草、横向课题、法治宣讲等各种参与机会依旧纷至沓来。一个属于行政法学的"黄金时代"已经来临! 行政法学者立足行政法学基本原理、结合具体行政管理领域实践发展,有望引领行政法学研究不断创新。不过,学者介入实践过多也会陷入"实践摆脱理论"的误区。在各种现实利益的驱使下,"埋首实践、远离理论"正成为困扰行政法学发展的观念障碍,积极倡导纵横捭阖的宏观部门行政法学研究在当下尤为必要。

纵横捭阖的宏观部门行政法学研究需要同时具备两个前提条件:一是尽可能多地接触不同领域的微观部门行政法,全方位掌握已经发生的经验事实,避免"只见树木、不见森林";二是夯实行政法学理论功底,以世界眼光打量中国问题,准确把握全球范围内行政法学总论更新的方向,避免"屈从实践、排斥理论"。在此基础之上,通过大量直接、深入、持续的实证观察,努力检验、修正、反哺和发展行政法学总论。一是检验。传统行政法学理论体系建立已历经多年,虽不能言放之四海而皆准,但也不能轻易被抛弃重建。例如,行政行为形式论确有不足之处,但基本上还是可以解释诸多具体行政领域的新兴手段,行政法律关系论、行政过程论未必就能完全取而代之。二是修正。透过大量具体行政领域的实践发展，能够看出传统行政法学理论遭遇到诸多挑战，很多地方亟待修正。例如，"执法必严、违法必究"是传统行政法制的基本观念，但行政执法实践中日渐兴起的和解现象却对这一传统观念形成挑战。三是反哺。部门行政法的飞速发展与传统行政法学理论之间存在事实上的张力，很多实践素材很难从总论中找到理论依据。例如，规范性文件在诸多具体行政领域发挥着重要的调整和规范作用，其自身的功能也存在差异。但在行政法学总论体系中，"规章以下规范性文件"却是一个长期被冷落的领域。需要立足功能主义视角，结合不同类型规范性文件的具体功能，重新建立行政规范的分析框架，反哺行政法学总论。四是发展。作为一门需要不断去找寻自我的学科，行政法学需要始终保持应有的开放姿态，在部门行政法实践挑战的回应中不断寻求新的发展。作为传统行政法学"阿基米德式"概念的行政行为虽然并未过时，但其自身也需要顺应实践发展作出相应调整。例如，担保手段在税收、海关、治安、环保、劳动等诸多具体行政领域得到了大量运用，但其法制化程度却普遍较低，且在行政法学总论体系中并无名分。需要在对担保实践运作进行持续、深入观察的基础上，结合民法担保原理和公私合作治理理论对其展开型式化作业，填补传统行政行为形式论的不足。又如，行政机关在很多行政领域不断尝试推行违法事实公布于众的做法，虽然能够起到杀鸡儆猴的特殊功效，但也面临着合法性、正当性缺失的拷问。其中，具有贬损当事人声誉性质的违法事实公布手段就与现有的行政处罚类型之间存在断裂。特别是在市场经济成熟、民主政治健全的社会，这种处罚远比人身罚更为严重。在既有的申诫罚、财产罚、行为罚、资格罚和人身罚之外，还需开发新的声誉罚。

无论是精耕细作型的微观部门行政法学研究，还是承前启后型的中观部门行政法学研究，抑或是纵横捭阖型的宏观部门行政法学研究，对当下的中国行政法学而言"一个都不能少"。近年来，随着行政法学研究群体数量的增加，各种研究进路呈现出知识生产竞赛的喜人局面，除了行政法基础理论研究、比较行政法研究、行政法史学研究、行政法社会学研究外，面向司法的行政法案例研究和面向行政的部门行政法研究表现出更为明显的竞争状态。为此，整合不同研究进路的优势资源，深入观察具体行政领域的实践，方能实现行政法学研究的吐故纳新。在从事部门行政法研究时，应当把握好"中国问题与世界眼光""史的概观与现实关切""规范文本与实践运作""治理框架与治理绩效""微观创新与总论反哺"五个方面的关系，真正推动中国行政法学的时代转型。

三、面向比较的行政法学研究

"比较行政法像积累各种行政法方案的仓库,核心任务是发现具体的需要和法律问题,对比不同法域、法律制度、行政文化和行政传统的个性和共性,学习其他行政法文化,吸收和借鉴经过检验的具有普遍性的制度和法律思想,完善自己的行政法。"[①]近十年来,外国行政法的介绍和研习同样成为我国行政法学研究中的一种重要进路,被公认为是"中国现代行政法得以迅速发展的重要因素之一"。[②]从严格意义上来说,比较行政法学研究在我国尚处于发展阶段,与行政法学体系中其他分支学科的发展存在差距,其本身的一些基本理论问题也需要及时澄清。

(一) 比较行政法学研究的贡献

概而论之,比较行政法学研究的贡献主要体现在以下四个方面:

1. 比较行政法学译著之劳

翻译是从事比较法学研究的直接手段。通过外国行政法原始文献的翻译,能够为比较行政法学研究的展开提供充分的材料基础。自 20 世纪 80 年代我国行政法学研究恢复以来,一批行政法学者在被称为"天下最难事"的译事上辛勤耕耘,翻译了大量外国行政法的著作和论文,为国内比较行政法学研究的兴起及时地提供了重要素材。从最初对苏联行政法著述的译介,到对美国、日本零星著作的翻译,再到晚近对西方诸多行政法治发达国家行政法著述的大规模译介,可以说,外国行政法的翻译是过去三十多年我国比较行政法学所取得的最为耀眼的成就。在对外国行政法进行大量译介的基础上,以比较行政法命名的著作开始出现。如今,比较行政法、比较行政程序法、比较行政诉讼法、比较公务员法等著作充斥坊间。除此之外,外国行政法与比较行政法方面的论文、译文也大量涌现。

---

① 〔德〕汉斯·J.沃尔夫、奥托·巴霍夫、罗尔夫·施托贝尔:《行政法》(第一卷),高家伟译,商务印书馆 2002 年版,第 17 页。
② 参见应松年:《编辑缘起》,载张越编著:《英国行政法》,中国政法大学出版社 2004 年版,卷首。在民法学界,比较法研究同样居功至伟。"当今中国民法学的进步,首先应归功于对外国法的引进、吸收。比较法研究对于法学研究来说,最大的意义在于其能够源源不断地提供极其宝贵的问题意识。"参见解亘:《正当化视角下的民法比较法研究》,载《法学研究》2013 年第 6 期。

2. 域外先进制度借鉴之绩

我国行政法学研究的恢复与发展是伴随着大规模的行政法制度建设而展开的。在这一进程中，比较行政法学研究的"立法导向性"十分明显。正如德国比较法大师茨威格特所言："每一位追求高质量的立法者都认为，从比较法学方面拟就一般报告或者特别地以专家鉴定的方式提供资料，乃是不可缺少的工作手段。"[1] 自1986年行政立法研究组成立之后，组织翻译介绍外国的行政法律制度便成为其重要的工作之一。在短短两年时间里，行政立法研究组就组织译介了8个国家的26部法律。[2] 通过译介，域外发达国家诸多先进的行政法制度先后为我国的行政立法所借鉴、吸收。从20世纪90年代对外国行政诉讼制度、国家赔偿制度、行政程序制度的参考与借鉴，到近年来对国外规制理论、风险治理理论的译介与整理，这些实践充分反映出我国当下比较行政法学研究服务于立法的功利主义倾向。

3. 学科基本范畴提炼之功

范畴的提炼及其体系化是一门学科走向成熟的标志。随着比较行政法学研究的展开，西方国家行政法中的若干基本范畴逐一被介绍到我国，渐次为我国学者所吸收，从而在提炼基本范畴的基础上完成了行政法学知识体系的初步架构。以行政主体范畴在20世纪80年代末期的生成为例，虽然当时的行政机关范畴在传递"行政权力行使者"上存在先天不足，且行政诉讼被告资格确认的现实需求加速了行政机关范畴解构的步伐，但这一新范畴的最终确立得益于法国、日本行政主体理论的及时引入。值得关注的是，随着比较行政法学研究的深入，我国行政法学初创时期的学科基本范畴正面临着"系统重整"，包括行政主体在内的诸多基本范畴的内涵与外延都将在日益深化的比较行政法学研究中获得重生，立基于精细化范畴之上的行政法学知识体系的科学性也必将大大增强。

4. 法学研究范式转换之德

自美国科学史学家库恩首度提出"研究范式"一说之后，人文社科学者频频采用这一工具分析各自领域的研究状况。在国内行政法学界，"研究范式""范

---

[1] 〔德〕K.茨威格特、H.克茨：《比较法总论》，潘汉典等译，法律出版社2003年版，第23页。
[2] 参见何海波编著：《法治的脚步声——中国行政法大事记（1978—2004）》，中国政法大学出版社2004年版，第51页。

式转换"渐成当下的学术流行语。值得肯定的是,伴随着比较行政法学研究的日渐深入,国内学者的眼界顿开,研究方法、关注主题在潜移默化之中都出现了令人可喜的转变。有学者在回顾当代中国行政法学的历程时,曾经将行政法学的研究范式概括为"政法法学""立法法学""社科法学"等三种类型。① 这三种研究范式的存在及其转换正是比较行政法学在我国三十余年来步履蹒跚的真实写照,同时在很大程度上也归因于比较行政法学的发达与否。一个典型的例证是,随着近年来美国行政法最新文献的大量译介,政府规制理论、风险社会理论逐渐为国内学界所熟悉和运用,以关注真实世界行政法问题研究为己任的"新行政法"研究悄然兴起,从而在很大程度上激活了"沉睡已久"的部门行政法、行政实体法研究,初步回应了规制国家对传统行政法学研究范式提出的诸多挑战。比较行政法学研究的成熟必将进一步促进我国行政法学研究范式的转变,这是比较行政法学弥足珍贵且最值得期许的贡献。

(二) 比较行政法学研究的局限

应当承认的是,对于从其他学科夹缝之中生长起来的中国行政法学而言,上述四个方面的劳绩功德确属来之不易。但是,面对当下中国的社会转型对行政法学所提出的诸多课题,既有的比较行政法学研究尚不足以贡献更多的智力支持。概而言之,比较行政法学研究的局限集中体现在如下四个方面:

一是可资比较材料之局限。比较行政法学的深入发展有赖于外国行政法学原始文献的全面收集与准确译介,如同有的学者在论及比较行政法的研究范围时所指出的那样,开展比较行政法研究应从规范比较、制度比较、理论(思想)比较和环境(运行过程)比较四个不同的层面进行。② 虽然外国行政法的著译事业在过去三十多年里已经有了长足进展,但就其所提供的比较素材而言,总体上还存在很大局限,突出表现为:偏好教科书式介绍而忽略专题式研究;偏好成文规范译介而忽略司法判例译介;偏好制度静态描述而忽略制度动态运行;偏好最新立法成果译介而忽略学说史、制度史系统梳理。很显然,在外国行政法所提供的素材极限的背景之下,真正有价值的比较行政法学研究也就难以为继。

---

① 参见何海波:《中国行政法学研究范式的变迁》,载姜明安主编:《行政法论丛》(第 11 卷),法律出版社 2009 年版,第 381—394 页。
② 参见〔德〕汉斯·J.沃尔夫、奥托·巴霍夫、罗尔夫·施托贝尔:《行政法》(第一卷),高家伟译,商务印书馆 2002 年版,"译者后记"第 529 页。

二是域外制度学说之误读。比较法研究是一把双面刃。在正确、全面掌握外国行政法素材基础之上的比较研究,确有可能发挥比较行政法学的应有功能。反之,如果在对外国行政法制度学说不求甚解甚至一知半解的基础上进行比较研究,其结论必然失真。特别是比较法的研究者在进行比较法研究之前往往都接受了其本国法教育,因而在对外国法研究时就更有受既定法律思维模式影响导致误读的可能。在我国当下林林总总的比较行政法学研究中,此类误读误解之例并不鲜见。例如,在既往有关行政公益诉讼制度的研究中,一种十分流行的叙事格式是:域外各法治发达国家均已建立了行政公益诉讼制度,其先进经验证明了中国建立行政公益诉讼的可行性。言下之意是,国外都有了,我们当然也应该有。其实,深入考察西方主要国家的行政诉讼制度,不难发现,"行政公益诉讼是域外行政诉讼的通例"是一个伪命题,其间反映了一些论者对西方国家相关制度的误解。不消说行政公益诉讼是否在西方国家都已经建立存在疑问,即便西方国家都已建立也不能成为中国一定要有的理由。

三是比较研究使命之模糊。一段时间以来,包括行政法学研究在内的法学研究存在"唯外"现象,似乎没有外国法元素就不成其为学术研究。对于为什么需要进行比较法研究亦即比较行政法学的使命究竟是什么,则普遍显示出认识上的模糊。综观当下的比较行政法学研究,有以借鉴他国成熟行政法律制度为我所用甚至直接进行法律移植为使命的,有以通过比较论证中国特有行政法律制度存在合理性为使命的,有以揭示能够普遍适用于各国的共性行政法规律为使命的,有以拓宽视野缩短我国行政法学研究与发达国家差距为使命的,还有引介外国行政法学说提升我国行政法学研究品位为使命的。研究使命的不同虽然在客观上形成了多样化的比较行政法学成果,但认识上的模糊与分歧对于比较行政法学的成长并非有利。特别是在中国特色社会主义法治政府基本建成的奋进过程中,如何理解比较行政法学研究的使命更是需要予以澄清的前提性问题。

四是比较方法运用之失当。德国学者拉德布鲁赫曾言:"就像因自我观察而受折磨的人多数是病人一样,有理由去为本身的方法论费心忙碌的科学,也常常成为病态的科学,健康的人和健康的科学并不如此操心去知晓自身。"[①]对于方法论有些过剩的德国而言,拉氏之见解确有警醒之效。然而,对于方法论尚十分欠缺的行政法学特别是比较行政法学而言,无疑需要得到格外的重视。

[①] 〔德〕拉德布鲁赫:《法学导论》,米健、朱林译,中国大百科全书出版社1997年版,第169页。

通行的比较法研究方法主要有四组,即宏观比较与微观比较、功能比较与概念比较、动态比较与静态比较、历史文化比较与单纯法规比较等。① 在我国当下的比较行政法学研究中,宏观比较、概念比较、静态比较以及单纯的法规比较方法得到了普遍运用。相比之下,微观比较、功能比较、动态比较以及历史文化比较方法还没有受到应有的重视。这种比较方法运用上的偏好使得人们对外国法的理解往往陷于肤浅,由此得出的结论亦经不起推敲。单纯的法规比较在当下的比较行政法学研究中较为流行,这种立基于静态规范层面的比较将复杂的法律制度设计简约为纸面的条文对比,忽略了制度背后诸多的社会影响因素及其现实的运作图景,从而降低了研究的价值。

(三) 比较行政法学研究的展望

如果说比较材料的局限和制度学说的误读尚属形式意义上的缺陷的话,那么研究使命的模糊和研究方法的失当则构成了当下比较行政法学研究实质意义上的缺陷。为了促进我国比较行政法学研究的进一步发展,必须着重解决好历史使命和方法论这两个至为关键的问题。②

1. 比较行政法学研究的历史使命

在比较法学一百多年的学术发展历程中,比较法的目的或使命一直是各国比较法学者所共同关注的问题。大体上来说,国外学者对此形成了两种截然不同的认识:一种观点认为,比较法的目的在于通过对各国法律的比较,寻求一个最佳的法律模式来解决具体的法律问题,德国的茨威格特和克茨、法国的达维德、日本的大木雅夫等大多数比较法学者均持这一看法;另一种观点则认为,比较法的目的仅仅在于通过认识和比较国外的法律来更好地认识和理解本国法的安排,意大利的萨科等少数学者即持这一看法。在我国比较法学界,压倒多数的意见认为,比较法研究能够开拓视野,寻求人类法律发展的共性规律,进而为我国法律的制定和完善提供借鉴。其中,比较法学者米健教授的学术主张最

---

① 参见沈宗灵:《比较法研究》,北京大学出版社1998年版,第34页。
② 有学者曾经指出,未来中国比较行政法研究需要解决好六个问题:一是宏观的比较行政法研究需要跳出传统法系划分的藩篱;二是需要拓宽比较行政法研究的地域范围,加强美国、英国、德国、法国和日本之外其他国家和地区行政法的研究;三是需要超越单纯的规则比较,更重视对规则的发展演变、实际运行及其经社文等制度背景的研究;四是需要对多个法域的行政法制进行深入比较;五是需要有更加明确的中国问题意识,不简单照搬国外的经验;六是需要更加重视比较行政法在建构行政法释义学(教义学)中的作用。参见李洪雷:《中国比较行政法研究的前瞻》,载《法学研究》2012年第4期。

具代表性。他认为,比较法学最直接的目的或最基本的使命就是通过对本国法律和外国法律的比较研究,提出改进和完善本国法制的设想,指出其可行的方法和途径;而比较法学的最终目的或最高历史使命则是从全人类和整个世界的高度,本着对全人类和整个世界的关怀,对所有民族国家法律及其相应制度中所蕴涵的人类共性予以探究和阐明,进而从人类社会的角度发现和确立可以普遍适用于人类社会或整个世界的共同法或普遍法。①

国内行政法学者直接就比较行政法学的研究目的或历史使命进行论述的尚不多见。20 世纪 80 年代,王名扬教授在《比较行政法的几个问题(提纲)》一文中提出,比较行政法的研究具有两个目的:一是实用目的。研究其他国家的行政法,可以作为我国行政立法的参考,对于同样的问题,由于各国的具体情况不同,就有不同的理论和不同的解决方法。我们可以从别人的经验中吸取教训,对有用的东西加以改造,使之适合我国国情,对有害的东西进行批判。二是学术目的。研究外国行政法当然要研究比较行政法,就是研究中国行政法,比较行政法也有帮助。研究比较行政法,可以扩大我们的视野,丰富我们的想象力,增强认识问题的广度和深度,对于我们分析中国材料,提出自己的理论,能够提供一些启发和帮助。② 这一观点后来一直被学界所沿用,如颇具影响的《比较行政法》一书就将比较行政法的研究价值区分为理论价值与实践价值两个方面。③ 有学者随后将比较行政法学的任务表述为"寻求行政法价值上的共性""寻求行政法规范构成上的可贯通性""寻求行政法调整手段上的相异性""寻求行政法历史发展的连续性"四个方面。④

上述有关比较法及比较行政法研究目的的论述对我们在当下重新理解比较行政法学的历史使命不无启迪之处,但鉴于公法与私法的巨大差异性,特别是行政法发展的时代性尤为强烈,对比较行政法学历史使命的认知也必须放置于特定的历史语境中加以考察。诚如英国学者马丁·洛克林所言:"公法只是一种复杂的政治话语形态;公法领域内的争论只是政治争论的延伸……寻求在

---

① 参见米健:《从比较法到共同法——现今比较法学者的社会职责和历史使命》,载《比较法研究》2000 年第 3 期。
② 参见王名扬:《英国行政法》,中国政法大学出版社 1987 年版,第 265 页。
③ 参见张正钊、韩大元主编:《比较行政法》,中国人民大学出版社 1998 年版,"导言"第 10—11 页。
④ 参见关保英:《比较行政法学若干问题探讨》,载《法学研究》2001 年第 2 期。

社会发展的语境中表述和阐明公法问题是一种历史悠久的智识活动。"①如果说私法因调整平等主体之间的人身关系与财产关系且与商品经济表现出内在契合性而更多地体现出共通性的话,那么公法则因所调整的法律关系具有明显的政治性而更多地体现出个性化的色彩。就我国行政法学研究所处的时代背景而言,大规模的立法运动即将结束,行政法的基本制度架构已经形成,以服务于国内立法为首要使命的"立法导向型"的比较行政法学研究需要进行及时调整和转向。在加快建设法治政府成为时代强音的当下中国,比较行政法学无疑应当义不容辞地担负起特殊的历史使命。"只有通过对(西方法治政府建设——引者注)各种模式进行深入的分析和比较研究,我们才可能获得符合中国法治建设的多种资源。"②有鉴于此,比较行政法学在当下中国的历史使命就应当包括以下两个方面:

一是探究人类实现行政法治的共性规律。作为现代法治的核心组成部分,行政法治已经成为各国所共同追求的目标。虽然各国实现行政法治的具体方式与途径可能相去甚远,但最终都会获得共同的结果。就比较行政法学的研究而言,其根本任务并不是向人们展示不同国家行政法的差异性,因为外国行政法的译介已经足以满足人们对这种个性的了解,而透过表面上的个性捕捉实质上的共性才是比较行政法学所真正追求的目标。自比较法学产生以来,发现和建立"人类的共同法"就一直是比较法学者心中挥之不去的情结。法国学者朗贝尔即指出:"比较法应当逐步地消除那些使文明阶级和经济形态相同的民族彼此乖背的各种立法上的偶然性的差异。比较法应当减少那些不是基于各民族的政治、道德或者社会特性而是历史上的偶然性、暂时的存在或者不是必要的原因所产生的法律上的差异。"③因此,超越个性探究人类实现行政法治的共性规律应当成为时代赋予比较行政法学最重要的历史使命。

二是理解本国走向行政法治的个性选择。了解国外行政法的制度及学说、探究各国行政法治的共性规律并不是要简单地照搬照抄,而是在全面考察、比较基础之上的一种"创造性转换"。但问题的另一面是,一国法律制度的建立及

---

① 〔英〕马丁·洛克林:《公法与政治理论》,郑戈译,商务印书馆2002年版,第8—9页。
② 罗豪才:《法治政府的建设与制度资源的多样性——"法国公法与公共行政名著译丛"(代序)》,辽海出版社、春风文艺出版社1999年版,第3页。
③ 转引自〔德〕K.茨威格特、H.克茨:《比较法总论》,潘汉典等译,法律出版社2003年版,第4页。

其运行往往受制于该国特定的社会经济条件、民族传统、政治体制安排、历史习惯、意识形态等诸多"隐素",因而时常表现出难以统合的个性化差异。法国比较法学者达维教授在比较英法两国行政法时就曾指出:"在全部监控行政法规或决定的事项上,也许可以表明英国和法国所采取的不同方法,这种差异与英国法和法国法的不同历史发展相联系。英国法强调的是程序,法国法强调的则是实体性内容。对法国法律家来说,主要的问题是确定行政部门或机构是否已作出了正确的决定;英国的法律则更倾向于审查在作出行政决定之前是否已作出了适当的考虑,是否遵守了必需的全部程序步骤。"①我国目前正处于急速社会转型时期,社会结构变迁导致法律制度也处于变动不居的状态,而公法制度的变迁特别是行政法制度的变迁还要受到现实政治改革进程和方式的影响。因此,在社会转型的特殊语境中,中国的比较行政法学研究除了要超越形式相异性探究人类实现行政法治的共性规律之外,还应当"同情地理解"本国走向行政法治的个性选择。正如德国比较法学者格罗斯菲尔德在评价比较法的意义时所言:"我们不应该太急迫地要去教导其他国家应该做什么。我们从比较法得知每一种文化都有其自己的合理性,它没有必要采纳我们的对合理性的理解。"②

2. 比较行政法学的方法论

在比较法学兴起的一百多年间,方法论问题一直吸引着比较法的研习者。甚至可以说,有多少人以比较法的名义从事"比较法"研究,就可能有多少种比较方法,但这并不意味着迄今为止还不存在公认的比较法方法。在比较法学的发展历史上,功能主义的比较方法就受到了各国比较法学者的垂青。就学术谱系而言,功能主义方法本为社会学的研究方法。法国社会学家迪尔凯姆在论及解释社会事实的准则时曾言:"当我们试图解释一种社会现象时,必须分别研究产生该现象的原因和它所具有的功能。"③功能主义方法在法学领域的适用始于德国法学家耶林,经过美国学者威格摩尔和帕温德的推动,在德国由拉贝尔

---

① 〔法〕勒内·达维:《英国法与法国法:一种实质性比较》,潘华仿等译,清华大学出版社2002年版,第112页。
② 〔德〕伯恩哈德·格罗斯菲尔德:《比较法的力量与弱点》,孙世彦、姚建宗译,清华大学出版社2002年版,第175—176页。
③ 〔法〕E. 迪尔凯姆:《社会学方法的准则》,狄玉明译,商务印书馆1995年版,第111页。

和莱因斯坦等人导入比较法,最后由茨威格特和克茨确立了功能主义的比较法。① 作为现代功能比较方法的主导者,茨威格特和克茨指出:"全部比较法的方法论的基本原则是功能性原则,由此产生所有其他方法学的规则——选择应该比较的法律,探讨的范围和比较体系的构成等等。人们不能够对不可能比较的事物作出有意义的比较,而在法律上只有那些完成相同任务、相同功能的事物才是可以比较的……因此,任何比较法研究作为出发点的问题必须从纯粹功能的角度提出,应探讨的问题在表述时必须不受本国法律制度体系上的各种概念所拘束。"② 可见,功能主义的比较法立基于实际问题的解决,完全是以问题意识为中心而不是以结构或体系为中心展开的。这种方法通过抽取具有等值功能的事项进行比较,能够动态、综合地把握不同国家法律制度之间的关联,从而在不同法系之间架起沟通的桥梁。

功能主义的比较法自提出之后得到了各国比较法学者的积极响应,日本的大木雅夫、意大利的卡佩莱蒂、我国的沈宗灵等比较法名家都在其著述中给予了积极评价。特别需要指出的是,卡佩莱蒂教授还在总结其数十年比较法教学与研究经验的基础上,对功能主义比较方法的适用进行了进一步的深化和提炼,提出了著名的比较法研究"六步曲":第一步是在所要比较的国家中找出人们共同遇到的社会问题或社会需要,也就是找到"共同的起点";第二步是分别研究这些国家为解决该问题所采取的法律解决方法及有关的法律规范、程序和制度;第三步是对各国所采取的不同解决方案的理由进行研究;第四步是进一步研究这些异同的产生原因及其所反映出来的发展趋势;第五步是对各种不同的法律解决方案以其是否符合社会需要这一客观标准进行评价;第六步是根据既定的社会需要、既定的解决方案的实际影响和所反映的发展趋势,合理地预测所研究的问题的未来发展。③ 卡氏的这一总结客观地再现了功能主义比较法适用的全过程,展示了此种方法对于比较法研究目的达成的重要价值,因而得到了比较法学界的广泛支持,值得在今后的比较行政法研究中进一步推广。

---

① 参见〔日〕大木雅夫:《比较法》,范愉译,法律出版社1999年版,第86页。
② 〔德〕K.茨威格特、H.克茨:《比较法总论》,潘汉典等译,法律出版社2003年版,第46—47页。
③ 参见〔意〕毛罗·卡佩莱蒂:《比较法教学与研究:方法和目的》,王宏林译,载沈宗灵、王晨光编:《比较法学的新动向——国际比较法学会议论文集》,北京大学出版社1993年版,第15—19页。

【扩展阅读】

1. 叶俊荣：《行政法案例分析与研究方法》，三民书局1999年版。
2. 〔日〕铃木义男等：《行政法学方法论之变迁》，陈汝德等译，中国政法大学出版社2004年版。
3. 陈瑞华：《论法学研究方法》，北京大学出版社2009年版。

【延伸思考】

1. 如何进一步推进行政法学案例研究？
2. 如何进一步推进部门行政法研究？
3. 如何进一步推进比较行政法学研究？

第三章 行政法渊源论

在我国行政法学发展进程中,行政法渊源问题在很长一段时期内并未得到深入研究。进入 21 世纪以后,特别是近十年来,随着《宪法》《中华人民共和国立法法》(以下简称《立法法》)的修改及最高人民法院案例指导制度的正式建立,行政法渊源研究开始升温,多元化的观察视角逐渐获得认同。本章在概述行政法渊源演进的基础上,分述行政法的成文法源和不成文法源。

一、行政法渊源的演进

"渊源"一词的本义是指水流的发源之处。"法的渊源"简称法源,最早出自罗马法的 fontes juris,英文译为 sources of law。然而,究竟何为"法源"?对此,法学理论上有着各种不同的解释。归纳起来,大致有以下四种理解:(1)法的历史渊源,通常指引起特定法律原则或规则产生的过去的事件和行为,如当代大陆法系渊源于罗马法、英美法系渊源于日耳曼习惯法等;(2)法的理论渊源,指对一定法律原则的产生和发展发生重大影响的理论学说,如自然法学说、功利主义哲学等;(3)法的形式渊源,指法的效力的来源,包括法的创制方式和法律规范的外部表现形式,如法律、法规、判例等;(4)法的实质渊源,指法的来源、发源、根源等,也即法的内容导源、派生于何处,发生原因为何。[①] 在我国法

---

① 参见孙国华主编:《法理学教程》,中国人民大学出版社 1994 年版,第 391—392 页。

理学上,主流观点认为法的渊源指的就是法的形式渊源。周旺生教授和雷磊教授先后对法的渊源进行了重构,前者认为,法的渊源是由法的资源(法和法律制度是基于什么样的原料形成的)、进路(法是基于什么样的途径形成的)和动因(法是基于什么样的动力和原因形成的)所构成的综合概念;后者认为,法的渊源就是司法裁判过程中裁判依据的来源,在法律论证中发挥着权威理由的功能,包括效力渊源和认知渊源两种类型。①

在行政法学理上,法源也存在多种不同角度的理解,如所谓的法存在形式说、法原动力说、法原因说、法制定机关说、法前规范说、法事实说等。② 不过,主导性的观点还是将行政法的渊源理解为行政法律规范的存在形式。③ 翻检20世纪八九十年代出版的众多行政法学教材,在讨论行政法的渊源问题时,除了一些细枝末节上的纷争之外,大多将其概括为宪法、法律、行政法规、地方性法规、自治条例、单行条例、规章、法律解释及国际条约等成文法。只有少数学者提出,法的一般原则、判例、惯例等行政法不成文的形式也应当值得考虑和重视。④ 行政法的渊源就是行政法的表现形式或存在形式(即行政法的形式渊源),而行政法的表现形式就是成文法的观点一直在学界占据统治地位。很明显,这种局面的形成与我国法理学关于法渊源的主流认识不无关系。

上述研究状况直到20世纪90年代后期才发生了些微变化,其主要表现是行政法的不成文法源或非正式法源逐渐得到学界认可。总的来说,学界对行政法不成文法源的探讨主要是通过以下两种方式进行的:一是部分学者在其行政法著作中明确提及了行政法的一般原则、判例、政策等不成文法源。例如,罗豪才教授较早就提出:"行政法就其外延或外部表现形式看,不仅包括一系列行政

---

① 参见周旺生:《重新研究法的渊源》,载《比较法研究》2005年第4期;《法的渊源与法的形式界分》,载《法制与社会发展》2005年第4期;《法的渊源意识的觉醒》,载《现代法学》2005年第4期。雷磊:《重构"法的渊源"范畴》,载《中国社会科学》2021年第6期。

② 参见姜明安主编:《行政法与行政诉讼法》,北京大学出版社、高等教育出版社1999年版,第28页。

③ 例如,在德国,法律渊源的概念存在着多种不同的定义,但法理通常认为法律渊源是"实在法的识别标志",它是法律规范得以产生和存在的表现形式。参见〔德〕哈特穆特·毛雷尔:《行政法学总论》,高家伟译,法律出版社2000年版,第55页。在日本,行政法的法源是指关于行政的组织及其作用的法的存在形式,可以分为成文法源和不成文法源两种。参见〔日〕盐野宏:《行政法》,杨建顺译,法律出版社1999年版,第39页。

④ 参见张树义主编:《行政法学新论》,时事出版社1991年版,第17页;杨海坤:《中国行政法基本理论》,南京大学出版社1992年版,第103页。此外,王名扬教授还提出,行政法的法渊包括形式的渊源和实质的渊源。其中,行政法的实质渊源是指"构成行政法规则的资料来源于什么地方,行政法规则包括什么内容"。参见王名扬:《法国行政法》,中国政法大学出版社1988年版,第18页。

法规范，而且理应包括一些重要的行政法原则，它们同样具有法的效力……在我国，由于体制的局限，人们往往忽视了原则的法律约束力，从而不把它列为行政法概念的重要组成部分。这一点应加以修正。"① 姜明安教授也指出："在实际的司法和行政执法实践中，法理和判例也有着重要的作用。法官和行政执法者在适用法律时，往往以法理为指导，以判例为参照。权威法学家的著作以及经最高人民法院审判委员会审查，在《最高人民法院公报》上发布的判例，具有准法源的作用。"② 孙笑侠教授则从法律适用的角度对政策、法理和判例在司法审查中的作用进行了较为深入的实证分析，并将它们列为行政法的非正式渊源。③ 二是一些学者专门撰文对行政法的不成文法源做了整体性研究，或者就其中某类具体形态的不成文法源进行了专门论述。例如，关保英教授发表过有关行政法的非正式渊源的论文；④ 朱新力教授等学者发表过有关行政法不成文法源的论文；⑤ 刘善春教授、赵正群教授等学者发表过作为行政法不成文法源的行政判例的论文；⑥ 周佑勇教授等学者则发表过作为行政法不成文法源的行政惯例、公共政策的论文。⑦

一些学者对行政法渊源本身还进行了反思性研究，主张从多个视角重新认识行政法的法源。例如，有学者提出："把法律渊源看成对行政执法和法院判决有约束力的'法律依据'，导致理论与事实的脱节。那些被奉为法律渊源的制定法条文，并非在任何情况下都有约束力；而那些没有被承认为法律渊源的材料，对行政执法和司法活动有着实际的影响力……基于区分法律规范和法律渊源的立场，把法律渊源理解为叙述法律或者争辩法律时所使用的论据……我国的法律渊源包括各级国家机关制定的各种规范性文件，也包括形式各异的非成

---

① 罗豪才主编：《行政法学》（新编本），北京大学出版社1996年版，第7页。
② 姜明安主编：《行政法与行政诉讼法》，北京大学出版社、高等教育出版社1999年版，第31页注。
③ 参见孙笑侠：《法律对行政的控制——现代行政法的法理解释》，山东人民出版社1999年版，第107页。
④ 参见关保英：《市场经济条件下行政法的非正式渊源》，载《法律科学》1995年第2期。
⑤ 参见朱新力：《论行政法的不成文法源》，载《行政法学研究》2002年第1期；方洁：《论行政法的不成文法源》，载浙江大学公法与比较法研究所编：《公法研究》（第一辑），商务印书馆2002年版。
⑥ 参见刘善春、刘德敏：《行政判例的理念、功能与制度分析——关于重视行政判例研究的思考》，载《政法论坛》2001年第4期；赵正群：《行政判例研究》，载《法学研究》2003年第1期。
⑦ 参见周佑勇：《论作为行政法之法源的行政惯例》，载《政治与法律》2010年第6期；郑洁：《行政法不成文法源之研究——以行政惯例为中心》，载浙江大学公法与比较法研究所编：《公法研究》（第六辑），浙江大学出版社2008年版；余凤：《作为行政法之法源的公共政策研究》，载浙江大学公法与比较法研究所编：《公法研究》（第七辑），浙江大学出版社2009年版。

渊源"。① 还有的学者则进一步指出，现代行政法的法源不仅是佐证行政权合法性的来源，同时也是司法审查中法院行使司法权的合法性基础。应当立足行政和司法两个法域，将现代行政法的法源视为"为行政权、司法权的合法性提供一种可以被解释的文本材料"，并主张从"作为形成法律规范的法源""作为约束行政权、司法权的法源""作为论证行政、司法适用法律规范正确性的法源""作为补充法律规范漏洞的法源"等多元视角解释"法源"的意义。②

笔者认同行政法渊源主要是指行政法律规范的表现形式的通说，也认为需要从多个视角去观察、理解行政法的法渊。诚如日本比较法学者大木雅夫所言："法源是一个多义词，在比较法学中，使用这一用语是指决定对社会成员具有约束力的规范的全部要素、原因及行为。因此，法律、命令、判决、习惯法、伦理性规范、宗教启示中的戒律、巫术或宗教信条、惯例、习俗等等，不拘形式，都包括在法源的范畴中。"③在行政法上，法源的这种"约束力"是有多重指向的，既包括对行政主体和行政相对人行为的规范效力，即某项规范能否约束行政相对人，能否作为行政活动的规范依据，也包括对司法机关审判行为的规范效力，即某项规范能否作为行政审判的裁判依据。"法源论之意义既然在于指明法的存在形式，则其机能当不外乎如何产生拘束力。首先，法源对法律关系之当事人产生拘束力，因此得作为'行为规范'；其次，法源亦以'裁判规范'之方式拘束法院，使法院得以之为裁判依据，前者之实效性并以后者为担保。"④行政法法源所展示出来的不仅仅是一个静态的行政法规范层级结构，而且还表现为行政法规范对不同对象的现实影响力。我国行政法法源研究已经取得了明显进展，特别是行政法的不成文法源还成为新的学术研究热点。从已有研究成果来看，还存在理论叙述过多而实证分析欠少、域外介绍性过强而本土论证性较弱的缺憾，中国本土的行政法不成文法源还有待进一步观察和论证。

二、行政法的成文法源

综观当今世界各国，不仅大陆法系国家行政法的渊源主要限于成文法，而

---

① 参见应松年、何海波：《我国行政法的渊源：反思与重述》，载浙江大学公法与比较法研究所编：《公法研究》（第二辑），商务印书馆 2002 年版，第 12—15 页。
② 参见章剑生：《现代行政法基本理论》，法律出版社 2008 年版，第 45—48 页。
③ 〔日〕大木雅夫：《比较法》，范愉译，法律出版社 1999 年版，第 132 页。
④ 蔡茂寅：《行政法法源之意义与机能》，载《月旦法学杂志》2000 年第 1 期。

且在英美法系国家,成文法律的地位也日益提高,呈现出与判例法并驾齐驱的格局。当然,这并不是说不同的法源之间就一定存在着绝对的优劣之分。正如日本比较法学家大木雅夫所言:"从根本上,一个发达的法律秩序拥有各种各样的法源应是理所当然……虽然大陆法系采取成文法主义,但并非仅以制定法为法源;而英美法虽然采取不成文法主义,也不是仅以判例为法源。"① 事实上,由于各国的历史传统、社会经济政治文化环境的不同,某个国家在一定时期可能会对某种形式的渊源更加重视。"在法制尚不发达时,行政民主化还未被普遍接受,行政人员多以传统习俗而行,多以习惯法为主要渊源。待行政法进一步发展,行政的法律化和民主化提高以后,单一的习惯法已难以适应行政管理的态势,而不得不以制定法为主要的行政法渊源。但是制定法并不能独立承担约束、指导、监督行政权的任务,于是在发展了行政法上大量的制定法以后,又不得不辅之以不成文的法律渊源。两大法系基本上遵循了这一法制发展的规律。"②

一般来说,大陆法系与英美法系国家行政法采取成文法主义的主要理由在于:基于行政权本身的执行性,有必要向社会明确有关行政组织的存在形态;有利于行政作用的统一性与行政活动的公正性;通过现实的法律制度,为公民权利的保障与救济提供行政法依据;有利于发挥行政法的预测功能,为公民权利的保护与社会秩序的稳定发挥作用。③ 这些理由在我国同样能够适用。虽然近年来行政法的不成文法源日益受到重视,但行政法的成文法源在我国仍然占据主导地位。在我国,公认的行政法成文法源包括以下八个方面:

1. 宪法典

作为行政法成文法源的宪法所指称的仅仅是我国的宪法典,并非宪法规范或部门法意义的宪法。宪法典作为我国行政法最高位阶的成文法源,主要体现在两个方面:一是宪法典是一切行政立法的依据;二是宪法典中所规定的国家行政机关的活动原则、公民申诉控告权等都是行政法的直接渊源。

2. 法律

此处的法律仅仅是指我国全国人大及其常委会严格按照法定程序所制定的基本法律和一般法律,例如,由全国人大制定的《行政处罚法》以及全国人大

---

① 〔日〕大木雅夫:《比较法》,范愉译,法律出版社1999年版,第136—137页。
② 方洁:《论行政法的不成文法源》,载浙江大学公法与比较法研究所编:《公法研究》(第一辑),商务印书馆2002年版,第156页。
③ 参见张正钊、韩大元主编:《比较行政法》,中国人民大学出版社1998年版,第40页。

常委会所制定的《行政复议法》等都属于我国行政法重要的成文法源。

3. 行政法规

行政法规是指国务院按照法定程序制定的规范性法律文件。行政法规的效力低于宪法和法律,但高于地方性法规和行政规章。在我国行政法上,行政法规是最主要的一类成文法源。

4. 地方性法规

地方性法规是指由特定地方的国家权力机关按照法定程序制定的规范性法律文件。这些机关包括省、自治区、直辖市的人大及其常委会,设区的市的人大及其常委会。2015年修订后的《立法法》规定,设区的市的人大及其常委会的地方性法规的制定权限仅限于城乡建设与管理、环境保护、历史文化保护等方面的事项。

5. 自治条例和单行条例

自治条例是民族自治地方(即自治区、自治州和自治县)的人大依照《宪法》和《中华人民共和国民族区域自治法》规定制定的关于民族自治地方的自治机关的组织、活动原则、自治机关的自治权及自治地方经济、文化重大事项的全面性的规范性文件;单行条例则是民族自治地方的人大根据当地民族的政治、经济、文化特点制定的有关某一方面具体事项的规范性文件。作为行政法成文法源的自治条例和单行条例只限于民族自治地方适用。

6. 行政规章

行政规章包括部门规章和地方政府规章两类。其中,部门规章是由国务院各部、委员会、中国人民银行、审计署和具有行政管理职能的直属机构按照法定程序所制定的规范性法律文件;地方政府规章则是由省、自治区、直辖市和设区的市、自治州的人民政府根据法律、行政法规和本省、自治区、直辖市的地方性法规所制定的规范性法律文件。2015年修订后的《立法法》规定,设区的市、自治州的人民政府的制定权限仅限于城乡建设与管理、环境保护、历史文化保护等方面的事项。在我国行政法的成文法源中,行政规章的数量最多。

7. 法律解释

法律解释包括正式的法律解释和非正式的法律解释,作为行政法成文法源的则是正式的法律解释,主要包括四类:一是立法解释,即全国人大及其常委会对法律条文本身所作的解释;二是司法解释,即最高人民法院和最高人民检察院对相关法律的适用所作的解释;三是行政解释,即国务院及其有关部门对相关法律、法规所作的解释;四是地方解释,即有关地方人大及其常委会、人民政府对地方性法规和地方政府规章所作的解释。根据我国《立法法》《行政法规制定程序条例》《规章制定程序条例》的有关规定,法律解释同法律具有同等效力,行政法规的解释与行政法规具有同等效力,规章的解释同规章具有同等效力。

8. 国际条约和国际协定

凡是我国已经加入的、涉及行政管理内容的国际条约和国际协定,也属于我国行政法的成文法源。例如,我国与一些国家所签定的领事条约、司法协助协定等即属于行政法的法源。

至于行政规章以下的规范性文件是否属于行政法的成文法源,我国行政法学理存在争论。早期出版的行政法教科书认为,行政规定也属于我国行政法的法源。[1] 在随后出版的很多行政法教科书中,行政规定则被划出了行政法法源的范围。[2] 这种争论的背后主要还是源自对行政法法源内涵的不同理解。如果从对行政活动的规范、对行政相对人权利义务的实际影响角度上去理解行政法法源,行政规定因构成"行为规范"自然属于法源之列;如果从对司法裁判的拘束角度上去理解行政法法源,行政规定则因不构成"裁判规范"而不在法源之列。可见,对行政规定的法源地位需要作辨证理解。"法治并不一概排除这些规范性文件的效力。但需要强调的是,法治原则要求立法和行政机关尽可能采取有程序保障的、内容公开、效力相对稳定的正式立法来规制社会;任何法律规范性文件,尤其是层次较低的行政规定,其本身的合法性有待检验。"[3] 从这个意义上来说,可将上述八类公认的规范性法律文件视为行政法基本的成文法源,行政规定则可被视为行政法一类特殊的成文法源。

三、行政法的不成文法源

行政法的不成文法源并非没有文字的记载,只是没有组织化或法典化而

---

[1] 参见张尚鷟编著:《行政法教程》,中央广播电视大学出版社1988年版,第39—40页;皮纯协主编:《中国行政法教程》,中国政法大学出版社1988年版,第12页。
[2] 参见姜明安主编:《行政法与行政诉讼法》,北京大学出版社、高等教育出版社1999年版,第31页;章剑生:《现代行政法基本理论》,法律出版社2008年版,第51页。
[3] 应松年、何海波:《我国行政法的渊源:反思与重述》,载浙江大学公法与比较法研究所编:《公法研究》(第二辑),商务印书馆2004年版,第18页。

已,其名称使用主要还是出于尊重约定俗成的习惯表达的考虑。① 目前,无论在中外行政法学理还是实务上,不成文法源作为成文法源的一种补充已经获得广泛共识。总的来说,行政法的不成文法源是开放式、动态发展式的,不同国家和地区在不同的历史时期都可能会出现新形式的不成文法源。下文将在行政法不成文法源的比较法观察和正当性论证的基础上,就我国未来行政不成文法源的构成加以分析。

(一) 行政法不成文法源的比较法观察

无论是崇尚成文法传统的大陆法系代表性国家法国和德国,还是以判例制为主要法源而制定法也日趋增多的英美法系代表性国家英国和美国,抑或是兼具大陆法系和英美法系特征的代表性国家日本,行政法学理和实务上都承认不成文法源的存在。概而论之,这些国家中普遍认可的不成文法源主要有以下几种形态:

1. 判例法

判例法是指可以作为先例据以断案的法院判决。作为行政法不成文法源的表现形式,判例法已经得到了各国的广泛认可。在英美法系国家,由于传统上一直采取判例法主义原则,因此上级法院所作出的判决对下级法院及本院处理类似的案件具有拘束力,即以后的判决必须遵照先例作出。正是由于上级法院的判决具有法律上的效力,因此判例当然是英美国家行政法上的重要法源。在当代,虽然制定法在英美国家不断增长,但判例法依旧扮演着重要的角色,英国与美国行政法的很多重要原则和规则都来源于判例法的创造。在大陆法系国家,一般不承认判例的拘束效力,上级法院的判决对下级法院并不产生直接的法律效力,但这并不意味着大陆法系国家对判例法的作用一概予以否认。德国行政法上的比例原则、信赖保护原则都是其行政法院在长期的司法实践过程中经过多次运用而最终形成的。法国虽然是一个典型的成文法国家,但其行政法上的重要原则几乎都是由行政法院的判例产生的。例如,行政行为无效的理由、行政赔偿责任的条件、公产制度、行政合同制度、公务员的法律地位等极为重要的法律原则都是由判例产生的。判例的作用不仅体现在成文法没有规定的时候,即使在成文法有明确规定时,成文法的适用也由判例决定。因此,法国

---

① 参见吴庚:《行政法之理论与实用》,中国人民大学出版社2005年版,第34页。

行政法学者弗德尔曾言:"如果我们设想立法者大笔一挥,取消全部民法条文,法国将无民法存在;如果他们取消全部刑法条文,法国将无刑法存在;但是如果他们取消全部行政法条文,法国的行政法仍然存在,因为行政法的重要原则不存在成文法中,而存在于判例之中。"①从这一溢美之词中,我们可以体会出判例对于法国行政法发展的巨大作用。时至今日,虽然成文性行政立法已在法国大量出现,但法国行政法的主体仍然是判例法。②

2. 习惯法

习惯法是指在行政领域经过长时期的反复实践,基于人们的内心确信而得到公认的一种社会规则。虽然随着成文法的不断完备和法律保留原则适用范围的拓宽,习惯法已经退居次要地位,但作为一种行政法的不成文法源,习惯法为各国所认可。在英美国家,由于习惯常常都是通过判例的形式得到认可的,因此习惯法可视为判例法的一部分。在法国,公产不能转让规则在未成为成文法规则以前,就已经作为具有法律效力的习惯规则而存在。不过,由于行政关系变动迅速,习惯往往难以形成,即便形成之后其范围又不易确定,且需要经过法院的认定,因此习惯法在当今法国的行政法上只起到一种十分有限的补充作用。③ 习惯法在日本和德国行政法上所扮演的角色则更为重要一些。在日本,行政法上的习惯法主要包括行政先例法和地方民众性习惯法。其中,行政先例法是指政府机关的做法长期以来形成惯例,在一般国民中被信以为法的部分。例如,关于国家法令的发布方式,在法律上没有特别的规定。但是,通过官报公布的方式已经成为长期以来的惯例,在一般国民中被认为是法律规定的必经程序,在官报上公布国家法令便成了一种习惯法。地方民众性习惯法是有关公法关系的一定习惯在民众中继续得到维持并获得社会普遍认可的规则,它主要存在于类似河川用水权、原野放牧权等公物利用关系之中。当这些权利在当地民众的意识中确立并固定下来时,行政机关在实施征用公物等活动时就应当接受这一习惯法的约束。④ 在德国,虽然习惯法也只是作为次要形式渊源而存在的,且其形成需要同时满足"长期的、同样的作法"和"当事人确信这种习惯应成为法律"等条件,但不少习惯法在德国联邦及各州、各地的司法实践中还是被肯

---

① 转引自王名扬:《法国行政法》,中国政法大学出版社 1988 年版,第 21—22 页。
② 参见何勤华:《西方法学史》(第二版),中国政法大学出版社 1996 年版,第 180—181 页。
③ 参见王名扬:《法国行政法》,中国政法大学出版社 1988 年版,第 17 页。
④ 参见杨建顺:《日本行政法通论》,中国法制出版社 1998 年版,第 156 页。

定的。①

3. 行政法的一般原则

行政法不成文法源最基本的表现形态应该是法理和行政法的一般原则。对此,各国的称谓不尽相同,在日本和韩国称条理,在法国称为法的一般原理,在德国称为行政法的一般原理。② 虽然各国的具体用语不同,但对一般原则的法源地位都是予以认可的。在英美国家,由于行政法的一般原则多产生于判例当中,因此被判例法所包容,不单独列为一种行政法的渊源。在法国行政法上,法的一般原则概念是 20 世纪 40 年代中期由最高行政法院提出来的,是具有法律效力的不成文法规则。当成文法没有规定时,行政机关和行政法院只能根据法的一般原则,决定应当遵守的法律规则。这些原则涉及的范围十分广泛,包括实体法规则和程序法规则。同时,各项原则的法律效力大小也不完全相同,如有的具有宪法规范效力,有的则只有法律规范效力,但它们都能够拘束行政机关,违反一般原则的行政行为将被视为违法行为而由行政法院撤销。法国最经常引用的原则有:公民的基本自由权、公民的各种平等权,包括法律面前、租税面前、公务面前、公共负担面前及其他方面的平等在内,为自己辩护权,行政行为不溯及既往原则,既判力原则,不当得利返还原则,尊重既得权原则,行政机关采取对公民不利的行为不能超过达到合法目的必要的程度原则等。③ 行政法的一般原则在德国行政法上并不是一种独立的法律渊源,它主要是通过司法判决和学理发展而来的。可以作为行政法一般原则效力基础的不同根据包括习惯法、宪法的具体化、参照现行法律规定、从所谓的法律原则中引申。当然,这些根据往往是相互补充和交叉的,如德国行政法上的比例原则长久以来就得到了承认,且以习惯法的方式被肯定下来;同时,该原则在基本法中也有根据(个人基本权利及法治国家原则等条款);此外,该原则既在某些具体法律部门中以实在法形式规定下来,又可以从法律原则推导出来。④ 在日本行政法上,作为合乎正义的普遍原理而得以承认的诸原则被称为一般法原则或条理,

---

① 参见〔德〕哈特穆特·毛雷尔:《行政法学总论》,高家伟译,法律出版社 2000 年版,第 62—64 页。
② 参见张正钊、韩大元主编:《比较行政法》,中国人民大学出版社 1998 年版,第 48 页。
③ 参见王名扬:《法国行政法》,中国政法大学出版社 1988 年版,第 211—212 页。
④ 参见〔德〕哈特穆特·毛雷尔:《行政法学总论》,高家伟译,法律出版社 2000 年版,第 65—66 页。

主要包括平等原则、比例原则、禁止翻供原则、信义诚实原则等。①

(二) 行政法不成文法源的正当性分析

上述比较法的简略考察显示,行政法不成文法源的存在是一个"世界性"现象。那么,在成文法源之外增设不成文法源究竟是基于何种原因？换言之,行政法不成文法源存在的正当性基础何在？就行政法理论及实践而言,不成文法源的正当性至少体现在以下三个方面：

1. 有效克服成文行政法律规范的局限性

社会生活是无限的,而立法者的理性却始终是有限的。每当一部成文法制定出来时,实际上就已经落后于时代现实。尤其是在行政法领域,即使再高明的立法者也无法为飞速发展变化的行政实践提供包罗万象的成文法规范,更何况各国从未制定过像民法典、刑法典那样的旷世行政法典。相比较其他部门法而言,成文行政法律规范更难以覆盖社会生活中的各个方面；同时,出于保持法律规范稳定性的考虑,又不太可能及时通过法律规范自身的修改来加以解决。因此,行政法律规范在调整社会关系时愈发显得捉襟见肘。诚如梅因所言："社会的需要和社会的意见常常是或多或少地走在法律的前面,我们可能非常接近地达到它们之间缺口的结合处,但永远存在的趋向是要把这缺口重新打开来。因为法律是稳定的,而我们谈到的社会是前进的。人民幸福的或大或小,完全取决于缺口缩小的快慢程度。"②可见,成文行政法律规范的滞后性需要借助于其他形式的法源去填补。

成文法规范不仅存在落后于社会生活的局限,而且其自身还存在语言表达的不确定性,容易导致法律适用的模糊,进而危及法律目的的实现。作为法律规范载体的语言,只是立法者用以再现客观世界的符号。由于人们认识能力、生活经验和观察角度的不同,往往会对同一语词作出不尽相同甚至截然对立的理解。"文字虽为表达意思之工具,但究系一种符号,其意义须由社会上客观的观念定之。因而著于法条之文字,果能表达立法者之主观意思否,自非立法者所能左右。然则立法者纵属万能,但因其意思须籍文字以表达故,亦势难毕现无遗,则成文法之不能无缺漏而非万能也明矣。"③尤其在行政法领域,类似"适

---

① 参见杨建顺：《日本行政法通论》,中国法制出版社1998年版,第157页。
② 〔英〕梅因：《古代法》,沈景一译,商务印书馆1984年版,第15页。
③ 郑玉波：《民法总则》,三民书局1979年版,第39页。

当""合理""必要""原则上""公共利益"等不确定法律用语的使用更加频繁,语言的模糊性必然会降低成文法规范对行政法价值目标的实现程度。可见,为了对成文行政法律规范进行恰如其分的解释,也需要借助于成文法本身之外的其他标准。

正是由于成文法存在的上述诸多局限,才为不成文法源的引入提供了广阔空间。由于不成文法源往往是在长期的行政实践或司法实践过程中经反复适用而最终形成的,因此其与生俱来地具有稳定性、持续性、灵活性等优点。虽然习惯法、判例法、一般原则等行政法的不成文法源并不具有明确的规范形式,但相对于成文法规范而言,它们更加贴近丰富的社会生活实践,能够体现个案的正义。因此,无论是在填补成文法规范的空白方面,还是在对模糊的成文法规范进行解释方面,这些不成文法源都能起到积极的作用。"当一项正式法律文献表现出可能会产生两种解释的模棱两可性和不确定性——事实往往如此——的时候,就应当诉诸非正式渊源,以求获得一种最利于实现理性与正义的解决方法。另外,当正式渊源完全不能为案件的解决提供审判规则时,依赖非正式渊源也就理所当然地成为一种强制性的途径。"①

2. 主动应对行政裁量日益扩展的挑战

我们正生活在一个以行政为中心的时代,行政裁量权的触角几乎伸向社会生活的每个领域。美国学者洛伊在谈及行政裁量问题时曾形象地指出:"这仿佛是重访一口水井,这水井是授予自由裁量权和行政机构政治的象征。它和二十年前一样,在同样地方的同样一口水井,内容也几乎完全相同,只不过水更深,污染更严重。"②洛伊的见解表达出对行政裁量大量涌现的担忧。正如人类对行政权的需要是绝对的一样,行政裁量在当代行政法上存在的必要性也是不容质疑的。王名扬教授曾经专门列举了法律授予行政机关自由裁量权的六大理由:"第一,现代社会变迁迅速,立法机关很难预见未来的发展变化,只能授权行政机关根据各种可能出现的情况作出决定;第二,现代社会极为复杂,行政机关必须根据具体情况作出具体决定,法律不能严格规范强求一致;第三,现代行政技术性高,议会缺乏能力制定专业的法律,只能规定需要完成的任务或目的,

---

① 〔美〕E.博登海默:《法理学:法律哲学与法律方法》,邓正来译,中国政法大学出版社1999年版,第415页。
② 〔美〕洛伊:《通向奴役的两条道路:自由主义,保守主义和行政权力》,载〔美〕斯蒂芬·L.埃尔金、卡罗尔·爱德华·索乌坦编:《新宪政论——为美好的社会设计政治制度》,周叶谦译,三联书店1997年版,第181页。

由行政机关采取适当的执行方式;第四,现代行政范围大,国会无力制定行政活动所需要的全部法律,不得不扩大行政机关的决定权力;第五,现代行政开拓众多的新活动领域,无经验可以参考,行政机关必须作出试探性的决定,积累经验,不能受法律严格限制;第六,制定一个法律往往涉及到不同的价值判断。"①

囿于人性固有的弱点和行政事务自身的复杂性,行政裁量的不当运用又极有可能造成严重后果。因此,对行政裁量必须予以有效控制。否则,没有任何行使标准的行政裁量无异于是对行政专制的认可。正是在这个意义上,英国行政法学者韦德将"政府必须根据公认的、限制自由裁量权的一整套规则和原则办事"视为法治的内涵之一。② 问题在于,成文法规范的局限性决定了其自身无法对行政裁量进行有效控制。相比之下,行政法的不成文法源则更能胜任这一使命。一般来说,行政裁量行使的主要目标就是要"合理",而合理的具体标准基本上都是从判例中产生出来的。例如,在英国,行政自由裁量权的行使"要受到有关因素,而不受无关因素的影响和指导。如果它的决定受到不应当加以考虑的微不足道的因素的影响,那么该决定是站不住脚的。不管该法定机构如何诚实地行动,然而决定将被宣布无效"。而这个原则正是在"帕德菲尔德诉农业、渔业和食品大臣案件"中所确立起来的。③ 在美国,"就一般自由裁量权的行使而言,发挥先例的指导作用是防止专横行使权力的一种措施"④。可见,充分吸收行政法不成文法源所蕴涵的原则和规则无疑是应对行政裁量日益扩展的必然选择。

3. 积极推动行政法规则的自我更新

一部行政法的历史就是行政权不断扩张以及伴随而来的对行政权进行不同方式控制的历史。在这一过程中,明确而健全的行政法成文规范应当是首选方式,毕竟具有普遍性和确定性的成文法规定相比之下更容易实现一般正义。然而,历史的经验已经反复证明:法律永远落后于行政。因此,单纯依靠成文法规范自身的修正来实现其内容的更新非常困难。行政法规则的自我更新尚需借助于"外力"才能实现。从前述西方国家有关行政法不成文法源的演进中可以看出,不成文法源往往都是新的成文法源的雏形。例如,西方国家行政法上

---

① 王名扬:《美国行政法》,中国法制出版社1995年版,第546—547页。
② 参见〔英〕威廉·韦德:《行政法》,徐炳译,中国大百科全书出版社1997年版,第25页。
③ 同上书,第72—73页。
④ 王名扬:《美国行政法》,中国法制出版社1995年版,第550—551页。

的很多重要原则（如比例原则、信赖保护原则、正当程序原则等）最早都是在法院的判例中出现并经过反复的援用才上升为成文法规定的，有的至今依旧存在于判例法中而没有实现成文化；有的行政法制度如公布办理结果、公物使用规则等最早都是以一个行政习惯或惯例的形式存在的，后来才逐渐成为某个成文法律规范的规定。这一现象表明行政法的不同法源之间可以互为介质。就行政法的不成文法源而言，完全可以因其自身的稳定性和适应性而成为行政法成文法源更新的基础。换言之，一种新的行政法规则的产生，往往都是以大量的行政案例或特定的行政惯例或某些公认的法律原理作为其经验依据的。与其说是制定了一项行政法规则，毋宁说是对已经存在的行政法不成文法源的正式承认。可见，行政法不成文法源的存在意义并不仅仅在于其能够为行政执法人员和法官提供可资选择的规范依据，更为重要的价值还在于为行政法的发展不断提供可资利用的资源。正是通过推动行政法规则的自我更新，行政法的不成文法源才得以以一种发展的姿态维系行政法的适应性，努力缩短成文行政法律规范与社会生活之间的差距。

（三）我国行政法不成文法源的发展构想

身处社会急速转型时期的当下中国，成文行政法律规范固有的局限性、行政裁量日益扩展的趋势和行政法规则不断更新的需求同样存在。为此，打破成文法独霸天下的格局、积极培育各种适宜的不成文法源直至最终形成"以成文法源为主、以不成文法源为辅"的新型行政法法源结构模式，应当是我国行政法发展的基本走向之一。近年来，行政法不成文法源的补充作用逐渐为学界所认同。应当立足当下本土正在发生的行政法治实践，建构契合中国社会发展实际的四种形态的不成文法源。

1. 行政判例

一般认为，行政判例指的是在行政审判实践中，由具有权威性的审判机关作出的可以影响或在事实上拘束今后审理同类案件的权威性行政裁判。我国虽然不是判例法国家，但改革开放之后判例的作用逐渐得到了重视。自1985年起，最高人民法院创办《最高人民法院公报》，迄今为止已经刊登了数百个典型案例，内容涉及刑事、民事、经济、行政、海事等诸多领域。这些案例或者是复杂疑难案件，或者是新型案件，或者是在国内具有重大影响的案件。最高人民法院公报编辑部1995年6月30日在《中华人民共和国最高人民法院公报全集》"出版说明"中对公报公布案例曾经有这样的介绍:"《最高人民法院公报》发布的案例,也是经最高人民法院审判委员会反复推敲、字斟句酌,从众多案件中精选出来的。每个案例都有详细的事实、判决理由和结果,蕴涵了深刻的法律意义。它既不同于用作法制宣传的一般案例,也不同于学者们为说明某种观点而编撰出来的教学案例。它具有典型性、真实性、公正性和权威性特点,是最高人民法院指导地方各级人民法院审判工作的重要工具,也是海内外人士研究中华人民共和国法律的珍贵资料。"从上述表述中不难看出,最高人民法院通过《最高人民法院公报》形式公布典型案例可谓用心良苦:既旗帜鲜明地表达了自己对案件处理结果的态度,又没有强制性地要求各级法院务必"遵循先例",甚至都没有使用更为准确的"判例"一语。

伴随着司法改革的启动,最高人民法院对典型案件作用的认识出现了明显变化。1999年10月20日,最高人民法院印发《人民法院第一个五年改革纲要(1999—2003)》,其中第14项明确规定:"2000年起,经最高人民法院审判委员会讨论、决定有适用法律问题的典型案件予以公布,供下级法院审判类似案件时参考。"2000年6月15日,《最高人民法院裁判文书公布管理办法》公布施行,其中最高人民法院作出的"具有典型意义、有一定指导作用的案件的裁判文书"不定期地在《最高人民法院公报》上公布。2005年10月26日,最高人民法院印发《人民法院第二个五年改革纲要(2004—2008)》,其中第13项明确提出:"建立和完善案例指导制度,重视指导性案例在统一法律适用标准、指导下级法院审判工作、丰富和发展法学理论等方面的作用。最高人民法院制定关于案例指导制度的规范性文件,规定指导性案例的编选标准、编选程序、发布方式、指导规则等。"这是最高人民法院首次以正式文件形式向社会公开发出有关案例指导制度的改革意见,对于长期坚持成文法中心主义的当下中国的法律发展而言,这种明显带有判例法色彩的案例指导制度无疑蕴涵着重大的制度创新与观念创新。也许是出于创新需要谨慎的考虑,直到2010年11月26日,最高人民法院才印发《关于案例指导工作的规定》,明确提出"案例指导工作推行的目标在于总结审判经验、统一法律适用、提高审判质量和维护司法公正",并要求"各级人民法院在审判类似案例时应当参照最高人民法院发布的指导性案例"。指导性案例"参照适用"的地位得以正式确立。2015年2月16日,最高人民法院印发《人民法院第四个五年改革纲要(2014—2018)》,其中第23项明确提出:"完善法律统一适用机制。完善最高人民法院的审判指导方式,加强司法解释等审判指导方式的规范性、及时性、针对性和有效性。改革和完善指导性案例的筛选、评估和发布机制。健全完善确保人民法院统一适用法律的工作机制。"2019年2月27日,最高人民法院印发《人民法院第五个五年改革纲要(2019—2013)》,其中第26项明确规定:"完善指导性案例制度,健全案例报送、筛选、发布、评估和应用机制。建立高级人民法院审判指导文件和参考性案例的备案机制。"

从"指导地方各级人民法院审判工作"到"供下级法院审判类似案件时参考""具有典型意义、有一定指导作用的案件",再到"各级人民法院在审判类似案例时应当参照",最高人民法院的积极探索激发了法学界对判例制度的研究热潮。一时间,各种学术观点纷纷亮相,共识也在学术讨论和制度演进中逐渐形成。有学者认为,最高人民法院公报公布的案例实质上具有先例约束力,因为这些案例所确立的规则对下级法院的效力不是借鉴而是必须遵循,中国实际上已经出现了判例制度的"端倪"。[①] 有学者认为,最高人民法院公报公布的案例有判例之实而无判例之名,虽然有些案例基本上具有判例的某些特征,但由于在称呼上仍然使用的是"案例"而非"判例",因此并不能直接将其看作是判例。[②] 有学者则提出,判例法制度与我国现行的政治制度及司法方法论均不适合,我国不应采用判例法制度,但应当加强判例的作用。[③] 还有学者指出:"中国的判例法制度,是指在以制定法为主要法律渊源的前提下,由最高人民法院形成作为非正式法律渊源的判例;最高人民法院和其他法院根据'同案同判'的原则受这些判例的约束并且在判决书中加以引用,以判例法补充制定法、解释制定法。"[④]在最高人民法院正式建立案例指导制度之后,有学者对其进行了中国特色式的解读,认为其目的是在保持制定法的法律体制下,以依法司法为主要的司法模式,借鉴判例法制度中对我们有用的和有益的东西以弥补制定法的不足,而不是推倒重来,完全和彻底地改造我们既有的法律体制和司法体制。也就是说,实行案例指导制度是一个"折中"的制度选择,当下的主要价值是将"案例"上升到能够"指导"而不是仅仅"参考"的地位。[⑤]

如果从实证角度观察,不难发现,经过多年的制度实践,《最高人民法院公

[①] 参见陈光中等:《关于建立我国判例制度的思考》,载《中国法学》1989年第2期。
[②] 参见陈兴良主编:《刑事司法研究》,中国方正出版社1996年版,第215—216页。
[③] 参见沈宗灵:《比较法研究》,北京大学出版社1998年版,第480页。
[④] 张骐:《判例法的比较研究——兼论中国建立判例法的意义、制度基础与操作》,载《比较法研究》2002年第4期。
[⑤] 参见刘作翔、徐景和:《案例指导制度的理论基础》,载《法学研究》2006年第3期。

报》所刊登的诸多行政案例，事实上已经起到了行政判例的作用，对下级法院审理类似案件起到了弥足珍贵的指导作用，并推动着行政法律规范的生长。一个典型的例证是，自1989年《行政诉讼法》颁行以来，一些行政法官在体制的夹缝之中通过"大胆"受理个案的形式推动着行政诉讼受案范围的扩张，并为行政诉讼类型的创造奠定了坚实基础。以《最高人民法院公报》刊载的典型行政判例为例，很多案件的受理本身就是对现行立法关于受案范围及诉讼类型规定的补充和发展。例如，在"张晓华不服磐安县公安局限制人身自由、扣押财产案"（《最高人民法院公报》1994年第4期）及"黄梅县振华物资总公司不服黄石市公安局扣押财产及侵犯企业财产上诉案"（《最高人民法院公报》1996年第1期）中，最高人民法院显然认可了受案法院对"名为刑事侦查"、实为公安机关"插手干预经济纠纷"案件的审理；在"田永诉北京科技大学拒绝颁发毕业证、学位证行政诉讼案"（《最高人民法院公报》1999年第4期）及"溆浦县中医院诉溆浦邮电局不履行法定职责案"（《最高人民法院公报》2000年第1期）中，受案法院实际上通过判决发展了现行法律关于"法律、法规授权组织"的规定，将现实生活中更多的事业单位的履职行为纳入了司法审查范围之内；在"建明食品公司诉泗洪县政府检疫行政命令纠纷案"（《最高人民法院公报》2006年第1期）及"夏善荣诉徐州市建设局行政证明纠纷案"（《最高人民法院公报》2006年第9期）中，江苏省高级人民法院通过终审判决将"电话指示""住宅竣工验收"等实践中难以归入具体行政行为之列的行为纳入了司法审查范围之内，从而进一步扩大了行政诉讼的受案范围。这些经典个案还只是行政法官能动作用显现的缩影，更多的创新则蕴藏在《最高人民法院公报》所公布的百余个典型行政案件的裁判之中。

  除了通过《最高人民法院公报》刊登典型案件之外，十年来最高人民法院还相继公布了27批共计156个指导性案例。其中，行政指导性案例共计26个。指导性案例的公布不仅能够统一法律适用标准，实现同案同判、维护司法公正，而且还能指引行政机关依法行政，实现行政争议实质性化解。透过这26个涉及行政处罚、行政确认、行政许可、行政批准、行政协议、行政征收、行政登记、信息公开、行政处理、公益诉讼行政赔偿等多领域指导性案例的裁判要点，可以看出法律适用、法律解释等若干新的行政法规则正在生成。

  鉴于最高人民法院在我国司法系统中的权威地位，特别是典型案例和指导性案例均系最高人民法院相关机构认真审阅把关之后正式对外公布的，因而这些案例虽无"判例之名"但确实具有"判例之实"。"从严格意义上说，我国的'典型案件'不是比较法上的'判例法',但是,从功能意义上说,它今天在中国正起着事实上的法源作用。这种事实上对法院判案产生的拘束力,如参考、指导作用并不表现为它对判决理由的实质性支持,而是对判决理由的强化、稳定,从而提升判决的正当性。"①为了显示与普通案例的区别,完全可以采取"判例"一词称之。当然,建立一种健全的判例法制度还需要很多条件。在现阶段,重要任务之一就是规范判例的发布、提升判例的指导作用,从而为判例法的建立做好充分准备。鉴于目前典型案件发布的渠道较多,且多有重复,因而需要进一步完善最高人民法院统一公布典型案件的程序,并适当增加指导性案例的数量。与此同时,围绕经典行政判例所展开的深入学理分析刻不容缓。② 通过这种极具实证韵味的学理分析,能够抽象出具有普遍适用意义的行政法规则。经过法官与学者之间这种长期不懈的努力,行政判例所蕴涵的价值定能获得更大范围的社会认同,行政判例作为我国未来首要的行政法不成文法源的地位也将更为稳固。

2. 行政政策

在我国,党和国家各方面的政策在社会治理中具有十分重要的作用。即便是在"依政策治理"走向"依法治理"的今天,政策对人们的日常生活、对行政机关的执法活动、对司法机关的审判活动仍然发挥着实际影响作用。"无论从法律发展而言,还是就能动司法而言,法官在拥有自由裁量权的时候不考虑政策很可能导致裁判的不合理。"③在"马光俊不服湖北省武汉市蔡甸区人民政府侏儒山街道办事处等地矿行政决定案"的二审判决中,武汉市中级人民法院就认为:"《停采通知》是侏儒山街道办事处、蔡甸矿产总站、蔡甸林业局、蔡甸安监局、蔡甸公安分局为保护土茧山地区生态环境,保护山林植被和矿产资源,根据湖北省林业局《关于停止蔡甸区国有洪北林场土茧山森林地带石材开采行为的函》和 2006 年 12 月 22 日蔡甸区政府专题会议共同作出的,符合武汉'两型社会'建设总体要求,亦是武汉'两型社会'建设组成环节。"④

---

① 章剑生:《现代行政法基本理论》,法律出版社 2008 年版,第 63—64 页。
② 章剑生等主编的《行政法判例百选》(法律出版社 2020 年版)就是一种有益的对经典行政法判例进行理论阐释的学术尝试。
③ 沈岿:《论行政诉讼中的司法自由裁量权》,载罗豪才主编:《行政法论丛》(第 1 卷),法律出版社 1998 年版,第 542 页。
④ 最高人民法院行政审判庭编:《中国行政审判案例》(第 3 卷),中国法制出版社 2013 年版,第 3 页。

除了执政党的政策以外,作为我国行政法不成文法源的政策主要指的是行政政策,即行政机关在特定社会历史时期为解决公共治理问题所制定的行动准则。这些行政政策的制定主体既包括国务院及其组成部门,也包括地方各级人民政府,内容涉及社会生活的方方面面,如产业发展政策、环境治理政策、交通整治政策、城镇化政策、楼市调控政策、税收减免政策等。在社会急速转型的当下中国,行政政策以其特有的灵活性和及时性弥补了行政法律规范的不足,从而避免某些社会治理领域出现规范真空。例如,为了推进农业转移人口市民化,2013年12月召开的中央城镇化工作会议就提出了"全面放开建制镇和小城市落户限制,有序放开中等城市落户限制,合理确定大城市落户条件,严格控制特大城市人口规模"的户籍新政策。又如,"出行难"已经成为涉及城市居民基本民生的普遍问题,一些地方先后出台了"公交优先""车辆限行""私车限购"等政策。这些行政政策不仅对公民的日常生活具有实际影响,而且还成为行政执法和行政审判活动的考虑因素。因此,行政政策无疑是我国行政法重要的不成文法源。

3. 行政法的一般原则

作为行政法不成文法源的一般原则,"不仅涉及一般原则,而且包括学理、特别是司法予以具体化、完善和提炼出来的规则"①。也就是说,一般原则既可能已经为宪法和法律加以明确规定,也可能来源于法官在裁判中的创造,还可能存在于公众的意识乃至法学家的经典著作之中。这些原则一般都历经了相当长时间的洗礼,"具有超越法域和超越文化的性质,可以作为各种法律制度共同的最低道德标准和规范基础"②。至于哪些一般原则可以成为我国行政法的不成文法源,学者之间还存在不同的理解。当然,很多原则相互之间可能存在交叉,新的原则也会处于不断生长之中。从我国的行政审判实践来看,正当程序原则、比例原则和信赖保护原则都已经获得了相当程度的认可,完全可以作为我国行政法的不成文法源。

"重实体、轻程序"的观念在我国由来已久。虽然1989年《行政诉讼法》确立了"违反法定程序"的司法审查标准,但由于行政程序立法进展缓慢,特别是正当法律程序原则尚未完全成文化,因此行政机关依程序法行政的意识尚未完

---

① 〔德〕哈特穆特·毛雷尔:《行政法学总论》,高家伟译,法律出版社2000年版,第65页。
② 〔德〕汉斯·J.沃尔夫、奥托·巴霍夫、罗尔夫·施托贝尔:《行政法》(第一卷),高家伟译,商务印书馆2002年版,第254页。

全形成。近年来,人民法院在个案审理中不断拓展"法定程序"的内涵,直至将"正当程序"直接写进判决书中,体现了司法机关在提炼正当程序原则上的能动主义立场。在"张成银诉徐州市人民政府房屋登记行政复议决定案"的二审判决中,江苏省高级人民法院认为:"行政复议法虽然没有明确规定行政复议机关必须通知第三人参加复议,但根据正当程序的要求,行政机关在可能作出对他人不利的行政决定时,应当专门听取利害关系人的意见。本案中,徐州市人民政府虽声明曾采取了电话的方式口头通知张成银参加行政复议,但却无法予以证明,而利害关系人持有异议的,应认定其没有采取了适当的方式正式通知当事人参加行政复议,故徐州市人民政府认定张成银自动放弃参加行政复议的理由欠妥。在此情形下,徐州市人民政府未听取利害关系人的意见即作出于其不利的行政复议决定,构成严重违反法定程序。"[1] 时隔不久,"基于正当程序原理"的字样再次出现在"陆廷佐诉上海市闸北区房屋土地管理局房屋拆迁行政裁决纠纷案"的裁判文书中。[2] 在法定程序之外屡次引入正当程序的元素,标志着经由司法裁判的具体化实践,作为行政法一般原则的正当程序原则已经生成,并日渐成为我国行政法新的不成文法源。

1989年《行政诉讼法》确立了行政行为合法性审查原则,但对行政裁量行为的合理性是否需要审查以及如何进行审查并无明文规定。鉴于现代行政权大多表现为行政裁量权的现实,按照何种标准审查行政行为的合理性便成为司法实践必须直面的问题。近年来,基于行政活动目的与手段适当性考量的比例原则开始出现在最高人民法院公布的典型案件中,逐渐生长为行政法新的一般原则。在"黑龙江省哈尔滨市规划局与黑龙江省汇丰实业发展有限公司行政处罚纠纷上诉案"中,最高人民法院在其所作的终审判决中指出:"规划局所作的处罚决定应针对影响的程度,责令汇丰公司采取相应的改正措施,既要保证行政管理目标的实现,又要兼顾保护相对人的权益,应以达到行政执法目的和目标为限,尽可能使相对人的权益遭受最小的侵害。而上诉人所作的处罚决定中,拆除的面积明显大于遮挡的面积,不必要地增加了被上诉人的损失,给被上诉人造成了过度的不利影响。原审判决认定该处罚决定显失公正是正确的。原审判决将上诉人所作的处罚决定予以变更,虽然减少了拆除的面积和变更了罚款数额,但同样达到了不遮挡新华书店顶部和制裁汇丰公司违法建设行为的

---

[1] 参见《最高人民法院公报》2005年第3期。
[2] 参见《最高人民法院公报》2007年第8期。

目的,使汇丰公司所建商服楼符合哈尔滨市总体规划中对中央大街的规划要求,达到了执法的目的,原审所作变更处罚并无不当。"①这一判决传递出行政行为须遵循"禁止过度""最小侵害"原则要求的意蕴,开启了比例原则在司法实践中的运用。随后,在"陈宁诉庄河市公安局行政赔偿案"及"王丽萍诉中牟县交通局行政赔偿纠纷案"中,法院运用比例原则分别判决庄河市公安局不承担赔偿责任、中牟县交通局违法承担赔偿责任。② 在合法性审查之外屡次引入比例原则作为审查行政裁量合理性的标准,同样标志着经由司法裁判提炼出了新的行政法一般原则。面对行政裁量合理性审查的实践困境,比例原则无疑应当成为我国行政法新的不成文法源。

在我国,当公民的合法权益遭受公权力侵犯时,司法机关无疑需要对其及时加以保护。但行政相对人基于对公权力的信任作出一定的行为并因此产生正当利益时,是否需要保护则缺乏明确的法律规定。《行政许可法》第 8 条规定:"公民、法人或者其他组织依法取得的行政许可受法律保护,行政机关不得擅自改变已经生效的行政许可。行政许可所依据的法律、法规、规章修改或者废止,或者准予行政许可所依据的客观情况发生重大变化的,为了公共利益的需要,行政机关可以依法变更或者撤回已经生效的行政许可。由此给公民、法人或者其他组织造成财产损失的,行政机关应当依法给予补偿。"这一规定体现了信赖保护原则的部分要求。近年来,信赖利益保护原则不断被司法个案所激活,逐渐生长为真正的行政法一般原则。在"益民公司诉河南省周口市政府等行政行为违法案"中,最高人民法院在其所作的终审判决中两次单独使用了"信赖"一词,并四次提及了益民公司的"信赖利益",从而真正将信赖保护原则提升为信赖利益保护的根据。同时,终审判决在对三个诉争行政行为的合法性审查之后,还将信赖利益保护的具体方式及其利益衡量过程明确展现出来。"综上,本院认为,虽然市计委作出《招标方案》、发出《中标通知书》及市政府作出 54 号文的行为存在适用法律错误、违反法定程序之情形,且影响了上诉人益民公司的信赖利益,但是如果判决撤销上述行政行为,将使公共利益受到以下损害:一是招标活动须重新开始,如此则周口市'西气东输'利用工作的进程必然受到延误。二是由于具有经营能力的投标人可能不止亿星公司一家,因此重新招标的结果具有不确定性,如果亿星公司不能中标,则其基于对被诉行政行为的信赖

---

① 最高人民法院(1999)行终字第 20 号行政判决书。
② 参见《最高人民法院公报》2003 年第 3 期。

而进行的合法投入将转化为损失,该损失虽然可由政府予以弥补,但最终亦必将转化为公共利益的损失。三是亿星公司如果不能中标,其与中石油公司签订的'照付不议'合同亦将随之作废,周口市利用天然气必须由新的中标人重新与中石油公司谈判,而谈判能否成功是不确定的,在此情况下,周口市民及企业不仅无法及时使用天然气,甚至可能失去'西气东输'工程在周口接口的机会,从而对周口市的经济发展和社会生活造成不利影响。根据《若干解释》第五十八条关于'被诉具体行政行为违法,但撤销该具体行政行为将会给国家利益或者公共利益造成重大损失的,人民法院应当作出确认被诉具体行政行为违法的判决,并责令被诉行政机关采取相应的补救措施'之规定,应当判决确认被诉具体行政行为违法,同时责令被上诉人市政府和市计委采取相应的补救措施。由于周地建城(2000)10号文已被周口市建设局予以撤销,该文现在已不构成被诉具体行政行为在法律上的障碍,因此就本案而言,补救措施应当着眼于益民公司利益损失的弥补,以实现公共利益和个体利益的平衡。"[1]后来,在"何小强诉华中科技大学履行法定职责纠纷案"中,武汉市中级人民法院在终审判决中明确使用了"基于信赖利益保护原则"的表述。[2] 此外,在"慈溪市华侨搪瓷厂诉浙江省慈溪市国土资源局不履行土地调查法定职责案""郭伟明诉广东省深圳市社会保险基金管理局不予行政奖励案""吴小琴等诉山西省吕梁市工伤保险管理服务中心履行法定职责案"等典型案件的审理过程中,"信赖利益保护""合理信赖利益""诚信原则"的要旨也体现在法院的裁判之中。[3] 可见,通过司法机关的不懈努力,作为行政法一般原则的信赖保护原则已经成为我国行政法重要的不成文法源。

4. 行政惯例

一般认为,行政惯例指的是行政机关在处理某一类行政事务的长期实践中,经过反复适用所形成的习惯性做法。就功能意义而言,行政惯例的存在既能够填补法律规范不明的漏洞,也能够缓解法律规范与行政实务之间的紧张。一项行政惯例的生成,起码需要同时具备长期实践、反复适用、内容确定、相对人确信这四个条件。"惟行政机关一般性的反复继续进行处理所形成的行政先

---

[1] 参见《最高人民法院公报》2005年第8期。
[2] 参见《最高人民法院公报》2012年第2期。
[3] 参见最高人民法院行政审判庭编:《中国行政审判案例》(第2卷),中国法制出版社2011年版,第94、231页;最高人民法院行政审判庭编:《中国行政审判案例》(第4卷),中国法制出版社2012年版,第77页。

例,对于此项先例,在人民间已一般性的确信为法(法的确信)时,则可承认该具有习惯法地位的行政先例法存在,行政机关也应受其约束。"①在法治国家,行政惯例的存在也必须符合法律、不得与法律相抵触。一旦行政惯例形成之后,行政机关在处理同类事务作出相应决定时就必须受其约束。同时,行政相对人基于对行政惯例的合理信赖所产生的利益也需要得到保护。因此,行政自我拘束原则和信赖保护原则可以被视为行政惯例法源的"效力依据"。②

在我国当下的行政管理实践中,诸多领域实际上已经形成相当丰富的行政惯例。在治安管理领域,"卖淫嫖娼"活动具体如何认定在法律上并没有明确规定,公安机关在长期的实践中已经形成"男女双方分开审查""男女双方是否相识""男女双方如何相识""是否存在金钱交易"的四重认定标准。这些标准经过反复适用,已经成为区别"卖淫嫖娼"违法活动与"一夜情"等其他违反道德行为的习惯性做法。在高等教育领域,高校毕业生就业管理实践已经形成毕业生因继续深造致使原先就业协议自动失效的习惯性做法。为此,当高校的应届毕业生考取硕士、博士研究生而放弃先前与其他用人单位签订的就业协议时,就不属于毕业生单方违约行为。就行政审判活动而言,法院在一些判决中也传递出行政机关应当遵循行政惯例的意旨。在"吴小琴等诉山西省吕梁市工伤保险管理服务中心履行法定职责案"中,山西省高级人民法院在终审判决中指出:"上诉人丈夫所在兴无煤矿从 2002 年开始为企业的固定工缴纳工伤保险费,缴费方式为不定期缴纳。这种缴费方式一直为柳林县主管机关认可。同时,这种缴费方式并不仅是兴无煤矿一家企业,而是柳林县大多数企业的做法。可见,这种不定期缴费方式在工伤保险管理实际工作中已形成一种习惯性做法,这种做法需要在以后的工伤保险管理工作中逐步地加以规范,但并不能因此否定用工主体为本单位职工缴纳保险费的法律事实。"最高人民法院行政审判庭在编辑、发布该案的"裁判要旨"时,更加明确地指出:"行政机关对特定管理事项的习惯做法,不违反法律、法规的强制性规定且长期适用形成行政惯例的,公民、法人或其他组织基于该行政惯例的合理信赖利益应予适当保护。"③可见,经由司法机关的努力,行政惯例也应当被承认为我国行政法重要的不成文法源。

---

① 翁岳生编:《行政法》(上),中国法制出版社 2002 年版,第 142 页。
② 参见周佑勇:《论作为行政法之法源的行政惯例》,载《政治与法律》2010 年第 6 期。
③ 最高人民法院行政审判庭编:《中国行政审判案例》(第 4 卷),中国法制出版社 2012 年版,第 77—79 页。

【扩展阅读】

1. 章剑生等主编:《行政法判例百选》,法律出版社2020年版。

2. 郑洁:《行政法不成文法源之研究——以行政惯例为中心》,载浙江大学公法与比较法研究所编:《公法研究》(第六辑),浙江大学出版社2008年版。

3. 余凤:《作为行政法之法源的公共政策研究》,载浙江大学公法与比较法研究所编:《公法研究》(第7辑),浙江大学出版社2008年版。

【延伸思考】

1. 如何理解行政法的渊源?

2. 如何理解我国目前的行政案例指导制度?

3. 如何理解行政惯例的不成文法源地位?

第四章 行政法理论基础论

早在20世纪80年代，就有行政法学者基于对学科自身发展命运的关怀，开始探讨行政法学的理论基础问题。[1] 进入20世纪90年代，特别是《现代行政法的理论基础——论行政机关与相对一方的权利义务平衡》一文发表之后，我国行政法学界迅速掀起了行政法理论基础的研究热潮。[2] 一时间，"管理论""控权论""平衡论""公共利益本位论""服务论""政府法治论"等十余种学说相继亮相，令人目不暇接。这场学术讨论早以持续时间之长、涉及学者人数之多、理论探讨之深而令法学界瞩目，行政法理论基础研究目前仍旧呈现方兴未艾之势。[3] 同时，由于种种原因，这场讨论仍然存在一些不足之处，各种学说观点似乎普遍给人一种众说纷纭、杂乱无章的感觉。正因为如此，有学者很早就主张，在我国社会转型尚未完成之前，应当静观其变，密切关注行政法治领域诸多的现实问题，为最终建构适合于我国的行政法理论基础做准备。[4] 有学者则认为，理论基础的提出只不过是行政法发展初期需要学术权威的外在体现，其争论的核心目的在于确立行政法上具有基础地位的中心理论，但这场争论本身存

---

[1] 参见应松年、朱维究、方彦：《行政法学理论基础问题初探》，载《中国政法大学学报》1983年第4期；杨海坤：《论我国行政法学的理论基础》，载《北京社会科学》1989年第1期。

[2] 参见罗豪才等：《现代行政法的理论基础——论行政机关与相对一方的权利义务平衡》，载《中国法学》1993年第1期。

[3] 参见杨海坤：《"平衡论"与"政府法治论"的同构性——以政府与人民法律地位平等为视角》，载《法学家》2013年第3期。

[4] 参见郑贤君：《对行政法理论基础问题讨论的评价》，载《首都师范大学学报》1999年第6期。

在不同的哲学取向与内在矛盾。在后现代主义的启示下,行政法理论研究应作理论基础争论到理论内在建构、理论评价民主化以及实用主义等方面的多重转向。① 有学者甚至直接否定这一讨论的必要性,认为行政法理论基础是一个"虚构的神话",是一个类似于"上帝"的问题,其存在没有实际意义。② 为此,本章拟在概述行政法理论基础有关学说的基础上,就其兴起背景、研究贡献及未来发展加以论述,试图在还原这场学术讨论的过程中把握行政法学发展的时代脉搏。

一、行政法理论基础的学说概览

在行政法理论基础问题的讨论中,学者们先后提出过近二十种观点,以下择其要者加以概述。

(一) 平衡论

多年来,平衡论者在主动建构和回应质疑中不断修正、补充、完善自身的理论,从而发展成为一个具有鲜明特色和理论深度的学说体系。在平衡论的建构过程中,以下代表性著述值得关注。

(1) 1993 年:在平衡论的开篇之作《现代行政法的理论基础——论行政机关与相对一方的权利义务平衡》中,论者提出了两个重要命题:一是行政法的历史发展过程就是行政机关与相对一方的权利义务从不平衡到平衡的过程;二是在行政机关与相对一方的权利义务关系中,特定地或局部地看,总是存在着不对等和不平衡,但这些不对等和不平衡恰恰实现了二者总体上的平衡:它既表现为行政机关与相对一方的权利和义务分别平衡,也表现为行政机关与相对一方各自权利义务的自我平衡。

(2) 1994 年:平衡论者以行政处罚作为个案,运用其理论系统研究了在行政处罚的创设、实施和救济三个阶段行政权与公民权冲突和平衡的状态和制度设计方案,为正在起草过程中的《行政处罚法》提供了重要的参考意见。③

(3) 1995 年:平衡论者修正和系统论述了管理论、控权论和平衡论这三个

---

① 参见徐晨:《行政法理论研究的后现代转向》,载《武汉大学学报》2005 年第 1 期。
② 参见詹福满:《当代中国行政法问题研究》,中国方正出版社 2001 年版,第 25 页。
③ 参见袁曙宏:《行政处罚的创设、实施和救济》,中国法制出版社 1994 年版。

"理想类型"的研究框架,在行政法的概念、调整对象、基本原则、价值取向、行政法责任、行政法体系和学科建设思路等重大问题上作出了内在逻辑一致的回答。①

(4) 1996 年:平衡论者界定了"平衡"及"平衡论"范畴,提出两类行政法律制度的平衡建构方案,拓展了行政法关系的论述,促进了行政法学科体系的平衡建构,并针对个别学者对平衡论的系统批评进行了回应。②

(5) 1997 年:平衡论者将其研究成果结集出版,进一步扩大了其自身的理论影响。③

(6) 1998 年:平衡论者推出三篇从不同角度专门研究平衡论的博士学位论文,在四个方面推进了平衡论研究:一是从方法上进一步完善了"理想类型"的研究框架,对管理论、控权论的历史渊源、理论范畴、制度建构、历史地位、现实意义做了客观、全面的研究;二是通过考察现代行政法的国家基础、现代行政机关与公民的权利义务关系、世界行政法的制度变迁方向,初步论证了确立平衡理论的客观基础;三是系统阐述了平衡理论的范畴;四是就行政法利益衡量方法在立法、执法、司法审查中的具体运用和行政法的平衡机制提出了具有操作性的建议与构想。④

(7) 1999 年:平衡论者主要从以下三个方面继续进行理论论证:一是从比较法的视野阐明了行政法理论基础的研究是全球化时代的共同课题。中国的平衡理论与欧美行政法学界传统的平衡思想具有内在的传承关系。平衡论可以被理解为在传统社会及其行政法学术思想转型发展时期提出的一种关于现代行政法应诉诸何种价值和制度选择的规范性理论。平衡理论作为一种规范理论的学术思想率先将经典宪政主义的平衡思想导入"行政权—公民权"的关

---

① 参见罗豪才:《行政法之语义与意义分析》,载《法制与社会发展》1995 年第 4 期;王锡锌、陈端洪:《行政法性质的反思与概念的重构——访中国法学会行政法研究会总干事北京大学副校长罗豪才教授》,载《中外法学》1995 年第 2 期;罗豪才:《略论行政程序法与行政实体法的关系》,载《中国法学》1995 年第 4 期。
② 参见罗豪才、甘雯:《行政法的"平衡"及"平衡论"范畴》,载《中国法学》1996 年第 4 期;罗豪才、沈岿:《平衡论:对现代行政法的一种本质思考——再谈现代行政法的理论基础》,载《中外法学》1996 年第 4 期;罗豪才主编:《行政法学》(新编本),北京大学出版社 1996 年版;王锡锌等:《行政法理论基础再探讨——与杨解君同志商榷》,载《中国法学》1996 年第 4 期。
③ 参见罗豪才主编:《现代行政法的平衡理论》,北京大学出版社 1997 年版。
④ 参见甘雯:《行政法的平衡理论研究》,载罗豪才主编:《行政法论丛》(第 1 卷),法律出版社 1998 年版;李娟:《行政法控权理论研究》,北京大学出版社 2000 年版;沈岿:《平衡论:一种行政法认知模式》,北京大学出版社 1999 年版。

系这一基础性领域,实现了"平衡宪法"的创造性转换,并由此为行政法面临现代社会的诸多问题应当诉诸何种价值导向和制度安排建立了一套规范理论。二是在对传统控权论的考察基础上,提出了"作为一种平衡手段的控权"新范畴,并赋予其新的内涵:控制行政权力是平衡行政法主体之间权利义务的手段之一,后者是前者的一个目标。三是以"国家—社会"为分析视角,探讨了行政法的现实起点和理论原点——行政机关与公民的关系,论证了在推行宪政的国家里,平衡模式是在对控权模式和管理模式进行反思的基础上发展起来的,代表着一种制度变革的趋势。①

(8) 2000 年:平衡论者除了系统回答学界有关质疑和运用平衡论分析行业组织的行政法问题以外,还从行政法哲学角度对行政法形式理性与实质理性的萌生、发展与演变等基本问题做了深入细致的比较研究,并对管理论、控权论与平衡论等主要行政法哲学理论主张给予了较为客观的评价。认为现代行政法作为一种深受平衡理念支配、围绕制约机制与激励机制展开的多层次规范体系,其首要意旨在于为行政主体与相对人提供观念性的指导形象,并保证它在行政关系中得到全面遵循;其次要意义才在于对违法行政的行政主体与行政违法的相对人予以惩罚,以始终保持规则的权威性和有效性,从而实现行政法治。为此,行政法治需要完备的、能为社会提供可靠行政预期的、兼具制约功能与激励功能的行政法律规范体系与之匹配;而且,这个规范体系还应有助于行政主体与相对人进行理性博弈。②

(9) 2001 年:平衡论者提出,由于传统行政法在权利(力)结构、行政法机制以及行政法制度结构三个层次都是失衡的,因此,现代行政法要实现平衡,就必然要进行结构调整并形成行之有效的行政法博弈方法,构建平衡的行政法机制与行政法制度结构,以实现行政法权利(力)格局的结构性均衡。同时,平衡论者还将现代行政法制的发展趋势概括为以下八个方面:行政法制观念进一步更新;行政法价值取向更加合理;行政法权利(力)结构趋向平衡;行政管理方式趋向多样化;行政程序价值的日益重视及其法典化;行政法机制更趋完善;权利救

---

① 参见包万超:《行政法平衡理论比较研究》,载《中国法学》1999 年第 2 期;沈岿等:《传统行政法控权理论及其现代意义》,载《中外法学》1999 年第 1 期;董炯:《国家、公民与行政法——一个国家—社会的角度》,北京大学出版社 2001 年版。

② 参见宋功德:《平衡论:行政法的跨世纪理论》,载《法制日报》2000 年 9 月 3 日、9 月 10 日;黎军:《行业组织的行政法问题研究》,北京大学出版社 2002 年版;宋功德:《行政法哲学》,法律出版社 2000 年版;罗豪才、宋功德:《现代行政法学与制约、激励机制》,载《中国法学》2000 年第 3 期。

济方式趋于多样与实效性;行政法制方法更加丰富。①

(10) 2002 年:平衡论者对其理论模式的创见与价值进行归纳,并证明以公民权利与行政权力关系为核心的行政法基础理论一直在改变着中国行政法的基本观念、基本范畴、理论框架,同时也改变着现代行政的管理方式、手段,更在影响着中国立法和司法的基本理念。②

(11) 2003 年:平衡论者再次将其研究成果结集出版,试图进一步扩大其自身的理论影响。③

(12) 2004 年:平衡论者以"平衡"为主导观念,结集出版了一组着重探讨现代行政法制发展趋势的论文,试图对中国行政法制的发展趋势进行科学的预测。④ 同时,平衡论者还着力从梳理理论发展史、正面建构理论框架、回应相关质疑、应用平衡论解释行政法现象、通过个案确证平衡论的合理性这五个方面对平衡论作了全方位的演绎,努力将平衡论发展为现代行政法乃至现代公法的理论基础。⑤

(13) 2005 年:平衡论者试图扩大和延伸"平衡"的地位和作用空间,认为现代公法学学科体系存在严重的结构性缺陷,必须进行结构性改造和调整,构建一种"统一公法学"的学科体系。这种"统一公法学"应当以平衡论为理论基础。平衡论有必要也有可能"升级"为现代公法的理论基础,并推动现代公法发展为平衡的公法。⑥

(14) 2007 年:平衡论者强调通过公法均衡化来推动中国社会发展,强调科学发展的公法回应。论者认为,中国的平衡公法理论,是在中国特色社会主义理论体系的指引下确立和发展起来的,体现了科学发展观的要求,有助于推动科学发展观的全面贯彻落实。⑦

(15) 2008 年:平衡论者对行政法理论基础研究进行总结,认为平衡论的主

---

① 参见罗豪才、宋功德:《行政法的失衡与平衡》,载《中国法学》2001 年第 2 期;罗豪才:《现代行政法制的发展趋势》,载《国家行政学院学报》2001 年第 5 期。
② 参见甘文:《行政与法律的一般原理》,中国法制出版社 2002 年版,罗豪才教授为该书所做的"序"——行政法的核心与理论模式。
③ 参见罗豪才等:《现代行政法的平衡理论》(第二辑),北京大学出版社 2003 年版。
④ 参见罗豪才主编:《现代行政法制的发展趋势》,法律出版社 2004 年版。
⑤ 参见宋功德:《行政法的均衡之约》,北京大学出版社 2004 年版。
⑥ 参见袁曙宏、宋功德:《统一公法学原论——公法学总论的一种模式》,中国人民大学出版社 2005 年版。
⑦ 参见罗豪才、宋功德:《科学发展的公法回应——通过公法均衡化推动中国社会发展科学化》,载《中国法学》2007 年第 6 期。

要贡献在于运用本质探索、矛盾分析、历史观察、类型建构与整体认知方法,在于"一个整体观的变迁"。① 同时,平衡论者第三次将其研究成果结集出版,进一步扩大自身的理论影响。②

(16) 2015 年:平衡论新一代学者撰文指出,行政法理论基础的功能预期在于揭示行政法的本质性特征,为行政法学体系化提供概念工具和逻辑框架,描述行政法治发展历程并指引发展方向。平衡理论较好地实现了这一功能预期,从而在这场学术争鸣中脱颖而出,成为发展最为完善的一个学术流派。同时,论者指出,在"新行政法"的背景下,平衡论在行政法关系的主体、内容、目标和结构等方面都面临理论张力。重新探寻新行政法的理论基础,需要深入认识现代行政国家背景下行政法治的使命与功能,重构行政法的理论体系与发展方向。③

(17) 2018 年:平衡论者将"行政法平衡理论"和"公域之治软法理论"视为罗豪才教授毕生对当代中国行政法制度建构、当代中国公法理论发展的两大标志性贡献,认为平衡论与经济体制、行政管理体制改革和《行政诉讼法》的出台密切相关,在管理论、控权论之间有着鲜明的立场和主张,不仅持续引领了对行政法理论基础的探讨,成为了最具影响力的行政法理论流派,而且激发了学术竞争和繁荣,促成了行政法一系列问题的共识。④

正是通过几代学者持续而共同的努力,平衡论者与时俱进地发展自身学说,创造性地提出并论证了"统一公法学""软法治理"等新的学术概念,不断引领行政法理论基础研究迈向新的境界。

(二) 控权论

除了平衡论以外,控权论是另一种较有影响的行政法理论基础学说。在 20 世纪 80 年代末期及 90 年代初期,一些学者在撰写的行政法学教材中曾经表达过控权论的主张。例如,有学者提出,行政法的调整对象是行政关系,"行政关系本质上是行政权力运用所形成的关系"。因此,行政法的调整对象核心

---

① 参见沈岿:《行政法理论基础回眸——一个整体观的变迁》,载《中国政法大学学报》2008 年第 6 期。
② 参见罗豪才等:《现代行政法的平衡理论》(第三辑),北京大学出版社 2008 年版。
③ 参见成协中:《行政法平衡理论:功能、挑战与超越》,载《清华法学》2015 年第 1 期。
④ 参见沈岿:《"为了权利与权力的平衡"及超越——评罗豪才教授的法律思想》,载《行政法学研究》2018 年第 4 期。

实质上就是行政权。行政权是一种不同于政权、权力和权利的行政职权,"是全部行政法理论的基点和中心范畴"。法律所注意的,不是行政权力这一事实,而是享有权力的后果。因此,行政法的理论基础不是"公共权力论"或者"服务论",而应当是"控权论"。"行政权力的行使不应当是随心所欲的、漫无目的的,而应当有一定的法律限界,超出这种限界就要承担相应的法律后果。正因为行政关系的权力性质,使行政活动与行政法联系起来。""行政法所能规范的是权力行使的后果,是由于享有权力、运用权力所带来的法律问题……正是由于行政活动的权力性质,才需要有行政法对其加以规范。因此,行政法主要是规范行政活动的法律,这是行政法的本质所在。""对行政法来说,核心不在于对行政权的保障,而在于行政权依照法律规范的要求去行使,监督控制行政权是否依法行使是行政法的主要功能。"[①]随后,有学者撰文指出,将"管理论""平衡论"等作为现代行政法学的理论基础存在着片面性。行政法的主要职能是控权,而不是保权;行政法应以控权为主,而不仅仅是平衡的问题;行政法应加强对行政机关的控制和监督,而不仅仅是个管理工具。鉴于我国的具体国情,更应该强调行政法的控权功能。[②]

控权论的集大成之作是《法律对行政的控制——现代行政法的法理解释》(孙笑侠著,山东人民出版社 1999 年版)。在该书中,论者从多个方面论证"现代行政法是综合控权法""综合控权观是现代行政法的理论基础"这一核心观点。论者指出,现代行政法的控权方式呈现出多元化的趋势,包括法律制定阶段实体控制——规则性控制、行政行为阶段的程序控制——过程性控制、权利救济阶段的诉讼控制——补救性控制、行政行为方式的沟通控制——自治性控制、行政系统内部的专门控制——内部性控制、合理性控制及其他非正式控制等。此外,论者还对控权观念下的行政法渊源、制度结构、功能模式、基本原则以及上述诸种控制方式逐一展开了论述。作为一部饱含控权思想的行政法哲学著作,该书的出版在行政法理论界和实务界产生了广泛的影响。

(三) 管理论

管理论是平衡论者在行政法理论基础研究过程中概括、抽象出来的一种行

[①] 张树义等主编:《中国行政法学》,中国政法大学出版社 1989 年版,第 5—9 页;张树义主编:《行政法学新论》,时事出版社 1991 年版,第 8—10 页;王连昌主编:《行政学》,中国政法大学出版社 1994 年版,第 19—20 页。

[②] 参见高凛:《控权论:现代行政法学的理论基础》,载《南京师大学报》1998 年第 4 期。

政法观念,是作为平衡论批驳靶子而存在的。有学者提出要为管理论"正名",认为作为现代行政法理论基础的"管理论"的内涵包括有关行政法本质的界限理论、有关行政法学研究方法的行政过程理论及有关行政法目的的服务论等三个方面,这与平衡论者所树立的靶子已相去甚远。[①] 有学者在"为人民服务论"的基础上发展出"新管理论",认为管理首先要依法管理好人民的公仆,进而全面规制政府的行政行为,最后在健全完善各项对人民政府的法律监督制度的基础上确立"服务"。主张这一立足中国现实国情并融合法学、政治学、管理学等学科新成果的观念,应当成为构建行政法学体系的理论基础。[②]

(四) 政府法治论

政府法治论是平衡论之外、历经多年积累得到系统阐发的有关行政法理论基础的重要学说,提出于 20 世纪 80 年代、完善于 20 世纪 90 年代、成熟于 21 世纪初。早在 1989 年,杨海坤教授就撰文指出:"行政法学的理论基础是行政法学体系中的核心部分,由其决定了一个国家行政法学的社会阶级性质、基本框架结构、基本原理以及发展方向,对于该国行政法的建设和发展具有直接的指导意义。中国行政法学的理论基础可以概括为:政府由人民产生、政府由人民控制、政府为人民服务、政府对人民负责、政府与公民关系平等化这五个方面,并由这五个方面构成一个完整的有机联系的整体,成为我国行政法学的理论基石。"[③]伴随着行政法理论基础研究的兴起,这一观点在 20 世纪 90 年代中期有所修正和发展。论者认为,政府法治是实现法治国家的核心,并把政府与人民的关系切换为政府与法律(法律是人民意志和利益的体现)的关系,提出政府由法律产生、政府由法律控制、政府依法律办事、政府对法律负责、政府与公民法律地位平等这五个方面组成了内容丰富的"政府法治论"。[④]

政府法治论的集大成之作是《中国特色政府法治论研究》(杨海坤、章志远著,法律出版社 2008 年版)。在该书中,论者系统回顾了政府法治论的发展历程,指明了政府法治论的努力方向,深入阐述了政府法治论的核心思想——政

[①] 参见高家伟:《为管理论正名——兼论现代行政法学的理论基础》,载《法学文稿》(浙江大学法律系研究生学刊)2000 年创刊号。
[②] 参见朱维究:《行政法的理念:服务、管理、法制监督》,载《中外法学》1996 年第 5 期;朱维究:《行政法概念的语境化阐述》,载《南方周末》2003 年 11 月 13 日。
[③] 杨海坤:《论我国行政法学的理论基础》,载《北京社会科学》1989 年第 1 期。
[④] 参见杨海坤:《行政法的理论基础——政府法治论》,载《中外法学》1996 年第 5 期。

府依法律产生(民主型政府)、政府由法律控制(有限型政府)、政府依法律善治(善治型政府)、政府对法律负责(责任型政府)、政府与公民关系平等化(平权型政府),并结合行政许可和行政程序立法实践对政府法治论展开了可贵的实证研究。就理论脉络而言,政府法治论以现代行政过程论为分析工具,以有限行政与有效行政为分析元点,将政府的活动视为一个完整的过程,并在每一个具体环节分别提出了不同的法律要求,从而使政府的权力处于全方位的法律监控之下,符合行政法理论基础所应具有的整体性、全面性特点。政府法治论正是通过以上五个方面的内容系统地回答了"需要一个什么样的政府"的追问,从而全面揭示了现代社会政府与人民之间的关系。同时,政府法治论通过动态地考察行政与法的关系,完整地阐释了行政活动中行政权的授予、运用、控制、使命、责任及发展趋势等一系列重要环节,从而为建立科学的行政法学理论体系创造了基本条件。

(五) 公共利益本位论

除了平衡论、政府法治论、控权论以外,以著作形式全面阐述行政法理论基础问题的还有公共利益本位论。早在1996年,论者就提出,从利益关系分析的角度出发,法的基础是利益关系,行政法的基础是一定层次的公共利益与个人利益关系;这种利益关系又是对立统一的,以公共利益为本位的利益关系,它决定着行政法的内涵和外延、性质和特点、内容和功能、产生和发展等。[①] 公共利益本位论的集大成之作是《行政法的人义精神》(叶必丰著,湖北人民出版社1999年版)。在该书中,论者对公共利益本位论进行了更为深入系统的阐述,并以此为中心对行政法的诸多问题进行了全新解释。有的学者认为,公共利益本位论既科学地揭示了行政法赖以存在的客观基础及其内在矛盾运动,又以此为逻辑起点,科学地揭示了行政法的产生和发展、内涵和外延、本质和功能等问题;既为行政法诸现象的阐释奠定了科学的理论基础,又为指导行政法学研究和行政法制建设提供了正确的理论依据,因而能够且应当作为行政法的理论基础。同时,论者还主张在以公共利益本位论作为行政法理论基础的前提之下,对其他诸论进行批判吸收和理论定位,即"平衡"是行政法目标层面的理论概括、"保权"与"控权"是行政法手段层面的理论概括、"服务与合作"是行政法宗

[①] 参见叶必丰:《行政法学》,武汉大学出版社1996年版,第53页。

旨层面的理论概括。①

除了以上几种较有学术影响的理论学说之外,先后还有数位学者撰文提出了有关行政法理论基础的若干新观点,主要包括"公共权力论"②"控权—平衡论"③"职责本位论"④"行政文明论"⑤等。限于篇幅,不再逐一介绍。可以说,在当代中国行政法学的发展史上,不管人们承认与否或喜欢与否,"行政法理论基础"都曾经是一种实实在在的"强势话语"。多年来,本学科甚至其他学科学者对行政法理论基础问题的持续关注和热烈探讨即可佐证。检阅这些丰富的行政法理论基础研究文献,人们能够从中管窥行政法学初建的艰辛和发展的坎坷。

二、行政法理论基础的兴起背景

行政法理论基础研究的兴起究竟是学者的主观臆断还是社会发展和学科发展的客观使然?深入观察显示,行政法理论基础的兴起既是社会变革所提出的时代课题,也是行政法学科自身发展的热切呼唤。

(一)剧烈社会变革所提出的时代课题

肇始于20世纪70年代末期的改革开放,使中国社会发生了翻天覆地的变化。尤其是自20世纪90年代初明确了"市场化"的改革目标之后,中国的经济体制改革在诸多方面取得了重大突破,已经成为不可逆转的时代潮流。伴随着经济体制改革的稳步推行,我国的政治体制改革也迈出了艰难的步伐。在由计划经济向市场经济、农业文明向工业文明、人治社会向法治社会的嬗变过程中,我国的行政管理体制和社会结构形式也发生了极为深刻的变化,行政权力分散化与社会化、社会结构复杂化与多元化的发展趋势日渐明显。剧烈的社会变革为各种新思潮的涌动提供了舞台,而新思想的迭出则更是因应了时代变迁的现实需求。当我们回顾行政法理论基础问题兴起的背景时,不能不重温自20世纪80年代以来我国公共行政领域的急剧变革。事实上,行政法理论基础课题

---

① 参见周佑勇:《行政法理论基础诸说的反思、整合与定位》,载《法律科学》1999年第2期。
② 参见武步云:《行政法的理论基础——公共权力论》,载《法律科学》1994年第3期。
③ 参见杨忠文、刘春萍:《控权·平衡——论行政法的本质》,载《求是学刊》1997年第2期。
④ 参见文正邦:《职责本位论初探——行政法理论基础试析》,载《法商研究》2001年第3期。
⑤ 参见茅铭晨:《行政文明——对行政法理论基础的再认识》,载《中国法学》2004年第2期。

的讨论正是缘于学界对下列变革的积极回应。

1. 由行政泛化走向行政分化

与西方国家行政权由弱到强的发展轨迹所不同的是,行政权力在中国自古以来就一直十分强大。封建社会的皇权至上自不用多说,即使是在新中国成立之后的最初三十年间,这种超强的行政权更是达到了巅峰,"泛行政化"即是其典型的表现。长期以来,行政权无所不在、无所不能,可以说,只要是在人生活的地方,就有行政权的影子。就企业而言,从成立到解散,从生产到销售,无不受制于政府的计划和命令;就个人而言,从出生到死亡,从就学到就业,无不听从于政府的安排,甚至连日常生活起居等纯粹私人性质的活动(如服饰、发型、娱乐等)也要受到行政权的支配。可见,在改革开放之前的中国,行政权是一个十足的"巨灵怪兽"——它凌驾于社会、组织和个人之上,并渗透到社会生活的每个角落,掌握着一切社会资源配置的垄断权。

肇始于20世纪70年代末期的改革开放打破了行政泛化的格局。伴随着经济体制改革在农村和城市的推进,政企、政事、政社相继分开,中央政府所掌握的权力逐渐下放到地方或基层政府,并部分地放权或还权于社会。在这一过程中,大量原先由政府所管但又管不好、管不了或不应管的事务纷纷转移到市场和社会,或者由市场自发调节,或者由非政府的社会公共组织承担。其中,大量非政府社会公共组织的涌现成为我国改革开放以来行政管理体制变革中的一大亮点。这些组织以其多样性、灵活性、中介性、开放性、公益性等特点在弥补政府管理能力不足、提供公共物品以及沟通市场、社会成员与政府之间的关系等方面都发挥了不可替代的作用。虽然这些社会公共组织还存在独立性、自主性较差等问题,但它们的出现改变了国家垄断公共管理职能的状况,标志着国家行政的收缩和社会行政的增长。由此可见,改革开放的过程也就是一个由行政泛化逐渐转向分化、由行政权高度集中垄断向简政放权还权于民的过程,同时也是使市场、社会、公民恢复自由、扩大自由的过程。

2. 由单一社会结构走向多元社会结构

在社会学上,社会结构通常指的是人们的社会地位及其社会关系的模式。中华人民共和国成立以后,我国的社会结构呈现出明显的单一化倾向。这种单一化社会结构的基本特征是:虽然社会上存在着众多的个人和组织,但他们都没有独立的主体地位,都在很大程度上依附于国家,听从于国家的安排,国家实际上是真正的也是唯一的主体。具体来说,国家不但垄断了公共领域的一切事务,而且还主宰着私人领域的事务,从而成为一切自然资源和社会资源最终的占有者和分配者。在这种高度集中的体制之下,每一个社会成员都不是以独立的个体方式而存在的,任何人都依附于一定的"单位",其生老病死都由单位主宰,个人则没有任何自主选择的余地;而"单位"——无论是企、事业单位还是社会团体,都隶属于各级政府或其相关的职能部门,完全缺乏作为一个社会组织所应当具有的独立性。因此,在传统的单一制社会结构模式下,政企、政事、政社不分,所有单个的公民和组织都被淹没在国家机器之中,只有国家和政府才具有合法的主体地位。

肇始于20世纪70年代末期的改革开放就是以这样一种无所不包的国家体制作为历史背景的。可以说,整个改革的进程也就是这种金字塔型社会结构逐渐被打破的过程。在此期间,以市场化为取向的经济体制改革率先展开,企业逐渐与政府相分离而成为独立的市场主体。紧接着,社会领域也开始了轰轰烈烈的改革,一大批社会组织从国家的桎梏中解放出来,以独立主体的身份承担起大量原本属于政府的公共管理职能。而市场和自治观念的引入,也使得不同利益主体自愿结成了众多的利益集团,加速了单一化社会结构的解体。伴随着政企、政事和政社的分离,一个政治领域与经济、社会领域相并行的三元社会结构日渐定型。在政治领域,政府是主要的活动主体,其基本职能是为社会提供公共物品;在经济领域,营利性组织及个人是主要的活动主体,其基本职能是为社会成员提供私人物品;在社会领域,非营利性组织是主要的活动主体,其基本职能是提供准公共物品。于是,政府、市场和社会公共组织就分别成为政治、经济和社会三大领域的主导力量。"伴随着政治领域权力的减弱,经济领域和社会领域的权力正在逐渐成长,原先那种政治领域垄断一切的'单级结构'正在向三个领域分享权力的'多级结构'转变,这是1978—1998年之间中国社会结构演变的基本脉络。"[①]这种政府、市场与社会三元结构的形成,有助于廓清公领域与私领域及第三领域的界限,既实现了经济的快速发展、社会的有效治理,同时又提升了政府的威信和监管能力。可以说,社会结构的多元化已经成为中国社会转型的重要标志。

3. 由强化控制走向优化服务

我国改革开放所面临的是一个"无限型"政府,这个政府不仅将政治、经济、

[①] 康晓光:《权力的转移——转型时期中国权力格局的变迁》,浙江人民出版社1999年版,第1—2页。

文化、治安、福利等所有的行政职能集于一身,而且还对构成特定社会的个人和构成特定经济的经济主体活动进行严格限制。事实表明,这种过度控制不仅剥夺了公民和企业的选择自由,窒息了社会及经济的发展,而且还极大地抹杀了公民个人及各种组织自身的活力和创造性。

改革开放四十多年的历程实际上就是不断地对政府职能重新进行定位的过程。这从多年来"转变政府职能"始终是经久不衰的改革流行语上即可看出。更确切地说,改革开放就是政府不断放松管制、走向治理并逐步提供优化服务的过程。一方面,政府通过收缩管制领域,尽可能地从市场和社会完全可以自行解决的事务中摆脱出来,从而集中精力为社会成员和市场主体提供私人及社会组织都无力提供的公共服务;另一方面,政府通过引入协商、对话、激励等柔性的机制,尽力吸收更多的组织和个人实际参与公共管理,甚至通过吸收民间资本、引入市场竞争机制来提高公共行政的质量和效率,从而淡化了传统行政的命令与强制色彩。从1992年党的十四大报告所确立的"统筹规划、掌握政策、信息引导、组织协调、提供服务和检查监督"到1998年九届全国人大一次会议通过的《国务院机构改革方案》所确立的"宏观调控、社会管理和公共服务",从2003年党的十六届三中全会通过的《中共中央关于完善社会主义市场经济体制若干问题的决定》所确立的"切实把政府经济管理职能转到主要为市场主体服务和创造良好发展环境上来"到《依法行政纲要》中所要求的"政府的经济调节、市场监管、社会管理和公共服务职能基本到位","优化服务"已经成为我国政府的基本定位。在这一新的行政理念的主导下,调动一切可以利用的力量、采取一切行之有效的方式为社会、企业和公众持续不断地提供优质、高效的服务,已经成为政府展示其自身价值的最重要途径。

面对中国公共行政改革所呈现出来的三大趋势——从行政泛化到行政分化、从社会结构的单一化到社会结构的多元化、从强化控制到优化服务,一系列至为重要的问题凸现出来:在大规模的行政法制度变革时代,应该以何种理论作为制度建构的指南?在政府、市场与社会三者之间的关系已经发生深刻变化的背景之下,如何重新解释行政法在当下中国存在的正当性?与西方诸国社会转型模式和行政法治道路所不同的是,中国社会变革的主要动力源在政府,那么在中国行政法的制度框架下,我们究竟需要一个什么样的政府?在已经具备较为齐全的民商法律和刑事法律的基础上,作为独立法律部门的行政法在市场经济体制下应当充当何种角色?带着这些疑问,中国行政法学界的一批先知先觉的学者率先破题,提出了行政法理论基础这一具有浓郁原创性的命题,试图站在行政法学角度对剧烈社会变革所提出的难题作出积极的理论回应。由此可见,行政法理论基础问题的讨论并不是学者的凭空杜撰,而是由外在的制度变革所"催生"的。

(二) 行政法学科自身发展的现实呼唤

依照学界通行的说法,我国的行政法学研究恢复于 20 世纪 80 年代初期。与同时期的刑法学、民法学研究相比,行政法学的发展道路极为曲折。及至 90 年代初,行政法学研究甚至一度陷入"低谷"时期。行政法学学科自身的"先天不足"主要凸显为行政法理论基础的缺位。行政法学学科体系的整体推进必须到行政法理论基础中寻找原动力。

1. 由微观研究走向宏观研究

在我国行政法学研究恢复初期,行政法学界大多数学者所关注的重点一直集中在若干具体的微观问题上,先是公务员制度、治安处罚行为,后是行政程序、行政诉讼。即便是纯理论研究,也仅仅表现为对诸如行政法基本原则、行政法律关系等具体问题的关注。在一个学科发展的起步阶段,围绕现实立法和拓展学科疆域所进行的微观研究和具体研究无疑是十分必要的。但在学科发展到一定程度之后,就必须适时地开展宏观研究。尤其是对于法律规范极为庞杂的行政法学而言,如果一味沉醉于微观问题和具体问题的研究,难免会陷入"只见树木、不见森林"的境地。因此,在 20 世纪 80 年代中后期,行政法学界开始了对诸如行政法的本质、价值、理念等宏观性哲学问题的艰难探索。这是行政法学研究的一次重要转向,标志着学界对"行政法的本质是什么"等宏观问题的躬身自问和自觉回应。"对行政法作哲学考察有助于人们对行政法整体思维的形成,更有助于建构与完善行政法律制度体系。"①只有在对这些"元问题"作出扎实研究的基础上,行政法学理论体系大厦方能真正稳固地建立起来。由此可见,行政法理论基础问题的提出是学界由微观研究转向宏观研究、具体研究转向抽象研究的一次自觉行动。

2. 由对策研究走向原理研究

一般认为,行政法学应该被定位为应用法学的一个分支,主要以解决现实问题为研究目的。在这种思维导向影响之下,行政法学者在 20 世纪 80 年代将

---

① 参见罗豪才教授为宋功德著《行政法哲学》(法律出版社 2000 年版)一书所做的序言,第 3 页。

精力倾注在对策研究上,如围绕行政诉讼法制定所进行的被告认定、原告资格、举证责任分配等现实急需问题的研究,围绕公务员法制定所进行的公务员招考、管理、考核等一系列具体制度的研究等。在行政法制度建设如火如荼展开的情况下,对实践所提出的诸多现实问题进行对策性研究十分必要。不过,一味沉湎于对策研究或者仅仅重视行政法具体制度研究并不可取。"中国行政法学的成熟与繁荣,既需要无微不至的应用研究,更需要高瞻远瞩的基础理论研究……基础理论研究是行政法学的'源',应用研究是行政法学的'流',二者之间的源流关系不可本末倒置。基础理论研究为应用研究提供最基本的理论支持,通过对行政法核心理念、概念体系、基本范畴、价值判断与功能定位等基本问题的系统研究,为应用研究提供研究平台。如果应用研究缺乏基础理论研究的支持,或者脱离了基础理论,就会成为无源之水,很难不是自说自话;就很难避免研究过程中的片面性与研究结论的武断性。"[①]正是这一转向促成了行政法理论基础问题研究的兴起。只有理论基础坚实,行政法具体应用问题的研究才不致迷失方向。由此可见,行政法理论基础问题的提出也是学界由对策研究转向原理研究的一次自觉行动。

3. 由自说自话走向学术对话

人类学术史的经验显示:对真理的探索历来都是在观念和理论的冲突、碰撞之中孕育、发展和完成的,不经过自由的对话和充分的讨论,人们的认识便会停滞不前。在我国行政法学研究恢复和初创时期,"自说自话"现象比较突出。一些有价值的学术观点提出之后,鲜有学者参与讨论。进入20世纪90年代以后,这种状况有所改观,部分行政法学者以前所未有的激情投身到行政法理论基础这一"元问题"的探讨之中。这场讨论之所以能够引起众多学者的积极参与,在一定程度上得益于平衡论者持之以恒的学术追求。自平衡论提出之后,其主要创始人罗豪才教授曾一再表示希望得到学界同仁的批评,以促使平衡论不断完善。即便在随后的研究中,他仍然再三强调平衡论的发展在很大程度上得益于学界同仁的批评。[②] 正是由于平衡论的这一开放式研究姿态,才吸引了国内众多学者参与其中。例如,公共利益本位论倡导者即坦言,其对行政法理

[①] 参见罗豪才教授为宋功德著《论经济行政法的制度结构》(北京大学出版社2002年版)一书所做的序言,第5—6页。
[②] 参见罗豪才、宋功德:《行政法的平衡与失衡》,载《中国法学》2001年第2期。

学的注意源于罗豪才教授的鼓励;①早期对平衡论的系统批判者亦表示,其对平衡论的反驳源于罗豪才教授的学者风范。② 正是在大力倡导真诚学术对话的环境中,行政法理论基础课题的研究才得以一路高歌猛进,进而成为我国行政法学研究中的一道亮丽风景线。

综上所述,行政法理论基础课题的研究既是当今剧烈社会变革所"倒逼"出来的,也是行政法学自身发展的内在要求。正是在由微观研究向宏观研究、由对策研究向原理研究、由自说自话向学术对话的嬗变过程中,这一重大课题才得以应运而生。一方面,上述学术转型为行政法理论基础的研究奠定了坚实的智识基础;另一方面,行政法理论基础课题研究本身也成为上述学术转型的重大标志。可以说,行政法理论基础研究是我国行政法学界主动回应社会变革的一次自觉的"集体行动"。

三、行政法理论基础的研究贡献

20世纪90年代之初开启的行政法理论基础问题大讨论,改变了当时行政法学处于"低谷"期的状况。③ 正如罗豪才教授所言:"十多年来,很多学者从不同角度、不同层面对行政法学的一些理论与实践问题,诸如行政法的基本原则、行政行为、行政程序、具体行政行为的司法审查等等,进行了较为深入的研究。这些研究对于完善我国的行政法学和促进行政法理论的科学化有着十分重要的意义。但是,行政法最基本的理论问题,即'行政法的本质是什么'问题,一直没有得到深入的研究和圆满的回答,以致行政法缺乏'龙头理论',未形成系统的理论体系。对于一门正在逐步完善和发展的年轻法学学科来说,探索科学、合理的基础理论是十分必需的。它可以指导我们安排合理的学科体系,采用更科学的研究方法界定学科的基本概念和范畴,防止学理研究过程中的失误与漏洞,避免不必要的资源浪费,保证行政法学遵循客观规律和法学的一般原理健康发展。"④行政法理论基础各种学说的提出、交锋、论证、修正以及对行政法基

---

① 参见叶必丰:《行政法的人文精神》,湖北人民出版社1999年版,"后记"。
② 参见杨解君:《关于行政法理论基础若干观点的评析》,载《中国法学》1996年第3期。
③ 参见张尚鷟主编:《走出低谷的中国行政法学——中国行政法学综述与评价》,中国政法大学出版社1991年版,第9页。
④ 罗豪才主编:《现代行政法的平衡理论》,北京大学出版社1997年版,代序"关于现代行政法理论基础的研究"第1页。

本范畴的提炼和理论体系构筑的尝试,提升了我国行政法学整体的研究水准,学科的独立性日渐增强。具体而言,行政法理论基础研究的主要贡献集中体现在以下三个方面:

(一) 行政法学基本范畴逐渐定型

"范畴及其体系是人类在一定历史阶段理论思维发展水平的指示器,也是各门科学成熟程度的标志……如果没有自己的范畴或者范畴的内容模糊不清,就不能引发共识,各门科学就无法正常地、有效地沟通、对话、合作。"[1]如果说我国行政法学过去缺乏范畴或范畴不全的话,那么在经历了行政法理论基础的激烈争论之后,本学科的一些核心范畴(包括行政、行政权、行政法关系、行政主体、行政相对人、行政行为、行政程序、行政违法、行政责任、行政救济、司法审查等)基本上已经定型。以罗豪才教授主编的《行政法学》(新编本)和应松年教授主编的《当代中国行政法》为例,我国行政法学中的一系列基本概念得以确立下来,它们包括行政法律关系、行政合法性、行政合理性、行政应急性、行政主体、行政相对方、被授权的组织、公务员、公物、行政行为、抽象行政行为、具体行政行为、行政征收、行政许可、行政确认、行政监督、行政处罚、行政强制、行政给付、行政奖励、行政裁决、行政合同、行政指导、行政事实行为、行政程序、行政听证、行政违法、行政责任、行政赔偿、行政补偿、行政复议、司法审查等。[2] 虽然学界在某些概念的内涵上理解尚不一致,但对这些核心范畴和基本概念本身的存在并无异议。这些范畴和概念的提出,与行政法理论基础的讨论是同步的,而且许多概念的确定正是在行政法理论基础讨论过程中形成的。这就为我国行政法学理论的进一步发展和成熟奠定了重要基础。

(二) 行政法学理论体系不断更新

行政法理论基础的一项重要使命或功能就是为构建行政法学的理论体系提供立足点。综观各种有关行政法理论基础的学说,几乎都宣称以该论为起点能够构建起"科学"的行政法学理论体系。虽然很多学说并未就此展开,但至少以下三种具有较大影响的学说在构筑行政法学理论体系方面进行了有益尝试:

---

[1] 张文显:《法哲学范畴研究》(修订版),中国政法大学出版社2001年版,第1页。
[2] 参见罗豪才主编:《行政法学》(新编本),北京大学出版社1996年版,"目录";应松年主编:《当代中国行政法》,中国方正出版社2005年版,"目录"。

1. 平衡论

平衡论者以"行政权力—公民权利"的关系为核心,重新建立了行政法学的理论体系。他们认为,传统的学科体系应当有所改进,不能只注重行政组织法、行政作用法的研究,也要重视行政程序法、行政救济法、司法审查法的研究。如罗豪才教授在20世纪90年代中期主编的两本具有较大影响的行政法学教材即以对行政法的调整对象以及行政法律规范和原则的分析为基础,将行政法学的基本概念、基本知识和基本原理分为三个部分:第一部分为"绪论",重点阐述了行政法的基本概念、基本法律关系和基本原则;第二部分是"行政主体和行政行为",集中阐述了关于行政权的组织和运行原则,即调整行政关系的原则和规范;第三部分是"监督行政行为",着重阐述了关于监督行政的原则和规范,即调整监督行政关系的原则和规范,在体系上具有较为严密的逻辑性。此外,平衡论者还特别指出,在讨论行政法时,应当始终把握住行政法律关系和监督行政法律关系的核心,并对之极力加以具体阐述。他们甚至认为,行政法学就是研究行政法主体的权利、义务的科学。抓住行政法律关系和监督行政法律关系这一核心就能把握行政法的本质,保证学科发展的独立性和特殊性。[①]

2. 控权论

控权论者主张以行政权为核心来构筑行政法学的理论体系。他们认为,行政法作为一门理论学科,应当有一定的侧重点或核心为主线去构筑学科体系,而不是对行政法规范的归纳、分类和解释。由于行政法的主要任务在于规范行政活动过程中的行政权与公民、组织的权利、行政权与其他国家权力的关系,因此应当以此为核心去建立行政法学理论体系。如王连昌教授主编的《行政法学》即是这一模式的典型代表,该书以规范行政权为主线,将行政法学理论体系划分为"绪论""行政主体""行政行为""监督行政与行政救济"四部分。[②] 此外,综合控权论的倡导者孙笑侠教授也提出,公权力与私权利的关系是行政法的核心问题,正是这两者的关系要求法律必须对公权力实行控制。为此,应当以行政权力、行政行为和行政责任三者为现代行政法结构的要素,构成行政法"行政权力—公民权利""行政行为—行政程序""行政责任—行政救济"的制度和理论

[①] 参见罗豪才主编:《行政法学》(新编本),北京大学出版社1996年版,第46—47页;罗豪才主编:《行政法学》,中国政法大学出版社1996年版,第48—50页。

[②] 参见王连昌主编:《行政法学》,中国政法大学出版社1994年版,第22页。

体系。①

3. 公共利益本位论

公共利益本位论者认为行政法就是以一定层次的公共利益与个人利益关系为基础和调整对象的基本部门法,公共利益对个人利益而言的主导地位理论决定了行政法学除了研究行政法的基础理论之外,在具体理论上应以公共利益为主线,主要研究行政主体、行政行为和行政救济三大基本内容。行政主体即公共利益的代表者,包括代表公共利益并对公共利益进行维护和分配的行政机关和其他组织;行政行为即行政主体为维护和分配公共利益的活动;行政救济即审查行政主体的行政行为是否真正符合公共利益,并予以相应补救的制度。②

由此可见,伴随着行政法理论基础问题讨论的日渐深入,具有中国特色的行政法学理论体系也逐渐成型。尽管学者们所持的理论基础还不一致,有的比较抽象,有的还缺乏深入论证,但以"主体—行为—救济"为主线的行政法学理论体系已经得到广泛认同,行政法学因此而成为一门独立的法学学科。

(三) 行政法哲学思考初步开启

从理论上看,部门法学的研究一般包括应用研究、规范研究、原理研究和哲学研究四个不同的层次。相比较日渐成熟的刑法学、民法学研究来说,行政法学尚属一门年轻学科,尽管在前三个层次的研究上已经取得一定成就,但对行政法哲学的思考仍相当薄弱。也正因为行政法学缺乏深厚的理论根基,导致行政法学很难为整个社会科学的知识增量作出应有贡献。实践已经多次证明:任何一门法学学科只有走向法哲学才能真正成熟。作为更多地体现人类主观意志和生活经验的法学,行政法更需要高层次的哲学思考。"对行政法作哲学考察更有助于人们对行政法整体思维的形成,更有助于建构与完善行政法律制度体系,从而使得行政法更富有实效地调整行政关系与监督行政关系、最大限度地满足经济发展与社会进步的需要。正因为如此,我们甚至可以断称:特定时期占主导地位的行政法哲学理论主张,在很大程度上直接影响着一国行政法学的研究方向与行政法制的完善程度。有鉴于此,对行政法作系统的哲学反思与

---

① 参见孙笑侠:《法律对行政的控制——现代行政法的法理解释》,山东人民出版社 1998 年版,第 46、149 页。
② 参见叶必丰:《行政法的人文精神》,湖北人民出版社 1999 年版,第 80 页以下。

重构,是各国行政法学都必须关注的重要课题。"①

一般来说,行政法哲学就是对行政法一般问题及行政法现象的哲理思辨,其基本内容包括本体论、价值论、方法论和实践论四个部分。按照这一标准审视行政法理论基础的讨论,不难发现,一股清新的哲理思辨之风在行政法学界悄然兴起。学者们在从事行政法学研究的过程中已经不再拘泥于对行政法规范进行简单解释或专注于对策探讨,已经自觉地从哲学高度对诸如什么是行政法、行政法的本质是什么、行政法的价值导向是什么、行政法应当具有哪些内容和功能、以什么样的视角和方法去研究行政法、行政法制度建设和理论体系应当以何种理念作为指导等深层次问题进行了不懈探索。尤其是在平衡论的建构过程中,这一点表现得更为明显。无论平衡论本身科学与否、正确与否,这种思考反映了我国行政法学突破了传统的规范分析而向哲理思辨阶段迈进。回顾有关行政法理论基础问题的讨论,以下五部著作堪称对行政法进行哲学思考的代表。

1.《法律对行政的控制——现代行政法的法理解释》

著者在该书自序部分曾自谦并没有什么"新鲜的创造",只是"对现代行政法的控权方式作出归纳和解释,最多也只是对未来的控权趋势作出预测"。然而,仔细研读该书,读者就不难发现,这部著作浸润了著者的人文关怀精神和对中国社会现实的忧患意识,著者对行政法综合控权观念的深入阐发,以及对控权观念下的行政法功能定位、基本模式及制度结构的具体论述,无不饱含着哲理思辨的色彩,是一部典型的行政法哲学著作。

2.《平衡论:一种行政法认知模式》

该书的重要贡献之一是大胆提出了"行政法认知模式"这一核心范畴,认为其是指以一定的方法和假定为前提,通过对行政法现象和本质的观察与思考而达成的关于行政法的具有内在逻辑的观念或理论体系。著者以这一范畴统领全书,认为控权论、管理论、平衡论分别是三种具有理想类型性质的认知模式,既客观评价了前两种认知模式的利弊,又围绕平衡论的研究方法、对现代行政法的认知以及对中国行政法治可能具有的规范意义作了深入论述。从这些研究来看,该书不愧为平衡论的首部集大成之作,同时也是处处闪耀着哲理思考

---

① 参见罗豪才教授为宋功德所著《行政法哲学》(法律出版社 2000 年版)一书所做的序言,第 3 页。

的著作。

3.《行政法的人文精神》

该书的主要贡献之一在于初步建立了我国行政法哲学的理论体系。首先，著者运用利益分析的方法揭示了行政法的社会基础，即一定层次的公共利益与个人利益关系，而这种关系又是以公共利益为本位的对立统一的矛盾运动体，它直接决定了行政法的内涵与外延、性质与特征、产生与发展，从而完成了对"什么是行政法"这一本体问题的回答；其次，著者运用公共利益本位论说明了行政法的价值目标在于通过个人利益服从公共利益的方式来消除二者之间的冲突，并指出当代行政法的精神是利益一致、服务与合作、信任与沟通，从而完成了对"行政法应该是什么"的追问。著者对行政法人文精神的关怀和对行政法进行哲学分析的倡导都是值得称道的。

4.《行政法哲学》

该书的主要贡献在于对行政法的价值演变、理性变迁、机制型构等行政法哲学问题做了全面、系统的回答，从而完成了整个行政法哲学体系的建构。著者对行政法哲学的探索并未排斥经验与现实的行政法律规范，相反地，其关于行政法理性发展逻辑的结论却来自对行政法律规范的理性反思。该书既有对管理法、控权法与平衡法理性程度的宏观揭示，又有对现代行政法整合视野中的制约机制与激励机制及其如何化解公平与效率、规则与原则、实体与程序、纠纷解决与创制规则之间矛盾的微观解析，从而实现了对行政法理性的整体认知。该书的问世，显示了我国行政法学界对行政法哲学研究的水准。

5.《中国社会结构变迁的法学透视——行政法学背景分析》[①]

该书的主要贡献在于倡导一种打破学科界限的跨学科研究进路，著者痛陈理论研究远离生活实际的危险，极力主张在改革的背景中寻求中国行政法学研究新的起点，并以现实社会公民权利与政府权力的调整、市场与政府边界的划分、国家与社会二元结构的分离这一"世纪性结构变迁"作为研究一切行政法问题的立足点。著者指出，中国行政法的产生和发展，都必须放到改革这个大环境中去考察。改革以及改革所带来的社会结构变迁，才是中国行政法发展的原因和动力。只有置于改革和社会结构变迁的大背景下，我们才能更好地理解中国行政法的过去和现在，才能更好地把握中国行政法的未来发展趋势。如果说

[①] 张树义著，中国政法大学出版社2002年版。

此前的几部有关行政法理论基础研究的著作更多地表现为一种理论性哲学思辨的话,那么这部著作则堪称行政法实践哲学的典范。

与其说行政法理论基础的讨论解决了行政法的本质、目标、作用或范围等问题,不如说它带来了研究范式的更新、开启了正常的学术争鸣。从关注于行政法制实践中的一般性问题到对行政法的根本性问题进行哲学思考,从自说自话到相互商榷,在这些可喜的变化中,我国行政法学逐渐走出了困境和低谷,整体研究水准得到提升。虽然行政法哲学研究要晚于刑法哲学和民法哲学,但它毕竟是行政法学研究走出低迷期的标志。[①] 如果说三十年前行政法学尚不能为世人所普遍认可的话,那么今日行政法学在历经理论基础大讨论之后已经日显成熟,其现实解释力、影响力都明显增强,行政法学作为一门独立学科的地位已经获得广泛认同。

四、行政法理论基础的未来发展

行政法理论基础讨论已经对行政法学传统研究范式的转换起到了"催化剂"作用,学界有理由对此进行更为深入的研究和争鸣。如果说以往的研究大多属于"大胆假设"的话,那么接下来的更为艰巨的任务就是"小心求证"。

(一)建立最低限度理论概念的共识

从某种意义上说,学术的历史就是现象概念化和概念规范化的历史。作为人类思维的基本单位,概念在学术研究和学术对话中具有重要的作用。如果研究者不在同一层面或同一意义上使用概念,学术沟通与对话就无法开展。同样地,如果概念本身不严谨、不规范,那么理论的大厦也难以牢靠。概念不统一、用语混乱一直存在于我国行政法学发展过程之中。与行政法"理论基础"相并列使用的名词就有"基本理念""基础理论""基本观念""核心理念"等多种表述,即使同样以"行政法理论基础"作为研究主题,不同学者在其内涵表述和确立标准上也不尽一致,有的立足于行政法的本质,有的则以行政法的功能为标准,还有的甚至以行政法的作用、范围等为标准。有鉴于此,学界在今后的研究中应

[①] 早在20世纪90年代之初,我国刑法学界及民法学界即推出了本部门法的哲学研究著作。这方面代表性的研究成果有:陈兴良:《刑法哲学》,中国政法大学出版社1992年版;徐国栋:《民法基本原则解释——成文法局限性之克服》,中国政法大学出版社1992年版。

当首先就行政法理论基础这一基本范畴达成共识,尽可能统一理论基础的确立标准,创造学术对话的良好平台。

1. 关于行政法理论基础的内涵

行政法的理论基础究竟指的是什么?对此,学者众说纷纭。这里仅以三个具有代表性的定义为例分析:(1)有学者认为,行政法的理论基础是指从行政法的功能角度来确立一个基本观念,从而奠定相当长时期(时代)内行政法的立法、执法和司法等理论体系的基石和根据,其特点是:对该时期行政法实践具有指导力、涵盖力、渗透力和浓缩力,是行政法理论体系的基石和起点;①(2)有学者认为,行政法理论基础建立在对行政法核心问题和本质的不同认识之上,是不同行政法观念的系统化和理论化,用以指导行政法治建设和行政法学研究,具有整体性和全面性的特点;②(3)有学者认为,所谓行政法的理论基础,是指能够揭示行政法所赖以存在的基础,并用以解释各种行政法现象以及指导行政法学研究和行政法制建设的最基本理论。③

上述三个定义虽然在表述上有所不同,但都强调了行政法理论基础的重要意义在于指导行政法治建设和行政法学研究,突出其根本性和基石地位,这就为共识的达成创造了良好基础。同时,上述三个定义似乎也存在某些可商榷之处。例如,第一种定义仅从行政法的功能角度来界定行政法理论基础显得过窄,行政法的本质、目标等因素也应当考虑进去。又如,第三种定义以"用以解释各种行政法现象"来界定理论基础似不妥当。行政法理论基础固然来源于现实,但作为一个价值判断问题它也应当超脱于现实,理论基础的主要意义是在于评价、引导现实的制度安排和理论研究。虽然作为规范命题的理论基础也要努力寻找相应的实证基础,但这并不能用来框定理论基础本身。因此,解释各种行政法现象不是具有浓厚主观性的理论基础所能够完成的任务。

对行政法理论基础范畴的界定先要从其在整个行政法体系中的地位入手。一言以蔽之,理论基础既是行政法基础理论的核心,也是行政法学体系建构的逻辑起点。行政法理论基础是一国行政法学术及制度实践的最根本的理论支柱,就其存在价值或所负使命而言,至少具有以下四项功能:一是指导功能,即

---

① 参见孙笑侠:《法律对行政的控制——现代行政法的法理解释》,山东人民出版社1998年版,第37—38页。
② 参见李娟:《行政法控权理论研究》,北京大学出版社2000年版,第21页。
③ 参见周佑勇:《关于行政法的哲学思考》,载《现代法学》2000年第3期。

理论基础能够对现实世界的行政法制度与学理进行评价,从而科学地指导一国行政法的制度建设与理论体系的建构,尽量减少其盲目性,促使其沿着合乎行政法基本规律的方向和朝着既定的理想目标健康发展;二是整合功能,即理论基础如同一束红线,贯穿于行政法具体理论、规范与制度的始终,从而促使整个学科的知识体系趋于和谐、有序和统一;三是阐释功能,即理论基础能够对一国行政法的概念与范围、目标与手段、内容与形式等作出比较恰当的阐释,从而建立起行政法学的理论体系;四是修复功能,即理论基础必须保持足够的开放性和兼容性,进而通过不断地自我修复满足时代发展及社会变迁的需求。

2. 关于行政法理论基础的遴选标准

行政法理论基础的选择标准是什么呢?或者说,行政法理论基础的确立需要考虑哪些影响因素呢?对这一问题的不同回答,便形成了理论基础的不同学说。笔者同意学界提出的所谓"理论高度、理论广度、理论深度、理论密度(即指导力、涵盖力、渗透力及浓缩力)"标准。① 也就是说,作为部门法的理论基础应当具有根本性和全面性特征。除此以外,以下两项标准也是不容忽视的:

第一,本土特色。本土特色是学术发展的客观要求,也是学术科学化的必由之路。所谓法学研究的本土特色,是指要用法学的理论和方法研究中国的法治状况和存在问题,科学描述和解释中国的法律现象,解决中国法制现代化进程中的问题,预测中国法治建设的前景。中国行政法学的最初崛起,不可避免要学习和借鉴外国经验,甚至带有一定的模仿性和依赖性。但是,中国行政法学应该坚持对于本土特色的自觉追求,符合当代中国社会转型时期的特殊要求。就以往的行政法理论基础研究而言,学者们大多有意或无意地存在某种绝对化、单一化偏好,往往试图以一种学说或观点来诠释所有国家、所有历史时期行政法的发展模式。这种学术尝试的具体表现是,论者大多宣称某论是"(现代)行政法的理论基础"。很显然,此种研究路径忽略甚至漠视了各国行政法生存、演变的具体社会条件、历史背景、文化传统乃至民族心理,其结果可能导致研究结论过于笼统以致失实。这种贪大求全、企图找出超越一切时空的"绝对真理"的研究,使得行政法理论基础本应具有的现实功能大打折扣。"(中国学者)真正的贡献,只能产生于一种对中国的昔日和现实的真切的和真诚的关怀和信任;相信并假定:过去的和今天的任何人(包括西方学者)都大致和我们一

---

① 参见孙笑侠:《法律对行政的控制——现代行政法的法理解释》,山东人民出版社1998年版,第35页。

样具有理性,他们的选择也同样具有语境化的合理性。"① 同样地,在研究行政法的理论基础问题时,学者们也应当立足于中国经济改革、政治改革以及行政改革实际,在借鉴国外行政法诸种模式优点的基础上,针对中国行政法发展的具体情境,努力寻求适合中国本土特色的行政法理论基础。

第二,宪法理念。行政法与宪法同为公法的重要组成部分,二者之间的关系十分密切,行政法必须最大限度地表达宪法基本理念。因此,对行政法理论基础的探讨同样需要自觉地融入现代宪法基本理念。虽然学理上对宪法理念的诠释存在差异,但对宪法理念的基本表征——限制公共权力、保护公民权利却是公认的。在探求我国行政法理论基础时,也应当坚持这一基本标准。一旦脱离宪法基本理念的指引,行政法理论基础的讨论对行政法及宪法的发展都将难有作为。

(二)在坚持学术宽容的前提下展开真诚的学术对话

任何一项学术研究活动都是一个不断假设、求证、反驳和修正的过程。在这一过程中,学术批判与回应不可或缺,因为思想只有在不断交锋中才能得到升华。同样地,行政法理论基础模式的选择也是一个相互切磋、取长补短的过程。学术对话尤其是学术批判必须坚持公认的规则,如全面理解彼方观点、避免武断、误解甚至曲解等。学术争鸣必须以学术宽容为前提,正如美国作家房龙在《人类的解放》一书中所倚重的《大不列颠百科全书》对"宽容"一词的经典界定:"容许别人有行动和判断的自由,对不同于自己或公众观点的耐心和公正的容忍。"②

综观学界以往有关行政法理论基础的研究,不少论者在抛出自己的观点之前总是习惯于对其他学说进行批评,有的甚至不经周密分析论证就断言其理论是最科学的理论基础或是最适宜的理论基础。其实,有关行政法理论基础的很多学说虽然名称不同、表达各异,但细究起来并没有多少本质区别,往往只是看问题的角度有所差异而已。有的论者不注意彼方学说的修正与发展,将矛头指向其立论之初的某些不足加以批判,这在对平衡论的批评中表现较为突出。在过去的三十年间,平衡论者其实一直在不断修正其立论之初的一些提法和假设。

---

① 苏力:《法治及其本土资源》,中国政法大学出版社1996年版,"自序"。
② 〔美〕房龙:《人类的解放》,刘成勇译,河北教育出版社2002年版,第4页。

从逻辑上看,行政法理论基础是对"行政法应当是什么"的价值判断,属于一个典型的规范命题,具有浓厚的主观色彩。因此,行政法理论基础可以甚至应当说是多元的,任何"非此即彼"的判断并不科学。"'平衡论'也是一个开放的认知模式,它已经并将继续汲取其他认知模式的合理内核,以求发展和更加完善……目的不在于确立一个理论的最高权威以取代所有其他的认知模式,而是尽可能地提供一种比较完善的认知模式,为行政法的发展提供一种可选择的方案。"①因此,在今后有关行政法理论基础的研究中,应当提倡各种学说之间互相借鉴,在真诚对话中共谋发展直至达成共识,形成真正具有中国特色的行政法理论基础。

(三)加强对各种理论实证基础的研究

行政法理论基础尽管是一个规范性命题,但如果缺少实证支持也很难对现实的行政法世界产生影响。因此,任何一种理论只有在付诸实践的过程中才能展示出其内在的旺盛生命力。或许应然性的命题可以在远离实践的抽象思维层面上无限推演直至达到逻辑上的自圆其说,但能否发展出与之相对应的实证基础却是检验行政法理论基础学说现实功效的标尺。如果某种学说仅仅满足于应然性建构却不主动地寻求其实然性基础,那么这种行政法的理论基础就可能只是一种不切实际的"无用"理论。例如,行政法应当是平衡的,进一步的追问是"行政法在实践中是不是平衡的""行政法究竟能不能平衡"。能否对这些问题进行自觉、认真且富有说服力的回答,能否用大量的立法例证、执法例证或司法例证来验证,将是各种理论所面对的共同挑战。②尤其在行政法律规范面临修改之际,以不同行政法理论基础为导向的利益衡量在修法过程中体现得淋漓尽致。以行政处罚法修改为例,1996年《行政处罚法》在价值导向上更倾向于行政法的控权论,被誉为我国单行行政程序法的开端之作。随着我国经济社会的快速发展和全面依法治国的深入推进,《行政处罚法》修改面临的一大时代背景是深化行政管理体制改革,改革的重心就是要处理好政府与市场、政府与社会、中央与地方等多方利益平衡,要处理好"放"与"管"之间的平衡。③从修

---

① 沈岿:《平衡论:一种行政法认知模式》,北京大学出版社1999年版,第6页。
② 例如,对于当下一些特大城市推行的"私车牌照拍卖""单双号限行""限购私车"等治堵措施的合法性、正当性解读就考验着各种行政法理论基础观点的现实解释力和回应性。
③ 参见袁雪石:《整体主义、放管结合、高效便民:〈行政处罚法〉修改的"新原则"》,载《华东政法大学学报》2020年第4期。

法内容上看,行政法的平衡论取向更为明显。

由此可见,在今后有关行政法理论基础的研究中,从规范命题走向实证基础、从理论建构走向制度设计应当是诸论共同的努力方向。只有努力走向实证,直面真实世界行政法问题的挑战,行政法理论基础的研究价值和现实意义才会进一步凸显。只有这样,行政法学才能贡献更多的知识增量,在与法学其他学科和其他人文社会科学的主动对话中获得广泛认同。

【扩展阅读】

1. 罗豪才等:《现代行政法的平衡理论》(第二、三辑),北京大学出版社2003年版、2008年版。
2. 孙笑侠:《法律对行政的控制——现代行政法的法理解释》,山东人民出版社1999年版。
3. 罗豪才、毕洪海编:《行政法的新视野》,商务印书馆2011年版。

【延伸思考】

1. 如何评价我国行政法理论基础的研究?
2. 行政法理论基础研究如何才能得到进一步深化?
3. 当代中国行政法的发展需要以什么样的学说作为其理论基础?

第五章　行政法基本原则论

我国民法学者徐国栋教授曾言:"原则的泛滥在当代中国的各法律部门绝不是个别的现象,它基于论者们对原则到底是什么缺乏正确的理解,他们似乎认为,任何重要的东西都是原则。"[①]时至今日,这种状况在部门法学中似乎仍然没有得到根本改观。尤其是在行政法学领域,有关基本原则的著述更是汗牛充栋。不同学者撰写的行政法学教科书在基本原则的具体表述上鲜有相同者,以至于有的教科书以"发展之中的行政法基本原则"[②]予以概括。行政法基本原则表述上的多姿多彩既表明了行政法学者对学科基础理论的关怀,同时也昭示出行政法基本原则本身的开放性。本章将在回顾我国行政法基本原则研究进展的基础上,就行政法基本原则的学理及内容进行重述。

一、行政法基本原则研究的演进

回顾我国行政法基本原则研究的历史进程,可以看出其大致经历了三个阶段,即通说的形成阶段、通说的反思阶段及通说的发展阶段。

[①] 徐国栋:《民法基本原则解释——成文法局限性之克服》,中国政法大学出版社1992年版,"自序"第6页。

[②] 参见余凌云:《行政法讲义》,清华大学出版社2010年版,"第三章"。

(一)行政法基本原则通说的形成

在我国行政法学研究的早期,学界大多是将宪法的基本原则或行政管理的基本原则直接视为行政法的基本原则。例如,新中国第一本行政法学统编教材《行政法概要》在论及行政法基本原则时就将其称为"国家行政管理的指导思想和基本原则",即国家行政机关在进行各方面的行政管理活动时必须遵守的一些主要准则,并概括为"在党的统一领导下实行党政分开和党企分开原则""广泛吸收人民群众参加国家行政管理原则""贯彻民主集中制原则""实行精简原则""坚持各民族一律平等的原则""按照客观规律办事、实行有效的行政管理原则""维护社会主义法制的统一和尊严、坚持依法办事原则"七项。① 很显然,这些原则基本上都是行政管理活动所应当遵循的。随后,另一本较有影响的行政法学著作将行政法的基本原则归纳为"贯彻党的方针政策原则""社会主义民主原则""社会主义法制原则"三项。② 这种认识虽然划清了行政法基本原则与行政管理基本原则的界限,但实际上又将宪法原则、政治原则等同于行政法的基本原则。这种现象反映出行政法学初创时期的艰难和受制于相邻学科影响的现实。

从 20 世纪 80 年代末期开始,行政法学界不再满足于套用其他学科基本原则的状况,并逐渐形成了这样一种共识,即行政法作为一个独立的部门法应当有其自身特有的基本原则。在这一基础之上,学者们对行政法基本原则展开了新一轮探讨。其中,罗豪才教授在其主编的《行政法论》一书中指出,行政法的基本原则是指贯彻于行政法中,指导行政法的制定和实现的基本准则,具体包括行政法治原则(或称依法行政原则)和民主与效率相协调的原则(或简称为协调原则)。③ 时隔一年,由他担任主编的新中国第二本行政法学统编教材《行政法学》则将行政法基本原则直接概括为行政法治原则,并具体分解为合法性原则和合理性原则。④ 直至 1996 年,罗豪才教授在其主编的另外两部行政法学教材中仍然坚持上述观点,认为行政法治原则包括行政合法性原则、行政合理性原则及行政应急性原则,并强调行政应急性原则是合法性原则的例外,从广

---

① 参见法学教材编辑部《行政法概要》编写组:《行政法概要》,法律出版社 1983 年版,第 43 页以下。
② 参见应松年、朱维究:《行政法学总论》,工人出版社 1985 年版,第 112 页以下。
③ 参见罗豪才主编:《行政法论》,光明日报出版社 1988 年版,第 25 页以下。
④ 参见罗豪才主编:《行政法学》,中国政法大学出版社 1989 年版,第 34 页以下。

义上说是合法性原则和合理性原则的非常体现(或原则),并没有脱离行政法治原则,而是行政法治原则内含的特殊的重要内容。① 在这期间,我国其他一些有影响的行政法学教材也相继接受了上述观点。② 有的教材虽然在行政合法性原则和行政合理性原则之外增加了责任原则③或行政公开、行政效率等原则④,但其论述基本上都是以行政法治原则(包括行政合法性原则和行政合理性原则)为中心而展开的。至此,我国行政法基本原则的通说形成。

按照权威行政法学教科书的说法,合法性原则是指行政权力的设定、行使必须依据法律、符合法律,而不是与法律相抵触,其基本要求包括:任何行政职权都必须基于法律的授权才能存在;任何行政职权的行使都必须依据法律、遵守法律;任何行政职权的授予、委托及其运用都必须具有法律依据、符合法律要旨;任何违反上述规定的行政活动,非经事后法律认许,均得以宣告为"无效"。合理性原则是指行政决定要客观、适度、符合理性,其产生的主要原因是行政自由裁量权的存在与扩大。合理性原则的具体要求包括:行政行为的动因应符合行政目的;行政行为应建立在正当考虑的基础上;行政行为的内容应合乎情理。⑤ 其他一些教科书在合法性原则和合理性原则内涵的表述上可能还有不同,但在精神实质上都是一致的。

(二) 行政法基本原则通说的反思

自 1998 年开始,不断有学者对以行政合法性原则和行政合理性原则为核心的通说的合理性提出质疑,有的还提出了有关行政法基本原则体系的新设想。概而言之,对通说的反思是沿着以下两个方向展开的:

1. 对通说直接提出批评和质疑,并就行政法基本原则进行重新概括

这类研究成果很多,以下试举五例佐证之:(1) 有学者认为,行政合法性原则和行政合理性原则既不能贯穿于行政法之中,也不能指导行政法的制定和实

---

① 参见罗豪才主编:《行政法学》(新编本),北京大学出版社 1996 年版,第 31 页以下;罗豪才主编:《行政法学》,中国政法大学出版社 1996 年版,第 56 页以下。
② 代表性的著述有王连昌主编:《行政法学》,中国政法大学出版社 1994 年版,第 51 页以下;胡建淼:《行政法学》,法律出版社 1998 年版,第 59 页以下。
③ 参见张树义主编:《行政法学新论》,时事出版社 1991 年版,第 51 页以下;陈端洪:《中国行政法》,法律出版社 1998 年版,第 33 页以下。
④ 参见姜明安主编:《行政法与行政诉讼法》,北京大学出版社、高等教育出版社 1999 年版,第 44 页以下。
⑤ 参见罗豪才主编:《行政法学》,中国政法大学出版社 1996 年版,第 56—62 页。

施,即不具有贯穿性和指导性,因而不应当是行政法的基本原则。①(2)有学者认为,行政合法性原则和行政合理性原则虽具有普遍性,但缺乏法律性和制度性,与其说是行政法基本原则,不如说是行政的基本原则;同时,由于行政合法性原则等于或接近于行政法治,且合法性原则几乎所有的内容都可以被行政法治所涵盖,因此没有必要再提出合法性原则。就合理性原则来说,也可以被包含在行政法治的精神之中,是现代行政法治精神的应有内涵。基于此,论者提出了控权法之下的三个基本原则:有限权力原则、正当程序原则和责任行政原则。②(3)有学者认为,行政合法性原则和行政合理性原则的内涵都不明确,既没有体现出行政法的特性,也没有反映出行政法的统一性和唯一性。特别是后者既难以把握又难以指导实践,实际上是用虚幻的理念来制约纷繁复杂的行政自由裁量行为的现实。论者认为,行政法应包括行政权限法定、行政程序优先、行政责任与行政救济相统一这三项基本原则。③(4)有学者认为,合法性原则和合理性原则的概括过于笼统,由于合法性的问题是任何一个法律部门都追求的价值取向,因而缺乏行政法原则的内在规定性;而合理性问题不只是法律所追求的价值取向,它或许是全人类全社会都要追求的价值取向,因而它根本就不是一项法律原则。行政法的基本原则应概括为依法行政、以法行政、适当行政、参与行政四项。④(5)有学者认为,就行政合法性原则而言,未能从权力分立的宪政意义上进行论述,对其下位的法律保留与法律优位原则未能作出明确的分辨;行政合理性原则则缺少类型化的分析,导致理论与实务对其内涵的认识较为模糊,在行政审判实务上的消极后果是对于我国行政诉讼法中所明确规定的滥用职权条款应用极为有限,大大限制了我国行政法对公民权利的保障作用。论者将行政法基本原则概括为依法行政原则(包括法律保留与法律优位原则)、平等原则、比例原则、信赖保护原则、人性尊严原则、诚实信用原则、公益原则、行政效能原则和正当程序原则。⑤

---

① 参见姬亚平:《行政合法性、合理性原则质疑》,载《行政法学研究》1998年第3期。此外,有的学者还对合理性原则作为行政法基本原则提出了质疑,认为合理性原则的确立缺乏严密的逻辑论证、不符合我国现实的司法制度、不具有作为行政法基本原则的科学性、自身层次不清,从而造成了概念的混淆。王书成:《中国行政法合理性原则质疑》,载《行政法学研究》2006年第2期。
② 参见孙笑侠:《法律对行政的控制——现代行政法的法理解释》,山东人民出版社1999年版,第176页以下。
③ 黄贤宏、吴建依:《关于行政法基本原则的再思考》,载《法学研究》1999年第6期。
④ 熊文钊:《现代行政法原理》,法律出版社2000年版,第61页以下。
⑤ 参见姜明安、余凌云主编:《行政法》,科学出版社2010年版,第二编"行政法基本原则"(李洪雷撰)。

2. 撇开通说的利弊不论,直接对行政法的基本原则进行重新概括

这类研究成果同样很多,以下试举七例佐证之:(1) 有学者以行政法基本原则的确立应当融入现代宪政精神、体现法律的基本价值、反映行政法的目的、是行政法最高层次的规则等为立论前提,主张将其表述为自由、权利保障原则,依法行政原则和行政效益原则。① (2) 有学者认为,行政法的基本原则应当由依法行政原则、信赖保护原则、比例原则三项构成。② (3) 有学者将行政法的基本原则归纳为法律优先与法律保留原则、职权法定与不得越权原则、比例原则、诚信原则、公正原则、公民权益保障原则。③ (4) 有学者以行政法基本原则的确立应当坚持形式标准(包括法律性、基本性和特殊性)和内在根据(包括行政法的根本价值即正义和基本矛盾即行政与法的对立统一)相统一作为理论基础,认为行政法定原则、行政均衡原则、行政正当原则共同构成了行政法基本原则的体系。④ (5) 有学者提出,应当区分行政法的最高形式原则和行政法的基本原则两个不同层次的概念,诚信原则应当成为行政法最高形式原则,它派生出法律优先、法律保留、比例、信赖保护、行政公开、行政效率六项行政法的基本原则。⑤ (6) 有学者认为,重构现代行政法基本原则应以有效率的行政权和有限制的行政权为逻辑起点,以行政法内分为行政实体法、行政程序法和行政诉讼法为逻辑结构基础,从而构建一个具有内在联系的、开放性的法原则体系,即以有效率的行政权为基点,确立行政行为效力推定原则、行政自由裁量原则和司法审查有限原则;以有限制的行政权为基点,确立行政职权法定原则、行政程序正当原则和多元控权必要原则。⑥ (7) 有学者认为,在 21 世纪,我国行政法的实体性基本原则主要包括依法行政原则、尊重和保障人权原则、越权无效原则、信赖保护原则和比例原则;行政法的程序性基本原则主要包括正当法律程序原则、行政公开原则、行政公正原则、行政公平原则。⑦

(三) 行政法基本原则通说的发展

自 21 世纪初以来,在行政法基本原则研究中,除了一些专题著作继续进行

---

① 参见薛刚凌:《行政法基本原则研究》,载《行政法学研究》1999 年第 1 期。
② 参见马怀德主编:《行政法与行政诉讼法》,中国法制出版社 2000 年版,第 38 页。
③ 参见杨解君:《行政法学》,中国方正出版社 2002 年版,第 69 页以下。
④ 参见周佑勇:《行政法基本原则的反思与重构》,载《中国法学》2003 年第 4 期。
⑤ 参见刘莘、邓毅:《行政法上之诚信原则刍议》,载《行政法学研究》2002 年第 4 期。
⑥ 参见章剑生:《现代行政法基本原则之重构》,载《中国法学》2003 年第 3 期。
⑦ 参见姜明安:《行政法基本原则新探》,载《湖南社会科学》2004 年第 2 期。

整体性建构外,更多的研究则呈现出一种明显的务实动向,即以专著或专题论文的形式对行政法的某项具体原则展开深入阐述。① 尤其是在我国台湾地区行政法学者城仲模教授主编的《行政法之一般法律原则》一书引入大陆地区之后,这种经由模仿继而有所超越的研究进路更为明显,典型例证就是学界对比例原则、信赖利益原则研究已基本形成共识。比例原则吸引了众多行政法学者的关注,相关研究或聚焦于原则内涵和历史发展的一般性介绍,或着眼于比例原则的纵向及横向比较。② 随着行政审判实践的发展,特别是法院运用比例原则作为裁判依据典型案件的出现,行政法学理也开始注重比例原则的司法适用研究。③ 信赖保护原则同样也吸引了众多行政法学者的关注。早期的信赖保护原则的研究聚焦于该原则内涵和历史发展的一般性介绍。④ 随着研究的不断深入,一些学者主张行政法上需要引入更高层次的诚信原则;⑤一些学者则主张行政法上需要引入合理预期保护原则。⑥ 在目前围绕诚信政府研究的三条主线中,各种学说之间展开了一定程度的理论交锋。例如,有的学者就认为,信赖保护原则并非源于诚信原则,而是源自法安定性原则与基本权利规范;相对于依法行政原则而言,信赖保护原则仅在法理基础层面具有独特性,在规范适用层面则可以被法律化为依法行政原则的组成部分;相对于合法预期保护原

---

① 代表性的著作包括胡建淼主编:《论公法原则》,浙江大学出版社 2005 年版;陈骏业:《行政法基本原则元论》,知识产权出版社 2010 年版;周佑勇:《行政法基本原则研究》(第二版),法律出版社 2019 年版。

② 代表性的论文包括黄学贤:《行政法中的比例原则研究》,载《法律科学》2001 年第 1 期;余凌云:《论行政法上的比例原则》,载《法学家》2002 年第 2 期;刘权:《目的正当性与比例原则的重构》,载《中国法学》2014 年第 4 期;刘权:《论必要性原则的客观化》,载《中国法学》2016 年第 5 期;刘权:《比例原则的精确化及其限度——以成本收益分析的引入为视角》,载《法商研究》2021 年第 4 期。

③ 代表性的成果包括张坤世:《比例原则及其在行政诉讼中的适用》,载《行政法学研究》2002 年第 2 期;湛中乐:《行政法上的比例原则及其司法运用——汇丰实业发展有限公司诉哈尔滨市规划局案的法律分析》,载《行政法学研究》2003 年第 1 期;蒋红珍:《论比例原则:政府规制工具选择的司法评价》,法律出版社 2010 年版;蒋红珍:《比例原则位阶秩序的司法适用》,载《法学研究》2020 年第 4 期;梅扬:《比例原则的适用范围与限度》,载《法学研究》2020 年第 2 期;蒋红珍:《比例原则适用的范式转型》,载《中国社会科学》2021 年第 4 期。

④ 代表性的成果包括李春燕:《行政信赖保护原则研究》,载《行政法学研究》2001 年第 3 期;黄学贤:《行政法中的信赖保护原则》,载《法学》2002 年第 5 期;莫于川、林鸿潮:《论当代行政法上的信赖保护原则》,载《法商研究》2004 年第 5 期;王贵松:《行政信赖保护论》,山东人民出版社 2007 年版。

⑤ 代表性的成果包括潘荣伟:《政府诚信——行政法中的诚信原则》,载《法商研究》2003 年第 3 期;刘丹:《论行政法上的诚实信用原则》,载《中国法学》2004 年第 1 期;阎尔宝:《行政法诚实信用原则研究》,人民出版社 2008 年版。

⑥ 代表性的成果包括张兴祥:《行政法合法预期保护原则研究》,北京大学出版社 2006 年版;余凌云:《行政法上合法预期之保护》,清华大学出版社 2012 年版;陈海萍:《行政相对人合法预期保护之研究——以行政规范性文件的变更为视角》,法律出版社 2012 年版。

则而言,信赖保护原则在信赖基础、所期望的内容、获得保护的核心条件、提供保护的阶段与方式上都存在明显区别。①

近几年来,个别学者还对行政法上的效能原则、成本收益分析原则、行政廉洁原则进行了探讨。有学者认为,效能原则充分拓展了现代公共行政的制度建构和法规范适用两类功能,其在制度建构论维度上的规范内涵是市场或社会自治优先原则和管理或服务制度的效益最大化原则;在法适用论维度上的规范内涵是行政手段有效性原则和行政手段效益最大化原则。行政效能原则与比例原则、信赖保护原则有一定程度相合之处,但不可彼此替换。作为行政法平衡理论之期待,他主张将该原则列入行政法一般原则体系。② 有学者认为,要建立一种与我国法治政府理念相契合且科学性与实操性并重的基本原则,以回应"政府—市场—社会"三元关系,有必要引入经济学上的成本收益分析。成本收益分析原则以解决实际问题为目的的实用主义哲学为功能定位,以定量分析与定性分析相结合为科学的方法论,以事实与规范问题相分离为程序结构特点,其引入能够缓解我国行政法既有基本原则之间的内在张力,并与比例原则形成交相辉映的功效。③ 有学者认为,行政廉洁应当确立为行政法的基本原则,在法律制定和行政过程中应取得优先适用效力。适用行政廉洁原则的基础制度,是管理公私利益冲突、控制自由裁量权和维护公务伦理。如果在行政法体系中给予行政廉洁以基本原则的地位,不但有助于改善对行政腐败的惩治,而且将极大地提高预防行政腐败的水平。④ 当然,这些原则能否成为行政法上的基本原则还有待进一步研究。

(四) 行政法基本原则理论纷争的评析

在行政法基本原则研究热的背后,实际上还隐藏着诸多被忽略但又不得不认真对待的"前提性"问题:确立基本原则的出发点是什么？基本原则与基本理念、具体原则有无区别、界限何在？为此,下文将对行政法基本原则的通说及新近观点进行评析。

---

① 参见刘飞:《信赖保护原则的行政法意义——以授益行为的撤销与废止为基点的考察》,载《法学研究》2010 年第 6 期。
② 参见沈岿:《论行政法上的效能原则》,载《清华法学》2019 年第 4 期。
③ 参见郑雅方:《论我国行政法上的成本收益分析原则:理论证成与适用展开》,载《中国法学》2020 年第 2 期。
④ 参见于安:《论行政廉洁原则的适用》,载《中国法学》2016 年第 1 期。

1. 行政法基本原则通说的缺陷

以行政合法性原则和行政合理性原则为核心内容的通说——"行政法治原则"虽然在普及依法行政观念、制约行政权的行使以及维护行政相对人的合法权益方面曾经发挥过重要的作用,但从"基本"原则及其功能的角度观之,其自身还存在以下三方面缺陷:

(1) 原则的内涵比较空泛,缺乏应有的适用性和可操作性

通说的首要不足就在于其自身内涵的模糊性上。例如,权威行政法教科书通常都是将行政合法性原则解释为"行政权力的存在、运用必须依据法律、符合法律,而不得与法律相抵触"。从表面上看,这一表述似乎无懈可击。然而,如果仔细加以探究,就会发现其自身存在的矛盾之处:合法到底是合什么样的"法"?是狭义上的法律还是包括法规、规章甚至行政规定在内?如果仅仅指的是前者,那么在某个具体行政管理领域的法律尚未出台之前,不仅行政活动的"合法"问题根本无从谈起,而且作为基本原则重要规制对象的行政法律规范的创制工作——行政立法的"合法性"问题也无法作出恰当解释。在现实生活中,有些行政权力的行使(如某些公共政策的制定、行政指导措施的采用等)并没有多少明确的法律依据,但其推行并没有因此而受到社会质疑。可见,要求行政必须合法本身并没有什么不当之处。问题在于,制定法律的目的就是要求法律能够得到有效实施,且"有法必依"也是我国社会主义法制的基本原则之一。因此,合法性可以说是诸多部门法的共同要求,强调行政合法对于行政法来说并无多少特殊意义。

至于行政合理性原则,通说将其解释为"行政决定内容要客观、适度、符合理性"。所谓的"理性"仍然具有浓厚的主观色彩,不仅行政相对人而且法院都无从把握并据此对行政行为加以评判。再者,我国并不是实行判例制的国家,因而这种不具有可操作性的原则很难在实践中得到运用。即便按照教科书中诸如"合乎目的、正当考虑、符合情理"的解释,仍然不能使之客观化,甚至会成为行政主体为其行政裁量进行辩解的工具。如果不拘泥于形式意义而是从实质上理解违法的话,所谓的"目的不当""滥用自由裁量""不正当考虑"等也是违法的具体表现形态,只不过有的是违反了深层次的法律目的、法律精神而已。可见,行政合理性原则的单独存在并无多少必要。

综上所述,与其说行政法治(具体包括行政合法性和行政合理性)是行政法的基本原则,毋宁说是行政法的基本理念。如同民事法治、刑事法治一样,行政

法治只不过是法治理念在行政法领域的具体表现而已。行政法的基本原则原本就是在行政法理念的支持下所建构起来的,将本属于理念的行政法治充当为行政法的基本原则,不仅混淆了不同层次的概念,而且直接造成了原则内涵的空洞和泛化,致使原则因缺乏可操作性而难以在实践中发挥作用。

(2) 原则的确立标准过于简单,难以覆盖行政法的所有领域

作为行政法的基本原则,无疑应当表现出其内在的普遍性(亦可称为基本性、贯穿性),即基本原则必须能够贯穿于行政法的始终,在行政法的各个领域、环节都能得到体现。否则,就不能称之为"基本"原则,而只能算作行政法的某项具体原则(亦即行政法某部分的基本原则)或行政活动的基本原则。在这方面,通说也暴露出某些先天不足。

综观学者们对行政合法性和行政合理性原则的阐述,无论是"依据法律、符合法律、不得与法律相抵触",还是"客观、公正、符合理性",其立论的出发点都是行政权力的运用,即是紧紧围绕行政行为的实施来提炼行政法基本原则的。"这两项原则与其说是现代行政法的基本原则,不如说是纯粹控权论行政法的基本原则;与其说是贯穿于行政法始终的基本原则,不如说是贯穿于行政主体及其行政行为始终的一个单方基本原则。"[①]虽然行政行为是行政法体系中的重要组成部分,但行政组织、行政责任、行政救济、司法审查等同样是现代行政法不可或缺的重要内容,上述两个原则在这些领域就很难得到体现。例如,行政合理性原则只能适用于行政裁量权范围内的行为,对于羁束行为则不能适用;只能贯穿于行政执法领域,在司法审查过程中一般不得适用。行政合法性原则主要适用于传统的干涉行政领域,但套用在新型的服务行政、指导行政、给付行政等领域中则显得牵强,因为有些服务或指导就没有直接的法律依据。

就守法准则而言,在日渐多样化的行政法律关系中,不仅行政主体要按照法律规定活动,行政相对人的行为也应当遵守法律规定,这些内涵在通说中并不具备。更重要的是,作为行政法的基本原则,除了与守法有关外,还与立法、司法等其他环节息息相关。作为行政机关制定次级行政法律规范时的立法准则,行政合法和行政合理原则显然难担此任。同样地,当行政法规范对某些问题缺乏规定时,司法机关仅仅依靠援用现有的合法和合理原则也难以对行政活动进行有效审查。可见,行政合法性原则和行政合理性原则实际上只是行政主

[①] 方世荣:《论行政相对人》,中国政法大学出版社 2000 年版,第 191 页。

体在实施行政行为时所应当遵循的基本准则,称其为行政法的"基本"原则并不适当。

（3）原则不能完整地反映出行政法的价值追求和发展趋势,其现实意义难以高估

在法理学中,法的基本原则被视为"是体现法的根本价值的原则,是整个法律活动的指导思想和出发点,构成法律体系或法律部门的神经中枢"①。同样地,行政法的基本原则作为联系行政法理念与规则的桥梁,一方面要能够指导行政法规则的建立,另一方面更要忠实表达行政法所追求的基本价值。换言之,行政法的基本原则是行政法理念的载体和再现。因此,行政法基本原则的确立首先就必须充分考虑到行政法自身的价值目标。

应当承认,通说也反映出了行政法的部分价值——控制行政权力、保障公民权利,这从学者有关行政合法、行政合理内涵的诠释中即可看出。"两个原则的支点都是建立在行政权应受到'行政法'制约的传统思想理念之上,单纯地认为只要将行政权力的'猛虎'因禁于法制的牢笼就等于保障了相对人的一切权益。"②如果说传统行政法所面对的是一个消极政府的话,那么这样的基本原则似乎还是可以接受的;问题在于,现代行政法所面对的已经不仅是一个消极的政府,相反地是一个积极的、能动的政府,因而行政合法和行政合理原则就很难体现出这种变化以及随之而来的行政法新的价值追求。作为一个能动的政府,不仅需要严格遵守法律,在法律所规定的范围内实施行政活动,进而避免侵害行政相对人的合法权益,而且还必须认真履行职责,最大限度地维护社会公共秩序、增进行政相对人的福祉。在当今社会,政府除了是一个消极的守法者之外,更应当是一个积极的执法者和服务者。可见,设立政府的目的绝不只是为了用法律将其牢牢地管束起来。否则,政府与普通民众之间就没有任何区别。行政合法性原则和行政合理性原则的误区也正体现于此。

随着社会的变迁,法律所追求的价值日益呈现出多元化的走势,自由与正义、秩序与效益莫不都是现代法律的价值目标所在。作为部门法之一的行政法自然也不例外。概而言之,保障公民基本自由、促进社会基本公正、提高民众福利水平、维持社会秩序稳定、提升行政管理效率都应当成为行政法所追求的价值目标。相应地,作为行政法价值理念的载体——行政法的基本原则也必须全

---

① 沈宗灵主编:《法理学》,高等教育出版社1994年版,第40页。
② 黄贤宏、吴建依:《关于行政法基本原则的再思考》,载《法学研究》1999年第6期。

面反映这些价值元素,并通过自身的引导使其融入行政法的具体规范之中。通说所构筑的基本原则体系固守于行政法的某些价值追求,没有与时俱进地承载起更多的新理念,也无法反映行政法新的发展趋势。行政指导、行政契约、公私合作现象的兴起,行政相对人对行政活动的广泛参与,都对通说的适用提出了挑战。由于行政合法和行政合理原则在公共行政的变迁中已经显得力不从心,因此行政法的基本原则需要得到适当补充和发展。

2. 行政法基本原则拓展研究的评析

正是基于对行政合法和行政合理原则不足的深刻认识,行政法学界在近二十年间对行政法基本原则进行了新的探究。无论是对德国行政法上比例原则、信赖保护原则及英国法上合法预期保护原则的介绍,还是对行政法基本原则体系的重构,都使得行政法基本原则的内容得到了进一步丰富和发展。随着研究的不断深入和学术争鸣的展开,学者之间的共识逐渐增多,如行政法基本原则必须有相对统一的确立标准,必须自觉接受宪法原则和行政法理念的指导,必须反映出行政法作为独立部门法的特殊性,必须对行政法制实践产生切实的指导作用,等等。这些基本共识的达成为进一步展开学术对话直至形成行政法基本原则新的主流观点奠定了重要基础。行政法基本原则的拓展研究虽然相当热闹,但也应看到其中的某些缺陷和不足。

首先,某些原则究竟是行政法的基本原则、制度还是法的一般原则或行政活动的原则?在探讨行政法的基本原则之前,必须对这些不同层次的概念进行严格区分。否则,讨论的结果必然是千差万别。例如,有学者提出的"行政责任与行政救济相统一原则"就值得商榷。行政责任和行政救济本身是行政法的两大领域(甚至可以直接归结为广义的行政救济法领域),或者说是行政法的两项重要制度,用这两个领域或制度的代名词来指称行政法的基本原则显然不妥。即使对其"基本性"予以承认,那么这一原则是否能够"贯穿于行政法的始终""指导行政法的立法、守法、执法和司法"则不无疑问。再如,有学者提出的"自由、权利保障原则""公民权益保障原则""公正原则""有限权力原则"也需要加以认真审视。不仅行政法要保障公民的权利与自由,而且宪法、诉讼法、民法、刑法等其他法律也同样需要对公民权利进行切实保障;不仅行政法要以公正作为最高的价值追求,而且其他任何法律的根本价值也在于此;不仅行政权力是有限的,而且立法权、司法权等其他任何性质的国家权力也都是有限的。因此,与其说这些原则是行政法的基本原则,不如说是我国法的一般原则,将它们视为行政法的基本原则并不能反映出行政法的特质。可见,行政法基本原则的拓展研究虽然观点纷呈,但由于没有进行必要的概念区分,终究难以形成新的理论共识。

其次,各项原则之间是否处于同一层次,是否存在内涵上的交叉?作为一个完整的行政法基本原则体系,各个组成部分之间应当保持相对的独立性,既不能互相包容,也不能层次不一。但在行政法基本原则的拓展研究中,这类现象却依旧存在。例如,有学者将信赖保护原则与比例原则及依法行政共同视为行政法的基本原则。不过,信赖保护原则主要适用于授益性行政行为的撤销与废止,即当行政相对人对授益性行政行为产生值得保护的信赖时,行政主体就不得随意撤销或者废止该行为,否则,应当合理补偿行政相对人因信赖该行为的存续而获得的利益。可见,信赖保护是行政活动应当遵循的基本原则,或者说是行政程序法领域的基本原则,将其与具有宪法位阶的比例原则、依法行政原则相提并论并不妥当。又如,有学者将自由、权利保障与依法行政并列作为行政法的基本原则。实际上,二者只是观察角度的不同而已。依法行政的目的就是保护行政相对人的合法权益不受侵犯,而自由、权利保障对行政主体的总体要求就是依法行政。可见,这两个原则在内涵上存在重复和交叉之处。再如,在行政效能原则与成本收益分析原则能否作为行政法一般原则共存之争中,有学者指出比例原则存在理论上的谬误,应当以成本收益分析取代比例原则,因为"与政策科学和法经济学中更常用的成本收益分析相比,比例原则并非分析和论证实质合理性的有效、理想方法,至多构成残缺的成本收益分析"[①]。以上论争的背后,其实还是各个原则的内涵不够清晰。为了建立起内在逻辑严密的行政法基本原则体系,各项原则应当在基本内涵上保持相对的独立性。

二、行政法基本原则的一般理论

在对行政法基本原则的研究进行系统回顾之后,有必要立足行政法理,对行政法基本原则的内涵、功能等基本理论问题作出回答,以便为行政法基本原则新共识的形成奠定基础。

[①] 戴昕、张永健:《比例原则还是成本收益分析——法学方法的批判性重构》,载《中外法学》2018年第6期。

(一) 行政法基本原则的内涵

根据权威法律辞典的解释,法律的原则就是法律的基础性真理或原理,为其他规则提供基础性或本源的综合性规则或原理,是法律行为、法律程序、法律决定的决定性规则。① 在我国法理学上,通说也认为,法律的基本原则"体现法的本质和根本价值,是整个法律活动的指导思想和出发点,构成一个法律体系的灵魂,决定法的统一性和稳定性"②。可见,原则的核心语义应当是根本规则,而"基本"原则更加强调了部分原则的根本性。行政法的基本原则可以界定为贯穿于行政法律规范的始终,集中体现行政法的目的和价值,用以指导行政法律规范的制定和实施,要求行政法律关系主体共同遵循的基本法律准则。也就是说,衡量一个行政法的原则是否为行政法的"基本"原则,关键取决于"效力是否具有贯穿始终性"(即"普遍性")及"内容是否具有根本性"(即"根本性")。其中,前者是形式识别标准,后者是实质识别标准。

效力贯穿于行政法律规范的始终是行政法基本原则重要的形式特征,也是识别行政法基本原则与具体原则的标志。一项行政法的基本原则,能够适用于诸多行政法律关系领域之中。如果某项原则的效力仅局限于一两种行政法律关系领域之中,则该原则只能算作行政法的具体原则。例如,行政处罚法定原则仅仅适用于行政处罚领域,因而只能算作是行政法的一项具体原则。相比之下,正当程序原则不仅适用于行政处罚等具体行政执法领域,而且还适用于行政立法、行政组织、司法审查等诸多领域,可以说能够在所有的行政法律规范中得以贯彻,因而可以成为一项行政法的基本原则。

内容的根本性是行政法基本原则重要的实质特征,直接决定了基本原则的根本准则地位。内容的根本性可以从基本原则与行政法的目的、价值追求之间的关系上得以体现。作为现代法律所追求的基本价值,自由、平等、正义、安定、秩序、效益等同样是行政法的价值目标,无疑应当在行政法基本原则中得到体现。与价值相比,行政法的目的更为具体,但同样可以在基本原则中反映出来。任何国家行政法的基本原则都寄托了该国行政法的总体精神和根本价值。例如,英美国家行政法普遍以控制行政权力、保障公民自由作为其追求的价值目标,与此相适应的是,英国行政法上的越权无效原则及美国行政法上的正当法

---

① See *Black's Law Dictionary*, West Publishing Co, 1979, p.1074.
② 张文显:《法哲学范畴研究》(修订版),中国政法大学出版社 2001 年版,第 55 页。

律程序原则都集中体现了这一价值。当然,行政法目的的实现最终还需要通过一系列具体制度和规范的实践运作。这些具体制度和规范要形成和谐有序的整体,同样必须依托于行政法基本原则这一根本性规范。

(二) 行政法基本原则的功能

行政法基本原则并非纯粹的学理问题,实际上具有多重现实的功能,在行政法的发展演变中发挥着重要作用。总的来说,行政法基本原则的功能体现在以下三个方面:

第一,弥补成文行政法律规范的不足,增强行政法的现实回应性。由于立法者主观认识的有限性与社会生活的无限性之间存在着难以消解的矛盾,因此法律所未及的问题或者法律虽有涉及但并不周详的问题大量存在。就难以实现法典化且调整对象处于发展变化之中的行政法而言,成文法律规范的局限性问题尤为突出。当成文行政法律规范难以有效应对现实社会生活的挑战时,行政法的基本原则就会由"幕后"走向"前台",或作为行政法律规范解释的依据,或直接充当行政执法或行政审判的依据,从而及时回应社会现实生活的需求。[①] 正如庞德所言:"一个原则是一种用来进行法律论证的权威性出发点。各种原则是法律工作者将司法经验组织起来的产品,他们将各种案件加以区别,并在区分的后面定上一条原则,以及将某一领域内长期发展起来的判决经验进行比较,为了便于论证,或者把某些案件归之于一个总的出发点,而把其他一些案件归之于某个其他出发点,或者找出一个适用于整个领域的更能包括一切的出发点……有了各种原则和概念,我们就有可能在只有较少规则的场合下进行工作,并有把握来应付那些没有现成规则可循的各种新情况。"[②] 庞氏的分析说明了法律原则的功能是"法律论证的权威性出发点",从这个意义上说,法律适用者有责任充分展示法律基本原则拾遗补阙的作用,尽力弥合法律规则与社会需要之间的缺口。在我国行政审判实践中,法院在援引基本原则解释或填补行政法律规范漏洞方面已经迈开了坚实步伐。例如,在"杨庆峰诉无锡市劳动和社会保障局工伤认定行政纠纷案"中,一审法院以被告对"事故伤害发生之

---

① "一般法律原则相对于其他法源,仅具有补充性,亦即一个法律问题首先是应依据其他法源,尤其是应依形式的法律或法规命令加以决定。只有在无法获得答复或者显然抵触在一般法律原则中所形成的基础规范的情形,才能援引一般原则。"参见翁岳生编:《行政法》(上册),中国法制出版社 2002 年版,第 147 页。

② 〔美〕罗斯科·庞德:《通过法律的社会控制》,沈宗灵译,商务印书馆 1984 年版,第 24—26 页。

日"的解释"不利于保护受伤害职工群体的合法权益"为由判决被告败诉;二审法院在判决中更是作了条分缕析式的表述:"法律的基本原则即法律的根本原理或准则。法律的基本原则有利于解决面对普遍规则时例外情形的法律适用问题。公平正义是社会主义法治的基本价值取向,是构建社会主义和谐社会的重要任务。在现行法中寻求公平正义,应当成为司法的原则。保障工伤职工的合法权益是《工伤保险条例》第一条开宗明义阐明的立法宗旨,同时,倾斜于受害人原则是工伤保险法的基本原则。工伤保险法属于社会法,社会法以保护困难群体利益为其法律精神,工伤保险倾斜于受害人原则正是社会法基本原则的集中体现。为此,如果工伤职工在发生事故后只是因为客观原因而其自身并无过错的情况下,未能及时发现伤害,就丧失工伤认定申请的权利是不公平的,也是不符合工伤保险法的立法宗旨和社会普遍认同的价值标准的。"[1]在"田永诉北京科技大学拒绝颁发毕业证、学位证行政诉讼案"中,北京市海淀区人民法院对正当程序原则的大胆援用开启了以法律原则作为行政审判直接依据的先河。[2] 可见,行政法基本原则的首要功能在于弥合成文行政法律规范与社会现实之间的缝隙,切实增强行政法对真实世界的回应能力。

第二,指导行政法律规范的创制和执行,保障行政法律规范体系的统一性。基本原则作为一种根本性的法律准则,其直接功能就在于为次级规范的产生提供依据。在行政法上,行政法规和规章是行政法律规范的主要表现形式。由于空白授权现象的存在,行政立法事实上很难接受上位法律规范的检验和评价。此时,行政法基本原则就能发挥指导和依据的作用。不仅行政法律规范的制定需要接受基本原则的指导和检验,而且修改、废止工作也同样要与基本原则保持一致。例如,我国还没有制定出统一的行政程序法典,但正当法律程序原则已经经由司法裁判和学理提炼在行政法领域得以确立。因此,行政程序法次级规范的创制活动就必须符合正当法律程序原则。除了指导行政法律规范的创制之外,行政法基本原则对行政法律规范的执行同样具有指导作用。行政法律规范的实施既存在于行政活动过程中,也存在于对行政的监督和救济活动过程中。由于实施主体众多,加之规范层级和法律关系错综复杂,因此必须发挥行政法基本原则在统一行政法律规范解释和适用中的作用,保障行政法律规范体系的整体性和统一性。例如,工伤认定纠纷大量存在于我国当下的行政执法和

---

[1] 参见《最高人民法院公报》2008年第1期。
[2] 参见《最高人民法院公报》1999年第4期。

行政审判实践中。由于相关行政法律规范的滞后,加之社会用工方式、劳动关系及个案具体情境相当复杂,因此法律适用者必须禀承对法律原则的理解和运用,妥善处理这类关乎社会发展和稳定的行政纠纷。在"何文良诉成都市武侯区劳动局工伤认定行政行为案"和"泸州建新标准件工业有限公司诉泸州市劳动和社会保障局工伤认定案"中,伤亡事故都发生在劳动者如厕之时。在前案判决中,一、二审法院都认为,劳动者在日常工作中"上厕所"是其必要的、合理的生理需求,与劳动者的正常工作密不可分,应当受到法律的保护。被告片面地将"上厕所"理解为与劳动者本职工作无关的个人私事,与劳动法保护劳动者合法权利的基本原则相悖,也有悖于"社会常理"。[1] 在后案"评析"部分,受案法院在论述"上厕所受伤是否属工伤"时几乎一字不差地引用了前案判决内容;在"编后补评"部分,编写者进一步指出:"在工作时间上厕所是劳动者作为一个人(而不是机器)的最基本的生理需要,是其不可剥夺的人的基本权利,在法律对此没有明确规定的情况下,执法者应从以人为本的原则出发作出合理判断。"[2]同样地,在"无锡市雪羽印染有限公司诉无锡市惠山区劳动和社会保障局工伤认定案"中,当班锅炉工是在公司无法按照常规提供早餐的情况下离厂回家用餐的,因而法院支持了行政机关将其解释为"上下班途中"而认定为工伤的做法。在案件"评析"部分,受案法院特别指出:"离厂回家用餐乃是为了解决人体正常的生理需要,是在情理之中。"[3]对劳动者个体生理需要的关怀彰显出司法机关对"人性尊严"原则的高度认同。可见,只要坚持行政法基本原则的统帅和聚合作用,数量众多、内容庞杂的行政法律规范同样能够形成结构严密、和谐统一的整体。

第三,推动行政法治观念的形成,形塑行政法的时代性。无论是透过法律原则还是思想原则的形式表现出来,行政法基本原则自身都是一种极具稳定性的法律原理。作为连接行政法价值理念与行政法制度、规则之间的桥梁和纽带,基本原则能够在较大范围和较长时期内指导行政法制度的建立和完善,从而对行政法的整体结构和基本内容产生深远的影响。在一国行政法的基本原则确立之后,行政法的制度架构和发展走向就已明朗。在长期的适用过程中,

---

[1] 参见《最高人民法院公报》2004年第9期。
[2] 最高人民法院中国应用法学研究所编:《人民法院案例选2006年第4辑》(总第58辑),人民法院出版社2007年版,第461—463页。
[3] 最高人民法院中国应用法学研究所编:《人民法院案例选2008年第3辑》(总第65辑),人民法院出版社2009年版,第481页。

行政法的基本原则有助于培育整个社会先进的行政法律意识，进而推动行政法治观念的形成。先进的法律意识对于推行法治具有重要意义，而法律制度的运行又能够为法律意识的不断更新创造条件。对于实施行政法治而言，培育公民尤其是国家行政机关及其公务人员的行政法律意识显然是重要环节之一。行政法的基本原则既克服了行政法理念的抽象性，又克服了行政法规范的琐碎性，更容易被行政法律主体所接受。一旦行政法的基本原则获得普遍认同和自觉遵守，行政法规范的实施将更加顺利，行政法理念也会在潜移默化中得到传播。近年来，伴随着行政法基本原则的学理阐释、立法跟进及司法助推，合法行政、合理行政、程序正当、高效便民、诚实守信、权责统一等行政法治观念得到了广泛传播。以政府诚信为例，在"益民公司诉河南省周口市政府等行政行为违法案"中，一审法院在判决中就明确指出："在益民公司的燃气经营权被终止，其资金投入成为损失的情况下，市政府应根据政府诚信原则对益民公司施工的燃气工程采取相应的补救措施予以处理。"[①]"郭伟明诉广东省深圳市社会保险基金管理局不予行政奖励案"的裁判要旨指出："行政机关制定和发布的有关行政违规、违法行为举报奖励办法既属规范性文件，又属政府的公开承诺，有关行政机关在执法过程中应严格遵守，在公民、法人和其他组织的举报行为符合上述办法的规定时，应遵循诚信原则给予承诺的行政奖励。"[②]可见，行政法的基本原则对于推动先进行政法治观念的形成具有明显的整合作用，进而在激烈的时代变迁中保持行政法的独立品性。

三、我国行政法基本原则的重述

在论述行政法基本原则的学说演进和基本法理之后，笔者尝试将我国行政法的基本原则重述为行政法定原则、行政正当原则和行政诚信原则三个方面。这些原则的凝练既考虑了与现有研究成果的衔接，也保持了行政法基本原则应有的开放性特征，体现出这一研究主题上的学术传承。具体而言，行政法定原则是对依法行政理念的坚守，行政正当原则是对行政法治实践发展新要求的回应，行政诚信原则则是面向行政法未来发展的一种展望。这三个原则层层递

[①] 参见《最高人民法院公报》2005年第8期。
[②] 最高人民法院行政审判庭编：《中国行政审判案例》（第2卷），中国法制出版社2011年版，第231页。

进、环环相扣,共同形成了结构合理、内容完整的行政法基本原则体系。①

(一) 行政法定原则

行政法定原则的基本内涵近似于通说中的行政合法性原则,但其名称却能够克服合法性原则的固有缺陷,从而将行政法的基本原则与行政法治理念区分开。从我国的立法实践来看,《行政处罚法》《行政许可法》《行政强制法》都将法定原则作为各自的首要原则。"处罚法定原则""许可法定原则""强制法定原则"已为公众及行政机关公务人员所熟知,对"一切行政活动都必须受到法律拘束"观念的传播起到了重要的推动作用。行政法定原则传递出"行政在法律之下"的宪法精神,摹绘出"有限政府"的理想图景,是当之无愧的首要的行政法基本原则。一般来说,行政法定原则是由法律优位和法律保留两项子原则所构成的。

1. 法律优位原则

法律优位原则也称法律优先原则或法律优越原则,要求一切行政活动,无论是权力性行政活动还是非权力性行政活动,无论是行政规范创制活动还是行政处理活动,无论是授益性行政活动还是负担性行政活动,都不能与法律相抵触。法律优位原则之所以无限制和无条件地适用于一切行政领域,主要是"源自有效法律的约束力"。② 法律优位原则只要求行政活动不与法律相抵触,并不要求行政活动具有明确的法律依据,行政主体不实施与法律相抵触的行为即符合该原则的要求。从这个意义上来说,法律优位原则是"消极的依法行政原则"。

我国现行《宪法》第 5 条第 4、5 款规定:"一切国家机关和武装力量、各政党和各社会团体、各企业事业组织都必须遵守宪法和法律。一切违反宪法和法律的行为,必须予以追究。任何组织或者个人都不得有超越宪法和法律的特权。"这一规定从"遵守"和"违反"两个侧面体现了法律优位原则的要求。③ 具体来

---

① 当然,行政法基本原则本身是开放性的,随着社会的发展还可能孕育出新的基本原则。正如学者所言:"在行政法实施过程中个人保护和全面考虑关系人利益的前提是行政对话和合作性的行政结构,惟有此才能建立因国家高权和权力垄断而很少产生的合作关系。明确行政的责任与公民的责任属于行政法的重要任务,这有助于将合作原则上升为一般的行政原则。"参见〔德〕汉斯·J.沃尔夫、奥托·巴霍夫、罗尔夫·施托贝尔:《行政法》(第一卷),高家伟译,商务印书馆 2002 年版,第 18 页。除了行政合作原则之外,由风险管制中的预防原则而演化成的行政预防原则也逐渐成为行政法上的重要原则。
② 〔德〕哈特穆特·毛雷尔:《行政法学总论》,高家伟译,法律出版社 2000 年版,第 103 页。
③ 参见王贵松:《论行政法上的法律优位》,载《法学评论》2019 年第 1 期。

说,法律优位原则包括两个方面的要求:一是法律的效力高于所有的行政立法和行政规定。在已经具有法律规定的情况下,行政法规、规章和行政规定都不得与法律相抵触,凡有抵触则以法律为准;在法律尚未规定而其他规范性文件率先作出规定时,一旦法律就同一事项作出规定,则法律具有优先地位,其他规范性文件必须服从。二是一切行政活动不能与法律规定相抵触。这里的"法律"仅指全国人大及其常委会制定的法律,不包括行政法规、地方性法规和规章;这里的"一切行政活动"涵盖了设立行政机关、行政机关实施各类不同属性的行政活动。一旦行政活动与法律规范的明确规定相抵触,就应当由法定机关通过法定程序予以撤销,进而否定其法律效力。

法律是立法机关为行政机关划定的一条警示线,行政机关不得逾越。法律优位原则的目的在于防止行政活动违背法律,为了实现这一目的必须具备两项前提:一是确认法律规范的位阶,保证所有出自行政机关的规范都不得与法律相抵触;二是法律必须有具体而明确的内容,一旦违反就应受到制裁。[①] 鉴于我国行政立法及行政规定与法律相抵触的现象并未绝迹,强调法律优位原则对于厉行行政法治大有裨益。

2. 法律保留原则

法律保留原则要求行政机关只有在取得法律授权的情况下,才能针对某些事项实施相应的行为。与消极的法律优位原则所不同的是,法律保留原则更为严格,进一步要求行政活动必须具有法律的明确授权根据,属于"积极的依法行政原则"。法律保留原则的法理依据是民主原则和法治国家原则。"立法机关的任务是为宪政国家及其国家形式提供一般的法律框架,将行政机关置于以法律的形式表达出来的人民意志的约束之下。就此而言,法律保留的目的是加强议会的政治领导任务,强化法律在法治国家中的控制作用。"[②]

法律保留原则实际上包括两个层面的要求:一是宪法层面上的法律保留原则,即特定的重大事项只能由国家最高立法机关以正式法律的形式规定,而不能由行政机关作出规定。这种意义上的法律保留的对象实际上是立法机关的专属立法事项。例如,我国《立法法》第 8 条和第 9 条就规定了最高国家权力机关和行政机关之间立法权的配置。其中,有关犯罪和刑罚、对公民政治权利的

[①] 参见吴庚:《行政法之理论与实用》(增订八版),中国人民大学出版社 2005 年版,第 53 页。
[②] 〔德〕汉斯·J. 沃尔夫、奥托·巴霍夫、罗尔夫·施托贝尔:《行政法》(第一卷),高家伟译,商务印书馆 2002 年版,第 343 页。

剥夺和限制人身自由的强制措施和处罚、司法制度等事项就只能由法律来规定,即使法律尚未制定,国务院也不可能得到全国人大及其常委会的授权率先通过制定行政法规加以规定,这就是所谓的"法律绝对保留";至于对非国有财产的征收、基本经济制度以及财政、税收、海关、金融和外贸的基本制度等事项,国务院则可以根据全国人大及其常委会的授权率先制定行政法规,这就是所谓的"法律相对保留"。此外,我国《行政处罚法》《行政许可法》《行政强制法》有关行政处罚、行政许可和行政强制设定权的有关规定也体现了法律保留的要求。二是行政法层面的法律保留原则,即行政活动必须有明确的法律授权根据,只有在法律明确规定行政机关可以采取相应的措施时,行政机关才能作出决定。在现代法治国家,行政权力与公民权利遵循完全不同的运行逻辑:就公民权利而言,法不禁止即自由;就行政权力而言,法无授权即禁止。只有当法律对某种行为明确加以禁止时,公民才不得为之;对于法律没有明确禁止的事项,公民就可以自由为之。行政机关则不同,只有当法律对其明确授权时才能实施行政活动;否则,缺乏法律的明确授权,行政机关就不得为之。例如,法律授权行政机关有权处理公开放映黄碟的行为,但对公民个人在私密处所观赏黄碟的行为则并无处理授权。因此,行政机关就不能针对后种行为发动行政权力,"夫妻黄碟案"背后的争议点正在于此。

  上述两个层面的法律保留原则在我国都具有重要意义。其中,前者可以约束行政机关任意自行创制行政法律规范,防止出现行政的自我授权;后者则体现了职权法定的要求,防止行政机关在没有法律授权的情况下恣意行使权力。当然,后一层面的法律保留原则是行政法学所聚焦的重点。有关法律保留原则适用范围和调整密度的理论争议,实际上主要还是针对后一层面展开的。在行政法学理上,对于应否适用法律保留原则并无争议,但在法律保留原则具体适用的范围和密度上则存在分歧,先后出现过"侵害保留说""全部保留说""重要事项保留说"等多种学说。[①] 随着议会民主的发展、公共行政的变迁和人权保障的兴起,法律保留原则已经突破了传统的侵害行政领域,日益向给付行政领域延伸。"在社会法治国家,自由不仅来自国家,存在于国家之中,而且需要通过国家。拒绝提供国家给付给公民造成的侵害可能并不亚于对财产和自由的侵害。因此,向自由和财产形式的倒退不符合当今的难题和法律保留的本来意

---

① 参见翁岳生编:《行政法》(上册),中国法制出版社2002年版,第180—183页。

义。"①在我国,给付不足和给付过度问题同时存在。强调法律保留原则适用范围的拓展,既非对"行政国家"的时代背景采取鸵鸟政策,也非有意抑制行政自身的能动性和灵活性。在传统的侵害行政领域,往往适用严格的调整密度标准;在给付行政等新兴领域,则采用相对灵活的调整密度标准,除非涉及相当重要性事项,否则法律都可以授权行政机关自行处理。"法律保留之密度与干涉强度成正比:无论奥地利之全面保留理论,或现时德国盛行之重要性理论或国会保留理论,皆允许法律保留之例外,承认有低度保留之存在,但均无法建立完全明确之区分标准,故只能谓对人民权利干涉强度高者,法律保留之密度大,反之亦然。"②

(二) 行政正当原则

行政正当原则体现出对行政活动尤其是行政裁量活动的基本要求。从我国的立法实践来看,《行政处罚法》第 5 条第 2 款有关"设定和实施行政处罚必须以事实为依据,与违法行为的事实、性质、情节以及社会危害程度相当"以及《行政强制法》第 5 条有关"行政强制的设定和实施,应当适当""采用非强制手段可以达到行政管理目的的,不得设定和实施行政强制"的规定都体现了行政正当原则的部分要求。同时,在一些典型行政案件中,法院也开始运用比例原则、正当程序原则对被诉行政行为进行合法性审查,对行政正当原则的传播产生了积极作用。行政正当原则传递出"法律之下行政正当行使"的宪法精神,摹绘出"理性政府"的理想图景,同样是行政法重要的基本原则。一般来说,行政正当原则是由合乎比例和程序正当两项子原则所构成的。

1. 合乎比例原则

合乎比例原则也称禁止过度原则或最小侵害原则,是指行政权尤其行政裁量权的行使应当全面权衡公共利益和个人利益,尽量采取对行政相对人权益损害最小的方式,并使其与所追求的行政目的之间保持均衡。比例原则最早源于德国警察法,后来适用范围不断扩大到行政法的各个领域,目前在理论上已经被视为具有宪法位阶的原则。随着行政程序法法典化的推进,作为从实体上限制行政裁量权行使的比例原则已经实现条文化。例如,我国台湾地区"行政程序法"第 7 条规定:"行政行为,应依下列原则为之:一、采取之方法应有助于目

---

① 〔德〕哈特穆特·毛雷尔:《行政法学总论》,高家伟译,法律出版社 2000 年版,第 113 页。
② 吴庚:《行政法之理论与实用》(增订八版),中国人民大学出版社 2005 年版,第 58 页。

的之达成。二、有多种同样能达成目的之方法时,应选择对人民权益损害最少者。三、采取之方法所造成之损害不得与达成目的之利益显失均衡。"在我国大陆地区,比例原则更多通过"适当""相当""适度"等词语表现出来。在实践中,"杀鸡焉用宰牛刀""岂能用大炮打蚊子"等习惯用语就是对比例原则形象而通俗的表达。

按照大陆法系行政法学通说,比例原则由适当性原则、必要性原则和均衡性原则三个子原则所构成。其中,适当性原则又称适合性原则、相当性原则或妥当性原则,是指行政活动的作出应当有助于行政目的的实现。也就是说,行政机关对具体手段的选取,必须配合需要达成的行政目的。必要性原则又称为损害最小原则,是指行政活动所造成的损害不能超过实现行政目的的需要。也就是说,行政机关在面对多种有助于达成行政目的的手段进行选择时,应当选择其中对行政相对人权益损害最小的手段。可见,必要性原则实际上是手段与手段之间的比较和取舍。均衡性原则又称相称性原则、狭义比例原则,是指行政活动对行政相对人权益造成的损害应当与所追求的行政目的之间保持均衡。也就是说,行政机关在采取相应的手段之前,应当将其对行政相对人权益可能造成的损害与达成行政目的所形成的利益之间进行权衡,只有在后者大于前者的情况下才能动用;反之,就不能采用。可见,均衡性原则实际上是目的与目的之间的比较和考量。德国学者希尔希贝格曾以弗莱纳"以炮击雀"的名言,比喻必要性原则和均衡性之间的差异:用大炮击麻雀,是违反必要性原则,因为只需要使用鸟枪即可;而用大炮击麻雀,不论是否击中,炮声会惊吓邻居,则是违反了均衡性原则。[①]

2. 程序正当原则

所谓程序正当原则,是指行政权力的行使应当遵循最低限度公正的程序要求。正当程序是英美国家普通法所普遍奉行的原则。英国行政法上的自然正义原则就是对行政权力行使最低限度的程序要求,其核心思想由两条根本规则构成:一个人不能在自己的案件中做法官;人们的抗辩必须公正地听取。[②] 在美国,源自《宪法修正案》第 5 条的正当程序原则更是被学者推崇至极,以至认为行政法既不是指行政机关所制定的行政实体规范,也不是指立法机关、法院所制定的由行政机关加以执行的实体法律,而是指有关规范行政机关的权力和

---

① 参见陈新民:《德国公法学基础理论》(下册),山东人民出版社 2001 年版,第 397 页"注 111"。
② 参见〔英〕威廉·韦德:《行政法》,徐炳等译,中国大百科全书出版社 1997 年版,第 95 页。

程序的法律规则。① 正当程序无论是作为一种控制行政权力的理念,还是作为一种原则,都盛行于两大法系行政法中,行政程序法法典化在全球范围内的浪潮迭起即是明证。"正当程序模式在现代社会显示了它超越时空的优越性,对正当程序模式的借鉴已成为重建现代行政法模式的基础。用程序控权来取代实体控权,或者说以正当程序模式的行政法来弥补严格规则模式行政法之不足,已成为当代行政法发展的主流。"②

在行政法上,正当程序的要求主要包括四个方面:一是信息公开。正当程序的首要要求就是信息公开,所谓"太阳是最好的防腐剂""电灯是最好的警察",就是对信息公开意义的形象说明。在行政权力的运用过程中,无论是吸收行政相对人的参与,还是自觉接受外部监督,相关信息的公开都是重要的前提条件。离开了信息公开,行政权力的公正行使就失去了屏障。"没有事先通知其利益有可能因政府的决定而受到影响的人,一切其他程序权利便可能毫无价值。"③信息公开的内容应当是全方位的,只要不涉及国家秘密和依法受到保护的商业秘密、个人隐私,都应当向行政相对人公开。二是听取意见。是否认真听取行政相对人的陈述和申辩是区分开明行政和专制行政的重要标准。在现代法治社会,吸收民众广泛参与行政活动、充分听取民众意见已经成为政府施政的重要环节。听取意见不仅体现出对行政相对人的人格尊重和参与权的关怀,而且还能有效避免行政偏私,进而提高行政相对人对行政活动的认同感。三是说明理由。行政机关在作出涉及行政相对人权益尤其是将对其产生不利影响的行政行为时,必须向行政相对人及时说明作出该行为的事实依据、法律依据和裁量依据。是否充分说理是区分行政机关"以力服人"和"以理服人"的根本标尺。行政权力的行使要想获得行政相对人的自愿接受和通力配合,行政机关就必须努力进行理由的证成,通过说理赢得行政相对人的心悦诚服。四是案卷排他。行政机关的任何处理决定都只能以行政案卷作为根据,不能在案卷之外以行政相对人未知或未经质证的事实作为根据。是否遵循案卷排他的要求是检验行政机关诚实程度、听取行政相对人意见实效的根本标准。如果行政机关公然置已为行政相对人认可的案卷所载事实于不顾,却直接以案卷外的事

---

① 参见王名扬:《美国行政法》,中国法制出版社1995年版,第39页。
② 孙笑侠:《法律对行政的控制——现代行政法的法理解释》,山东人民出版社1999年版,第134页。
③ 〔美〕欧内斯特·盖尔霍恩、罗纳德·M.利文:《行政法和行政程序概要》,黄列译,中国社会科学出版社1996年版,第133页。

实作为其最终处理决定的根据,那么整个行政活动程序的运作就将沦为毫无意义的摆设。因此,案卷排他是正当程序的落脚点,是实现程序正义的关键所在。

(三) 行政诚信原则

诚信原则即诚实信用原则,最早是作为社会道德准则而存在的。所谓"君子一言,驷马难追",表达的就是个体对社会所公认的道德的遵循。后来,随着商业交往和人口流动的日渐频繁,诚信原则成为民法的基本原则,甚至被奉为现代民法的"帝王条款"。[1] 正是基于诚信原则所表达出的具体法律交往中当事人对法律伦理的遵循,因而其适用范围事实上已经越出民法领域,延伸到公权力的行使过程之中。行政法上的诚信原则是指行政法律关系主体行使权利(力)、履行义务应当依诚实信用的方法为之。随着行政程序法法典化的推进,作为行政法基本原则的诚信原则也逐步实现了条文化。例如,我国台湾地区"行政程序法"第 8 条规定:"行政行为,应依诚实信用之方法为之,并应保护人民正当合理之信赖。"在我国大陆地区,"诚实守信"已成为行政活动的基本要求之一。《行政许可法》第 8 条有关行政许可"撤回或变更"、第 69 条有关行政许可"撤销"的限制性规定部分表达出行政诚信原则的要求。在"崔龙书诉丰县人民政府行政允诺案"等典型行政案件审理中,法院开始引用诚信原则作为支撑裁判的理由。[2] 中共中央印发的《法治中国建设规划(2020—2025 年)》指出:"加强政务诚信建设,重点治理政府失信行为,加大惩处和曝光力度。"这些立法及司法实践对加强政务诚信建设、培育全社会的诚信观念发挥了积极作用。行政诚信原则传递"法律之下行政诚实行使"的宪法精神,摹绘出"诚信政府"的理想图景,同样是行政法上重要的基本原则。

行政法上的诚信原则具有十分丰富的内容,除了表现为行政相对人行使权利履行义务依诚实信用的方法为之、行政合同可因情势变更而调整、行政法上权利失效等基本内容外,最能够直接体现其内在精神的还是"信赖保护"原则。[3] 信赖保护原则是第二次世界大战后德国发展成功的一项原则,最先适用于授益性行政行为的撤销或废止。后经该国宪法法院的不断引用,逐渐成为宪法层次的原则,不仅拘束行政机关,对立法及司法机关也有拘束力,因而制定或

---

[1] 参见梁慧星:《民法解释学》,中国政法大学出版社 1995 年版,第 302 页。
[2] 参见《最高人民法院公报》2017 年第 11 期。
[3] 有学者甚至认为,所谓信赖保护原则实际上是诚实信用原则在行政法领域的"转换"或者"翻版"而已。参见马怀德主编:《行政法与行政诉讼法》,中国法制出版社 2000 年版,第 58 页。

适用法规均不得溯及既往发生效力,避免民众陷入更为不利的境地。① 一般认为,信赖保护原则是指行政机关所实施的行政活动引起一定法律状态的产生,如果行政相对人对该法律状态的存续形成值得保护的信赖时,行政机关应对行政相对人的这种信赖利益给予相应程度和形式的保护。在大陆法系行政法学理上,信赖保护原则的适用需要同时具备三个条件:一是存在信赖基础。信赖基础的存在是信赖保护原则适用的首要条件。所谓的信赖基础并不仅仅局限于行政处理行为,还保护行政法律规范的创制活动、行政计划、行政承诺等。二是具备信赖表现。信赖表现是指行政相对人基于对行政活动的信赖已经采取了相应的行为,如行政相对人信赖已经获得的煤矿开采许可证,对矿山开采进行了先期投资。在抽象的信赖保护类型中,由于行政相对人对现存法秩序的信赖通常在法律状态发生变动时才表征出来,因此不能要求行政相对人必须有具体的行为。当然,无论是何种信赖表现,都必须与信赖基础之间存在因果联系。三是信赖值得保护。所谓信赖值得保护,也就是"正当"的信赖,是指"人民对国家之行为或法律状态深信不疑,且对信赖基础之成立为善意并无过失;若信赖之成立系可归责于人民之事由所致,信赖即非正当,而不值得保护"②。例如,被许可人以欺骗、贿赂等不正当手段取得行政许可的,就不具有值得保护的信赖。只有当这三项要件全部具备时,才产生了行政相对人的信赖利益,才需要在综合衡量信赖利益与公共利益的基础上考虑究竟是给予存续保护还是财产保护。

作为体现行政诚信原则核心精神的信赖保护原则,目前主要适用在四个方面:一是对授益性行政行为依职权撤销或废止的限制。具体来说,行政机关非经正当程序并依法定事由不得随意撤销或废止所作授益性行政行为,当改变原行政行为所追求的公共利益大于行政相对人的信赖利益时,可以改变但必须对行政相对人的信赖利益给予足额补偿;当改变原行政行为所追求的公共利益小于行政相对人的信赖利益时,则禁止改变。前者属于信赖利益的财产保护方式,后者则属于信赖利益的存续保护方式。二是对制定具有溯及既往效力的行政法律规范的限制。具体来说,行政机关应当保持行政法律规范的稳定性,一般不得制定对行政相对人产生不利影响的有溯及既往效力的行政法律规范。

---

① 参见吴庚:《行政法之理论与实用》(修订八版),中国人民大学出版社 2005 年版,第 41 页。
② 吴坤城:《公法上信赖保护原则初探》,载城仲模主编:《行政法之一般法律原则》(二),三民书局 1997 年版,第 241 页。

三是对行政计划依职权变更的限制。具体来说,行政机关对其所发布的行政规划、行政计划、行政决策的调整和变更需要考虑分散和化解行政相对人所承担的风险。在计划担保责任的内涵中,行政相对人享有的计划存续请求权和损失补偿请求权与信赖保护原则直接有关。"决定人民有无计划存续请求权,应视计划是否以法规、行政处分为之,再依信赖保护原则适用于二者之法理来决定。若人民虽对计划有值得保护之信赖,但因公益之要求而须变更计划时,为保障人民之信赖利益,应认为须以财产保护之方式加以补偿;故人民有损失补偿请求权。"①四是对行政机关兑现承诺的督促。具体来说,行政机关对外所作出的承诺,实际上是具有拘束作用的自我课予义务。只要这种承诺对行政相对人有利,无论其是否存在法律依据,也无论其通过何种媒介,行政机关都必须积极兑现承诺。如果因为行政机关撤回承诺而造成行政相对人信赖利益的损失,则应当给予相应形式和程度的保护。上述四个方面的内容在我国相关法律文本、行政审判及执法实践中都已有初步体现,需要在进一步法理提炼的基础上,通过行政法总则的制定,实现行政诚信原则或信赖保护原则的条文化。

【扩展阅读】

1. 城仲模主编:《行政法之一般法律原则》(一、二),三民书局 1994 年版、1997 年版。

2. 余凌云:《行政法上合法预期之保护》,清华大学出版社 2012 年版。

3. 周佑勇:《行政法基本原则研究》(第二版),法律出版社 2019 年版。

【延伸思考】

1. 如何评价行政合法性和行政合理性原则?
2. 行政法基本原则具有哪些基本功能?
3. 如何重述我国行政法的基本原则?

---

① 吴坤城:《公法上信赖保护原则初探》,载城仲模主编:《行政法之一般法律原则》(二),三民书局 1997 年版,第 263 页。

第六章 行政法律关系论

　　法律是社会关系的调节器。不同的部门法调整着不同的社会关系，社会关系受特定的法律调整之后就必然会形成相应的法律关系。作为法律关系的一种，行政法律关系一直备受行政法学理的关注。行政法律关系论系由德国学者提起，其产生背景在于现代行政下各种利益的复杂化与多元化，以及大量复杂的未型式化行政行为等现象。行政法律关系论的提出同公权理论的发展有密切关系，与未型式化行政行为理论、行政过程论所处理的问题有相当重叠之处，都是行政法总论的改革问题。① 研究行政法律关系，不仅有助于廓清行政法与相关部门法之间的界限，帮助人们认识各种行政法现象，而且还能够为行政审判活动提供合理的受案标准，促进行政纠纷的化解和责任的承担。② 本章将在分析行政法律关系的内涵、类型及特征的基础上，着重就特别权力关系的理论和实践演进加以论述。

---

① 参见赖恒盈：《行政法律关系论之研究——行政法学方法论评析》，元照出版有限公司2003年版，第92页。

② 在德国行政法学理上，围绕"行政法律关系是否是行政法学的基础或指南"也曾引发过学术争议，但行政法律关系目前已经成为一个"稳定"的行政法概念。"行政法律关系制度有利于从'行政活动动态过程'揭示行政法的时间要素，说明第三人的法律地位，协调和平衡多重复杂的法律关系，并且借此推动行政法的各个方面，其中特别是行政活动制度的完善。"参见〔德〕汉斯·J.沃尔夫、奥托·巴霍夫、罗尔夫·施托贝尔：《行政法》（第一卷），高家伟译，商务印书馆2002年版，第388页。有学者指出，行政法律关系能否取代行政行为论成为独立的行政法教义学核心有待商榷，大部分法律关系学理的倡导者仅着眼于"法律关系中权利义务"的讨论，基本都止步于具体的、各论的、问题发现式的论述，并未归纳总结出足够抽象、与现实事物结构保持一定距离、兼具实际指导力的解释规范和判定基准。参见赵宏：《法律关系取代行政行为的可能与困局》，载《法学家》2015年第3期。

一、行政法律关系的内涵

在 20 世纪 80 年代,行政法学界对行政法律关系主要是从五个角度进行界定的:一是以所调整的法律规范来界定,认为行政法律关系实质上就是一个国家法律体系中各种行政法律规范所规定的各种权利义务关系;二是以形成阶段来界定,认为行政法律关系是指国家行政机关在行政管理过程中所形成的,由行政法调整的各种关系,即行政机关依法在履行职务的过程中与其他各有关的机关、团体和公民之间所发生的关系;三是以内容来界定,认为行政法律关系就是行政法律规范所确认的具有权利义务内容的具体社会关系;四是以法律规范和行政权的行使来界定,认为行政法律关系是经行政法规范调整的因实施国家行政权而发生的行政主体之间、行政主体与行政人员之间、行政主体与其他国家机关、社会组织和外国人之间的权利义务关系;五是以双方当事人的身份和行政法律意义上的权利义务来界定,认为行政法律关系是指为我国行政法律规范所确认和调整的、依职权进行行政管理的国家行政机关以及经授权或委托而进行行政管理的其他行政管理主体在国家行政管理过程中同其他国家机关、企业和其他经济组织、事业单位、社会团体和组织、公民、我国有权管辖的在华外国人和无国籍人之间以及行政机关内部所形成的行政法律意义上的权利义务关系。[1]

进入 20 世纪 90 年代之后,受法理学上法律关系理论的影响,行政法学界在行政法律关系的内涵上形成了初步共识,即行政法律关系是由行政法律规范确认和调整的行政主体在实现国家行政职能的过程中所形成的各种社会关系。但在这类社会关系的具体范围上,学理上还存在争论。有学者认为,行政法律关系是行政法规范调整的,因实施国家行政权而发生的行政主体之间、行政主体与行政人员之间、行政主体与行政相对人之间的权利义务关系。[2] 有学者认为,行政法的特定调整对象是行政关系和监督行政关系,是因国家行政机关行使其职权而发生的各种社会关系。行政法律关系及监督行政法律关系则是行政法调整行政关系及监督行政关系的结果。其中,行政法律关系是指由行政法

---

[1] 参见许崇德、皮纯协主编:《新中国行政法学综述(1919 年—1990 年)》,法律出版社 1991 年版,第 54—56 页。
[2] 参见胡建淼:《行政法学》,法律出版社 1998 年版,第 27 页。

规范调整,受国家强制力保障的行政关系。① 有学者认为,行政法律关系是行政法规范对行政主体在实现国家行政职能范围内的各种社会关系加以调整而形成的行政主体之间以及行政主体与其他方之间的权利义务关系,具体包括行政权力配置法律关系、行政管理法律关系和监督行政法律关系。② 有学者认为,行政法律关系是指行政机关在实现国家行政职能过程中,因行政职权的配置、行政职权的行使和对行政的监督,经行政法调整之后所形成的权力机关(国家)与行政机关之间、行政机关相互之间、行政机关与公务员之间、行政机关与行政相对人之间、行政机关与各监督主体之间的权利义务关系。③

上述诸种观点反映了我国行政法学界对行政法律关系概念的认识历程。一个明显的发展态势是,越来越多的学者倾向于对行政法律关系作比较宽泛的理解。这种现象既表现了学界对拓展行政法"疆域"的关注,也显示了学者们对传统行政法律关系理论的不满。这种研究路径与方向值得肯定,但无限扩大行政法律关系的内涵及外延也会混淆不同法律关系之间的界限。例如,所谓的"行政权力配置法律关系"并不完全属于行政法律关系。在行政权力配置过程中形成的权力机关与行政机关之间的关系应属于宪法调整的事项,是典型的宪法关系。同时,"监督行政法律关系"也并不完全属于行政法律关系。其中,权力机关对行政机关的监督而形成的关系是宪法关系,也属于宪法调整的事项。为此,可将行政法律关系界定为由行政法规范确认和调整的因行政权力的行使而形成的行政主体与其他当事人之间的权利义务关系。这一概念主要包括以下三个方面的含义:

第一,行政法律关系是基于行政权力的行使所发生的各种社会关系。"法律关系就其原型来说是社会的经济关系、家庭关系、政治关系等,这是法律关系原初的属性。"④不同的法律关系的原初属性都是不同的,因而它决定着法律关系的性质与类别。作为一种特殊的法律关系,行政法律关系源于行政权力实际行使过程中所产生的各种社会关系。当行政机关及其他公务组织行使行政权力时,必然会与其他当事人之间发生大量的社会关系,这些关系就是行政法律关系原初的属性。由于这些社会关系都是因行政权力的行使而产生的,因此离开行政权力及其实际行使,就不能形成作为行政法律关系原初属性的社会关

---

① 参见罗豪才主编:《行政法学》,中国政法大学出版社1996年版,第9—10、17页。
② 参见袁曙宏等:《行政法律关系研究》,中国法制出版社1999年版,第7页。
③ 参见王成栋:《行政法律关系基本理论问题研究》,载《政法论坛》2001年第6期。
④ 张文显:《法哲学范畴研究》(修订版),中国政法大学出版社2001年版,第98页。

系，进而也没有行政法律关系存在的可能。正是这些作为行政法律关系原型的社会关系决定着行政法律关系的存在及其有别于其他法律关系的特质。当然，行政权力的行使是一个完整的动态过程，因此，不仅行政执行以及对行政权力行使结果的补救与监督会引发作为行政法律关系原型的行政关系，而且在行政权力物质保障要素的使用、管理及监督过程中也会形成同样性质的社会关系。

第二，行政法律关系是由行政法律规范对一定社会关系加以确认和调整之后而形成的某类法律关系的总称。任何一种社会关系不管已经形成或持续了多长时间，也不论其本质上怎样应当具有法律关系的属性，只有自法律规范确认或调整时起才真正成为法律关系，在这之前仅仅是一种普通的事实关系。作为行政法律关系原初属性的行政关系亦是如此。因此，行政法律规范的存在也是行政法律关系得以产生的重要前提条件。行政权力行使过程中所产生的各种社会关系充其量只是一种客观存在的事实关系，只有等到行政法律规范对其进行调整之后才能上升为行政法律关系。一般来说，任何行政权力的行使都必须遵照法律预先的规定，由此形成的各种关系天然地就应当是行政法律关系。当然，这只是纯粹的理想状况。事实上，受诸多因素的制约，行政领域内还存在某些未受法律调整的社会关系。随着行政法治的日益发展，将会有更多的此类社会关系被纳入行政法律规范的调整范围。因此，行政法律关系是那些已经被行政法律规范所调整的因行政权力的行使所产生的各种社会关系的总称。

第三，行政法律关系是行政主体与其他当事人之间的权利义务关系。在行政法律规范调整之前，因行政权力的行使而产生的各种社会关系还只是一种客观存在，各方当事人之间的权利义务尚不明确。只有在行政法律规范对其加以调整之后，当事人之间的权利义务才得以明确、稳定。正是由于行政法律关系是以行政权力及行政法律规范为其存在基础的，因此在行政法律关系中必有一方当事人是行政主体，至于另一方当事人则可以是行政机关、公民个人、社会组织或其他国家机关；同时，双方之间的权利义务关系也必然是一种行政法意义上的权利义务关系。可见，就实质内容而言，行政法律关系应当是行政主体与其他当事人之间的行政法意义上的权利义务关系。

二、行政法律关系的类型

鉴于行政法律关系数量多、内部结构复杂，有必要按照一定的标准对其进行分类研究,从而能够更加全面、准确地把握行政法律关系的性质和特征。①对于行政法律关系的分类研究,我国行政法学界已经作过一些探索,并形成了若干共识。例如,以法律关系主体之间的隶属关系或行政权力的作用范围为标准,将行政法律关系划分为内部行政法律关系与外部行政法律关系。这种区分的现实意义在于,内部行政法律关系所引起的纠纷往往由行政系统内部解决而不诉诸司法机关,而外部行政法律关系所引起的纠纷最终都可以寻求司法途径获得解决。又如,以法律关系的属性为标准,将行政法律关系划分为行政实体法律关系和行政程序法律关系。这种区分的意义在于,能够从理论上归纳出行政法律关系当事人双方所享有的权利义务性质和内容的不同。再如,以法律关系的形成原因为标准,将行政法律关系划分为原生行政法律关系和派生行政法律关系(有的也称为行政管理法律关系与监督行政法律关系)。这种区分的目的在于解决监督行政法律关系的定位问题,即它是与行政法律关系相并列的一类法律关系还是行政法律关系的一种。当然,只要将行政权力的行使视为一个动态的发展过程,监督行政法律关系在本质上就仍然属于行政法律关系。除了认同上述通行的分类之外,下列两种行政法律关系的分类也值得关注:

第一,一般权力关系与特别权力关系。一般权力关系与特别权力关系也可称为一般权利义务关系与特别权利义务关系。这是按照行政法律关系赖以产生的前提要素——行政权力的性质来划分的。一般权力关系是指基于国家对公民在法律上的一般管辖权而与公民之间所发生的权利义务关系;而特别权力关系是指基于特别的法律原因、为实现特殊的目的而在行政主体与具有特定身份的行政相对人之间所引发的权利义务关系。一般权力关系与特别权力关系的最大区别在于形成法律关系的根据上,前者是行政主体依据一般的权力而引发的,如一国范围内的所有公民无论愿意与否都必须遵守交通规则、服从警察指挥交通;后者则存在于特定的行政主体与行政相对人之间,其发生或基于法律的特殊规定或因行政相对人个人的自愿或因为特定事实的发生,如医疗机构为阻止传染病的蔓延与扩散,对传染病患者果断进行强制隔离治疗过程中所形成的特殊权利义务关系。这两种关系区分的意义在于权利义务和救济途径的

---

① 德国行政法学者哈特穆特·毛雷尔在评价行政法律关系数量众多、内容形式各异时曾言:"正是使行政法律关系具有吸引力的因素即因不同具体情况的差异性,同时削弱了行政法律关系成为一般行政法基本概念的能力……特别行政法律关系在特别行政法上更加值得重视。一般行政法学只能深入揭示行政法律关系的若干基本结构。"参见〔德〕哈特穆特·毛雷尔:《行政法学总论》,高家伟译,法律出版社 2000 年版,第 167—168 页。

不同：在一般权力关系中，双方当事人都要严格遵守法律的规定，权利义务对等，所发生的争议可以通过司法途径解决；但在特别权力关系中，双方当事人的权利义务则呈现出明显的不对等，作为特别权力主体的一方享有更多的优越权，而行政相对人一方则负有更多的服从义务，有关特别权力关系事项的纠纷一般不能诉诸诉讼手段解决。对行政法律关系的这种区分盛行于德、日等大陆法系国家以及我国台湾地区。我国大陆地区行政法学理上对此探讨较少，但实务中类似的情形却很多。因此，有必要对行政法律关系作这一区分，从而回应行政法治实践的需要。鉴于特别权力关系理论较为复杂，下文还将就其演进过程详加研究。

第二，行政管理法律关系、行政服务法律关系、行政合作法律关系、行政指导法律关系、行政补救法律关系与监督行政法律关系。这是按照行政法律关系的内容为标准来进行划分的。伴随着我国经济体制和政治体制改革的日益深入，传统的行政管理模式已经发生了巨变，对抗、敌视正日益被沟通、协商与合作所取代，大量新型的行政活动方式不断涌现，行政法律关系多样化的趋势已日渐明显。对这些行政法律关系按照双方权利义务的不同进行区分，有助于人们认清行政法律关系的发展走势。(1)行政管理法律关系是最传统的行政法律关系，其典型特征是"命令—服从"，即行政主体一方往往以行政权力的行使者身份出现，而行政相对人更多地表现出对命令、决定的服从。当然，随着行政法治理念的传播和行政程序法的兴起，行政相对人的法律地位已经有了明显提高，那种单向度的命令与服从关系发生了很大变化。因此，在行政管理法律关系中，行政主体虽然仍享有大量的行政职权，但行政相对人在负有服从义务的同时也享有很多重要的权利。(2)行政服务法律关系是一种新型的行政法律关系，其典型特征是"提供—接受"，即行政主体一方在这类关系中是以服务的提供者身份出现的，而行政相对人则是接受服务的权利享有者。随着福利国家理念的盛行，行政主体将有责任为行政相对人提供更多更好的服务。可见，在行政服务法律关系中，行政主体的职责是提供服务，而行政相对人的权利则是接受服务。(3)行政合作法律关系也是一种新型的行政法律关系，通常发生在行政合同、行政委托等行政活动过程中，其典型特征是"协商—合作"，即行政主体与行政相对人双方在充分协商取得一致的基础上进行合作，从而达到既定的行政目标。行政合作法律关系的兴起是契约精神与现代行政理念融合的结果，体现了当代行政法民主性的发展趋势。在行政合作法律关系中，行政主体与行政相对人双方的权利义务基本对等，都需要遵守彼此在协商一致的基础上所达成的协议。因此,在行政合作法律关系中,行政主体与行政相对人既享有约定的权利,同时也应当履行相互约定的义务。(4) 行政指导法律关系是又一种新型的行政法律关系,其典型特征是"诱导—选择",即行政主体为了实现特定的行政目标,施以一定的利益诱导,促使行政相对人作出选择并付诸实施。在这类行政法律关系中,行政主体担负着实施行政指导的义务,而行政相对人则享有选择是否接受行政指导的权利。(5) 行政补救法律关系是因行政相对人认为其合法权益遭到行政行为侵犯向法定机关提出请求,受理机关依法对其进行审查并作出相应决定而形成的各种关系。这类关系主要存在于行政复议、行政诉讼、行政赔偿、行政补偿等活动过程中,其典型特征是"补救—接受",即行政主体负有补救(如赔偿、补偿等)的义务,而行政相对人享有接受补救的权利。行政补救法律关系与监督行政法律关系有一定的重合之处,但由于行政相对人在此类关系中主要是以维护其个人权益的身份出现的,因而应当成为一种独立的行政法律关系。可见,在行政补救法律关系中,行政主体承担着履行补救的义务,而行政相对人则享有获得相应补救的权利。(6) 监督行政法律关系是各类法定的监督主体在对行政主体及其公务人员实施监督的过程中所形成的关系,其典型特征是"监督—被监督",即法定的机关或行政相对人有权对行政主体及其公务人员进行监督,而后者负有接受监督并予以配合的义务。监督行政法律关系中的监督机关包括上级行政机关、监察、审计等专门监督机关以及司法机关等,这些机关对行政机关及其公务人员的监督既可以依职权主动作出,也可能因行政相对人的申请而启动。因此,行政相对人也可以视为监督主体的重要组成部分。在监督行政法律关系中,行政主体负有接受监督并给予积极配合的义务,而各类监督主体则享有行使法定监督的权力和权利。

三、行政法律关系的特征

对行政法律关系的特征进行研究,有助于科学揭示行政法律关系与其他类型法律关系的区别,从而更加准确地把握行政法律关系自身质的规定性。总的来说,行政法律关系具有如下四个方面的特征:

第一,主体的多重性和恒定性。这是行政法律关系在主体方面所呈现出的特征。所谓主体的多重性是就主体的身份和性质而言的。在行政法律关系中,作为一方当事人的行政主体主要包括行政机关与法律、法规及规章授权的组织等,它们在不同类型的关系中分别是以不同的法律身份或角色出现的,大致包括权力行使者、服务提供者、指导提供者、合作一方当事人、补救义务履行者、受监督者等。与此相适应的是,作为行政法律关系另一方当事人的行政相对人及其他国家机关在角色上也是多重的,主要包括服从管理者、接受服务者、选择指导者、合作一方当事人、接受补救者、监督者等。双方当事人同时具有如此多样化的法律身份是其他法律关系所不具备的。所谓主体的恒定性,是指构成行政法律关系主体的当事人必然有一方为行政主体。行政法律关系是基于行政权力行使而发生的,没有行政权力的存在及其实际运用,行政法律关系就无法形成。由于行政主体是行政权力的行使者,因此行政法律关系总是在行政主体与另一方当事人之间发生的。换言之,不以行政主体为一方当事人的法律关系就不可能是行政法律关系。这是行政法律关系区别于其他法律关系的特征之一。

第二,权利义务的对应性和不对等性。这是行政法律关系在内容方面所呈现出的重要特征。在我国行政法发展早期,人们通常把单方面性理解为行政法律关系的特征,认为双方当事人的地位是不平等的。无论是什么样的法律关系,主体双方在法律地位上都应当是平等的,它们在法律上都是具有独立身份和相对自主性的主体,都应当平等遵守法律、平等受到法律保护。至于在某些特定的法律关系中,双方当事人实际的政治地位或社会地位可能存在差异,但这并不能否定二者在法律地位上的平等。因此,行政法律关系双方当事人的法律地位应当是平等的。当然,言其法律地位平等并不表明行政法律关系双方当事人在权利义务上是完全相等的,这也正是行政法律关系与民事法律关系在内容上的根本区别所在。所谓权利义务的对应性,是指行政法律关系主体双方相互行使权利并履行义务,不允许存在一方只享有权利而另一方只履行义务的情况;所谓权利义务的不对等性,是指行政法律关系主体双方虽对应地行使权利履行义务,但彼此的权利义务在质和量上并不是绝对相等的。必须将权利义务的对应与对等两个概念区分开,否则就无法解释民事法律关系权利义务的对等性与行政法律关系权利义务的不对等性。行政法律关系双方当事人当然既要行使权利又要履行义务,但这并不意味着双方在权利与义务上是完全等量的。例如,在行政管理法律关系中,行政主体是以行政权力的行使者身份出现的,它享有诸如处罚、强制等多种行政职权,但它同时也必须履行说明理由、听取意见、接受监督等义务;作为行政相对人来说,它应当履行服从管理、给予配合的义务,但同时也享有了解、申辩、参与等权利。这就体现了双方权利义务的对应性。此外,作为行政主体的行政机关一方有权对作为行政相对人一方的公民个人实施处罚、强制,但后者就不能对前者同样实施处罚和强制。同样地,行政相对人可以针对处罚或强制行使行政复议、行政诉讼等救济权,而行政主体就不享有这些权利。这就体现了双方权利义务的不对等性。相比较而言,在以意思自治、等价有偿为基础的民事法律关系中,当事人双方的权利义务在一般情况下就不仅仅是对应的而且也是对等的。可见,权利义务的对应且不对等是行政法律关系的又一重要特征。

第三,权力和权利处分的限制性。这是行政法律关系在内容上所呈现出的重要特征。在行政法律关系中,作为一方当事人的行政主体,其所享有的行政权力是法定的、不可分割的。相对于行政相对人来说,它是一种职权(或权利),但相对于国家与社会来说,它又是一种职责(或义务),因而是职权与职责、权利与义务的统一。既然是一种职责,行政主体就不能随意地进行处分,如无端放弃或自由转让等,也不能与行政相对人之间就其权力进行任何形式的约定。同样地,作为行政法律关系另一方当事人的有关国家机关如权力机关、行政监察机关等在对行政主体行使监督权时,也不得自由处分。无论是行政主体还是其他国家机关,只要放弃自己应当行使的权力就属于典型的失职行为。对于行政法律关系另一方当事人的行政相对人来说,其在行政活动中所享有的权利相比较民事活动会受到更多限制。公民在民事法律关系中可以自由、平等地行使或处分自己的权利,但在行政法律关系中,公民所享有的基本权利却不得不受到限制。例如,当发生大规模的传染病疫情时,不仅传染病患者本人因被强制隔离治疗而失去人身自由,而且其他社会成员的人身自由也会受到相应的限制(如有关行政机关对疑似病例进行隔离观察、对飞机乘客登机前强行体检等)。在民事法律关系中,这种一方当事人对另一方当事人基本权利的约束是绝不允许的。显然,公民权利在民事活动中的自由度要远远大于在行政活动中的自由度。由此可见,在行政法律关系中,各方当事人都必须严格遵循法律规定,不得随意处分权力和权利。

第四,法律关系的弱稳定性。这是行政法律关系在稳定性方面所呈现出的特征。在现代社会,法律的安定性已经成为厉行法治的基本要求之一。法律的安定性不仅要求立法保持稳定,同时也要求因法律的适用和执行而形成的各种社会关系保持长期的稳定性。否则,法律的安定就难以为继。例如,因法院的终审判决而形成的社会关系就具有近乎绝对的稳定性,基于意思表示一致而形成的民事法律关系也具有较强的稳定性。就因行政权力行使而形成的行政法律关系而言,虽然也应当保持内在的稳定性,但与民事、刑事等其他类型的法律关系相比,变动更为频繁。原因在于,同"守株待兔型"的司法权相比,"主动出击型"的行政权对社会生活表现出更大的敏感性,一旦社会生活发生了新的变化,行政主体就有可能对已经形成的行政法律关系进行相应的调整甚至废止。例如,行政机关在颁发矿山开采许可证之后,可以根据国家对有关矿山开采法律、法规及政策的调整并经法定程序撤回先前所颁发的许可。可见,行政法律关系的灵活度较大,能够适时回应纷繁多变的行政事务的需要,呈现明显的弱稳定性。

四、特别权力关系的演进

特别权力关系是大陆法系行政法学上的特有概念。它与一般权力关系相对应,共同构成了行政法律关系的一种基本分类。按照通行理解,特别权力关系是指行政主体基于特别的法律原因,为实现特殊行政目标,在一定范围内对行政相对人具有概括的命令强制权力,行政相对人负有服从义务的行政法律关系。尽管特别权力关系不断受到批评,但这一观念在行政法学理上却并未完全绝迹。"特别权力关系不仅通行于以前的学理和实践,而且至今仍然具有一定的影响。"[①]2012年8月,在第14届海峡两岸行政法学学术研讨会上,"特别权力关系理论与实务的发展"还成为两岸行政法学者热议的话题。为此,有必要就特别权力关系理论与实践的演进加以论述。

(一)特别权力关系传统理论的源流

特别权力关系理论起源于19世纪君主立宪时代的德国,后传入日本及我国台湾地区,对行政法理论与实践产生了广泛而深远的影响。一般认为,特别权力关系理论系由德国学者保罗·拉班德(Paul Laband)建立理论之雏形,而由奥托·迈耶集其大成,树立完整之理论体系。[②]

保罗·拉班德是德国19世纪后半叶著名的公法学者,他首先明确提出了特别权力关系概念,并以此说明官吏对国家的服勤务关系。在1876年出版的《德意志帝国之国家法》一书中,拉班德指出,人民对国家发生服勤务的义务有三种情形:一是基于私法上雇佣、委任或承揽契约而发生的关系,这是一种当事人之间处于平等地位的关系;二是基于不经当事人自由意思表示的决定而纯基

---

① 〔德〕哈特穆特·毛雷尔:《行政法学总论》,高家伟译,法律出版社2000年版,第167页。
② 参见翁岳生:《行政法与现代法治国家》,台湾大学法学丛书编辑委员会1990年版,第132页。

于权力关系而发生的服勤务关系;三是前述第一、第二种情形混合而产生的勤务关系,即一方面因当事人自由意思一致而成立,但另一方面其所产生的内容则为权力关系。他认为,官吏与国家之间是基于双方合意而形成的一种具有公法性质的契约:国家必须表明愿意接受特定之人为其服务,而官吏也应当有表明同意加入这种勤务关系的表示。根据这一契约,官吏产生特别的服从、忠诚等义务,国家则负有保护和支付所约定的薪俸义务。于是,行政主体拥有权力与行政相对人自愿加入便构成了特别权力关系的基本要素和特征。拉班德的主张不仅奠定了特别权力关系理论的基础,而且提供了德国官僚制度的理论根据。

如果说保罗·拉班德仅仅是着眼于官吏与国家的关系来说明特别权力关系理论的话,那么奥托·迈耶则是立足于更为广阔的视野来论述特别权力关系。他认为,国家对人民的一般普通性的综合关系是一种大的权力关系,但在狭义方面,可想象而得者,国家与个人之间尚可成立另一种权力关系,即特别权力关系。特别权力关系的意义是"为达成公行政之特定目的,使所有加入所定特别关系的人民,处于(比一般人)更加从属的地位"①。例如,国家对官吏在职务上的命令权、利用租税关系形成的特别措施监视权、管理公营造物的营造物权力等即属于典型的特别权力。特别权力关系可以基于法律、行政处分或因利用公共设施而当然发生,其主要类型有公法上的勤务关系、公法上的营造物利用关系以及公法上的特别监督关系等。在这些关系中,人民负有特别的服从义务,而其自由则受到某种限制。迈耶还指出,在特别权力关系中,依法行政、法律保留等原则并不适用,行政主体可以在没有个别或具体的法规依据的情况下限制行政相对人的自由。同时,对特别权力关系内部的权力行为也不得成为行政争讼的对象。迈耶的特别权力关系理论对德国行政法学产生了极大影响。例如,1931年公布的《符登堡行政法典草案》即吸收了迈耶的观点,规定特别权力关系内所作出的处分或决定都不属于行政处分。

第二次世界大战前日本行政法学深受德国影响,在德国固有的特别权力关系理论也成为日本行政法学的构成部分。日本最早论述特别权力关系的学者当属一木喜德郎。他在1909年发表的《特别权力关系》一文中指出,官吏与学生的行为与一般人不同,应受到特别的拘束,如宪法所规定的迁徙、居住及结社自由等,对于官吏与学生就可以维持纪律为由加以限制,而不必要求有法律上

---

① 翁岳生:《行政法与现代法治国家》,台湾大学法学丛书编辑委员会1990年版,第135页。

的依据。其后,美浓部达吉等学者亦纷纷对特别权力关系理论进行了深入阐发,一般都是对德国相关理论的全盘继受。在日本,特别权力关系主要有以下四大类:一是公法上的勤务关系,即公务员与国家及地方团体的关系;二是公法上的营造物利用关系,包括国立或公立学校与学生之间的在学关系、国立或公立医院与患者之间的住院关系、监狱与受刑人之间的在监关系等;三是公法上的特别监督关系,包括国家对于公共团体、特许企业或行政事务受任人之间的监督关系;四是公法上的社团关系,即公共团体与其组成人员之间的关系。①

如同其他领域的法学一样,旧中国的行政法学也受到了德、日等国学说的影响。在20世纪30年代,源自德国的特别权力关系理论经由日本传入。在这一时期出版的诸多行政法学著作中,大多有特别权力关系理论的介绍。② 此后,特别权力关系理论一直盛行于我国台湾地区行政法学理及实务中。在20世纪70年代之前,我国台湾地区行政法学界仍然坚持德国传统的特别权力关系理论,认为法治国家的诸多公法原则不能适用于特别权力关系,人民自由的限制与权利的侵害都不需要具备法律依据,对特别权力关系内所为的行为不服也不能诉请法院保护。

(二) 特别权力关系的基本特征

特别权力关系因法律的强制规定、行政相对人的同意或特定事实的发生而形成。与一般权力关系相比,作为特别权力主体的一方当事人享有更多权力,处于明显的优越地位;作为行政相对人一方的公民则负有更多服从义务,处于相对不利的地位。具体言之,特别权力关系的基本特征表现为以下三个方面:

第一,行政相对人义务的不确定性。法治国家的内在要求之一是公民能够按照法律的规定预见自己所负义务的内容和行为的后果。在特别权力关系中,由于权力主体享有概括的权力,因此在为实现其特定行政目的的范围内,可以随时限制行政相对人的权利或对其课以新的义务;作为行政相对人来说,在此范围内只能负有事先无法确定的服从义务。例如,在公立大学与其学生的关系中,当学生进入公立学校之后,除了要遵守国家法律以外,还负有遵守学校各项内部纪律规定的义务,如不能穿着过分暴露的衣服出入公共场所、考试作弊要

---

① 参见〔日〕和田英夫:《现代行政法》,倪建民、潘世圣译,中国广播电视出版社1993年版,第60页。
② 较有代表性的著作包括白鹏飞的《行政法总论》(商务印书馆1927年版)和范扬的《行政法总论》(商务印书馆1937年版)。

受到严厉处分等。同时,公立大学还可以基于特殊管理的实际需要,要求学生承担新的特别义务,如军训期间严格考勤、特定时期不得离开校园等。很显然,在特别权力关系中,行政相对人一方所负担的义务具有不确定性。

第二,行政主体享有自行制订特别规则和实施相应惩戒的权力。依法行政要求行政主体遵守法律保留原则,凡是涉及对公民基本权利进行限制的行为都必须有法律的明文规定,或以法律授权作为依据。在特别权力关系中,法律保留原则却被排除适用。即使没有明确的法律规定或授权,行政主体照样可以自行制订特别规则来约束行政相对人,对其所享有的权利进行限制,并对违反特别规则者实施惩戒。例如,在行政机关与其所属公务人员之间的关系中,行政机关可以自行制订相应的内部规章制度,限制公务人员所享有的部分权利。一旦公务人员违反这些特殊管理规定,行政机关即有权对其进行相应惩戒。

第三,纠纷一般不能以提起行政争讼的方式获得解决。"有权利必有救济"是法治国家的基本原则,它赋予公民对与其基本权利有关的纠纷提请国家法定机关尤其是司法机关予以解决的权利。在特别权力关系中,不服内部纪律处分等有关事项的纠纷通常不能通过行政复议或行政诉讼等外部救济渠道获得解决,行政相对人只能向主管机关或上级机关提出申诉。这种排除行政或司法救济背后的理由是,特别权力主体拥有制订内部规章制度限制行政相对人基本权利的"特权",这一限制不同于行政主体对一般公民的限制,不构成行政复议或行政诉讼的对象。例如,行政机关对其公务人员所作的纪律处分就被视为内部行为,公务人员即使对其不服也只能提出申诉而不能寻求行政复议或行政诉讼来解决。这种通过排除其他国家权力介入特别权力关系领域的做法,能够维系行政权的运作,达到整肃行政纪律、提升行政威信的目的。当然,随着法治行政和人权保障观念的不断传播,因特别权力关系而引发的纠纷不能诉诸法律解决的传统观念已经开始动摇,司法逐渐介入特别权力关系的趋势已经初露端倪。无论在德国、日本,还是在我国大陆及台湾地区,通过司法审查处理公立大学与学生之间的纠纷即可佐证。

(三) 特别权力关系传统理论的修正与发展

传统特别权力关系理论强调行政权的优越性和完整性,虽然对实现行政管理目的、维持行政秩序具有重要的保障作用,但其漠视行政相对人基本权利的做法与人权保障的时代潮流明显相背。因此,自第二次世界大战结束以来,德国、日本等大陆法系国家行政法学理都先后对传统特别权力关系理论进行了重新检讨,司法实务也屡屡突破禁区,使特别权力关系理论发生了一系列重大变化。通过简要回顾上述国家和地区特别权力关系理论的变迁,有助于我们认清特别权力关系的发展趋势,进而对这一理论秉承一种相对务实的态度。

1. 德国

第二次世界大战后,德国制定了《基本法》,要求在国家生活的各个方面贯彻法治原则。例如,《基本法》第17条规定:"军人之迁徙及意见表示等自由权利,除法律另有规定外,不得受到限制。"这一规定显示了作为传统特别权力关系之一的军人权利同普通公民的基本权利一样,应当适用法律保留原则。该法第19条第4款规定:"人民的权利受到公权利之侵害者,得向法院请求救济。"德国1960年颁布的《行政法院法》对行政诉讼受案范围亦采取了概括式规定。因此,德国学理上对特别权力关系内的处分是否都要按照行政诉讼程序进行救济展开了激烈争论,并形成了"否定说""肯定说""折衷说"三种不同观点。

在这场广泛的争论中,著名公法学者乌勒所提出的区分"基础关系"与"管理关系"的折衷说逐渐取得了通说地位。他认为,特别权力关系可区分为"基础关系"和"管理关系"两类。其中,"基础关系"是指有关特别权力关系的产生、变更及消灭的事项,其实质在于引起特别权力关系双方权利义务存在及消灭的事项,如公务员、公立学校学生身份资格的取得以及撤职、开除学籍、不授予学位等;"管理关系"是指行政主体为了达到特别权力关系的目的所实施的一切管理措施,其实质是维系特别权力关系正常运行的事项,如公立学校对学生的成绩评定、住宿管理以及国家对公务人员作息时间的规定、给予记过处分等。在基础关系中,行政主体所作出的行为被视为行政处分,应当适用法律保留原则,并允许行政相对人不服该处分时寻求司法救济;在管理关系中,行政主体所作出的行为被视为达成行政目的的内部规则而非行政处分,不需要遵守严格的法律保留原则,行政相对人对此不服不得请求法律救济。乌勒教授的上述观点兼顾了行政相对人权利保障和行政内部纪律的维持,被众多学者所接受,德国行政法院的判决也曾经加以援引。

当然,上述理论也存在缺陷,如基础关系与管理关系之间的识别标准模糊、管理关系中同样存在涉及人权的重要事项等。于是,另一种被称为"重要性理论"的观点逐渐被学理和实务所认可。该理论认为,特别权力关系可分为重要性关系和非重要性关系,只要涉及公民基本权利的重要事项,不论是干涉行政还是服务行政,必须由立法者以立法的方式而不能由行政权自行决定。因此,即便是在管理关系中,如果涉及人权的重要事项,也必须由法律规定,公民在基本权利遭到侵犯时均可以请求法律救济。重要性理论在德国联邦宪法法院1972年3月14日公布的一起具有划时代意义的刑事司法判决中得到了初步体现。在这一判决中,法院认为,在监狱服刑的囚犯同样享有宪法所规定的基本权利,因此对其通讯自由的限制也应当由法律规定或根据法律才能进行,而不能仅仅以监狱内部的管理规则作为这种限制的依据。①

上述判决是引发德国特别权力关系理论变迁的一次重要契机,"重要性理论"的适用范围得以迅速扩大,首当其冲的便是对公立学校与学生之间关系的处理。宪法法院认为,根据基本法规定的法治和民主原则,在学校制度的重要领域或关键领域,特别是涉及基本权利领域的决定必须有立法的存在,不能全部留给学校自己进行规定。虽然特别权力关系中行为的重要性尚缺乏统一明确的标准,法院在具体个案中的判断也存在取代甚至架空立法判断的危险,但体现了德国传统特别权力关系理论适用范围日渐缩小、接受司法审查机会日渐增多的基本走势。

2. 日本

第二次世界大战后的日本在法制建设方面深受英美法系的影响,强调法律的支配原则。随着以民主法治国家为基本精神的新宪法的公布实施,日本学界对特别权力关系理论也进行了重新审视。与德国相同的是,在一般权力关系法律原则是否能够适用于特别权力关系问题的争论上,日本学界也形成了"否定说""肯定说""折衷说"三种不同主张。其中,"折衷说"在学理上处于通说地位。一般认为,基于特别权力关系的行为可分为内部行为和外部行为,前者不涉及特别权力服从者的权利义务,纯粹是为达成特别权力关系设立目的而采取的必要的内部管理行为,不得提起行政诉讼;后者则是涉及特别权力服从者个人权利义务的行为,法院应当予以审查。显然,这种区分法也受到了上述德国学者乌勒所持二分法的影响。特别权力关系观念屡受批评和修改,以至于有的学者认为"已经没有继续维持这个概念的实质意义",并主张以"特别的公法关系"取而代之。②

从上述国家行政法学理及司法实务对传统特别权力关系理论的批判和修

---

① 参见于安编著:《德国行政法》,清华大学出版社1999年版,第34—36页。
② 参见〔日〕南博方:《行政法》(第六版),杨建顺译,中国人民大学出版社2009年版,第91页。

正中不难看出,特别权力关系理论呈现出三个方面的发展趋势:第一,特别权力关系的适用范围日渐缩小。与传统理论相比,特别权力关系在当代主要存在于国家与其公务人员、军人以及学生与学校、监狱与囚犯之间,即勤务关系、在学关系及在监关系。类似于邮政、博物馆、图书馆、医院等公共营造物与其使用者之间的关系,已经成为普通的行政或民事法律关系。第二,特别权力关系相对一方基本权利的限制应当具有法律依据。随着民主政治和人权保障理念的不断传播,特别权力关系相对一方与一般公民一样享有宪法所赋予的基本权利,对这些权利进行限制同样需要遵循法律保留原则。第三,特别权力关系事项接受司法审查的可能性日渐扩大。在特别权力关系领域,只要相对一方的宪法基本权利或其特定的身份遭到来自权力方行为的侵害或剥夺,就应当享有诉诸法院获得救济的权利。虽然各个国家或地区在司法介入特别权力关系的广度和深度上不尽相同,但特别权力关系享受"司法豁免权"的时代已经宣告终结。

(四)特别权力关系理论在我国行政法上的运用

我国行政法学理并未明确提出特别权力关系理论,在当下出版的众多行政法学教科书中亦鲜有对特别权力关系理论的评析。随着一系列新型教育行政案件的出现,行政法学界较为敏感的学者开始结合大陆法系行政法学上的特别权力关系理论对这些案件的审理作了初步探讨。[①] 有学者认为,我国虽然没有明确采纳特别权力关系理论,但立法与司法实践中与该理论相类似的法律制度并不鲜见。因此,有关我国是否引进特别权力关系理论的争论没有太大意义,而是应该从德日等国改进特别权力关系理论的经验中得到启迪,借鉴他们对特别权力关系理论的修正方法,从立法上与司法上对我国的相关制度逐渐进行改进。[②] 随后,还有一些学者表达出"扬弃"特别权力关系理论的观点。[③] 这些学术探讨有助于人们进一步了解特别权力关系的演变,用以解释和指导我国相关立法规定及行政审判实践发展。

[①] 参见马怀德:《行政法制度建构与判例研究》,中国政法大学出版社 2000 年版,第 308—312 页;杨临宏:《特别权力关系理论研究》,载《法学论坛》2001 年第 4 期。

[②] 参见王成栋等:《特别权力关系理论与中国行政法》,载罗豪才主编:《行政法论丛》(第 6 卷),法律出版社 2003 年版,第 106—145 页。

[③] 参见胡建淼:《"特别权力关系"理论与中国的行政立法:以〈行政诉讼法〉、〈国家公务员法〉为例》,载《中国法学》2005 年第 5 期;杨解君:《特别法律关系:特别权力关系论的扬弃》,载《南京社会科学》2006 年第 7 期;黄学贤:《特别权力关系理论研究与实践发展——兼谈特别权力关系理论在我国的未来方位》,载《苏州大学学报》2019 年第 5 期。

在我国当下行政法学理和实践中,公立高校与学生之间的关系及其争议处理已经成为检验特别权力关系理论的重要场域。相比之下,高校群落中另一组重要的基础性关系——公立高校与教师之间的关系及其争议处理却始终处于边缘地位。特别是当事关高校教师核心利益的职称评审纠纷产生时,法律却极其意外地"缺场"。2003 年发生的"全国高校教师职称评审第一案"("华中科技大学教师王晓华诉教育部案")虽使得高校职称评审活动第一次走进司法和公众的视野,但法院有关"职称评审属于学校内部的正常管理活动并非具体行政行为"的判定却堵塞了司法审查高校职称评审行为的通道。[①] 于是,当高校教师不服职称评审结果而与高校发生争议时,只能选择忍气吞声或调离单位,甚至采取网络爆料、著文解嘲直至暴力方式寻求解决。[②] 职称评审是攸关高校教师切身利益的头等大事,如果职称评审争议不能通过法律途径获得公正解决,不但教师的正当利益无法得到维护,而且高等教育质量的提升和现代大学制度的建立都将沦为空谈。

撇开高校教师职称评审行为的法律属性及其救济实效不论,单就实践经验而言,司法机关在高校与学生纠纷的化解中形成了极具特色的有限审查智慧,为高校与教师纠纷的司法审查提供了鲜活样本。近些年来,伴随着学生权利意识的觉醒和社会各界的关注,高校被学生频频推上被告席。从"田永诉北京科技大学案"到"刘燕文诉北京大学案",从"何小强诉华中科技大学案"到"甘露诉暨南大学案",从"于艳茹诉北京大学案"到"柴丽杰诉上海大学案",法院不但果敢地受理了这些十分棘手的案件,而且还非常巧妙地化解了个中的纠纷,确立了许多重要的规则,为我国特别权力关系纠纷的司法处理提供了样板。这些经验和智慧完全可以适用于高校教师职称评审行为的司法审查之中。具体来说,法院的审查需要着重解决好审查限度和审查标准两个问题。结合大量公之于众的学生诉高校的"典型"行政案例,并援引修正之后的特别权力关系理论,这些问题都能够得到圆满解决。

1. 司法审查公立高校职称评审行为的限度

面对职称评审这一专业性的学术判断,法院应当把握好司法审查权的边界,避免以司法判断代替学术判断。具体来说,可以从如下两个方面加以把握:

第一,司法谦抑立场的坚守。对于高校教师职称评审纠纷,司法机关的触

---

① 参见那日苏:《职称评审未通过,走上公堂讨说法》,载《法制日报》2003 年 6 月 19 日。
② 参见陈旋:《拷问高校职称评审公信力》,载《中国青年报》2012 年 5 月 17 日。

角虽然能够介入,但无疑应当恪守审慎的立场,进而在维护教师权益与维护学术自由之间求得平衡。这种司法谦抑的立场可以从三起典型的指导性案例中获得求证。在《最高人民法院公报》2012 年第 2 期登载的"何小强诉华中科技大学履行法定职责纠纷案"中,武汉市中级人民法院在判决中写到:"各高等院校根据自身的教学水平和实际情况在法定的基本原则范围内确定各自学士学位授予的学术标准,是学术自治原则在高等院校办学过程中的具体体现,坚持确定较高的学士学位授予学术标准抑或是适当放宽学士学位授予学术标准均应由各高等院校根据各自的办学理念、教学实际情况和对学术水平的理想追求自行决定,对学士学位授予的司法审查不能干涉和影响高等院校的学术自治原则。有学士学位授予权的大学在国家学士学位授予基本原则范围内,有权自行制定授予学士学位的学术标准和规则。"在"武华玉诉华中农业大学教育行政行为案"中,武汉市洪山区人民法院认为:"高等学校有权按照《学位条例暂行实施办法》的规定,在不与上位法相冲突的情况下,结合本校实际情况制定学位授予工作细则,并据此作出相应的行政行为。"①在"褚玥诉天津师范大学不履行授予学位证法定职责案"中,天津市高级人民法院认为:"《天津师范大学学位授予工作细则》第 13 条对考试作弊者不授予学士学位的规定,符合社会公知的学术评价标准,亦是高等学校行使教育管理自主权的体现,并不违反《学位条例》第 4 条的原则规定。"②很显然,在这些案件中,受案法院均坚持了司法谦抑立场,对不同层次高校学士学位衡量标准给予了切实尊重。在当下诸多高校教师职称评审纠纷中,大多涉及对评审条件、标准的质疑。例如,在前述"王晓华诉教育部案"中,争议就直接源于华中科技大学有关副教授申请者必须主持或参加一项科研项目的规定。在数字化管理模式的影响下,高校纷纷将发表论文的数量和发表的级别、承担科研项目的级别和经费额度以及获得科研奖励的级别作为教师职称晋升的具体条件。这些或宽松或严厉的标准都是高校根据自身发展定位和学术追求所作出的自由选择,司法机关在学术评价标准面前必须对其予以尊重,避免使自己陷入没有能力解决的学术判断问题之中。毫无疑问,上述学生诉高校典型案例的裁判要旨值得今后法院在处理职称评审纠纷中借鉴。

第二,合法性审查原则的秉持。合法性审查原则是我国行政诉讼法所确立

---

① 最高人民法院行政审判庭编:《中国行政审判指导案例》(第 1 卷),中国法制出版社 2010 年版,第 43 页。

② 同上书,第 25 页。

的基本原则。对于高校教师职称评审纠纷,司法机关的触角固然能够介入,但也应当恪守合法性审查原则,避免陷入适当性与否的审查。在以往发生的学生诉高校经典行政案例中,合法性审查原则都得到了法院的自觉遵守。在《最高人民法院公报》1999年第4期登载的"田永诉北京科技大学拒绝颁发毕业证、学位证行政诉讼案"中,北京市海淀区人民法院认为:"北京科技大学068号通知不仅扩大了认定'考试作弊'的范围,而且对'考试作弊'的处理方法明显重于《普通高等学校学生管理规定》第12条的规定,也与第29条规定的退学条件相抵触,应属无效。"在《最高人民法院公报》2012年第2期登载的"何小强诉华中科技大学履行法定职责纠纷案"中,武汉市中级人民法院强调指出:"学位授予类行政诉讼案件司法审查的深度和广度,应当以合法性审查为基本原则。"在"甘露诉暨南大学案"中,最高人民法院认为:"人民法院在审理此类案件(即"违纪学生针对高等学校作出的开除学籍等严重影响其受教育权利的处分决定提起的诉讼"——引者注)时,应依据法律法规、参照规章,并可参考高等学校不违反上位法且已经正式公布的校纪校规。"①很显然,在这些案件中,受案法院无论是作出肯定还是否定高校所作行为的判决,均坚持了合法性审查原则,实现了大学内部的治理规则与国家法制体系之间的和谐对接。作为高校教师职称评审的直接法律依据,《高等学校教师职务试行条例》对职称评审的实体条件及程序要求都作了相应规定。此外,一些省级教育行政主管部门和高校都制定了相应的职称评审规范性文件。在职称评审过程中,常见的纠纷也起因于有关职称评审行为实体及程序上的合法性争论。无论从学理还是实践上分析,合法性审查原则都将成为未来法院审查高校教师职称评审行为的最高行动准则。

2. 司法审查公立高校职称评审行为的标准

在司法审查权的范围之内,法院应当采取若干具体标准评判职称评审行为的合法性。具体来说,可以综合运用如下两个标准:

第一,实体审查标准——行政法一般原则的援引。与中国高等教育大跃进难以匹配的是,迄今为止国家层面有关高校教师职称评审的最高依据还是原国家教委与中央职称改革工作领导小组于1986年联合发布的《高等学校教师职务试行条例》以及"附件一"《关于〈高等学校教师职务试行条例〉的实施意见》和"附件二"《高等学校教师职务评审组织章程》。从目前中国高等教育发展的实

---

① 最高人民法院行政审判庭编:《中国行政审判案例》(第3卷),中国法制出版社2013年版,第62页。

际情况来看，这些依据存在位阶低、内容陈旧、规定过于原则等缺陷。例如，《高等学校教师职务试行条例》中充斥着类似"教学成果显著""教学成绩卓著""有价值""有创见性"等高度不确定的法律概念，如果不进行合乎行政法基本原则的体系性解释，那么高校自行制订的大量职称评审文件势必就会架空上位法。最高人民法院在"甘露诉暨南大学案"的审理中，对作为暨南大学开除甘露学籍决定依据的《普通高等学校学生管理规定》《暨南大学学生管理暂行规定》《暨南大学学生违纪处分实施细则》等规定中的"剽窃、抄袭他人研究成果""情节严重"等不确定法律概念依法作出了独立解释，进而认定暨南大学的开除学籍决定违法。在该案判决中，最高人民法院认为："高等学校对学生的处分应遵守《普通高等学校学生管理规定》第 55 条规定，做到程序正当、证据充足、依据明确、定性准确、处分恰当。特别是在对违纪学生作出开除学籍等直接影响受教育权的处分时，应当坚持处分与教育相结合的原则，做到育人为主、罚当其责，并使违纪学生得到公平对待。"[①]解读最高人民法院在"甘露案"中的判决逻辑，不难看出，经由"法律优位""合乎比例"等行政法一般原则的援引解释，高校开除学籍决定的实体标准得到了合法性审查，从而实现了行政诉讼救济的既定使命。按照上述思路，在前述"王晓华诉教育部案"中，法院比较适宜的处理方式就是通过比例原则的援引解释，承认"副教授任职需承担一项科研项目"的规定具有正当性，进而肯定华中科技大学所制定的教师职称晋升条件。可惜的是，法院对该案采取了过于消极的姿态，进而与实体的合法性审查失之交臂。

第二，程序审查标准——正当法律程序精神的运用。尽管条文比较简陋，但《高等学校教师职务评审组织章程》还是辟专章就教师职务评审委员会、评审组和学科评议组的议事规则作了规定，体现了对职称评审行为的程序要求。目前，一些教师与高校之间的职称评审纠纷也源自程序问题。早在前述"田永案"的审理中，北京市海淀区人民法院就已经创造性地运用正当法律程序精神建立了程序合法性的审查标准。该院在判决中指出："按退学处理，涉及到被处理者的受教育权利，从充分保障当事人权益的原则出发，作出处理决定的单位应当将该处理决定直接向被处理人宣布、送达，允许被处理者本人提出申辩意见。北京科技大学没有照此原则办理，忽视当事人的申辩权利，这样的行政管理行为不具有合法性。北京科技大学实际上从未给田永办理过注销学籍、迁移户

[①] 最高人民法院行政审判庭编：《中国行政审判案例》（第 3 卷），中国法制出版社 2013 年版，第 63 页。

籍、档案等手续……均证明按退学处理的决定在法律上从未发生过应有的效力,田永仍具有北京科技大学的学籍。"解读海淀区人民法院在"田永案"中的判决逻辑,不难看出,在相关法律规范供给不足的情况下,法院经由正当法律程序精神的运用,对开除学籍处分提出了"向被处分人本人告知""听取被处分人申辩"等最低限度的程序要求,从而巧妙地完成了司法审查任务。就高校教师职称评审行为的程序设置而言,核心要素应由"公开""说明理由""申辩"构成。其中,公开要素包括职称评审前各类相关政策文件的公开、申报后对各申请者教学科研成果的公示以及评审后对投票结果的公布等;说明理由要素包括对不具有申报资格者、评审未获通过者的理由说明;申辩要素包括申请者对于职称评审过程中任何不利决定均拥有申辩权。在当前高校复杂而冗长的职称评审过程中,程序正义的缺失普遍存在,必须借助司法力量通过独立的程序合法性审查加以解决。

【扩展阅读】

1. 袁曙宏等:《行政法律关系研究》,中国法制出版社1999年版。

2. 赖恒盈:《行政法律关系论之研究——行政法学方法论之评价》,元照出版有限公司2003年版。

3. 程明修:《行政法之行为与法律关系理论》,新学林出版股份有限公司2005年版。

【延伸思考】

1. 行政法律关系研究具有哪些现实意义?
2. 当代中国的行政法律关系出现了哪些新变化?
3. 如何看待特别权力关系理论的变迁?

第七章　行政主体论

　　行政组织法是有关行政组织的设置、内部结构、法律地位、相互关系、程序、履行组织职能的人员任用及其地位以及必要物质手段的法律规范,其任务在于落实宪法有关行政组织的原则性规定,为行政系统内部提供明确有效的法律后果归属及其认定标准,并适应行政任务的发展变化,为行政活动提供依据、保障行政活动的活力。[1] 在我国,作为行政法重要组成部分的行政组织法具有丰富的内容,涉及行政机关组织法、行政编制法、公务员法等诸多方面。由于行政管理体制一直处于改革之中,加之其他主客观因素的影响,目前行政组织法的研究还比较粗陋,难以对实践发挥应有的指导作用。相比较而言,学界对表征行政组织形态的行政主体理论更为关注。行政主体不仅是我国行政组织法领域的核心问题之一,而且还是行政法学的重要支撑性概念,直接影响着行政行为、行政复议、行政诉讼等相关领域问题的研究。[2] 一段时间以来,行政主体理论

---

[1]　参见〔德〕汉斯·J.沃尔夫、奥托·巴霍夫、罗尔夫·施托贝尔:《行政法》(第三卷),高家伟译,商务印书馆2007年版,第10—12页。
[2]　德国学者哈特穆特·毛雷尔在论述行政组织法的基本结构时曾指出:"对公民来说,行政首先以行政工作人员和行政机关的形式表现出来。的确,行政机关及其工作人员是这部复杂而又多枝多叶的机器即行政组织的主要组成部分。"参见〔德〕哈特穆特·毛雷尔:《行政法学总论》,高家伟译,法律出版社2000年版,第497页。

的反思与重构成为行政法学研究的前沿热点问题。① 本章将在回顾我国现行行政主体理论生成及其面临困境的基础上,指陈其可能的发展方向。

一、现行行政主体理论的生成

现行行政主体理论的发展,必须立足于对这一理论生成过程的详细考察。下文将就现行行政主体理论的形成过程、基本内容、主要贡献展开论述,希冀对中国语境下的行政主体理论有一个较为客观的认识。

(一) 行政主体概念的引入

在我国,行政主体概念是一个典型的舶来品。确切地说,这一概念的引入始于 20 世纪 80 年代末期。在此之前,我国行政法学理上主要是以"行政机关"或"行政组织"用来指称有关行政管理的主体,并由此引申出行政行为、行政法律责任等其他相关的概念。② 应当承认,在我国行政法学初建时期,行政机关概念与当时的行政管理实践基本上是相吻合的。但随着理论研究的不断深入,行政机关概念日益显示出其内在的缺陷:第一,行政机关内部的组成机构各式各样,在法律上的地位也互不相同。行政法所关注的只是对外行使职权的组织,因而类似于内部管理机构的行政机关就无法与有资格以自己的名义对外行使职权的行政机关相区别开。第二,行政机关具有多重身份,在不同的法律关系中,行政机关的法律地位各不相同。例如,行政机关既可以以"机关法人"的身份从事普通的民事活动,从而成为民事法律关系的一方当事人,也可以以"管理者"的身份从事行政管理活动,从而成为行政法律关系中行使行政职权的一方当事人,还可以以"被管理者"的身份参加某些行政活动,从而成为行政法律关系中接受行政管理的一方当事人。既然行政机关的实际身份是多样的,这一

---

① 参见薛刚凌:《多元化背景下行政主体之建构》,载《浙江学刊》2007 年第 2 期;葛云松:《法人与行政主体理论的再探讨——以公法人概念为重点》,载《中国法学》2007 年第 3 期;章剑生:《反思与超越:中国行政主体理论批判》,载《北方法学》2008 年第 6 期;王丛虎:《行政主体问题研究》,北京大学出版社 2007 年版;薛刚凌主编:《行政主体的理论与实践——以公共行政改革为视角》,中国方正出版社 2009 年版。

② 例如,在 20 世纪 80 年代我国两本最具影响力的行政法学教科书中,"行政机关"概念即贯穿于全书的始终。参见法学教材编辑部《行政法概要》编写组:《行政法概要》,法律出版社 1983 年版;罗豪才主编:《行政法论》,光明日报出版社 1988 年版。在这两本教科书中,行政行为通常被表述为行政机关实施的行为,行政法律责任的承担者通常就是行政机关。可以说,行政机关是理解行政法上其他重要概念的前提性工具。

概念本身就无法进行自动识别,由此造成的误解也难以避免。第三,在现实生活中,除了行政机关有资格行使行政职权以外,其他特定的社会公共组织经过法律、法规的授权之后,也可以承担行政任务的履行。因此,行政机关概念无法解释上述现象,其结果必然会人为地限制行政法学的研究视域。

　　行政机关概念的局限性在我国行政诉讼法的制定过程中进一步暴露出来。这是因为,行政诉讼所面对的一个现实问题就是如何确定行政案件的被告。也就是说,当行政相对人对行政行为不服时,究竟应当以谁为被告而提起行政诉讼?很显然,这是一个不得不首先予以解决的问题,而原先的行政机关概念又难以胜任这一使命。因此,必须寻找更为合适的概念来解释行政权力的行使者或行政任务的承担者,进而一并用来正确识别行政诉讼的被告。可见,行政诉讼法的制定,尤其是行政诉讼被告资格抽象化的现实需求加速了行政机关概念解构的步伐。

　　那么,究竟应当以什么概念来取代先前的行政机关呢?凑巧的是,在这一时期,法国、日本的行政主体概念及相关理论相继被介绍、引入到我国。1988年,王名扬教授的《法国行政法》正式出版,该书从行政主体的意义、行政主体的性质、行政主体法律概念存在的理由、行政主体的种类等多个方面较为详尽地阐述了法国行政法上的行政主体理论,对我国行政法学理产生了巨大影响;与此同时,日本行政法学者南博方的《日本行政法》在我国出版,有关日本行政法上的行政主体理论随之为国内学界所熟悉。[①] 域外行政主体理论大大开阔了我国行政法学者的眼界,自然也就成为取代行政机关概念的首选对象。于是,自1989年开始,"行政主体"赫然成为国内出版的行政法学教科书中的核心概念。[②] 由于行政主体概念能够解决行政机关概念使用所带来的诸多弊病,且能够回应行政诉讼理论及实践的需要,比行政机关概念具有更强的解释力,因此受到了我国学界的广泛青睐。[③]

　　综上所述,行政主体概念在我国的引入是基于三个方面的客观背景:一是行政机关概念在传递"行政权力行使者"上的不足;二是行政诉讼被告资格确认

　　[①]　参见王名扬:《法国行政法》,中国政法大学出版社1988年版,第39页以下;〔日〕南博方:《日本行政法》,杨建顺等译,中国人民大学出版社1988年版,第13页以下。

　　[②]　在国内学者撰写的行政法学教材中,最早使用行政主体概念的是张焕光、胡建淼所著的《行政法学原理》一书,该书由劳动人事出版社于1989年7月出版。几乎同时,张树义、方彦主编的《中国行政法学》一书也使用了这一概念,该书由中国政法大学出版社于1989年8月出版。

　　[③]　从20世纪90年代开始,国内出版的行政法学教科书都无一例外地吸收了行政主体概念,并形成了自身独特的行政主体理论。

的现实需求;三是法国、日本行政主体理论的外在影响。上述背景既决定了行政主体概念在我国行政法学理上的特殊功能,也限制了行政主体理论自身的进一步发展。

(二) 行政主体理论的内容

我国行政法学理在引入法国、日本等国的行政主体概念以后,并没有照搬其内容,而是进行了实质性改造,形成了独具中国特色的行政主体理论。具体来说,我国现行行政主体理论大致由以下五个部分的内容所组成:

第一,行政主体的含义。关于行政主体的含义,国内学者的表述略有差异。例如,罗豪才教授主编的高等政法院校规划教材《行政法学》将行政主体界定为"能以自己的名义实施国家行政权(表现为行政管理活动),并对行为效果承担责任的组织"[①]。王连昌教授主编的高等政法院校规划教材《行政法学》(修订版)将行政主体界定为"依法享有国家行政权力,以自己名义实施行政管理活动,并独立承担由此产生的法律责任的组织"[②]。应松年教授主编的《行政法学新论》则将行政主体界定为"依法享有国家行政职权,代表国家独立进行管理并独立参加行政诉讼的组织"[③]。当然,就行政主体的实质含义来说,学者之间基本上是一致的,这种内在的一致性具体表现在四个方面:第一,行政主体必须是一定的组织而不能是个人;第二,行政主体必须是享有行政职权的组织;第三,行政主体必须是能够以自己的名义行使行政职权的组织;第四,行政主体必须是能够独立承担法律责任的组织。

第二,行政主体的类型。在我国行政法学理上,行政主体通常是由两类组织所构成的:一是国家行政机关,即所谓的"职权行政主体";二是法律、法规和规章授权的组织,即所谓的"授权行政主体"。其中,职权行政主体具体包括国务院、国务院组成部门、国务院直属机构、国务院部委管理的国家局、地方各级人民政府、县级以上地方人民政府的职能部门、县级以上地方人民政府的派出机关;授权行政主体具体包括经法律、法规和规章授权的行政机关的内设机构、派出机构以及事业单位、社会团体、行业协会、基层群众性自治组织、公用企业、行政性公司等其他社会公共组织。

---

① 罗豪才主编:《行政法学》,中国政法大学出版社1996年版,第67页。
② 王连昌主编:《行政法学》(修订版),中国政法大学出版社1999年版,第33页。
③ 应松年主编:《行政法学新论》,中国方正出版社1998年版,第90页。

第三,行政主体的资格。行政主体资格是指符合法定条件的组织,经过法定程序或途径所获得的行政主体法律地位。行政主体资格理论主要由三方面的内容所构成:一是行政主体资格的构成要件,具体包括四项内容:依照法定权限和法定程序而设立的组织;具备一定的组织机构和职位人员编制;拥有法定的职责权限;能够以自己的名义独立行使行政权并承担法律责任。二是行政主体资格的取得,具体包括两种途径:依照宪法和行政组织法的有关规定取得;依照宪法和行政组织法以外的单行法律、法规、规章的授权而取得。三是行政主体资格的变更和丧失,前者是指由行政主体的合并或分解而引起的行政主体资格在原行政主体与新行政主体之间的转移;后者是指由行政主体撤销或授权收回、授权期限届满等原因而引起的行政主体资格的丧失。

第四,行政主体的法律地位。行政主体的法律地位是指由依法享有行政职权和依法履行行政职责确定的行政主体在行政法律关系中的地位,因而行政主体的法律地位实际上就是行政主体职权与职责的综合体现。在行政职权方面,除了分析其内容、特征之外,学理上还着重探讨了行政主体所享有的、为确保行政职权有效实施的特殊权力——行政优益权;在行政职责方面,学理上除了探讨其内容及特点以外,还着重分析了行政主体履行行政职责的主要内容——行政权限。

第五,行政主体的职务关系。行政主体的职务关系是指行政主体在行使行政职权、履行行政职责的过程中所形成的相互之间的关系。一般来说,这种关系主要有三种类型:领导与被领导关系、指导与被指导关系、公务协助关系。

(三) 行政主体理论的贡献

确立行政主体概念是依法行政的需要,是确定行政行为效力的需要,是确定行政诉讼被告的需要,是保证行政管理活动连续性和统一性的需要。[①] 当回顾中国行政法学的艰难发展历程时,不难看出,行政主体理论对行政法学研究及司法实务的贡献集中体现在如下三个方面:

第一,学术整合功能。科学研究活动的实践表明,范畴的提炼及其系统化往往是一门学科走向成熟的显著标志。就我国行政法学而言,发展之路可谓一波三折,先后受到了行政学、宪法学等其他相关学科的影响,其所应当具有的学

---

① 参见罗豪才主编:《行政法学》(新编本),北京大学出版社1996年版,第61—62页。

科独立性在一段时期内未能彰显。尤其是行政机关概念的广泛运用在很大程度上模糊了行政法学与行政学的研究视角,行政法学的专业色彩较为淡薄。行政主体概念的适时引入则缓解了这一危机:首先,行政主体概念解决了行政机关法律身份不确定问题,使得行政机关在不同法律关系中的地位得到明确区分,避免了思维混乱;其次,行政主体概念实现了行政职权、行政义务与行政责任的综合化,有助于厘清行政组织系统中不同主体之间的关系;最后,以行政主体概念为基石,行政法律关系、行政行为、行政程序、行政法律责任等一系列重要的概念重新得到了有序整合,这些概念分别构成了行政法内在的"骨架",行政法的学科独立性日渐凸显。①

第二,现实描述功能。"行政主体＝行政机关＋授权组织"这一新的表述,克服了行政机关概念在解释行政权力实际行使者和行政任务实际承担者上的不足,使得一些非行政机关的社会公共组织履行行政任务的活动也被纳入了行政法学的研究范围。更为重要的是,将"授权组织"视为行政主体的一部分,标志着"国家垄断行政权力"的传统观念开始动摇,随之而来的"行政权力的社会化"则受到了行政法学的关注。很显然,相比较行政机关概念来说,行政主体概念与公共行政发展的现实更加吻合,尽管这种适应性或许并不是学者一种自觉的"集体行动"的结果。② 可见,对真实行政法世界相对合理的解释是行政主体理论的又一重要学术贡献。

第三,司法指导功能。一种具有生命力的法学理论必然能够回应司法实践的需求。行政主体理论的最大动力既然是来自行政诉讼立法及其运作实践中对于行政诉讼被告资格确认的需要,那么其对司法实践中如何认定行政诉讼的被告就必然会发挥应有的指导作用。在我国行政诉讼制度实施的起步阶段,特别是在整体的法治环境尚不尽人意的情况下,行政主体与行政诉讼被告之间的一一对应关系无论是对于行政相对人还是受案法院来说都具有便捷、简明的功

---

① 以王连昌主编的高等政法院校规划教材《行政法学》为例,该书在对行政行为、行政责任等基本概念以及行政处罚、行政合同等次级概念进行界定时,都以"行政主体"一词修饰之。可见,行政主体起到了重要的整合作用,大大推进了我国行政法学研究的规范化和专业化。

② 原因在于,在计划经济色彩尚十分浓厚的20世纪80年代末期,我国行政法学者还难以把握行政权力向社会大量转移的发展态势。事实上,"行政职能社会化"直到20世纪90年代末期才被响亮地提出。例如,在1999年出版的面向21世纪课程教材《行政法与行政诉讼法》中,论者在阐述法律、法规授权的组织行使行政职能的缘由时就明确提出,根据民主发展的趋势,国家职能将不断向社会转移,国家应尽可能将一部分可能社会化的行政职能社会化。参见姜明安主编:《行政法与行政诉讼法》,北京大学出版社、高等教育出版社1999年版,第110—111页。

效。行政法官只要运用行政主体理论,一般就能够对行政案件的被告作出准确判断。虽然行政主体与行政诉讼被告之间的勾连并非无懈可击,但行政主体理论在特定历史阶段的司法指导功能却是不能随意抹杀的。

二、行政主体理论面临的困境

尽管行政主体概念的引入及理论的发展曾经对行政诉讼制度实际运作发挥过指导作用,但囿于概念引入之初的急功近利,特别是随着公共行政改革的不断推进和行政诉讼实践的快速发展,现行行政主体理论面临严峻挑战。早在1998年,国内比较敏感的学者就曾率先指出现行行政主体理论的内在不足及其所带来的负面影响。① 时至今日,我国现行行政主体理论的缺陷已日渐显露出来,其所面临的困境与挑战主要表现在以下三个方面:

(一) 行政主体概念的不确定性

就社会科学研究而言,基本概念的清晰与确定无疑是基本要求之一。行政主体概念在内涵及外延上存在诸多不确定因素。首先,就行政主体概念的内涵而言,尽管学理上将其归纳为组织要素、职权要素、名义要素和责任要素,但起决定性作用的还是职权要素。按照现行行政主体理论,一个组织究竟能不能成为行政主体,关键就在于它是否具有行政职权。问题在于,在判断某一组织是否具有行政职权上,行政法学理迄今尚未提供一个较为明确的客观标准。同时,行政职权要素已经难以真实反映行政机关之外、其他大量承担行政任务履行的社会公共组织的实际运作生态。其次,行政主体内涵的模糊性直接决定了其外延的不确定性。除行政机关之外,在"行政主体=行政机关+授权组织"中,授权组织是一个飘忽不定的概念。特别是"授权"依据由"法律、法规"扩大到"规章"之后,行政主体概念自身的不确定性加剧。

(二) 行政主体概念的弱回应性

我国自改革开放特别是在 20 世纪 90 年代确立社会主义市场经济体制的

---

① 论者认为,现行行政主体理论存在三方面的问题,即行政主体的概念不科学、责任定位错误、资格条件过低;同时,论者还进一步指出其所造成的负面影响:不利于公民在行政法上主体地位的确立、阻碍了学界对行政组织法的全面研究、阻碍了行政组织法的法治化进程。参见薛刚凌:《我国行政主体理论之检讨——兼论全面研究行政组织法的必要性》,载《政法论坛》1998 年第 6 期。

目标之后,公共行政变迁可谓日新月异。其中,政府简政放权、大量非政府的社会公共组织日益取代政府在众多的行政管理领域"崭露头角"最为引人注目,这种现象与西方各国所谓的"公务分权"相似。[①]《中共中央关于全面深化改革若干重大问题的决定》及时发出了"激发社会组织活力"的号召,明确要求"适合由社会组织提供的公共服务和解决的事项,交由社会组织承担"。随着行政管理改革的不断深入,尤其是政社分离进程的加快,非政府的社会公共组织更多履行行政任务将成为十分普遍的社会现象,行政法学对此同样必须给予关注。虽然"法律、法规授权的组织"在一定程度和范围内能够解释上述现象,但这一概念本身尚存在诸如什么主体按照什么标准向哪些组织授权等一系列未决问题。[②] 在很多情况下,某些社会组织实际上并未得到明确授权,但其所行使的确是行政职能。随着政府不断放松管制和公权力不断向社会转移,越来越多的非政府组织将取代国家行政机关而成为新型的行政职能行使者。在这一宏观的社会背景之下,现行行政主体理论对外部现实世界的解释力明显下降。

(三) 行政主体概念的负面影响

尽管行政主体概念引入的直接动机之一就是便于行政诉讼被告的确认,但随着我国行政诉讼制度的进一步实施,行政主体概念在行政诉讼被告资格确认方面的负面影响正日益暴露出来。按照现行行政主体理论的解释,行政诉讼被告必须是行政主体,如果不具备行政主体资格就不能具备诉讼主体资格。这种"被告即行政主体"的思维模式对行政诉讼实践产生了负面影响:类似于村民状告村委会、足球俱乐部状告足协的案件,往往都因为村委会和足协不是"法律、法规授权的组织"、不具有行政主体资格进而不能成为行政诉讼的被告而被拒之于司法审查之外,导致大量社会公共组织行使行政职能的活动难以受到司法机关的有效制约,相关社会成员的合法权益不能获得切实保障。其实,传统行政主体理论所标示的"行政实体法上的独立权利义务主体与行政诉讼法上的独立诉讼主体合一"的命题并不准确。作为行政诉讼主体之一的被告与行政实体

---

① 郭道晖教授曾将与此有关的行政权自身的分权现象进一步区分为"分权"与"还权"。其中,"分权"是指"把原本属于政府的部分行政权力,分给非政府组织去行使,以减轻政府的权力负担,也充分运用非官方或半官方组织所拥有的雄厚的社会资源,更好地去完成某一方面的行政任务";而"还权"是指"将国家(政府)所'吞食'的社会权力与权利'还归'于社会"。参见郭道晖:《法治行政与行政权的发展》,载《现代法学》1999年第1期。

② 参见沈岿:《重构行政主体范式的尝试》,载《法律科学》2000年第6期。

法上的行政主体分别属于不同的领域和阶段,所遵循的逻辑并不相同:一方面,被告确定更多考虑如何有利于当事人诉权行使,只要行为者实际行使行政职能就应当成为被告;虽然被告确定也会考虑诉讼后果承担,但并不意味着参与诉讼的主体就必须实际承担最终的实体责任。另一方面,行政主体体现的是实体权力的行使与实体责任承担的一致性,强调的是某一组织具有行政法上的独立人格。因此,诉讼主体与行政主体不应该也没有必要完全统一,在很多情况下,诉讼主体可以独立于行政主体。不管是行政主体还是非行政主体充当行政诉讼被告,最终的实体责任都是由相同的行政主体承担的。可见,硬性地将行政主体与行政诉讼被告"捆绑"在一起,既混淆了两个不同范畴,又阻碍了行政相对人行政诉权的实际行使。

综上所述,作为我国行政法学理中的基本范畴,行政主体曾经对行政法理论研究和行政诉讼制度实施产生过积极影响,但这一范畴引入之初的匆忙和功利却限制了其自身的进一步发展,特别是在不断推进的公共行政改革面前表现出解释力的不足。结合我国公共行政改革实践重构行政主体理论,理应成为当下行政法学研究的一项重要任务。

三、行政主体理论的发展展望

自1998年开始,一股反思、重构我国行政主体理论的思潮在学界兴起。时至今日,这种类型的研究依旧呈现方兴未艾之势。在若干带有统编性质的行政法学教科书中,行政主体概念及具体样态的表述开始发生变化。① 对以往反思和完善行政主体理论的研究成果进行深入解读,有助于人们全面了解国内学者对现行行政主体理论的基本学术立场,在比较分析的过程中寻找到真正契合实际需要和现实可能的变革方案。

(一)行政主体理论重构思路的评析

行政主体理论究竟应当如何完善?如何看待当前行政法学界有关行政主

---

① 例如,纳入"法学研究生用书"系列的《行政法专论》使用了"公务主体"的新表述,并将"公法人""局署""承担公务的私人""私法形式的公务组织"和"行政机关"一起作为公务主体的法律形态。参见周佑勇主编:《行政法专论》,中国人民大学出版社2010年版,第六章"公务主体的法律形态研究"(李洪雷撰写)。又如,纳入"新世纪法学创新教材大系"的《行政法》继续使用行政主体的表述,但将行政机关之外的行政主体表述为"其他承担行政任务的主体"。参见姜明安、余凌云主编:《行政法》,科学出版社2010年版,第三编"行政组织法与行政主体"(宋华琳撰写)。

体理论的研究成果？对此，有学者提出了"诉讼主体模式"和"分权主体模式"的区分；①有学者则归纳为"修补说"和"变革说"。② 梳理当下有关行政主体理论完善的文献，大致存在"引入西方主体论""扩大内涵外延论"及"渐进方式重构论"三种不同方案。

1. 引入西方主体论

在有关现行行政主体理论的重构思路中，主张回归到西方行政主体理论的本来含义，建立与多元社会相匹配、体现分权精神的行政主体理论体系的学者不断增多。薛刚凌教授从中西行政主体理论的对比中，指出我国现行行政主体理论存在着四个方面弊端：混淆了行政机关和个人在行政领域的地位；不利于我国对西方国家行政主体制度的吸纳；忽视行政管理统一协调的内在要求；掩饰了我国行政组织无序的现状。在此基础上，论者分别从必要性（直接民主、正确解决中央与地方的关系、国家稳定发展、提高行政效率及有效控制行政权）及可行性（经济体制改革、民主法治发展、宪法的规定及西方的经验）两个方面论证了中国需要且完全可以借鉴西方经验，建立以地方自治、公务分权为核心的行政主体制度。③ 随后，论者进一步指出，我国传统行政主体理论形成于一元社会，不承认多元行政利益，漠视社会行政发展的现实，与多元社会的发展不相适应，甚至在一定程度上影响了我国行政实体制度的转型。为此，需要构建以多元行政利益为基础的行政主体制度，即在行政法上具有独立行政利益，享有权利（权力）、承担义务，并负担其行为责任的组织体或该类组织体的代理主体。根据这种改革思路，行政主体可分为利益行政主体（包括国家行政主体、地方行政主体、公务行政主体和社会行政主体）和代理行政主体。④ 李昕教授曾撰文比较了中外行政主体理论之间的差异，指出我国行政主体理论存在定位错误、概念的内涵与外延相互矛盾、研究角度和范围狭隘等不足，主张应当立足于域外行政主体理论产生所欲解决的首要问题——行政权的合理配置，进一步发展我国行政主体理论；同时，要理顺行政主体（行政权的归属者）、行政机关（行政主体实施行政管理的手段和工具）、行政机关构成人员（行政行为的实际作出

---

① 参见章剑生：《反思与超越：中国行政主体理论批判》，载《北方法学》2008年第6期。
② 参见余凌云：《行政法讲义》，清华大学出版社2010年版，第109页。
③ 参见薛刚凌：《行政主体之再思考》，载《中国法学》2001年第2期。另可参见应松年、薛刚凌：《行政组织法研究》，法律出版社2002年版，第106—131页。
④ 参见薛刚凌：《多元化背景下行政主体之建构》，载《浙江学刊》2007年第2期；薛刚凌主编：《行政主体的理论与实践——以公共行政改革为视角》，中国方正出版社2009年版。

者)三者之间的关系。① 随后,论者又以现代公共行政的发展为立足点,分析、探究了现代行政主体多元化的表现、背景和原因,主张以行政分散化以及由此产生的行政分权作为我国行政主体理论完善的切入点,结合我国行政改革现实,对行政主体进行类型化研究。② 论者还进一步主张引入德国法上的公法人概念,改造我国的事业单位,将公法人制度与我国社团自治制度的发展结合起来。③ 此外,葛云松、李洪雷等学者也主张通过引入公法人概念以及理论框架,弥补我国行政主体学说存在的逻辑断裂和盲点。④

前述学术史的回顾表明,20世纪80年代末期,我国虽然从法国、日本移植了行政主体概念,但在具体内容上做了实质性改造。因此,中国语境之下的行政主体概念已经具有浓厚的"地方性"特色,甚至可以说它是作为一种"地方性知识"而存在的。诚然,如果以西方的行政主体理论作为参照系来对中国现行的行政主体理论进行改造,不仅能够实现中外行政法学在行政主体理论上的"趋同",方便相互之间的学术交流,而且还能够进一步提升行政主体理论在行政法上的地位,使其真正能够解释并指引公共行政改革的实践。不过,这种主张至少在如下两个方面还存在疑问:

第一,西方行政主体概念的产生具有坚实的社会基础与理论基础,行政分权(包括地方分权与公务分权)的盛行和公法理论的繁荣就是明证。例如,日本宪法所确立的"地方自治"以及作为其具体化的《地方自治法》就为地方公共团体成为行政主体奠定了坚实基础。就我国中央与地方的关系调整而言,既缺乏明确的地方自治意图,又不时徘徊于"放""收"之间;在国家与社会关系调整的过程中,国家权力的退出常常"口惠而实不至",社会公共组织的成长往往又蜕变为"二政府"。可见,从总体上看,目前我国仍然不具备西方行政主体理论所赖以生存的社会基础。即使直接移植了域外的行政主体理论,也难以发挥其应有的学术及制度功能。⑤

---

① 参见李昕:《中外行政主体理论之比较分析》,载《行政法学研究》1999年第1期。
② 参见李昕:《现代行政主体多元化的理论分析》,载罗豪才主编:《行政法论丛》(第6卷),法律出版社2003年版,第146—181页。
③ 参见李昕:《作为组织手段的公法人制度研究》,中国政法大学出版社2009年版。
④ 参见葛云松:《法人与行政主体理论的再探讨——以公法人概念为重点》,载《中国法学》2007年第3期;周佑勇主编:《行政法专论》,中国人民大学出版社2010年版,第190页。
⑤ 针对全面回归西方行政主体论的主张,有学者也表达了类似质疑。例如,余凌云教授曾言:"追随德法'分权主体模式'的思潮,只是当前舍弃苏俄、取法西洋的汹涌浪潮中泛起的一朵浪花,追逐时尚所致,并非全然是因传统行政主体理论走入死胡同而必须舍弃之。"参见余凌云:《行政法讲义》,清华大学出版社2010年版,第125页。

第二,我国行政改革遇到的诸多问题远非西方行政主体理论所能够解决。中央与地方关系的调整、国家的稳定发展、行政效率的提高以及对行政权实施有效控制无不需要多项公法制度形成合力方能奏效,行政主体理论的重构恰恰是在这一过程中完成的。因此,上述目标的实现并不能成为直接照搬西方行政主体理论的理由。再者,就我国当下的行政改革实践而言,所遇到的诸多现实问题都是西方国家所没有经历过的。例如,事业单位改革就牵涉到政府与事业单位的关系、事业单位的法律地位、事业单位的功能、事业单位的职责权限等极为复杂的问题。又如,从中央到地方设有众多临时性机构,这些机构虽然不是正式的国家行政机关,但往往行使多项职权,甚至还凌驾于正式的行政机关之上,如何有效控制这些"另类"机构,如何从法律上正确对待这些机构的性质与地位,都是相当棘手的问题。这些"中国式"问题的解决,并非借助西方行政主体理论就能够完成。

综上所述,"引入西方主体说"虽然不失为一种较为理想的重构方案,但由于中西方社会基础、理论背景的巨大差异,加之行政管理体制改革尚在探索之中,因此就现阶段而言,"引入西方主体说"的条件并不完全具备。

2. 扩大内涵外延论

相对于激进的全面引入西方主体论而言,扩大内涵外延论则较为稳健。持这一观点的学者大多认为,现行行政主体概念的内涵及外延都比较狭窄,无法与现代行政发展的趋势相适应,主张应当对现行行政主体概念的要素进行改造,从而实现对行政主体理论的重构。朱新力教授指出,我国行政法学理论上行政主体的概念并不是大陆法系行政法学理论上的行政主体概念,它只相当于大陆法系国家行政厅、行政官厅、行政机关的概念,只能算作代表主体;将特定的职位甚至具体的自然人排除在行政主体概念之外,不符合现实;现代行政除运用权力方式外,也常常出现非权力方式,为使代表主体概念具有涵盖性,宜用"执行行政"取代通说中的"行使行政权"或者对行政权做扩大解释。因此,行政主体的范畴宜定义为:"依法以自己的名义,代表国家、地方自治团体或其他具有行政事务的独立团体对外为行政意思表示(或'对外行使行政职权、履行行政义务、承担行政责任、担当争讼当事人')的组织体或职位。"[1]石佑启教授认为,虽然现行行政主体概念的表述可以维持,但其中的"行政权"已经不仅仅指国家

---

[1] 朱新力:《行政违法研究》,杭州大学出版社1999年版,第231—241页。

行政权力,还包括社会公行政权力;"行政管理活动"不仅指国家行政管理活动,还包括社会管理活动。行政主体的范围既包括作为国家行政主体的行政机关和法律、法规授权的组织,又包括作为社会公行政主体的非政府公共组织。①杨解君教授主张行政主体就是指"行使行政职权的组织及其个人",包括名义行政主体(即现行行政主体概念)、过渡行政主体(行政机构、受委托组织)、实际行政主体(行政公务人员)。②

我国现行行政主体概念无论在内涵还是外延上都显得较为狭窄,无法与现代行政分散化、多样化的发展趋势相适应。因此,赋予行政主体概念新的内涵并借此扩大其外延无疑是重构行政主体理论的重要环节。综观以上著述,多数论者对行政主体内涵的改造都具有鲜明的时代性。例如,将非组织的职位也纳入行政主体的范围,以"执行行政"或"履行行政职能"来取代原先的"享有(行使)行政权"。当然,行政主体理论的重构还不能仅仅停留于此。除了正确界定行政主体概念的内涵以外,还必须回答诸如确立行政主体的基点、行政主体理论的基本框架、现实功能乃至行政主体理论对整个行政法学的影响等问题。"扩大内涵外延说"只能算作行政法学在重构行政主体理论道路上迈出的重要一步,更为艰巨的任务尚待完成。

3. 渐进方式重构论

除了上述两种风格迥异的重构论之外,行政法学界实际上还存在着第三种重构行政主体理论的方案,即在重构路径上主张采用渐进式推进策略。张树义教授通过对理论普适性与本土性之间的关系、主体理论相对于法人学说的优势的揭示,阐明了发展现行行政主体理论应当着力解决好的两个前提性问题,指出以社会主体结构变迁为特性的中国体制改革为行政主体理论的更新提供了契机。③ 沈岿教授从"范式建立—范式危机—范式重构"的视角对我国现行行政主体理论面临的挑战进行了分析,认为"当代公共行政的有效实施,必须建立在中央和地方合理分权以及国家和社会合理分权的基础之上。我国目前进行的中央和地方分权没有地方自治之意,但不能断言未来不可能向此目标演进。若出现此制度变迁,行政主体概念也许可以像法国、德国、日本那样予以再次重

---

① 参见石佑启:《论公共行政与行政法学范式转换》,北京大学出版社2003年版,第164页。
② 参见杨解君:《行政主体及其类型的理论界定与探索》,载《法学评论》1999年第5期。
③ 参见张树义:《行政主体研究》,载《中国法学》2000年第2期;《论行政主体》,载《政法论坛》2000年第4期。

构,具有统治实体的内涵"。① 章剑生教授虽然主张舍弃"诉讼主体模式"转而寻求"分权主体模式",将中国现代行政法学上的行政主体理论分解为由地方分权产生的"国家"和"地方组织"、由公务分权产生的"事业组织"和"公营组织",但也认为可以暂时认可现有"诉讼主体模式"理论继续存在,通过法律修改、解释等方法,在新、旧行政主体理论之间找到接口,实现行政主体旧理论平和地向新理论过渡。② 余凌云教授对"分权主体模式"的意义提出了谨慎质疑,建议在行政主体框架之下引入"行政执法主体"概念,用于描述具有独立执法资格的行政机关和法律、法规规章授权的组织,从而保持坚持已久的重要机理——"只有具备执法权限的主体才有执法资格,才能以自己名义实施行政决定,也才能担当自我纠正过失的责任,成为诉讼被告,承接与执行法院判决。"③

就我国当下特定的情境而言,"渐进方式重构说"不失为一种比较明智的选择。行政主体理论的重构不仅取决于行政法学研究自身的深化,还取决于经济、政治体制改革尤其是行政管理体制改革的进一步深入。就后者而言,相关体制改革尚未完成,有的还刚刚开启,我国社会整体转型仍然要经历一个相当长时期,行政主体理论的重构注定不可能"毕其功于一役"。

(二) 行政主体理论的发展方向

中共十八届三中全会提出了以推进国家治理体系和治理能力现代化为根本目标的全面深化改革任务,重要领域和关键环节的改革正在积极推进之中,作为局部反映公共行政改革成果的行政主体理论的重构注定是渐进式、分阶段完成的。为此,今后可以从如下四个方面进行努力,逐步实现现行行政主体理论的"蜕变"。

第一,实现行政主体与行政诉讼被告确认逻辑的分离,重新确立行政主体理论的基点。行政主体的确立与认定行政诉讼的被告之间并无多少必然联系,二者应当遵循不同的运行逻辑。就行政主体而言,其所力图解决的是"行政所由出的主体",即公共行政职能或行政任务的实际承担者。鉴于行政职权自身内涵的相对固定性和公共行政的发展趋势,"履行行政职能"或"承担行政任务"应当成为衡量某一组织是否能够成为行政主体的实质性标准。也就是说,因履

---

① 参见沈岿:《重构行政主体范式的尝试》,载《法律科学》2000年第6期。
② 参见章剑生:《反思与超越:中国行政主体理论批判》,载《北方法学》2008年第6期。
③ 余凌云:《行政法讲义》,清华大学出版社2010年版,第126页。

行公共行政职能或承担行政任务而引发的权力、义务及责任都应当归属于行政主体。因此,行政主体在法律上具有独立的人格,既享有履行行政任务所应具有的公共行政职能,同时也必须对其所实施的活动承担最终的法律责任。至于行政诉讼被告的认定标准,目前行政法学理和实践在"谁行为、谁被告"上已经逐渐形成共识。

第二,鉴于行政主体与行政实体法上责任的归属相勾连,且顾及到我国《国家赔偿法》将赔偿费用列入各级财政预算、由各级财政按照财政管理体制分级负担的现状,我国名副其实的行政主体首先就应当是中央及地方各级人民政府。"授权组织"难以包容政府职能转变、还权于社会背景下涌现出的大量实际承担行政任务履行的社会组织,实有必要引入新概念予以代替。以德国为代表的大陆法系行政法学上的"公法人"概念,可以作为中央及地方各级人民政府之外的第三类行政主体。至于公法人的范围和具体形态,可以在具体的社会治理情境中结合"公共行政职能"加以识别。只要某一组织所采取的行动是基于实现公共利益的需要,且在客观上维护了一定范围的公共秩序或提供了相应的公共服务,并对个体的权利有着重要影响,该组织就可以被认定为公法人。我国现实生活中存在的大量事业单位(如高等学校)、社区组织(如社区居委会)和行业组织(如行业协会)都属于公法人范围之内。与中央及地方各级人民政府所不同的是,公法人的行政主体地位还有赖国家与社会之间的分权或还权求得相对合理的解释。

第三,在对行政主体范畴重新界定的基础之上,必须正确处理好行政主体与行政机关、行政机构及行政公务人员之间的关系。行政主体是公共行政职能的归属者,具有行政法上的权利能力,并独立地承担由此而引起的法律责任,因而有着独立的法律人格。行政机关只能算做行政主体的代表,通过行政机关,行政主体的行为能力得以实现;行政机关仅仅是以行政主体的名义进行活动,由此产生的实体法律责任概由行政主体承担。因此,行政机关不具有独立的法律人格。正如王名扬先生所言:"行政机关是构成行政主体整体结构中的某些单位,它们在一定的范围以内,以行政主体的名义进行活动,而效力归属于行政主体。"[1]行政机关本身是一个整体,在代表行政主体实施活动时必须依靠众多的具体部门去协同完成,这些具体的部门就是行政机构。行政机构是基于行政管理的实际需要而在行政机关内部设置的,其任务是具体处理和承办各项行政

---

[1] 王名扬:《法国行政法》,中国政法大学出版社1988年版,第48页。

事务。行政主体、行政机关和行政机构都是抽象的组织体,最终的行为都是由行政公务人员实际实施的。

第四,从学术研究的角度来看,行政主体理论的研究可以从内外两个层面展开:就外部层面而言,应当重点研究公共行政任务在中央与地方、国家与社会之间的合理配置,探讨行政主体的类型及其功能,分析其所享有的行政职能和担当的行政责任;就内部层面而言,应当重点研究行政主体的内在结构,从组织构造角度分析行政机关、行政机构的设置、权力分配及其相互之间的关系,并研究行政公务人员职务行为的认定及其与行政机关之间的职务关系等。行政主体范畴的重构并不排斥行政组织法研究,在立足于动态研究行政主体外部变化的同时,还需要加强行政主体内部构成的静态分析,使行政主体与行政组织法研究相得益彰。

(三) 行政主体理论的实践关照

长期关注行政组织法学研究的学者早就指出,行政组织法研究应包括三个方面:第一,探讨行政组织法的基本理论问题,如行政组织法存在的理论基础,确立行政组织法定原则的必要性,行政组织法的价值、目的、结构,行政组织法在行政法体系中的地位,行政组织法与公民的关系以及行政组织法与行政改革的关系等;第二,研究行政组织法所应包含的基本内容,如行政组织法所涉及的基本术语的界定,行政权的范围及设定标准,中央与地方行政权的分配,行政机关的设置标准与程序,行政主体制度,行政授权、行政委托和行政协助,行政编制管理制度及公务员管理制度等;第三,分析行政组织法的立法模式与立法体系,如制定行政组织法的目标模式、体例模式和结构模式,行政组织法体系的基本框架和层次等。[①] 除去上述内容之外,当下的行政组织法学更应关注正在发生的行政管理体制改革实践,注重从中国经验中提炼制度生成的模式,促进行政组织法领域的良法善治。在坚持规范主义研究进路的同时,还要大力倡导实证主义的研究进路,着重解析真实世界的改革实践,在评价利弊得失的基础上形成中国特色的行政组织法制体系。深化行政体制改革应当着重从"优化政府组织结构"和"改革行政执法体制"两个侧面展开。从行政系统内部视角上看,未来的行政主体理论应当重点关注如下课题:

---

① 参见薛刚凌:《我国行政主体理论之探讨——兼论全面研究行政组织法的必要性》,载《政法论坛》1998 年第 6 期。

1. 行政权力纵向配置与机构设置的法治化

在单一制国家结构形式下,中央与地方事权的科学划分、行政层级的规范设置是国家治理体系现代化的重要内容,也是府际关系正常化的基本路径。2016年8月,国务院公布《国务院关于推进中央与地方财政事权和支出责任划分改革的指导意见》(国发〔2016〕49号),对中央和地方事权划分改革提出了诸多指导性意见。就目前行政权力的纵向配置和层级设置而言,还存在若干非法治化情形,亟待行政组织法学予以回应。例如,较长时期内,我国行政区划的设置已经脱离《宪法》规定。地级市管辖区县、直辖市管辖自治县、市和市辖区管辖乡镇等都是《宪法》没有规定但又普遍存在的,地级市管辖区县的合宪性问题尤为突出。① 其中,下列两个议题值得加以深入研究:

第一,关于县改区、改市的设置标准。我国现行《宪法》所设计的地方行政区划主要是省、县、乡三级体制,但自1983年开始,地级市管辖区县体制逐渐常态化。尤其是近二十年来,"撤县设区""撤县设市""撤市设区"的浪潮席卷全国各地,引发了新中国行政区划史上的一轮重大变迁。目前,绝大多数直辖市和副省级城市都已进入"无县"时代,多数经济发达的地级市也纷纷结束"县域时代"。尽管城镇化的迅猛推进客观上需要行政区划及时作出调整,但一窝蜂式的"撤县"也对现行宪制安排提出了挑战。例如,广东顺德与佛山之间三十多年来就经历了区划调整的持续"拉锯战",暴露出县级行政区划调整中的乱象。无论是县改市、县改区、市改区,还是省直管县、强县扩权,都反映出行政区划的设置标准问题。针对目前普遍存在的经济发展导向型撤县模式,有学者指出:"对城市来说,政治经济因素固然是最重要的,历史文化因素、地理环境因素、公共福利因素、基础设施因素、城市布局规模甚至法治环境等作为城镇衡量的标准同样不可小视。在资源整合方面,设市需要体现土地的合理利用和结构优化,以加快城乡融合,促进城乡一体化进程。"② 为此,行政组织法学需要深入研究县、区、县级市、省直管县通行的设置标准,通过一系列实体性条件和程序性规则的刚性约束,遏制县级行政区划的任意调整,维护宪制权威。在对经济社会发展指标、人口规模质量、地理条件、历史文化传统、民族分布等具体指标予以精准设计的基础上,应当适时将理论研究成果转化为《行政区划法》的具体内容,涵盖到县、乡两级行政区划的理性调整,真正实现我国地方政府行政权力

---

① 参见马怀德:《行政区划变更的法治问题》,载《行政法学研究》2016年第1期。
② 薛刚凌、刘雄智:《论行政区划的法律调控》,载《行政法学研究》2007年第3期。

纵向配置与机构设置的法治化。

第二，关于各类管委会的去留。各类管委会的蜂拥而至是我国行政权力纵向配置与机构设置非法治化的另一重要表征。目前，实践中主要存在四种类型的管委会：一是各种级别的经济技术开发区管委会。这类管委会数量最多，既有国家级、省级开发区管委会，也有市级、县级开发区管委会。在基层，有的经济技术开发区还实行"区镇合一"的管理体制。这类管委会最初主要承担经济发展、招商引资功能，随着人口增加特别是大批外来劳动力的涌入，逐渐承担起大量社会管理和公共服务功能。二是各类风景名胜区管委会。这类管委会往往设置在名山大川境内，主要承担风景名胜区旅游资源开发利用管理职能。三是各类产业管委会。这类管委会主要承担某一方面产业发展功能，如化工园区管委会、药城管委会等。四是各类特殊地域管委会。这类管委会或设置在特殊敏感地区，如很多城市的火车站区管委会；或设置在承担重要改革任务的试验区，如上海自贸区等。形形色色的管委会的涌现，不仅增加了行政组织的样态，而且对行政组织法定主义原则构成挑战。追溯各种管委会的成立，很多都是以党政机关的规范性文件作为依据的。由于管委会的设置缺乏统一的标准和程序，导致实践中的"乱象纷呈"：有的管委会设置了大量"执法机构"，呈现出明显的"一级政府化"倾向；有的管委会托管了一些乡镇、街道，俨然一级政府的上级；有的管委会与一级政府的管辖区域几乎完全重叠，大有取代一级政府的态势。这些实践乱象暴露出行政权力纵向配置与机构设置的无序，引发了大量行政管理的真空和争议，也使得"飞地"现象更为突出。为此，行政组织法学需要深入研究各类管委会的实际运作，梳理其所承担的各项职能，努力将其纳入法治化轨道，确保行政组织法定主义原则的落实。一方面，可以参考前述县、市、区的设置标准，将某些事实上承担一级政府功能、具备基本条件的管委会设置为县、市、区，彻底改变行政组织长期法外运行的窘境；另一方面，需要认真研究各类管委会尤其是开发区管委会的设置标准、基本程序和法律地位，适时将理论研究成果转化为《开发区管委会条例》的具体内容，逐步淘汰一批有名无实的管委会，恢复其一级人民政府派出机关的角色定位。

2. 行政权力横向配置与机构设置的法治化

行政权力的横向配置涉及一级政府内部职能部门的组成和职责权限的分工，对于政府职能依法全面履行建设目标的实现意义重大。例如，《中华人民共和国食品安全法》（以下简称《食品安全法》）一改过去的"五龙治水"局面，规定

"县级以上地方人民政府"对本行政区域的食品安全监督管理工作负责,统一领导、组织、协调本行政区域的食品安全监督管理工作以及食品安全突发事件应对工作,建立健全食品安全全程监督管理工作机制和信息共享机制,凸显出一级人民政府在食品安全监管中的主导性责任。实践中的相对集中行政处罚权、相对集中行政许可权、相对集中行政复议权改革正在稳步推进,各类综合行政执法局、行政审批局甚至行政复议局纷纷成立,考验着"重大改革于法有据"理念的贯彻落实。这些"分久必合、合久必分"的改革举措需要引起行政组织法学的关注,避免行政权力横向配置与机构设置的改革再次陷入非法治化境地。其中,下列两个议题值得加以深入研究:

一是各类委员会的角色定位。我国政府系统内部形形色色的"委员会"或虚或实,或明或暗,在政府依法全面履职中发挥着重要作用。例如,《食品安全法》第5条规定的国务院"食品安全委员会"在食品安全监管中就扮演着极为重要的角色。按照《食品安全法》第153条的规定,国务院可以"根据实际需要"对食品安全监督管理体制作出调整。又如,城乡规划委员会虽然为一些地方性法规所明确认可,但相比规划主管机关负责人尤其是一级人民政府负责人而言,其地位并不重要。面对政府内部设立的大量委员会,行政组织法学应当予以及时回应。其中的基本议题至少包括:委员会的设置标准,包括哪一行政层级、哪些行政领域;委员会的角色定位,包括议事协调机构、决策咨询机构、公众参与平台等;委员会与行政机关之间的关系,包括隶属、平行、补充等。对各类委员会的深入研究,有助于加快我国行政组织法治化进程,促进政府职能的全面科学履行。

二是各类督察机构的角色定位。在我国国家治理体系之中,既存在行政机关对行政相对人是否遵守相关法律法规情况所进行的监督检查活动,也存在特殊机构对行政机关是否依法全面履行职能情况所进行的监督检查活动,前者一般称为"行政监督检查",后者一般称为"督察""督导"。例如,根据《公安机关督察条例》和《教育督导条例》的规定,警务督察和教育督导可以展开对公安执法和教育执法的督察或督导活动。2006年,为保障最严格耕地保护制度和最严格节约用地制度落实到位,加强中央对地方政府的土地管理法律法规政策执行情况的监管力度,国务院开始实施国家土地督察制度。十多年来,国家土地督察制度对于国家土地法律规范的切实执行发挥了重要作用。不过,这一制度目前仍然处于"于法无据"的尴尬境地,其赖以存在的依据仅为《国务院办公厅关于建立国家土地督察制度有关问题的通知》(国办发〔2006〕50号)和《国务院办公厅关于印发国土资源部主要职责内设机构和人员编制规定的通知》(国办发〔2008〕71号)。面对行政执法机关背后所存在的大量督察机构,行政组织法学应当予以及时回应。其中的基本议题至少包括:督察机构的设置标准,包括哪一行政层级、哪些行政领域;督察机构的角色定位,包括其与国务院、所在部委、其他相关部委之间的关系;督察机构的职责权限,包括如何匹配相应的履职手段等。对各类督察机构的深入研究,有助于全面了解我国中央和地方政府行政运作的过程,增强行政组织法学研究的现实回应性。

【扩展阅读】

1. 应松年、薛刚凌:《行政组织法研究》,法律出版社2002年版。
2. 王丛虎:《行政主体问题研究》,北京大学出版社2007年版。
3. 薛刚凌主编:《行政主体的理论与实践——以公共行政改革为视角》,中国方正出版社2009年版。

【延伸思考】

1. 行政主体概念在我国的引入是基于什么样的背景?
2. 如何评价我国现行行政主体理论?
3. 如何重构我国行政法上的行政主体理论?

第八章 行政相对人论

在行政活动的过程中,行政主体行使行政职权、作出相应决定必定有特定的承受对象。无论这一承受对象是组织还是个人,是直接承受还是间接影响,都是行政法律关系运行中不可或缺的主体。在行政法学理上,这一承受对象通常都被称为行政相对人。事实上,在行政活动程序的进展中,行政相对人并不仅仅是作为行政主体行使行政职权的承受对象身份出现的,它还是行政程序的积极参与者。不用说行政程序可以因行政相对人申请而启动,即便是行政主体依职权启动行政程序也离不开行政相对人的实际参与。"综合地把握行政过程的话,最后有必要考察行政过程中私人的地位。"[①]正是基于行政相对人在行政活动过程中的重要地位,各国行政程序法大多对行政相对人的概念、范围、资格、权利义务等事项作出了明确规定。自21世纪初开始,我国行政法学理开始关注行政相对人研究,行政法学教科书大多辟专章或专节集中论述行政相对人问题。[②] 本章拟就行政相对人的形态、权利及义务进行论述。

一、行政相对人的形态

行政相对人是指参与行政法律关系,对行政主体享有权利或承担义务的公

[①] 〔日〕盐野宏:《行政法》,杨建顺译,法律出版社1999年版,第239页。
[②] 方世荣教授的著作《论行政相对人》(中国政法大学出版社2000年版)围绕行政相对人的范围、权利、行为、作用等问题,对行政相对人进行了较为深入、系统的研究。

民、法人或其他组织。这一定义表明,行政相对人并不是单纯的行政行为的对象,而是行政法律关系中与行政主体相对应的另一方"主体"。就行政程序法律关系而言,行政相对人是实际参与行政程序、享有程序性权利负有程序性义务的一方当事人。无论是中国的公民、法人或者其他组织,还是在中国境内的外国人、无国籍人,抑或是外国的法人和其他组织,只要与行政程序的结果具有法律上或者事实上的利害关系,就可以依据行政主体的通知或者依法申请并经过行政主体的确认而参加行政程序,进而成为行政相对人。在德国,根据德国《行政程序法》第13条的规定,除了申请人及被申请人、行政行为拟指向的或已指向的人、行政机关拟与之或已与之订立公法合同的人是"程序参与人"(即法律规定的参加人)以外,对于因行政程序结果而损害利益的人以及程序结果对第三人有影响的,行政机关都可以依职权或应申请通知其作为"参与人"(即行政机关通知的参加人)。我国台湾地区"行政程序法"除在第20条规定狭义上的当事人以外,还在第23条规定了另一类特殊的当事人——利害关系人,即"因程序之进行将影响第三人权利或法律上利益者,行政机关得依职权或依申请,通知其参加为当事人"。

我国2014年修订的《行政诉讼法》第25条第1款规定:"行政行为的相对人以及其他与行政行为有利害关系的公民、法人或者其他组织,有权提起诉讼。"此款正式确定了行政相对人的法律概念地位。但在其他行政法律规范中,行政相对人的表述尚未统一。例如,《行政处罚法》和《行政强制法》使用的是"当事人",《行政许可法》使用了"申请人""利害关系人""被许可人"等称谓,《行政复议法》使用了"申请人""第三人"等称谓。不过,这并不妨碍继续使用行政相对人作为指称行政法律关系中与行政主体相对应的另外一方。日本行政法学者盐野宏曾以"防御性地位""受益者地位""请求对第三人行使公权力地位"及"程序性地位"来描绘行政过程中私人地位的形态。[①] 在我国,行政相对人的常见形态包括以下几种:第一,行政活动所直接针对的人。在依职权开始的行政程序中,行政主体往往会针对特定的对象作出相应的行政决定,该决定所直接针对的对象即是最为典型的一类行政相对人。例如,环保部门接到举报之后,对某排污企业进行调查,在此基础之上对其作出了罚款处罚决定。那么,在这一行政活动过程中,作为处罚决定直接对象的排污企业即属于行政相对人。第二,申请人及与申请相关的人。在依申请开始的行政程序中,申请人即为行

---

① 参见〔日〕盐野宏:《行政法》,杨建顺译,法律出版社1999年版,第239—242页。

政相对人。当申请人的申请已经送达到行政机关时,申请人即取得了行政相对人的法律地位。在实践中,申请人的申请往往会涉及到其他公民、法人及组织的权益,这些人参加到行政程序之后也是行政相对人。例如,某建设单位申请颁发建筑许可证时,除其本身是行政相对人以外,与该建筑相邻的居民及单位也是行政相对人。根据《行政许可法》第36条的规定,行政机关对行政许可申请进行审查时,发现行政许可事项直接关系他人重大利益的,应当告知该利害关系人。申请人、利害关系人有权进行陈述和申辩。行政机关应当听取申请人、利害关系人的意见。第三,与行政主体缔结行政协议的人。行政协议是指行政主体以实施行政管理为目的,与公民、法人或者其他组织就有关事项经协商一致而达成的协议。在现代社会,行政协议已经成为行政主体不可或缺的一种新型、柔性的行政管理手段,与行政主体签订行政协议的另一方当事人即为行政相对人。第四,接受行政主体行政指导的人。随着市场经济的发展和行政法民主化趋势的日益增强,行政指导这一非强制手段已经在行政管理实践中得到了广泛运用。在行政指导程序中,接受行政主体行政指导的人即为行政相对人。第五,权利义务受行政程序进行影响的人。在行政主体作出行政行为的过程中,合法权益因行政程序进行受到实际影响的人,有权经过申请或者直接依据行政主体通知参加到已经发动的行政程序当中,取得行政相对人的地位。

二、行政相对人的权利

行政相对人的权利是指由行政法律规范所规定或确认的,在行政法律关系中由行政相对人享有,并与行政主体义务相对应的各种权利。在行政法学理上,对行政相对人的权利作实体性权利和程序性权利的划分已经形成基本共识。

(一)行政相对人的实体权利

在行政相对人的权利体系中,实体权利居于首要地位。一个行政相对人无论是否愿意实际参与行政程序,其最终目的都是要实现自身所享有的实体权利。具体来说,行政法上行政相对人的实体权利主要包括以下三项内容:

第一,行政受益权。行政受益权是指行政相对人通过行政主体的积极行为而获得各种利益及利益保障的权利。随着福利行政观念的兴起,行政相对人所享有的受益权的范围日益广阔。例如,公民享有获得基本医疗保障的权利,享有获得抚恤金、救济金的权利,享有接受义务教育的权利,享有获得安全食品和基本住房保障的权利,享有公平获得行政争议解决的权利。行政受益权的实现有赖于行政主体积极给付义务的履行。

第二,行政保护权。行政保护权是指当行政相对人的合法权益受到其他组织或个人侵犯时,受行政主体依法保护的权利。例如,当公民的人身或财产正在受到不法侵害时,有权向公安机关寻求保护;当公民的相邻权因其他单位的施工建设受到影响时,有权要求主管行政机关予以调查处理。行政保护权的实现有赖于行政主体危险防止义务的履行。

第三,行政自由权。行政自由权是指行政相对人所享有的不受行政主体违法行政行为侵害的各种合法权益。如果说行政受益权和行政保护权是对行政主体积极要求的话,那么行政自由权则是对行政主体的消极要求,即行政相对人合法权益免受侵害是行政主体权力行使的边界。例如,企业享有经营自主权,行政机关就不能以行政之手对企业具体经营事务横加干涉;贩夫走卒也享有职业自由,行政机关就不能简单地以管理之名肆意驱赶。行政自由权的实现有赖于行政主体消极容忍义务的履行。

(二) 行政相对人的程序权利

行政相对人的程序权利是指由行政程序法所规定或确认的,在行政程序法律关系中由行政相对人享有,并与行政主体的程序义务相对应的各种权利。现代行政程序法的旨趣就在于确认、尊重并保障行政相对人所享有的程序性权利,进而促成其实体性权利的最终实现。

1. 行政相对人程序权利的功能

法学是权利之学。在行政法上引入行政相对人"程序权利"概念,不仅是现代行政程序法的发展趋势,而且对于行政法观念转型和制度革新都将产生深远影响。具体来说,行政相对人程序权利的功能集中体现在以下三个方面:

第一,促成行政程序主体地位的平等化。在传统的行政法律关系中,行政主体与行政相对人之间的地位往往具有明显的不对等性:前者享有更多的实体性权力,后者则负有服从义务。在行政主体的视野中,行政相对人充其量只不过是行政管理的客体而已,只要有利于提高行政管理效率,保障不保障行政相对人的权利并不重要。尽管行政相对人也可以在事后通过行政复议、行政诉讼等途径维护权益,但这种事后救济方式的实效性却差强人意。行政相对人程序权利概念的提出,则能够有效扭转这种局面。"一切人都应被作为目的而不仅仅是手段来对待。人的存在,本身就是目的,都有其内在的价值。国家与政府是为人民而设立的,而不是为国家而存在。国家和政府不得以任何借口或理由把人民贬为其统治的客体和手段。"[①]只有承认行政相对人能够实际参与行政程序的运作过程,行政相对人才能够从根本上摆脱行政管理客体的地位;法律上对行政相对人一系列程序性权利的肯定,意味着行政相对人同样也是行政程序法律关系的一方主体。通过全程性的参与,行政相对人可以其享有的各种程序权利与行政主体进行有效抗衡,构建同行政主体之间的"对峙"关系。由此可见,行政相对人程序权利概念提出的首要意义就在于能够促成行政程序主体地位的平等化。

第二,驱使行政权力实际运作的理性化。在法理学上,权利与义务具有对应性特点,一定的权利需要一定的义务使其得到满足。就行政程序法律关系而言,行政相对人所享有的程序权利也就是行政主体所应当履行的程序义务。例如,行政相对人享有陈述和申辩权,就意味着行政主体负有听取意见的义务;行政相对人享有获得通知的权利,则意味着行政主体负有及时告知的义务。如果行政主体一味恣意行使行政权力,不顾及行政相对人的行政程序主体地位,那么行政相对人的程序权利就不可能得到实现。可见,行政相对人的程序权利也是一种促成行政权力理性运用的重要外在力量。作为一种最具暴力色彩和扩张趋势的国家权力,行政权力的行使最需要受到外在监督。虽然立法权可以在事前为行政权行使设定规则,司法权可以在事后对行政权行使进行审查,但这两种监督机制都因为没有伴随行政权行使的全过程而致使其效果不彰。相比之下,对行政相对人的程序权利加以确认,能够将行政权力行使的全过程置于行政相对人的参与和监督之下,行政相对人可以据此及时抗辩行政主体违法或者不当行使权力,驱使行政主体认真对待行政相对人的参与,努力为最终决定的作出进行事实核查和理由证成。因此,对行政相对人程序权利的认可和尊重,能够有效驱使行政权力实际运作的理性化,进而增强行政决定的可接受性。

第三,保障相对人实体性权利的现实化。行政相对人程序权利本身固然重要,但行政相对人参与行政程序的最终目的在多数情况下还是为了实现自己的实体权益。因此,从功利主义角度来看,行政相对人的程序权利是其实体性权

[①] 皮纯协主编:《行政程序法比较研究》,中国人民公安大学出版社2000年版,第29页。

利得以最终实现的保障。"程序权利是实体权利的保障,即确保自由通过行政机关或者法院得以实现。"①为了实现自由、财产等受法律保护的实体利益,人们就必须拥有通过一定的方式、步骤、顺序等主张和保护这种实体结果的权利。如果行政相对人不能实际参与行政程序,利用其所享有的程序权利与行政主体进行抗衡,那么其自身的实体权益终究不能实现。可见,行政相对人程序权利的另一重要功能就是保障相对人实体性权利的现实化。

2. 行政相对人程序权利的内容

我国虽然还没有制定统一的行政程序法典,但相关行政法律规范已经规定了行政相对人的一系列程序权利。总的来说,行政相对人的程序权利主要包括以下八项内容:

第一,获得通知权。获得通知权是指当行政相对人的合法权益可能遭到行政主体权力行使的不利影响时,享有获得行政主体及时通知的权利。现代行政程序的核心是参与,只有亲身参与到行政程序过程之中,行政相对人才能更好地与行政主体进行交涉,切实维护自身的各种权益。参与的前提是行政相对人已经知晓行政程序的发动,及时获得行政主体的通知是行政相对人参与行政程序的必要条件。与获得通知权有关的三个附随问题是通知的时间、内容及方式。首先,通知必须在合理时间内进行。基于行政管理实践的复杂性和个案的差异性,法律上通常很难对通知时间作出统一规定,但这并不意味着行政主体在决定何时通知上享有绝对的裁量自由。例如,根据《行政处罚法》第64条的规定,行政机关应当在听证的7日前通知当事人举行听证的时间及地点。其次,通知必须包含与行政相对人利益有关的充分信息。行政主体应当将与行政相对人利益有关的各种信息进行全面通知,以便行政相对人能够为参与行政程序作充分准备。最后,通知应当以适当方式直接送达行政相对人。鉴于通知在行政程序中的重要地位,原则上行政主体都应当采取直接送达方式,确保通知能够为行政相对人收悉。只有在直接送达确实难以进行时,才可以考虑采取其他通知方式。

第二,卷宗阅览权。卷宗阅览权是指行政相对人在参与行政程序的过程中,享有查阅行政主体制作的与行政案卷有关的卷宗材料的权利。卷宗阅览权既缘于行政程序法上的行政公开原则,也是宪法上公民知情权的一种具体化。

---

① 〔德〕汉斯·J.沃尔夫、奥托·巴霍夫、罗尔夫·施托贝尔:《行政法》(第一卷),高家伟译,商务印书馆2002年版,第502页。

法谚曰:正义不仅能够得到实现,而且应当以一种能够看得见的方式得到实现。只有当行政相对人充分了解与行政案件有关的材料时,才能够有效地与行政主体进行交涉,进而反驳行政主体对自己的一切不利指控。与卷宗阅览权有关的两个附随问题是卷宗的范围及阅览的方式。首先,凡是与行政案件有关的卷宗材料都属于行政相对人的阅览范围。鉴于卷宗阅览权能否充分、有效地行使关系到行政相对人对其自身合法权益的维护,因而行政主体应当为行政相对人阅览卷宗提供足够的便利。只要案卷材料没有涉及到法律所明确规定的国家秘密、商业秘密或者个人隐私,行政主体就不能拒绝向行政相对人提供。例如,我国《行政复议法》第 23 条第 2 款规定:"申请人、第三人可以查阅被申请人提出的书面答复、作出具体行政行为的证据、依据和其他有关材料,除涉及国家秘密、商业秘密或者个人隐私外,行政复议机关不得拒绝。"其次,行政相对人可以通过复制、摘抄、查阅、拍摄等多种方式行使卷宗阅览权。为了使行政相对人卷宗阅览权的行使具有实际意义,法律上应当允许其通过各种有效方式获取行政案卷中所记载的信息。

第三,陈述权。陈述权是指行政相对人在参与行政程序的过程中,享有就行政案件所涉及的事实向行政主体进行陈述的权利。对于行政相对人来说,参与行政程序的目的就在于向行政主体表达自己对案件事实及法律适用等问题的看法,从而实际地影响行政决定的作出。相反地,如果行政相对人在参与行政程序之后却"保持沉默",那么不仅行政主体听不到来自案件亲历者对事实真相的描述,而且行政相对人也将失去维护自身权益的绝佳时机。因此,积极陈述意见是法律赋予行政相对人所享有的基本权利。与陈述权有关的两个附随问题是陈述的内容和陈述的方式。首先,陈述的内容既包括对行政主体指认事实的认可或否认,也包括对未发现事实的补充。不论行政相对人陈述的内容是否与已经调查的事实相符,行政主体都不能拒绝行政相对人行使陈述权。其次,陈述可以通过书面及口头等多种方式进行。行政主体不能人为地限定行政相对人陈述意见的方式,究竟采取何种形式陈述应当取决于行政相对人的自主选择。

第四,抗辩权。抗辩权是指行政相对人针对行政主体所提出的不利指控,享有依据其掌握的事实和法律进行辩解和反驳的权利。行政决定尤其是对行政相对人不利的行政决定的作出,必须建立在事实认定清楚、法律适用准确的基础之上。否则,行政决定的公正性及可接受性就无法维系。事实清楚、法律适用准确的前提就是双方能够进行充分辩论,只有行政相对人对行政主体所调查到的事实及其初步处理意见进行全方位的质证和申辩之后,行政主体才有可能在"兼听"的基础上得出客观判断,随后作出的行政决定才容易获得行政相对人的内心认可。

第五,申请权。申请权是指行政相对人就自身的权益向行政主体提出请求的权利。这种申请权虽是程序性的,但其目的却可以是多元的,如请求得到某种实体利益、请求进入某种程序等。因此,申请权实际上是一项类权利,具体表现为多种权利。行政相对人如下申请权往往都为行政法律规范所确认:(1)申请许可权。许可是一种依申请的行政行为,没有行政相对人的申请,行政机关就不能主动地实施许可。因此,行政相对人一旦行使了申请许可权,也就意味着行政程序的开始。(2)申请回避权。在行政程序中,行政相对人如认为主持程序的行政机关工作人员与案件有利害关系,就有权要求其回避。隶属于行政主体的公务员如认为自己与案件有利害关系的,理应自行回避,但这并不排除行政相对人的申请回避权。(3)申请听证权。听证是听取意见的一种特殊形式。行政主体在作出重大不利决定之前,往往都应当告知行政相对人享有申请听证的权利。至于是否需要经过听证作出决定,除了少数情况外则取决于行政相对人的申请。(4)申请调查权。查清案件的事实真相是行政主体作出行政决定的前提,没有事实或者事实不清,行政主体就不能作出最终决定。调查程序除依职权启动外,还可以因行政相对人的申请而开始。(5)申请保密权。行政主体虽然负有公开信息的义务,但如果公开的信息涉及到公民的隐私或者商业秘密,则应当限制公开。就行政相对人而言,有权请求行政主体保守其秘密。例如,《中华人民共和国税收征收管理法》第59条规定,税务机关派出的人员进行税务检查时,应当出示税务检查证和税务检查通知书,并有责任为被检查人保守秘密。(6)申请更正权。当已经作出的行政决定存在文字表述或计算方面的错误时,行政相对人可以申请行政主体进行更正。(7)申请补正、变更、撤销、废止及宣告无效权。补正是对具有轻微瑕疵的行政行为的一种补救,经过补正的行为依然有效;变更和撤销分别是对存在不当及一般违法情形的行政行为所进行的一种改变,经过变更及撤销之后,原先不当或违法的行政行为即失去效力;废止则是对不适应事后形势变迁的行政行为所进行的一种改变,经过废止之后,原先合法的行政行为即失去效力;宣告无效是针对存在重大且明显违法情形的行政行为所采取的一种极端措施,无效的行政行为自始都不发生效力。在对已经作出的行政行为的上述诸种处理方式中,行政相对人均享有请求权。(8)申请重开行政程序权。行政程序的重开类似于诉讼法上的再审程序,是指行政相对人对于已经超过法定救济时限的行政行为,请求行政主体对其重新进行审查并决定是否给予撤销、变更或者废止。(9)申请延期权。申请延期权是指行政相对人基于正当理由向行政主体申请延长某一期限的权利。例如,根据《行政许可法》第50条的规定,被许可人有权在行政许可有效期届满30日前向作出行政许可决定的机关提出延续许可期限的请求。(10)申请救济权。在行政程序进行过程之中及结束之后,行政相对人均享有一系列的救济权,包括行政复议请求权、行政诉讼请求权、行政赔偿请求权、行政补偿请求权等,甚至还包括一些临时性救济的请求权,如在行政复议程序进行过程中,行政相对人享有请求被申请复议的具体行政行为停止执行的权利。

第六,委托代理权。委托代理权是指行政相对人在参与行政程序的过程中,有权委托代理人代为主张权利、参与有关活动的权利。参与行政程序固然能够有效维护行政相对人自身的合法权益,但行政程序本身也有繁简之分,且参与行政程序往往需要耗费一定的时间和精力,行政相对人除了亲自参与某些环节的行政程序外,可以委托他人代为参与。例如,根据《行政许可法》第29条第2款的规定,除了必须由申请人亲自到行政机关办公场所提出许可申请的以外,申请人可以委托代理人提出行政许可申请。同时,由于某些重要的行政程序往往涉及到众多复杂的事实认定及法律适用问题,因此行政相对人为了更好地主张其权利,也可以委托代理人一同参与行政程序。例如,在《行政处罚法》第64条有关处罚听证程序的规定中,就有当事人可以委托一至二人代理的规定。

第七,获得帮助权。获得帮助权是指行政相对人在参与行政程序的过程中,享有获得行政主体给予必要帮助的权利。例如,根据《行政许可法》第30条的规定,行政机关应当将法律规定的许可事项、条件、依据、数量、申请书示范文本等在其办公场所公示,如果申请人对公示内容不理解的,行政机关"应当说明、解释,提供准确、可靠的信息"。

第八,拒绝权。拒绝权是指行政相对人在行政程序的进行过程中,享有拒绝服从明显违反法定程序而作出的行政决定的权利。就本质而言,拒绝权属于程序抵抗权的一种。在大陆法系国家和地区的行政法学理上,行政相对人的程序抵抗权是行政行为无效的法律后果之一,无效制度"实际上是在法律上赋予人们直接根据自己对法律的认识和判断,公开无视和抵抗国家行政管理的权利"①。一般认为,对于存在重大且明显违法的行政行为,行政相对人无须等到有权机关对其作出撤销决定即可实施正当的防卫——拒绝履行、不予合作。例如,《行政处罚法》第 70 条规定:"行政机关及其执法人员当场收缴罚款的,必须向当事人出具国务院财政部门或者省、自治区、直辖市人民政府财政部门统一制发的专用票据;不出具财政部门统一制发的专用票据的,当事人有权拒绝缴纳罚款。""拒绝缴纳罚款"就是我国立法对公民程序抵抗权的初步认可。

三、行政相对人的义务

行政相对人在享有大量实体性权利和程序性权利的同时,同时也负有应当履行的义务。"行政相对人的义务就像公共利益的实现手段那样丰富多彩。它在很大程度上与公权力主体的权利对应,并且因此得以系统化。"②行政相对人的义务主要体现在以下三个方面:

(一) 遵守行政法律规范的义务

作为形成行政法律关系的前提,行政法律规范一般都对行政相对人的义务作出了明确规定。因此,只有行政相对人自觉遵守行政法律规范确立的义务,才能维持正常的社会秩序。例如,根据《行政许可法》第 21 条的规定,申请人申请行政许可,应当如实向行政机关提交有关材料和反映真实情况,并对其申请材料实质内容的真实性负责。可见,该条规定实际上就是要求行政相对人应当遵守如实提供信息的义务。

(二) 服从行政管理的义务

尽管现代行政法上存在多样化的行政法律关系,但行政管理法律关系依旧占据首要地位。因此,行政相对人应当自觉服从行政管理,以便维护社会的基本秩序。例如,根据《中华人民共和国人民警察法》(以下简称《人民警察法》)第 35 条的规定,对于"阻碍人民警察调查取证""拒绝或者阻碍人民警察执行追捕、搜查、救险等任务进入有关住所、场所"的行为,可以给予治安管理处罚。可

---

① 于安编著:《德国行政法》,清华大学出版社 1999 年版,第 127 页。
② 〔德〕汉斯·J. 沃尔夫、奥托·巴霍夫、罗尔夫·施托贝尔:《行政法》(第一卷),高家伟译,商务印书馆 2002 年版,第 486—487 页。

见,该条规定实际上就是要求行政相对人应当遵守服从警察管理的义务。

(三) 协助执行公务的义务

行政相对人对行政主体及其工作人员执行公务的行为,有主动予以协助的义务。例如,根据《中华人民共和国防洪法》第 6 条的规定,任何单位和个人都有保护防洪工程设施和依法参加防汛抗洪的义务。根据《人民警察法》第 34 条的规定,人民警察依法执行职务,公民和组织应当给予支持和协助。可见,这些条款规定实际上就是要求行政相对人应当遵守协助水利机关和警察机关执行公务的义务。

【扩展阅读】

1. 方世荣:《论行政相对人》,中国政法大学出版社 2000 年版。
2. 王锡锌:《行政过程中相对人程序性权利研究》,载《中国法学》2001 年第 4 期。
3. 何海波:《公民对行政违法行为的蔑视》,载《中国法学》2011 年第 6 期。

【延伸思考】

1. 行政相对人地位的提升对行政法发展带来了怎样的契机?
2. 行政相对人包括哪些具体形态?
3. 行政相对人具有哪些程序性权利?

第九章　行政行为概念论

"行政行为是一个传统而又具有未来意义的基本法律制度。它是最常见的公共行政活动方式,是传统的行政法基本概念,是行政活动方式类型化的基石,也是行政主体完成其广泛行政任务的手段。"[①]在我国行政法学理论体系中,行政行为同样是一个枢纽性、基础性概念,它既是联结行政主体与行政相对人的纽带与桥梁,也是开启行政复议和行政诉讼通道的基础范畴。可以说,关于行政行为的理论是全部行政法学理论的精髓和柱石。[②]作为我国行政法学的基石范畴,"行政行为"历来都是理论研究的热点。[③]近年来,虽然"行政过程论""行政法律关系论"不断升温,但"行政行为作为核心规范的地位至今未被实质性撼动"。[④] 2014年《行政诉讼法》的修改,使行政行为一词正式"入法",实现了行政行为学术概念和法律概念的统一,对我国行政法制发展具有深远的意义。不过,有关行政行为概念的界定及分类仍然没有形成定论,具有较强解释力的

[①] 〔德〕汉斯·J.沃尔夫、奥托·巴霍夫、罗尔夫·施托贝尔:《行政法》(第二卷),高家伟译,商务印书馆2002年版,第9页。

[②] 参见张树义主编:《行政法学新论》,时事出版社1991年版,第193页。

[③] 近年来,我国行政法学界除了以专题论文形式推进行政行为总论和分论研究外,还有多部著作聚焦行政行为基本原理,极大地推动了我国行政法教义学的发展。参见叶必丰:《行政行为原理》,商务印书馆2014年版;周伟:《行政行为成立研究》,北京大学出版社2017年版;杨登峰:《行政行为的多元矫正制度研究》,清华大学出版社2018年版。近年有关行政行为专题论文的综述,参见章志远:《新时代我国行政行为法研究的新进展》,载《安徽大学学报》2020年第3期。

[④] 参见赵宏:《法治国下的目的性创设——德国行政行为理论与制度实践研究》,法律出版社2012年版,第1页。

行政行为理论通说尚在形成之中。为此,本章拟在梳理中外行政行为概念理论争议的基础上,分析新时代行政行为概念界定的可行方案,并提出未来行政行为法理论研究的重点。

一、行政行为概念的理论争议

自新中国第一部行政法学教材《行政法概要》首先使用"行政行为"一词以来①,几乎所有的行政法学论著都相继沿用了这一概念。但在行政行为概念的具体界定上,学者们则存在很大分歧,先后形成了"最广义说""广义说""狭义说""最狭义说"。② 进入20世纪90年代以后,狭义说逐渐得到了多数学者的认可,时至今日,该说仍然是一种较有影响力的学术观点。2014年《行政诉讼法》修改之后,行政行为的界定则呈现向广义说甚至最广义说回归的趋势。

以1989年《行政诉讼法》对"具体行政行为"学术名词的吸纳为标志,行政行为在我国逐渐成为特定的法律术语。1991年6月11日发布的《最高人民法院关于贯彻执行〈中华人民共和国行政诉讼法〉若干问题的意见(试行)》,首次对具体行政行为的内涵作出了明确解释。该意见第1条规定:"'具体行政行为'是指国家行政机关和行政机关工作人员、法律法规授权的组织、行政机关委托的组织或者个人在行政管理活动中行使行政职权,针对特定的公民、法人或者其他组织,就特定的具体事项,作出的有关该公民、法人或者其他组织权利义务的单方行为。"该条规定除了引发学界对具体行政行为与抽象行政行为划分标准的广泛讨论之外,定义本身还遭到了很多学者的非议。早期较有代表性的批评者当属方世荣教授。他认为,第一,该定义仅对外部具体行政行为进行解释,忽视了内部具体行政行为的存在;第二,将具体行政行为仅视为行政主体行使职权所作的行为,忽略了行政主体履行职责所作的行为和未履行职责的不作为行为也是具体行政行为;第三,把具体行政行为的对象限于两个(人和事)同

---

① 法学教材编辑部《行政法概要》编写组:《行政法概要》,法律出版社1983年版,第97页。
② 参见杨海坤:《中国行政法基本理论》,南京大学出版社1992年版,第252页。

时具备的特定性是不准确的;第四,限于单方行为,将行政合同排除在外。①

作为一种司法回应,最高人民法院在2000年3月8日发布的《最高人民法院关于执行〈中华人民共和国行政诉讼法〉若干问题的解释》(以下简称《若干解释》)中又对此重新作出了全面解释。《若干解释》第1条放弃了界定具体行政行为概念的努力,转而笼统地使用"行政行为"的概念,其意图显然是在于扩大其内涵,进而拓展行政诉讼的受案范围以满足司法实践的需要。对这一做法,学界存在两种不同的认识。一种看法认为,《若干解释》事实上已经采用了广义的行政行为概念,是对我国行政行为理论的发展,也体现了行政法学的发展趋势。从内容上看,行政行为不仅包括法律行为,而且包括事实行为;不仅包括单方行为,而且包括双方行为;不仅包括侵益性行为,而且包括赋权性行为;不仅包括受益性行为,而且包括制裁性行为;不仅包括刚性行为,而且包括柔性行为。同时,随着社会的日益复杂,如果行政法的调整范围仅仅局限于法律行为的范围之内,就会使相当一部分行为得不到规范,从而使依法行政的方针和原则得不到全面贯彻实施。只有顺应行政管理的发展要求,扩大行政行为的内涵和外延,将行政机关已经存在的多样化的行政手段纳入行政法的调整范围,才有助于全面实现依法行政。② 另一种看法则认为,《若干解释》在不断拉张行政行为外延、暂时缓解一些矛盾的同时,也造成了很多严重后果,如新涌现的手段与传统意义上的行政行为有诸多实质性差异,必然会冲击行政行为的内涵;在行政救济的程序与制度设计上可能会有特殊的要求与考虑,传统的行政救济模式就难以完全契合这些特殊需求。③

就技术层面而言,2014年《行政诉讼法》修改的最大亮点莫过于将所有条文中的"具体行政行为"一律修改为"行政行为"。这一改变结束了具体行政行为作为确立行政诉讼受案范围逻辑起点的历史,有望缓解行政诉讼"立案难"问题,也在一定意义上消解了从法律规范层面界定具体行政行为概念内涵的尴尬。按照时任全国人大法律委员会副主任委员李适时在2014年8月25日第

---

① 参见方世荣:《论具体行政行为》,武汉大学出版社1996年版,第6—12页。后来有学者撰文客观分析了《最高人民法院关于贯彻执行〈中华人民共和国行政诉讼法〉若干问题的意见(试行)》解释具体行政行为概念的价值,如明确行政诉讼法的核心概念,为受理行政案件提供了明确标准;利于构筑起系统的行政行为法理论体系;实现行政法学理论与行政诉讼实务的沟通;实现了行政诉讼整体制度的完整与严密。同时,对《若干解释》放弃界定具体行政行为策略的负面影响进行了深入分析。参见阎尔宝:《司法解释放弃定义具体行政行为的策略检讨》,载《法制与社会发展》2012年第4期。

② 参见江必新:《司法解释对行政法学理论的发展》,载《中国法学》2001年第4期。

③ 参见余凌云:《行政法讲义》,清华大学出版社2010年版,第212页。

十二届全国人大常委会第十次会议上所作的《全国人民代表大会法律委员会关于〈中华人民共和国行政诉讼法修正案(草案)〉修改情况的汇报》中的解释,当时立法中用"具体行政行为"的概念,针对的是"抽象行政行为",主要考虑是限定可诉范围。审议修改过程中,有些常委委员、地方、专家学者和最高人民法院提出,现行《行政诉讼法》第11条、第12条对可诉范围已作了明确列举,哪些案件应当受理,哪些案件不受理,界限是清楚的,可以根据实践的发展不再从概念上作出区分,建议将"具体行政行为"修改为"行政行为"。法律委员会经研究,建议将现行《行政诉讼法》中的"具体行政行为"统一修改为"行政行为"。

　　行政行为一词的"入法"实现了行政行为学术概念和法律概念的统一,对我国行政法制的发展具有深远意义。同时,这一明确的立法宣示也带来了新的问题,即行政行为的内涵究竟是什么?2018年2月6日,最高人民法院发布《最高人民法院关于适用〈中华人民共和国行政诉讼法〉的解释》(以下简称《行诉解释》)。在近2.5万字篇幅的《行诉解释》中,"行政行为"一词共使用了143次,但并未获得定于一尊的权威解释。《行政诉讼法》第2条第2款虽规定"前款所称行政行为包括法律、法规、规章授权的组织作出的行政行为",但此项规定的旨趣主要还是对行政主体概念的建构,对理解作为法律概念的行政行为的内涵及外延并无现实指导作用。当然,从修法者的决断中可以得出的一个肯定性结论是:"行政行为"不同于原先的"具体行政行为",其内涵和外延都明显宽于后者。按照立法机关的解释,行政行为的范围涵盖了作为行为与不作为行为、法律行为与事实行为、单方行为与双方行为。① 从制度史的演进上看,这一修法旨趣与《若干解释》放弃界定具体行政行为、转而采行"广义上的行政行为概念"可谓一脉相承。这种无限拉张行政行为概念外延的实用主义做法固然能够回应行政管理实践发展变化的需要,且有助于从形式上扩大行政诉讼的受案范围,但也对行政行为的内涵造成了冲击。有观点认为,确定行政行为的范围应当回应保障公民诉权的修法目的,最大限度接近对公民权利的司法无遗漏保护,将实践中影响公民权益的行政权力运行形态尽可能纳入行政行为概念之中,行政行为包括但不限于受案范围逐项列举的情形,事实行为、重大决策行为、规范性文件也包括在内。② 如果按照这样的逻辑推演,作为法律概念的行

---

① 参见全国人大常委会法制工作委员会行政法室编著:《中华人民共和国行政诉讼法解读》,中国法制出版社2014年版,第5页。
② 参见王万华:《新行政诉讼法中"行政行为"辨析——兼论我国应加快制定行政程序法》,载《国家检察官学院学报》2015年第4期。

政行为将与行政法学理上所谓的行政行为"最广义说"高度趋同,并同大陆法系行政法学理内涵精确的行政行为概念渐行渐远。

综观二十多年来国内有关行政行为概念界定的研究,基本上形成了三种不同的努力方向,大致可以归纳为"扩张论""坚守论""调和论"。目前,这三种学术进路呈现相互竞争状态,研究者自身的观点也在不断调适之中,行政行为概念的"统一"局面尚未实现。

"扩张论"主张要与时俱进地扩大行政行为概念的内涵和外延,以适应公共行政的发展趋势,拓展行政诉讼的受案范围。目前,这一学术主张逐渐获得广泛认同。例如,江必新教授提出,行政行为的概念分歧已经严重阻碍了我国行政法和行政法学的发展,应当结束分歧,取"广义型"的行政行为概念,并将其界定为"行政主体为实现行政目的或基于公共行政的需要,所实施的一切行为或采取的一切措施、手段或方法"[①]。叶必丰教授认为,如果要摆脱行政行为内涵与外延(分类)上的矛盾,就有必要恢复王名扬教授所创立的行政行为体系。只有这样,才能使行政行为"成为一个能涵盖事实行为和法律行为、抽象行为和具体行为、单方行为和双方行为,并适应行政法制度建设需要的基础性范畴"[②]。杨海坤教授在对行政行为概念学术史进行深入考证之余,主张应采用比较宽泛的行政行为概念,使之更具有包容性、前瞻性和适应性,更适合当今中国依法行政、建设法治政府的需要。宽泛意义上的行政行为可界定为"行政主体履行行政职责、运用行政职权对内或对外实施行政管理或提供行政服务的行为"[③]。章剑生教授基于大陆法系国家行政法理论的显著影响力、我国行政法理论的成熟程度以及制定法的规定和实务经验等因素,放弃使用行政活动、行政作用等概念,将立足行政活动类别解释论的"最狭义说"层面上的行政行为概念调整为宽泛意义上的行政行为概念。[④]

"坚守论"主张保持行政行为概念的精确性和严密性,回归行政诉讼角度对行政行为的内涵作出严格而清晰的界定。杨建顺教授在1995年曾撰文提出,对于行政行为中的"抽象"部分,完全可以从行政作用的角度入手,独立于行政行为的概念,以行政立法或授权立法的形式展开研究。同时,在界定行政行为

[①] 江必新、李春燕:《统一行政行为概念的必要性及其路径选择》,载《法律适用》2006年第1—2期。
[②] 叶必丰:《行政行为的分类:概念重构抑或正本清源》,载《政法论坛》2005年第5期。
[③] 杨海坤、蔡翔:《行政行为概念的考证分析和重新建构》,载《山东大学学报》2013年第1期。
[④] 参见章剑生:《现代行政法基本理论》(第二版·上卷),法律出版社2014年版,第252页。

概念时也可以进行一定的技术处理,使其内涵和外延基本上与行政诉讼法上的"具体行政行为"相一致,从而更加符合法律规定。基于国外对行政行为概念的理论研究和我国行政法学研究与世界各国接轨的必要性,可将行政行为界定为"行政主体依法行使国家行政权,针对具体事项或事实,对外部采取的能产生直接法律效果使具体事实规则化的行为"①。余凌云教授认为,在保留传统纯粹的行政行为概念基础上,将后来出现的与之不同、亦需要行政救济的手段分别单独思考和解决,并将行政行为界定为"行政主体在职权行使过程中所作的能够引起行政法律效果的单方意思表示行为"②。赵宏教授认为,无限扩张行政行为外延的做法,固然能够因应行政诉讼受案范围扩大的现实需要,但也加重了行政行为概念内涵的负担,进一步稀释了其法教义学意义上的功能,几乎沦为行政法学上"最大的概念谜团和陷阱",行政行为的未来应当是"整饬调试"而非"彻底放弃"③。

在行政行为概念"扩张论"与"坚守论"形成对立格局的同时,国内行政法学界还出现了一种新的"调和论"。朱新力教授曾经指出,在保留行政行为作为行政诉讼受案范围的功能概念的基础上,另外创设"行政处理"等概念来概括具有法律行为特征的具体行政活动,不失为一种可行的选择。按照这一重新定位的思路,行政行为是一个包容性概念,作为取代具体行政行为的行政处理则是类似德国和我国台湾地区的行政处分概念。④ 余军教授也提出,鉴于学界对具体行政行为概念的诸多歧义,有必要对这一作为行政诉讼"通道"的功能性概念重新命名。借鉴德国的行政处分概念,可将"具体行政行为"称为"行政处理决定"或"行政处理行为",以完善我国的行政诉讼制度。⑤ 宋功德教授在主张保留宏观意义上的"行政行为"概念的前提下,用中观意义上的"行政处理"概念代替具体行政行为,使其与德国行政法上的行政行为、日本行政法上的权力性行政法律行为、我国台湾地区行政法上的行政处分相当。⑥ 李洪雷教授认为,行政行

---

① 杨建顺:《关于行政行为理论问题的研究》,载《行政法学研究》1995 年第 3 期。
② 余凌云:《行政法讲义》,清华大学出版社 2010 年版,第 213 页。
③ 赵宏:《法治国下的目的性创设——德国行政行为理论与制度实践研究》,法律出版社 2012 年版,第 50、478 页。
④ 参见朱新力、高春燕:《行政行为的重新定位》,载《浙江大学学报》2003 年第 6 期。
⑤ 参见余军、严伟琴:《对作为行政诉讼"通道"的功能性概念的再认识》,载《政法论坛》2005 年第 1 期。
⑥ 参见姜明安、余凌云主编:《行政法》,科学出版社 2010 年版,第 193 页。该书第五编"行政处理行为"部分由宋功德教授撰写。另可参见宋功德:《聚焦行政处理——行政法上"熟悉的陌生人"》,北京大学出版社 2007 年版。

为形式论是行政法释义学的主要支柱,而作为法律行为的行政处理则是最重要的一类行政行为形式。①

二、域外行政行为界分的回顾

从世界范围内来看,行政行为概念因大陆法系国家或地区行政诉讼制度的需要而衍生。相形之下,英美法系国家或地区由于不存在独立的行政法律体系,因而其行政法著述中鲜有关于行政行为概念的讨论。根据我国台湾地区学者翁岳生教授的考证,行政行为一词滥觞于法国行政法上的 Acte Administratif 的概念,后经德国学者继受,称之为 Verwaltungsakt。日本学者从德国引进之后,将其直译为行政行为。

在法国大革命之后,Acte Administratif 一词是学者用以说明行政机关在法律之下,与司法并行,类似法院之判决,为处理具体事件而逐渐形成的概念。自 1810 年起,该词即普遍为法国学者所接受,并视其与法院判决具有同等地位。② 在当代法国行政法上,对行政行为存在着三种不同的识别标准,即行为机关标准、行为性质标准和行为作用标准。其中,立足功能意义的行为作用标准说是通说。照此理解,行政行为是行政活动的法律手段,用以达到一定的法律效果。具体来说,行政行为是指"行政机关用以产生行政法上的效果的法律行为,以及私人由于法律或行政机关授权执行公务时所采取的某些行为"③。

自 1826 年起,德国学者从法国引入了行政行为概念。此后,德文 Verwaltungsakt 逐渐成为行政法学上的重要范畴。根据德国行政法学的开山始祖奥托·迈耶的理解,行政行为是指"行政机关于个别事件中,规律何者为法,而对人民所为具有公权力之宣示"。由于这一界定并不明确,致使嗣后的学者对行政行为的诠释差异很大。例如,学者柯俄曼起初曾将行政行为界定为国家机关或公共团体的所有行为。后来,受民法理论的影响,他又将私法行为、事实行为及准法律行为一一排除,而仅以具有意思表示即法效意思作为行政行为固有的特质。这一理论曾一度受到其他学者的认同而成为德国传统行政法学的主流观点。至魏玛宪法时代,著名学者叶立尼克主张行政行为指行政机关对

---

① 参见李洪雷:《行政法释义学:行政法学理的更新》,中国人民大学出版社 2014 年版,"导言"第 17 页。
② 参见翁岳生:《行政法与现代法治国家》,台湾大学法学丛书编辑委员会 1990 年版,第 3 页。
③ 王名扬:《法国行政法》,中国政法大学出版社 1988 年版,第 135 页。

特定人所为,具有公权力之意思表示。同时,他还对借民法理论说明公法行为提出了质疑。① 为了尽可能地统一对行政行为概念的认识,德国自 1925 年起就开始了艰难的立法尝试,经数度变迁,终于在 1976 年通过的《联邦行政程序法》中对行政行为作出了明确界定。根据该法第 35 条的规定,行政行为是指行政机关为规范公法领域的个别情况采取的具有直接对外效力的处分、决定或其他官方措施;一般处分是一类行政行为,它针对依一般特征确定或可确定范围的人,或涉及物的公法性质或公众对该物的使用。这一极具权威性的定义得到了普遍认同,如德国行政法学者哈特穆特·毛雷尔教授即认为,行政行为指"行政机关对具体事实作出的具有直接外部法律效果的处理行为"②。这表明,在德国行政法上,作为法律用语的行政行为和作为学术用语的行政行为已渐趋统一。

在日本行政法上,行政行为并非明确的法令用语,主要还是学术研究上的概念。学者们起初对源自德国的行政行为概念也是众说纷纭。根据战后著名学者田中二郎的分析,行政行为的概念可以分为最广义、广义、狭义及最狭义四种。其中,广义说在日本早期颇为盛行,狭义说在战后也曾一度成为通说。田中氏本人则积极倡导最狭义说,认为行政行为指行政机关就具体事项所为公法上单方行为,即将立法行为、公法契约、合同行为等排除于行政行为概念之外。由于此说把握了德国 Verwaltungsakt 概念的原初意义及其成文化的事实,使得德日两国在行政行为概念的理解上趋于一致。同时,日本现行《行政程序法》中的"行政处分"内涵亦与此说相同,基本上实现了法律用语与学术用语的对接。事实上,最狭义说已经后来居上,逐渐取得了通说地位。③ 在日本行政法学界,众多知名学者对行政行为都有着类似于田中氏的界定。例如,南博方教授认为,行政行为指"行政厅为了调整具体性事实,作为公权力的行使,而对外部采取的产生直接的法的效果(形成国民的权利义务,或者确定其范围的效果)的行为"④。室井力教授认为,行政行为指"行政机关作为公权力的行使,对外

---

① 参见翁岳生:《行政法与现代法治国家》,台湾大学法学丛书编辑委员会 1990 年版,第 3—4 页。
② 按照这一界定,德国行政法学理论中的行政行为具有"处理行为""主权性""具体事件的处理""行政机关""外部直接效果"五个特征。参见〔德〕哈特穆特·毛雷尔:《行政法学总论》,高家伟译,法律出版社 2000 年版,第 182 页以下。
③ 参见翁岳生:《行政法与现代法治国家》,台湾大学法学丛书编辑委员会 1990 年版,第 5—6 页。
④ 〔日〕南博方:《日本行政法》(第六版),杨建顺译,中国人民大学出版社 2009 年版,第 36—37 页。

部赋予具体规范的法律行为"[1]。盐野宏教授认为,所谓行政行为,是指"行政活动之中,在具体场合具有直接法效果的行政的权力性行为"[2]。

在韩国行政法上,行政行为原本也不是实定法中的用语,而是作为一种学术上的概念提出的。作为最重要的一类行政作用形式,行政行为已经成为韩国行政法上最重要的概念。对行政行为概念的学术界定,韩国行政法学理也曾经有过最广义、广义、狭义和最狭义四种不同的理解。目前,公认的学说是最狭义的理解,即行政行为是指"行政厅在法律范围内,对具体事实进行执法的权力性单独行为,即公法行为"[3]。就实务上的理解而言,在1985年《行政诉讼法》实施之前,韩国大法院原则上把旧行政诉讼法中的处分概念解释为最狭义的行政行为。不过,目前行政审判法及行政诉讼法中的处分概念已有所扩展。

综上可以看出,在大陆法系国家或地区行政法发展史上,行政行为无疑是一个极具争议性的动态概念。究其原因,主要在于行政行为起初只是一个学术用语而非实定法上的概念,因而各国或地区在不同的历史时期自然就形成了不同的认识。然而,伴随着大陆法系国家或地区行政程序法典化的兴起和行政诉讼法制的健全,行政行为日渐成为具有特定内涵的法律用语。目前德、日诸国理论及实务上的行政行为用语已基本同义,对行政行为内涵的理解回归到其确立之初的原始意蕴。德国《行政程序法》第35条的经典定义及其广泛影响便是佐证。与此同时,为了使行政行为与其他行政活动的具体方式能够在同一学理框架内共生共存,上述国家和地区行政法学理还纷纷以"行政活动"或"行政作用"为上位概念作为统领。[4] 由此可见,从实用主义的角度界定行政行为的内涵至今仍然是德、日诸国的主流观念。

---

[1] 〔日〕室井力主编:《日本现代行政法》,吴微译,中国政法大学出版社1995年版,第81页。
[2] 〔日〕盐野宏:《行政法总论》,杨建顺译,北京大学出版社2008年版,第72页。
[3] 〔韩〕金东熙:《行政法Ⅰ》,赵峰译,中国人民大学出版社2008版,第175页。
[4] 在德国,哈特穆特·毛雷尔的《行政法学总论》以"行政活动"为上位概念,分两编论述了"行政行为:行政行为"和"行政活动:其他活动方式";汉斯·J.沃尔夫等人的《行政法》(第二卷)以"行政活动"为上位概念,分三章论述了"行政行为""其他行政法律活动"和"行政事实行为"。在日本,南博方的《日本行政法》(第六版)以"行政作用"为上位概念,重点论述了"行政行为""行政立法"和"其他行政作用";室井力主编的《日本现代行政法》以"行政作用"为上位概念,分别论述了"行政行为""行政计划""行政立法""行政调查及行政上的即时强制""行政契约""行政指导"和"确保履行行政上的义务的手段";盐野宏的《行政法总论》则以"行政的行为形式论"为上位概念,分别论述了"行政行为""行政上的契约""行政指导"和"行政计划"。在韩国,金东熙的《行政法》以"行政作用"为上位概念,论述了"行政行为""行政立法""行政计划""行政事实行为""行政契约"和"行政法上的确约"。

三、严格主义界定立场的重申

我国 2014 年《行政诉讼法》的修订,使得"行政行为"在法律层面上全面取代了"具体行政行为",但其内涵和外延却仍然处于飘忽不定的状态。"行政行为是一个涵盖性很强的概念,随着国家行政管理职能的转变,公共服务范围的扩大,行政行为的内容将会越来越丰富,行政行为的内涵也将不断发展。"[①]无论如何拓展,将作为法律概念的行政行为理解为学理上最为宽泛的行政行为并不可取,这将直接导致行政行为概念的空洞和功能的迷失。即便从 2014 年《行政诉讼法》的体系解释角度上看,这种理解也不恰当。首先,将行政行为作为确定行政诉讼受案范围的逻辑起点,并借此达到根治"立案难"问题的努力未必是理想选择。就体系论解释而言,2014 年《行政诉讼法》的很多条款和表述都暗含玄机,为司法审查权的适度扩张提供了规范依据。例如,第 1 条明确将"解决行政争议"列为行政诉讼制度的基本目的之一,同时删除"维护"仅保留"监督行政",为行政诉讼受案范围的拓宽埋下了伏笔;第 12 条直接以"提起的下列诉讼"为题,回避了新增"行政协议"与行政行为关系的追问。其次,2014 年《行政诉讼法》将规范性文件一并审查条款置于第六章"起诉和受理"及第七章"审理和判决"而非第二章"受案范围"之中,表明法律文本中的行政行为并不包括规范性文件制定行为在内。最后,行政行为概念的泛化解读难以实现法律文本内在结构体系的和谐统一。例如,"总则"篇第 6 条中的"行政行为合法性审查"原则就难以涵盖行政协议案件(关涉合约性审查)和行政行为无效确认案件(关涉无效性审查)的审理;"证据"篇第 34 条中"被告对作出的行政行为负有举证责任"的原则规定同样难以涵盖行政协议案件、行政行为无效确认案件及课予义务案件。对作为行政诉讼基础性概念的行政行为固然可作宽泛意义上的理解,但行政诉讼法的整体性结构依旧是以"具体行政行为"审查之诉为基础的,总则篇的宽泛界定与具体规则篇的狭隘定位之间存在难以弥合的缝隙。

"行政活动的种类和形式如同行政那样丰富多彩。"[②]放弃现有宽泛意义上的"行政活动"概念不用,将原本内涵清晰、功能明确的行政行为概念再度宽泛

---

① 最高人民法院行政审判庭编著:《最高人民法院行政诉讼法司法解释理解与适用》,人民法院出版社 2018 年版,第 47 页。

② 〔德〕哈特穆特·毛雷尔:《行政法学总论》,高家伟译,法律出版社 2000 年版,第 179 页。

化、模糊化，与行政诉讼法修改的意图未必吻合。"转变政府职能""创新执法方式"是中国特色社会主义法治政府建设进程中的常用语，代表着行政活动方式的不断开发利用，可以作为"行政行为""行政协议""行政规定"等法律概念的上位学术概念。笔者坚持认为，应当秉承严格主义立场，凸显行政行为概念的诉讼法功能，保持概念自身逻辑的严密性和体系的完整性。这一主张既非对公共行政的变迁视而不见，也非漠视行政诉讼受案范围拓展的现实需求，而是为了尽可能实现行政行为概念的明确化、规范化和科学化。"呼唤重新回归传统的行政行为概念，是为了完整保留其经历长期实践之后形成的诉讼价值与习惯，但这并不意味着行政诉讼的审查对象仅限于行政行为。现代行政法的发展以及现代行政纠纷的特点，将把行政救济的范围扩大到一切对相对人有法律影响的公法活动，让相对人在公法活动的任何阶段都有可能寻求适当的行政救济。"[①]

从严格主义的立场出发界定行政行为概念，可以分为两个步骤展开：第一，放弃有关具体行政行为与抽象行政行为的划分，对"行政活动"实行类型化处理，行政行为与行政规范、行政合同、行政指导、内部行为、事实行为等是处于"行政活动"这一类概念之下的同一位阶的子概念；第二，从服务于行政诉讼角度出发，对行政行为概念予以严格界定，使学术及法律用语的意义趋于一致，进而结束无谓的概念之争，将行政行为的理论研究引向对基本原理和具体规则的探讨。基于此，行政行为可定义为具有行政权能的组织或者身处特殊职位的个人行使行政职权或者履行行政职责，针对行政相对人所作的直接产生外部法律效果的行为。至于公共行政变迁过程中产生的大量新型行政活动方式，则有赖通过学理的精耕细作和实务的反复使用，逐步实现行政活动的型式化。同时，学理上也要正视行政行为形式论的局限，通过行政行为过程论的引入，直面行政活动的过程，考察一项行政任务的完成究竟需要调动哪些行政手段，这些行政手段的选择是否合理，是否存在更为合适的行政手段。通过对行政活动内容的整体检视，不仅能够维系行政行为结果的合法性，而且也能够充分关照到行政行为过程的正当性。

首先，具体行政行为与抽象行政行为的划分不仅在法理逻辑上难以自圆其说，而且已经给行政审判实践带来诸多负面效应。在逻辑上，具体的对应概念应是非具体，抽象的对应概念则是非抽象。从语义上看，"具体"一词有三层意

[①] 余凌云：《行政法讲义》，清华大学出版社2010年版，第213页。

思:(1)指事物的各组成部分都全备;(2)指能为人直接感知或有实际内容和明显功能的事物;(3)哲学用语,与"抽象"相对,指事物多方面的属性、特点、关系和它们统一的整体。[①] 很显然,非具体是难以与抽象直接划等号的。即便是借用具体和抽象这对哲学范畴对行政行为概念进行划分,在逻辑上也是存在致命缺陷的。原因在于,作为哲学用语的抽象,指在思想中抽取事物的共同的、本质的属性,而舍弃个别的、非本质的属性。事实上,对任何事物都能够进行抽象分析。就一个现实存在的行政行为而言,无论从行为的主体、行为的实施,还是从行为的结果上看,都是具体的。同样地,对这种行为也完全可以进行抽象分析。可见,如同其他任何事物一样,行政行为既是具体的,同时又是抽象的。如此一来,具体行政行为与抽象行政行为在外延上不仅不互相排斥,反而相互兼容。在逻辑学上,这是典型的子项相容错误。同时,具体行政行为与抽象行政行为的划分给司法实践造成了负面效应:一方面,由于二者划分标准的模糊性,导致大量本该受理的行政案件被置于法院之外,使得行政相对人的合法权益得不到应有的司法保护;另一方面,抽象行政行为在客观上也为行政机关逃避司法审查、滥用行政权力制造了某种合法借口。立法者的本意是想通过二者区分确定行政诉讼的受案范围,但结果适得其反。在2014年《行政诉讼法》修改已经以"行政行为"取代"具体行政行为"的基础上,学理上停止具体行政行为与抽象行政行为的划分并非难事。

其次,不同方式的行政活动性质、特征、规则及控制机制殊异,难以被整合于同一具有特定内涵的概念之中。从各国行政法的发展史上看,行政活动的形态经历了由单一化向多样化不断演进的历程。随着大量新型行政活动方式的涌现,传统的行政行为观念已无法对其作出合理解释。例如,行政合同、行政指导、行政计划在效力的发生、对行政相对人权益的影响程度及法律控制手段等方面都与行政行为迥异。行政行为是使行政主体和私人之间的法律关系形成或者消灭的法行为,它并不是在行政活动中"排他性的道具"。[②] 尽管德日诸国也曾有过以行政行为包容行政主体一切公权力活动的学术尝试,但终因不同行政活动方式的差异而遭摒弃。时至今日,对行政活动实行类型化处理已被大陆法系国家学术与制度实践所普遍接纳。例如,在当代日本行政法学者的著述中,行政作用法体系就是由行政立法、行政行为、行政契约、行政计划、行政指

[①] 参见《辞海》,上海辞书出版社1999年版,第822页。
[②] 参见〔日〕盐野宏:《行政法总论》,杨建顺译,北京大学出版社2008年版,第731页。

导、行政强制、行政调查与行政处罚所构成,其中行政行为在质和量上都占有最重要的主导地位。① 相应地,在大陆法系国家的立法实践中,对行政活动进行分类规制也成为其行政程序立法的鲜明特点。例如,德国《行政程序法》以专章分别对行政行为和公法合同作了相应规定;葡萄牙《行政程序法典》第四部分"行政活动"即由规章、行政行为和行政合同组成;日本《行政程序法》则在开篇就对法令、处分、行政指导等不同形式的行政作用作了明确界定。可见,将行政行为与不断涌现出的新型行为手段并列置之——保持传统行政行为概念的特定内涵,已经成为大陆法系国家行政法发展的基本走向之一。缩减行政行为通说的外延,使之成为与其他类型行政活动方式的同位概念应当是一种相对合理的选择。

最后,围绕行政诉讼来构筑行政行为的概念不仅是大陆法系国家行政法的传统,而且至今依然占据主流地位。综观大陆法系各国行政法的发展史,无论是作为"行政法母国"的法国初创行政行为概念,还是德、日等国吸收和发展这一概念,都是以行政诉讼制度为其背景的。例如,法国行政审判的产生,目的在于防止普通法院对行政机关行为的干涉,1790年8月16日—23日的法律就明确规定:"法官不得以任何形式干扰行政机关的行为。"②为此,就必须划清行政审判与普通法院审判的权限范围,行政行为概念便因此应运而生。尽管法国学界大多倾向于对行政行为作出宽泛界定,但这恰与法国行政诉讼范围较大是相吻合的。在德国,自奥托·迈耶的行政行为提出之后,很快就被行政法院所采纳。自此以后,这一传统的行政行为概念一直在行政法中占据统治地位,成为整个行政法制度建设的核心,并对其他国家和地区产生了广泛影响。特别是在设有行政法院的国家,均以违法行政行为的存在作为提起行政诉讼的前提条件。虽然第二次世界大战以后,很多国家和地区的行政诉讼结构都有所变动,但以行政行为为审查对象的行政诉讼仍然最为重要。同时,各国行政程序法对行政行为的定义都与其行政诉讼法(或行政法院法)保持一致。其实,行政诉讼类型化的构造也隐含了这样的蕴意:不同方式的行政活动有着不同的司法控制规则,根据国家的立法政策,新型的行政活动可以逐步与行政行为一起并列融入行政诉讼之中。可见,从行政诉讼的视角界定行政行为概念已经为大陆法系国家的历史与现实所充分证明,这种凸显行政行为概念诉讼功能的实用主义做

---

① 参见〔日〕和田英夫:《现代行政法》,倪建民等译,中国广播电视出版社1993年版,第167页。
② 王名扬:《法国行政法》,中国政法大学出版社1988年版,第567—568页。

法值得汲取。

与"扩张论"相比,行政行为概念界定的"守成论"还存在保守、僵化之嫌,甚至有些不合时宜。但与过于宽泛、并无实际意义的行政行为概念相比,回归传统也许是一种更好选择。"无论是德国学者的'行政法律关系论',还是日本学者的'行政过程论',作为行政行为的替代者,它们各自的发展似乎都处于起步阶段,都欠缺明确的定位,也因此都尚未发展为能够与行政行为相媲美的、结构均衡、体系完整的理论。"① 借用比较法上和我国本土实践中已有的行政活动概念,维系功能明确、逻辑严密的行政行为概念,是新时代我国行政法学发展所应当坚持的基本思路。根据前文的界定,"行政行为"概念由以下四个要素所构成:

第一,行政行为是具有行政权能的组织或者身处特殊职位的个人的行为。行政权能是能够实施法律、行使行政权力以完成行政目的的一种资格。行政权能与行政主体并不等同,前者只是后者的必要条件而已。以行政主体要素来定义行政行为,在实践中可能会人为缩小范围。因此,行政权能的存在是衡量一个行为是否是行政行为的首要标准。在现代社会,某些身处特殊职位的个人(如机长、船长)在特定的时空条件下(如飞机在飞行、船舶在航行途中)也享有一定的行政权能②,这是行政行为与行政规范创制活动在实施主体上的重要差别。同时,这一要素也表明,行政行为只能由享有行政权能的组织或者身处特殊职位的个人作出,因而是一种具有单方性的行为。那种通过双方合意而成立的行政合同则与其根本不同。

第二,行政行为是基于行使行政职权或履行行政职责而实施的行为。行政职权和行政职责都是行政权的组成内容,但二者不能简单地等同。原因在于,前者体现为行为者对一定对象的支配性,后者则体现为行为者对一定对象所负的责任。只有当享有行政权能的组织或者个人实际行使职权或履行职责时,其所作行为才可能是行政行为。否则,离开行政权力的具体运用,行政行为便无从谈起。这是享有行政权能的组织或个人所作行政行为与一般民事行为之间

---

① 赵宏:《法治国下的目的性创设——德国行政行为理论与制度实践研究》,法律出版社2012年版,第479页。

② 例如,1992年11月7日七届全国人大常委会第二十八次会议通过的《中华人民共和国海商法》第36条第1款即规定:"为保障在船人员的安全,船长有权对在船上进行违法、犯罪活动的人采取禁闭或其他必要措施,并防止其隐匿、毁灭、伪造证据。"此外,1995年10月30日八届全国人大常委会第十六次会议通过的《中华人民共和国民用航空法》第46条亦有相类似的规定。

的根本区别。

第三,行政行为是直接影响到行政相对人一方权利义务的行为。这是行政行为与行政规范创制活动之间的根本差别。一般来说,某项行政规范制定出来之后,并不能直接影响到行政相对人权利义务的得失变更,其意义仅在于为一定的行为者实施行政行为提供相应的规范依据。换言之,行政规范对行政相对人权利义务的影响是间接的、潜在的。相反地,行政行为的作出则意味着行政相对人权利义务的直接变动:要么获得或丧失某项权利,要么承受或免除某项义务。也就是说,行政行为对行政相对人权利义务的影响是直接的、现实的。

第四,行政行为是产生外部法律效果的行为。法律效果表现为主体行为所导致的行政相对人权利义务的产生、变更或消灭。不产生法律效果的行为充其量只能是事实行为。同时,针对行政系统内部机关或人员产生法律效果的行为也不是行政行为,而是内部行为。行政行为是连接国家与公民之间关系的纽带,因而只有针对外部行政相对人发生法律效果的行为才是行政行为。

四、行政行为理论的发展任务

"中国行政法学面临着多重的学术任务,一方面其尚未完成自身的理论体系建构,即理论内容本身尚未达将行政法提升到价值统一性和逻辑一致性的层面。另一方面又必须针对现实生活中不断复杂化的问题,直接进入各个具体的行政领域进行理论归纳尝试。"[①]"行政行为"的正式"入法",使我国行政法学理论体系的重构面临新的契机,行政行为法理论发展应当及时承载起"传统行为概念的精准化""新兴活动方式的型式化""行为内部体系的严密化"和"行为形式选择的自由化"的四重历史使命,推动中国本土行政法教义学的建构。

(一) 传统行为概念的精准化

各类行政行为概念的精准化既是行政行为法理论体系建构的前提,也是行

---

① 朱芒:《中国行政法学的体系化困境及其突破方向》,载《清华法学》2015年第1期。

为自身法制化的保障。作为我国行政执法"三部曲"的行政处罚、行政许可和行政强制行为，都已在概念相对明晰的基础上率先实现了法制化，这种"成熟一个，制定一个"的立法思路已成为我国单行行政程序法制定的基本模式。伴随着《行政处罚法》《行政许可法》《行政强制法》的制定和实施，行政处罚、行政许可和行政强制领域的研究已日益繁荣。不过，由于行政行为理论准备的不足，加之相关立法技术的欠缺，"何为行政处罚""何为行政许可""何为行政强制"的学理争论依旧存在，法律适用也时常陷入困境之中。

首先，1996年《行政处罚法》并没有对行政处罚行为本身的内涵作出明确界定，只是在第8条以"列举＋兜底"的形式规定了七类具体的处罚种类，即"警告""罚款""没收违法所得、没收非法财物""责令停产停业""暂扣或者吊销许可证、暂扣或者吊销执照""行政拘留"以及"法律、行政法规规定的其他行政处罚"。胡建淼教授较为系统地梳理了法律、行政法规规定的"其他行政处罚"，指出了其中存在的"数量庞大""难以分辨"和"时常误读"的弊病，认为应从"行政性""具体性""外部性""最终性""制裁性""一次性"六个主要特性上去划清"行政处罚"与"非行政处罚"之间的界线；鉴于该条"名称形式"标准的欠缺，论者主张应当限制直至取消"其他行政处罚"制度的存在，按照功能标准将行政处罚分为"精神罚、资格罚、财产罚、行为罚和人身罚"五类，立法上放开处罚形式，转而严格控制对行政处罚的设定。① 陈鹏教授认为，"制裁性"不能成为在个案中界定某种行政措施是否属于行政处罚的标准。原因在于，制裁性标准的两个要素，即行政相对人行为的"违法性"和行政措施为相对人施加"额外不利效果"，本身并不周全。是否将某种有争议的行政措施视作行政处罚，关系到能否实现相关立法所期待的维护行政相对人的权利和利益、确保依法行政、确保行政管理的有效性、维护法的安定性以及实现程序经济原则等功能。论者提出，在大体维持形式性界定标准的前提下，将没有必要进入个案的功能要素予以裁减，进而考量各种相冲突的功能的重要性，并借此作出判断，是在个案中界定行政处罚行为的可由之路。② 理论上的持续争论也映射到行政法治实践之中，诸如"取缔""责令改正""行业禁止""征收社会抚养费"等措施究竟是否属于行政处罚依旧未有定论。立足功能主义的视角分析行为的法律属性实有必要，但也应当看到实践发展的新趋势。例如，违法事实公布近年来在食品安全、环境保护、

---

① 参见胡建淼：《"其他行政处罚"若干问题研究》，载《法学研究》2005年第1期。
② 参见陈鹏：《界定行政处罚行为的功能性考量路径》，载《法学研究》2015第2期。

交通治理等领域被频繁使用,具有明显的制裁性特征,可以理解为一种有别于传统精神罚或申诫罚的"声誉罚",甚至可能超越人身罚和财产罚而成为新时代社会治理的中心手段。2021年修订的《行政处罚法》第2条规定:"行政处罚是指行政机关依法对违反行政管理秩序的公民、法人或者其他组织,以减损权益或者增加义务的方式予以惩戒的行为。"这一规定改变了长期以来行政处罚概念缺乏统一界定的状况,但"违反行政管理秩序""减损权益""增加义务""惩戒"等术语尚需获得进一步的权威解释。[①]

其次,现行《行政许可法》第2条从形式角度上对行政许可进行了界定,即行政许可是"行政机关根据公民、法人或者其他组织的申请,经依法审查,准予其从事特定活动的行为"。同时,该法第12条还以隐性列举的方式规定了"一般许可""特许""认可""核准"和"登记"五种类型的许可。《行政许可法》的这些规定不仅没有消弭行政许可属性的学理纷争,而且还增加了实践认定的困难。从某种意义上来说,行政审批制度改革成效的差强人意就与行政许可概念的模糊直接相关。"如何认定行政许可,是行政审批制度改革的最基础性法律问题。当前中国的'行政许可'是个不确定概念,这增加了立法、执法、守法和司法的不确定性。"[②]从实践来看,行政许可先是与行政审批混淆在一起,滋生出大量所谓"非许可的行政审批";后又与行政备案混淆在一起,滋生出大量所谓"非许可的行政备案"。加之编办部门统揽了行政审批制度改革和权力清单制度改革,各种概念五花八门。深化行政审批制度改革是法治政府基本建成的重要抓手,统合行政许可与行政审批、将行政审批制度改革真正纳入法治轨道、恢复《行政许可法》的应有权威都是亟待回应的课题。

最后,《行政强制法》从分类角度对行政强制进行了明确界定。该法第2条规定:"本法所称行政强制,包括行政强制措施和行政强制执行。行政强制措施,是指行政机关在行政管理过程中,为制止违法行为、防止证据损毁、避免危害发生、控制危险扩大等情形,依法对公民的人身自由实施暂时性限制,或者对公民、法人或者其他组织的财物实施暂时性控制的行为。行政强制执行,是指

[①] 有学者指出,新修订的《行政处罚法》虽然首次明确了行政处罚定义,但仍然存在三点缺憾:一是定义所反映的是以管理为本位而不是以权利义务为本位;二是将"行政管理秩序"和"行政法律秩序"简单等同起来,客观上把受处罚的行为从违反"行政法律秩序"不当扩大到违反"所有行政管理秩序";三是"减损权益或者增加义务"未能覆盖行政处罚所带来的所有"不利后果"。参见胡建淼:《论"行政处罚"概念的法律定位——兼评〈行政处罚法〉关于"行政处罚"的定义》,载《中外法学》2021年第4期。

[②] 袁雪石:《论行政许可名称法定——以"放管服"改革为背景》,载《财经法学》2017年第3期。

行政机关或者行政机关申请人民法院,对不履行行政决定的公民、法人或者其他组织,依法强制履行义务的行为。"随后,该法第9条和第12条又分别就"行政强制措施的种类"和"行政强制执行的方式"进行了列举,除了明示四种行政强制措施和五种行政强制执行方式外,还仿照《行政处罚法》的体例规定了"其他行政强制措施"和"其他强制执行方式"。实践中的某项措施究竟是否隶属行政强制,必须结合《行政强制法》第2条定义和第9、12条的列举加以综合判断。"行政强制=行政强制措施+行政强制执行"的法定认知模式的确立,仍然没有消除行政强制措施与行政强制执行之间区分界线标准的争论。继"保障性与执行性""中间性和最终性""事先是否存在可履行的义务并期待当事人履行""事先是否存在行政决定""基础行为与执行行为是否分合""基础行为是否生效""强制履行的义务内容"等标准之后,有学者又提出二者最本质的区别在于行政机关强制当事人履行的"义务"不同:强制当事人履行"容忍、不作为"义务的为行政强制措施;强制当事人履行"作为"义务的为行政强制执行。[1] 不过,在行政审判实践中,诸多名称的措施究竟是否属于行政强制措施仍然存在分歧。例如,《行政处罚法》所规定的"先行登记保存"行为符合《行政强制法》第2条第2款规定的意旨,应当属于行政强制措施,但在"袁裕来诉被告宁波市江东区文化广播新闻出版局文广行政行为一案"中,一、二审法院却分别以先行登记保存是"一种调查取证手段"和"一个程序性行政行为"、不属于行政诉讼受案范围为由,裁定驳回起诉和上诉。[2]

综上所述,成文化了的行政处罚、行政许可和行政强制无论在概念界定还是外延把握上仍然存在诸多模糊之处,传统行政行为概念的精准化仍然是我国行政行为法研究的未尽任务。就方法论而言,传统行为概念的精准化需要坚持"面向司法"和"面向行政"的双重进路:前者是指关注司法个案,通过大量行政裁判文书的研读,提炼中国本土的司法智慧;后者是指立足行政管理实践,通过大量规范文本和行政事例的整理,管窥部门行政的有益经验。只有通过"面向司法"和"面向行政"进路的深入观察,传统行为概念的精准化和立基于此的行政法教义学的建构才能获得有效保障。

---

[1] 参见胡建淼:《"行政强制措施"与"行政强制执行"的分界》,载《中国法学》2012年第2期。
[2] 参见宁波市北仑区人民法院行政裁定书(2016)浙0206行初9号、宁波市中级人民法院行政裁定书(2016)浙02行终283号。

(二) 新兴活动方式的型式化

从世界范围来看,为了克服传统行政法治主义机械、僵化的弊病,有效回应行政任务日渐多元、复杂的客观需求,大量灵活、简便的非正式行政行为得到了广泛运用。例如,行政指导行为的大量采用,对日本经济社会发展就起到了重要的推动作用;在德国,代替规范的协议、决定操控的协议和行为操控的事实行为构成了非正式行政行为的体系,具有柔软、弹性、务实、高效的显著优势。① 与此同时,这种具有不确定拘束力的未型式化行政行为的广泛存在,对法治行政所要求的行政确定性、可预测性和可计算性也构成了挑战。因此,"不断对未型式化的行政行为加以型式化""提供行政实务上充裕而完备的法律形式"成为德国行政法学理发展的重要任务。② 在我国,有别于传统命令控制型行政行为的新兴活动方式同样大量涌现,并获得了法治政府建设纲领性文件的认可。

在我国既往的行政法学研究进程中,"行政指导""行政合同""行政奖励"等新兴的柔性行政活动方式受到了较多关注,部分省市制定的《行政程序规定》也给予了明确认可。相比之下,作为新兴活动方式的"行政合同"的型式化更为迫切。一方面,这类手段在行政管理实践中得到了越来越广泛的运用,亟待进行理论梳理和制度建构;另一方面,"行政协议"已正式载入 2014 年《行政诉讼法》中,亟待探索适用范围和审理规则,从而结束这类新型行政活动方式长期游离于法律之外的历史。当然,有关行政协议的法律规定也暴露出修法者的某种"踯躅":承认行政协议引发的争议与行政处罚、行政许可等传统行政行为引发的争议存在明显不同,但为了回避行政协议双方当事人均可以行使起诉权的追问,又以传统行政行为思维来看待行政协议,即行政机关"不依法履行、未按照约定履行协议"尤其是"违法变更、解除协议"可视为行政机关作出的处理决定。"这样的修法智慧尽管没有破坏行政诉讼法的内在结构,但也使得行政协议入法的意义打了折扣,更增加了行政协议之诉司法审查的难度,毕竟事前的受案范围宣示和事后的裁判方式安排无法替代事中的审理规则设置。"③在有关行政合同与民事合同的识别标准上,行政法学界就提出了"综合判断标准说"(即

---

① 参见陈春生:《行政法之学理与体系(一)——行政行为形式论》,三民书局 1996 年版,第 221—270 页。
② 参见林明锵:《论型式化之行政行为与未型式化之行政行为》,载翁岳生六秩诞辰祝寿论文集编辑委员会:《当代公法理论》,月旦出版股份有限公司 1993 年版,第 357—358 页。
③ 章志远:《新〈行政诉讼法〉实施对行政行为理论的发展》,载《政治与法律》2016 年第 1 期。

主体特定性、主体地位不平等、以行政职责为前提、行政主体具有优益权、以行政目标为目的、适用行政法规范、具有行政法上的权利义务等)[1]"主体说"[2]"行政法上权利义务说"[3]"主体＋内容说"[4]"主体＋目的说"[5]"公权力作用说"[6]等众多学说。

　　与内涵相对确定的行政合同相比,更多灵活的未型式化行为在行政管理实践中被广泛运用。在环境保护、安全生产、价格监管等领域,行政机关约谈行政相对人的手段被广泛采用,起到了显著的威慑作用。有学者将其界定为"行政主体在相对人有违法之虞或轻微违法时,通过约请谈话、说明教导、提出警示的方式建议相对人纠正违法行为,以避免违法之风险的行为",并将其归为行政指导的表现形式之一。[7] 在反倾销执法、反垄断执法、金融监管、税务执法、环境监管等执法领域,当案件事实或法律关系经调查难以完全明确时,行政机关开始尝试与行政相对人就个案处理结果进行协商并达成交易。以中国证监会2015年2月发布《行政和解试点实施办法》为契机,行政执法和解正式受到部门规章的认可。证券行政执法领域的和解是指中国证监会在对行政相对人涉嫌违反证券期货法律、行政法规和相关监管规定的行为进行调查执法过程中,根据行政相对人的申请,与其就改正涉嫌违法行为、消除涉嫌违法行为不良后果、交纳行政和解金补偿投资者损失等进行协商达成行政和解协议,并据此终止调查执法程序的行为。这种"公私交易"方式对依法行政原则构成了挑战。在海关监管、税收征管、治安管理、环境保护、安全生产、劳动监察等诸多领域,源自民法上的担保手段得到了广泛运用,成为确保行政相对人履行义务和实现预期行政目标的一种重要手段。与实践之繁荣景象相对应的是,行政担保的学理研究较为匮乏。在教育、科研等领域,行政机关越来越多地开展了相关评估活动,对提升高校教育、科研水准发挥了一定作用,但也因频繁发动而备受

---

[1] 参见叶必丰:《行政合同的司法探索及其态度》,载《法学评论》2014年第1期。
[2] 参见陈无风:《行政协议诉讼:现状与展望》,载《清华法学》2015年第4期。
[3] 参见韩宁:《行政协议判断标准之重构——以"行政法上权利义务"为核心》,载《华东政法大学学报》2017年第1期。
[4] 参见杨科雄:《试论行政协议的识别标准》,载《中国法律评论》2017年第1期。
[5] 参见麻锦亮:《纠缠在行政性与协议性之间的行政协议》,载《中国法律评论》2017年第1期。
[6] 参见于立深:《行政协议司法判断的核心标准:公权力的作用》,载《行政法学研究》2017年第2期。
[7] 参见孟强龙:《行政约谈法治化研究》,载《行政法学研究》2015年第6期。

质疑。①

综上所述,未型式化行为的运用因应了行政任务多元、复杂的客观需要,同时也对传统行政法治主义构成了现实挑战。为此,当下行政行为法研究的急迫任务之一就在于不断对未型式化的行为加以型式化,为其法律规制提供基本的分析框架。"如何调和未型式化行为的自由性与应受法律拘束性之间的矛盾,必将成为未来行政法需持续努力和解决的问题。"②与传统行为概念精准化进路不同的是,未型式化行为引发的争议尚未进入司法领域,还无法从丰富的司法实践中提取本土智慧。未型式化行为的型式化只能坚持行政面向的进路,立足多个行政管理领域实践,通过对规范文本、制度创新的深入观察,形成新的行政行为法教义学。

(三) 行为内部体系的严密化

分类是法学研究的基本方法之一,通过一定的标准对行政行为进行分类进而形成一个结构合理、层次分明、运转有序的理论体系,始终是我国行政行为法研究的重点内容。几乎所有的行政法教科书都以一定的篇幅介绍编者自认为有意义的行政行为分类,对行政行为分类近乎"一网打尽式"的著作早已出现。③ 2014 年《行政诉讼法》以"行政行为"一词取代"具体行政行为",发展了传统的行政行为分类理论。尽管抽象行政行为与具体行政行为的划分被认为具有重要的理论意义和实践意义,但"具体行政行为"的"去法化"是否意味其自身已经寿终正寝?最高人民法院的一份再审裁判指出:"作出这一修改的目的,是为了使行政不作为、行政事实行为、双方行政行为等能够纳入受案范围,而原来使用的'具体行政行为'概念显然因为欠缺包容性和开放性而给受理这些案件制造了障碍。但不能认为,'具体行政行为'的概念就从此寿终正寝。事实上,除去涉及行政不作为、行政事实行为、双方行政行为的场合,在撤销之诉中,'行政行为'的概念仍然应当理解为原来意义上的'具体行政行为'。"④这一权威解读依旧存在继续讨论的空间,是保留宽泛意义上的"行政行为"概念、用中观意

---

① 参见崔雪芹:《浙江大学段树民院士:强烈建议教育部暂停高校学科评估和排名》,载《中国科学报》2017 年 3 月 6 日。
② 赵宏:《法治国下的目的性创设——德国行政行为理论与制度实践研究》,法律出版社 2012 年版,第 474 页。
③ 参见胡建淼主编:《行政行为基本范畴研究》,浙江大学出版社 2005 年版。
④ 最高人民法院行政裁定书(2016)最高法行申 2856 号。

义上的"行政处理"概念代替"具体行政行为",还是对"行政行为"作相对中观意义上的理解、引入"行政处理"作为与行政协议相并列的概念,都需要保持内部体系的逻辑自洽。

回顾行政行为法理论研究的进程,可以看出在传统"行政法律行为、准行政法律行为和行政事实行为"三分法之外,"强制性行为与非强制性行为""刚性行为与柔性行为"的二分法相继推出。在现代行政法上,行政主体除了运用行政处罚、行政强制等传统"刚性"手段治理社会之外,还越来越频繁地使用行政指导、行政合同等"柔性"手段和行政计划、行政调解、行政统计、行政确认、行政调查、行政评估、行政约谈等"中性"手段。"刚性行为、柔性行为和中性行为"三分法的提出,主要基于三方面的考虑:首先,就行政行为分类"刚柔并济"的认知模式而言,存在两极分化、欠缺包容性的局限,无法对生动的行政法治实践作出富有前瞻性的理论回应。例如,作为行政活动中具有浓厚柔性管理色彩的行为,行政约谈的属性定位在学理上就存在"是独立行政行为还是非独立行政行为""是行政事实行为还是行政法律行为""是行政命令行为还是行政指导行为"的分野。[①] 这种用传统分类理论观照新型活动方式的做法,难免有"削足适履"之嫌,实有必要研究开发新的行政行为分类认知模式。其次,就语义学而言,无论是先前的"具体"与"抽象",还是晚近的"刚性"与"柔性",都是对作为法律概念和学理概念的"行政行为"一词的修饰。在语言学上,褒义词、贬义词和中性词的三分法已成共识。借助于功能主义视角的解释,"刚性行为""柔性行为""中性行为"的认知模式具备相应的方法论基础。最后,就我国社会治理的变迁而言,"刚性行为、柔性行为和中性行为"的三分法有可能成为合乎历史语境的一种解释进路。在计划经济时代,基于社会控制的需要,刚性行为是中心治理手段;在市场经济时代,基于职能转变的需要,柔性行为逐渐成为中心治理手段;在民主法治时代,基于和谐稳定的需要,中性行为可能成为新的中心治理手段。

综上所述,对行政行为的分类展开与时俱进的研究是未来行政行为法理论发展的重要任务之一。作为一种理论假设,"刚性行为""柔性行为""中性行为"的划分,有可能建构起一种新的行政行为认知模式,进而对行政法治实践发展起到应有的理论回应和指引作用。按照这一思路,在我国基本建成法治政府的新时代,除了适度保留以命令控制为特质的刚性行为、积极采用以鼓励合作为特质的柔性行为外,还应当大力推行以评估商谈为特质的中性行为,在行

---

① 参见邢鸿飞、吉光:《行政约谈刍议》,载《江海学刊》2014年第4期。

政行为法内部体系构造上形成刚性行为、柔性行为和中性行为三足鼎立的局面。

（四）形式选择自由的相对化

传统行政法治主义的核心要义在于一切行政活动必须有明确的法律依据。行政机关基于行政任务有效履行的实际需要，也应当享有灵活选择适用相应形式行为的自由。行政的行为形式选择自由是指"除非法律明确地规定行政机关应采取特定形式的行为，否则行政机关为了适当地履行公行政任务，达成公共行政目的，得以选取适当的行政行为，甚至也可以在法所容许的范围内选择不同法律属性的行为"①。尽管还存在学理分歧，但德国行政法通说却对"有限制的行政行为形式选择自由理论"予以承认。"国家或公法人为达成法律所指定的任务，得选择利用私法形式或公法形式，这种形式选择自由不仅存在公法私法形式的选择，也包含型式化与未型式化行政行为的自由选择以及个别型式化行政行为间的选择。如何选择为达成特定任务的法律手段，乃是国家或其他公法人的裁量权限，不过此种裁量权限也非漫无限制，而须受比例原则及平等性等原则的拘束。"②

在我国行政法学理上，行政行为形式选择自由理论尚未受到广泛关注。③从行政法治实践来看，形式选择自由事实上是被认可的。例如，很多法律法规授予行政机关较大的行政处罚裁量权，行政机关可以根据个案具体情况作出相应判断和选择，甚至可以根据特殊时期的政策需要选择不予处罚。又如，在"创新社会治理"的名义之下，行政机关可以选择适用约谈、协议、外包、指导等大量未型式化行为，以便更好完成既定的行政任务。在警察等秩序行政领域，行政机关开始借助警务辅助人员、志愿者、社工等私主体完成大量的辅助执法工作。从形式选择自由理论上看，这些实践做法折射出行政形式选择自由的三层次图景，即"已型式化行为之间的自由选择""已型式化行为与未型式化行为之间的自由选择""公法形式与私法形式之间的自由选择"。就学术研究谱系而言，第

---

① 程明修：《行政法之行为与法律关系理论》，新学林出版股份有限公司2005年版，第290页。
② 林明锵：《论型式化之行政行为与未型式化之行政行为》，载翁岳生六秩诞辰祝寿论文集编辑委员会：《当代公法理论》，月旦出版股份有限公司1993年版，第355—356页。
③ 零星的研究可参见何源：《德国行政形式选择自由理论与实践》，载《行政法学研究》2015年第4期；龚向和、袁立：《人权保障语境下的行政行为选择自由——以公共行政民营化为例》，载《学术交流》2008年第7期。

一层次的选择自由更多为行政裁量研究所覆盖,第二层次的选择自由为未型式化行为的型式化所取代,第三层次的选择自由更多为行政任务民营化所涵盖。总体而言,"行政机关是否享有形式选择自由""形式选择自由需要受到哪些限制"仍然属于行政行为基本原理研究中被偏废的一隅。

综上所述,对形式选择自由理论展开研究是我国未来行政行为法发展的重要任务。这一研究主题需围绕"相对的自由化"进行,即倡导一种有限度的形式选择自由。具体来说,这种"限度"大体上表现为三方面要求:首先,形式选择自由存在于"两点"之间,即"法律明确规定行政机关应采取特定形式的行为"和"法律明确禁止行政机关应采取特定形式的行为",前者如行政机关针对特定的违法情形必须采取特定形式的制裁措施,后者如行政强制措施不得委托。也就是说,只要不存在上述两种极端情形,在有效履行行政任务的导向下,理论上应该承认行政机关具有形式选择的自由。其次,形式选择自由度直接受到行政任务属性的影响。在秩序行政领域,行政机关形式选择自由受到更多抑制,"严格执法"理念需要认真践行;在给付行政领域,行政机关形式选择自由相对宽松,"优化服务"理念更需积极落实。最后,形式选择自由应当受到基本原则和裁量治理的双重约束。一方面,行政法上的法律保留、法律优位、辅助性原则要求应当体现在形式选择自由的制度安排之中;另一方面,形式选择自由在很大程度上是行政机关行使行政裁量权的具体表现,仍然需要受制于行政裁量治理规则的约束。对行政机关行为形式选择自由及其限度的研究,不仅能够拓展传统行政行为法研究的视域,而且能够更好地适应行政任务日益多样化和复杂化的时代需要。

【扩展阅读】

1. 方世荣:《论具体行政行为》,武汉大学出版社 1996 年版。
2. 赵宏:《法治国下的目的性创设——德国行政行为理论与制度实践研究》,法律出版社 2012 年版。
3. 叶必丰:《行政行为原理》,商务印书馆 2014 年版。

【延伸思考】

1. 如何理解现行《行政诉讼法》中的"行政行为"?
2. 如何理解行政法上的行政形式选择自由?
3. 行政过程论、行政法律关系论对行政行为形式论提出了哪些挑战?

第十章　行政行为效力论

"行政行为的效力问题,构成了行政行为最重要的特色之一。"[①]在我国行政法上,行政行为效力是一个兼具理论与实践价值的重要问题,也是长期以来颇具争议性的问题。早期行政法学教科书对行政行为效力论述甚为简略,2002年之后更多学者开始对这一课题展开专门探讨,行政行为效力研究呈现繁荣景象。[②] 不过,论者对行政行为效力问题仍然众说纷纭,使其成为行政法上的"沼泽"。[③] 本章拟就行政行为效力的基本法理、主要内容、具体形态三个核心问题加以阐述,试图勾勒行政行为效力理论的大致图景,进一步推进行政行为基本原理研究。

一、行政行为效力的基本法理

行政行为效力研究不仅需要关注其具体内容和表现形态,而且还要就其自身的理论内涵、主要特征和价值目标等基础理论问题加以探究。

[①]　〔日〕盐野宏:《行政法》,杨建顺译,法律出版社1999年版,第100页。

[②]　在国内行政法学界,近年来有数十位研究者相继选择以行政行为效力问题作为硕士、博士学位论文的选题。尤其是四篇博士学位论文(叶必丰,武汉大学2002届;章志远,苏州大学2002届;赵宏,北京大学2005届;李琦,中国政法大学2005届),集中地反映了当下行法学界对行政行为效力问题研究的最高成就。其中,前三篇已公开出版,分别对行政行为效力主流学说的形成及其解构起到了关键作用。参见叶必丰:《行政行为的效力研究》,中国人民大学出版社2002年版;章志远:《行政行为效力论》,中国人事出版社2003年版;赵宏:《法治国下的行政行为存续力》,法律出版社2007年版。

[③]　参见余凌云:《行政法讲义》,清华大学出版社2010年版,第220页。

（一）行政行为效力的理论内涵

我国传统行政法学理在界定行政行为效力概念时，往往将其与法律效果等同，认为行政行为效力就是指行政行为在法律上所产生的效果及对当事人的影响。诚然，行政行为的效力与行政行为的法律效果之间有着密切联系：前者是后者实际产生的保障，后者则是前者的直接目的。但是，二者之间的区别也是明显的：法律效果指权利义务关系的设定、变更或消灭，其本质是一种"状态"；而效力则是促成一定效果产生的力量，其本质是一种"作用力"。此外，法律效果在行政行为作出之后即表现出来，一般都具有直观性，能为人所实际感知；效力由于始终蕴含在行政行为过程之中，因而是无形的，难以为人所视。可见，行政行为效力不能简单混同于行政行为法律效果。

所谓行政行为的效力，是指已存在的行政行为依其外形和内容所具有的产生一定法律效果的特殊作用力。这一定义包含了四个基本要素，即行政行为效力的"载体"——已存在的行政行为、行政行为效力的"依据"——行政行为的外形与内容、行政行为效力的"形式"——特殊作用力、行政行为效力的"目的"——促成一定法律效果的产生，它们共同揭示了行政行为效力的本质。

第一，行政行为效力的载体。"载体"一语原本是科技领域中的名词，专指某些能传递能量或运载其他物质的物质。在这里，载体特指传递、承载行政行为效力的事物。显然，行政行为效力的载体只能是已存在的行政行为。之所以将其限定为"已存在"的行政行为，主要原因在于，通常所说的行政行为既可以指称行为的一系列过程，也可以指称行为的最终结果。倘若某一行政行为尚处于形成过程之中还未最终成立时，外界对其就无法识别，也就无从谈起效力问题。只有当行政行为已经作出、成为客观存在的事物之后，效力才相伴而生。可见，行政行为的存在是讨论任何行政行为效力问题的逻辑起点。换言之，行政行为的效力只能由已存在的行政行为所承载。

第二，行政行为效力的依据。行政行为效力的发生总是要以一定的事物作为依托，这便是效力的依据。行政行为效力的依据与行政行为效力的本原是不同的，前者强调的是效力得以发生的一般性基础；后者则是对效力得以发生的终极性基础的追问。对于一个已存在的行政行为来说，其外形与内容均可以作为效力发生的依据。在行政行为效力的具体组成部分中，公定力及不可改变力就是凭借行政行为外形而产生的，即只要行政行为一旦作出而客观存在，不论其内容如何,都产生推定为有效、行政主体一方不得随意改变的约束力;执行力则是典型的依据行政行为内容而产生的效力,离开了行政行为所确定的权利义务,执行力便成了无本之木、无源之水。可见,行政行为的外形与内容都是其效力发生的直接基础。

第三,行政行为效力的形式。在汉语中,效力一词意为"效劳、出力"或"事物所产生的有利的作用"①。延伸到法学上,便形成了法律效力的概念。"法律效力首先是一种作用力,这种作用力本身就是法律效力的表现形式。"②就行政行为的效力而言,其表现形式则是一种特殊作用力,具体理由包括:法理学上有关法律效力表现形式学说对部门法的广泛影响;既有的"约束力""拘束力""强制力"等称谓仅仅表达了行政行为的局部特征或内容,难以涵盖行政行为效力的全部特性;"作用力"一词是中性词,形象表达了物理学中"力"的原初含义,能够反映行政行为效力的基本特性;与法律效力相比,行政行为效力更加复杂,不仅虚实结合,而且形态殊异,因而是一种特殊的作用力。这种作用力的特殊性源于行政行为双方当事人之间关系的多样性和复杂性。在大多数情况下,行政行为目的的实现都有赖于行政相对人的理解和配合。当一个行政行为已经得到行政相对人的自觉履行及其他机关、组织或者个人的主动承认时,建立在法律推定基础之上的公定力就并无多少现实意义。但在另外一些情况下,当行政相对人对行政行为存在异议甚至拒不履行时,为了维系行政权威和法律安定,这种推定又显得十分必要。特别是在行政相对人启动相应的救济程序之后,行政行为效力问题就更趋复杂。可见,行政行为效力的表现形式宜定位于特殊作用力。

第四,行政行为效力的目的。行政行为既服务于行政效率,又服务于公民利益,其特殊功能就在于"使国家和公民之间的关系得以明确化、稳定化"。③因此,行政行为所预期的法律效果必须得到实现。否则,不但行政相对人的社会交往和日常生活将失去应有的安全感和稳定感,而且整个社会对行政的心理预期都将逐步落空,进而导致行政权威丧失、社会秩序紊乱。行政行为法律效果的发生只能依赖于行政行为的效力。作为一种特殊的作用力,行政行为效力不仅蕴含于行政行为的整个过程之中,而且还直接服务于行政行为法律效果的

---

① 中国社会科学院语言研究所词典编辑室编:《现代汉语词典》(修订本),商务印书馆1998年版,第1390页。
② 张根大:《法律效力论》,法律出版社1999年版,第25页"注(3)"。
③ 参见〔德〕哈特穆特·毛雷尔:《行政法学总论》,高家伟译,法律出版社2000年版,第205页。

实际发生。如同效力是法律的生命一样,行政行为的生命也在于其效力。行政行为效力的直接使命和目的就在于促成特定法律效果的发生。

(二) 行政行为效力的主要特征

与法律规范及司法判决的效力相比,行政行为效力具有如下四个主要特征:

第一,阶段性。行政行为效力的阶段性源于行政行为的过程性。"行政行为的过程性表明行政行为不是静止的事物,而是一个不断发展的动态过程。提出行政行为过程性,既是以哲学上的过程论和发展观透视行政行为的结果,更重要的是出于对行政行为实际运行状态的考察。具体地说,任何一个特定的行政行为都是一个动态发展的过程。每一个实际存在的行政行为,都是表现为一种时间上的持续过程,都有一定的程序环节,都具有过程性。"① 随着行政行为过程的不断推进,行政行为的效力也逐步显现出来。在行政行为作出之前的准备阶段,效力尚无从谈起;当行政行为成立之时,公定力、不可改变力产生;行政行为为行政相对人所知悉以后,执行力逐渐发生作用;行政行为法定救济期限超过时,不可争力随之产生。即使行政相对人在法定时效之内启动了有关救济程序,行政行为的效力仍然存在;当救济程序最后完结时,行政行为效力或最终确定或归于消灭。可见,在行政行为发展过程中的不同阶段,效力的具体表现形式也各不相同。只有在"阶段"意义上讨论行政行为的效力,才能够准确地把握其内在的发展规律。可以说,阶段性是行政行为效力的首要特征。

第二,有限性。行政行为效力的有限性表明行政行为的效力并不是无所不在、不容质疑、不可否定的。行政行为效力之所以是有限的,其原因在于行政法领域利益关系的复杂性和行政行为自身内容的多样性。法律调整的社会关系实质上是利益关系。行政法领域中的利益关系具有主体多元性、内容重叠性及冲突经常性等特点,因而其调整机制显得异常复杂。作为公共利益的代表者和维护者,行政主体尽管拥有一定的优越性,但个人利益也是不容漠视的。"公共利益的优先应当是在充分地尊重和保护个人利益的前提基础上的优先",相反地,那种完全否认个人利益基础性的所谓的公共利益,往往只是"少数权力阶层

---

① 朱维究、胡卫列:《行政行为过程性论纲》,载《中国法学》1998 年第 4 期。

谋求个人利益借口和掩饰其滥用权力的挡箭牌"。① 例如,对于某些具有重大且明显瑕疵的行政行为,在其作出之后就不能假借维护公共利益而推定其有效。相反地,从切实保护个人利益的角度出发,就应当否定其效力。又如,在行政救济过程中,当行政行为的执行会给行政相对人造成难以弥补的损失时,该行为就可能被停止执行,这也是行政行为效力有限性的表现形式之一。从某种意义上来说,作为对行政行为效力进行异体评判的行政诉讼制度的存在,就折射出行政行为的效力并不都是无限的、永恒的。有限性是行政行为效力的又一重要特征。

第三,灵活性。对行政行为可以同时进行合法与否及有效与否的双重评价。"行为合法与否是客观法对法律事实的一种简单而极端的评价,它只能给人以非此即彼的判断;而行为有效与否则是客观法对法律事实的另一种更为复杂的评价,它可以包含多种法律后果判断。"② 进一步而言,对行政行为的法律评价无非有两种结论:合法行政行为与违法行政行为。但是,对行政行为的效力评价则显得异常灵活:违法的行为原则上应当无效或失效,但在一定条件下(如经过追认、补正或者转换)也可能承认其有效;合法的行为原则上都是有效的,但有时也可能基于其他考虑(如客观情势变化)而对其予以废止,从而致其失效。行政行为效力的灵活性不仅体现在上述效力的不同状态之中,而且在效力的具体内容上也有体现。例如,当行政行为的法定救济期间经过之后,不可争力随即形成。然而,在法定特殊情况下,行政相对人或利害关系人仍然可以向行政主体提出相应的改变请求,行政主体亦可满足其要求。可见,灵活性是贯穿于行政行为效力制度始终的重要特征。

第四,程序性。行政行为效力的程序性是就其在实定法中的位置而言的。作为行政行为基本原理的重要组成部分,效力问题"不是说行政行为具有理应被承认的超实定法的效力,而是说它不外乎是从行政行为效力的观点来把握实定法就行政行为采用的特定的法律制度情形的概念"③。尽管行政行为效力属于实体范畴,理应在行政法典中规定,但由于行政法法典化存在诸多困难,因此以德国为代表的大陆法系国家和地区纷纷在其行政程序法典中辟专节对行政

---

① 参见杨小君主编:《行政法基础理论研究——利益·权利·法律适用》,西安交通大学出版社2000年版,第63页。
② 董安生:《民事法律行为——合同、遗嘱和婚姻行为的一般规划》,中国人民大学出版社1994年版,第126页。
③ 〔日〕室井力主编:《现代日本行政法》,吴微译,中国政法大学出版社1995年版,第93页。

行为效力问题作出统一规定。此外,这些国家和地区还在其行政诉讼程序中对行政行为效力的部分问题作了相应规定。可见,行政行为效力并非仅仅停留于理论学说、司法判例之中,随着各国行政法制的不断健全,也正日益走进成文法的视野,并逐渐成为各个国家和地区行政程序法及行政诉讼法的重要组成内容。

(三) 行政行为效力的价值目标

鉴于行政行为是连接国家与公民之间关系的纽带,因而行政行为效力必然同时存在两个相互冲突的价值目标。为了防止顾此失彼,就必须在相对应的价值目标中进行权衡、协调,建立起基本的位次关系。行政行为效力的价值目标体现在法安定性与个案正义、依法行政与信赖保护的冲突与妥协之中。

1. 法安定性与个案正义

在现代社会,维护法的安定性是法治原则的必然要求。德国学者拉德布鲁赫曾言,正义、合目的性和法的安定性是法理念的三大要素。[①] 法的安定性是基于人类对稳定、安全的社会秩序和生活的需求而产生的。就概念而言,法的安定性指的是法律本身的安定性,包括法律往来关系或法律状态的安定性和法律文字权利义务规定的安定性两个方面:前者的安定性偏重于法律关系与状态的稳定性、持续性或不可破坏性;后者的安定性则特别强调法律构成要件、法律效果的明确性。法律的稳定、持续及明确性可使人民对自己欲采取的行为后果有预见的可能性,并得以重新形成自我生活计划,进而达成法安定性。[②]

在法治国家中,法安定性对立法、司法和行政活动都具有重要影响。换言之,法的安定性理念必然要通过立法、司法、行政等领域的具体制度安排得以显现。例如,在立法方面,法的安定性要求法律的规定至为明确,具有不可随意变更的稳定性,更不能朝令夕改,由此便可以推导出法律溯及既往效力的限制与禁止;在司法方面,法的安定性要求任何法律纠纷都能得到终局解决,为了避免同一纠纷反复诉诸法院,重复进行诉讼程序及作出前后矛盾的司法裁判,对于确定判决,应禁止重复起诉和审理,判决既判力制度便应运而生。由于行政机关与行政相对人之间接触的机会最多,对行政相对人权利义务所产生的实际影

[①] 参见〔德〕拉德布鲁赫:《法学导论》,米健等译,中国大百科全书出版社1997年版,第7页。
[②] 参见邵曼璠:《论公法上之法安定性原则》,载城仲模主编:《行政法之一般法律原则》(二),三民书局1997年版,第277—278页。

响最大,因此行政应当更多地承载起维系法安定性的使命。行政行为效力制度便是法安定性在行政法中的自然延伸和具体体现。根据行政行为效力的一般原理,行政行为一经作出,除自始无效外,即被推定为有效,在有权机关依照法定程序撤销之前,任何组织和个人都不得对其加以否定。只有这样,行政行为的利害关系人才能够获得最低限度的安全感和稳定感,使其权利的最终实现具有可预期性。同时,行政行为效力制度还对行政主体和行政相对人双方具有特定的约束作用:前者不得任意撤销或废止原行政行为,以避免法律关系的变动不居和模糊不清;后者在法定期限经过之后就不能再提起法律上的救济,从而使得行政法律关系得以稳定。可见,行政行为效力制度的运行能够极大地增强行政主体和行政相对人之间法律关系的明确性和稳定性,进而有效地维护法的安定性。

然而,法安定性与正义之间并非总是一致的。有时,二者往往处于相互矛盾的紧张关系之中。对正义的不懈追求始终是人类生活的最高理想。尽管"正义有着一张普洛透斯似的脸,变幻无常、随时可呈不同形状并具有极不相同的面貌"①,但自古以来西方不同的法学派别却始终都未停止过对正义真谛的揭示,并由此形成了法哲学上关于正义的诸多学说。由于法律规范始终是以"抽象的一般的人、社会生活中典型的场合、事件和关系"作为调整对象的,在一般情况下法律的适用都能导致公平,因此"一般正义是使多数人或一切人都能各得其所的分配结果"②。从这个角度来看,法的安定性有利于实现一般正义。问题在于,法律自身的普遍性与社会生活的多样性之间永远都存在着难以消除的矛盾,法律适用也因此而无法在任何特定场合下都能够实现公平与正当。"如果法律顾及过多的特殊案件,那么它就不再是一套法律规则了……如果法律为照顾概括性而过于忽视各种案件之间的差别,也会造成不公平现象。"③可见,在法安定性与个案正义之间客观上是存在冲突的。

那么,维护法的安定性是否必然要以牺牲个案正义为代价呢?回答无疑是否定的。这是因为,"就法律的角度观察正义,有赖于使正义在每一个具体个案

---

① 〔美〕E. 博登海默:《法理学:法律哲学与法律方法》,邓正来译,中国政法大学出版社 1999 年版,第 252 页。
② 徐国栋:《民法基本原则解释——成文法局限性之克服》,中国政法大学出版社 1992 年版,第 325 页。
③ 〔英〕彼得·斯坦、约翰·香德:《西方社会的法律价值》,王献平译,中国法制出版社 2004 年版,第 133—134 页。

中皆能被妥慎地探索及实践,使得'个案正义'得以实现,方为正当。否则,法律制度必将落入'具文'之讥"①。其实,法安定性与个案正义的冲突也可视为正义本身的矛盾。法的安定性与基本权利保护都是法治国家所追求的目标。在坚持法安定性为重的基础上,必须同时兼顾个别案件的实质正义。具体到行政法上而言,行政机关在处理个案的过程中,必须依据自身拥有的行政裁量权对个案所涉及的各种利益进行权衡取舍,使公民基本权利能够得到完整而妥当的保障。

对法安定性与个案正义之间的冲突及其解决,可从行政行为不可争力上予以观之。作为行政行为效力内容之一的不可争力,对维护法的安定性具有重要意义。然而,如同再审程序作为判决既判力之例外救济机制一样,行政行为不可争力也并不能构成绝对的禁止。为了切实保护当事人权益,在某些特殊情况下,法律应当为当事人提供例外的救济通道。一些国家和地区的行政程序制度设计并没有走向极端,而是在坚持行政行为具有不可争力的原则前提下,为行政程序重新开启留下了适度的弹性空间。德国《联邦行政程序法》第51条、奥地利《行政程序法》第69条的立法规定即可佐证。不过,这种弹性空间是在首先确保行政行为不可争力的前提下,以法定的诉讼时效和法定的特殊申请条件等严格限定其界域的,因而行政程序重新进行的比例不可能太大。否则,就会因过分关注个案正义而破坏法的安定性原则。具体而言,行政程序的重新进行一般根据当事人的申请提起,且必须同时满足以下四个条件:行政行为已生效;具备法定事由;当事人在法定救济期间没有提起救济不是出于重大过失;申请必须在一定期限内提起。②

综上所述,法安定性与个案正义都是行政行为效力所追求的价值目标。其中,法安定性居于首要地位,但在特定情况下个案正义也不容忽视。这就要求行政行为效力制度的具体设计灵活而富有弹性,充分体现其自身多维的价值追求,最大限度地保障行政相对人的权益。

2. 依法行政与信赖保护

依法行政是各国行政法共同遵循的基本原则。虽然两大法系国家和地区因宪制背景、历史传统的差异而对依法行政的诠释各有不同,但其核心精神都

---

① 范文清:《试论个案正义原则》,载城仲模主编:《行政法之一般法律原则》(二),三民书局1997年版,第386页。
② 参见应松年主编:《比较行政程序法》,中国法制出版社1999年版,第185—186页。

在于通过约束行政权的随意行使来保障公民权利。在我国行政法上,依法行政原则不仅要求行政行为始终保持合法状态,而且还要求对一切违法行政行为及时予以纠正,并追究行政主体相应的法律责任。按照依法行政原则的要求,行政主体对因其认定事实、适用法律错误或其他原因而导致的违法行政行为负有主动纠错义务。此外,当作为行政行为实施依据的事实或法律状态发生变化时,原先合法的行政行为也因内容不再符合现行法律而需要废止。可见,违法行政行为的撤销和合法行政行为的废止均符合依法行政原则的旨趣。

那么,这是否意味着行政主体可以不受任何限制地行使撤销或废止原行政行为的权力呢?回答无疑也是否定的。行政主体的撤销废止权如无限制,不仅会影响法的安定性,而且还直接违反了对人民信赖利益的保护原则。公法上的信赖保护原则是为了保障人民的权利而产生的,其意指"于公法关系中,人民对国家行为之存续性所产生之信赖,应受到保护"[1]。信赖保护原则发端于德国,是德国联邦行政法院根据法治国家中法律安定性原则和民法中的诚信原则加以推论而确立的。除此之外,学理上还有以社会国家原则说及基本权利说作为其理论依据的。其中,以法安定性原则作为信赖保护原则的依据最具有说服力。"法安定性原则应非只在国家行为合法时才得到保证;盖不管是否合法,除了重大明显之瑕疵或其违法系可归责于相对人者外,国家行为一经作出而表露于外,人民通常会对其所造成之法律状态的存续寄以信赖,以之作为行为的依据,故人民此种信赖应被保护,并不抵触法安定性原则。"[2]信赖保护原则最初作为行政法上的一般原则,主要适用于授益性行政行为的撤销与废止上,后经德国宪法法院的不断援用逐渐成为宪法层次的法则,对行政机关、立法机关和司法机关都具有拘束力。[3]

依法行政原则与信赖保护原则的冲突集中体现在授益性行政行为的撤销和废止上。当行政主体作出授益性行政行为之后,行政相对人即会获得某种特定的利益,且受益人往往会因信赖该行为的合法有效而有所作为。如果依据依法行政原则撤销该授益性行政行为,则意味着对行政相对人已获利益的剥夺。因此,行政相对人对该行政行为的信赖利益应成为行政主体行使撤销权的必要限制。具体而言,行政主体在决定是否撤销违法的授益性行政行为之前,首先

---

[1] 吴坤城:《公法上信赖保护原则初探》,载城仲模主编:《行政法之一般法律原则》(二),三民书局1997年版,第267页。
[2] 同上书,第249页。
[3] 参见吴庚:《行政法之理论与实用》(增订八版),中国人民大学出版社2005年版,第41页。

必须审查行政相对人是否具备了信赖保护的基本条件：信赖行政行为的存在；因信赖该行为而作出了一定的安排，而不单只有信赖的意思表示；信赖是正当的、值得保护的。如不符合，则应当予以撤销。反之，则继续对信赖利益与公共利益进行衡量。当信赖利益大于撤销所欲维护的公共利益时，行政主体就不得撤销该授益性行政行为；反之，如认为撤销该行为之公共利益大于信赖利益，即可予以撤销，且应对受益人因信赖所受的损失进行补偿。相比之下，行政主体对合法的授益性行政行为的废止更应持审慎态度。既然原行政行为是合法的，因而利害关系人几乎都会对之产生实际信赖，由此而形成的信赖利益更应得到有效保护。学者普遍认为，合法的授益性行政行为的废止基本上可归结为维护公益和信赖保护的权衡问题，或者说是公益与私益的角力，自应受到更为严格的限制。[1] 废止的原因通常都是法定的，这已为德国《联邦行政程序法》第49条第2款及我国台湾地区"行政程序法"第123条的规定所印证。即便是在具备法定废止理由的情况下，行政主体也可以信赖保护为由决定不予废止。

综上所述，依法行政与信赖保护都是行政行为效力所追求的价值目标。由于二者同是行政法及宪法层面的原则，因此难以作出谁主谁次的绝对判断。大体上来说，依法行政强调有错必纠，属于较为理想化的原则，且表现出较为浓厚的职权主义色彩，对行政行为效力的稳定性易产生负面影响；信赖保护则比较关注现实，充分体现了对行政相对人既得利益的维护，有助于保障行政行为效力的稳定性和提升行政公信力。因此，二者之间虽存在一定冲突，但也可以相得益彰。具体到行政行为效力制度的设计而言，应当体现出以信赖保护限制依法行政的基本倾向，从而在利益衡量的基础上兼顾社会进步与稳定。

二、行政行为效力的主要内容

（一）行政行为效力内容的学说述评

1. 学说流变

关于行政行为效力的内容，学理上观点纷呈、认识不一。在日本行政法上，学者们通常认为，行政行为效力包括公定力、执行力、不可争力（形式确定力）和

---

[1] 参见应松年主编：《行政程序法立法研究》，中国法制出版社2001年版，第348页。

不可变更力(实质确定力)四种。① 在德国行政法上,学者们通常认为,行政行为效力包括形式存续力、实质存续力、要件效力和确认效力四种。②

在我国台湾地区行政法上,学者早期大多承袭日本,将行政处分效力的内容归纳为公定力、确定力、拘束力和执行力。③ 近年来,受德、奥等国现时通说的影响,以吴庚为代表的部分行政法学者对公定力用语提出质疑,主张不再继续援用公定力,而将行政处分效力的内容概括为存续力、构成要件效力、确认效力、拘束力及执行力,同时认为拘束力概念与存续力以及构成要件效力或确认效力相混淆,因而对其不单独加以讨论。④ 目前,新、旧四效力说在我国台湾地区学界形成了相互并存的局面。翁岳生教授主编的《行政法》已对行政处分效力内容作了全新表述,该书以"行政处分的拘束效力"为题,先就行政处分对人民、对处分机关及其他国家机关的拘束效力分别加以论述,然后又论及了行政处分的执行力。从具体名称上看,该书将行政处分效力的内容归纳为不可争力、存续力、跨程序拘束力、构成要件效力、确认效力和执行力六项。⑤

在我国大陆地区行政法上,第一部行政法学统编教材《行政法概要》将行政措施的效力内容概括为拘束力、确定力和执行力。⑥ 对行政行为效力内容的重新概括始于1996年,在当年出版的两本颇有影响的行政法学著作中,论者都从正面不约而同地提出了公定力概念,将其视为行政行为效力的组成部分之一,从而形成了关于行政行为效力内容的四效力说。⑦ 此后,虽然一些行政法教科书在行政行为效力内容的具体表述上有所不同,但基本上还是围绕公定力为核心展开的,以行政行为的公定力、确定力、拘束力和执行力所组成的"四效力说"

---

① 参见〔日〕南博方:《行政法》(第六版),杨建顺译,中国人民大学出版社2009年版,第50—52页;〔日〕盐野宏:《行政法》,杨建顺译,法律出版社1999年版,第101—112页。
② 参见〔德〕哈特穆特·毛雷尔:《行政法学总论》,高家伟译,法律出版社2000年版,第266—269页。
③ 参见管欧:《行政法概要》,三民书局1964年版,第193—194页。
④ 参见吴庚:《行政法之理论与实用》(增订八版),中国人民大学出版社2005年版,第236—244页。与此相似的观点,还可参见李震山:《行政法导论》,三民书局1998年版,第279—286页;林腾鹞:《行政法总论》,三民书局1999年版,第460—466页。
⑤ 参见翁岳生主编:《行政法》(上),元照出版有限公司2020年版,第646—658页。
⑥ 参见法学教材编辑部《行政法概要》编写组:《行政法概要》,法律出版社1983年版,第121—122页。
⑦ 参见罗豪才主编:《行政法学》(新编本),北京大学出版社1996年版,第112—114页;叶必丰:《行政法学》,武汉大学出版社1996年版,第130—135页。

已经为多数学者所认同。① 自 2001 年以来,不断有学者对公定力提出质疑,主张"以存续力替代公定力成为行政行为效力内容的核心"。② 有学者新近还提出,我国学界目前有关行政行为公定力的讨论仍停留在抽象的概念描述层面,未能发展出精致细密的理论体系,无法真正得到适用。公定力所拘束的主体不仅包括其他国家机关,还涵盖个人。相比之下,行政行为构成要件效力的指向更为明确,更便于探讨行政行为对其他国家机关的拘束。构成要件效力是指"无审查权的行政机关和法院应尊重已生效的行政行为,受行政行为的拘束,并将其作为自身决定的构成要件的事实",其理论依据可归结为"基于国家的权限秩序分配,特别是宪法维度权力分立与机关忠诚以及行政系统内的权限分配与行政秩序的一体性"。③ 随着德国行政法上行政行为存续力理论的引入,有论者主张放弃公定力理论、以存续力为核心重新构筑行政行为效力的体系。④

2. 学说述评

综观行政行为效力理论的发展史,虽学说纷呈,但亦不乏规律可循。国内外学者的诸多观点大致都可以归入两大派别之中,即传统四效力说和现代四效力说:前者是以"公定力"概念为核心而构筑起来的理论体系,它发端于日本,对我国学界均产生过广泛影响,至今依旧在日本及我国占据主流地位;后者则是以"存续力"概念为核心而构筑起来的理论体系,它盛行于德、奥诸国,近年来又波及我国,并对其主流的传统学说形成冲击,呈现出二元鼎立之势。因此,对行政行为效力内容既有理论的评述便涉及两个基本问题:一是以公定力为核心的传统学说是否已经过时?二是以存续力为核心的现代学说应否取而代之?

根据我国台湾地区学者程明修先生的考证,在日本,行政行为传统四效力说最早形成于 1957 年,是由田中二郎在其《行政法总论》一书中率先提出的。

---

① 参见姜明安主编:《行政法与行政诉讼法》,北京大学出版社、高等教育出版社 1999 年版,第 154—157 页;余凌云:《行政法讲义》,清华大学出版社 2010 年版,第 221—226 页;姜明安、余凌云主编:《行政法》,科学出版社 2010 年版,第 222 页。

② 参见刘东亮:《行政行为公定力理论之检讨》,载《行政法学研究》2001 年第 2 期;柳砚涛:《行政行为公定力质疑》,载《山东大学学报》2003 年第 5 期;应松年主编:《行政程序法立法研究》,中国法制出版社 2001 年版,第 344—356 页;赵宏:《法治国下的行政行为存续力》,法律出版社 2007 年版,第 247—267 页。

③ 参见王世杰:《论行政行为构成要件效力》,载《政治与法律》2019 年第 9 期。

④ 例如,章剑生教授认为,随着现代国家观念的嬗变,民主法治思想的进步,公定力所依赖的传统思想基础开始发生动摇。废弃公定力理论应当是现代行政法理论发展的一种必然,并将行政决定效力的内容概括为存续力、执行力、构成要件效力与确认效力。参见章剑生:《现代行政法基本理论》(第二版·上卷),法律出版社 2014 年版,第 290—297 页。

至于公定力用语的初次使用，则可以上溯至 1909 年。[①] 传统四效力说在日本及我国台湾地区已历经半个多世纪之久，足以表明其生命力之强。传统四效力说的优点集中体现在两个方面：一是公定力概念准确地表达了公权力行为的基本特征。尽管公定力理论自身随着社会的变迁已历经修正，但其核心精神——国家行为受有效推定、不容随意挑战却一直延续下来。事实表明，公定力理论对维护行政权威和法律安定起到了重要作用。二是其他几项效力都有特定的内涵和适用对象，且概念及称谓都保持了长期的稳定性，因而它们能够互相配合，共同支撑和实践着行政行为的公定力。当然，传统四效力说也存在某些缺陷。例如，一般认为，行政行为确定力是借助于诉讼法上判决既判力理论而形成的，但这一概念的不足之处至少体现在以下三个方面：其一，行政行为与司法判决在性质、目的、主体、结构、程序等方面均存在明显差异，前者的稳定性远不及后者，确定力难以准确表达行政行为效力的特性。其二，就判决的效力而言，既判力（即实质确定力）、执行力及形成力都是以判决形式确定力的发生为前提的，既判力的适用对象同时包括当事人及法院；行政行为实质确定力的发生往往都先于形式确定力，且适用对象也仅限于行政主体自身。可见，行政行为确定力概念易与诉讼法理论发生混淆。其三，由于行政行为效力本身就分为形式效力与实质效力两类，因此行政行为形式确定力与实质确定力的区分将进一步加剧称谓的混乱。又如，学者在解释行政行为拘束力时，往往有意或无意扩大其适用的对象和范围，甚至认为广义的拘束力可以与行政行为的效力等同，因而造成了拘束力与其他效力在内容上的相互重叠，大大降低了拘束力独立存在的价值。

鉴于公定力隐含着强迫行政相对人或利害关系人承认行政行为效力的意思为不合时宜，有过分偏重行政权之嫌，因而我国台湾地区一些学者主张对其不再继续使用。不难看出，行政行为存续力概念的提出意在淡化行政权的"特权"色彩，强调行政相对方与行政主体之间地位的平等性。同时，新学说中的各个具体效力的适用对象更加确定，排列更具合理性。特别是构成要件效力概念的提出，贯彻了宪法上的权力分立原则，突出了行政行为对其他行政机关和法院的约束力量，拓展了行政行为效力的适用空间和持续时间，更能起到保障行政权威、促进行政法治的作用。不过，现代四效力说也同样存在很多弊病。这

[①] 参见程明修：《论行政处分之公定力——日本法上公定力理论之演进》，载《军法专刊》1990 年第 1 期。

首先体现在概念名称及内涵界定的模糊上,以下试以存续力为例说明。其一,就名称使用而言,除存续力外,学理上还有持续力、继续力等称谓。立法上亦是如此,如我国台湾地区"行政程序法"第 110 条第 3 款规定:"行政处分……而失效者,其效力继续存在";第 120 条第 2 款则规定:"前项补偿额度不得超过受益人因该处分存续可得之利益";而第 128 条第 1 款第 1 项又规定:"具有持续效力之行政处分……"。同一部法律的用语前后不一,存续力称谓的混乱状况可见一斑。其二,就存续力的内涵来说,不仅在其母国——德国学理上是多义的和有争议的,《联邦行政程序法》对其澄清也没有任何贡献[1],而且在我国台湾地区学界同样是解释不一,如翁岳生教授以此概念取代公定力,吴庚教授则以其代替先前的确定力概念[2],李震山教授则认为存续力是对公定力与确定力的折衷[3]。这种状况反映了存续力概念的不成熟性。此外,如详细考究学者对存续力、确认效力与构成要件效力内容的论述,不难发现,它们与传统学说之间并无多大本质差异。例如,即便是积极倡导现代四效力说的吴庚教授也承认:"存续力之概念并非否认行政处分之确定效果,而系较确定力具有弹性,亦即存续力与确定力之差异不在本质而在程度。"[4]论者关于构成要件效力与确认效力即指"行政行为的规制内容及作为其基础的事实与法律认定对其他国家机关的拘束"[5]的一致表述,实际上就是公定力的内在要求之一。这种状况不能不令人对现代四效力说能否承载起改造甚至取代传统四效力说的重任而产生疑问。"……另外引入其他概念取代,概念是否相容?若不深究其义,恐亦将难免另一场混乱之论争。"[6]

以上分析表明,以公定力为核心的传统四效力说在总体上并未过时,对其不应随意废弃;以存续力为核心的现代四效力说尚未被普遍接受,但其理论精髓可在行政行为效力体系构建时予以吸收。在最高人民法院新近的行政裁判中,公定力和存续力概念似乎处于交替使用的状态。在"刘海英诉洛阳市政府案"中,最高人民法院认为:"由于行政行为具有公定力,一经作出,不论合法与

---

[1] 参见〔德〕哈特穆特·毛雷尔:《行政法学总论》,高家伟译,法律出版社 2000 年版,第 266 页。
[2] 参见程明修:《论行政处分之公定力——日本法上公定力理论之演进》,载《军法专刊》1990 年第 1 期。
[3] 参见李震山:《行政法导论》,三民书局 1998 年版,第 280 页。
[4] 吴庚:《行政法之理论与实用》(增订八版),中国人民大学出版社 2005 年版,第 237 页。
[5] 翁岳生编:《行政法》,中国法制出版社 2002 年版,第 690 页。
[6] 程明修:《论行政处分之公定力——日本法上公定力理论之演进》,载《军法专刊》1990 年第 1 期。

否,除因严重违法而依法无效外,在未经法定机关和法定程序撤销或变更之前,都推定有效,对行政机关、相对人、其他利害关系人以及其他国家机关均具有约束力。"[1]在"王建设诉兰考县政府案"中,最高人民法院则提出:"行政行为在其存续期间,对于行政机关同样具有约束力。"[2]两相对比,公定力与存续力概念大有交互使用的倾向。从法律传统、现实国情、语言习惯及社会效果等角度观之,我国学界目前有关行政行为效力内容的通说总体上仍然值得肯定。行政行为效力内容的设定取决于两方面考虑:一是每一项具体效力都应具有特定的法律意义,彼此之间相互独立,不存在内涵的交叉或重叠;二是各项效力之间应当互相支持、互相依存,以保持整个行政行为效力体系内在的和谐统一。有鉴于此,笔者将行政行为效力内容概括为公定力、不可改变力、执行力和不可争力四种。从逻辑关系上看,公定力在行政行为效力体系中居于基础性地位,是其他效力发生的基础和前提;不可改变力、执行力及不可争力则是公定力的延伸、表现及保障。它们相互依存,共同支持着行政行为法律效果的发生。

(二) 行政行为效力四元结构的展开

1. 公定力

公定力是指行政行为一经作出,除自始无效外,即获得有效性推定,在未经有权机关依法撤销之前,要求任何国家机关、社会组织或公民个人对其给予承认、尊重和服从并不得根据自己的判断对其无视、否定或抵抗的效力。这一定义由以下四个基本要素所构成:

第一,公定力的发生前提。公定力的发生必须同时满足两个基本条件:一为积极条件,即行政行为是已经作出而成为客观存在的事物。换言之,行政行为若尚未最终形成,就无法为外界识别,更无公定力可言。二为消极条件,即行政行为作出之后并非自始无效。无效的行政行为虽已成立,但自始至终都不具备法律效力,任何人在任何时候对其都无需服从。

第二,公定力的本质。公定力传递着这样一种理念:不管行政行为是否合法,都能被推定为有效而对外界产生拘束力量。作为一种预设的效力,公定力并没有被法律所明确规定,但它始终隐含于实定法条文之后,在观念上支持着诸多现实的制度安排。只要行政瑕疵、行政争议一日尚存,公定力即有继续存

---

[1] 最高人民法院(2017)最高法行申1164号行政裁定书。
[2] 最高人民法院(2017)最高法行申6100号行政裁定书。

在的必要。公定力所蕴含的有效性推定绝不意味着该行政行为已经当然地具备了实质效力,而只是表明其在形式上暂时被假定为有效。至于该行为能否最终取得实质效力,还应当视其是否具备一切法定要件而定。可见,公定力只具有临时效用,它反映了行政行为效力在程序上的不间断性。

第三,公定力的适用对象。借用民法学上民事权利对世权和对人权划分的原理,行政行为公定力是一种"对世"的效力,即公定力可以适用于所有国家机关、社会组织或公民个人。具体言之,它既包括行政行为所针对的行政相对人及其他利害关系人,也包括与该行为无利害关系的其他社会组织及公民个人;既包括作出行政行为的原行政机关,也包括其他同级或上下级行政机关及法院。公定力的适用对象极其广泛,充分反映了全社会对国家公权力行为的承认和尊重。

第四,公定力的基本要求。公定力要求受其拘束的对象承担两项基本义务,一为先行服从义务,这主要是针对行政行为的相对人而言的。它要求相对人将对行政行为的异议诉诸事后的救济渠道加以解决,而在此之前只能对其表示服从。否则,有关机关可直接动用强制手段迫使其履行相应义务。二是不容否定义务,这主要是针对国家机关及其他社会组织或公民个人而言的。基于对国家机关之间权力配置、分立秩序尊重的考虑,当行政机关执行法律作出行政行为时,其他行政机关及法院就必须保持克制和容忍,不得无视甚至否定该行政行为的事实存在;其他社会组织和公民个人也应对其予以正视,不得以自己的行为破坏该行政行为所确定的社会关系。

行政行为为什么会具有公定力呢?对于这一问题,行政法学理上先后出现过"自己确认说""国家权威说""法安说""既得权说""社会信任说""实定法承认说""法律推定说"等多种观点。[①] 笔者认为,以"秩序需求说"解释公定力存在的理论基础似更妥当。"秩序概念意指在自然进程和社会进程中都存在着某种程度的一致性、连续性和确定性。另一方面,无序概念则表明存在着断裂(或非连续性)和无规则性的现象,亦即缺乏智识所及的模式——这表现为从一个事态到另一个事态的不可预测性的突变情形。"[②]无论在自然界还是在人类社会,秩序都是普遍存在的。个人、群体乃至全社会的生存和发展,都离不开良好社

---

① 参见章志远:《行政行为效力论》,中国人事出版社 2003 年版,第 60 页以下。
② 〔美〕E.博登海默:《法理学:法律哲学与法律方法》,邓正来译,中国政法大学出版社 1999 年版,第 219—220 页。

会秩序的维系和保障。历史的经验已经证明,有序的生活方式和状态远胜于杂乱的生活方式和状态。对社会秩序的信赖和期待不仅是外在的客观环境使然,而且还有着深层的心理根源。"许多人都是习惯的奴隶,他们愿意无怨言地或毫无质疑地承受现状,尽管改变现存事态完全有可能对他们有益",而人们对连续性的要求则基于这样的认识,"即如果不依靠过去的经验,他们就无法使自己适应这个世界上的情势,甚至有可能无法生存下去"。[①] 人是社会的动物,单个个体不可能脱离社会独立存在。稳定的社会秩序为人们的相互交往带来了极大的安全感,也为个人自主选择行为模式和生活方式提供了可能。在这一前提之下,每个社会成员都能预测并确信其他人如同自己一样,在既定规则下作出近乎一致的行为。反之,如果人人都"率性而为",则人人都会被反复无常和混乱不堪折磨得不知所措,社会生活的有序和安定必将为无序和动荡所替代,最终的受害者还是社会成员个人。可见,对秩序的需求是贯穿于人类社会发展始终的永恒现象。

在法哲学上,秩序通常被视为与法律永相伴随的基本价值。稳定的社会秩序既是法治赖以实现的前提,也是检验法治实现与否的标尺。具体到行政法领域而言,当作为社会公共利益的代表者,行政主体作出行政行为之后,在行政相对人存在异议且其未获最终确定之前,行政行为的效力应作何种推定最终离不开对秩序的考量。作为执行法律的具体活动——行政行为一旦作出,或者旧的社会关系发生变更、消灭,或者新的社会关系产生,其实质都是对社会秩序的恢复与架构。因此,对行政行为的遵循与服从,也将为社会生活提供很大程度的有序性和稳定性。倘若每个个体都能代替国家权威机构对行政行为的效力任意施加否定,不仅纠纷解决机制会受破坏,行政秩序亦将荡然无存。作为社会成员的行政相对人也将随之失去最起码的安全感,其生存和发展都会遭到巨大的现实威胁。可见,从维持社会秩序的角度观之,行政行为一旦作出即应被推定为有效,对全体社会成员都具有约束力量,除非公权力失序即追求自己的独特利益而必然引起整个社会的秩序紊乱时,才可对其效力予以先行否定。正是基于对行政法治的强烈期盼和对行政秩序的不懈追求,行政行为公定力理论才得以应运而生。

[①] 参见〔美〕E.博登海默:《法理学:法律哲学与法律方法》,邓正来译,中国政法大学出版社1999年版,第227页。

2. 不可改变力

行政行为的不可改变力是比照诉讼法上判决羁束力概念引申出来的,意指已成立的行政行为所具有的限制行政主体一方依职权随意对其予以改变的作用力。这一概念由以下四个基本要素所构成:

第一,不可改变力的发生时间。从时间上看,不可改变力发生于行政行为成立之时,即只要行政行为一经正式作出,行政主体一方就不能随意加以改变。行政行为效力的开始时期,应分开对行政主体本身和对当事人而不同。"对行政机关本身来说,行政处理效力的开始时期和行政处理的成立时期一致。行政处理一旦作出立即生效。行政机关从作出处理时就有遵守的义务。"[1]不可改变力的内涵与这一论断的精神相吻合。将不可改变力的发生时间定位于行政行为的成立,能有效遏制行政权的恣意行使,有助于鞭策行政主体认真对待行政程序。

第二,不可改变力的适用对象。不可改变力的约束对象是行政主体一方,既包括原行政主体,也包括其上级行政机关。当然,主要还是针对前者而言的。作为行政行为的实际作出者,原行政主体最有可能也最容易根据自己的判断对先前的行为直接进行改变,因而其自身最需要受到约束;上级行政机关也可以根据其所拥有的监督权对下级行政机关所作的行政行为予以改变,但同样需要受到限制。

第三,不可改变力的行为范围。一切行政行为都应当具有不可改变力。不论该行政行为是否已经超过法定救济时效,也不论其是否按照准司法程序作出或已经法院判决而确定,更不论其是授益性决定还是负担性决定,只要某个行政行为已经正式作出且非自始无效,即具有不可改变力。至于该行政行为所处的时空阶段或其自身性质,只可能影响到不可改变力的强弱程度。

第四,不可改变力的基本要求。不可改变力的实质就是限制随意改变,即要求行政主体非有法定事由且经过严格的程序不得对原行政行为作出改变。不可改变力又可称为自缚力,体现了行政行为对其作出者的自我限制。"改变"主要是指行政主体采取某种直接而积极的方式促使原先的行政行为发生变化,一般指撤销、废止及变更等。至于改变的具体事项,则包括改变原行政行为所认定的事实、适用的规范依据以及处理结果等。不可改变力并不意味行政行为

---

[1] 王名扬:《法国行政法》,中国政法大学出版社1988年版,第165页。

绝对不能改变,也并不排除行政主体对原行政行为进行某种补正或更正。当行政行为仅存在轻微程序瑕疵不至于影响其实体内容时,原行政主体可以对其进行补正,从而继续维持其效力;更正则是行政主体对其所作行政行为中存在的技术、文字等错误所进行的纠正。

3. 执行力

执行力是指已生效的行政行为所具有的要求行政相对人自行履行或者强制行政相对人履行其所设定义务的作用力。执行力既表现为自行履行力,也表现为强制执行力。自行履行力是行政行为本身的当然要求,强制执行力则是自行履行力的延伸和补充。只强调自行履行力而不提强制执行力,行政行为的公定力将失去有效保障,行政行为所设定的义务将无法得到切实履行;仅提强制执行力而不提自行履行力,不仅与行政活动的连续性原理相悖,而且也不符合现行立法规定和行政法制运行的实际状况。因此,自行履行力与强制执行力都是行政行为执行力不可或缺的重要组成部分。从行政行为的过程性来看,执行力具有以下三个基本特征:

第一,阶段性。从时间上看,执行力发生于行政行为生效之时。在行政行为失效之前,执行力始终存在。在这一特定期间内,执行力大致可以划分为两个不同阶段,即自行履行力阶段和强制执行力阶段。从行政行为开始生效到其所确定义务的履行期限届满之前为自行履行力阶段。在这一阶段,行政行为只具有形式效力,因而执行力也仅仅是要求行政相对人自觉履行行政行为所设定的义务。对于行政相对人来说,所面临的选择无非三种:一是积极履行行政行为所设定的义务,从而使其效力自然归于消灭;二是依法提起行政复议或者行政诉讼,试图延缓行政行为的执行;三是逾期不履行义务的则转至强制执行阶段。在自行履行力阶段,行政行为所设定的义务完全依赖行政相对人的自觉履行。如果行政相对人在行政行为所决定的期限届满时仍未履行义务的,强制执行力则随即产生。行政相对人的拒绝履行不论是出于何种心态,也不论其是否采取了某种表示异议的举措(如申请行政复议、提起行政诉讼等),行政行为的执行力都是客观存在的。这既是行政权的完整性使然,也是行政行为公定力原则的内在要求。在强制执行阶段,行政行为所设定的义务只有通过外在力量强制、迫使行政相对人去履行。由此可见,自行履行力阶段与强制执行力阶段的划分是有明确时间界限的。

第二,有限性。行政行为的执行力并不是绝对的,尤其是对于行政相对人权益影响较大的强制执行力来说,所受的限制更多。例如,葡萄牙《行政程序法》在规定行政行为具有执行力的同时,还就其例外情形作了列举。根据该法第150条的规定,下列行为不具有执行力:效力被中止的行为;被已提起且具有中止效力的上诉所针对的行为;须经核准的行为;对具有执行力的行为加以确认的行为。此外,执行力还可能受到正在进行的争讼程序的影响,如日本和我国的行政诉讼法就规定,在争讼过程中,当行政行为的执行会造成难以弥补的损害、情况急迫且不影响公共利益时,审判机关可以根据行政相对人的申请决定停止对行政行为的强制执行。

第三,灵活性。虽然执行力是设定行政相对人义务的行政行为所特有的,但并不意味着执行力的具体表现形式、实现方式都是一成不变的。在有的情况下,行政行为所设定的义务只能依赖行政相对人的自觉履行,行为本身并不能够强制执行。例如,行政机关吊销证照行为所设定的义务就是行政相对人停止使用原先的证照进行生产、经营活动。倘若行政相对人继续使用,行政机关可以采取行政处罚等相应措施,但无法对吊销证照行为本身进行强制执行。在另外一些情况下,行政行为的作出即意味着执行的完结,既不需要行政相对人的自觉履行,也不需要其他机关强制行政相对人履行。例如,警告处罚、盘问等行为本身就是执行。此外,执行力的灵活性还体现在不同阶段的转化上。例如,当行政行为所决定的履行期限届满时,行政行为即由自行履行力阶段转向强制执行力阶段;但在行政机关动用强制执行措施之前或在其申请法院强制执行的过程中,行政相对人仍然可以自行履行行政行为所设定的义务。又如,某些限制人身自由的处罚或强制措施虽然也具有执行力,但在行政相对人提供一定方式的担保之后,就能够暂缓履行相应的义务。

4. 不可争力

不可争力是指行政行为所具有的排除行政相对人在法定期限届满之后对其提起争讼的作用力,它是与诉讼法上判决的形式确定力相对应的概念。行政行为不可争力所表达的基本思想是:当法定时效超过时,行政行为即告确定;行政相对人将随之失去以正常救济手段对其效力进行攻击的权利。不可争力概念由以下三个基本要素所构成:

第一,不可争力的适用对象。不可争力是针对行政相对人行使法律上的救济权利而言的。当行政行为一经作出且被行政相对人知悉后,行政相对人就必须承认行政行为的客观存在。如果对其存有异议,必须在法律规定的期限之内向法定机关提出相应的救济请求。否则,行政相对人将丧失这项基本权利。

第二,不可争力的发生时间。不可争力发生于法定救济期限届满之时,具体包括三种情形:一是当行政相对人在法定复议期限内没有依法提出复议请求的,该期限的超过为不可争力产生的时间点;二是当行政相对人在法定起诉期限内没有依法起诉的,该期限的超过亦为不可争力的发生时间;三是当行政相对人先行申请复议,但在知悉复议决定作出之日或自复议期满之日起的法定期限内未及时提起诉讼的,该期限的超过同样也是不可争力的发生时间。当然,如果行政主体未能在行政行为中告知行政相对人享有救济权及其行使期限,甚至当事人连该行政行为的内容都不知道的,法定救济期限的起算点也将随之向后推移。

第三,不可争力的基本要求。不可争力是行政相对人在法定期间内不行使救济权所导致的直接后果,可视为对行政相对人行使救济权的一种限制。行政行为作出之后,为了维护行政相对人的合法权益免受不法侵犯,法律都赋予其相应的救济手段。不过,行政相对人救济权的行使同样要受到诸多限制,法定的救济申请期限即是其中之一。倘若行政相对人在此期限内自动放弃或未实际行使救济权,则其就丧失了对行政行为的争讼权。

三、行政行为效力的具体形态

以发生的先后为序,行政行为效力的具体形态主要表现为无效、生效、有效和失效四种情形。其中,无效是行政行为效力的非正常状态,生效、有效和失效则是其常态。

(一) 无效

无效指的是行政行为作出之时因欠缺法定实质要件而自始全然不发生法律效力的状态。行政行为的无效具有四个基本特征:一是自始无效,即从行政行为正式作出时即无法律上的约束力;二是当然无效,不论行政相对人是否提出主张,是否知道无效的情况,也不论是否经过法院或行政机关的确认,该行政行为都是无效的;三是确定无效,行政行为不仅成立时不发生法律效力,而且此后的任何事实也都不可能使之有效;四是绝对无效,即行政行为所蕴含的意思表示内容不被法律所承认。"一旦法院宣布某一行政行为在法律上无效,那就如同什么事也没有发生一样。"①

从大陆法系国家和地区的行政法学理及立法来看,无效大多是因行政行为存在重大且明显的瑕疵而引起的。此处的"重大"是就行政行为的内部要素而言的,即行政行为的瑕疵已经达到了连信赖保护原则都无法为其进行解释的境地;"明显"则是就行政行为的外观要素而言的,即行政行为的瑕疵一目了然,一般人都能很容易地分辨出来。例如,德国《联邦行政程序法》第44条第1款规定:"行政行为具有严重瑕疵,该瑕疵按所考虑的一切情况明智判断属明显者,行政行为无效。"葡萄牙《行政程序法》第133条第2款规定:"受胁迫作出的行为,在秩序混乱中作出合议机关决议、或未具法定人数或未达法律要求的多数而作出的合议机关决议均无效。"西班牙《行政程序法》第62条第1款第2项规定:"从业务或地区范围上明显无管辖权的部门所作的行为,完全无效。"

无效的法律后果主要体现在四个方面:第一,从时间上看,无效的行政行为在任何阶段都不具有效力,且其并不因事后的追认、转换或争讼时效的经过而自然取得效力。例如,葡萄牙《行政程序法》第137条第1款规定:"不允许追认、纠正及转换无效或不存在的行为。"第二,从内容上看,一方面,无效的行政行为不具有公定力。对于无效的负担性行政行为,行政相对人没有必须接受和服从的义务,如因此而发生刑事法上的争议,则刑事法院无须尊重该行政行为,可以独立的意思表示直接认定其无效;对于无效的授益性行政行为,其他利害关系人也没有必须尊重直接授益人权利的义务,如因此而发生民事法上的争议,则民事法院也无需尊重该行政行为,可以独立的意思表示直接认定其无效。另一方面,无效的行政行为也不具有不可改变力、执行力和不可争力。行政相对人及其他关系人对其可以不服从、不理睬,行政机关也不得为此而实施强制执行。第三,在某些特殊情况下,无效的行政行为所衍生出来的事实在法律上仍然被视为有效。葡萄牙《行政程序法》第134条第3款规定,行政行为无效"不妨碍因时间经过及按法律一般原则,而对从无效行为中衍生的事实情况赋予某些法律效果的可能性"。例如,某煤矿的采矿许可证被宣布无效之后,矿主就不能以此为由要求煤矿主管部门及税务部门退还其经营期间缴纳的管理费用及税款。第四,当行政行为部分无效时,除非无效部分是该行为不可分割的组成部分,否则行政行为的其他部分仍然有效。例如,西班牙《行政程序法》第50条规定:"(1)某行为之无效,对于由同一程序上之续行行为中独立出来之行

---

① 〔英〕威廉·韦德:《行政法》,徐炳等译,中国大百科全书出版社1997年版,第45页。

为不随之无效。(2) 行政行为一部无效,对于独立于该无效部分之其他剩余部分,不随之无效。"

我国2014年《行政诉讼法》的修订,使"行政行为无效"首次正式成为具有确切内涵的法律概念,该法第75条在列举确认行政行为无效判决的情形时,仅限于"实施主体不具有行政主体资格或者没有依据等重大且明显违法情形",实现了行政行为事实判断与效力判断的分离。2021年《行政处罚法》的修订,使"行政处罚无效"成了具有确切内涵的法律概念,该法第38条在列举行政处罚无效的情形时,已经拓展到"没有依据或者实施主体不具有行政主体资格""违反法定程序构成重大且明显违法的",为今后的统一行政程序立法提供了重要参考。

(二) 生效

从行政行为过程性角度来看,生效是行政行为自身运行进程中的一个重要环节,意指行政行为在符合特定条件时开始产生形式效力。对于行政主体而言,行政行为的成立与生效是完全一致的,即行政行为一旦作出就对行政主体一方产生形式上的效力,这是警示行政主体慎重行使行政职权的内在要求;对行政相对人来说,行政行为只有在通知之后才可能对其产生形式效力。正是由于行政行为的成立与行政相对人的实际知悉之间客观上存在时间差,因此才使生效成为一种独立的形态。否则,行政行为的成立就完全可以取代或包容生效概念。对于行政相对人来说,生效既意味着对该行为争讼时效的开始,也意味着其享有权利、履行义务的开始。

行政行为的生效与行政行为的成立、有效等概念既有联系又有区别。首先,就行政行为的成立而言,其意指行政行为在什么情况下就算已经客观存在了,它是讨论行政行为效力问题的前提。一个尚未成立的行政行为根本就谈不上生效或者有效。因此,就成立与生效之间的联系而言,成立无疑是生效的基础,而生效则是成立的延续。对于行政主体一方而言,行政行为的成立与生效在时间上是完全重合的。但成立与生效并不是完全等同的,一个已经成立的行政行为只有在符合特定的生效条件(如通知、所附期限届满等)时才能产生形式效力。其次,就一个已经生效的行政行为来说,要想获得真正的、实质意义上的效力,还必须满足法定的有效条件。生效仅指行政行为形式效力的发生,它只是法律上的一种推定。如果已生效的行政行为不符合法定要求,则有权机关可以依照法定程序进行撤销,使其形式效力一同归于消灭。可见,生效与有效也是两个相互独立的范畴。就它们之间的联系而言,生效是有效的前提,有效则是生效的拓展;符合生效条件的行政行为具有形式效力,而符合有效条件的行政行为则具有实质效力,它们都是对行政行为效力相应的评价方式。当然,二者的区别也是明显的:一是存在顺序不同,行政行为的生效在前而有效在后;二是条件不同,行政行为的生效条件仅表现为简单的程序要求,而行政行为的有效条件则包括实体、程序等诸多方面的要求;三是评价层次不同,生效是对行政行为效力的初级评价,而有效则是对行政行为效力的终极评价。

在行政法学理上,一般认为生效大致有四种具体情形,一是受领生效,即行政行为须经行政相对人受领之后才能生效,一般都是以实际送达作为受领的标志;二是告知生效,即行政行为必须告知行政相对人后才能生效,一般以口头或公告等形式告知;三是即时生效,即行政行为一经作出就生效,一般适用于当场作出决定或者情况紧急等场合;四是附款成就生效,即行政行为所附条件成就或期限届满时生效。

(三) 有效

有效是指已生效的行政行为因符合法定要件而具备或视为具备实质效力的状态,它是行政主体所积极追求的一种状态。合法与有效、违法与无效之间并非一一对应关系。合法是对行政行为的肯定性法律评价,其条件一般比较严格;有效是对行政行为的肯定性效力评价,其条件相对而言比较灵活。在有的情况下,行政行为虽然不合法却也可能是有效的。"合法性只是效力判断的一个基准而非全部基准,是进行判断的重要条件而非充分条件。"[1]总的来说,行政行为合法要件可以看作行政行为有效的一般要件,而其他并不合法但可视为行政行为有效的则可以归结为有效的特殊情形。

一是行政相对人在法定起诉期限届满时未提出救济请求的,除了无效行政行为之外,不管该行政行为是否合法,一般都视为有效。原因在于,法律的安定性要求行政相对人在特定期限内及时行使行政救济权,否则时间经过会使违法行为"合法化",进而在法律上认可其效力。换言之,已生效的行政行为将不经审查、判断阶段而直接进入有效状态。

二是对于某些程序上存在轻微瑕疵的行政行为,经过补正之后同样承认其

---

[1] 江必新:《行政行为效力判断之基准及规则》,载《法学研究》2009 年第 5 期。

有效。虽然程序合法是行政行为有效的一般要件之一,但当今世界各国大多对程序违法尤其是程序轻微违法持比较宽容的态度,即这一瑕疵经补正之后并不影响行政行为取得实质效力。我国 2014 年修订的《行政诉讼法》第 74 条第 1 款第 2 项将"程序轻微违法但对原告权利不产生实际影响的"行政行为归为确认违法判决之列,使这些轻微违法的行政行为效力继续维系。

三是对于某些一般性违法行政行为,有权主体可以根据利益衡量原则或通过追认、转换等手段维持其效力从而使其达到有效状态。这是一些国家和地区的行政诉讼及行政程序立法所认可的一项特殊制度。例如,日本《行政诉讼法》第 31 条第 1 款规定:"关于取消诉讼,虽然处分或裁决是违法的,但由于对之取消会对公共利益产生明显妨害时,裁判所在考虑了原告所受损害的程度、其损害赔偿或防止的程度以及方法及其他一切情况之后,在认为取消其处分裁决不符合公共福利时,可以驳回请求。在这种情况下,在判决正文中必须宣布该处分或裁决是违法的。"在学理上,这一规定被称为"事情判决"或"基于特别情况的驳回判决"。① 此外,一些国家和地区的行政程序法还对违法行政行为的追认和转换作了明确规定。其中,追认是有权限的机关对无权限机关作出的行政行为的事后确认。例如,葡萄牙《行政程序法》第 137 条第 3 款规定:"如属无权限的情况,则有权限作出该行为的机关有追认该行为的权力。"转换则是行政机关利用违法行政行为中的合法内容将其置换为具有与其相同目的及实质、形式要件的另一行政行为。例如,德国《行政程序法》第 47 条第 1 款规定:"具瑕疵的行政行为与另一行政行为目的相同,作出前者的行政机关依已发生的程序和已采取的形式也可能合法作出后者,且具备作出要件的,可将前者转换为后者。"违法行政行为无论是经过追认还是转换,都被视为自始有效。我国 2014 年修订的《行政诉讼法》第 74 条第 1 款第 1 项将"依法应当撤销,但撤销会给国家利益、社会公共利益造成重大损害的"行政行为归为确认违法判决之列,经由利益衡量使违法行政行为的效力继续维系。

(四) 失效

失效是行政行为又一重要的效力形态。在行政法学理上,失效亦称作行政行为效力的"消灭"或"终止",意指已生效的行政行为因某些主、客观原因而不

---

① 参见杨建顺:《日本行政法通论》,中国法制出版社 1998 年版,第 754 页。

产生实质效力或产生后归于消灭。对于这一概念的理解,应当着重把握以下三点:

第一,失效的前提。行政行为的失效应当具备两个基本的前提条件:一是该行政行为已经生效,即已经发生形式效力。如果一个行政行为尚未生效或根本就不可能生效(如自始无效),也就谈不上该行政行为的失效。二是已生效的行政行为必须具备某些特定的失效原因,如行为本身违法、不当或行为所指向的行政相对人死亡等。否则,已生效的行政行为将进入有效状态。

第二,失效的形式。行政行为的失效主要表现为客观失效和主观失效两种情形。其中,客观失效是由某些客观事实出现而引起,如行政行为因履行完毕而导致其效力自然消灭;主观失效则是因法定机关的撤销、废止或变更而引起行政行为效力的消灭,如原行政主体依职权撤销其所作违法行政行为致其效力丧失。

第三,失效的本质。行政行为失效之"效"是行政行为生效之"效"和有效之"效"之和,既包括行政行为形式效力的丧失,也包括行政行为实质效力的消灭。在有的情况下,失效是指行政行为不产生实质效力,同时先前已发生的形式效力也随之丧失,如行政行为因争讼撤销而失效;在另外一些情况下,失效是指行政行为实质效力产生之后归于消灭,如原行政主体以情势变更为由废止其所作合法行政行为而致其失效。无论行政行为的失效属于何种情形,都是由行政行为的过程性所决定的。行政行为始终是一个不断发展的动态过程,从其成立之时开始,行政行为就一直处于运动状态。伴随着行政行为自身各种要素的演变,行政行为的效力随之发生相应变化并直至最终消失。

根据发生原因的不同,行政行为的失效可以进一步区分为客观失效和主观失效两种。其中,客观失效亦可称为自然失效、自动失效,因行政行为自身某种要素的完结而发生。自行为要素完结之日起行政行为即失去法律效力,具体表现为因内容的实现、对象的不存在、所附条件的满足等而失效。主观失效亦可称为废弃失效,因行政行为自身存在违法、不当等瑕疵或因其不适应情势变迁由法定机关废弃而引起。与客观失效不同的是,主观失效只有依赖有权机关的废弃才能得以实际发生。具体来说,行政行为的主观失效包括三种情况:一是因撤销而失效,即已生效的行政行为因其存在违法事由而被有权机关按照法定程序消灭其效力;二是因废止而失效,即有权机关以不适应情势变迁为由而消灭已经生效且合法的行政行为的效力;三是因变更而失效,即有权机关以不当为由对已生效的行政行为的内容所作的部分改变。

从行政行为过程论角度上看,行政行为效力的内容和形态如图 1 所示:

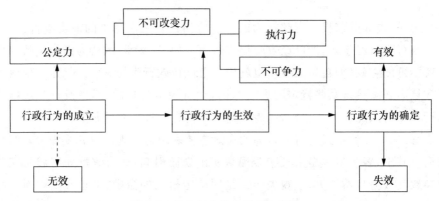

图 1　行政行为效力运行示意图

注:图中的实线表示行政行为效力运行的常态,虚线则表示其变态。

【扩展阅读】

1. 叶必丰:《行政行为的效力研究》,中国人民大学出版社 2002 年版。
2. 章志远:《行政行为效力论》,中国人事出版社 2003 年版。
3. 赵宏:《法治国下的行政行为存续力》,法律出版社 2007 年版。

【延伸思考】

1. 如何理解行政行为效力的内涵?
2. 如何评价行政行为公定力理论?
3. 如何评价行政行为存续力理论?

第十一章　行政行为形式论

　　我国行政法学研究深受以德国为代表的大陆法系行政法学理论的影响,无论在行政法学知识体系框架结构的安排上,还是在作为传统行政法学方法论的行政行为形式论的运用上,这种影响都极为深刻。"行政之行为形式理论乃基于法概念操作技术之方便性,就行政机关为达成一定行政目的或任务所实施之各种活动中,选定某一特定时点之行为,作为控制行政活动适法范围或界限时之审查对象(基本单元),以达成对行政机关进行适法性控制之目的。因此,行政行为形式理论之任务主要借由厘清各种行政活动基本单元之概念内涵与外延、容许性与适法性要件、法律效果等问题,以确保依法行政要求,并同时保障人民权利。"[①]在行政行为形式论的影响下,我国行政法学理论注重行政行为的分类研究,试图通过对行政活动型式化、抽象化的处理达到行政法治主义的要求。近年来,随着日本行政法上行政过程论的介绍,学理上开始对行政行为形式论的局限性进行反思。不过,就目前我国行政法学研究和制度实践而言,行政行为形式论远未达到精致程度,很多未型式化的行政活动方式还有待学理归纳。即使是已经定型的行政行为,实践中也发生了很多变化,同样需要得到行政法学理的回应。本章拟就行政处罚、行政许可及行政强制这三类已经型式化的行政行为加以论述。

[①] 赖恒盈:《行政法律关系论之研究——行政法学方法论评析》,元照出版有限公司2003年版,第53页。

一、行政处罚论

作为一类传统的行政行为,行政处罚在我国行政管理实践中得到了十分广泛的运用。行政处罚的过多、过滥直接危及到行政相对人的合法权益,对行政机关的形象和威信也会产生消极影响。因此,通过法律严格限制行政处罚权的行使一直是我国行政法理论与实践的重要议题。1996年10月,承载着厚重法治理想的《行政处罚法》正式施行。作为我国行政执法领域第一部综合性法律和第一部单行行政程序法,《行政处罚法》的颁行意义重大,标志着我国行政法制发展路径从"实体控权"向"程序控权"的转变,并对规范其他行政执法活动产生了广泛影响。2021年1月,十三届全国人大常委会第二十五次会议通过了《行政处罚法》修订草案。新修订的《行政处罚法》在总结行政执法实践经验的基础上,进一步丰富和完善了行政处罚的基本制度和适用规则,巩固了行政执法领域取得的重大改革成果,是新时代我国法治政府建设中的重大事件。本部分在简述《行政处罚法》修订亮点的基础上,重点论述行政处罚总则地位的维护。

(一)《行政处罚法》的修订亮点

总体上看,《行政处罚法》的修订亮点体现在如下九个方面[①]:

第一,增设了行政处罚的概念。《行政处罚法》第2条规定:"行政处罚是指行政机关依法对违反行政管理秩序的公民、法人或者其他组织,以减损权益或者增加义务的方式予以惩戒的行为。"这一定义明确了行政处罚概念的四个要素:以"行政机关"作为处罚的主体;以"违反行政管理秩序的公民、法人或者其他组织"作为处罚的对象;以"减损权益或者增加义务"作为处罚的方式;以"惩戒性"作为处罚行为的本质特征。"行政处罚"法律概念的增设,有助于解决执法实践中行政处罚行为的繁杂多样,防止大量行政处罚行为"逃逸"法律的约束。

第二,完善了行政处罚的种类。《行政处罚法》第9条采用"列举+兜底"方式,对行政处罚的种类进行了细致规定。主要变化如下:一是将七项规定改为

---

① 有关《行政处罚法》修改亮点的解读,可参见胡建淼:《〈行政处罚法〉修订的若干亮点》,载《中国司法》2021年第5期;黄海华:《新〈行政处罚法〉制度创新的理论解析》,载《行政法学研究》2021年第6期。

六项规定,以行政处罚的严重程度排列组合,同时将第二项和第三项对财产罚的规定予以合并;二是增加了五种行政处罚种类,包括"通报批评""降低资质等级""限制开展生产经营活动""责令关闭""限制从业"。

第三,规范了行政处罚的设定权限。一是赋予行政法规、地方性法规"补充"设定权。《行政处罚法》第 11 条第 3 款与第 12 条第 3 款分别赋予了行政法规对法律、地方性法规对法律和行政法规的补充设定权。为了防止行政法规和地方性法规超越职权滥设行政处罚侵害行政管理相对人的合法权益,《行政处罚法》还规定了行政法规和地方性法规拟补充设定行政处罚的,应当通过听证会、论证会等形式广泛听取意见,并向制定机关作出书面说明;地方性法规报送备案时,应当说明补充设定行政处罚的情况。二是赋予规章设定通报批评权。《行政处罚法》第 13 条第 2 款与第 14 条第 2 款分别赋予国务院部门规章、地方政府规章设定通报批评的权力,扩大了规章的设定权。三是增加行政处罚实施评估制度。《行政处罚法》第 15 条规定:"国务院部门和省、自治区、直辖市人民政府及其有关部门应当定期组织评估行政处罚的实施情况和必要性,对不适当的行政处罚事项及种类、罚款数额等,应当提出修改或者废止的建议。"通过定期对行政处罚的实施情况进行评估,有助于减少不必要的行政处罚事项,促使简政放权、优化营商环境目的的实现。

第四,推进了综合执法和行政处罚权的下移。一是建立综合行政执法制度。《行政处罚法》第 18 条第 1 款规定:"国家在城市管理、市场监管、生态环境、文化市场、交通运输、应急管理、农业等领域推行建立综合行政执法制度,相对集中行政处罚权。"综合行政执法是对我国长期以来推进综合行政执法制度改革经验的总结,有利于统筹配置行政处罚职能和执法资源,合理配置执法力量。此处的"等"字,意味着待其他领域条件成熟后也可以实施综合行政执法改革。二是下移行政处罚权。为满足基层行政执法的需求,《行政处罚法》第 24 条第 1 款规定:"省、自治区、直辖市根据当地实际情况,可以决定将基层管理迫切需要的县级人民政府部门的行政处罚权交由能够有效承接的乡镇人民政府、街道办事处行使,并定期组织评估。决定应当公布。"本条确立了行政处罚权下移应当满足的两个条件:一是只限于县级人民政府部门的行政处罚权,二是基层管理迫切需要的行政处罚权。

第五,增加了行政处罚权行使的协调机制。一是完善管辖争议解决机制。《行政处罚法》第 25 条第 1 款规定:"两个以上行政机关都有管辖权的,由最先立案的行政机关管辖。"对于出现管辖权争议的,增加了由最先立案的行政机关管辖,同时规定协商解决制度。这一规定有助于妥善处理行政机关之间的关系,防止出现行政处罚机关争权或推责。二是增加协助请求机制。《行政处罚法》第 26 条规定:"行政机关因实施行政处罚的需要,可以向有关机关提出协助请求。协助事项属于被请求机关职权范围内的,应当依法予以协助。"通过行政执法协助,有助于妥善处理不同地域行政机关之间的关系,提高行政处罚的协同性。三是细化行刑衔接机制。《行政处罚法》第 27 条规定:"违法行为涉嫌犯罪的,行政机关应当及时将案件移送司法机关,依法追究刑事责任。对依法不需要追究刑事责任或者免予刑事处罚,但应当给予行政处罚的,司法机关应当及时将案件移送有关行政机关。行政处罚实施机关与司法机关之间应当加强协调配合,建立健全案件移送制度,加强证据材料移交、接收衔接,完善案件处理信息通报机制。"这一规定丰富了行刑衔接的内容,能够避免"以行代刑""以刑代行"现象的发生。

第六,明确了行政处罚的适用规则。一是细化了"一事不再罚"规则。《行政处罚法》第 29 条对一事不再罚原则作了进一步完善,针对实践中一个违法行为违反多个法律规范的情形,在坚持"一事不再罚"原则的基础上,增加规定"同一个违法行为违反多个法律规范应当给予罚款处罚的,按照罚款数额高的规定处罚"。二是增加"轻微不罚""首违不罚""无错不罚"等制度。《行政处罚法》第 33 条规定:"违法行为轻微并及时改正,没有造成危害后果的,不予行政处罚。初次违法且危害后果轻微并及时改正的,可以不予行政处罚。当事人有证据足以证明没有主观过错的,不予行政处罚。对当事人的违法行为依法不予行政处罚的,行政机关应当对当事人进行教育。"行政处罚的目的在于预防和减少违法行为的发生,并非为罚而罚,对轻微违法者进行说服教育也能起到同样的作用。轻微不罚、首违不罚、无错不罚等制度的确立,体现了行政处罚的"慎罚"思想。三是延长重点领域违法行为的追诉时效。《行政处罚法》第 36 条第 1 款规定:"违法行为在二年内未被发现的,不再给予行政处罚;涉及公民生命健康安全、金融安全且有危害后果的,上述期限延长至五年。法律另有规定的除外。"该规定确立了对违法行为以两年为原则、以五年为例外的追诉时效模式,有助于增强对重点领域违法行为的打击力度。四是增加行政处罚决定的无效制度。《行政处罚法》第 38 条规定:"行政处罚没有依据或者实施主体不具有行政主体资格的,行政处罚无效。违反法定程序构成重大且明显违法的,行政处罚无效。"这一规定实现了行政处罚无效法律概念与学术概念的统一,也是对 2014 年修订的《行政诉讼法》有关行政行为无效判决规定的继承和发展。

第七，引进了行政执法三项制度。一是行政执法公示制度。公示制度有助于保障当事人和社会公众的知情权、参与权、表达权和监督权，表现为《行政处罚法》第34条"行政处罚裁量基准应当向社会公布"、第39条"行政处罚的实施机关、立案依据、实施程序和救济渠道等信息应当公示"、第41条"电子技术监控设备设置地点应当向社会公布"、第48条"具有一定社会影响的行政处罚决定应当依法公开"等规定上。二是执法全过程记录制度。《行政处罚法》第47条规定："行政机关应当依法以文字、音像等形式，对行政处罚的启动、调查取证、审核、决定、送达、执行等进行全过程记录，归档保存。"三是重大执法决定法制审核制度。这一制度要求执法机关在作出重大行政执法决定之前，必须进行法制审核。未经法制审核或审核未通过的，不得作出决定。《行政处罚法》第58条第1款列举了四类需要进行法制审核的具体情形：涉及重大公共利益的；直接关系当事人或者第三人重大权益，经过听证程序的；案件情况疑难复杂、涉及多个法律关系的；法律、法规规定应当进行法制审核的其他情形。

第八，丰富了行政处罚的证据规则。一是明确了电子技术监控设备收集证据的适用要点。《行政处罚法》第41条第1、2款规定："行政机关依照法律、行政法规规定利用电子技术监控设备收集、固定违法事实的，应当经过法制和技术审核，确保电子技术监控设备符合标准、设置合理、标志明显，设置地点应当向社会公布。电子技术监控设备记录违法事实应当真实、清晰、完整、准确。行政机关应当审核记录内容是否符合要求；未经审核或者经审核不符合要求的，不得作为行政处罚的证据。"二是补充了证据的种类和适用规则。《行政处罚法》第46条第1款列举了行政处罚证据的基本种类：书证，物证，视听资料，电子数据，证人证言，当事人的陈述，鉴定意见，勘验笔录、现场笔录；第2款强调"证据必须经查证属实，方可作为认定案件事实的根据"；第3款强调"以非法手段取得的证据，不得作为认定案件事实的根据"。

第九，完善了行政处罚的决定程序。一是丰富了行政处罚的程序类型。《行政处罚法》第49条规定："发生重大传染病疫情等突发事件，为了控制、减轻和消除突发事件引起的社会危害，行政机关对违反突发事件应对措施的行为，依法快速、从重处罚。"这一规定首次确立了应急处罚程序。《行政处罚法》第41条第3款规定："行政机关应当及时告知当事人违法事实，并采取信息化手段或者其他措施，为当事人查询、陈述和申辩提供便利。不得限制或者变相限制当事人享有的陈述权、申辩权。"这一规定首次确立了非现场行政处罚的基本程序。二是调整了不同类型处罚程序的适用范围。《行政处罚法》第51条将简易程序案件的门槛调整为"对公民处以二百元以下、对法人或者其他组织处以三千元以下罚款"的行政处罚,扩大了简易程序的适用范围。《行政处罚法》第63条将听证程序案件的范围调整为"较大数额罚款;没收较大数额违法所得、没收较大价值非法财物;降低资质等级、吊销许可证件;责令停产停业、责令关闭、限制从业;其他较重的行政处罚;法律、法规、规章规定的其他情形"等九类具体情形,进一步扩大了听证程序在行政处罚中的适用。三是实现了行政处罚普通程序的全周期规范。《行政处罚法》第54条第2款规定:"符合立案标准的,行政机关应当及时立案。"这是对行政处罚立案程序的首次规定,解决了"入口"问题。《行政处罚法》第60条规定:"行政机关应当自行政处罚案件立案之日起九十日内作出行政处罚决定。法律、法规、规章另有规定的,从其规定。"这是对行政处罚结案期限的首次规定,解决了"出口"问题。

(二)行政处罚总则地位的维护

回溯《行政处罚法》的立法史,就行政处罚的一般原则和规则作出统一规定是其起草"初心"所在。时任全国人大常委会秘书长曹志1996年3月12日在八届全国人大四次会议上所作的《关于〈中华人民共和国行政处罚法(草案)〉的说明》中就曾指出,行政处罚实践中存在着"处罚随意性"的突出问题,人民群众对此很有意见。行政法学理普遍将其解释为"规范行政机关行使行政处罚权的基本法律"[①],认为其有助于"将行政处罚工作纳入统一的法制轨道"。[②] 在关于《行政处罚法》修改方向的学术讨论中,重申其行政处罚"总则"地位的倡议再度响起。[③] 行政处罚总则的意义是要规定各类行政处罚活动必须遵循的基本原则和一般性规则,为各个行政管理领域行政处罚活动的具体规定提供依据,确保行政处罚法律规范体系的统一性和完整性。《行政处罚法》总则的地位既针对具体行政领域的特别法律,也针对涉及行政处罚内容的地方立法,作为行政处罚总则的《行政处罚法》扮演着一种中央框架性立法的角色。1996年《行政处罚法》在文本层面初步完成了行政处罚总则的框架设计,但在二十多年的实施过程中遭遇到很多挑战,应当借助2021年修改的《行政处罚法》正式实施的契机,进一步夯实行政处罚的总则地位,重点处理好与特别处罚立法之间的辩证

---

① 应松年:《规范行政处罚的基本法律》,载《政法论坛》1996年第2期。
② 参见陈延庆、张世诚:《行政处罚法的意义及其基本原则》,载《中国法学》1996年第2期。
③ 参见熊樟林:《论〈行政处罚法〉修改的基本立场》,载《当代法学》2019年第1期。

1. 行政处罚总则地位的三重挑战

出于对行政处罚权设定和实施混乱的警惕，1996年《行政处罚法》确立了以"处罚法定"原则为龙头的源头控制方案，希冀通过中央和地方行政处罚设定权的严格划分，维系行政处罚法律规范体系的统一性。为了维系法律权威，该法第64条对"与本法规定不符合的法规和规章"强行设定了修订的最后期限。在《立法法》尚未出台的背景下，这种"对行政立法权限进行实质性划分和界定"[①]的特殊制度安排，形塑了《行政处罚法》作为其他任何形式行政处罚立法"法定依据"的角色，初步奠定了《行政处罚法》作为行政处罚总则的法律地位。不过，行政法制实践发展已经对此形成了很大挑战。

（1）不断突破处罚类型的特别法。近年来，为解决一些行政管理领域长期存在的守法成本高、违法成本低和行政执法不严、行政监管不力的难题，"加大处罚力度"已成具体行政领域基本法律修订的首要武器，一批突破处罚类型的特别法相继涌现。以2014年以来《中华人民共和国环境保护法》（以下简称《环境保护法》）、《中华人民共和国广告法》（以下简称《广告法》）、《食品安全法》修订过程中的若干创新举措为例，至少在三个方面构成挑战：一是罚款手段的过度使用。"按日连续罚款"的设置固然能够起到特殊的威慑效果，但这种罕见的对违法企业上不封顶的处罚在"法律性质界定、适用条件和程序设计"上还存在诸多不足，呈现出在"行政处罚与执行罚之间顾此失彼的状态"。[②] 大幅提高法定罚款最高和最低限额的做法，既缺乏《行政处罚法》的直接规范依据，也进一步扩大了具体行政管理领域行政处罚的裁量空间。二是拘留手段的扩张适用。无论是环保行政拘留的渐次演进，还是食品安全行政拘留的直接设定，本质上都是人身罚适用情形的泛化。这种人身罚范围的扩张，既形成了公安机关实施传统治安拘留与新型非治安性拘留之间的紧张关系，也因警察负担的加重存在着未知的风险。三是从业限制措施的资格罚依据缺失。无论是市场禁入还是职位禁入措施，本质上都是对当事人特定行业从业资格的限制和剥夺，属于一种典型的资格罚。实践中的从业限制措施长期游离于《行政处罚法》之外，难以受到行政处罚正当程序的制约，处罚法定原则的精神未能充分彰显。

（2）地方立法的变相扩权。从2017年以来全国人大常委会法工委备案审

[①] 杨惠基、姜志东：《〈行政处罚法〉对政府的影响与挑战》，载《行政法学研究》1997年第1期。
[②] 参见刘佳奇：《对按日连续处罚适用问题的法治思考》，载《政治与法律》2015年第7期。

查工作情况历年报告来看,地方政府规章、规范性文件扩大上位法有关违法行为范围规定另行设置处罚的情形时有发生。特别是在道路交通管理领域,一些地方规定的措施人为增加了公民的义务、减损了公民的权利,全国人大常委会法工委备案审查室对此都给予了及时回应。① 目前,"失信惩戒"措施的泛化尤为典型。一些地方性法规就"何为失信""失信如何惩戒""如何实施联合惩戒"纷纷加以规定,其中明显具有行政处罚性质的部分措施就对《行政处罚法》构成了挑战。一些本属于违法应受相应惩罚的行为又被冠以失信之名再次予以惩戒,一些本属于道德范畴调整的行为被强行冠以失信之名予以惩戒,失信惩戒中的一部分措施又具有事实上的行政处罚功能,消解了有关违法行为设定规则、处罚种类设定规则、过罚相当原则及禁止不当联结原则的制约功能。

(3) 不断越界的"社团罚"。社团罚是社会团体为维护社团秩序,依据社团章程或其他自治规则对违章、违规的社团成员所进行的处罚。② 与社会团体作为法律、法规或者规章授权组织依法所实施的行政处罚所不同的是,依据社团章程所实施的处罚保障的是社团自身的利益,限制或剥夺的也是社团成员依托社团所享有的权利。但在我国行业发展实践中,以社团罚之名行行政处罚之实的"变相行政处罚"③却不断出现。2002年发生的"长春亚泰足球俱乐部及其教练员、球员不服中国足协处理决定案"④虽已被法院裁定不予受理告终,但社团不当实施行政处罚的问题引起了社会的广泛关注。以中国律师协会和中国篮球协会所制定的违纪处理规则为例,可以看出社团罚在处罚种类设定方面对行政处罚的局部侵蚀。例如,对律师的公开谴责,实则是声誉罚的一种体现;对球员终身禁赛的处理,实则是永久性的行业禁入,属于典型的资格罚;对组织单位的扣减保证金、核减赛事经费等处罚,实则是变相设置罚款。原本基于社团自治而产生的社团罚,却不断越界具有了行政处罚功能,对《行政处罚法》的总则地位形成了新的挑战。

2. 行政处罚总则地位受挫的成因

《行政处罚法》作为行政处罚总则地位的受挫,既有其自身立法的原因,也

---

① 参见朱宁宁:《备案审查 剑指道交管理法规规章》,载《法制日报》2019年1月29日。
② 参见方洁:《社团罚则的设定与边界》,载《法学》2005年第1期。我国台湾地区行政法学者陈清秀教授则以"惩戒罚"称之,并将其定义为"基于行政法上之特别权力关系,为维护秩序,对于违反秩序者所科处之制裁"。参见陈清秀:《行政罚法》,法律出版社2016年版,第19页。
③ 有学者将变相行政处罚的社团罚定义为"通过社团规范设定,由社团对团员实施,在本质上属行政处罚的惩戒措施"。参见袁曙宏、苏西刚:《论社团罚》,载《法学研究》2003年第5期。
④ 参见北京市第二中级人民法院行政裁定书(2002)二中行审字第37号。

有社会发展的客观原因,还与法律规范冲突解决机制的乏力有关。

（1）行政处罚立法自身的缺陷。1996年《行政处罚法》并未就何为"行政处罚"作出界定,为实践突破留下了隐患。地方性法规、规章近年来频频设定的"失信黑名单"和"失信联合惩戒"措施就普遍面临形式合法性和实质合法性的危机。具体行政管理领域中存在"交通违法扣分""非行政处罚性监管措施"等明显具有处罚性质的形态各异的制裁措施,事实上却长期游离在《行政处罚法》之外。《行政处罚法》的总则地位被这些层出不穷的"绕道走"式的规定不断架空。二十多年来,"其他行政处罚"的数量早已远远超过"法定行政处罚"的种类,设定"其他行政处罚"的低位阶规范大量存在,使得行政处罚的准确认定愈发困难。①

（2）行政任务变迁的客观需要。社会转型时期的中国面临社会结构分化、利益诉求复杂化的局面,相伴而来的违法现象激增加剧了行政管理难度。"三鹿毒奶粉事件"等影响恶劣的食品药品违法事件的发生,破坏生态环境的污染事件屡禁不绝,证券市场逐步蔓延的违规操作,对公共利益和社会稳定都造成了严重威胁。面对这些居高不下的违法现象,《行政处罚法》所规定的法定处罚种类已经难以应对。社会治理手段的严重不足和行政处罚立法鲜明的控权导向,迫使地方和部门不断寻求法外的生存空间。在"社会管理创新"和"创新社会治理"的合法外衣之下,各种实质上具备行政处罚功能的管理手段相继登场。一方面是《行政处罚法》的严格限制,另一方面是违法行为的层出不穷,行政任务变迁呼唤新型有效制裁手段的涌现,《行政处罚法》自然难逃被规避的命运。

（3）法律规范冲突解决机制的乏力。在行政处罚领域,《行政处罚法》和其他行政法律规范之间经常呈现条文冲突和适用错位现象。如果按照《立法法》的规定,《行政处罚法》和特别法在法律条文的设定中应秉持"上位法优于下位法""特别法优于一般法""新法优于旧法"的基本原则,即《行政处罚法》是上位法、一般法和旧法,部门法及相关法规、规章是下位法、特别法和新法。在行政执法实践中,行政机关习惯于优先适用特别法及其下位法的特别规定,往往忽视《行政处罚法》的原则、精神及具体的裁量规则。特别法和下位法适用频率的增加,使得作为一般法和上位法的《行政处罚法》面临被稀释的风险。虽然《行政处罚法》是由全国人大颁布实施的,但其他特别行政法也属于全国人大常委会颁布的基本法律,二者之间局部的紧张很难假借《立法法》的规范冲突解决机

---

① 参见胡建淼:《"其他行政处罚"若干问题研究》,载《法学研究》2005年第1期。

制得以消解。

3. 行政处罚总则地位的维护

2020年6月28日,全国人大常委会法工委副主任许安标在十三届全国人大常委会第二十次会议上所作的《关于〈中华人民共和国行政处罚法(修订草案)〉的说明》中指出:"……四是把握通用性,从行政处罚法是行政处罚领域的通用规范出发,认真总结实践经验,发展和完善行政处罚的实体和程序规则,为单行法律、法规设定行政处罚和行政机关实施行政处罚提供基本遵循。"在2021年修订的《行政处罚法》实施过程中,要进一步结合"通用规范"进行法解释作业,维护好其作为行政处罚总则的地位。

(1) 优先适用条款的宣示

如果将目光投向我国丰富的行政审判实践,可以发现人民法院在若干典型行政案件中对相关法律适用的顺位问题进行过积极探索,一种司法"结合适用"模式逐步形成。在"方林富炒货店行政处罚案"(以下简称"方林富案")中,被告杭州市西湖区市场监管局以其广告使用"最"字绝对化用语违法为由,适用《广告法》第57条规定处以最低限额的20万元罚款。受案法院以"行政处罚明显不当"为由,作出将罚款数额变更为10万元的判决。受案法院的裁判理由指出:"罚款是行政处罚的种类之一,对广告违法行为处以罚款,除了应适用《广告法》的规定,还应遵循《行政处罚法》的规定。《行政处罚法》第四条第二款规定了过罚相当原则,第五条规定了处罚与教育相结合原则,第二十七条第一款规定了从轻、减轻的情形……法院作为司法机关,对行政机关的裁量,一般予以认可。但是,根据《行政诉讼法》第七十七条第一款规定,行政处罚明显不当的,人民法院可以判决变更。本案20万元罚款是否明显不当,应结合《广告法》禁止使用绝对化用语所需要保护的法益,以及案件的具体违法情形予以综合认定。"[1]

在另外一起"销售一袋过期瓜子被罚五万元"(以下简称"快乐三六五商店案")的案件中,被告北京市延庆区食药监局以北京快乐三六五商店销售过期食品违法为由,适用《食品安全法》第124条的规定处以最低限额的5万元罚款。二审法院最终以"行政处罚明显不当"为由,作出了将罚款数额变更为1万元的判决。二审法院的裁判理由指出:"《行政处罚法》是规范行政处罚的种类、设定及实施的基本法律,《食品安全法》是规范食品生产经营活动及其监督管理的基

---

[1] 杭州市西湖区人民法院行政判决书(2016)浙0106行初240号。

本法律。在处罚食品安全违法行为方面,二者之间是一般法与特别法的关系,即通常应优先适用食品安全法,但在食品安全法没有明确规定时,可以适用行政处罚法……对违法行为施以适度的处罚,既能纠正违法行为,又能使违法者自我反省,同时还能教育其他公民自觉守法。"①

"方林富案"和"快乐三六五商店案"的积极意义在于,人民法院都通过强调《行政处罚法》的适用否定了行政机关仅适用特别行政法进行处罚的做法。细究之下,二者裁判背后的逻辑还存在些许差异:前者倾向于《行政处罚法》与《广告法》是原则与具体的关系,《广告法》有明确规定的优先适用,只有当《广告法》没有具体规定时才适用《行政处罚法》,二者要结合适用;后者则认为《行政处罚法》与《食品安全法》都是基本法律,是一般法与特别法的关系,通常应优先适用《食品安全法》,但在《食品安全法》没有明确规定时,可以适用《行政处罚法》。由于这两个案件并非指导性案例,究竟司法实践是否都秉承了这一见解尚待观察。不过,司法"结合适用论"的观点仍然没有凸显《行政处罚法》的总则地位,其相对于特别法的基础性、根本性和优先性特点未能充分展现。

在"蒿莹诉武汉市公安局硚口区分局不履行法定职责案"(以下简称"蒿莹案")的审理过程中,针对蒿莹在法院开庭审理中被李涛殴打致伤的具体法律适用问题,一、二审法院对《中华人民共和国治安管理处罚法》(以下简称《治安管理处罚法》)第4条关于"在中华人民共和国领域内发生的违反治安管理行为,除法律有特别规定的外,适用本法"规定的理解上发生了分歧。一审法院认为,李涛的行为既违反了《中华人民共和国民事诉讼法》(以下简称《民事诉讼法》)第111条第4款第1项的规定,同时也违反了《治安管理处罚法》第43条的规定,硚口区法院和硚口区公安分局可以分别按照上述法律规定作出司法处理或行政处理。鉴于蒿莹在案发后第一时间报警,说明其选择由硚口区公安分局处理。《民事诉讼法》中并没有特别规定而排除《治安管理处罚法》适用,因而判决确认硚口区公安分局对蒿莹报案事项不作出处理的行为违法,并在判决生效后30日内作出书面处理意见。二审法院则认为,李涛的殴打行为发生在民事诉讼过程中,属于妨害民事诉讼秩序的行为,应当由法院进行司法处理,硚口区公安分局无权另行处理,最终撤销了原判。② 相较之下,二审法院通过对案件争议焦点的解释,最终遵循了优先适用特别法律规定的原则。如果说"方林富案"

---

① 北京市第一中级人民法院行政判决书(2018)京01行终763号。
② 参见武汉市中级人民法院行政判决书(2017)鄂01行终261号。

和"快乐三六五商店案"是在违法行为定性之后确定处罚具体实施法律适用优先顺位的话,那么"蒿莹案"则是就违法行为定性本身确定了法律适用的优先顺位。

我国台湾地区"行政罚法"第1条确立了优先适用的明示模式。该条规定:"违反'行政法'上义务而受罚锾、没入或其他种类行政罚之处罚时,适用本'法'。但其他'法律'有特别规定者,从其规定。"就文义解释而言,该条的目的在于"制定共通适用于各类行政罚之统一性、综合性法律,期使行政罚之解释与适用有一定之原则与准绳"。①

在2021年修订的《行政处罚法》实施过程中,可对第3条"行政处罚的设定和实施,适用本法"进行延伸性解释,使"其他法律对行政处罚实施有特别规定的,适用其他法律"的文义包含其中。这一解释策略突出了《行政处罚法》在设定方面的优先适用性,兼顾了对特别法关于行政处罚具体实施规定的尊重,能够直接表达《行政处罚法》作为行政处罚总则的地位。行政处罚总则角色的定位体现在两个方面:一是作为行政处罚识别和设定的"基本法",防止其他类型的法律规范不根据《行政处罚法》任意创设行政处罚;②二是作为行政处罚实施的"框架法",承认特别行政法有关行政处罚实施具体规定的优先适用性和《行政处罚法》的结合适用性。

(2) 行政处罚基本原则的有效填补

行政处罚的基本原则是行政处罚活动应当遵循的基本准则。除了继续发挥行政处罚法定原则的统领作用外,还应当围绕《行政处罚法》第5条所确立的处罚公正原则和处罚公开原则进行有针对性的填补工作,进一步夯实行政处罚总则的地位。就处罚公正原则而言,近年来的实践发展提出了两个方面的制度变迁需求:一方面,全国各地、各部门行政处罚裁量基准运动的兴起,进一步保障了行政处罚公正原则的落实。除了从轻、减轻、不予处罚情形的适度扩张外,还要参酌《治安管理处罚法》第20条补充规定有关从重处罚的具体情形,从而形成较为完备的行政处罚裁量适用规则体系。另一方面,要反思按日连续罚款、罚款倍数提高、法定罚款最高数额提升的立法实践,通过行政处罚加重情形

---

① 参见陈清秀:《行政罚法》,法律出版社2016年版,第28页。
② 例如,《环境行政处罚办法》《旅游行政处罚办法》《中国银监会行政处罚办法》等部门规章第1条均将《行政处罚法》明确列为首要的制定依据,而《中华人民共和国关行政处罚实施条例》仅将《中华人民共和国海关法》作为其制定的依据。相比之下,后者的规定弱化了《行政处罚法》作为行政处罚总则的地位,需要在修改时予以列明。

的列举,缓解罚款处罚过高质疑与社会治理急迫需要之间的紧张关系。与其创设新类型罚款、一味提高罚款额度,不如通过加重情形的列举更好地体现处罚公正的原则要求。

就处罚公开原则而言,目前面临的现实挑战就是行政执法公示制度的全面推行。根据《国务院办公厅关于全面推行行政执法公示制度执法全过程记录制度重大执法决定法制审核制度的指导意见》的要求,行政执法机关要在执法决定作出之日起 20 个工作日内,向社会公布执法机关、执法对象、执法类别、执法结论等信息,接受社会监督,行政处罚的执法决定信息要在执法决定作出之日起 7 个工作日内公开,但法律、行政法规另有规定的除外。从立法原意来看,《行政处罚法》所规定的处罚公开原则主要还是面向行政处罚相对人和利害关系人的公开,如果是面向全社会的公开还必须有明确的特别法律依据。行政处罚公示制度涉及当事人的隐私保护、公众知情权的满足和社会监督等多重任务,应当坚持适度区分理念,按照全文公示与摘要公示、显名公示与隐名公示、外部公示与内部公示的具体要求,接受"合法原则""比例原则""民商有别原则""善良风俗原则""公共秩序原则""国家安全原则"的约束,结合具体案情有序进行公示。[①] 2020 年 1 月 9 日,国家市场监督管理总局举行"中国市场监管行政处罚文书网"开通仪式,标志着行政处罚公开迈出了关键步伐。《行政处罚法》第 48 条"具有一定社会影响的行政处罚决定应当依法公开"的规定,尚需在实践中结合行政处罚公开原则作出合理的限定性解释。

二、行政许可论

在简述《行政许可法》制度创新的基础上,本部分将重点论述行政许可的法律属性和作为一类特殊行政许可的特许经营。

(一)《行政许可法》的制度创新

《行政许可法》的颁行,开创了以统一立法规范各个领域各类行政许可活动的先河。总的来说,《行政许可法》的制度创新集中体现在以下四个方面:

1. 确立了完备的行政许可原则体系

行政许可的基本原则包括以下五项:一是许可法定原则。《行政许可法》第

---

① 参见袁雪石:《行政执法三项制度的背景、理念和制度要义》,载《中国司法》2019 年第 2 期。

4条规定:"设定和实施行政许可,应当依照法定的权限、范围、条件和程序。"二是许可公开、公平、公正原则。《行政许可法》第 5 条规定:"设定和实施行政许可,应当遵循公开、公平、公正的原则。有关行政许可的规定应当公布;未经公布的,不得作为实施行政许可的依据。行政许可的实施和结果,除涉及国家秘密、商业秘密或者个人隐私的外,应当公开……符合法定条件、标准的,申请人有依法取得行政许可的平等权利,行政机关不得歧视任何人。"三是许可便民、效率原则。《行政许可法》第 6 规定:"实施行政许可,应当遵循便民的原则,提高办事效率,提供优质服务。"四是保障被许可人合法权益原则。根据《行政许可法》第 7 条的规定,在行政许可过程中,被许可人享有陈述权、申辩权、申请行政复议或者提起行政诉讼、行政赔偿及补偿请求权等。尤其值得一提的是,《行政许可法》第 8 条明确规定:"公民、法人或者其他组织依法取得的行政许可受法律保护,行政机关不得擅自改变已经生效的行政许可。行政许可所依据的法律、法规、规章修改或者废止,或者准予行政许可所依据的客观情况发生重大变化的,为了公共利益的需要,行政机关可以依法变更或者撤回已经生效的行政许可。由此给公民、法人或者其他组织造成财产损失的,行政机关应当依法给予补偿。"这一规定使学界大力倡导的信赖利益保护原则上升为行政许可的一项基本原则,具有重要的现实意义。五是许可监督检查原则。行政许可行为是由一系列阶段所构成的,许可证颁发并不意味着行政许可的终止。相反地,许可证颁发后的监管仍然是行政许可行为的重要环节。为此,《行政许可法》第 10 条特别规定:"县级以上人民政府应当建立健全对行政机关实施行政许可的监督制度,加强对行政机关实施行政许可的监督检查。行政机关应当对公民、法人或者其他组织从事行政许可事项的活动实施有效监督。"

2. 限制了行政许可的设定

关于行政许可的设定问题,《行政许可法》主要是从可以设定的事项及具体的设定权限两个方面加以规定的。首先,行政许可的设定,应当遵循经济和社会发展规律,有利于发挥公民、法人或者其他组织的积极性、主动性,维护公共利益和社会秩序,促进经济、社会和生态环境协调发展。因此,凡是公民、法人或者其他组织能够自主决定的以及市场竞争机制能够有效调节的领域和范围,行政许可就不得介入其间。根据《行政许可法》第 12 条的规定,下列事项可以设定行政许可:(1) 直接涉及国家安全、公共安全、经济宏观调控、生态环境保护以及直接关系人身健康、生命财产安全等特定活动,需要按照法定条件予以批准的事项;(2)有限自然资源开发利用、公共资源配置以及直接关系公共利益的特定行业的市场准入等,需要赋予特定权利的事项;(3)提供公众服务并且直接关系公共利益的职业、行业,需要确定具备特殊信誉、特殊条件或者特殊技能等资格、资质的事项;(4)直接关系公共安全、人身健康、生命财产安全的重要设备、设施、产品、物品,需要按照技术标准、技术规范,通过检验、检测、检疫等方式进行审定的事项;(5)企业或者其他组织的设立等,需要确定主体资格的事项;(6)法律、行政法规规定可以设定行政许可的其他事项。其次,《行政许可法》第14—17条对行政许可的设定权限作了详细规定。具体规则包括:(1)法律可以设定行政许可;(2)尚未制定法律的,行政法规可以设定行政许可;(3)必要时,国务院可以采用发布决定的方式设定行政许可;(4)尚未制定法律、行政法规的,地方性法规可以设定行政许可;(5)尚未制定法律、行政法规和地方性法规的,因行政管理的需要,确需立即实施行政许可的,省、自治区、直辖市人民政府规章可以设定临时性的行政许可;(6)其他规范性文件一律不得设定行政许可。为了防止地方立法通过设定行政许可实施地区封锁、行业垄断或者对当事人的资格、权利进行不当的限制,《行政许可法》还对地方性法规和规章设定行政许可的权限进行了严格限制。《行政许可法》第15条第2款规定:"地方性法规和省、自治区、直辖市人民政府规章,不得设定应当由国家统一确定的公民、法人或者其他组织的资格、资质的行政许可;不得设定企业或者其他组织的设立登记及其前置性行政许可。其设定的行政许可,不得限制其他地区的个人或者企业到本地区从事生产经营和提供服务,不得限制其他地区的商品进入本地区市场。"

3. 限定了行政许可的实施主体

《行政许可法》以专章形式对行政许可的实施主体作了详细规定。根据这些规定,我国行政许可的实施主体主要有三类:一是行政机关。行政许可除了由具有行政许可权的行政机关在其法定职权范围内实施外,根据《行政许可法》第25、26条的规定,经国务院批准,省、自治区、直辖市人民政府根据精简、统一、效能的原则,可以决定一个行政机关行使有关行政机关的行政许可权;行政许可依法由地方人民政府两个以上部门分别实施的,本级人民政府可以确定一个部门受理行政许可申请并转告有关部门分别提出意见后统一办理,或者组织有关部门联合办理、集中办理。二是授权组织。一个组织行使行政许可权必须具备三个基本条件:(1)该组织必须具有管理公共事务的职能;(2)该组织必须经由法律、法规的授权;(3)该组织必须在授权的范围之内实施行政许可。三是受委托行政机关。与《行政处罚法》有关行政处罚机关可以委托其他组织行使行政处罚权所不同的是,《行政许可法》将接受委托行使行政许可权的对象仅限于行政机关。《行政许可法》第 24 条规定:"行政机关在其法定职权范围内,依照法律、法规、规章的规定,可以委托其他行政机关实施行政许可。委托机关应当将受委托行政机关和受委托实施行政许可的内容予以公告。委托行政机关对受委托行政机关实施行政许可的行为应当负责监督,并对该行为的后果承担法律责任。受委托行政机关在委托范围内,以委托行政机关名义实施行政许可;不得再委托其他组织或者个人实施行政许可。"

4. 规范了行政许可的实施程序

《行政许可法》以专章形式、超过三分之一的篇幅对行政许可的实施程序进行了详尽规定,一部《行政许可法》称得上是一部集中规范行政许可权行使的程序法。在"行政许可的实施程序"一章中,立法者分别从"申请与受理""审查与决定""期限""听证""变更与延续""特别规定"六个方面对行政许可行为的一系列程序作出了明确规定。综观这些行政许可程序的制度设计,可谓"亮点纷呈"。例如,根据《行政许可法》第 32 条第 2 款的规定,行政机关无论是受理还是不受理申请人的许可申请,都应当向申请人出具加盖本机关专用印章和注明日期的书面凭证。这一规定主要是为了解决实践中普遍存在的行政机关收到申请材料后不积极办理,甚至在申请人提起行政不作为之诉时"反咬一口"谎称没有收到申请的问题。按照上述规定,不管行政许可机关对许可申请本身持何种态度,都应当出具书面凭证,载明所收到的申请书、相关材料和收文日期。由于行政许可法坚持了"收到材料之日即为受理"原则,书面凭证应当在行政许可机关收到申请材料的同时出具。《行政许可法》所规定的听证制度更加详细:一是扩大了听证范围,根据该法第 46、47 条的规定,行政许可的听证包括依职权听证和依申请听证两种形式;二是扩大了听证参与人范围,根据该法第 47 条的规定,行政许可听证的参与人除了申请人之外,还包括许可的利害关系人;三是确立了听证笔录排他原则,根据该法第 48 条的规定,行政机关应当根据听证笔录,作出行政许可决定。

(二) 行政许可法律属性的解读

行政许可与行政审批是同一事物和过程的不同表述。行政许可在理论上和国家正式立法上使用较多,行政审批则在行政规范性文件特别是地方政府颁布的一些决定、命令中更为常见。行政许可更多从行政相对人角度去认识这一类行政行为;对行政主体来说,行政相对人之所以获得了从事申请事项的活动的权利,是其审查批准的结果。因此,行政审批更多反映了行政主体对这一类行政行为的认识。行政许可反映的是这一类行为的结果,行政审批则是对这一类行为的过程的描述。根据《行政许可法》第2条的规定,行政许可是指行政机关根据公民、法人或者其他组织的申请,经依法审查,准予其从事特定活动的行为。结合我国行政审批制度改革的经验,可以从如下两个方面对行政许可的法律属性作出解读:

1. 行政许可行为在行政行为体系中的定位

首先,行政许可行为符合行政行为"外部性"特征,体现的是行政机关与行政相对人之间的行政法律关系。在国家机构系统内部,在上级行政机关与下级行政机关之间,在行政机关与其他机关或其直接管理的事业单位之间,也存在大量行政审批,但这些都不属于《行政许可法》的调整范围。《行政许可法》第3条第2款明确规定:"有关行政机关对其他机关或者对其直接管理的事业单位的人事、财务、外事等事项的审批,不适用本法。"其次,行政许可是一种依申请的行政行为,是行政机关依照行政相对人申请作出的事先批准的行政行为。公民、法人或者其他组织从事特定活动,依法需要取得行政许可的,应当向行政机关提出申请。行政许可并非一经申请即可取得,必须经过行政机关的依法审查。这种审查的结果,可能是给予许可,也可能是不予许可。行政许可在行为的形式上属于要式行政行为,作为行政许可的书面形式,许可证照体现了许可处理决定的法律效力,彰显出行政许可行为的严肃性和权威性。最后,行政许可是一种授益性行政行为,是准予行政相对人从事某种活动的具有法律效果的行政行为。与行政处罚、行政征收等其他剥夺或限制行政相对人权益的行政行为所不同的是,行政许可是一种准予行政相对人从事某种活动的行为。有关行政许可的法律性质,学理上一直存在不同认识,主要有"特权(特许)说""解禁(权利恢复)说""赋权说""折衷说""赋权—限权说""确认(验证)说""命令说""核准说"等多种观点[①]。早期,"解禁(权利恢复)说""赋权说"一度成为主流观

---

① 参见杨海坤主编:《跨入21世纪的中国行政法学》,中国人事出版社2000年版,第328—330页。

点;法理学中的权利理论引入行政法之后,"确认(验证)说"开始兴起。① 总的来说,行政许可制度存在的前提是法律禁止和法律限制,行政机关只是根据法律规定的要求对行政相对人权利行使的条件所进行的一种审核。

2. 行政审批制度改革是进一步转变政府职能的关键

早在《行政许可法》出台之前,行政审批制度改革就已经率先展开。《行政许可法》实施的数年,在某种意义上也是国家继续锐意进行行政审批制度改革的数年。在此期间,各类行政审批项目被大量削减,行政审批方式不断简化,行政服务中心遍布全国各地,可谓成就显著。2012年12月,全国人大常委会还通过了关于授权国务院在广东省暂时调整部分法律规定的行政审批的决定,授权国务院在广东省就行政审批制度改革进行新尝试,以加快政府职能转变。计划经济就是审批经济的代名词,审批事项往往与利益直接挂钩。因此,行政审批制度改革和《行政许可法》贯彻实施都非常艰难。行政许可事项过多、标准模糊、环节过多、收费混乱、重事前许可轻事后监管等现象在实践中仍然存在。《法治政府纲要》将"深化行政审批制度改革"作为建设法治政府的首要任务,列举了一系列旨在实现"简政放权、放管结合、优化服务"目标的改革清单:(1)全面清理行政审批事项,全部取消非行政许可审批事项;(2)最大程度减少对生产经营活动的许可,最大限度缩小投资项目审批、核准的范围,最大幅度减少对各类机构及其活动的认定;(3)取消不符合行政许可法规定的资质资格准入许可,研究建立国家职业资格目录清单管理制度;(4)直接面向基层、量大面广、由地方实施更方便有效的行政审批事项,一律下放地方和基层管理;(5)加大取消和下放束缚企业生产经营、影响群众就业创业行政许可事项的力度,做好已取消和下放行政审批事项的落实和衔接,鼓励大众创业、万众创新;(6)严格控制新设行政许可,加强合法性、必要性、合理性审查论证;(7)对增加企业和公民负担的证照进行清理规范;(8)对保留的行政审批事项,探索目录化、编码化管理,全面推行一个窗口办理、并联办理、限时办理、规范办理、透明办理、网上办理,提高行政效能,激发社会活力;(9)加快投资项目在线审批监管平台建设,实施在线监测并向社会公开,2015年实现部门间的横向联通及中央和地方

---

① 有学者认为:"行政许可行为主要是审查申请人有无权利资格和行使权利的条件,不存在赋予申请人以权利的问题……行政许可只是对权利人行使权利资格与条件加以验证,并给以合法性的证明;而非权利(包括享有权与行使权)的赋予。"参见郭道晖:《对行政许可是"赋权"行为的质疑——关于享有与行使权利的一点法理思考》,载《法学》1997年第11期。

的纵向贯通;(10)加快推进相对集中行政许可权工作,支持地方开展相对集中行政许可权改革试点;(11)全面清理规范行政审批中介服务,对保留的行政审批中介服务实行清单管理并向社会公布,坚决整治"红顶中介",切断行政机关与中介服务机构之间的利益链,推进中介服务行业公平竞争。未来必须从切实转变政府职能、加强事中事后监管、优化营商环境角度重新理解行政许可制度的意义,在深化行政审批制度改革的过程中推进《行政许可法》的修改和实施。

(三) 公用事业的特许经营

公用事业特许经营的本质是政府将竞争机制和市场力量引入到公共服务的供给之中,充分发挥公共部门与私人部门各自的禀赋优势,通过相互之间的密切合作,为社会成员提供更多更好的公共产品和服务。就公共事务的治理而言,这种公私部门之间的合作不仅能够有效消解政府的压力,而且还为民间力量参与公共行政提供了契机,符合现代公共行政社会化、民主化、多元化的发展要求。"特许推动私营企业提供服务,是新公共管理运动的缩影,也是契约型安排在行政法中兴起的缩影。"① 以下从兴起及困境解决之道两个方面,就我国公用事业特许经营制度的实践加以论述。

1. 特许经营在公用事业领域的兴起

公用事业是指通过固定网络设施为公众或不特定的多数人提供产品或传输服务的行业,包括供电、供气、供水、供热、铁路、城市公共交通、垃圾处理、污水处理等。与普通行业相比,公用事业大多具有民生必需性、自然垄断性、公共服务性等特点。长期以来,无论是在英美等发达的市场经济国家,还是在包括我国在内的(曾经)实行计划经济的发展中国家,公用事业都被认为是国家的当然责任,应当由国家投资建设、运营管理。这种公用事业国家垄断经营的理由主要在于公用事业建设周期长、所需资金庞大,私人部门往往无力承担,且市场失灵极有可能导致公众利益受损等。随着社会经济发展特别是城市化进程的迅猛推进,公用事业的需求已经大大超出政府财政资金所承受的极限。因国家垄断经营缺乏竞争造成了公用事业质量低劣、绩效不佳等问题,公用事业不仅成为政府的巨大包袱,也成为公众不满的行业。"政府失灵"促使人们开始反思

---

① 〔英〕卡罗尔·哈洛、理查德·罗林斯:《法律与行政》(下卷),杨伟东等译,商务印书馆2004年版,第511—512页。

政府垄断公用事业运营的正当性和有效性。于是,一场声势浩大的"更多依靠民间机构,更少依赖政府来满足公众需求"的公用事业民营化改革运动几乎同时在西方国家发起。

在公用事业民营化的过程中,一种内涵为"政府授予某一私人组织直接向公众出售其产品或服务权利"的特许经营制度在众多的民营化方式中脱颖而出,成为各国城市基础设施建设运营的主要模式。特许经营制度本身也存在多种运作模式,其中最典型的就是 BOT 模式,其基本的运作流程是:政府授予私人部门在一定期限内建设经营公共基础设施,在此期限内私人部门通过向用户收费的形式获得合理收益;特许期限届满后,私人部门再将设施无偿移交给当地政府。在公用事业特许经营的实践中,由于基础设施种类、投资回报方式、项目产权形态的不同,BOT 模式又出现了若干变异的形式,如 BBO、BOO、LBO、TOT 等。这些特许经营具体模式的选择因时因地而宜,不同的模式在风险大小、权利义务配置及监管内容等方面均有所差异。但无论采取何种方式,其目的都是在公用事业领域建立起一种密切的公私伙伴关系,"充分利用多样化的所有制形式和运作关系来满足人们的需求,从而实现公共利益"[1]。

特许经营在西方国家已有多年历史。早在 17 世纪,法国人就成功地运用委托经营的方式求助于私人企业建造军舰和港口等基础设施,来补充国家财力的不足。及至 19 世纪,由于科学技术的进步,铁路、供水、供电、供气等新型城市基础设施开始涌现,加之经济自由主义盛行,特许经营制度得以广泛运用,因此积累了大量的有益经验。法国的铁路和公用事业的发展,几乎都是利用特许制度实现的。可以说,特许经营为法国工业的现代化作出了杰出的贡献。[2] 自 20 世纪 80 年代以来,随着公共行政民营化在全球范围内的兴起,特许经营方式也在各国的公用事业领域进一步大显身手。在英国,自 1979 年英国撒切尔政府大刀阔斧地推行一系列激进的非国有化运动开始,特许经营制度在电信、电力、民航、铁路、燃油、煤气、自来水等多个领域得到了广泛的应用。时至今日,"从伦敦巴士到法律援助,从有线电视到当代社会价值观念所信赖的国家彩票,在这些形形色色的领域之内,特许都被附诸实施"[3]。在美国,自 1981 年里

---

[1] 〔美〕E. S. 萨瓦斯:《民营化与公私部门的伙伴关系》,周志忍等译,中国人民大学出版社 2002 年版,第 5 页。
[2] 参见王名扬:《法国行政法》,中国政法大学出版社 1988 年版,第 515 页。
[3] 〔英〕卡罗尔·哈洛、理查德·罗林斯:《法律与行政》(下卷),杨伟东等译,商务印书馆 2004 年版,第 511 页。

根政府上台之后,历届政府都雄心勃勃地推行民营化战略。其中,"一种更为专门的民营化形式旨在改善政府作为服务提供者的绩效。这包括打破不必要的政府垄断,在自来水供应、街道清扫、垃圾收集处理、公园和树木维护等公共服务供给中引进竞争。这在美国是民营化的主要领域,并因此实现了效率和效益的大幅度提高"①。此外,无论是德国、日本等发达国家,还是墨西哥、巴西、智利等拉美发展中国家,抑或是韩国、菲律宾、印度尼西亚等新兴工业化国家,都非常重视发挥特许经营在本国公用事业发展中的作用。

特许经营在我国的兴起则始于 20 世纪 90 年代初期。作为公用事业市场化改革的制度尝试,特许经营首先受到了上海、深圳等沿海发达城市的青睐,上海南浦大桥、杨浦大桥以及深圳沙角火力发电厂等基础设施项目的建设运营都运用了特许经营的方式。随后,特许经营迅速波及到东北、西南、西北等许多内陆城市。进入 2000 年之后,公用事业大规模的市场化改革在全国推开。由于缺乏经验,不少地方政府在外资介入城市水务行业之后纷纷许诺了高额的固定回报率。这些"不平等合同"不仅造成了地方政府的严重亏损,而且还加剧了中央政府的外汇支付风险,后者不得不于 2002 年 9 月采取果断措施集中进行清理。② 自原建设部 2002 年 12 月 27 日印发《关于加快市政公用行业市场化进程的意见》之后,各类社会资金、外国资本纷纷采取独资、合资、合作等多种形式,积极参与市政公用设施的建设,逐步在公用事业领域形成了多元化的投资结构。随后,在《行政许可法》的立法引导下,特许经营一度成为各地争相仿效的公用事业运营模式。不过,公用事业领域的特许经营改革一直步履艰难,法律规范依据位阶低、风险意识匮乏、公众利益被虚置是其运行的真实写照,随着一批特许项目运行的受挫,公用事业领域开始呈现"国进民退"之势。③

在谋求转变经济增长方式、化解地方政府债务的背景下,近年来国务院及相关部委密集出台系列性政策文件,大力推广政府与社会资本合作(PPP)模式,地方政府也积极跟进,纷纷推介各类基础设施和公共服务项目,2015 年因而被称为"PPP 元年"。党的十八届五中全会明确提出"创新公共基础设施投融资体制,推广政府和社会资本合作模式";《法治政府纲要》指出:"推进公共服

---

① 〔美〕E.S.萨瓦斯:《民营化与公私部门的伙伴关系》,周志忍等译,中国人民大学出版社 2002 年版,中文版前言。
② 参见柳剑能:《中央政府清理"洋水务"的背后》,载《南方周末》2004 年 7 月 29 日。
③ 参见章志远、朱志杰:《我国公用事业特许经营制度运作之评估与展望——基于 40 起典型事例的考察》,载《行政法学研究》2011 年第 2 期。

务提供主体和提供方式多元化，凡属事务性管理服务，原则上都要引入竞争机制向社会购买；确需政府参与的，实行政府和社会资本合作模式。"在今后相当长一段时间内，政府和社会资本合作还将继续成为我国基础设施和公共服务供给的重要模式。

2. 特许模式困境的解决之道

我国当下的 PPP 模式改革是在政策推动和法制跟进的双重规范下展开的。除了经国务院同意、国家发改委和财政部等六部委联合发布的《基础设施和公用事业特许经营管理办法》外，相关领域的改革大多都是以规范性文件形式推动的。这种模式有利于 PPP 改革的快速推进，但也存在较大的法律风险。作为一种公私合作建设基础设施、提供公共服务的新机制，PPP 模式要想走出当前"政热社冷"的窘境，必须实现发展理念的更新。尤其是在法治国家、法治政府、法治社会一体建设的背景下，政府、市场和社会都必须树立正确的合作观，真正实现公私禀赋充分发挥基础上的公共服务质量提升。

首先，契约理念是政府与社会资本合作的基石。在基础设施、公用事业和公共服务领域引入社会资本参与，不仅能够缓解政府的财政压力，而且还能实现服务质量的提升。但社会资本逐利性和公共服务公益性之间的矛盾，也增加了公私合作的潜在风险。为此，就必须通过签订契约方式努力消弭政府与社会资本合作的风险。协议签署要在风险分担和利益分配方面兼顾公平与效率，协议条款要涵盖责任分担、收益分享、风险分摊、项目监督等多方面的内容。同时，协议订立要预留调整和变更空间，根据市场环境和项目的变更设定动态调节机制，保证社会资本的合法权益。在协议的履行方面，政府与社会资本方都应认真履行协议条款，政府不得随意变更或解除协议。2014 年修订的《行政诉讼法》明确将"行政机关不依法履行、未按照约定履行或者违法变更、解除政府特许经营协议"的情形纳入行政诉讼受案范围，既为政府与社会资本合作争议的法律解决提供了保障，也倒逼政府必须尊重市场规律，牢固树立契约理念和诚信意识，最大限度地防范与社会资本合作过程中的各种风险。可以说，在市场经济就是法治经济的新时代，契约理念已经成为政府与社会资本合作的精神基石。

其次，监管理念是政府与社会资本合作的保障。基础设施与公用事业领域的公私合作往往周期较长，随着时间的推移和市场的变化，合作中的风险也会增加。为此，政府应当加强 PPP 项目的后续监管，建立起完备的全过程监管架构,保障政府与社会资本合作的顺利推进。一方面,政府应当树立全程监管理念,不断健全监管方式。按照时间要素,过程性监管可分为事前监管、事中监管和事后监管。其中,事前监管主要包括市场准入制度和PPP协议制度,事中监管主要包括价格监管、安全和质量监管、中期评估和应急处理制度,事后监管主要包括临时接管、终期评估和市场退出制度。另一方面,政府应当树立程序性监管理念,不断提升监管效能。PPP项目从作出决策、选择合作伙伴到签订协议、项目实施直至期限届满,往往要经历较长的时期。为此,应当将政府监管纳入程序化、规范化轨道,实现通过正当程序的优化监管,真正提升监管的实际效能,确保政府与社会资本合作沿着既定协议的框架推行。可以说,在法治政府就是监管型政府的新时代,监管理念已经成为政府与社会资本合作的制度保障。

最后,民主理念是政府与社会资本合作的精髓。政府与社会资本合作的根本目的,在于提升公用事业和公共服务的质量,造福所有的消费者。公用事业和公共服务的质量事关全体国民的生存权和发展权,必须将公共利益的实现贯彻于政府与社会资本合作的始终。为此,政府应当秉承民主理念,充分保障公众的知情权、参与权和监督权,努力践行公共利益至上的监管和发展理念。一方面,特定的基础设施、公用事业和公共服务是否需要通过政府与社会资本合作方式提供、通过何种具体的合作方式提供,属于当地经济社会发展的重大决策事项,应当按程序向社会公开,认真听取公众的意见和诉求;另一方面,在政府与社会资本签署、履行合作协议的过程中,应当吸收公众参与其中,通过公用事业公众监督委员会的制度平台有效弥补政府监管的漏洞,并切实监督政府监管者,从而保证公共利益的最终实现。可以说,在坚持人民民主就是坚持人民主体地位的新时代,民主理念已经成为政府与社会资本合作的思想精髓。

三、行政强制论

在简述《行政强制法》制度创新的基础上,本部分将重点论述行政强制执行手段的创新和行政强制执行体制的改革。

(一)《行政强制法》的制度创新

《行政强制法》的制定过程较为漫长,从发布征求意见稿到历经全国人大常委会五次审议,直至 2011 年 6 月最终获得通过,前后长达十二年之久。这部法律沿袭了《行政处罚法》《行政许可法》的立法模式,着重从程序上严格规范行政强制权的运用,试图解决行政强制实践中存在的诸多乱象。总的来说,该法的制度创新集中体现在如下四个方面:

第一,明确了行政强制行为的基本范畴。长期以来,我国行政法学理在行政强制执行、行政强制措施、行政即时强制、行政调查中的强制等行政强制"家族"中的概念及其相互关系的理解上始终存在分歧。《行政强制法》第 2 条规定:"本法所称行政强制,包括行政强制措施和行政强制执行。行政强制措施,是指行政机关在行政管理过程中,为制止违法行为、防止证据损毁、避免危害发生、控制危险扩大等情形,依法对公民的人身自由实施暂时性限制,或者对公民、法人或者其他组织的财物实施暂时性控制的行为。行政强制执行,是指行政机关或者行政机关申请人民法院,对不履行行政决定的公民、法人或者其他组织,依法强制履行义务的行为。"尽管学理上可能还存在不同解读,但"行政强制=行政强制措施+行政强制执行"的认知模式随着该法的实施取得了正统地位。与《行政处罚法》及《行政许可法》相比,这种明确下定义的做法体现了较为成熟的立法技术,能够在一定程度上避免实践中规避法律现象的发生。

第二,确立了体现法治理念的基本原则。为了有效规范行政强制权的行使,《行政强制法》在总则部分确立了行政强制的五项基本原则:一是行政强制法定原则。《行政强制法》第 4 条规定:"行政强制的设定和实施,应当依照法定的权限、范围、条件和程序。"二是行政强制适当原则。《行政强制法》第 5 条规定:"行政强制的设定和实施,应当适当。采用非强制手段可以达到行政管理目的的,不得设定和实施行政强制。"一般认为,上述规定是比例原则在行政强制法中的具体表现。不过,与《行政强制法(草案)》相比,上述规定表现出某种程度的"退步"。在提交十届全国人大常委会第十九次会议审议的《行政强制法(草案)》中,有关"最小侵害原则"的规定赫然列于其中。该草案第 5 条规定:"设定行政强制应当适当,兼顾公共利益和当事人的合法权益。实施行政强制应当依照法定条件,正确适用法律、法规,选择适当的行政强制方式,以最小侵害当事人的权益为限度。"第 6 条规定:"行政强制措施不得滥用。实施非强制性管理措施可以达到行政管理目的的,不得实施行政强制措施。"这两条规定使作为比例原则核心内涵的最小侵害原则在行政强制立法中首度出现,并获得了行政法学理的认同。① 遗憾的是,在正式出台的《行政强制法》中,"最小侵害原则"已难觅踪影,比例原则的完整内涵事实上被肢解。三是行政强制与教育相结合原则。《行政强制法》第 6 条规定:"实施行政强制,应当坚持教育与强制相结合。"四是行政强制不得滥用原则。《行政强制法》第 7 条规定:"行政机关及其工作人员不得利用行政强制权为单位或者个人谋取利益。"五是保障行政相对人合法权益原则。《行政强制法》第 8 条规定:"公民、法人或者其他组织对行政机关实施行政强制,享有陈述权、申辩权;有权依法申请行政复议或者提起行政诉讼;因行政机关违法实施行政强制受到损害的,有权依法要求赔偿。公民、法人或者其他组织因人民法院在强制执行中有违法行为或者扩大强制执行范围受到损害的,有权依法要求赔偿。"

第三,限定了行政强制的设定和主体。鉴于行政强制行为是国家暴力与行政相对人物理上的直接接触,更需要从源头上加以控制。为此,《行政强制法》对行政强制的设定和主体作出了非常严格的限定。与《行政处罚法》《行政许可法》相比,《行政强制法》有关行政强制权力来源和实施主体的规定都体现了"紧缩"趋势:一是规章已经彻底丧失了行政强制措施的设定权;二是行政强制措施只能由法律、法规规定的行政机关在法定职权范围内实施,行政强制措施权不得委托;三是行政强制措施应当由行政机关具备资格的行政执法人员实施,其他人员不得实施。上述禁止委托的规定与国家垄断公权力的基本法理相契合,彰显出立法者对行政强制权予以严格控制的特殊用意,对厉行行政法治、保障基本人权具有重要的现实意义。

第四,规范了行政强制的实施程序。《行政强制法》延续了《行政处罚法》《行政许可法》等单行行政程序立法的传统,以近三分之二的条款详细规定了行政强制措施和行政强制执行的实施程序,体现了正当法律程序的基本要求。其中,具有创新意义的程序性规定包括:第 18 条有关"实施行政强制措施的一般程序"的规定;第 20 条有关"限制公民人身自由的行政强制措施的特殊程序"的规定;第 23 条有关"查封、扣押范围"的规定;第 35 条有关"行政机关作出强制执行决定前的催告程序"的规定;第 42 条有关"执行协议"的规定;第 43 条有关"行政强制执行禁止性"的规定;第 44 条有关"强制拆除公告"的规定。通过这

---

① 有学者认为,这种规定对于充斥着复杂的利益衡量却又极其需要寻找可能的标准约束权力行使的行政强制领域具有十分特殊的价值。参见胡建淼、蒋红珍:《论最小侵害原则在行政强制法中的适用》,载《法学家》2006 年第 3 期。

些正当程序的运作,行政强制权的恣意行使有望得到有效控制。

《行政强制法》正式实施以来,实施效果喜忧参半。为了使这部法律的立法意图得以充分实现,贯彻实施过程中需要着重把握如下三点:一是牢固树立"备而慎用"的行政强制观。思想是行动的先导。当下行政强制领域所存在的诸多乱象,都与陈旧的行政强制观有关。尤其是在"发展就是硬道理""稳定压倒一切"等管控理念影响下,行政强制的快捷性、便利性被放大,应有的公正性、谦抑性则被忽略。党的十八大报告明确提出,提高领导干部运用法治思维和法治方式深化改革、推动发展、化解矛盾、维护稳定能力。就行政强制领域的法治思维而言,就是要牢固树立"备而慎用"的行政强制观,恪守国家公权力的底线伦理。二是运用多种法律解释方法填补可能出现的法律漏洞。法律规范的实施绝非简单机械的操作"自动售货机"的活动。《行政强制法》本身还存在诸多不确定法律概念,加之实践情形的多样性和复杂性,因而在该法适用过程中就有必要综合运用文义解释、目的解释、社会解释、历史解释等多种方法,努力消弭立法本身与社会发展之间的差距。三是健全刚性的行政问责机制。权力与责任如影随形。就具有暴力色彩的行政强制权而言,更离不开严格的责任追究机制。鉴于社会转型时期违法征地拆迁现象的久治不愈,必须对违法实施行政强制者严肃问责。根据《行政强制法》第 61 条的规定,行政机关实施行政强制存在"没有法律、法规依据""改变行政强制对象、条件、方式""违反法定程序实施行政强制""在夜间或者法定节假日实施行政强制执行""对居民生活采取停止供水、供电、供热、供燃气等方式迫使当事人履行相关行政决定"等情形时,就应当对直接负责的主管人员和其他直接责任人员依法给予处分,从而起到以儆效尤、维护法律权威的作用。

(二) 行政强制执行手段的创新

在我国当下的法律实践中,"执行难""行政强制执行更难"已经成为贬损法律权威、阻碍法治实现的瓶颈。为了破解这一难题,行政法理论界在竭力寻求行政强制执行体制之变的同时,还不断论证新型行政强制执行手段的必要性。早在《行政强制法(征求意见稿)》发布之前,就有学者提出:"从人权保障的基本观念出发,尽量抑制直接强制的适用,循着间接强制的方向跳出传统间接强制措施之外去寻求其他的有效手段,这使得在实现所预期的行政状态的方式选择上更加生动活泼。"为此,"就有必要在传统强制执行手段之外寻求其他有效的强制手段,建立包括具有间接强制机能的行政处罚、违反事实的公布等制度以及包含行政强制执行在内的确保行政法上义务履行的理论结构"。① 在《行政强制法》制定过程中,有学者论证了"断电、断水、断气"作为行政强制执行方式的正当性,主张应将这种实施效果显著的间接强制手段写入行政强制法中。② 与此同时,一些有别于传统行政强制执行方式的新手段也被局部领域内的相关立法所认可,并取得了较为明显的实效。

1. 新型行政强制执行手段的运用

近年来,停止供应企业生产经营用电用水、公布违法事实、从业限制等新型行政强制执行手段在我国环境监管、价格监管等多个领域得到了较为广泛的运用,值得引起行政法学理的关注。在环境监管领域,"断电、断水""公布污染企业整改名单"等已经成为督促当事人履行义务行之有效的方式。《浙江省水污染防治条例》第51条规定:"排污单位拒不履行县级以上人民政府或者生态环境保护主管部门作出的责令停产、停业、关闭或者停产整顿决定,继续违法生产的,县级以上人民政府可以作出停止或者限制向排污单位供水、供电的决定。"在征兵管理领域,对于不履行服兵役义务的行政相对人,既无法由他人代为履行,传统的执行罚和直接强制执行手段都难以奏效。一些省市的地方性法规纷纷规定了行政处罚、就业就学限制、出国限制等多种新型强制执行手段,有效保障了公民服兵役义务的落实。根据《北京市征兵工作条例》第39条的规定,有服兵役义务的公民拒绝、逃避兵役登记和体格检查或者应征公民拒绝、逃避征集的,由区、县人民政府责令限期改正;逾期不改的,由区、县人民政府强制其履行兵役义务,并可处年优待金标准1至3倍的罚款;对于应征公民拒绝、逃避征集且拒不改正的,在两年内不得被录取为国家公务员、国有企业职工,不得出国或者升学。

在价格监管领域,"公告价格违法行为"一直是保障价格违法行为查处结果实现的重要手段。《价格违法行为行政处罚规定》(1999年7月10日国务院批准,1999年8月1日国家发展计划委员会发布)第18条规定:"任何单位和个人有本规定所列价格违法行为,情节严重,拒不改正的,政府价格主管部门除依

---

① 参见余凌云:《行政强制执行理论的再思考》,载《中国人民公安大学学报》1998年第4期。
② 参见叶必丰等:《强制执行的方式及强制执行权的分配——行政强制法草案修改意见》,载《浙江社会科学》2003年第5期;夏雨:《论"断水、断电"作为行政强制执行方式的正当性》,载《中南大学学报》2011年第2期。

照本规定给予处罚外,可以在其营业场地公告其价格违法行为,直至改正。"为了有效落实这一制度,原国家计委于 2002 年 10 月发布《价格主管部门公告价格违法行为的规定》,第 1 条即明确指出,公告价格违法行为的目的是"促使经营者改正价格违法行为";第 2 条则规定,公告价格违法行为的条件是"经营者价格违法行为情节严重,且在价格主管部门作出行政处罚决定后,不停止价格违法行为、未恢复到法律法规等规定状态及其他拒不改正的情形"。从上述条款规定来看,内涵为违法事实公布的公告价格违法行为既不是行政处罚,也不是单纯的行政处罚结果公开或行政处罚行为执行,而是一种确保违法行为人履行改正违法行为义务的强制手段。① 值得关注的,《价格违法行为行政处罚规定》自颁行以来,国务院先后于 2006 年 2 月、2008 年 1 月和 2010 年 12 月对其进行了三次修改。在这三次修改中,除了不断加大对价格违法行为的处罚力度之外,与公告价格违法行为有关的修改主要有两处:一是 2008 年 1 月的"修订案"扩大了第 18 条价格违法行为公告的范围,不再仅限于"经营场所",体现了立法者对公告价格违法行为关注度的明显提升;二是 2010 年 12 月的"修订案"直接将"维护正常的价格秩序"写入第 1 条,作为立法的三大基本目的之一,将进一步引导包括公告价格违法行为在内的各种价格监管手段的运用。自 2010 年以来,按照国务院决策部署,各级价格主管部门围绕"稳定物价"中心任务,集中力量组织开展农产品价格、电力价格、涉企收费、商场超市价格、商品房销售明码标价、日化产品价格、中药材价格等一系列专项整治,对一批情节严重、性质恶劣、社会影响大的价格违法案件,坚决予以严厉处罚并公开曝光,有效打击了炒作农产品、越权定价、违规收费、价格欺诈、散布涨价信息等违法行为,维护了正常的市场秩序,抑制了价格不合理上涨。作为确保行政相对人履行义务强制手段的公告价格违法行为,将继续在加强价格监管、有效稳定物价方面发挥积极作用。

2.《行政强制法》实施后的应对之策

《行政强制法》第 12 条在列举"加处罚款或者滞纳金""划拨存款、汇款""拍

---

① 《价格主管部门公告价格违法行为的规定》第 5 条所规定的公告事项主要包括"价格违法事实""价格行政处罚决定""经营者拒不改正的事实""经营者改正后告知价格主管部门的义务";第 10 条则规定,价格主管部门除公告价格违法行为外,也可以"依法向社会披露价格违法案件的处罚结果"。从这两条规定看,公告价格违法行为本身虽然客观包含了对处罚结果的公开,但这并非该行为的本质属性。究其原因,一方面,价格主管部门完全可以选择向社会披露价格违法案件的处罚结果;另一方面,公告价格违法行为还是以经营者拒不改正为前提,如果经营者已经按照价格主管部门的要求予以改正,则没有必要公告。正是基于对规章内容的全面分析,可以认为公告价格违法行为是一种行政法上确保义务履行的新型手段。

卖或者依法处理查封、扣押的场所、设施或者财物""排除妨碍、恢复原状""代履行"等传统行政强制执行方式之外,还作了"其他强制执行方式"的兜底式规定。如果按照《行政强制法》第13条第1款有关"行政强制执行由法律设定"规定的狭义理解,似乎只有全国人大及其常委会的法律才能够设定"其他强制执行方式"。在《行政强制法》实施之后,上述由行政法规、地方性法规所设定的"断电、断水""公告价格违法行为""就业就学出国限制"等多种间接强制执行方式就面临合法性危机。这种狭义上的法律解释论,与当前行政强制领域的现实难以吻合。我国正处于急速社会转型时期,行政任务多样性与执行手段有限性的矛盾日益凸显,环境保护、食品安全等诸多行政领域存在的乱象就与执行手段的"疲软"密不可分。从日本、韩国等国家或地区的行政强制执行立法及实务经验来看,违法事实公布、停止给付、行政处罚等"其他确保义务履行的制度"同样颇为盛行。在这些国家和地区,具有间接强制执行手段意蕴的措施也并没有遵循最为严格的法律保留原则。[1]

有鉴于此,可以通过广义上的法律解释论来解释"其他强制执行方式"的设定依据。如果结合《行政强制法》立法史及上下文进行整体考察,不难发现广义解释论并非没有存在的可能。首先,《行政强制法(草案)》第一、二次审议稿在列举行政强制执行的方式时,原本有"法律规定的其他强制执行方式"的兜底条款的规定。但从《行政强制法(草案)》第三次审议稿开始,上述规定已经悄然被改为"其他强制执行方式",个中原因耐人寻味。其次,《行政强制法(草案)》第一、二次审议稿明确规定了行政强制"最小侵害原则",要求行政机关"不得采取停止供水、供电、供热、供燃气等方式迫使当事人履行行政义务"。但从《行政强制法(草案)》第三次审议稿开始直至最终出台的正式法律,不仅放弃了"最小侵害原则"的原则规定,而且仅规定"行政机关不得对居民生活采取停止供水、供电、供热、供燃气等方式迫使当事人履行行政义务",居民生活之外的"断电、断水"似乎并没有被法律所直接禁止。最后,结合《行政强制法》第13条第2款有关"法律没有规定行政机关强制执行的,作出行政决定的行政机关应当申请人民法院强制执行"的规定来看,该条第1款有关"行政强制执行由法律设定"的

---

[1] 在韩国,违法事实公布最初大都是在没有具体法律依据的情况下实施的,直到近年才在《消费者保护法》《食品卫生法》《建筑法》等法律中予以明确,高额滞纳人名单则是依国税厅训令执行的。参见〔韩〕金东熙:《行政法Ⅰ》,赵峰译,中国人民大学出版社2008年版,第336页。在日本,《国土利用计划法》《国民生活安定紧急措施法》等法律规定了公布违反事实制度,条例中设置同样规定的例子也不少。参见杨建顺:《日本行政法》,中国法制出版社1998年版,第492页。

规定就可以解释为仅局限于"行政强制执行机关"而非包括"行政强制执行方式"在内。否则,这两款内容就不符合法律解释学中系统整体解释原则的要求。

在《行政强制法》实施过程中,为了破解行政强制执行难的现实问题,完全可以通过行政强制执行手段的创新加以回应。这种创新的可能性不仅来源于行政管理的现实需求,而且有充足的域外经验可资借鉴;不仅与间接强制执行优先于直接强制执行的理念相契合,而且可以通过行政强制立法史的回溯和系统整体解释论的运用获得正当性基础。当然,基于"备而慎用"的行政强制观,对"其他强制执行方式"的设定依据也不能作无限扩大解释。借鉴域外的制度经验以及《行政强制法》第10条有关"行政强制措施设定权"的规定,"其他强制执行方式"可由行政法规、地方性法规进行设定。

(三) 行政强制执行体制的改革

从20世纪90年代中后期开始,有关行政强制执行模式改革问题就一直是行政法学研究中的热点。尤其是在《行政强制法》的制定过程中,学者们围绕"行政强制执行模式选择""行政强制执行权配置"议题展开过激烈争论,形成了"行政主导模式""司法主导模式""维持现行模式"等多种学术主张,并提出了司法、行政二元主体结构模式下强制执行权配置的若干具体标准。从《行政强制法》第13条第2款有关"法律没有规定行政机关强制执行的,作出行政决定的行政机关应当申请人民法院强制执行"的规定上看,维持现行"以申请人民法院强制执行为主、以行政机关自行执行为辅"的行政强制执行模式成为该法的最终抉择。

《行政强制法》实施以来,围绕行政强制执行权的配置先后进行过三次细微调整。一是国务院2012年11月9日对《殡葬管理条例》第20条有关"拒不改正的,民政部门可以强制执行"条款的废除,可以视为对"强制平坟"事件的反思和《行政强制法》精神的落实。二是最高人民法院2012年3月26日发布《最高人民法院关于办理申请人民法院强制执行国有土地上房屋征收补偿决定案件若干问题的规定》,于第9条规定:"人民法院裁定准予执行的,一般由作出征收补偿决定的市、县级人民政府组织实施,也可以由人民法院执行。"这一司法解释明确了非诉行政执行案件"裁执分离"新模式,能够为行政强制执行模式变革提供新的思路。三是最高人民法院2013年3月27日发布《最高人民法院关于违法的建筑物、构筑物、设施等强制拆除问题的批复》,明确提出:"根据行政强制法和城乡规划法有关规定精神,对涉及违反城乡规划法的违法建筑物、构筑物、设施等的强制拆除,法律已经授予行政机关强制执行权,人民法院不受理行政机关提出的非诉行政执行申请。"这一司法批复消弭了不同法律规范之间的冲突,对《行政强制法》的统一适用具有重要意义。不过,从国务院及最高人民法院的上述细微调整上看,现行司法主导型的行政强制执行模式总体上并未发生改变。

笔者曾系统分析过现行行政强制执行体制的弊端:一是与行政行为效力原理及其规则脱节,影响了行政效率;二是致使司法与行政的角色错位,浪费了司法资源;三是加大了强制执行制度的运行成本,难以实现执行效益的提高。[①] 目前看来,这些问题仍然没有获得根本解决。考虑到《行政强制法》短时期内还不会修改,现行行政强制执行体制不可能发生根本改变。因此,较为可行的完善方案是通过特别法律规定逐步扩大行政机关自行执行的范围;同时,在司法实践中推行"裁执分离"模式,避免法院陷入纯粹的强制执行事务引发角色错位。

【扩展阅读】

1. 袁雪石:《中华人民共和国行政处罚法释义》,中国法制出版社 2021 年版。
2. 张兴祥:《中国行政许可法的理论和实务》,北京大学出版社 2003 年版。
3. 杨建顺:《行政强制法 18 讲》,中国法制出版社 2011 年版。

【延伸思考】

1. 2021 年修订的《行政处罚法》有哪些亮点?
2. 如何评价我国当前的行政审批制度改革?
3.《行政强制法》实施面临哪些挑战?

---

① 参见章志远:《行政行为效力论》,中国人事出版社 2003 年版,第 183—185 页。

第十二章 行政规范论

在我国行政法学理上,行政法规和行政规章一般被视为行政立法活动的产品,它们与行政机关制定"其他规范性文件"的活动一起被当作抽象行政行为看待。不过,这种认知模式已经发生了明显变化。一则具体行政行为与抽象行政行为的划分在行政法学理、立法及实务上逐渐被舍弃;二则"其他规范性文件"的称谓逐渐被"行政规范""行政规定""行政规则"等其他更具学理色彩的概念所取代。① 本书以"行政规范"统一指称行政主体按照法定职权和程序制定具有普遍约束力的行为规范的活动,与"行政行为"同属行政活动的基本方式。为了适度保持概念体系的延续性,行政规范制定活动包括行政立法行为和行政规定制定行为。正如王名扬教授在论述法国行政法的渊源时所言:"在法律和条例的关系上,条例是汪洋大海,法律是大海中几个孤岛。"② 从功能主义立场上看,行政法规、行政规章以及数量庞大的行政规定对行政执法活动和行政相对人的权利义务更具实际影响。为此,本章在概要论述行政规范的内涵及类型的基础上,着重就行政规范的质量保障机制进行研究,并探索建构一种行政立法的相对回避模式。

---

① 例如,姜明安教授和余凌云教授主编的新世纪法学创新教材《行政法》(科学出版社2010年版)的第四、五、六编名称分别为"行政规范的制定""行政处理行为"和"非强制行政行为"。其中,第四编所谓的"行政规范",实际上是对行政立法和规范性文件等普遍行为规则的总称。

② 王名扬:《法国行政法》,中国政法大学出版社1988年版,第142页。

一、行政规范的内涵及其类型

"行政规范"一词并非法律用语,学者们在使用时也存在很多分歧。从目前的文献来看,大体上有两种理解:一种是将"行政规范"理解为行政机关制定的除行政法规和规章以外的规范性文件。例如,有学者认为:"所谓行政规范,是指各级各类国家行政机关为实施法律和执行政策,在法定权限内制定的除行政法规和规章以外的具有普遍约束力和规范体式的决定、命令等的总称。"[①]另一种是将"行政规范"理解为行政机关制定的所有具有普遍约束力的规范性文件。例如,有学者认为:"作为一种单方的、与行政行为相对应的行政法律行为,行政规范是由行政机关依其法定职权和程序制定和发布的、具有普遍约束力的行为规范。"[②]笔者认同后一种理解模式,将行政规范视为行政法规、行政规章和行政规定的制定活动。就制度定位而言,行政规范创制既是一种普通的行政活动方式,也是一种为行政行为提供法定依据的特殊活动。从行政规范的具体内容上看,包括行政立法和行政规定两种类型。

(一) 行政立法

行政立法是指国务院及其他特定的行政机关根据法定权限并按法定程序制定和发布行政法规和规章的活动。行政立法行为既不同于权力机关的立法行为,也不同于行政主体的行政行为,它是一种兼有"行政性"和"立法性"的行为。其中,行政立法的"行政性"表现在三个方面:一是行政立法的主体是行政主体;二是行政立法的内容主要是行政管理事务以及与行政管理有关的事务;三是行政立法的主要目的是执行和实施权力机关制定的法律,实现行政管理职能。行政立法的"立法性"表现在两个方面:一是行政立法活动所产生的行政法规和规章具有法的一般特征,即普遍性、规范性和强制性。普遍性是指行政法规和规章是针对不特定的对象且可以反复适用的;规范性是指行政法规和规章对人们的行为具有同样的规范作用;强制性是指行政法规和规章对其规范和调整范围内的组织和个人具有强制力。二是行政立法活动必须遵循相应的立法程序。行政立法是一项严肃的活动,为了保证行政主体科学立法,行政立法行

---

① 叶必丰、周佑勇:《行政规范研究》,法律出版社2002年版,第33—34页。
② 章剑生:《现代行政法基本理论》,法律出版社2008年版,第180页。

为应当按照《立法法》《行政法规制定程序条例》《规章制定程序条例》的规定,严格遵循立项、起草、审查、决定、公布及备案等各个环节的程序要求。

1. 行政立法的成因

在资产阶级革命初期,由于反对封建专制的需要,"天赋人权""主权在民"思想产生,资产阶级启蒙思想家将行政机关行使立法权视为异端加以反对。洛克曾经指出:"如果同一批人同时拥有制定和执行法律的权力,这就会给人们的弱点以绝大诱惑,使他们动辄要攫取权力,借以使他们自己免于服从他们所制定的法律,并且在制定和执行法律时,使法律适合于他们自己的私人利益,因而他们就与社会的其余成员有不相同的利益,违反了社会和政府的目的。"[①]因此,洛克认为,立法权和行政权必须分离,且交由不同的机关去行使。孟德斯鸠也告诫人们:"当立法权和行政权集中在同一个人或同一个机关之手,自由便不复存在了,因为人们将要害怕这个国王或议会制定暴虐的法律,并暴虐地执行这些法律。"所以,"从事物的性质来说,要防止滥用权力,就必须以权力约束权力"[②]。分权理论一经产生,便成为许多资本主义国家宪法上共同的体制表达方式。分权原则的基本要义就是权力的专用性,立法权、司法权、行政权三种不同的国家权力应该分别由三个不同的国家机关掌握和行使,制定法律的权力和执行或适用法律的权力必须作排他性配置。在此背景下,人们要求行政机关的一切活动都要严格遵循议会所制定的法律,一切行政决定的作出都要以议会立法为依据,行政机关必须忠实执行议会的法律,不能有所逾越和偏差,否认行政机关有自由裁量的权力,所谓"无法律便无行政"。当然,立法权专属于议会的格局之所以能被广泛接受,除了上述思想根源外,更重要的是契合了资本主义发展初期的社会现实。

自19世纪末20世纪初以来,自由主义国家观因社会和经济的发展变化渐为国家干预所代替。政府职能的强化和管理事务的繁杂多变,使政府不再满足于仅仅充当"守夜人"角色,开始积极主动干预社会,造成行政权力日渐扩张。政府不仅需要充分行使管理权,而且需要一定条件下的决策权,即制定和发布具有法律效力的规范性文件的权力,事事均有议会立法为根据的做法已无法适应这种形势。要有效适应国家职能的巨变,必须赋予行政机关一定的立法权力来满足行政管理的需要。于是,作为政府干预重要手段的行政立法的出现便成

[①] 〔英〕洛克:《政府论》(下篇),叶启芳等译,商务印书馆1986年版,第89页。
[②] 〔法〕孟德斯鸠:《论法的精神》(上册),张雁深译,商务印书馆1961年版,第156页。

为一种不可逆转的趋势。

行政立法的发展缘于以下四种因素：第一，面对日益繁重的立法任务，议会受会期限制，没有足够的时间去作出细微缜密的详细规定。在许多情况下，议会立法只能是原则性、概括性规定，然后由行政机关作出更为具体、更具可操作性的规定。第二，议会的立法程序相当严格，无法适应瞬息万变的社会发展现实。行政机关迅速快捷的活动程序，可以较好地弥补议会立法的不足。尤其是在紧急情况下，只有授权行政机关制定适当的法律规范，才能把握时机、妥善应对紧急状态。第三，行政管理过程充满了不确定性，议会对此无法作出准确无误的预测并加以事先规范，只能授权行政机关根据以后出现的新情况作出灵活规定。第四，随着科学技术的发展，立法的专业性、技术性特点日益突出。民选代表一般欠缺专门知识，不熟悉行政管理的实际状况，必须授权直接从事行政工作且具有专业优势的行政机关去制定相应的法律规范。

2. 行政立法的分类

根据不同的标准，可以对行政立法活动作出不同分类，如下三种分类具有重要的现实意义。

第一，根据行政立法权力来源的不同，可将行政立法分为职权立法和授权立法。其中，职权立法是指行政主体根据宪法和有关组织法所赋予的行政立法权进行的行政立法活动。根据宪法和组织法的规定，下列行政机关可以进行职权立法：(1) 国务院；(2) 国务院各部、委员会、中国人民银行、审计署和具有行政管理职能的直属机构；(3) 省、自治区、直辖市人民政府；(4) 设区的市、自治州的人民政府。这些行政主体享有行政立法的固有职权，通常被称为"职权立法主体"。授权立法是指行政主体根据单行法律、法规或授权决议所授予的立法权而进行的立法活动。具体来说，授权立法又可细分为普通授权立法和特别授权立法。普通授权立法是指行政主体依据宪法和组织法以外的法律、法规的授权所进行的行政立法。一般来说，普通授权立法的主体既可以是职权立法主体，也可以是其他立法主体。例如，《食品安全法》第152条规定："铁路、民航运营中食品安全的管理办法由国务院食品安全监督管理部门会同国务院有关部门依照本法制定。保健食品的具体管理办法由国务院食品安全监督管理部门依照本法制定。食品相关产品生产活动的具体管理办法由国务院食品安全监督管理部门依照本法制定。国境口岸食品的监督管理由出入境检验检疫机构依照本法以及有关法律、行政法规的规定实施。军队专用食品和自供食品的食品安全管理办法由中央军事委员会依照本法制定。"在这里，作为职权立法主体的国务院食品安全监督管理部门所行使的立法权的依据就是宪法和组织法以外的单行法律。其他不是职权立法主体的机关如国务院部委管理的国家局、某些地方人民政府等也可以依据单行法律、法规的授权而进行相应的行政立法活动。例如，1992年7月1日，全国人大常委会曾经"授权深圳市人民政府制定规章并在深圳经济特区组织实施"。特别授权立法是指国务院依据最高国家权力机关的特别授权而进行的立法，具有以下特点：(1) 主体仅仅为国务院；(2) 依据是最高国家权力机关的特别授权，即国家权力机关以"决定"等形式将本应由自己行使的权力授予国务院；(3) 具有试验性立法的特点[①]；(4) 有严格的限制条件，如授权的内容、范围、目的、时限等。在我国，20世纪80年代之初，最高国家权力机关曾三次以"决定"等形式对国务院作过特别授权，如1985年全国人大通过的《关于授权国务院在经济体制改革和对外开放方面可以制定暂行的规定或者条例的决定》。

第二，根据行政立法权主体的不同，可将行政立法分为中央行政立法和地方行政立法。其中，中央行政立法是指中央国家行政机关依法制定行政法规和部门规章的立法活动。国务院和国务院各部委所进行的行政立法，以及国务院某些直属机构所进行的授权立法，都是中央行政立法。中央行政立法所立之行政法规和部门规章，在全国范围内具有法律效力。地方行政立法是指具有立法权的地方人民政府所依法制定地方规章的立法活动。省、自治区、直辖市人民政府以及设区的市、自治州的人民政府所进行的行政立法，都是地方行政立法。地方行政立法所立之地方规章，只能在本行政区域内发生法律效力。

第三，根据行政立法权内容的不同，可将行政立法分为执行性立法和创制性立法。其中，执行性立法是指行政机关为贯彻全国人大及其常委会的法律，国务院的行政法规或者上级行政机关的规章，明确法律规范的含义及适用范围而制定的实施细则、实施办法的活动。执行性立法只能将法律规定的内容具体化，不能创设新的权利义务。创制性立法是指国务院根据最高国家权力机关的特别授权，或者地方人民政府根据中央人民政府或地方权力机关的授权，就法律法规尚未规定的事项制定行政法规或者规章，创制法律法规尚未确立的新的

[①] 根据我国《立法法》第65条的规定，应当由全国人民代表大会及其常务委员会制定法律的事项，国务院根据全国人民代表大会及其常务委员会的授权决定先制定的行政法规，经过实践检验，制定法律的条件成熟时，国务院应当及时提请全国人民代表大会及其常务委员会制定法律。

权利义务规范的活动。行政机关在创制性立法中可以创设新的权利义务。

(二) 行政规定

在我国行政法学理及立法实务中,"其他规范性文件"一直用以指称行政法规和规章之外的行政规范。① 鉴于"其他规范性文件"并不是一个内涵确切的用语,因而近年来行政法学理上相继出现过"行政规定"②"行政规范"③"行政规则"④"行政规范性文件"⑤等替代性概念。考虑到《行政复议法》第 7 条使用了较为规范的"规定"一词,本书予以采用。所谓"行政规定",是指行政主体在执行行政法律规范,进行行政管理活动时,在法定权限范围内制定的除行政法规、规章以外的具有普遍约束力的决定、命令及行政措施的行政活动。这类行为具有以下四个基本特征:

第一,制定主体的广泛性。根据我国宪法及地方组织法的规定,上自国务院,下至乡镇人民政府,上自国务院的组成部门,下至县级人民政府的组成部门,都有权制定相应的行政规定。除此之外,大量承担公共管理职能的授权组织也是行政规定的制定主体。例如,高校有权制定各类校纪校规,国家标准化委员会有权制定各类标准,中国足球协会有权制定各类比赛规则。因此,与行政法规、行政规章相比,主体的广泛性是行政规定的重要特征。

第二,表现形式的多样性。在实践中,行政规定的形式是多种多样的,常见的形式有规定、通知、通告、决定、决议等。同时,行政规定的具体样态也是多元的。例如,各级各类国家行政机关所制定的行政处罚裁量基准、高校制定的大学章程、行业协会制定的技术标准在法律属性上都是行政规定。与行政法规通常称为"条例"、行政规章通常称为"办法"相比,表现形式的多样性也是行政规定的重要特征。

第三,效力的多层次性。我国的民主集中制要求下级服从上级,因而下级行政机关所制定的行政规定就不得与上级行政机关所制定的行政规定相抵触,

---

① 例如,《行政处罚法》第 16 条、《行政许可法》第 17 条及《行政强制法》第 10 条都使用了"其他规范性文件"。从语义上看,《行政强制法》第 10 条所谓的"法律、法规以外的其他规范性文件"较为模糊,似乎将规章也纳入其中,这与《行政处罚法》第 16 条及《行政许可法》第 17 条的规定并不完全相符。
② 参见朱芒:《论行政规定的性质——从行政规范体系角度的定位》,载《中国法学》2003 年第 1 期。
③ 参见叶必丰:《行政规范法律地位的制度论证》,载《中国法学》2003 年第 5 期。
④ 参见沈岿:《解析行政规则对司法的约束力——以行政诉讼为论域》,载《中外法学》2006 年第 2 期。
⑤ 参见刘松山:《违法行政规范性文件之责任研究》,中国民主法制出版社 2007 年版。

更不能与本行政机关所制定的行政法规或规章相抵触。可见,我国行政规定的效力从上到下呈现出多层次性的特点。

第四,适度的规范性与强制性。与行政法规和规章所不同的是,行政规定一般并不视为我国行政法的形式渊源。但是,这并不意味着行政规定不具有相应的规范性和强制性。当行政规定发布之后,在其效力范围内的组织和个人都必须予以遵守;制定机关本身也应当接受该行政规定的约束,自觉以该行政规定为其实施相关行政行为的依据。例如,一些城市颁布的"限行令""限购令"虽广受诟病,但市民也不得不遵守;一些高校颁布的校纪校规虽较为严苛,但高校学生也不得不遵守。

从行政规定的实践来看,可谓毁誉参半。一方面,从中央到地方,各级各类国家行政机关越来越重视行政规定的规范化、法制化和科学化,专门出台规章和行政规范性文件规范行政规定的制定程序,保证行政规定的质量;另一方面,红头文件满天飞、以文件落实文件的现象非常突出,不仅浪费了有限的行政资源,而且降低了行政规定的严肃性。一些行政规定甚至凌驾于法律法规之上,直接侵犯到公民的合法权益。根据《行政复议法》第7条和《行政诉讼法》第53条的规定,行政相对人在对行政行为申请行政复议或提起行政诉讼时,可以一并请求对行政行为所依据的规范性文件进行审查。这一制度设计的初衷良好,但实施效果不佳。除了通过修改《行政复议法》和制定专项司法解释激活这项法律制度外,今后更多需要依靠行政系统内部的自我规制实现行政规范性文件的良好治理。[①] 事实上,近几年来,国务院办公厅相继下发《关于加强行政规范性文件制定和监督管理工作的通知》《关于全面推行行政规范性文件合法性审核机制的指导意见》《关于在制定行政法规规章行政规范性文件过程中充分听取企业和行业协会商会意见的通知》,从行政规范性文件制定程序上进一步提出明确要求,有望从源头上提高行政规范性文件的质量,避免违法行政规范性文件的滋生。

二、行政规范的质量保障机制

鉴于行政规范在我国经济社会发展中的重要引领、保障和规范作用,必须

[①] 参见钱焰青:《论新时代行政规范性文件的正当性及其界限》,载《中国法律评论》2021年第3期。

建立起长效的质量保障机制,使行政规范创制活动真正满足合法性、民主性、科学性和专业性要求。

(一) 公众参与机制

《立法法》第 5 条规定:"立法应当体现人民的意志,发扬社会主义民主,坚持立法公开,保障人民通过多种途径参与立法活动。"多年来,行政规范的民主性虽然得到了一定程度的体现,但公众参与行政规范创制活动的热情远未被激发。正是由于公众参与的积极性还没有得到认真落实,我国行政规范的质量总体不高、可执行性不强。为了让公众的利益诉求及时传递到行政规范创制者面前,必须通过各种渠道广泛吸收公众参与。"在大多数情况下,公民参与的动力通常来自于获取公民接受政策的需求,公民的接受是决策成功实施的先决条件。"[①]

鉴于行政规范创制活动往往蕴涵着复杂的利益博弈,因而需要围绕"有序"与"有效"两个维度设计出科学的公众参与机制,弥补行政规范创制机关的民意不足,增进行政规范创制活动的民主化水平。其中,有序是保障行政规范创制活动民主性的前提,有效则是保障行政规范创制活动民主性的关键。离开了有序参与,公众就如同一盘散沙,其零散意见就不足以影响行政规范创制者;缺乏有效性的参与,公众意见必然陷入"说了也白说"的尴尬境地。从维系公众参与的有序和有效角度上看,应当注重以下三项机制的建立:一是在公众参与的方式上逐步采行"组织化"进路。通过行业协会、同业工会、消费者协会等社会组织的内部自治,推选富有经验和热情的代表参与行政规范创制,进而将整合之后的公众意见及时传递到行政规范创制机关。二是建立信息披露和专业咨询机制。通过增加行政规范创制机关的程序性义务,努力消弭公众代表的信息劣势地位,避免行政规范创制过程沦为行政主体单方发布信息的"独角戏"。三是建立公众意见采纳与否的理由说明制度。为了避免公众参与沦为形式主义的代名词,应当建立行政规范创制机关的说明理由机制。无论行政规范创制机关是否采纳公众意见,都负有及时说明理由的义务。同时,行政规范创制机关对持相反意见者需要进行充分解释和深度沟通,消弭部分利益群体可能存在的误解,最大限度地增进行政规范的可接受性。

---

① 〔美〕约翰·克莱顿·托马斯:《公共决策中的公民参与:公共管理者的新技能与新策略》,孙柏瑛等译,中国人民大学出版社 2005 年版,第 98 页。

(二) 专家论证机制

在"尊重知识、尊重专家"成为社会基本共识的当下,行政规范创制过程中亦不乏专家学者的身影。身处行政国家时代,行政机关普遍面临治理经验和专业知识不足的挑战。举凡城市规划、环境治理、食品安全风险评估等复杂问题,都需要各方面的专业技术和知识。至于垃圾处理是焚烧好还是掩埋好、转基因食品是有利健康还是不利健康之类的抉择,就更不能离开专业知识作为规范创制的基本依据。除了接受委托承担行政规范草案起草工作之外,专家论证几乎成为所有行政规范创制活动的必经环节。实践表明,专家的参与和论证在很大程度上提升了行政规范的专业水准。不过,在行政主导型发展模式的影响下,很多时候专家参与可能沦为一种"装饰"。特别是在利益诱惑与权力高压之下,专家能否自由独立发表真实意见不无疑问。

在现代社会,行政规范创制往往是个"技术活"。"一些行政决定充满着如此技术性和复杂性的问题,受到影响的公民需要克服很大的困难和花费许多时间才能理解作出决定的过程,更不用说参与决定作出的过程了。"[①]行政规范创制过程中的专家参与论证与公众参与具有同等重要地位。今后需要围绕"独立"与"专业"两个维度设计出专家有效参与行政规范创制的机制,弥补行政规范创制机关专业知识的不足,增进行政规范创制的科学化水平。其中,专业性是保障行政规范创制科学性的前提,独立性则是保障行政规范创制科学性的关键。离开了精湛的专业素养,"砖家"参与只能是徒增规范创制成本;缺乏履行职责的独立性,即便业务再精湛也会为规范创制机关所"俘获"。专家的有效参与需要从两个方面进行努力:一是在参与规范论证专家的遴选方式上尽量采行"去政府化"的思路,逐步改由政府委托相关学术组织通过学术的方式产生专家库,在保持定期更新的基础上根据行政规范创制的实际需要进行随机挑选;二是建立行政规范创制过程中的专家意见公开机制,通过言论公开对专家形成无形压力,迫使其不敢违心地发表明显有违专业常识的意见,进而自觉维护其自身良好的学术声誉。

[①] 〔美〕乔治·弗雷德里克森:《公共行政的精神》,张成福等译,中国人民大学出版社 2003 年版,第 97 页。

（三）后评估机制

行政规范后评估是指行政规范实施后，根据其立法目的，按照法定程序，结合经济社会发展实际，对行政规范的立法质量、实施绩效、存在问题等进行调查、分析、评价，提出继续执行、修改或者废止等意见的制度。在行政法律规范体系初步建成的当下中国，行政规范的立、改、废是未来行政法制发展的重要主题。行政规范后评估不仅是检验政府监管措施合法性、最佳性的重要手段，而且对于提高立法质量、回应社会治理需求具有特殊作用。从近些年行政规范后评估的实践来看，确实取得了很好成效。一些地方还大胆创新，将行政规范后评估任务整体或部分委托给高等院校、科研机构、行业协会、律师事务所，充分发挥这些组织的专业作用，使行政规范后评估工作更加科学有效。为了进一步发挥后评估制度在保障行政规范质量上的特殊作用，今后可以从如下三个方面进行努力：

第一，建立多元化的行政规范后评估主体模式。从现行规定来看，我国行政规范后评估主体存在四种模式，即"谁制定，谁评估"模式、"谁执行，谁评估"模式、"谁制定，谁执行，谁评估"模式以及"委托第三方评估"模式。不同的评估主体具有相应的比较优势，同时也有难以克服的局限。为了克服评估主体单一化所导致的负面效应，应当建立一种多元化的评估主体模式。较为理想的行政规范后评估主体模式是将制定机关、执行机关、第三方机构和公众都纳入评估主体之中，明确各自的权利和义务，实现四者的良性互动。四方联动的评估主体模式不仅能够汲取各方评估主体的优势，提高评估效率，还能克服单一主体思维片面的弊端，保证评估结论的科学性。目前流行的"谁制定，谁评估"模式及"谁执行，谁评估"模式都属于典型的"内部封闭式评估"模式，存在一定局限性。为了实现行政规范后评估的科学化、民主化和规范化，吸收独立民间第三方和社会公众广泛参与的"外部开放式评估"模式无疑应当成为今后的主导模式。

第二，明晰行政规范后评估的对象。在行政规范体系中，行政法规和行政规章的数量远远少于行政规定。如果说对数量有限的行政法规和行政规章需要进行"常态性"后评估的话，那么对数量庞大的行政规定就只能进行"选择性"后评估。为此，需要对评估对象设定一定的遴选标准，进而选择最迫切需要的行政规范进行后评估，充分实现行政规范后评估制度的效能。在选择具体的后评估对象时，要以可评估性和可操作性为导向，以必要性和充分性为原则，从影响的程度、涉及范围的重要性、公众呼声、实施情况、时效以及合法性等方面出发，结合实际情况进行选择。只有将有限的资源配置到最需要进行后评估的对象上，行政规范后评估制度才能真正发挥实效。

第三，健全行政规范后评估的标准和方法。后评估标准的合理与否直接影响到评估内容的具体落实。任何一项后评估活动都应当事先确定一个相对统一的评估标准。评估标准的确定必须在整体上反映出行政规范实施的状态，反映行政规范实践和社会经济、政治和文化发展之间的关系及其变化情况，并对社会治理、社会效益和社会影响提供综合评价的参照系。行政规范后评估的目的是通过评估行政规范实施情况决定行政规范的存、改、废，保证行政规范的科学性。为此，行政规范后评估不仅要对行政规范本身的质量进行分析判断，还要对行政规范的实施情况进行综合分析，评估标准应该综合行政规范本身的质量标准、实施效果标准以及制定行政规范的绩效标准来制定。总的来说，合法性标准、适应性标准、协调性标准、合理性标准、可操作性标准、技术性标准、实效性标准这七项标准值得优先考虑。至于每一项标准具体包括哪些次级指标，还需要结合具体的行政规范后评估方案进行细化。在后评估标准确定之后，还必须借助于科学的后评估方法。其中，比较分析法、系统评价法和成本效益分析法值得优先适用。比较分析法就是通过对实施前后社会秩序的比较、对制定前预期和实施后实效的比较、对实施效果正反两方面的比较以及对同一领域相关规范之间的横向比较，观察行政规范的实施效果；系统评价法就是运用系统方法从整体上对行政规范进行评价，主要包括行政规范的合法性、可操作性及实效性评价等；成本效益分析法就是通过对行政规范制定和实施所耗费的成本与获得的收益进行权衡比较，客观判断行政规范继续存在与否、有无修改必要。当然，这些方法并不是孤立的，可以根据评估对象的需要综合应用。

三、行政规范的相对回避模式

长期以来，部门利益和地方保护主义的法律化现象在我国立法实践活动中十分突出。尤其是在行政法规和规章的制定过程中，部门本位、加塞私货的现象更为普遍。在2015年修订的《立法法》赋予所有"设区的市"享有地方立法权之后，如何提高立法质量，如何发挥立法在地方经济社会文化发展中的引领和推动作用，是法治政府建设必须直面的问题。在既有的学术讨论中，专门机构的设立、立法人员的专业和立法程序的完善被视为立法能力提升的重要保障。从根本上来说,立法质量的提高最终取决于立法模式的选择。就行政立法特别是地方政府立法活动而言,如何有效防范部门利益的规章化依旧是未解的难题。下文将在分析"政府主导型"和"政府回避型"行政规范创制模式缺陷的基础上,提出、论证并建构一种新的行政规范创制"相对回避型"模式,试图消解行政立法科学性和民主性之间的紧张关系,助力行政立法质量的提升。

(一) 两类传统行政规范创制模式之局限

改革开放以来,我国立法工作步入快车道。经过多年的努力,有中国特色的社会主义法律体系基本建成。在这一过程中,立法活动的行政主导色彩极为浓厚,相当数量法律文本制定、修改的起草权都掌握在行政机关手中。时至今日,这种现象依旧存在。就行政立法活动而言,"政府主导型"模式几乎占据了统治地位。作为具体行政领域的管理机关,行政部门具有专业优势,对实践运作相对熟悉,由其具体负责法案起草工作确实存在合理性。不过,行政立法活动是一项法律技术活,其间充斥着复杂的利益衡量,政府主导型模式的局限需要认真检讨。

概而言之,政府主导型行政立法模式的缺陷体现在三个方面:一是"过程封闭性"。由于行政立法的主导权始终掌握在行政部门手中,外界无法及时获得相关信息,导致公众参与等程序装置往往流于形式,难以对行政部门提供的草案展开有针对性的论辩。行政立法过程的封闭性,使得公众无法对其进行有效的监督,利益集团的俘获、立法质量的低下自然就难以幸免。二是"部门本位性"。由于行政立法的起草权大多为主管部门所垄断,因此本部门的利益理所当然地优先得到保障,扩充本部门权力、便于本部门管理甚至减免本部门责任成为行政立法的常态。至于其他相关部门的利益协调,并非起草者所关注的重点。如此一来,行政立法中的职责权限分工不明、可操作性缺乏就不足为怪了。"那些负责制定规则的人在制定规则后便万事大吉,他们并不在乎他们制定的规则对机构其他部门可能产生的问题。"[①]三是"弱回应性"。在我国,行政立法尤其是规章制定活动在整个法律秩序的结构中处于承上启下的重要地位。"规

---

① 〔美〕科尼利厄斯·M.克温:《规则制定——政府部门如何制定法规与政策》(第三版),刘璟等译,复旦大学出版社2007年版,第102页。

章犹如汪洋大海,法律只是漂浮在大海中的少数孤岛。"①规章的制定尤其需要从实际出发,回应经济社会发展的现实需求。然而,部门垄断起草权的制度安排却对其现实回应性构成了挑战。"对许多政府机构而言,规则制定意味着极其沉重的工作负担,意味着缩减其自由裁量权并使其处于国会、总统、法院和利益集团的监督和压力之下。即便对那些极少关注自我利益的官僚而言,这种情形似乎足以使他们对规则制定失去兴趣甚至感到厌恶。尽管有些官僚可能仅将规则制定看作一项无法逃避的繁杂工作,但至少其确实带给一些官僚一定的利益。"②在这种心态的驱使下,行政立法活动完全可能沦为简单的任务交差。

为了克服政府主导型行政立法模式的缺陷,一些地方充分利用《规章制定程序条例》第 15 条第 4 款"委托有关专家、教学科研单位、社会组织起草"的规定,尝试通过外部第三方的直接起草扭转部门利益法律化的局面。在这一过程中,重庆市推行的"政府回避型"立法模式引人关注。2007 年 4 月 4 日,重庆市人民政府以渝府发〔2007〕52 号文的形式发布《重庆市人民政府 2007 年立法计划》,提出要"全面实施开门立法""探索立法起草回避制度""进一步完善委托起草和招标起草的立法模式",并明确规定:"与某一立法项目有直接明显利害关系的单位和个人,不得参与法规和规章的起草、审查和评审,不得主导立法进程。"③行政立法回避制度的推出,受到媒体和学界的热议。赞同者认为,此举体现了立法民主化理念,有助于提高行政立法质量,破解部门利益法律化难题;④反对者认为,此举不具备合法合理性、不宜推广,科学合理的行政立法关键还在于完善程序、扩大参与;⑤冷观者则认为,此举虽值得期待和关注,但其

---

① 王名扬:《美国行政法》,中国法制出版社 1995 年版,第 353 页。
② 〔美〕科尼利厄斯·M. 克温:《规则制定——政府部门如何制定法规与政策》,刘璟等译,复旦大学出版社 2007 年版,第 38 页。
③ 秦力文、高维峰:《重庆试行立法回避制度 首批 6 个立法项目规避利害关系单位实施委托或招标起草》,载《法制日报》2007 年 7 月 12 日。
④ 代表性论述参见杨涛:《"立法回避"是立法民主化的纵深推进》,载《法制日报》2007 年 7 月 17 日;崔卓兰、卢护锋:《论行政立法回避制度——从重庆市人民政府立法回避的实践切入》,载《河南省政法管理干部学院学报》2008 年第 1 期;胡峻:《论行政立法回避制度——兼与杨建顺教授商榷》,载《现代法学》2008 年第 5 期。
⑤ 代表性论述参见杨建顺:《"政府立法回避"不宜全面推广》,载《法制日报》2007 年 7 月 20 日;姜明安:《立法,应推行广泛参与制而非回避制》,载《检察日报》2007 年 9 月 17 日;侯淑雯:《立法回避何如立法博弈》,载《法制日报》2007 年 11 月 9 日;

作用有限且易滋生新的问题。①

也许是引发巨大争议的缘故,重庆市人民政府在随后发布的历年立法计划中再未使用"立法回避"一语,但仍然坚持"开门立法"模式,并逐步完善委托起草的方式。尽管政府回避型行政立法模式并未完全推开,但委托专家、组织起草的方式真正开始得以重视,部门利益法律化现象有所遏制。与传统的政府主导型行政立法模式相比,政府回避型行政立法模式体现出"壮士断腕"的决心和勇气,对立法过程封闭性和部门利益本位性的克服都有助益。但是,这种极端做法也在事实上改变了行政立法权的分配,难以保障行政立法的科学性、专业性和现实回应性,甚至与依法行政的基本原则相悖。

继党的十八大报告率先提出"科学立法"的法治建设新方针之后,党和国家的纲领性文件围绕程序面相的"科学地立法"和实体面相的"科学的立法"作出了一系列崭新部署。《中共中央关于全面推进依法治国若干重大问题的决定》(以下简称《全面依法治国决定》)提出"探索委托第三方起草法律法规草案",《法治政府纲要》进一步提出"探索委托第三方起草法律法规规章草案"。2015年修订的《立法法》第 53 条第 2 款规定:"专业性较强的法律草案,可以吸收相关领域的专家参与起草工作,或者委托有关专家、教学科研单位、社会组织起草。"这些重要的制度创新预示着一种新的、超越"政府主导"和"政府回避"之争的"相对回避"的行政立法模式依稀形成。这一新模式的特质在于重塑行政部门、法制机构及外部第三方在行政立法过程中的关系,通过公私部门各自禀赋的施展,缓解行政立法科学性和民主性之间的张力,在消除部门利益法律化的同时推进行政立法的科学化,促进良法善治局面的实现。

(二)行政规范创制相对回避模式之证成

在我国迈向国家治理现代化的进程中,行政立法相对回避模式的生成具有充分的法理基础,其正当性可从如下两个方面获得证成。

1."提高立法质量"目的性条款和"坚持立法公开"原则性条款的规范要求

法律是治国之重器,良法是善治之前提。党的十八大以来,"科学立法"成为我国新时期治国理政的重要战略支撑。"科学立法"本身具有丰富的理论内

---

① 代表性论述参见宋功德:《政府立法回避:期待与追问》,载《人民法院报》2007 年 9 月 18 日;柴清玉:《对政府立法回避的冷思考》,载《人大建设》2008 年第 6 期。

涵,包含了立法"实体的科学"和"程序的科学"两个不可或缺的面相要求。①2015 年修订的《立法法》坚持以"突出重点,着力围绕提高立法质量完善制度"为导向,在"深入推进科学立法、民主立法"方面进行了大幅度修改。② 其中,第 1 条新增"提高立法质量"作为立法活动的目的性要求之一,第 5 条新增"坚持立法公开"作为立法活动的基本原则之一。从法律的体系性解释立场来看,"质量取向"和"公开取向"已成为所有类型立法活动的新要求。

就行政立法活动而言,在"提高立法质量"目的性条款和"坚持立法公开"原则性条款的规范要求下,必须及时实现从数量型向质量型、从封闭型向开放型立法模式的转变。其中,前者体现出行政立法对实质正义的追求,后者体现出行政立法对程序正义的追求。作为一种新型的行政立法模式,相对回避型模式通过政府法制机构作用的充分发挥和外部第三方专业力量的适当引入,保持立法活动高度的开放度,努力消除行政部门垄断立法进程所产生的部门利益法律化问题。新的模式超越了简单的行政部门主导和法制机构主导之争,以多元共治和过程开放为抓手,重塑各方机构在立法过程中的关系,调动各方机构的积极性,最终服务于提高立法质量的总目标。从这个意义上来说,2015 年修订的《立法法》总则规定为行政立法相对回避模式奠定了重要的规范基础。

2. 当代社会公私合作治理兴起的必然要求

改革开放以来特别是进入 21 世纪以后,伴随着行政管理体制改革的推进和民间社会力量的成长,一种新的以"合作—协商"为特质的公共治理模式正逐渐取代传统上以"命令—服从"为特质的行政管理模式,并已成为我国社会整体变迁的重要趋势之一。在秩序行政领域,以治安承包、消防民营、警务辅助、社区戒毒为代表的私人参与履行警察任务现象渐次兴起;在给付行政领域,以公用事业特许经营、公共服务社会组织提供为代表的私人参与履行给付任务现象蓬勃发展。这些具体领域行政任务民营化现象的涌现,标志着一种以公私合作治理为中心的"混合行政"日益突显。同时,在行政活动过程之中,多环节、多形式的公私合作也在顽强生长。私人举报提供案件线索启动行政执法程序,私人

---

① "科学立法"理论内涵的解读已成为法学研究的聚焦点。代表性论述参见关保英:《科学立法科学性之解读》,载《社会科学》2007 年第 3 期;冯玉军、王柏荣:《科学立法的科学性标准探析》,载《中国人民大学学报》2014 年第 1 期;李友根:《论法治国家建设中的科学立法——学习〈中共中央关于全面推进依法治国若干重大问题的决定〉的一点思考》,载《江苏社会科学》2015 年第 1 期。

② 参见全国人大常委会副委员长李建国 2015 年 3 月 8 日在第十二届全国人民代表大会第三次会议上所作的《关于〈中华人民共和国立法法修正案(草案)〉的说明》。

接受委托处理某些行政执法事务,行政执法机关与行政相对人就个案处理进行协商达致和解,行政复议过程中的和解,行政审判过程中的协调,信访积案化解中外部第三方力量的介入,都生动地摹绘出一幅幅公私全面合作治理的图景。行政领域公私合作现象的兴起,预示着政府单中心的统治模式向政府、市场和社会相结合的多中心治理模式的嬗变。"政府统治的权力运行方向总是自上而下的,它运用政府的政治权威,通过发号施令、制定政策和实施政策,对社会公共事务实行单一向度的管理。治理则是一个上下互动的管理过程,它主要通过合作、协商、伙伴关系、确立认同和共同的目标等方式实施对公共事务的管理。"①惟有通过公共部门与私人部门之间积极而有效的合作,才能最终实现"善治"的目标。

在既往行政部门主导型的立法模式下,虽然也有某些公众参与、专家论证的制度安排,但更多表现为一种程序装饰,很难对部门利益法律化形成有效制约。纵观行政领域和行政过程中的公私合作,则完全颠覆了传统的主客体思维,外部社会力量与内部行政系统通过多种方式的合作共同完成行政任务。也就是说,公私合作治理的实质就是建立公共部门与私人部门之间的伙伴关系,即"政府和私人部门之间的多样化的安排,其结果是部分或传统上由政府承担的公共活动由私人部门来承担"②。近年来,行政立法特别是地方政府规章草案的起草、立法前评估和后评估工作,经常交由专家学者、科研院所、学术社团、律师事务所、社会组织等外部第三方独立完成,甚至还出现了多个第三方同时接受委托、相互竞争的局面。这种具有相对回避特质的新模式并非简单地"去部门化",而是倡导一种"灵活、助成的政府观念",即"政府必须有能力在混合体制中扮演多重角色:经纪人、网络管理者、监督者、执行者与合作伙伴,政府在混合体制中的主要作用,就是促进混合主体的介入,这种混合能够将具体公私安排所带来的风险降到最低"③。从这个意义上来说,公私合作治理的兴起为行政立法相对回避模式奠定了重要的社会基础。

---

① 俞可平:《权利政治与公益政治》,社会科学文献出版社 2003 年版,第 134 页。
② 〔美〕E. S. 萨瓦斯:《民营化与公私部门的伙伴关系》,周志忍等译,中国人民大学出版社 2002 年版,第 4 页。
③ 〔美〕朱迪·弗里曼:《合作治理与新行政法》,毕洪海、陈标冲译,商务印书馆 2010 年版,第 189—190 页。

(三) 行政立法相对回避模式之建构

2015 年修订的《立法法》的规定及地方政府委托第三方起草规章的实践,为行政立法相对回避模式的生成提供了注脚。但正如其他私人参与公共职能履行的形态一样,外部第三方力量对行政立法事务的介入也会对公共治理构成新的挑战。因此,以公私合作、多元共治为特质的相对回避型行政立法模式还须从机制完善入手予以建构。总体而言,准入机制、契约机制、公开机制和责任机制的建立尤为重要。

1. 准入机制

行政立法相对回避模式的推行旨在通过外部独立第三方的引入,防范部门利益法律化和立法非专业化的双重风险。因此,在何种情况之下、按照何种程序、引入符合何种条件的独立第三方承担起草任务,就成为这一模式能否有效运行的先决条件。在公私合作治理法制框架中,准入机制的设定就是"公共部门在市场上挑选合适的私人参与执行公共行政任务的过程"[①]。准入机制的完善应从适用范围、实体条件和程序设计三个方面展开。

首先,应当明确委托第三方起草的适用范围。从本质上来说,行政立法是一个多方利益主体相互博弈的过程。为了实现行政立法科学性、民主性和回应性的目标,应尽可能动员体制内和体制外的一切有利资源协同完成。严格来说,专业性较强未必就是委托外部第三方起草的唯一标准,有些地方法制机构从事立法工作的人员本身就具有丰富的起草经验和业务专长,相比之下更能胜任起草工作。就委托起草适用范围的设定而言,防范部门利益法律化和立法能力保障是两项主要考虑因素。为此,今后在修订《规章制定程序条例》和《行政法规制定程序条例》时可规定:"部门利害关系直接明显,或者专业技术性强、难度较大的,应当委托符合条件的有关第三方起草。"就实证法律规范而言,公务员任职回避、行政执法回避、行政审判人员回避都已有明确规定,行政立法回避"入法"并无争议;就立法能力而言,当行政系统明知内部难以胜任时,就需要寻求更具优势的外部第三方。这两项委托第三方适用范围标准的设定,本身就诠释了行政立法回避的相对性。

[①] 章志远:《行政任务民营化法制研究》,中国政法大学出版社 2014 年版,第 98 页。

其次,应当明确委托起草第三方的实体条件。公私合作治理就是一个政府挑选合适的私人部门履行公共事务的过程。只有从市场上挑选出具有丰富从业经验、专业实力雄厚和服务信誉良好的私人部门,公私合作才能够取得最大收益。就第三方资质要求而言,中立性、专业性和权威性是实体条件设定应坚持的三项基本原则。其中,中立性指的是第三方与立法事项本身及所涉具体部门没有利害关系。为此,所涉具体部门的兼职法律顾问、与所涉具体部门有业务联系的律师事务所、对立法事项存在倾向性意见的第三方(如不宜委托嗜烟者或控烟团体承担相关控烟法案起草工作)就应当回避。专业性指的是第三方对所涉立法事项具有特殊的专业技术优势或领先的专业研究水准,能够有效补齐行政系统的专业技术短板。权威性指的是第三方具有丰富的起草经验(如已经承担过相关法案起草任务)、良好的从业声誉(如在同行中享有很高评价)和特殊的社会经历(如曾经在特定区域生活工作),更有足够把握出色完成起草任务。

最后,应当明确委托起草第三方的程序设计。面对飘忽不定的第三方,行政立法机关必须经由缜密的程序设计挑选出具备最佳条件者担负起法案起草任务。"然而,确定何者构成为公众做个好交易的事实显然是件不容易的事,对此的判断显然不限于最低报价或看上去是最有效的合同,它涉及对经济、效率、有效性、回应性、责任性和平等因素进行的复杂的平衡。"① 为此,就应当尽可能引入竞争性机制,通过公开招标方式吸引更多热情高、条件好、经验足的第三方积极参与竞争,从而使得行政立法机关在更为宽广的视野中选择最佳合作者。当然,基于立法事项、立法成本及立法进度的现实考虑,也可以采取定向委托的方式直接选定第三方,但也要接受契约、公开、责任等其他机制的约束,避免"赢者通吃"造成新的"第三方垄断"现象。

2. 契约机制

当行政立法机关严格按照既定标准和程序审慎选择出第三方时,就必须以契约方式及时明确各方的权利义务,从而在充分发挥公私各方禀赋的基础上确保法案起草任务的顺利完成。行政立法委托起草协议是一类典型的行政协议,

---

① 〔美〕菲利普·库珀:《合同制治理——公共管理者面临的挑战与机遇》,竺乾威等译,复旦大学出版社2007年版,第14页。

标志着行政立法事务正由权力治理走向合同治理。"从权力转向合同并不意味着政府部门的终结。恰恰相反,它意味着需要建立一种制度和管理能力去迎接我们面临的许多新的挑战。这就需要一些既能执行各种传统的治理职能、同时又能强调各种合同协议(正式的和非正式的)的复杂组织作为一种至关重要的运作模式。"① 契约机制的完善,应从主体和内容两个方面展开。

一方面,关于行政立法委托起草协议三方的角色定位。作为一种新类型的行政协议,行政立法委托起草协议需要处理好具体行政部门、政府法制机构和委托第三方的关系,充分发挥各方的禀赋,保障行政立法的科学性、民主性和回应性。鉴于行政部门和法制机构都可能具体负责起草工作,因而行政立法委托起草协议存在两类情形:一是行政部门与第三方作为双方当事人签署委托协议,各自承担相应的权利义务,法制机构则作为委托协议的见证者和监督者参与其中;二是法制机构与第三方作为双方当事人签署委托协议,各自承担相应的权利义务,行政部门作为委托协议的见证者和支持者参与其中。就前者而言,作为具体负责起草机关的行政部门将起草任务委托给第三方,作为送审稿审查机关的法制机构见证委托协议的签署并监督协议的履行;就后者而言,作为具体负责起草机关的法制机构将起草任务委托给第三方,行政部门见证委托协议的签署并支持协议的履行。这种类似三方协议的制度安排,有望形成相互制约、相互配合的新型关系,进而有效克服政府主导型和政府回避型立法模式的缺陷。

另一方面,关于行政立法委托起草协议的核心条款安排。为了消除第三方受托起草可能带来的风险,必须在委托起草协议中设置好关键性条款,具体包括三类事项:一是权利义务条款。其中,委托方的主要权利是督促权和验收权,主要义务是经费保障义务和调研座谈保障义务;受托方的主要权利是经费获取权和材料调取权,主要义务是按期按质提交草案相关文本义务。二是委托费用条款,具体包括费用额度和支付方式。费用的核定需要综合考虑立法事项的难易程度、完成时间的长短程度和调研座谈的具体频次等因素确定,防止出现费用过高或过低情形;费用的支付可分为先行支付工作费用和公布后评估奖励费用两个部分,体现优质优价的原则。三是纠纷解决条款。鉴于行政立法委托起

---

① 〔美〕菲利普·库珀:《合同制治理——公共管理者面临的挑战与机遇》,竺乾威等译,复旦大学出版社 2007 年版,第 51 页。

草协议合作产品的特殊性,当事人争议以协商解决为主,以仲裁解决为辅,避免采取诉讼方式。"替代性纠纷解决机制明显具备许多法院执行所不具有的优势。它能够避免开支和负面影响,能够为纠纷提供专业的解决办法,能够通过设计最大化地维持真诚的长期关系。"①

3. 公开机制

委托外部第三方承担法案起草任务,对于防止部门利益法律化、弥补行政系统立法能力的不足都有积极作用,但第三方也可能被委托方"俘获",甚至出现相互输送利益的怪现状。为此,必须从公开机制的完善入手,倒逼外部第三方认真履行协议,提交优质的合作产品。公开机制的完善,应从遴选过程公开、经费使用公开和合作产品公开三个方面展开。

首先,应当建立第三方遴选过程公开机制。行政立法相对回避模式的推行取决于第三方的实力和投入,只有依托遴选过程的公开,才能保障行政机关寻找到适宜的合作伙伴。尤其是在公开招标过程中,更应注重细节的完善,确保投标者之间能够公平竞争,避免因暗箱操作导致遴选的不公正。

其次,应当建立经费使用公开机制。行政立法委托起草的经费来源于财政预算,理应在阳光下运行。目前实践中的做法多以横向课题经费形式支付,分别适用行政机关和外部第三方机构两套经费使用规定,徒增了很多流程。加之高校、科研机构经费使用普遍管制过严,起草专家的精力往往被无端耗费,实有松绑之必要。为体现财政预算的严肃性、政府购买公共服务的便利性和第三方工作的积极性,应当对委托起草经费实行模块管理。其中,前期工作经费实行课题制管理,遵循使用公开原则;合作产品验收通过后,以政府购买公共服务方式直接支付劳务费用;合作产品被正式行政立法广泛采纳后,再以奖励方式支付。这种制度安排既能充分调动第三方的积极性,也能保障财政资金合规使用的社会效益,值得在实践中大力推行。

最后,应当建立合作产品公开机制。行政立法相对回避模式的宗旨在于克服部门本位和提高立法质量,第三方起草的法案能否以及在多大程度上为最终立法所接受,事关委托起草工作的成败。如果合作产品因质量低劣而被抛弃,

---

① 〔英〕A.C.L.戴维斯:《社会责任:合同治理的公法探析》,杨明译,中国人民大学出版社2015年版,第71页。

甚至委托机关不得不另起炉灶，那么整个委托起草工作就几乎毫无意义，相对回避模式的预期目的也会落空。为此，有必要建立合作产品公开机制，使第三方的工作始终置身于社会监督之下，避免草草应付等极端情形的发生。

4. 责任机制

"私人主体愈来愈多地履行传统的公共职能却又摆脱了通常与公权力的运用相伴的严格审查，在这种情况下，私人的参与确实会引起对责任性的关注，使不受制约的行政机关裁量权相形见绌。"[①]为有效防范委托第三方起草法案引发的风险，还必须建立相应的责任机制。鉴于第三方是接受行政机关的委托具体承担起草任务的，因而行政立法中的不当或违法情形仍然由行政机关承担相应的法律责任。就第三方而言，更多的责任是因协议履行不善而引发的。因此，"经费管控"和"后续限制"当成为主要的追责机制。

"赏罚分明的绩效合同旨在尽可能避免很多这样的监督细节和审计负担。此外，奖惩的一个问题在于奖惩要激发承包商以最好的价格为公众提供最好的服务。"[②]对于第三方来说，较好的物质回报是其承担法案起草工作的切身利益所在。因此，一旦出现法案起草质量低劣甚至明显存在拼凑抄袭情形时，委托方就可以考虑暂停支付后期费用直至追回所拨前期费用。通过这种经济制裁措施的运用，有助于鞭策第三方尽心尽力完成好协议约定的任务。

鉴于防范部门利益法律化是委托第三方起草法案的另一目标，因而第三方与委托方"合谋"的问责机制更为重要。如果有充分证据显示第三方被委托方所"俘获"，并借此充当部门利益法律化的代言人，那么第三方地位的中立性就将随之丧失。为此，可以借鉴项目申报、论著发表及其他行政管理领域广为流行的黑名单制度，对特定的第三方后续投标或定向委托起草法案进行一定期间、一定区域的限制。只有保留类似的刚性责任追究机制，才能真正实现行政立法相对回避模式的良性运作，促进行政立法质量的提高。

[①] 〔美〕朱迪·弗里曼：《合作治理与新行政法》，毕洪海、陈标冲译，商务印书馆 2010 年版，第 142 页。

[②] 〔美〕菲利普·库珀：《合同制治理——公共管理者面临的挑战与机遇》，竺乾威等译，复旦大学出版社 2007 年版，第 112—113 页。

【扩展阅读】

1. 叶必丰、周佑勇:《行政规范研究》,法律出版社 2002 年版。

2. 何海波:《论法院对规范性文件的附带审查》,载《中国法学》2021 年第 3 期。

3. 钱焰青:《论新时代行政规范性文件的正当性及其界限》,载《中国法律评论》2021 年第 3 期。

【延伸思考】

1. 如何进一步发挥公众参与机制在行政规范创制中的作用?
2. 如何发挥后评估制度在监督行政规范中的作用?
3. 如何理解行政规范创制的相对回避模式?

第十三章 新型行政活动论

在现代行政法上,行政主体除了运用行政处罚、行政强制等传统的"刚性"行政行为治理社会之外,还越来越频繁地使用行政指导、行政协议等"柔性"行政手段和行政计划、行政调解、行政统计、行政确认、行政调查、行政评估、行政约谈等"中性"行政手段。"如何调和未型式化行为的自由性与应受法律拘束性之间的矛盾,必将成为未来行政法需持续努力和解决的问题。"[①]为此,本章拟以行政指导、行政调查和行政调解为例,探讨这些新型行政活动方式的运行状况及其发展前景。

一、行政指导论

作为一种灵活的行政管理手段,行政指导在第二次世界大战以后的日本、德国等现代市场经济国家得到了广泛运用。尤其是在 20 世纪五六十年代日本经济的高度成长期,行政指导曾经发挥过不可替代的巨大作用,被学界普遍誉为战后日本经济发展的一把"金钥匙"。与此同时,日本行政法学界也对行政指导理论给予了极大关注。1993 年出台的日本《行政程序法》还就行政指导作出了专章规定,在世界范围内率先实现了行政指导的初步规范化与制度化,成为日本行政程序法典的一大特色,并相继影响到韩国及我国台湾地区的行政程序

---

① 赵宏:《法治国下的目的性创设——德国行政行为理论与制度实践研究》,法律出版社 2012 年版,第 474 页。

立法。在我国大陆地区,随着社会主义市场经济体制的建立和政府职能的转变,行政指导开始在经济领域和一些社会管理领域得到运用。从 20 世纪 90 年代中后期开始,以莫于川教授为代表的一批学者开始持续关注行政指导问题研究。时至今日,行政指导已经成为诸多行政机关常用的行政手段。

(一) 行政指导的理论内涵

行政指导是行政主体为实现特定的行政目的,在法定职权范围内或者依据法律、法规、规章和行政规范性文件,以指导、劝告、提醒、建议等非强制性方式并辅之以利益诱导,促使公民、法人或其他组织作出或者不作出某种行为的行政活动。对这一定义的理解,需要把握以下四点:第一,行政指导是由行政主体实施的一类行政活动。随着现代行政主体多元化趋势的日渐明显,除了行政机关以外,将会有更多的非政府组织成为实施行政指导的主体。第二,行政指导是一类具有明确目的性的行政活动。实现特定的行政目的是行政主体实施行政指导的初衷,目的性是行政指导制度据以存在的基础。目的的不同,决定了行政指导内容、方式及效果的不同。第三,行政指导是一类非强制性的行政活动。行政指导只能借助于建议、劝告、提示、鼓励等柔性方法,手段上的非强制性是其与传统行政行为的显著区别。第四,行政指导是一类利益诱导型行政活动。对于行政指导的实施者来说,总是希望行政相对人能够接受其指导,因而相应的利益引诱不可或缺。

在我国行政法学理上,有关行政指导的法律属性众说纷纭,先后有"非权力性事实行为说"[①]"非强制性的权力性事实行为说"[②]"权力性行政行为说"[③]等多种观点。个中分歧主要体现在两个方面:行政指导究竟是权力性行为还是非权力性行为?是行政行为还是事实行为?首先,行政指导非权力性行为说值得商榷。这种论点将权力与强制直接划等号,认为凡是权力行为都具有强制力,不具有强制力的行为都是非权力行为。现代西方政治学的诸多研究成果表明,权力与强制之间并不存在必然联系。"权力是某些人对他人产生预期效果的能

[①] 参见应松年主编:《行政行为法:中国行政法制建设的理论与实践》,人民出版社 1993 年版,第 571 页。
[②] 参见吴华:《论行政指导的性质及其法律控制》,载《行政法学研究》2001 年第 3 期。
[③] 参见郭润生、宋功德:《论行政指导》,中国政法大学出版社 1999 年版,第 59 页。

力",权力的形式包括"武力、操纵、说服和权威"。[①] 可见,权力的实现方式有多种,强制只是权力的一种表现形式而已。其次,行政指导行政行为与事实行为的争论离不开对整个行政行为理论体系的重构。从法律上来说,只要是依据行政职权作出的行为,要么是法律行为,要么是非法律行为。在法律行为与非法律行为之间划分出一种属于行政职权范围受行政法调整却又不是法律行为的事实行为,这本身并不科学。

日本《行政程序法》第 2 条规定,行政指导是指行政机关于其职权或所掌事务范围内,为实现一定之行政目的,对特定人要求一定作为或不作为之指导、劝告、建议以及其他不属于处分之行为。韩国《行政程序法》第 2 条也对行政指导作了类似定义,即指行政机关为了实现一定的行政目的,在所管事务范围内为使特定人做或不做一定行为而进行的指导、劝告及指教等行政作用。我国台湾地区"行政程序法"第 165 条规定,行政指导是指行政机关在其职权或所掌事务范围内,为实现一定行政目的,以辅导、协助、劝告、建议或其他不具法律上强制方法,促请特定人为一定作为或不作为的行为。虽然这三个文本对行政指导法律属性的具体表述各有不同,但都将行政指导看作一类独立的行政作用,且将行政指导与行政处分等其他类型的行政活动并列置之。这种立法安排与其行政法学理及教科书体例安排都是相通的。为此,学理上可将行政指导理解为一种诱导式的非强制性行政活动。

(二) 行政指导的制度定位

尽管"鼓励""引导""指导"等词语散见于我国一些法律、法规和规章之中,但真正从规范层面明确行政指导地位的还是《依法行政纲要》。在"严格规范公正文明执法"被反复提及、依法行政理念尚未扎根的当下,行政指导的广泛推行需要慎重。

1. 行政指导的生成背景

作为一种新型行政活动方式,行政指导的产生有着深刻的经济、政治和社会根源。行政指导根植于现代市场经济的土壤之中,是现代行政发展的产物,是塑造良好政府形象的客观需要,也是现代行政效益原则的必然要求。

第一,现代市场经济的发展孕育着行政指导的产生。现代市场经济的发

[①] 参见〔美〕丹尼斯·朗:《权力论》,陆震纶、郑明哲译,中国社会科学出版社 2001 年版,第 3、28 页。

展,客观上要求把市场对资源配置的决定作用与政府干预有机结合起来。在现代市场经济条件下,政府职能必须得到切实转换,既不能放任不管,也不能管得过死。相应地,政府的行为模式也应当发生变化。除了传统控制命令方式外,大量柔性行政手段应运而生。行政指导是行政机关主动作出的,目的就在于引导企业和个人按照其意图作出富有理性的选择。可见,行政指导是在现代市场经济的土壤之中孕育而生的。

第二,行政指导是现代行政发展的必然产物。在警察国时代,人们信奉"管得越少的政府是越有效的政府",行政任务仅限于维持秩序、抵御外侮方面。在法治国时代,政府行为被严格限定在法律的范围内,"无法律即无行政"。因此,传统行政在本质上属于消极行政。进入20世纪之后,随着科学技术的日新月异,世界经济迅猛发展,社会不断进步,客观上要求政府担当更多职责,以便为人民谋取更多福利。因此,政府行为不必过分拘泥于法律的明文规定。为了谋取社会公共利益,政府完全有必要采取一些灵活的措施以弥补法律规范的缺漏。于是,作为一种极富弹性的行政活动方式——行政指导被广泛采用。可见,现代行政的发展,直接促使了行政指导的衍生。

第三,行政指导是塑造良好政府形象的客观需要。政府形象的好坏是衡量一国行政运作效率的重要标准。过去,政府习惯于用命令、处罚等手段管理社会和经济,虽然也起到了一些积极作用,但政府也为此付出了高昂代价。作为政府的单方行为,行政命令排斥了行政相对人的参与,具有专横、武断等弊端。因此,树立良好的政府形象就需要转换政府行为方式。就现代行政而言,政府行为必须体现民主精神,充分尊重行政相对人的意愿,广泛吸收行政相对人参与社会治理。行政指导作为一种非强制性行政手段,只有取得行政相对人的同意才能实际发挥作用,更易于为行政相对人所接受。可见,行政指导是塑造良好政府形象的需要。

第四,行政指导是现代行政效益原则的必然要求。政府行为同企业、个人行为一样,必须遵循效益原则,即以最少的人力、物力和财力投入取得最佳的管理效果。尤其是在现代行政任务日趋多样化、复杂化的情况下,更应提高政府行政活动效率。过去,政府主要依靠行政命令的手段实施对经济和社会的管理,一方面,需要花费大量的人力、物力,容易造成行政资源的浪费;另一方面,增加了政府与行政相对人之间的摩擦,平添了行政执法的风险。作为一种灵活、有效的行政活动方式,行政指导有利于消除政府和行政相对人之间的摩擦,增进二者之间的互信。可见,行政指导也是现代行政效益原则的要求。

2. 行政指导对依法行政的补充

依法行政是现代法治国家所共同遵循的基本原则。作为一种新型的行政活动方式,行政指导有些是有法律根据的,更多的行政指导并没有直接的法律根据。于是,行政指导与依法行政的关系问题自然就无法绕开。一般来说,只有坚持依法行政原则,才可能将行政权力关进制度的笼子。不过,再完备的法律规范也不可能包容社会生活的每一个细节。在有限的法律规范与复杂的社会生活之间,必然存在大量的空白地带。当出现此类情形时,政府可能陷入一种两难境地:按照积极行政的要求,政府应当采取必要的措施;按照依法行政原则,政府却无权采取相应的措施。前者可能面临"于法无据"的责问,后者则面临"消极不为"的质疑。可见,在法律规范之外大量采取行政指导的做法,确实有挑战依法行政原则正统地位的危险。

在行政法学理上,上述质疑实际上是围绕法律保留原则的适用范围之争而展开的。其中,"目的保留说"认为,依法行政原则并不适用于一切行政行为,凡是对行政相对人不利的行为,为了保障人民的自由和权利,必须用法律加以控制,即行政行为必须有法律依据;凡是对行政相对人有利的行为,则可以不受法律的控制,行政机关可以进行自由裁量,即行政行为不必有法律上的依据。"侵害保留说"认为,依法行政原则不适用于一切行政行为,仅适用于那些侵害行政相对人自由和权利、为行政相对人课予新的义务或剥夺其既得利益等对行政相对人产生侵害的行为;至于赋予行政相对人权利或免除其义务的授益行为,则不适用依法行政原则。"全部保留说"则认为,不论行政行为是否侵害了行政相对人的自由和权利,都必须有法律上的根据。

按照"目的保留说"或"侵害保留说"的主张,行政指导因对行政相对人不直接产生不利后果不需要法律上的依据。不过,随着现代行政的发展,政府的每一项活动都会对行政相对人权利、义务产生直接或间接影响。就行政指导而言,虽不具有直接强制力,但政府与行政相对人之间存在事实上的管理与被管理关系,因而行政指导时常会对行政相对人产生一种无形的精神、心理压力。于是,行政指导事实上的强制力又要求它必须有法律根据。可见,"目的保留说"和"侵害保留说"都难以解释行政指导与依法行政的关系。至于"全部保留说",则因过于理想化而无法正确揭示行政指导存在的合理性。

传统的依法行政原则过分强调行为法依据,其实质是一种消极而机械的行政。随着现代行政的发展,传统的依法行政原则必须获得新的解释。依法行政原则不仅包括行为法依据,而且还包括宪法依据、组织法依据、程序法依据以及这些法律的内在精神。从这个意义上来说,行政指导与依法行政并不冲突,是对传统依法行政原则的一种有益补充。只要行政指导活动不违反法律的明文规定和内在精神,符合一定的行政目的的,就不能认为违反了依法行政原则。相反地,这种体现积极能动行政理念的新型活动方式是对依法行政的必要补充。

尽管行政指导的推行对于转变政府职能、重塑官民关系有一定的积极作用,但在严格规范公正文明执法尚未实现的当下中国,同样必须警惕行政指导过度使用可能造成的负面效应。总的来说,对行政指导宜坚持适度运用观,鼓励在特殊领域、特殊阶段、特殊区域尝试逐步推广。这不仅是基于对行政指导自身利弊的综合考量,而且也是基于对公务员队伍整体素养、政府社会认同感等行政指导实施条件的全面判断。

(三)行政指导的制度构想

作为一种新型行政活动方式,行政指导的运作也必须纳入法治化轨道,通过事前和事后两个环节相应法律机制的完善,努力发挥行政指导的积极效应。

1. 事前的信息公开和公众参与机制

就行政主体一方而言,作出行政指导的目的自然是希望能够得到行政相对人的积极响应,从而通过双方的合力促使既定行政目标的实现。否则,大量行政指导的作出就是对社会资源的一种浪费。因此,行政指导法治化的基点之一就是要在法律上确立各种行之有效的机制,提高行政指导的科学性和可信度,促使行政相对人认真对待并积极响应行政指导。为此,可从以下两个方面进行努力:

(1)行政指导过程的公开化。相对于行政主体将行政指导的结果向社会公开而言,行政指导过程的公开更加重要。只有当行政指导的整个过程都及时向社会公开以后,行政相对人才能从中获取到更多有用的信息,进而对行政指导作出理性选择。就具体的制度设计来说,可以考虑在未来的行政程序法典中规定以下内容:一是行政指导者应当向受指导者说明行政指导的宗旨、依据、内容及理由。当行政相对人获得这些基本资讯后,就能够了解到行政指导作出的背景、动因、主要内容及行政指导是否处于指导者的管辖范围之内,这些重要信息无疑有助于增强行政相对人选择的理性化程度。二是行政指导应当尽量采取书面形式。在采取口头形式时,如行政相对人要求提供书面意见,为行政指导者不得拒绝。以书面形式实施行政指导,既能够使有关事项得以明确记载,又能够为事后相关争议的解决提供证据,从而有效防止行政指导者推卸责任。三是行政相对人享有查阅和复制有关案卷的权利,行政指导者应当给予必要的便利。行政指导是行政主体依据其对所获信息进行加工、过滤之后作出的,因而了解这些原始信息对于行政相对人更有意义,应当从法律上赋予行政相对人阅览及复制卷宗权利。只要不涉及国家秘密等特定事项,为行政指导者就不得拒绝行政相对人的请求。只要行政相对人提出了解相关信息的请求,行政指导机关都应当如实告知。

(2) 行政指导决策的科学化。行政指导过程的公开固然有助于行政相对人对行政指导的全面了解,但问题的关键还在于行政指导本身也应当是科学的,只有科学的行政指导才能够最终造福于社会。以基层政府指导农民调整种植结构为例,如果乡镇政府在事先不经过认真的市场调查和周密论证,不听取农业专家及科技人员的意见,那么其所制定的指导政策即便再诱人也不能保证自身的科学性。就行政指导的法治化而言,还必须在增强行政指导决策的民主性和科学性上做文章。应当将听证程序引入行政指导过程之中,使行政机关在作出指导之前能够充分听取各种意见,进而在民主决策的基础上形成科学的行政指导。

2. 事后的类型化处理机制

就行政相对人而言,接受行政指导的目的是希望指导者能够积极兑现承诺,从而获得潜在的利益。否则,行政相对人一旦接受了违法或不当的行政指导,就必然会遭到损害。因此,行政指导法治化的另一个基点就是要在法律上为行政指导接受者提供行之有效的救济机制。从救济实效来看,能否通过必要的司法干预追究行政指导违法或不当的责任,就成为行政相对人合法权益能否得到切实维护的关键。尽管在行政指导的母国——日本的行政法学理及判例中,行政指导的可诉性仍然是一个存在争议的问题,但越来越多的学者已经认为在行政指导所引起的纠纷中同样具有可诉的利益。① 在我国,司法解释将"行政指导行为"明确排除在行政诉讼受案范围之外。其实,行政指导行为作出

---

① 在日本行政诉讼实践中,有时否认行政指导具有可诉性,有时又受理一些因行政指导而提起的诉讼,其中比较典型的案例有"石油卡特尔案""拒绝供水事件"等。参见陈春生:《行政法之学理与体系(一)——行政行为形式论》,三民书局1996年版,第234—239页。

本身与接受行政指导之后的状态存在很大差别;对于前者,行政相对人完全可以置之不理;对于后者,行政相对人的实际损失当然需要保护。为此,就有必要对行政指导可能引发的各类纠纷进行理论归纳,通过类型化处理使得各种纠纷能够获得及时、有效解决。从总体上来说,行政指导引发的纠纷大致包括以下四种情形:

(1) 被异化的行政指导。这类所谓的"指导"是指行政指导者以行政指导为名,行行政命令之实,损害行政相对方的合法权益。例如,对不接受指导的行政相对人给予不利益处分、公布不服从者的姓名使其产生心理压力等促使当事人接受指导;或对不服从指导或服从后又加以反悔的行政相对人科以行政处罚、行政强制措施或以权力为手段对行政相对人加以报复等。这类情形的出现,实际上已经完全背离了行政指导的初衷,行政相对人完全可以提起行政诉讼。

(2) 未兑现承诺的行政指导。这类指导是指行政主体作出行政指导之后,反复无常、不兑现其事先的承诺。具体来说,这类指导包括两种情形:一是行政机关作出的行政指导为行政相对方所接受,随后行政机关改变指导内容导致指导接受者的预期利益受到损失;二是行政机关作出行政指导,承诺行政相对方达到设定条件便能够获得奖励优惠,但指导接受者在符合条件请求行政机关履行承诺时却遭到拒绝。当出现这类情形时,指导接受者可以行政机关不履行法定职责侵害其信赖利益为由提起行政诉讼。

(3) 错误的行政指导。这类指导通常也被称为"行政误导",是指行政机关因信息失真或内容虽合乎法律却属明显决策失误而误导被指导者,致使其合法权益遭受损害。虽然行政机关在这类行政指导中并不存在违法情形,但考虑到行政机关在收集、占有和处理信息方面的优势,对接受指导者的损失应当承担相应的补偿责任。

(4) 违法的行政指导。这类指导包括行政指导的内容违法、超越职权指导和滥用行政指导等情形。内容违法如国家明令禁止走私行为,但有的地方政府从本地区的利益出发,"指导"有关人员如何进行走私或如何逃避监管,使受指导者因此遭受损失;超越职权指导是指行政机关在自身所管辖的事务范围之外实施"指导";滥用行政指导是指行政机关实施行政指导的目的不合法,出于一己私利或其他不正当目的而进行"指导"。对于违法的行政指导,指导接受者完全可以提起行政诉讼。除非接受指导者明知行政指导本身违法(如内容明显违法),但为了自身利益仍然去实施相应行为造成自身权益损害,才由接受指导者与行政指导者共同承担责任。

二、行政调查论

(一) 行政调查研究概述

美国行政法学者施瓦茨教授曾言:"情报是燃料,没有它行政机器就无法发动。"[①]事实上,在现代资讯社会,行政机关无论是针对特定个案作出处罚、许可、给付或裁决等具体处理决定,还是针对社会治理中的一般情形制定法规、出台政策,都需要通过细致入微的调查获取充分的基础性事实资料。可以说,作为获取资讯手段的调查几乎存在于所有的行政活动过程之中,理应属于行政法学的中心课题。考察英美诸国行政法的发展历史,无论是以追求法治行政为目的的传统行政法制,还是以追求良好行政为目的的现代行政法制,都对行政调查权的授予与控制、行政调查手段的认可与限制给予了应有关注。

在我国行政法学理上,行政调查这一重要的行政活动方式长期以来没有获得应有的重视。究其原因,有学者将其归结为"与我国行政法学重实体轻程序的传统有关";[②]有学者归结为"静态行为类型论"研究范式的负面影响,主张以"动态行为过程论"研究范式取而代之,关注"作为过程的行政调查";[③]有学者则认为,这种状况与日本及我国台湾地区早期行政法学行为形式论学说的影响密不可分。[④] 这些诱因分析都具有一定道理。特别是深受大陆法系传统行政法学上行政行为形式论的影响,行政调查的研究常常陷入"概念外延宽窄"及"行为性质定位"的泥潭而无法取得实质性进展。

行政调查课题的深入研究同样来自实践的热切需求。在当下的行政执法中,调查权得到了越来越广泛的运用。一方面,在很多具体的执法情境中,行政机关被授予了特定的实体管理权限,却没有相应的调查手段作为支撑,行政机关往往不择手段以求完成行政目标。"钓鱼执法事件"即是这类情形的典型代表。另一方面,在现代信息社会,信息调查与披露是行政机关重要的规制手段。

---

① 〔美〕伯纳德·施瓦茨:《行政法》,徐炳译,群众出版社 1986 年版,第 82 页。
② 参见杨海坤、郝益山:《关于行政调查的讨论》,载《行政法学研究》2000 年第 2 期。
③ 参见周佑勇:《作为过程的行政调查——在一种新研究范式下的考察》,载《法商研究》2006 年第 1 期。
④ 参见金自宁:《论行政调查的法律控制》,载《行政法学研究》2007 年第 2 期。

特别是在证券监管、食品药品安全监管等专业行政管理领域，一旦行政机关对特定企业实施调查，极可能对企业的市场声誉造成严重的负面影响。可见，赋予行政机关必要的调查手段与限制调查权的任意启动都是行政实践所面临的现实课题。就当下的行政立法而言，是制定单行行政调查法还是在统一行政程序法中专门规定行政调查，同样存在认识分歧。

行政立法与行政执法实践既呼唤行政调查研究的深入，也为行政调查研究的繁荣提供了契机。如同我国当下行政法学研究过分关注总论而忽略分论一样，以往行政调查研究的一大缺陷也在于没有深入到具体的行政部门实践，切断了行政调查一般原理与行政实践之间应有的密切联系。因此，摆脱行政调查研究困境的思路之一就在于关注部门细节，通过考察具体行政领域调查法制的运作现状，为行政法总论中行政调查研究提供丰富的实践素材。以下通过对消防行政调查这一微观领域的细微观察，揭示我国当下行政调查法制的现状及其走向，希冀推动行政调查"个别化"研究范式的兴起。

（二）行政调查的类型

根据《人民警察法》第6条的规定，"组织、实施消防工作，实行消防监督"是公安机关的人民警察应当依法履行的一项基本职责。这是国家法律对公安机关消防管理权的明确授予。经过三十多年的发展，一个以《中华人民共和国消防法》（以下简称《消防法》）为龙头，以相关行政法规（如《森林防火条例》《草原防火条例》等）和地方性法规为补充，以部门规章和地方规章为主体的消防法律规范体系已经建成。其中，部门规章在消防管理法律规范体系中发挥了重要作用，已经成为消防管理工作最主要的法律依据。这些规章既有关于各类特殊场所消防安全管理事项的规定，也有消防管理流程中各类具体管理事项的规定。根据《消防法》的规定，我国消防工作的基本方针是"预防为主、防消结合"。为有效预防火灾发生，通过调查消除一切火灾隐患就成为公安机关消防机构的中心工作。目前，我国消防管理领域中的调查主要有以下三种类型：

一是建设工程消防监督中的调查。除森林、草原之外，火灾大多是在特定建筑物内发生的。因此，在建筑物施工建设和竣工阶段，就应该严格执行消防技术标准，从源头上遏制火灾隐患的发生。为此，《消防法》赋予公安机关消防机构对建设工程消防设计审核、消防验收和备案抽查的权力。通过审核、验收及备案抽查等具有行政许可性质的权力行使，纠正消防设计不合格、施工质量不达消防技术标准的建设项目。公安机关消防机构在行使这些权力出具相应意见前,必须对项目图纸或建设工程本身进行实地调查。从行政调查谱系上看,这类调查属于"最狭义行政调查"(即"构成要件事实调查")中的"许可要件审查"。① 就功能而言,这类调查的作用在于为公安机关消防机构作出许可决定提供基础性事实依据,进而最大限度地消除工程建设中的消防隐患。从消防管理工作的流程来看,建设工程消防监督中的调查无疑是一类事前调查。

二是日常的消防监督检查。预防火灾发生的关键在于监管部门对单位是否遵守消防法律规范的经常性监督检查。为此,《消防法》赋予公安机关消防机构依法享有对机关、团体、企业、事业等单位遵守法律法规情况的监督检查权。《消防监督检查规定》进一步将这一监督检查权的形式概括为五种,即"对公众聚集场所投入使用或营业前的消防安全检查""对单位履行法定消防安全职责情况的监督检查""对举报投诉的消防安全违法行为的核查""对大型群众性活动举办前的消防安全检查""根据需要进行的其他消防监督检查"。这些检查活动虽然在名义上都属于消防监督检查,但就其内在功能而言,仍然存在差异。其中,第一类和第四类检查实则类似于建设工程消防监督中的检查,检查的结果直接决定能否使用、营业或举办,可以归为"许可要件审查";第三类检查对举报投诉违法的核查实际上是"构成要件事实调查"中的"违法事实调查"。只有第二类检查才是真正意义上的"监督性检查",即"行政机关对于依其法律具有监督权责之私人或其关系人,定期或不定期对其与监督事项有关之活动进行检查,以观察其目前状况,注意其是否有违法情事,督促其自动履行法律义务,并同时了解其于遵行现行法令规定上有无困难,主动加以协助辅导"②。这种监督检查的目的是了解消防法律规范的遵守情况,除非存在不符合消防安全的情形或火灾隐患,否则检查之后并不作出相应的处理决定。在实践中,公安机关消防机构往往都会在重要节假日之前或期间进行不打招呼的突击式抽查,甚至还创造性地采取错时检查办法,尽可能消除火灾隐患。从消防工作以预防为主的方针上看,这种监督检查是公安机关消防机构最重要的日常工作。在消防管理工作的流程中,这种典型的监督检查是一类事中调查。

三是火灾事故调查。火灾绝对不发生是不可能的,而一旦发生火灾,就应当及时、有效进行扑救,尽可能减少火灾损失。同时,还应当尽力查清火灾起

---

① 参见洪文玲:《行政调查与法之制约》,学知出版公司1998年版,第19页。
② 王立达:《我国行政调查制度之法制化》,载《宪政时代》1998年第4期。

因,以便对火灾事故作出处理,通过总结火灾教训进一步预防火灾发生。从这个意义上来说,火灾事故处理与火灾预防是辩证统一的。在火灾事故的处理过程中,对起火原因及灾害成因的调查即是火灾事故得到公正处理的关键。可见,火灾事故调查也可以归结为"构成要件事实调查"中的"违法事实调查"。从消防管理工作的流程来看,火灾事故调查无疑是一类事后调查。

如果将行政调查理解为一种"行政机关所为的资讯收集活动",那么上述三类消防行政调查不过是公安机关消防机构为满足不同需要而实施的资讯收集活动。其中,建设工程消防设计审核、消防验收和备案抽查中的检查、对公众聚集场所投入使用或营业前的消防安全检查、对大型群众性活动举办前的消防安全检查属于为获取许可决定基础性事实的调查;对举报投诉的消防安全违法行为的核查、火灾事故调查属于为获取违法事实的调查,对单位履行法定消防安全职责情况的监督检查属于为获取法规遵守情况的调查。

(三) 行政调查法制的现状

在对现行消防法律规范进行粗略梳理之后,不难看出,尽管我国目前还没有统一的《行政调查法》,行政调查立法极为分散、凌乱,但类似消防管理等局部行政领域的调查法制化已达到较高水准。例如,有关消防调查的法律规范既有实体性权力授予规定,也有程序性权力行使规定;有的程序性规定还相当细致,如将火灾事故调查区分为简易程序和一般程序两种情形;有的程序性规定甚至还向正当法律程序目标迈开了重要步伐。不过,检视消防行政调查的立法规定及其实践运作,可以发现以下三个方面的问题较为突出:

第一,调查法制整体上具有"重权力授予轻权利保障"的倾向。行政调查的目的在于收集资讯、发现真实,保证嗣后可能作出的行政处理决定具有充分的事实依据。因此,充分授予行政机关必要的调查权限是行政调查立法的重要使命。尤其是在消防行政、税务行政及食品卫生行政等关涉公益维护的领域,凸显调查权的赋予更为必要。但是,这些领域调查权的行使恰恰也最容易侵犯到调查对象的基本权利。例如,消防行政调查常常都是以"进入场所实地检查"的方式完成的,因而极易侵犯相对人的营业自由、休息权甚至隐私。在授予行政机关调查权的同时,也应当重视相对人权利的保障。综观目前消防行政调查的法律规范,"重权力授予轻权利保障"已成为立法的基本倾向。作为规范人民警察执法活动的基本法律,《人民警察法》只有一个条文(第 35 条)对警察调查作了规定,即"阻碍人民警察调查取证的",给予治安管理处罚;作为规范消防机构执法活动的基本法律,《消防法》(第 56 条)虽然规定了公安机关消防机构及其工作人员行使职权应做到"公正、严格、文明、高效",但也只是象征性地列举了"不得收取费用、不得谋取利益及不得指定产品品牌"等无关痛痒的禁止情形,并没有就消防行政执法中行政相对人基本权利的保障作出明确宣示。翻检公安部专门发布的三部涉及消防调查的规章,充斥其间的都是各类消防调查权的具体运作程式,对被调查对象权利的维护则只字未提,甚至还变相剥夺当事人提起行政诉讼的权利。① 此种情形正好印证了有学者关于我国目前行政调查立法规定具有强烈"管理法"色彩的判断。② 赋予行政机关大量的调查权力却忽略行政相对人在接受调查过程中的权利保护,这样的制度安排无疑偏离了现代行政法治既要促使行政权"行善"也要抑制行政权"作恶"的价值预设。

第二,调查程序法制呈现"重权力维护轻权力规制"的偏好。从形式上看,目前消防行政调查程序法制已经相当健全,各种消防调查权的行使都有比较具体的操作性规定。但是,这些程序设计基本上都是以维护调查权的方便行使作为出发点的,对调查权的制约则极为匮乏。任何权力的行使都必须具有相应的法律依据,这些依据大体上是由组织规范、依据规范和规制规范所构成的。③ 作为具有强制性色彩的消防行政调查权,其合法性来源并不能局限于单纯的组织规范,还必须具备作用法上的依据规范和确保其公正运行的规制规范。按照这一标准,现行消防调查法制的重大缺陷即在于依据规范特别是规制规范供给上的严重不足。以最典型的消防监督检查为例,该项调查权的行使直接面向各类场所,如果行使不当会直接侵犯到检查对象的营业自由。而在消防监督检查实践中,恰恰就存在这方面的问题。例如,每到重大节日、重大活动之前或期间,消防机构都会频繁组织各类突击式的安全调查,甚至创造性地运用不打任何招呼的"错时检查""暗访""曝光"等手段,希冀通过这种运动式执法营造声势,集中整顿消防安全违法行为,遏制火灾事故的发生,完成确保人们过一个"平安夜""平安年""平安节"等硬性政治任务。撇开法律位阶低的缺陷暂且不

---

① 例如,《火灾事故调查规定》第 33 条规定,对火灾事故认定书不服的,可以申请复核和直接向法院提起民事诉讼。行政法学理在火灾事故认定行为法律性质的理解上确实存在争议,但事故认定同样是行政权的行使,同样会对当事人的权利义务产生影响。因此,这一规定无异于以规章形式剥夺了当事人提起行政诉讼的权利。

② 参见金自宁:《论行政调查的法律控制》,载《行政法学研究》2007 年第 2 期。

③ 参见〔日〕盐野宏:《行政法》,杨建顺译,法律出版社 1999 年版,第 52—53 页。

论,《消防监督检查规定》第 7 条有关"重大节日、重大活动前或者期间的监督抽查"的规定可以视为"依据规范"基础。不过,如何保障该项调查权的公正行使以及如何避免该项调查权的滥用的"规制规范"却难觅其踪。事实上,重大节日、重大活动期间也正是许多公众聚集场所营业兴旺之时,频繁的检查特别是吸收众多新闻媒体参与的暗访无疑会侵扰单位的正常营业。尽管可以将上述做法解释为行政机关在调查手段上的选择裁量,但这种无"规制规范"约束的裁量已与事前通知、重复调查禁止等基本要求相去甚远。美国实地调查法院令状主义的做法也许过于苛刻,但类似前述调查手段任意裁量而无任何限制的做法则更加糟糕。现代行政程序法的要旨之一就是通过设计严密而公正的程序限制行政权的恣意妄为,权力规制精神的缺乏正是现行调查程序法制内在的重大缺陷。

第三,当事人协力规范要求与现实运作的偏离。现代行政事务纷繁复杂,单靠行政机关的力量往往无法有效达致预定的行政目标,因而依托当事人的协力几乎成为所有行政活动过程中的普遍现象。特别是对于肩负危害防止任务、维护公益的消防机关而言,面对难以计数的建设工程、公众聚集场所、机关团体及企事业单位,如果离开调查对象的配合与协助,极其有限的警力根本就不可能实现消防事务的良好治理。从《消防法》所确立的"政府统一领导、部门依法监管、单位全面负责、公民积极参与"的消防工作基本原则,到许可要件审查中建设单位"申请消防审核、申请消防验收、主动备案接受抽查"、公众聚集场所使用及大型群众性活动举办前的"申请消防安全检查",从火灾事故调查中"任何单位和个人不得妨碍和非法干预",到消防监督检查中"当事人对整改义务的落实",当事人协力基本上覆盖了所有类型的消防行政调查,已然成为消防调查的基本原则。然而,这些当事人协力的规范要求并没有在消防行政管理实践中得到认真落实,甚至还无法得到及时纠偏。以"辽宁某医疗器具有限公司火灾案"为例,当地公安机关消防机构在对该公司厂房进行防火审核时,曾对建筑的防火分区、防火隔断、空调系统防火设计、安全疏散、消防车通道等提出防火要求,但该公司一项都未落实,且拒绝消防监督机构检查验收。工程竣工后,该公司不仅没有主动报请消防监督机构进行验收,还以无菌车间非生产人员不得进入为由,将消防人员拒之门外,拒绝消防检查。平时消防监督人员和消防部门工作人员到该车间进行防火检查和实施演练时,该公司也以此为由加以阻止,致使消防人员对车间的内部情况和布局均不熟悉。这些没有践行当事人协力要求的错误终于酿成了损失巨大的火灾。① 在实践中,很多单位从节约成本、贪图便利等角度考虑,往往缺乏主动申请检查、审核或验收的动力,进而在源头上增加了火灾隐患。每到岁末年终之时,为应付消防监督检查或创建平安单位,突击填写消防档案成为一些单位的普遍现象。当事人协力规范要求与现实运作的偏离虽然原因复杂,但这种现象的大量存在使得消防工作以预防为主的方针落空,许多火灾事故的发生也正缘于当事人自律协力机制和部门外力监管机制的双重失灵。

(四) 行政调查法制的展望

在崇尚成文法传统的国家和地区,行政调查法制化的努力一直没有间断。无论是通过制定一部基本法规范行政调查,还是在行政程序法中辟专章或专节规范行政调查,健全行政调查法制都已成为众多国家和地区实现行政法治的重要课题。以消防行政调查法制的实证分析为依托,今后我国行政调查法制的健全至少需要处理好以下三组关系:

第一,统一立法与分散立法的关系。健全行政调查法制究竟应当选择何种立法思路?是寻求统一立法规范行政调查还是坚持分散立法各个击破?对于这个问题,目前还存在不同的学术主张。有学者提出行政调查立法"综合化"思路,一方面要加紧制定《行政程序法》或统一的《行政调查法》,以尽快建立行政调查的法制化基础;另一方面要兼顾特别行政调查领域的个性,在坚持最低限度标准的前提下考虑部门行政的灵活性和效率性。有学者则提出行政调查立法"阶段式"思路,即以制定统一的行政调查职权法为最终目标、以行政法规及部门规章的修正为中程目标、以严格遵守相当理由原则为近期目标。② 从域外立法实践来看,除韩国制定了作为一般法的《行政调查基本法》之外,其他国家和地区大多是在行政程序法中辟专门章节规定行政调查。从我国当前消防行政调查法制的现状与问题来看,制定各部门行政调查共同遵守的最低限度要求的统一立法确有必要,但分散立法更加急需。源自行政处罚领域的裁量基准制度改革经验值得向行政调查领域推广,通过对基层行政执法经验的提炼和细

---

① 参见《中华人民共和国消防法:案例应用版》,中国法制出版社2009年版,第15—16页。
② 参见沈军:《中国行政检查问题研究》,载罗豪才主编:《行政法论丛》(第8卷),法律出版社2005年版,第341页。

化、量化等控制技术的运用,能够为行政机关的裁量活动提供相对统一的行动标准,进而遏制行政裁量权的膨胀与滥用。鉴于我国行政调查领域规则的普遍缺失,这种倡导"规则之治"的裁量基准无疑能够满足现实急需。无论今后是否制定统一《行政调查法》,是否在统一《行政程序法》中专章规定行政调查,具体行政领域的调查活动仍然离不开专门的裁量基准。

第二,业者自律与公权调查的关系。现代行政任务的繁杂和行政资源的有限决定了行政活动离不开私人的参与和协助,甚至决定了行业自律、业者自律在社会治理中对公权干预一定程度的替代。以消防安全监管、环境监管、食品安全监管、税收征管等领域为例,如果一味依靠监管部门的监督检查,有限的监管力量必然会被数以亿计的从业者所淹没。如何优先发挥业者自律的作用、如何实现公权调查与业者自律之间的衔接,是未来行政调查法制必须直面的课题。事实上,上述监管领域中涌现的企业排污申报、纳税人税务申报以及食品生产经营企业进货查验、出厂检验记录和购销台账等举措,无不体现了对业者自律、业者自检的重视。来自域外行政调查法制的经验也显示了业者自律之于公权调查的优先地位。例如,韩国《行政调查基本法》的一大创举就是辟专章规定了"自律管理体制的构筑",通过引入被调查对象自律申报制度推动以行政机关为主的行政调查习惯向个人或团体的自律管理体系方向的转换。在英国的特种营业管理与规制调查实践中,执照管理法规将许多消费者安全维护设施及消防安全设备的检查责任交给业者,政府则退居指导及复查的监督角色,构成了业者自律的基础。业者基于永续经营和企业信誉的自我约束,大多能够洁身自爱遵守法纪,进而形成了业者自律为主、公权介入调查为补充的良性循环。[①]我国消防行政调查法制虽然也关注当事人对行政调查的协力,但仍然是以公权调查为主导的传统模式,且在现实运作中并未发生预期作用,其结果是当事人报不胜报、消防机构查不胜查,消防法律规范难以贯彻实施。这实际上已经成为我国诸多行政执法领域普遍存在的痼疾。因此,在规制缓和、激励性规制兴起的背景下,如何通过相应激励机制的建立促使业者愿意自查,以此减少监管部门调查人力之付出以便集中更多精力于制裁及执行,便成为健全行政调查法

[①] 参见洪文玲:《行政调查与法之制约》,学知出版公司1998年版,第228页。

制必须认真予以回应的课题。[①]

第三,任务实现与私权保障的关系。作为收集资讯的行政活动,行政调查的最终目的都在于实现特定的行政任务。就个别调查而言,还关涉国家公权力与个人、物品和场所的直接接触。如何处理好行政任务实现与私人权利保障、实体调查权授予与调查手段选择之间的关系,便成为健全行政调查法制的重要课题。片面追求权力授予和权力维护是当下调查法制的基本品格。这种现象的形成既与我国重实体轻程序的历史传统有关,也受惠于当下弥漫在全社会的运动式执法理念。运动式执法强调特定时期行政任务的快速完成,因而行政机关在执法手段上往往任意裁量甚至不择手段,其背后所秉持的理念是"只要确保任务完成就可以考虑任何必要手段"。例如,为了完成重大节日期间的消防安全保卫工作,消防机构就会动用不打招呼的突击检查、错时检查和暗访等非常手段;为了严厉打击黑车整顿交通秩序,交管部门甚至不惜动用"钓鱼执法"方式。这些游离于法律规范之外的调查手段也许能够收集到某些行政机关想要得到的资讯,甚至能够对违法行为起到立竿见影的震慑效果。但是,实体的正义、任务的实现并不能成为论证行政机关不择手段具有正当性的依据。在"调查手段—任务实现"的过程中,私权保障是横亘于二者之间不可逾越的考量因素。未来行政调查法制的健全不仅要在规范源头上设计周密的调查手段以压缩行政执法机关的裁量空间,更需要引入外部的司法评价机制来遏制行政机关不择手段的冲动。

三、行政调解论

近年来,为了充分调动体制内的一切有利元素化解社会矛盾,行政调解作为一种新型行政活动方式开始兴起。《依法行政纲要》指出:"对依法应当由行政机关调处的民事纠纷,行政机关要依照法定权限和程序,遵循公开、公平、公正的原则及时予以处理。对民事纠纷,经行政机关调解达成协议的,行政机关应当制作调解书;调解不能达成协议的,行政机关应当及时告知当事人救济权利和渠道。"《国务院关于加强法治政府建设的意见》提出:"要把行政调解作为地方各级人民政府和有关部门的重要职责,建立由地方各级人民政府负总责、

---

① 在这方面,韩国《行政调查基本法》第 27 条有关对依法自律申报、自律管理者"给予减免调查及税制支援等优惠措施"的规定值得关注。

政府法制机构牵头、各职能部门为主体的行政调解工作体制,充分发挥行政机关在化解行政争议和民事纠纷中的作用。完善行政调解制度,科学界定调解范围,规范调解程序。对资源开发、环境污染、公共安全事故等方面的民事纠纷,以及涉及人数较多、影响较大、可能影响社会稳定的纠纷,要主动进行调解。认真实施人民调解法,积极指导、支持和保障居民委员会、村民委员会等基层组织开展人民调解工作。推动建立行政调解与人民调解、司法调解相衔接的大调解联动机制,实现各类调解主体的有效互动,形成调解工作合力。"《法治政府纲要》指出:"健全行政调解制度,进一步明确行政调解范围,完善行政调解机制,规范行政调解程序。"文本意义上的行政调解范围不断扩大,作用明显增强。在中央政策引领下,行政调解的地方立法和制度实践迅速跟进。一方面,各地发布了大量有关行政调解的规范性文件,并纷纷成立行政调解机构;另一方面,各地将行政调解主动融入社会矛盾纠纷多元化解体系之中,注重与人民调解、司法调解的衔接与配合。

尽管官方对行政调解寄予厚望,但就制度的实际运作而言,效果并不理想。从理论上说,行政调解具有成本低、效率高、专业性强的特点,能够迅速整合各种资源,彻底化解纠纷。但是,行政调解的现实运作却并非如此。目前,有关行政调解的研究或从静态文本描述入手,或从纠纷解决的一般原理入手,试图通过文本分析和理论铺陈阐述行政调解制度在非诉纠纷解决体系中的重要性。这些研究对于人们了解行政调解的规范现状及理论价值固然具有意义,但实证考察的欠缺也使得行政调解难以迈开步伐的真实原因被遮蔽。

(一)行政调解制度的运作现状

从当前行政调解制度的运作实践来看,主要存在如下四个方面的突出问题:

1. 行政调解的适用范围模糊

就现行行政调解制度而言,哪些民事纠纷和行政争议属于其专属范围,法律法规并没有作出明确规定。地方政府规范性文件中"与行政管理职权有关的民事纠纷和自由裁量的行政争议"的界定缺乏应有的可操作性,导致行政调解的范围常常与其他纠纷解决方式混杂在一起。具体来说,行政调解适用范围的模糊表现为三个方面:一是行政调解与司法调解、人民调解的范围不清。一些地方为了达到快速化解矛盾纠纷的目的,实行"人民调解、行政调解、司法调解"

的三调联动,进行"一站式"调解或"立体性"调解。对于同一种纠纷,往往人民调解、司法调解和行政调解都可以介入其中,具体选择哪种方式则取决于当事人的自愿。法律规范对行政调解范围的模糊性规定,使得具有专业优势、本应处于主体地位的行政调解只能在纠纷解决过程中起辅助作用。加之实践中人民调解和司法调解范围不断扩张,行政机关调解民事纠纷的空间更加狭小。二是行政机关主动调解与依当事人申请调解的范围不清。由于宣传不足等原因,当事人很少主动通过申请行政调解的方式来化解纠纷。除非矛盾纠纷引起重大社会影响或者引发群体性事件,行政机关一般也不会主动介入调解纠纷。纠纷信息的发现、移交体系不健全、调解主体的激励问责机制缺失,都使得行政机关主动调解流于形式。一些地方的规范性文件规定,对涉及资源开发、环境污染、公共安全事故等方面的民事纠纷,以及涉及人数较多、影响较大,可能影响社会稳定的矛盾纠纷,行政机关要主动进行调解。调解权与执法权的混同,使得行政机关启动调解的职责模糊,加之缺乏问责机制,主动调解和申请调解混杂不清,消解了行政调解的纠纷解决功能。三是上级调解与下级调解的范围模糊。在一些地方政府的规范性文件中,行政调解主要由政府下设的各个工作部门负责,司法行政部门或信访机构设调解中心,负责协调整合或者调解重大纠纷。在各个工作部门内部,又分级设立行政调解室。哪些纠纷应由部门调解室调解,哪些纠纷应由政府调解机关负责,并没有明确的标准可以遵循。当事人之间发生纠纷后,应选择哪级机关调解存在很大随意性。如果案情简单却选择较高机关进行调解,则会导致上级机关案件负担过重;如果案情复杂却选择较低机关进行调解,则需要经历繁琐的移交程序。此外,对于行政争议究竟应由本级机关调解还是由上级机关调解,也存在较大争议。上下级分工的不明确,调解纠纷范围的不统一,同样是行政调解制度面临的一大困境。

2. 行政调解的机构设置偏颇

目前,行政调解机构设置大致遵循如下思路:在政府司法行政部门成立行政调解中心,负责对下级政府以及本级政府各职能部门的行政调解进行指导、协调和督促;在具体的职能部门设立行政调解室,一般由其他科室人员兼职负责行政调解工作。政府司法行政部门在行政调解中并没有独立的问责职权,执法监督权在调解法制缺失的情况下也无从施展。司法行政部门承担着行政规范性文件审查、执法监督、行政复议、法制宣传等多项职能,在职能过多而编制有限的情况下,往往难以集中精力专门从事行政调解工作。虽然各地相继成立了行政调解工作领导小组,但成员往往都是政府各个部门的负责人,无法分出精力从事行政调解工作。可见,机构设置的偏颇导致行政调解流于形式。

3. 行政调解的程序设计缺失

行政调解程序的完备、公正与否,关系到行政调解结果的公正性。实践中的行政调解程序要么依附于行政处罚、行政裁决等行为之中,要么由行政调解主体自行决定。虽然行政调解的运作需要保持一定的灵活度,但灵活性是建立在遵循最低限度公正程序的基础之上的。除个别地方规范性文件规定了行政调解程序外,法律法规鲜有涉及。行政调解启动程序中主动调解和申请调解未作区分,具体管辖机关不明,调解过程中说明理由制度和禁止单方接触制度的缺失,公开或非公开调解的疑问,调解结束后效力确定程序和救济衔接程序的混乱,都构成了行政调解公正和效率双重实现的障碍。此外,实践中行政调解的程序并未区别对待民事纠纷和行政争议,对二者几乎同等对待。民事纠纷当事人之间是平等关系,与行政机关之间是等距关系,享有的程序权利应该完全相同。同时,民事纠纷当事人对自身权利享有完整处分权,非公开环境下的调解不仅能尊重当事人的隐私、体现对当事人的尊重,更能达到迅速化解纠纷的目的。相比之下,作为行政争议一方当事人的行政相对人处于弱势地位,应当赋予其更多程序性权利。行政争议往往涉及公共利益,如果作为一方当事人的行政机关在调解中对诉争公共利益作出让渡,过程的不公开可能失去制约和监督,其合法性、合理性难以保证,甚至可能导致对法治的危害。①

4. 行政调解的法律效力不明

行政调解的最终目的是促成双方当事人达成协议、确定权利义务关系,使纠纷得到实质性化解。《最高人民法院关于建立健全诉讼与非诉讼相衔接的矛盾纠纷解决机制的若干意见》规定:"经行政机关、人民调解组织、商事调解组织、行业调解组织或者其他具有调解职能的组织达成的具有民事合同性质的协议,经调解组织和调解员签字盖章后,当事人可以申请有管辖权的人民法院确认其效力。"这一规定赋予行政调解协议与民事调解协议具有民事合同的性质。在地方政府出台的行政调解规范性文件中,几乎都有"行政调解组织可以邀请

---

① 参见范愉:《行政调解问题刍议》,载《广东社会科学》2008 年第 6 期。

人民调解员参与行政调解,可以协助进行司法调解"的规定,似乎隐含了人民调解、行政调解、司法调解效力递增的宣示。相比人民调解和司法调解的规范化程度而言,行政调解尚缺乏权威法律依据。行政调解协议"民事合同说"的定性使其与人民调解几乎无异,也无法解决实践中大量存在的对行政争议调解的性质问题。受《中华人民共和国人民调解法》确认人民调解效力的影响,加之行政调解范围和人民调解范围的重合,导致行政调解往往借助"大调解"之势从人民调解寻找出口,把本应由行政机关调解达成的协议转换成人民调解协议,由人民调解组织加盖印章,使得行政调解通过人民调解的形式达到自身的合法化。《中华人民共和国人民调解法》对人民调解的定位就是民间性,并不具有国家权力属性。行政调解与人民调解之间的耦合,加剧了行政调解自身的正当性危机。

(二)行政调解制度的发展构想

除了尽快制定专门的法律或行政法规以解决行政调解规范依据不足的问题外,行政调解制度的进一步发展还需要着重解决好如下四个问题:

1. 行政调解的生存空间

行政性纠纷解决机制提供了一条区别于司法诉讼的公力救济途径,可以兼容协商性和裁决性程序,将行政权力的能动性、直接性和高效性与协商性、衡平性及专门性相结合,同时具有民间性 ADR 所不具有的专家优势和权力资源,容易取得当事人信任。[①] 由于公私之间的界限逐渐被打破,行政争议与民事纠纷经常相互交错,一个纠纷有时会涉及多种复杂的法律关系,如果采用常规的司法程序,往往不得不提起若干个诉讼。相比之下,行政性纠纷解决机制则可能对其进行综合处理。因此,行政性解纷机制通过多种方法,特别是注重调解与协商,可以更好地衡平个案公正与普遍正义以及实质与程序公正之间的关系。[②] 相比其他行政性解纷机制来说,行政调解增加了当事人的程序选择自由,更能凸显当事人的意思自治,比生硬的行政裁决更容易获得当事人的接受。从解决公民的需求来说,确有必要发展一种兼具行政优势和协商优势的纠纷解

[①] 参见范愉等:《多元化纠纷解决机制与和谐社会的构建》,经济科学出版社 2011 年版,第 368 页。

[②] 参见冀祥德主编:《协商性纠纷解决机制比较研究》,中国民主法制出版社 2010 年版,第 500 页。

决制度。

2. 行政调解的制度定位

在目前的大调解体系中,人民调解和司法调解都已经具备明确的法律规范依据。传统观念认为,行政与调解是相互对立的。行政调解制度的出现,彰显了一种兼具行政优势和协商优势的纠纷解决方式存在的可能。与人民调解和司法调解相比,行政调解的专业性和灵活性更为明显,理应在纠纷解决体系中占有一席之地。目前,行政调解仍然是一种非常规、非正式的纠纷解决机制,"大调解"体系、"三调联动"机制、行政执法、行政救济等领域几乎都有调解的影子存在。无论作为哪一种方式存在,行政调解都不是一种独立的纠纷解决方式,或淹没在"大调解"体系之中,或隐藏在行政裁决、行政处罚等行政行为背后。虽然一些地方的规范性文件有意将行政调解升格为行政机关的一项独立职能,成为与人民调解、司法调解并列的纠纷解决方式,但规范性文件的上位法依据尤其是调解行政争议的依据仍然欠缺。鉴于行政调解的对象既包括民事纠纷,也包括行政争议,因而行政调解制度可按照"二元结构"的模式进行设计,最终将行政调解改造为特定民事纠纷和行政争议的常规性解决方式,与人民调解和司法调解一起形成分工协作、对接有序的大调解体系。

3. 行政调解的法律权威

"在调解者对具体纠纷的解决持有自己的利益时,往往可以看到他为了使当事者达成合意而施加种种压力的情况。这种'强制性的合意'之所以成为可能,是因为调解者对于当事者常常持有事实上的影响力。在调解者相对于当事者来说处于社会的上层,或者当事者在经济上对调解者有所依靠的情况下,调解者提出的解决方案对当事者具有不可忽视的分量。"[①] 行政机关拥有法律赋予的行政管理职权,其强势地位和有效手段是解决纠纷的有力资源,可以对当事人施加事实上的影响力。当某些情况下难以形成调解合意时,随之而来的可能是行政处罚等不利结果。例如,《治安管理处罚法》第 9 条规定:"对于因民间纠纷引起的打架斗殴或者损毁他人财物等违反治安管理行为,情节较轻的,公安机关可以调解处理。经公安机关调解,当事人达成协议的,不予处罚。经调解未达成协议或者达成协议后不履行的,公安机关应当依照本法的规定对违反

[①] 〔日〕棚濑孝雄:《纠纷的解决与审判制度》,王亚新译,中国政法大学出版社 2004 年版,第 13 页。

治安管理行为人给予处罚,并告知当事人可以就民事争议依法向人民法院提起民事诉讼。"

行政调解的法律权威还源自公众的信任。在行政机关具有足够公信力的前提下,其纠纷解决机制往往会得到当事人的欢迎和社会的认同,各种功能和价值优势亦能得到充分发挥。① 对于行政调解来说,其内在权威性的建立一方面依托于调解主体的中立,另一方面依托于调解结果的公正。就民事纠纷而言,调解主体必须做到与双方当事人等距而调,不能偏袒任何一方,更不能强制调解、拖延调解;就行政争议而言,调解主体和一方当事人都是行政机关,因此要赋予行政相对人更多的程序性权利,以保证整个调解体系的公平公正。对于调解结果来说,如果调解协议不具有刚性的法律效力,必然会消减调解机制对于纠纷解决的应有价值。行政调解的权威性还来源于其自身的专业性。对于因执法需要而享有大量公共资源的行政机关来说,其专业性和技术性是其他机关和社会组织所无法比拟的。为此,类似医疗事故、环境污染等专业性较强的纠纷由行政机关调解显然更具优势。可见,强制性是行政调解的外在权威,公正性和专业性是行政调解的内在权威,二者共同构成了行政调解制度正当性的理论基础。

4. 行政调解的匹配机制

行政调解制度要想走出运动化、形式化的怪圈,除了要解决好生存空间、制度定位、法律权威等形而上的理念问题之外,还需要建立起一整套的匹配机制,使其真正成为一种独立而有效的纠纷解决方式。具体来说,行政调解的激励机制、监督机制和衔接机制最为重要。首先,行政调解制度要想获得长足发展,必须有赖行政机关积极的制度供给。当下部分地区把行政调解率纳入依法行政考核指标、实行个案补贴机制的做法,有望起到刺激行政机关调解积极性和主动性的作用。同时,行政调解制度要想获得稳定的发展,还必须有赖公众对行政调解机制的需求。应当通过适当的引导机制宣传行政调解的优势,使行政调解成为与行政复议、行政诉讼相并列的纠纷解决方式供当事人选择。其次,为了防止行政机关为片面完成调解目标,把行政调解异化为强制调解、诱惑调解等损害公民利益的行为,应当建立行政调解监督机制,由监督机关对行政调解主体进行监督,并对非法调解行为给予相应制裁。最后,行政调解的发展,要处

---

① 参见范愉:《纠纷解决的理论和实践》,清华大学出版社 2007 年版,第 270 页。

理好行政调解与其他纠纷解决机制的衔接问题,防止发生争抢调解或推诿调解。在调解协议达成之后,更要妥善处理好行政调解和行政复议、行政诉讼、民事诉讼之间的关系。

【扩展阅读】

1. 莫于川:《行政指导论纲——非权力行政方式及其法治问题研究》,重庆大学出版社1999年版。
2. 洪文玲:《行政调查与法之制约》,学知出版公司1998年版。
3. 湛中乐等:《行政调解、和解制度研究——和谐化解法律争议》,法律出版社2009年版。

【延伸思考】

1. 如何理解行政指导与依法行政的关系?
2. 如何理解行政调查活动的法律属性?
3. 如何发挥行政调解在社会矛盾纠纷化解中的作用?

第十四章　行政裁量控制论

美国行政法学者施瓦茨教授在其经典教科书《行政法》中曾言:"行政法如果不是控制自由裁量权的法,那它是什么呢?"①从一定意义上来说,行政法的历史就是行政裁量日益扩张及对其控制的历史,对行政裁量的控制堪称行政法学领域的"哥德巴赫猜想"。在行政裁量的控制模式上,虽然尚未出现一个普遍的解决方案,但通过立法控制、行政自制及司法审查实现行政裁量的规范运作却一直是各国行政法的共同主题。本章拟在简略回顾我国行政法学有关行政裁量控制学说演进的基础上,着重对行政裁量基准的兴起进行反思,并就未来行政裁量控制技术的发展加以论述。

一、行政裁量控制研究的演进

在我国行政法学发展进程中,行政裁量一直都是学术研究的热点课题。除了数以百计的论文之外,还有数部论述行政裁量问题的专著。② 这些著述涵盖

---

① 〔美〕伯纳德·施瓦茨:《行政法》,徐炳译,群众出版社1986年版,第566页。
② 国内研究行政裁量问题的代表性著作包括:余凌云:《行政自由裁量论》,中国人民公安大学出版社2005年版;朱新力主编:《法治社会与行政裁量的基本准则研究》,法律出版社2007年版;徐晨:《权力竞争:控制行政裁量权的制度选择》,中国人民大学出版社2007年版;周佑勇:《行政裁量治理研究:一种功能主义的立场》,法律出版社2008年版;郑雅方:《行政裁量基准研究》,中国政法大学出版社2013年版;周佑勇:《行政裁量基准研究》,中国人民大学出版社2015年版;郑春燕:《现代行政中的裁量及其规制》,法律出版社2015年版;王贵松:《行政裁量的构造与审查》,中国人民大学出版社2016年版;熊樟林:《行政裁量基准运作原理重述》,北京大学出版社2020年版。

了行政裁量的基本原理、行政裁量的比较研究、行政裁量的实证研究、行政裁量的司法审查等诸多方面,尤以行政裁量的控制技术为重。总的来说,国内行政裁量控制的研究大体上经历了如下三个阶段:

(一)"行政自由裁量权"三重控制说的形成

现有文献资料显示,杨海坤教授是国内行政法学界最早撰文对行政机关自由裁量行为控制问题展开研究的学者。早在1988年,他就提出应当加强对行政机关的自由裁量行为实施立法监控、行政监控和司法监控。其中,立法监控是首要的措施,其目的在于保障自由裁量权行使的合法性,具体包括:从立法上严格规定运用自由裁量权的前提条件;尽量减少一揽子的授权;对紧急情况下自由裁量权的使用进行特殊的约束;行政监控的目的在于保障自由裁量权行使的合理性,为此,必须建立严格的行政程序制度和行政责任制度;司法监控是最后一道防线,也是自由裁量权行使正当与否最有力的外部监控措施,为此,必须明确行政自由裁量权司法审查的标准。[①] 随后,姜明安教授撰文指出,鉴于行政自由裁量权存在滥用的可能性,必须对其进行必要的法律控制。从域外的经验来看,行政程序和司法审查是最为重要的两种控制机制。[②] 在此后的十年里,国内行政法学界有关行政自由裁量权法律控制的研究虽不断推陈出新,但大体上还是沿袭了立法、行政及司法三重控制的基本言说。对行政自由裁量权的行使进行立法、行政及司法控制,已经成为行政法学界的正统观点。

(二)"行政裁量"法律控制的提出

进入2004年以后,行政自由裁量权"存在必要性—滥用可能性—三重控制论"研究模式的正统性逐渐被打破。对行政自由裁量权概念泛化率先撰文提出质疑的是杨建顺教授。他认为,在"行政裁量权"前面添加"自由",是对"自由裁量权"的误解,根本无法揭示"行政裁量权"的丰富含义,应当以"行政裁量"取代"行政自由裁量",合理建构国家权力配置体系。同时,需要加强对行政裁量运作的监督制约,实现对行政裁量的立法统制、行政统制、司法统制和社会统

[①] 参见杨海坤:《论行政机关的自由裁量行为及行政法上对它的控制》,载《社会科学战线》1988年第2期。

[②] 参见姜明安:《论行政自由裁量权及其法律控制》,载《法学研究》1993年第1期。

制。① 随后,周佑勇教授等也撰文指出,行政裁量并不是"自由"的裁量,而是法律授权范围内的行为,主张应当以"行政裁量"取代"行政自由裁量权"。② 在此后的十年里,除少数学者坚持使用"行政自由裁量权"外,"行政裁量"概念逐渐成为行政法学界的正统观点。

(三)以"裁量基准"实现行政裁量规则之治的提出

进入 2007 年以后,随着行政裁量基准改革的兴起,行政法学界掀起了新一轮行政裁量研究的高潮。除了少数学者撰文对行政裁量基准的功能表示质疑之外,多数学者对此持积极肯定态度。综观近年来行政裁量基准的研究成果,大体上聚焦于三个方面:一是立足本土实践,对行政裁量基准的文本、制度运行及司法审查实践展开深入的实证分析,试图勾勒行政裁量基准的整体风貌;二是立足理论视角,对行政裁量基准的性质、效力、功能等基本理论问题进行法理阐释,试图论证行政裁量基准存在的正当性;三是立足制度建构,对行政裁量基准的制定主体、规范来源、制定程序等问题进行论述,试图构筑起行政裁量基准的制度模型。在论证通过裁量基准实现行政裁量规则之治的同时,学者还提出了"行政裁量治理"的命题,认为中国应当着眼于全球化的视野,倡导一种以"原则"为取向的功能主义建构模式——"在法定、正当及均衡等行政法原则的统制下,通过行政规则对行政裁量范围加以适当限定;通过均衡性的利益衡量对裁量的实体内容作出合理建构;通过实质性的利益沟通对裁量过程作出最佳建构;通过司法审查技术的相应跟进和完善确保这些裁量的建构最为适当。"③ 与既往的研究相比,围绕裁量基准所展开的理论争论及制度构想更具本土气息,标志着行政裁量的实证研究与比较研究取得了同等地位。

二、行政裁量基准兴起的反思

(一)行政裁量基准的兴起

"忽如一夜春风来,千树万树梨花开。"唐朝诗人岑参的千古绝句恰是我国

---

① 参见杨建顺:《行政裁量的运作及其监督》,载《法学研究》2004 年第 1 期。
② 参见周佑勇、邓小兵:《行政裁量概念的比较观察》,载《环球法律评论》2006 年第 4 期。
③ 周佑勇:《行政裁量的治理》,载《法学研究》2007 年第 2 期。

当代行政裁量基准迅速兴起的真实写照。从《依法行政纲要》要求"行使自由裁量权应当符合法律目的,排除不相关因素的干扰",到2006年《中共中央办公厅、国务院办公厅关于预防和化解行政争议健全行政争议解决机制的意见》明确提出"对行政机关的行政裁量权进行细化、量化和规范,防止滥用行政裁量权",再到2008年《国务院关于加强市县依法行政的决定》直接提出"建立行政裁量标准制度",直至2010年《国务院关于加强法治政府建设的意见》提出"建立行政裁量权基准制度,科学合理细化、量化行政裁量权,完善适用规则,严格规范裁量权行使,避免执法的随意性",短短几年时间,通过制定裁量基准规范行政裁量权的行使已经成为行政系统自上而下的基本共识。此前,较早进行裁量基准制度探索的浙江省金华市公安局所创造的分格分档裁量控制技术也被《治安管理处罚法》所吸收。时至今日,全国各级各类行政机关纷纷制定形式各样的处罚裁量基准,俨然展开了一场轰轰烈烈的竞赛,呈现出一种"运动化"的发展态势。

　　行政裁量基准改革为什么能够迅速发酵?除了高层的积极推动与大力支持外,主要基于两方面的现实动因:一方面,在中国的现实生活中,行政相对人所接触的大多是"处江湖之远"的基层行政执法机关。由于高位阶法律规范往往授予行政执法机关广泛的裁量权,加上缺乏严密的程序制约,无孔不入的裁量权几乎完全处于恣意行使的状态,"同案异罚""处罚不公""滥用裁量"的现象比比皆是,法律尊严和政府形象在行政相对人的眼中大打折扣,由此引发的纠纷也在很大程度上加剧了基层社会的治理风险。内部极具可操作性的量化、细化规则的引入,则在很大程度上能够遏制基层行政执法人员对裁量权的随意使用。于是,在"执法为民""人性化执法"的旗帜下,以限缩裁量空间、规范裁量运用为旨趣的基准设定制度便赢得了行政系统的一致青睐。从这个意义上来说,裁量基准的兴起是行政机关特别是基层行政执法机关的一次"集体性"自我觉醒,其间凝聚着丰富的基层执法经验和巧妙的地方治理艺术。另一方面,就身处权力末梢的基层行政执法机关而言,执法活动往往受制于多种人情因素的干扰。在中国的现实语境中,当行政相对人遭遇行政处罚时,大多会本能地动用其所掌握的"社会资本"去"攻关""说情",以便自己少处罚、免处罚,甚至仅仅为了获得"依法处罚"。一旦这种社会资本与高层级的行政机关相嫁接时,留给基层执法者的选择几乎就只能是"给面子"了,这反过来又进一步加剧了裁量权的滥用。引入各类细化、量化裁量权行使为目的的裁量基准,能够以明细的规则之网有效抵制社会资本的侵蚀,进而实现行政机关的自我保护。从这个意义上来说,裁量基准的兴起同时也是羸弱的基层行政执法机关的一次"冒险",其间映衬着真实的基层执法图景和无奈的生存之道选择。正是在这种主动回应与被动适应的双重裹胁之下,裁量基准这一行政执法领域的微观制度变革瞬间即以不可思议的魔力吸引了各类行政机关,并向行政许可等其他执法领域推广。

轰轰烈烈的制定裁量基准运动究竟有没有实现限制裁量权行使、增强行政决定正当性的初衷?实践部门大多认为,裁量基准制度使行政执法自由裁量权得到了控制。仔细检视诸多的裁量基准文本,不难发现裁量基准的制定与运作尚存在"名称混乱、内容重复、效力冲突、技术有限等"诸多令人困惑的问题。[①]在裁量基准制度改革已然运动化的当下,应当清醒认识到虚幻表象后的现实难题。

(二) 行政裁量基准的理论悖论及其消解

行政裁量基准的生动实践引起了学界的持续关注。特别是自 2008 年以来,学者们围绕行政裁量基准的兴起及行政裁量的控制展开了热烈讨论,使之迅速成为国内行政法学研究的热门课题。综观国内学者的相关研究,在行政裁量基准问题上大致形成了两种不同的认识:质疑者认为,裁量基准的适用可能引发裁量的僵化等诸多弊端,将会出现裁量控制的简单化和技术的误用,甚至其本身也面临合法性、有效性危机,行政裁量权的良好行使只能寄望于多元控制手段的综合运用;[②]支持者则认为,裁量基准作为行政规则的一个缩影,取得了实践的成功,已经成为我国行政改革和政府再造的重要符号,其经验无疑应当扩大适用到行政许可等其他领域,进而成为更具有活力的控制行政裁量权的新路径。[③] 当然,在裁量基准质疑者和支持者分歧表象的背后同样存在某些方面的一致,如质疑者大多也承认裁量基准通过提供细化的实体性标准约束自由裁量权行使具有目的意义上的合理性,并认可作为事前规则之治的裁量基准也是行政裁量权控制体系中的重要一环。

综观当下裁量基准的制度实践和学术争论,主要存在如下认识上的分歧:如何看待裁量基准在行政裁量控制体系中的地位?裁量基准技术的运用能否

[①] 参见章志远、张雪薇:《行政裁量基准立法面向问题研究——基于湖南省实证文本的观察》,载《浙江学刊》2012 年第 3 期。
[②] 参见王锡锌:《自由裁量权基准:技术的创新还是误用》,载《法学研究》2008 年第 5 期。
[③] 参见余凌云:《游走在规范与僵化之间——对金华行政裁量基准实践的思考》,载《清华法学》2008 年第 3 期。

实现预设的功能期待？如何寻觅构成裁量基准的知识源头？哪些力量能够主导裁量基准的生成？裁量基准对个案具体裁量究竟具有怎样的规范效应？如何有效规避裁量基准可能带来的僵化甚至怠惰现象？这些歧见的背后实则暗含着行政裁量基准制度本身存在的理论悖论，大致可以化约为三组相互对应的认知模式，即"核心控制术还是唯一控制术""地方性知识还是行业性经验""事实拘束力还是法律拘束力"。显然，行政法学理必须对这些理论悖论和消解予以回应，进而为裁量基准制度的进一步推广厘清认识分歧。

1. 核心控制术还是唯一控制术

如火如荼的裁量基准运动究竟能否成为有效控制转型中国行政裁量权滥用的一剂良药？在几乎压倒多数的一片喧嚣声中，冷静的观察者指出，当代中国行政过程中自由裁量失衡的原因主要在于"自由裁量权的存在过于泛滥、裁量过程中竞争性制约机制的匮乏以及对自由裁量事后监督体系的缺陷"，为了促进裁量的理性化，必须转变传统控制模式的单一性、封闭性视角，而代之以多元的、开放的、复合的视角，走向一种复合控制模式，即"以程序的竞争性控制为核心、辅之规则的命令控制模式、原则的指导控制模式和监督的审查控制模式"。① 在中国行政法的学术脉络中，复合控制论所展现出的理想图景实际上是传统行政裁量立法、行政及司法三重控制论的延续与发展。这种理想的综合控制模式确实能够起到克服各种单一控制模式局限性的作用，似乎应成为人类社会应对裁量急剧扩张的最佳选择。尤其是在行政权力相对有限的时代，立法及司法在限制行政裁量权的运用方面的确扮演过十分重要的角色。

但是，在当下中国特定的社会语境下，这种理想主义的复合控制模式难以奏效。不消说反应迟缓、能力不足的立法机关无法持续不断地输出周密的法律规则，即便通过个案审理保持对行政裁量经常性控制的司法机关，身处"行政主导型"的社会之中也难以有所作为。《行政诉讼法》的颁行固然包含了立法者希冀通过有限司法审查方式实现以司法权制约、抗衡行政权的美好憧憬，但"强行政、弱司法"的宪制格局几乎注定了这种"单兵突进式"制度变革必然受挫。行政诉讼制度的曲折实践已经充分证明"封闭对抗型"行政审判模式的不适。在司法权威受挫、社会矛盾加剧的今天，行政审判愈发陷入尴尬的处境之中。特别是在行政诉讼协调化解之风盛行的当下，以判决为载体的司法审查功能逐渐

---

① 参见王锡锌：《行政自由裁量权控制的四个模型——兼论中国行政自由裁量权控制模式的选择》，载《北大法律评论》2009年第2期。

式微,希冀通过司法事后监督来实现对行政裁量的有效驯服难以为继。至于原则指导和程序竞争的控制模式,实际上也难以真正发挥作用。一方面,行政法原则的适用主要还停留在理论解说层面,统一行政程序法及程序正当性理念仍然缺失;另一方面,行政裁量有效规制的最终目的还在于实现个案的实体正义,原则和程序的控制往往只是其中的必要手段之一。

  作为规则之治的裁量基准的兴起,恰好暗合了转型中国的时代诉求。"规则越明晰,行政恣意越会受到挤压,裁量误差越能接近当事人的容忍度,博弈也就越能取得成效。"①以基准为中心的行政内部控制模式之所以能够迅速走向前台,实际上是与来自官、民两个方面的"无法容忍"分不开的。一方面,在中国这样一个有着久远历史传统的"人情社会"中,身处权力末梢的一线行政执法者在进行行政执法活动时往往都会受制于领导、同事、同学、同乡、亲朋等多种人情因素的干扰。尤其是在行政处罚、行政许可等关涉当事人切身利益的执法过程中,执法人员几乎都会遭遇到各类形形色色的"社会资本"的侵蚀。无论是屈从还是反抗,执法者都将面临巨大风险。另一方面,官本位的传统和基层吏治的腐败也使得很多执法者有恃无恐,随意裁量、执法不公的现象比比皆是,行政执法机关公信力和基层社会治理面临重重危机。由"规则之失"走向"规则之治",不仅是行政相对人增强抗辩能力渴求执法公正的现实需要,而且也是行政机关抵御社会资本侵蚀实现自我保护的迫切需求。② 相比较规则缺失的恣意裁量而言,这种遵循规则的裁量治理模式更契合法治社会的要求。

  当然,裁量基准的迅速崛起并不表明这种类型的规则控制就是唯一的行政裁量控制术,毋宁说是目前比较适合转型中国社会需要的核心控制术。在以基准为核心的裁量控制体系中,原则控制和程序控制也应当发挥相应的匹配作用。"一个规则和一个原则的差别在于,一个规则对于一个预定的事件作出一个固定的反应;而一个原则则指导我们在决定如何对一个特定的事件作出反应时,指导我们对特定因素的思考。"③鉴于规则相较于原则所具有的确定性和具体性,理应成为裁量控制中的优先手段。规则与原则之间同样存在很多共通之

---

  ① 余凌云:《游走在规范与僵化之间——对金华行政裁量基准实践的思考》,载《清华法学》2008 年第 3 期。
  ② 浙江金华裁量基准的实践也生动地证明了"对社会资本干扰的反抗"是其制度变革的深层动因,参见周佑勇、钱卿:《裁量基准在中国的本土实践——浙江金华行政处罚裁量基准调查研究》,载《东南大学学报》2010 年第 4 期。
  ③ 〔美〕罗纳德·德沃金:《认真对待权利》,信春鹰、吴玉章译,中国大百科全书出版社 1998 年版,"中文版序言"第 18 页。

处,甚至可以说"规则通常是由原则证成的"。① 在当下众多的裁量基准文本中,不仅明文规定了行政处罚裁量权行使所应当遵循的合理性、平等对待、比例等原则,而且基准所蕴涵的分格、量罚幅度、考量因素等控制技术也内在地表达了诸多行政法原则的要求。

裁量基准的良性运作同样离不开程序控制的配合。其中,公开和说理是最为重要的配套性制度。"一旦行政官员形成遵循先例的制度,先例就必须公开接受检阅。一旦裁量让位于规则,利害关系人就应当可以获知这些规则。先例和规则会对裁量进行有益的建构,但如果不公开就做不到,因为行政官员可以忽略先例或违反规则,进行歧视与偏袒而不被察觉。"②公开是专断的天敌,强制公开基准是裁量基准能否有效控制行政裁量的前提。日本《行政程序法》第5条和第12条在规定审查基准和处分基准制度时,都明确了行政厅负有公布基准的义务。《湖南省行政程序规定》第91条、《广州市规范行政执法自由裁量权规定》第8条都作出了"裁量权基准应当向社会公开"的规定。在现代行政权基本上是"自由裁量"性质的情况下,行政活动要想赢得普通公众和行政相对人的认可,不仅需要通过合法性证成解决"以力服人"的问题,而且更要通过说明理由解决"以理服人"的问题。特别是在裁量基准已经正式向社会公布的情况下,如果依旧容忍执法者公然违反基准而不做任何理由说明的任意裁量,那么裁量基准的控制就会彻底落空。在日本行政法上,从确保裁量权的公正行使、平等对待原则、相对人的信赖保护等的要求来看,要作出和基准不同的判断,需要有使其合理化的理由。只要不能作出充分的说明,就易产生违法的问题。③我国当下的一些裁量基准也作出了类似规定,如根据《青岛市市南区审计局行政处罚裁量基准制度(试行)》第11条的规定,审计处罚实行"先例"制度,但参照先例并不妨碍审计机关在说明特殊理由的前提下作出例外的裁量。

由此可见,在我国当下行政主导型的社会中,通过蕴涵规则之治精神的裁量基准的控制可能更有助于实现对行政裁量的有效治理。裁量基准的制定既是行政机关对社会呼唤执法公正的积极回应,也是行政机关抵御社会资本侵蚀实现自我保护的切实需要。作为裁量权行使者的行政机关最有动力去制定裁

---

① 参见〔美〕迈克尔·D.贝勒斯:《法律的原则——一个规范的分析》,张文显等译,中国大百科全书出版社1996年版,第13页。
② 〔美〕肯尼斯·卡尔普·戴维斯:《裁量正义——一项初步的研究》,毕洪海译,商务印书馆2009年版,第123页。
③ 参见〔日〕盐野宏:《行政法》,杨建顺译,法律出版社1999年版,第76页。

量基准,这就为通过基准的控制提供了不竭的力量之源。裁量基准的控制模式同样是一个开放的建构过程,规则与原则的匹配、实体与程序的融合都将进一步凸显基准核心控制术的地位。基准的强制公开固化了行政机关的作茧自缚,基准不循的说理则避免了行政机关的独断专横。这种新型的裁量基准控制模式克服了传统行政内部控制的悖论,有望生长为具有浓郁中国本土特色的裁量控制模式。

2. 地方性知识还是行业性智慧

当下遍地开花的裁量基准引起了高层行政机关的担忧。基准制定主体过多、过杂,不同地区之间的裁量标准就不尽一致,甚至同一违法行为所受处罚在同一地区有差异的情形难以完全避免。为了防止行政执法出现"十里不同天"的情况,国务院原法制办公室试图"回收"裁量基准的制定权,其基本思路是:实行国务院垂直管理的行政执法部门,由国务院有关部门制定本系统裁量基准;实行属地管理的行政执法部门,由省级行政执法部门制定本系统裁量基准,在省级行政区域内实行;拥有地方立法权的较大的市可以根据本地区实际,制定本区域内的裁量基准,在本区域内实施。[①] 湖南省在规范行政裁量制定主体方面的态度则发生了悄然变化。《湖南省行政程序规定》第 91 条规定:"法律、法规和规章规定行政机关有裁量权的,应当制定裁量权基准,对裁量权予以细化、量化。裁量权基准由享有裁量权的行政机关制定,或者由县级以上人民政府制定。裁量权基准的制定程序,按照规范性文件的制定程序办理。裁量权基准应当向社会公开。上级行政机关已经制定裁量权基准的,下级行政机关原则上不再制定适用范围相同的裁量权基准。行政机关应当遵守裁量权基准。"《湖南省规范行政裁量权办法》第 12 条则规定:"实行行政裁量权基准制度。县级以上人民政府应当组织本行政区域内享有行政裁量权的行政机关,对法律、法规、规章和规范性文件中可以量化和细化的行政裁量权的内容进行梳理,并制定行政裁量权基准。下级行政机关制定行政裁量权基准,应当参照上级行政机关制定的适用范围相同的行政裁量权基准。"可见,湖南省政府规章并未坚持回收裁量基准制定权的做法。

上述有关裁量基准制定权的立法动向实际上隐含着这样的追问:究竟谁最需要裁量基准?需要什么样的裁量基准?就前者而言,越是需要针对个案直接

---

① 参见李立:《我国将统一规制行政裁量权 适用规则权收归省部级》,载《法制日报》2009 年 10 月 20 日。

进行具体裁量的行政机关就越渴望得到细致周详的裁量基准。在我国,大量的行政个案都是由处于官僚系统金字塔塔基的基层行政执法机关所完成的,越往基层就越需要裁量基准。处于行政权力末梢的基层一线执法人员在整个官僚系统中地位最低、任务最艰巨,其执法活动所受社会资本干扰最多、执法效果所受社会评价最烈。因此,数量庞大的基层行政执法机关最需要裁量基准。鉴于我国的法律法规大多存在授权广泛、条款概括等通病,因而细化、量化的裁量基准无疑就成为基层行政执法活动的"及时雨"。以《消防法》为例,根据该法第63条的规定,对违反规定使用明火作业或者在具有火灾、爆炸危险的场所吸烟、使用明火的,处警告或者五百元以下罚款;情节严重的,处五日以下拘留。对于这一条款的具体适用,至少就面临如下难题:第一,如何判断"具有火灾、爆炸危险的场所"这一不确定法律概念?上级消防管理机关是否存在明确的解释目录?本级机关在以往的行政执法活动中是否形成了某些习惯认定做法?第二,如何在警告、五百元以下罚款两类处罚之间进行选择?如何针对五百元以下罚款进行分格?第三,"情节严重"究竟包含哪些具体情形?如何针对五日以下拘留进行分格?对上述难题的回答既包括对法律概念的解释,也包括对以往执法经验的提炼,甚至还包括对特定时期特定公共政策的领悟和特定区域具体执法情境的判断。与其说上级的命令需要遵循,毋宁说本级机关以往积累的执法经验更为重要。

基于对基层行政执法机关最渴望裁量基准以及裁量基准更多体现为一种地方性知识的判断,裁量基准的制定权不仅不应回收反而应向基层倾斜,进而更好满足基层社会治理的现实需要。就每一起行政个案而言,都是在特定的时空条件下受制于多种因素发生的。因此,个案解决必须回归地方性知识,在参照地方治理经验和技术的基础之上完成对相关法律规范的具体适用。[①] 与"居庙堂之高"的上级行政机关相比,"处江湖之远"的基层行政执法机关对地方性知识的认知程度显然更高。例如,对环境污染行为的行政处罚,不仅需要考虑现行法律规范的规定和国家当下的相关公共政策,还要考虑所在地区环境污染的整体形势,甚至要考虑违法行为发生的具体地点及时间等情节。可见,承载地方性知识的裁量基准在具体的个案裁量过程中更加急需。例如,《南通市环

[①] 正如美国人类学家克利福德·吉尔兹所言:"法学和民族志,一如航行术、园艺、政治和诗歌,都是具有地方性意义的技艺,因为它们的运作凭靠的乃是地方性知识。"参见〔美〕克利福德·吉尔兹:《地方性知识:事实与法律的比较透视》,邓正来译,载梁治平编:《法律的文化解释》,生活·读书·新知三联书店1994年版,第73页。

境保护局行政处罚自由裁量权适用规定》第22条就是对《中华人民共和国水污染防治法》第76条有关"对向水体排放剧毒废液行为处以五万元以上五十万元以下罚款"的细化、量化规定,其考量因素主要有"排放量"和"具体排、放水体",前者以1吨为界分为两档,后者则分为生活饮用水水源一级保护区内水体、地下水、风景名胜区、重要渔业水体和其他具有特殊经济文化价值水体以及生活饮用水水源准保护区和二级保护区内水体、其他河流三类,结合起来的罚款格次为10万元、20万元、25万元、35万元、40万元和50万元六档。很显然,上述裁量基准中的地点设置基本上就是一个纯粹的地方性知识,不可能依赖远离污染水体地的上级行政机关去制定。①

美国行政法学者戴维斯曾言:"任何官员只要拥有裁量权,就必定拥有公开说明如何行使相关裁量的权力,而且任何此等说明都可以通过规则制定程序进行,而不论立法机关是否单独赋予该官员制定规则的权力。"② 裁量基准依附于裁量权之中,只要享有裁量权就能够制定裁量基准。简单地"回收"裁量基准制定权也许能够机械地解决基准不统一问题,但同时也会衍生大量新的难题,甚至从根本上违背基准制度的设计初衷。原因在于,受长期官僚制传统的浸润,我国上下级行政机关之间的人身依附倾向十分明显,下级机关唯上级机关马首是瞻的现象非常普遍。尽管上级机关的法律政策水平相对较高,对法律规范的理解相对透彻,但在一个运动治国、政策治国传统深厚的国度,上级机关所制定的裁量基准偏离裁量本义的可能同样存在。由于缺乏有效的官僚体制内反馈机制,基层行政执法机关往往只能听从于上级行政机关的"发号施令"。我国行政管理实践中频频出现的"一律××"式治理模式就是上述弊病的写照。

问题在于,如何才能有效消解裁量基准制定过程中地方性知识与行业性智慧之间可能的张力?一个可以参酌的思路是:在坚持上下级行政机关都可以分享制定裁量基准权的前提下,应当充分发挥各自禀赋,使来自基层社会的地方性知识和来自官僚上层的行业性智慧能够通过裁量基准的形式成文化,进而成为规范个案具体裁量活动的直接依据。具体言之,上级行政机关可以提出裁量基准制订的一般原则(如合法原则、公开原则、比例原则、平等对待原则、遵循惯例原则等)、一般程序(如征求一线行政执法人员意见,吸收公众参与及专家参

---

① 这种立足地域差异性而制定的裁量基准也得到了某些地方规章的明确认可。例如,《湖南省行政程序规定》第92条所列举的裁量权制定根据之一就是"经济、社会、文化等客观情况的地域差异性"。
② 〔美〕肯尼斯·卡尔普·戴维斯:《裁量正义——一项初步的研究》,毕洪海译,商务印书馆2009年版,第74页。

与、对外公布等)、一般技术(如格次划分、不确定法律概念解释、考量因素列举等)等,下级行政机关则应该结合地域差异性,在充分凝练一线行政执法经验的基础之上制订出更为详细、更具直接操作性的裁量基准。只要合理区分不同层级行政机关裁量基准的制定权限,不同的裁量基准自然会在不同的轨道上分别担负起规范相应裁量权的重任而又不至于相互"撞车"。

与此同时,还要在观念和机制上正确理解和处理国家法制统一性与裁量灵活性之间的辩证关系。"裁量是一个度的问题,而且在高低之间的联系范围内波动。当决策者裁量度比较高时,他通常是由诸如'公共利益'和'公正合理'等模糊标准加以指引。当其裁量度比较低时,决策者会受没有留下多少解释空间的规则限制。"①国家法制的统一性强调国家基本法律规范应当得到遵循,但其本身并不排斥基层行政执法机关在法律规范授权的幅度范围内作出更为机动灵活的选择。随着我国行政规范性文件制定和审查机制的不断完善,裁量基准冲击国家法制统一性的担忧完全能够得到有效消解。这些观念更新与机制创新在维护国家法制统一性的同时,能够充分调动一线行政执法机关的积极性和创造性,最终实现"在规则与裁量之间达成适当的平衡"②。

3. 事实拘束力还是法律拘束力

在行政法规范体系中,行政裁量基准是一类典型的行政规则。传统行政法学理论立足于授权根据、制定程序、是否公布及外在表现等形式意义上的判断标准,认为行政规则不具有法律规范的外观,与公民的权利义务不直接发生关系,不具有外部效果。③ 至于其对内部的效果,则源于发布机关的组织权力和指令权以及公务法上的服从义务。④ 裁量基准的法律效力是一个聚讼纷纭的问题。在"周文明诉文山交警不按红头文件行政处罚案"⑤中,面对作为规范具体化规则的《云南省道路交通安全违法行为罚款处罚标准暂行规定》,一审法院认为,云南省公安厅制定的该项裁量基准具有法律约束力,作为被告的文山县交警大队在个案裁量时应当受其约束,并以此为依据作出变更判决;二审法院

---

① 〔英〕卡罗尔·哈洛、理查德·罗林斯:《法律与行政》(上卷),杨伟东等译,商务印书馆2004年版,第211页。
② 〔美〕肯尼斯·卡尔普·戴维斯:《裁量正义——一项初步的研究》,毕洪海译,商务印书馆2009年版,第45页。
③ 参见〔日〕盐野宏:《行政法》,杨建顺译,法律出版社1999年版,第72页。
④ 参见〔德〕哈特穆特·毛雷尔:《行政法学总论》,高家伟译,法律出版社2000年版,第597—598页。
⑤ 参见陈娟:《云南省公安厅红头文件引争议》,载《人民日报》2008年4月2日。

则认为,云南省公安厅制定的内部规范性文件效力低于法律法规,被告依据法律作出处罚并无错误,并以此为理由撤销一审判决,驳回原告诉讼请求。一、二审大相径庭的判决彰显出裁量基准效力在现实生活中的尴尬地位:有时被认为具有内部效力,并因得到司法尊让而具有外部效力;有时不仅被司法否定而缺乏外部效力,甚至内部效力也被顺势剥夺。

我国目前出现的裁量基准效力定位模糊现象,是世界范围内"行政规则外部化现象"的又一翻版。在国外,许多原本基于领导权只拘束下级行政机关、不产生外部效果的行政规则却在实质意义上对公民权利义务直接或间接地发挥着重要影响作用,同时又逃脱了司法审查。为此,就必须对行政规则进行更为细致的类型化分析,探寻不同种类的行政规则是否具有相应的外部效力。在日本,包括裁量基准在内的行政机关的行政基准等数种行政规则都存在"外部化"的可能。① 在德国,现在也普遍承认行政规则事实上的外部效果具有法律意义,只是在外部效果的根据及种类上还存在争论。"通行观点认为,行政规则外部效果的根据是行政惯例和平等原则。行政规则通过稳定的适用确立了同等对待的行政惯例,据此约束行政机关自身。除非具有客观理由,不得同等情况不同等对待(所谓的行政自我约束)。行政机关在具体案件中无正当理由偏离稳定的、为行政规则确立的行政惯例,构成违反平等原则。在这种情况下,公民虽然不能诉称这种行为违反了只具有内部效果的行政规则,但可以诉称行政机关违反了基本法第 3 条第 1 款规定的平等原则,因为行政机关在本案中没有遵守已经实行的行政规则。"② 受上述学说影响,我国行政法学者大多也认可裁量基准不仅对行政机关自身具有拘束效力,而且也能够产生对外的法律效力,只是各自所持的效力外部化根据略有差异而已。③

就我国当下零零总总的裁量基准文本而言,基本上都是解释性及规范具体化的行政规则。立足于功能主义视角的观察,可以看出这些基准不仅是行政执

---

① 参见〔日〕盐野宏:《行政法》,杨建顺译,法律出版社 1999 年版,第 73 页以下。
② 〔德〕哈特穆特·毛雷尔:《行政法学总论》,高家伟译,法律出版社 2000 年版,第 599—600 页。
③ 我国台湾地区相关代表性研究可参见陈春生:《行政规则外部效力问题》,载台湾行政法学会主编:《行政法争议问题》(上),五南图书出版公司 2001 年版,第 366—370 页;林国彬:《论行政自我拘束原则》,载城仲模主编:《行政法之一般法律原则》(二),三民书局 1997 年版,第 255—261 页。我国大陆地区相关代表性研究可参见王贵松:《行政裁量的软法之治——软法在行政裁量中的功能及其司法保障》,载罗豪才等:《软法与公共治理》,北京大学出版社 2006 年版,第 287—289 页;余凌云:《游走在规范与僵化之间——对金华行政裁量基准实践的思考》,载《清华法学》2008 年第 3 期;周佑勇:《在软法与硬法之间:裁量基准效力的法理定位》,载《法学论坛》2009 年第 4 期。

法活动的重要依据,同时也直接影响到行政相对方的权益。因此,就行为规范而言,裁量基准当然具有对内和对外的"二面性效果"。至于这种法律效果的理论解说,还可以细分为本机关制定的裁量基准和上级机关制定的裁量基准。前者完全是一线行政执法机关的自我约束,公布之后实际上就外化为行政相对人的一种合法预期,自然具有规范效力和适用效力;后者则是通过官僚系统上下级之间的领导权和监督权发挥拘束作用,经过反复适用之后对一线行政执法机关自然就产生了惯例的约束。从诸多裁量基准的文本表述上看,有关事实拘束力和法律拘束力区分的意义正在弱化。如今,无论是哪级行政机关制定的裁量基准,基本上都在总则性条款中明确作出了"本机关或本行政区域内行政处罚实施机关必须遵守和适用"的规定。《湖南省行政程序规定》第91条第4款则更加直截了当地规定,"行政机关应当遵守裁量权基准"。这种规定模式渐趋定型,使裁量基准的行为规范效应有了直接的成文依据。不过,为了回应基准导致裁量僵化的质疑,通过严格说理机制允许例外情形下个案裁量逃逸基准的制度安排同样重要,这是对裁量基准绝对效力的适当修补,也是美国行政法学者戴维斯所反复倡导的"规则与裁量的混合要恰到好处"[①]的体现。

裁量基准的逃逸是裁量基准效力问题的延伸,其解决思路自然也离不开中国特有的语境。实际上,一些裁量基准文件本身也就此小心翼翼地作出了规定,从中大体上可以窥测到实务部门的态度。这里试举三例:其一,根据《江阴市农林局行政处罚自由裁量基准制度》第6条的规定,未按裁量基准实施行政处罚的,要集体讨论决定,并将行政处罚决定书副本或复印件向市政府法制办公室报送备案,并应在调查终结报告和行政处罚决定书中表述从轻、从重或者减轻行政处罚的事实和理由;其二,根据《青岛市市南区审计局行政处罚裁量基准制度(试行)》第11条的规定,审计处罚实行"先例"制度,但参照先例并不妨碍审计机关在说明特殊理由的前提下作出例外的裁量;其三,根据《大连市国土资源和房屋局行使行政处罚自由裁量权基准制度》第15条的规定,行政处罚没有体现基准制度、未遵循自由裁量权指导标准的,构成执法过错。可见,集体决策、理由说明、过错追究等手段已经成为实践中合法脱离裁量基准的"保障措施"。这些实践创造值得认同,在个案逃逸基准说理机制的设计方面还可作如下区分:下级行政执法机关脱离上级机关制定的裁量基准的,实行从宽说理原

[①] 〔美〕肯尼斯·卡尔普·戴维斯:《裁量正义——一项初步的研究》,毕洪海译,商务印书馆2009年版,第45页。

则,着重就地域差异性进行说明;本级行政机关脱离自身所定裁量基准的,实行从严说理原则,着重就个案特殊性、新颖性进行说明。通过这种区分,能够兼顾行政自我约束原则的落实和裁量基准制定主体多样化的现实。

值得关注的是,裁量基准的外部效力还涉及对法院的拘束力问题。当然,这是从审判规范而非行为规范角度而言的。前述云南文山交警处罚案中一、二审判决的差异,实际上已经折射出裁量基准的司法规范效应问题。不过,在其他一些同样具有社会轰动效应的个案审理中,法院则往往对某些裁量基准的效力不予置评。例如,在"赵 C 姓名权案"中,一审法院是以赵 C 的姓名符合法律规定、使用 22 年间未给国家社会及他人造成不利为由判决被告败诉的,并未对作为被告拒绝换发身份证行为直接依据的内部行政规则进行必要的司法评述;二审法院没有对一审法院判决理由作出任何评价,而是通过协调促使上诉人与被上诉人达成和解,当庭裁定准许上诉人撤回上诉,并撤销一审判决,同样没有对该案审理期间公安部应江西省公安厅请求而作出的行政解释发表任何意见。① 迄今为止,有关裁量基准之于法院审判拘束效力的明文规定也仅局限于《最高人民法院关于审理行政案件适用法律规范问题的座谈会纪要》中的只言片语:"这些具体应用解释和规范性文件不是正式的法律渊源,对人民法院不具有法律规范意义上的约束力。但是,人民法院经审查认为被诉具体行政行为依据的具体应用解释和其他规范性文件合法、有效并合理、适当的,在认定被诉具体行政行为合法性时应承认其效力;人民法院可以在裁判理由中对具体应用解释和其他规范性文件是否合法、有效、合理或适当进行评述。"透过这些措辞谨慎、用语模糊的规定,能够看出裁量基准对司法的规范效应也时常"往返于事实与规范之间"。当然,就行政规则意义上的裁量基准而言,对法院显然没有绝对拘束力,法院在对其给予适度尊重的基础上仍然保留一种"非完整审查权"。② 与行为规范意义上的裁量基准效力相同的是,审判规范意义上的裁量基准效力也需要借助于精细的司法审查技术方能得以实现。

(三) 行政裁量基准的生成路径

在澄清可能的认识误区、宽容对待行政系统自发进行的裁量基准改革的同

---

① 参见赵蕾:《"赵 C 案"的两难选择》,载《南方周末》2009 年 3 月 5 日。
② 参见朱新力、唐明良:《尊重与戒惧之间——行政裁量基准在司法审查中的地位》,载《北大法律评论》2009 年第 2 期。

时，还必须认真对待裁量基准的生成路径。如果说裁量基准的制定主体、法律效力、智识来源尚属实体层面的问题，那么裁量基准的生成路径则属于程序层面的问题。在我国以往的实践中，裁量基准的制定基本上奉行的都是纯粹的行政自我生成路径，即完全依托制定机关本身的力量生成裁量基准。这种路径的立论基础在于裁量基准只是行政机关的内部规范性文件，是对执法经验的总结，无需借助外部力量的参与。随着裁量基准的激增和研究的不断深入，特别是行政法上民主决策、科学决策理念的兴起，一种新的吸收公众参与的生成路径开始引起热议。"裁量基准的订立既是对法律认识理解的过程，也是行政机关与相对人沟通—协作—服务的过程，其最大的优势是规制对象的广泛而直接的参与……必须引入公众协商机制，强化行政过程中的利益沟通。"[①]

纯粹的行政自我生成路径和公众参与生成路径都失之偏颇。裁量基准的智识来源不仅包括一线执法经验的总结、不确定法律概念的阐释，而且还包括各类公共政策的判断和立法原意的体察。同时，为了增进裁量基准的可接受性程度，行政机关甚至还有尽可能"具体化"裁量基准的义务。很难想象如此复杂的任务单靠高高在上的行政机关"闭门造车"就能够完成。但是，行政经验和技术知识的缺乏，也使得普通公众在事实上难以有效参与裁量基准的制定。面对诸如"焚烧垃圾与焚烧橡胶""焚烧落叶与焚烧秸秆"危害有何不同、"种子发芽率、净度和纯度"如何区分等专业技术问题，处于信息劣势的普通公众确实没有能力发表有价值的看法。那么，是否可能存在第三种具有更多比较优势的裁量基准生成路径呢？

回答应该是肯定的，这种第三条路线可以称为"上下互动型生成路径"，其基本思想在于：充分发挥基层一线行政执法人员在裁量基准制定中的特殊作用，通过对其执法经验、裁量技术的及时总结，形成针对典型案件的一般裁量准则；注重发挥行政相对人在裁量基准调整修改中的重要作用，通过对其反馈信息、评估意见的及时收集与整理，形成新的裁量基准。上下互动型生成路径的最大特点在于将裁量基准的制定、修改与完善视为一个统一的过程，分别发挥一线行政执法人员和有关行政相对人在不同环节的作用，最大限度地保证裁量基准的质量。值得注意的是，一些地方裁量基准改革逐步开始注重这种新型互动生成路径的运用。例如，海南省人民政府办公厅在2009年1月4日下发的《关于全面开展规范行政处罚自由裁量权工作的通知》中就要求，省本级各行政

[①] 周佑勇：《裁量基准的正当性问题研究》，载《中国法学》2007年第6期。

执法机关梳理行政处罚自由裁量条款时,"要在广泛征求、听取一线行政执法人员和行政管理相对人意见的基础上,科学划定行政处罚自由裁量阶次,列举与行政处罚阶次相对应的情形,确保行政处罚自由裁量细化基准具有可操作性"。淮北市人民政府办公室在2009年5月18日下发的《关于规范行政处罚自由裁量权工作的实施意见》中也要求,各行政执法部门在细化行政处罚自由裁量权过程中,"要充分听取有关专家、一线执法人员和管理相对人的意见,不断完善规范行政处罚自由裁量权工作"。甘肃省人民政府办公厅在2009年5月26日下发的《关于印发甘肃省规范行政处罚自由裁量权工作实施方案的通知》中则要求,省级各行政执法部门在细化量化行政处罚自由裁量权过程中,"要充分听取下级行政执法机关和一线执法人员的意见,采取各种方式征求有关专家和行政管理相对人的意见,不断完善规范行政处罚自由裁量权工作"。上下互动型生成路径的广泛运用,有望为行政裁量基准制度的改革注入新的生机与活力,在增进裁量基准科学性、合理性的同时,也将进一步提升裁量基准自身的正当性,进而使行政裁量基准这种行政自我拘束模式在裁量控制体系中逐渐取得核心地位。

三、行政裁量控制技术的发展

行政裁量的控制是行政法世界的永恒主题。"在没有裁量调和的情况下,规则本身无法应对现代政府和现代正义的复杂问题。裁量是我们政府和法律中创造性的主要来源。然而每有讴歌裁量的事实,就会伴有裁量危险的事实:只有当正确运用的时候,裁量方才是工具,就像一把斧子,裁量也可能成为伤害或谋杀的凶器。"[①]行政裁量的这种双面刃效应一直都是各国行政法必须直面的现实,并形成了有关裁量控制的多种模型。在我国,行政裁量基准运动的兴起似乎代表着古老的规则控制裁量模式的复苏。不过,前文的论述已经显示,即便行政裁量基准已经成为我国当下核心的裁量控制术,其自身也无法简单排斥其他控制术的匹配运用。从行政裁量内部控制技术的发展上看,一方面,要继续发挥裁量基准的控制作用,实现从专注裁量基准的基本理论研究转向提升裁量基准质量保障裁量基准实施的研究、从专注行政处罚裁量基准的研究转向对行政许可等其他领域裁量基准制度实践的研究、从专注裁量基准高层立法动

---

① 〔美〕肯尼斯·卡尔普·戴维斯:《裁量正义——一项初步的研究》,毕洪海译,商务印书馆2009年版,第27页。

向转向对基层裁量基准现实运作的跟踪研究等三个转向;另一方面,对一些地区正在推行的行政执法案例指导制度要给予应有关注,尽可能提炼出中国本土化的行政裁量控制新技术。

欧洲法社会学的巨擘埃利希在阐释法社会学原理的精髓时曾言:"在当代以及任何其他的时代,法的发展的重心既不在于立法,也不在于法学或司法判决,而在于社会本身。"①按照这一理解,行政裁量的控制也不能或者说至少不能完全寄望于法律内部的资源和技术。行政裁量的运作是一个极为复杂的过程,除了法律规范因素的考量之外,公共政策、行政惯例乃至新闻舆论、信访等众多法外因素也正深刻地影响着一线行政执法机关,甚至成为左右行政裁量的关键因素。一个典型的例证是,在我国当下兴起的行政裁量基准制定热潮中,"违法事实被新闻媒体曝光或经群众上访造成恶劣影响的从重处罚"的条款频频出现。因此,在传统的行政裁量立法、行政、司法三重法律控制之外,能否寻找更为妥当的法外控制技术进而形成内外交织的裁量运作规范体系,理应成为未来行政法学研究特别是行政裁量研究中的重要课题。为此,以下将以公共政策、行政惯例对行政裁量的影响及其规范为例,从中管窥我国行政裁量控制技术的发展。

(一) 公共政策对行政裁量的影响与规范

1. 隐藏在行政裁量背后的公共政策

行政裁量是行政机关及其工作人员在法律规范赋予的权限范围内所进行的判断与选择活动。毫无疑问,法律规范是一切行政裁量活动的首要依据。然而,在我国这样一个政策治国积习甚久的国家,公共政策依旧在行政机关的执法活动中发挥着重要的影响作用。就行政裁量的实际运作而言,政策在很多情形下都是裁量者不得不考量的基本要素。以2009年发生的三个社会热门事件为例,人们不难感受到隐藏在行政裁量背后的公共政策。

事件一:"浙江工商新政"。为帮扶浙江民营企业脱贫解困,2008年12月30日,《浙江省工商行政管理局关于促进全省民营企业平稳较快发展的若干意见》出台,提出特殊时期对民营企业特别助动的"19条新政"。其中,最引人注目的就是所谓的"三不政策":不处罚、不追缴、不吊销。具体而言,"不处罚"政

---

① 〔奥〕欧根·埃利希:《法社会学原理》,舒国滢译,中国大百科全书出版社2009年版,"作者序"。

策是指除对危害公共安全、食品安全、生产安全、环境安全的违法行为给予严厉打击外,对其他一般性违法行为,未造成直接危害后果或主观恶性不大,事后能够及时消除违法状态的,进行提示、警示、告诫,责令改正,一般不予以处罚,对拒不改正的再依法处罚;"不追缴"政策是指参加2008年度年检的企业,因受宏观经济影响,已逾期出资的,经企业提出申请,经批准后可暂不予以追缴,并免于处罚,允许企业延长出资期限;"不吊销"政策是指2008年6月至2009年年底前成立的企业,超过6个月未开业或者开业后自行停业连续6个月以上的,可以视情况延缓处理。

事件二:"重庆吸烟被拘"。据2009年8月29日《重庆晚报》报道,来自湖北省孝感市的56岁男子赵某,在重庆市朝天门金海洋批发市场内吸烟被行政拘留5天,成为重庆市公共场所吸烟被拘第一人。面对媒体的质疑,重庆消防部门表示要严格按照要求在非常时期采取非常手段保障国庆安全。根据公安部"8·20"通知的规定,在具备火灾爆炸危险场所吸烟者,一律行政拘留5日。尽管这一严罚措施与《消防法》第63条的规定不相吻合,但各地消防部门几乎异口同声地表示了对通知的拥护。一些法律界人士对公安部"六个一律"规定是否合乎新消防法立法精神、是否合乎比例原则提出质疑,有的学者还从裁量基准制度功能的正确定位上反思"吸烟被拘案"的是非。①

事件三:"南京曝光醉酒驾车"。据2009年11月7日《京华时报》报道,南京交管部门正式通过媒体曝光醉酒驾车者,首批公布的名单共有106人,都已被拘留过。针对有人提出醉驾者拘留后还要被曝光是否过于严厉、是否涉嫌侵权一说,交管部门认为,曝光可以使醉驾者受到震撼,以后不敢再有类似行为,同时给其他司机以警示,"符合相关法律规定"。"南京曝光醉酒驾车"事件发生之后,《检察日报》等媒体给予了高度关注,并组织了数次讨论。肯定者有之,质疑者亦有之。肯定的理由在于坚持媒体曝光"具有正面意义",是对处罚结果公开原则的落实和延伸,能够有效遏制醉酒驾车行为;否定的理由在于曝光醉酒驾车不仅缺乏裁量的法律依据,也会助长选择性执法,无异于是对醉驾者实施更为严厉的"二次处罚"。②

上述三个热门事件所反映出的共同问题都是行政机关对法律赋予的行政处罚权的某种"变通":在"浙江工商新政"事件中,工商局文件实际上是对免于

---

① 参见《烟民被拘案:一个裁量,三种疑问》,载《检察日报》2009年9月3日。
② 参见《检察日报》2009年11月18日第6版及2009年12月2日第6版对此事件的分析文章。

处罚情形的适度扩大;在"重庆吸烟被拘"事件中,公安部通知及重庆消防部门的做法实际上是以"一律式"的裁量基准完全取代《消防法》所规定的"警告—五百元以下罚款—五日以下拘留"的"阶梯式"处罚规定;在"南京曝光醉酒驾车"事件中,交管部门的做法实际上是在处罚结果公开方式上的一种裁量。无论褒贬如何,这些事件的背后都体现了行政机关根据社会情势变化针对具体行政管理事项所进行的处罚裁量。尽管这些或具体或一般的裁量可能还存在合法性质疑,但裁量活动的背后无不彰显出行政机关对特定时期公共政策的考量。具体而言,以"三不罚政策"为代表的"工商新政"体现了行政机关对中央政府应对国际金融危机宏观政策的充分考量,试图通过免予处罚的裁量积极贯彻"保增长、保民生、保稳定"的公共政策;"吸烟被拘"的严厉处罚则是对中华人民共和国成立60周年国庆安保政策的回应,试图通过"一律式"的铁腕执法起到立竿见影的震慑作用;"曝光醉酒驾车"则体现出交管部门对当下酒后驾车交通违法形势日益严峻的清醒判断,试图通过具有"示众情结"的曝光手段的运用遏制酒后驾车违法行为的发生。

由此可见,在我国的行政执法活动过程中,公共政策事实上一直扮演着重要角色。透过行政机关的裁量活动,不难看出公共政策始终隐藏其中。大体上来说,公共政策是以两种方式进入行政裁量过程的:一是行政机关基于对特定时期社会公共政策的判断直接援用作为个案具体裁量的依据,"南京曝光醉酒驾车"即属此类情形;二是较高层级的行政机关根据特定时期社会公共政策的现实需要,制定具有裁量基准性质的规范性文件供一线行政执法机关使用,"浙江工商新政"和"重庆吸烟被拘"即属此类情形。虽然影响方式有所不同,但公共政策对于行政裁量活动的引导是不争事实。

根据一般的解释,政策是国家或政党为实现一定历史时期的路线而制定的行动准则。[①] 就政策的下位概念而言,公共政策指的是国家公权力主体在特定社会历史时期为解决特定公共问题、完成特定公共任务所制定的行动准则。公共政策基本的价值衡量标准在于设计出"既符合社会大众的利益和政治、经济、文化、伦理观念,即具有社会可行性,又符合政策者的既得利益和意识、目标,即组织可行性的政策"[②]。在我国,公共政策的制定主体很多,但其中最主要的还

---

① 参见中国社会科学院语言研究所词典编辑室编:《现代汉语词典》(修订本),商务印书馆1996年版,第1608页。
② 张国庆:《现代公共政策》,北京大学出版社1997年版,第6页。

是中央人民政府及地方各级人民政府所制定的各类政策。大体上来说，中央人民政府所制定的宏观政策（如应对国际金融危机的一系列政策）及专项治理政策（如部署对某项违法行为的集中整治行动）、地方人民政府所制定的区域政策（如北京等特大城市对车辆限行的政策）及临时性政策（如春运等特殊时期的临时性政策）都可能成为一线行政执法机关重要的裁量依据。

公共政策为什么能够左右行政机关的裁量？在我国的现实语境中，也许可以寻找到很多直接原因，如公共政策的制定者与行政裁量的实施者往往具有高度的重合性，灵活应变的公共政策对僵化法律规定的补充性，行政官僚系统内部长期存在的"依政策行政"的路径依赖性，等等。进一步的观察则显示，公共政策与行政裁量在价值追求上的趋同性则是这种影响作用的根源。按照美国公共政策学者格斯顿的解释，公共政策的创造完全是一个动态的过程，"公共政策的产生，是问题累积到社会的一个部门或若干部门到了要采取行动的程度，问题的产生先于政策，人们在一段难以接受的时期中都有相同的问题而迫于应付，却无解决的办法"[①]。也就是说，一项公共政策的形成往往都代表着政策制定者对特殊历史时期社会形势的冷静判断和特定行政任务的总体宣示。毫无疑问，公共政策制定者的这种决断能力来源于其公共利益代表者身份的正统性、信息收集反馈机制的灵敏性和价值追求上的个人偏好性。正如美国学者克鲁斯克等人所言："公共政策的价值观，是政策制定者以及其他涉及决策过程的人的共有的偏好、个人愿望和目标价值观，还可能包括一个人的政治信条、个人偏好、组织目标及政策取向等。政策制定的目的可能反映了那些涉及政策制定过程的人的内心主观愿望和他们对过去、现在、未来的看法。"[②]公共政策对特定社会时期行政任务的宣示，实际上就已经为行政机关的裁量活动勾勒出基本的社会场景。与其说此时的行政裁量活动是按照法律规范进行的，还不如说公共政策已经成为支配行政裁量活动的"帝王条款"。[③]

---

① 〔美〕拉雷·N.格斯顿：《公共政策的制定——程序和原理》，朱子文译，重庆出版社2001年版，第22页。

② 〔美〕E.R.克鲁斯克、B.M.杰克逊：《公共政策词典》，唐理斌等译，上海远东出版社1992年版，第35—36页。

③ 正如英国学者哈洛等人所言："总的来说，行政官员和政客都不是从法律而是从政策中寻找他们的授权。换句话说，他们是以政策为中心的。积极地看，行政官员视法律为一套挂衣钩，将政策挂在上面；消极地看，法律也许是在政策能够得以贯彻实施之前要跨越的一连串栏架，法律在此意义上就是一种控制。如果法律与政策相冲突，行政官员会设法改变法律，而如果这样做不可能的话，有时候他就有可能不适当地将法律搁置一旁或者根本就不理睬法律。"参见〔英〕卡罗尔·哈洛、理查德·罗林斯：《法律与行政》（上卷），杨伟东等译，商务印书馆2004年版，第165页。

2. 公共政策导入行政裁量过程的消极影响

在当下中国,公共政策在行政裁量过程中的导入已经是不争事实。无论是作为行政裁量基准生成的智识源泉,还是作为个案具体裁量活动的理由说明,公共政策都真实地嵌于裁量的过程之中。"(公共)政策作为规范和控制行政自由裁量行使过程的结构性处分,起到连接和沟通宽泛的裁量权和具体个案之间的桥梁作用,是行政自由裁量实践离不开的一种要素,它对于贯彻法律,对于稳定、连贯、准确地实现特定的行政目标来讲,无疑是十分重要和必要的。"[①]事实上,除了具有引导行政裁量活动适应社会现实需要、弥补法律规范的不足及滞后外,公共政策导入行政裁量过程还能够有效缓解一线行政执法人员的社会压力。现代社会学的研究表明,社会资本已经成为人际交往乃至个人社会发展的重要武器。在中国的现实语境中,当行政相对人遭遇行政处罚时,大多会动用社会资本去影响行政执法机关和行政执法人员的决断。而执法者的心理防线一旦被社会资本所突破,则"同案异罚""处罚不公""滥用裁量"等现象就几乎无法避免。在裁量过程中引入公共政策的考量则能够有力抵挡社会资本的侵蚀,执法者可以公共政策的遵循为由实施相对公正的处罚,进而消解人情因素的影响。

虽然公共政策引导行政裁量的优点十分显见,但过多依赖公共政策的裁量却同样会产生消极影响,甚至还会引发裁量的合法性与正当性危机。例如,在前述"重庆吸烟被拘"和"南京曝光醉酒驾车"事件中,人们所普遍诟病的是:对于在具有火灾爆炸危险场所的吸烟行为法律已经规定了明确的阶梯式处罚幅度,为何个案处罚偏偏一律选择最为极端的处罚种类?对于醉酒驾车行为法律同样明确规定了严厉的处罚措施,执法机关为何又在法外另行施以更为严厉的曝光制裁?进一步的观察则显示,公共政策导入行政裁量过程之中极易助长裁量怠惰和运动式执法两个方面的消极影响。对这二重消极影响的揭示,不仅有助于人们全面把握公共政策在行政裁量过程中的准确定位,而且也有助于探索相应法律防范机制的建构。

第一,公共政策导入行政裁量过程容易助长裁量怠惰现象的发生。裁量的存在为行政机关提供了在法律约束之下自主作出决定的机会。裁量的终极意义无非是为了实现特定个案的正义。即使是作为约束具体裁量权行使的裁量

---

① 余凤:《作为行政法之法源的公共政策研究》,载浙江大学公法与比较法研究所编:《公法研究》(第七辑),浙江大学出版社2009年版,第129页。

基准,其目的也仅仅是限制而非消灭裁量空间。例如,在德国,"当裁量基准与个别裁量发生冲突时,应当审查裁量基准是否以及在何种程度上具有适法性。较为平衡的方案是:行政机关应当接受有关裁量基准的约束,但在特殊情况下可以撇开这个约束"①。可见,无论是否存在规范意义上的裁量基准或公共政策,行政机关仍然必须针对个案的具体情况进行判断选择并作出最终处理决定。然而,当下的行政执法实践却正在走向与传统裁量滥用相反的另一个极端:行政机关动辄则以公共政策为由,完全放弃对个案具体事实的细致考量,不加任何思考地作出与上级命令、通知、文件完全"对号入座"式的决定。如在前述"重庆吸烟被拘"事件中,执法部门对赵某吸烟的具体时间、地点和情节不加任何考虑,仅以非常时期安全政策的形势需要为由而直接适用公安部"8·20"通知作出拘留5日的处罚。这种完全忽略个案具体情境的简单格式化做法从根本上违反了法律授予行政机关裁量权的目的,属于典型的裁量怠惰现象,与裁量逾越、裁量滥用等情形一样构成了裁量瑕疵。"法规授权行政机关针对具体案情为裁量,该主管机关便应全力以赴,若因其疏忽、误解,乃至有意认为对该事项没有裁量权,死守僵硬的政策、方针或'上级'之要求,根本未深入具体案情为裁量,仍属裁量权的滥用。"②令人担忧的是,类似吸烟一律拘留式的处罚在我国行政管理领域呈现蔓延之势,"一律取缔""一律关停并转""重拳出击""绝不手软"等词语充斥于坊间,行政机关对此似乎早已习以为常。可见,过分依赖政策进行执法不仅会使法律规定被束之高阁,而且从根本上违背了行政裁量的本意。

第二,公共政策导入行政裁量过程加剧了运动式执法模式的蔓延。在我国这样一个有着长期运动治国传统的国家,运动式思维也渗透进行政执法过程之中,"选择特定时期、特定对象,集中执法力量进行专项整治行动"便构成了运动式执法模式的基本内涵。运动式执法的优点在于能够针对特定领域的违法情形迅速形成高压态势,从而在短时期内有效遏制违法情形的发生,尽快恢复特定行政管理领域的基本秩序。例如,前述"南京曝光醉酒驾车"事件发生的背景就是近年来醉酒驾车造成的恶性交通事故频频发生,已经对公共安全及人民群众的生命、财产安全造成了严重威胁。为此,自2009年8月15日起,公安部在全国范围内部署严厉整治酒后驾驶交通违法行为的专项行动。可见,南京交管

---

① 〔德〕哈特穆特·毛雷尔:《行政法学总论》,高家伟译,法律出版社2000年版,第128页。
② 叶俊荣:《裁量瑕疵及其诉讼上的问题》,载《宪政时代》1988年第2期。

部门的曝光"创举"是与特殊时期酒后驾车违章处理政策所营造的社会情境分不开的。但是,运动式执法的致命缺陷就在于其内在的随机性和选择性。也就是说,运动式执法只是选择在一定的时期、针对特定的对象施以重罚,等到运动结束之后,高压之前的违法情形便再次涌现。这也正是当下中国行政执法的困境所在。从这个意义上来说,运动式执法就是选择性执法的代名词。① 在运动式执法过程中,行政机关的裁量几乎都是机械援引公共政策的结果。以"曝光醉酒驾车"为例,撇开其法律依据是否充分暂且不论,是否需要曝光、针对哪些违法者进行曝光,都完全听凭于行政执法者的一己好恶。这种政策引导下的裁量不仅会造成行政处罚的不公,而且还极易引发权力的滥用与腐败。可见,过分渲染公共政策对行政裁量的引导,容易加剧运动式执法的蔓延,进而造成更大范围内的执法不公。

3. 行政裁量过程中公共政策的规范路径

公共政策无论对个案的具体裁量还是一般基准的制定都存在事实上的影响,这种影响本身也是正负双重的。对于这一社会客观现象,既不能视之为洪水猛兽而一概排斥,也不能唯其马首是瞻而一味容忍,正确的态度是通过一系列有效法律机制的建立,将公共政策对行政裁量的引导作用纳入到法律可控的范围之内,进而实现公共政策对行政裁量运作的良性指引。深入的分析显示,事前预防、事中说理和事后审查三重机制的建构有助于实现公共政策对行政裁量的正确引导。

首先,通过有序和有效的公众参与,保障公共政策的合法性、民主性和科学性,防止非正义的公共政策对行政裁量的误导。行政裁量过程中公共政策的规范需要解决的首要课题就在于"如何形成好的公共政策",因而事前的预防机制分外重要。事实表明,没有充分而有效的公众参与,不仅公共政策的可接受性难以保证,即便公共政策本身的合法性也存在质疑。以"重庆吸烟被拘"系列处罚案件为例,作为其直接依据的公安部"8·20"通知不仅没有正式对外发布,而且也从未听取公众的意见。这种封闭的政策生成模式切断了公众与公共政策之间的联系,公共政策民主性的缺失几乎注定了依其进行的裁量活动无法获得

---

① 美国行政法学者戴维斯教授在其名著《裁量正义》中曾对选择性执法的权力进行过非常形象的概括。他说:"这种权力使其可以选择针对哪些当事人执法,选择什么时候执法。选择性执法还意味着选择要执行和不予执行的法律;官员可以完全执行某部法律,完全不执行另一部,而在执行第三部时则挑三拣四。"参见〔美〕肯尼斯·卡尔普·戴维斯:《裁量正义——一项初步的研究》,毕洪海译,商务印书馆 2009 年版,第 185 页。

起码的社会认同。所幸的是,依托公众参与增强公共政策的民主性、科学性的观念已经逐渐获得积极认可,并已体现在一些地方政府的重要文件之中。公共政策制定中的公众参与制度建设应围绕"有序"和"有效"两个维度展开,避免公众参与流于形式而缺乏实际效果。此外,鉴于公共政策对行政裁量的引导大多是通过融入裁量基准的制定过程之中实现的,可以通过裁量基准生成模式的变迁防止非正义的公共政策对行政裁量的误导。总的来说,事前预防机制的建立能够对公共政策的形成起到重要的过滤作用,尽可能避免瑕疵公共政策的出台。

其次,通过事中充分说理程序的制度设计,保障行政机关个案裁量的独立行使,防止公共政策导入裁量过程的负面影响。过分依赖公共政策容易导致裁量怠惰情形的发生,违背裁量追求个案正义的要义。为此,就必须建立完备的说明理由制度,保障行政机关能够在具体个案的裁量中综合权衡法律规定、政策要求及特殊情境作出最佳选择。大体上来说,需要充分说明理由的事项主要包括三类:一是个案裁量是否需要考虑特定公共政策,这涉及法律规范的明确性程度与公共政策的补充性、拓展性之间的判断;二是个案具体情境是否构成公共政策的例外情形,这涉及公共政策预设情形的普适性与个案情形的特殊性之间的判断;三是个案决定是否能够逃逸浸润政策意旨的裁量基准,这涉及公共政策、法律规定及裁量基准现实效力的判断。再以"重庆吸烟被拘"事件为例,在对赵某吸烟行为如何处罚的裁量过程中,执法者就必须完整地考虑如下因素:《消防法》第63条所规定的三个处罚格次与公安部"8·20"通知一律拘留5日顶格处罚之间的关系;"具有火灾、爆炸危险场所"的不确定概念与赵某实际吸烟地点之间的关系;"情节严重"的不确定概念与通知中"非常时期采取非常手段"以及赵某个人申辩情节之间的关系。遗憾的是,从公开的报道来看,仅仅是上级行政机关的负责人在案件发生之后才通过媒体对"赵某被拘"的时间、地点、情节等因素进行了"补充性"说理。这种事后说理不仅在形式上不能证成先前拘留处罚的正当性,而且理由本身能否成立也不无疑问。很显然,离开了充分的理由说明制度,不仅无法保障行政处理决定的可接受性,而且会助长裁量怠惰情形的泛滥,最终必将导致法律之下的裁量为公共政策下的裁量所取代。

最后,通过事后司法审查机制的完善,保障行政裁量过程中的政策判断取舍获得独立公正的外部评价,实现公共政策对行政裁量的良性引导。与民事活动须遵守政策已经成文化所不同的是,公共政策对行政行为的约束作用在我国尚未获得成文法律规范的明确宣示。不过,有限的司法实践已经表明法官在处理行政争议过程中开始对政策加以判断。例如,在"益民公司诉河南省周口市人民政府等行政行为违法案"的处理过程中,最高人民法院在其判决中就展示了对国家"西气东输"等公共政策的考量。[①] 事实上,以公众参与为核心的事前预防机制和多维度的事中说理机制即使再完备,也无法完全避免行政裁量争议的发生。因此,赋予司法机关针对行政裁量对公共政策判断的独立审查权殊为重要。在以往的观念中,似乎司法机关应当对行政裁量过程中的政策判断持尊重态度,不宜以自己的判断取代行政机关的首次判断。诚然,法官不是行政管理的行家里手,不能完全取代行政机关在裁量过程中对公共政策的判断。但是,法官是法律问题的专家,不仅有责任审查公共政策的合法性,更有责任维护法律规范的权威性。在围绕行政裁量活动是否合法、是否正当的争议处理过程中,法官应当通过对法律位阶原理的运用和法律精神、法律原则的阐释,对行政裁量过程中的政策判断因素进行独立的外部评价,真正为公共政策对行政裁量的良性引导提供制度支撑。

(二) 行政惯例对行政裁量的影响与规范

1. 隐藏在"上海钓鱼执法事件"背后的重要议题

借助于网络媒体的舆论监督,学术精英和社会大众对"上海钓鱼执法事件"倾注了广泛而持久的关注,该案跻身"2009 年中国十大宪法事例"之一。综观学者对钓鱼执法案的评述,大多限于遏制公权力滥用、遵守正当法律程序、规范有奖举报制度、限制引诱式执法手段运用乃至出租车规制政策调整等行政法议题的讨论。在行政执法呈现利益化、运动化趋势的当下,从道德、法律层面批判"钓鱼"这一畸形行政执法方式实属必要。现行法律在授予行政机关特定执法权的同时,往往并没有赋予行政机关相应的执法手段。在违法情形不断增多、执法任务日益加重的情况下,行政机关只好采取一些游离于法律之外的新手段以达到完成执法任务的目的。就"上海钓鱼执法事件"的发生而言,一个根本的问题就在于:虽然《中华人民共和国道路运输条例》将查处黑车非法营运的权力赋予了交通运输执法机关,但对于通过何种手段认定"非法营运",中央及地方立法都没有作出规定。于是,在打击黑车、整顿交通运输市场秩序的政策驱使

---

① 参见《最高人民法院公报》2005 年第 8 期。

下,"钓鱼执法"这一变异的执法方式便应运而生。在实践中,执法机关往往坚持"凡是没有营运证的车辆,司机只要被发现收一次钱"即构成"非法运营"。

由此可见,在有关"上海钓鱼执法事件"的讨论中,人们似乎忽略了一个更具前沿性的"隐藏"课题:如何对待行政机关在长期执法实践中形成的习惯性做法?这种习惯性做法经过反复适用之后是否能够对行政机关产生事实上的拘束力?如果行政相对人因不服行政机关在个案裁量活动中遵循行政惯例作出的决定而起诉,法院又该如何面对行政惯例的法律效力?尽管行政惯例在行政裁量的现实运作中发挥了重要的引导作用,但在我国行政法学理上是被长期遗忘的一角。"上海钓鱼执法事件"的发生,恰好为行政惯例的实证研究提供了难得的鲜活素材。透过该案,人们不仅能够真切感受到在法律规范之外行政机关对行政惯例的现实考量,还能够意识到过度依赖行政惯例而引发的裁量怠惰以及司法机关对这种裁量瑕疵的漠视。

2. 行政惯例对个案裁量活动的引导

在比较法的视野中,作为行政法不成文法源的习惯法指的是在行政领域经过长时期的反复实践,基于人们的内心确信而得到公认的一种社会规则。大体上来说,行政惯例指的是行政机关在处理行政事务的过程中,基于长期实践而形成的得到社会成员广泛认可的习惯性做法。某一做法究竟能否构成行政惯例,主要取决于三个要素:一是在大量具体个案中得到反复适用;二是某种做法在一段时期内逐渐形成;三是某种做法获得了社会成员的普遍认可。至于构成行政惯例的某种习惯性做法本身是否合法、是否合理、是否具有明确的存在形式,都不影响对行政惯例本身的认定。例如,在日本,行政法上的习惯法就是由行政先例法和地方性民众性习惯法所构成。其中,行政先例法是指政府机关的做法长期以来形成惯例,在一般国民中被信以为法的部分。如关于国家法令的发布方式,在法律上没有特别的规定,但是通过官报公布的方式已经成为长期以来的惯例,在一般国民中被认为是法律规定的必经程序。如此一来,在官报上公布国家法令便成了一种习惯法。①

在我国的行政执法实践中,行政惯例对行政裁量的运作同样发挥了重要的规范作用。作为成文法律规范所明确赋予的自主判断与选择权,行政裁量权固然首先需要循法进行,但同时也必须遵循行政机关已经形成的习惯性做法,贯

---

① 参见杨建顺:《日本行政法通论》,中国法制出版社1998年版,第156页。

彻行政自我拘束原则。实践观察显示,行政惯例大体上是通过以下三种方式进入个案裁量活动的:

一是行政机关在个案裁量时,参考以前的具体先例或典型案例直接作出处理决定。随着行政案卷制度的不断完善,行政执法机关在处理特定个案时,往往都会关注先前类似案件的处理。例如,在"上海某航道工程承包公司未经批准擅自向海洋倾倒废弃物案"中,中国海监东海总队在综合考虑各种事实情节的基础上,比照以往"上海某公司无证倾倒案,当事人违法倾倒两天,共倾倒两船,被处以4万元的罚款"的执法先例,最终对当事人作出处以6万元罚款的决定。① 在当下兴起的裁量基准制定热潮中,很多地方政府都强调要建立典型案例制度,供行政机关行使行政裁量权时进行参照。《湖南省规范行政裁量权办法》第14条规定:"实行行政裁量权案例指导制度……行政机关处理相同的行政事务,除法律依据和客观情况变化外,应当参照本级人民政府发布的典型案例。"可以预见的是,随着典型案例发布制度的建立,行政惯例有望通过这一新的载体形式得以表达,进而成为行政机关个案裁量的重要依据。

二是行政管理实践中的某些习惯性做法内化为固定的"行规"或得到了成文规则认可,行政机关在个案裁量时直接予以适用。我国目前尚未建立真正意义上的典型执法案例发布制度,行政惯例在很多时候还是借助于行业规范、行政规则等载体表现出来的。例如,在"杜宝群等诉北京市公安局海淀区分局龙泉寺派出所案"中,龙泉寺派出所根据户籍管理中未成年子女随母的惯例,同时将杜玲红的户口也作了非转农的变更。后来,一、二审法院均支持了被告根据行政惯例所作出的决定。② 该案发生于20世纪90年代之初,按照当时户籍管理中的实际做法,基于未成年人随母成长更为有利的现实考虑,一般在其没有独立生活之前户籍关系都随母一方。自20世纪90年代之后,随着公民个性化的不断张扬,我国公民取名用字日益呈现多样化倾向,不仅四字格、五字格的姓名不断涌现,而且使用父母双姓甚至不随父母姓的现象也开始出现。鉴于我国法律并未专门对公民取名作出明确的限制性规定,姓名登记机关在实践中大多采取比较宽容的做法。公安部三局在对广东省公安厅户政管理处的请示答复《关于对中国公民姓名用字有关问题的答复》(公治〔2001〕60号)中,还特别指

---

① 参见庄莉:《依法行政和自由裁量》,载《中国海洋报》2001年3月13日。
② 参见北京市海淀区人民法院编著:《审判案例选析》,中国政法大学出版社1997年版,第344—351页。

出,对于过去群众已使用繁体、异体或冷僻字登记姓名的,原则上可以保留;至于人口信息计算机管理系统汉字字库容量的问题,可考虑通过加强系统建设予以解决。考虑到我国民族众多、姓氏较为复杂、有关风俗习惯各异等诸多情形,户口登记机关不应也不便对公民姓名字数加以限制。因此,姓名登记机关在办理姓名登记时就不应漠视已经获得明文认可的惯例。

三是行政惯例借助行政自我拘束原则或平等对待原则的适用,彰显对行政裁量活动的引导。行政自我拘束原则是指行政机关作出行政行为时,对于相同或具有同一性的事件,如无正当理由,应受其行政先例或行政惯例的拘束进行处理,否则即因违反平等原则而构成违法。[①] 行政惯例是行政机关在长期的执法实践活动中,针对同类问题的解决而逐渐形成的习惯性做法,凝聚着一线行政机关的执法智慧与治理经验。赋予行政惯例法律效力,也就为行政机关设定了遵守惯例作出行政行为的义务。可见,行政惯例的存在既是行政自我拘束原则适用的条件之一,也是其引导个案行政裁量的重要媒介。在我国当下兴起的裁量基准制定热潮中,一些地方政府所制定的裁量基准文本也直接或间接地作出了类似规定。例如,《广州市规范行政执法自由裁量权规定》第 6 条规定:"行政执法主体应当平等对待行政管理相对人,在事实、性质、情节及社会危害程度等因素基本相同或者相似的情况下,给予基本相同的处理。"《天津市国土房管系统实施行政处罚自由裁量权办法》第 7 条规定,行使自由裁量权时,应当避免以下行为:违背社会常理、道德、习惯;相同情况,给予不同处罚。

行政惯例为什么能够成为个案裁量的重要依据?在中国的现实语境中,也许可以寻找到很多答案,如成文行政法律规范落后于社会生活的现实,而行政惯例作为一种"法外"资源则能够有效加以克服,进而维系个案裁量活动的正义性;行政惯例蕴涵着行政机关的技术性判断,契合行政国家时代专家治国的需要;等等。进一步的观察则显示,行政惯例往往都是对基层行政执法实践中鲜活经验的提炼,体现着基层社会治理的技艺。面对无法一一对号入座的法律规范和形形色色的复杂个案,行政机关必须通过自主判断作出处理决定。这些自主判断既包括对不确定法律概念内涵及外延的理解,也包括对法律规范未做明确规定事项的认定,甚至还包括法律规范本身的具体适用。这些自主判断所形成的做法经过反复检验之后完全可能固定下来,并赢得行政机关和行政相对人

---

① 参见林国彬:《论行政自我拘束原则》,载城仲模主编:《行政法之一般法律原则》(二),三民书局1997年版,第 249 页。

的确信与认可,进而发展成为真正意义上的行政惯例。当然,行政惯例形成之后也可能会随着社会变迁或者因为外力介入而消失。例如,随着我国户籍政策的松动,前述"杜宝群案"中所适用的"未成年子女户籍关系随母"的惯例已被打破,未成年子女户籍可以自由地随母或随父;"上海钓鱼执法事件"中执法机关认定"非法营运"的惯例,则可能因为司法审查程序的启动而被宣布为违法。不过,在一项行政惯例彻底消失之前,个案中的具体裁量活动还必须对其予以认真考量。鉴于裁量基准主要还是一种行政权以自我拘束的方式限定裁量空间的制度尝试,因而基准制定者对各类智识资源尤其内部智识资源的整合更加重要。从基准尽可能"具体化"的内在要求来看,更应当发挥蕴涵基层执法经验和地域情况差异的行政惯例的影响作用。特别是在基准制定机关一线化的当下,更应注意发挥行政惯例对裁量的引导作用。

3. 行政惯例导入个案裁量过程的消极影响

不管是作为行政裁量基准生成的智识源泉,还是个案具体裁量活动的理由说明,行政惯例都真实地嵌入行政裁量的过程之中。从积极影响来看,行政机关在个案裁量中对行政惯例的遵从能够保持行政活动的前后延续性,保障行政相对人对行政执法中习惯性做法的信赖利益,防止同案不同处理现象的发生。透过"钓鱼执法案",人们不难发现,过分依赖行政惯例的裁量同样会产生消极影响,甚至还会引发裁量的合法性与正当性危机。以对"非法营运"的认定和查处为例,虽然交通管理部门已经形成某些习惯性做法,但是这种成文化的惯例不仅与人们对"营运"的一般理解相去甚远,而且其固定下来的查处方式本身还与有关司法解释直接冲突。这种消极影响主要表现在如下三个方面:

第一,架空法律规定,阻碍公权力机关守法意识的生成。法治国家的要义在于公权力机关的一切活动都必须在法律之下运行。如果说我国的行政法治建设依旧步履艰难的话,那么公权力机关守法意识的薄弱即是其中的一大症结。由于法律授予的执法裁量空间普遍较大,加之行政系统近年来大兴制度创新之风的影响,行政机关往往习惯于按照上级指示、按照本机关的执法秘诀进行裁量,进而通过"加大执法力度"完成规定的行政任务。这种执法几乎成为我国当下众多行政机关所普遍奉行的模式。例如,为了严厉打击醉酒驾车行为,一些地方创造了在媒体上曝光醉酒驾车者的做法;为了纠正乱闯红灯的违章行为,一些地方创造了让违章者指挥交通直至抓获下一违章者方能脱身的做法;为了治理乱贴小广告的违章行为,一些地方创造了"呼死你"的做法。这些游离于法律规范之外的执法举措大多得到了行政执法机关的认可,久而久之同样可能会形成特定的习惯性做法。这些新手段也许在短时期内能够对行政违法活动产生威慑作用,但它们本身大多存在合法性质疑,有的甚至完全架空了法律规定。就"倒钩钓鱼"的执法方式而言,不排除能够查获到某些真正的非法营运行为,但在巨大经济利益的驱使下,这种所谓的执法秘诀早已蜕变为某些执法机关谋取利益的工具。迄今为止,我国仍然没有建立起完备的行政惯例甄别及审查机制,如果行政裁量过分依赖这些游离于法律规范之外的行政惯例,则会造成惯例完全取代法律的恶果。公然违反行政机关调查取证基本原则的"钓鱼执法"方式的大行其道,实际上就已经显示出这种巨大危害。

第二,助长裁量怠惰,扭曲行政裁量追求个案正义的目标。裁量的存在为行政机关提供了在法律约束之下自主作出决定的机会。裁量的终极意义无非是为了实现特定个案的正义。无论是否存在规范意义上的公共政策或行政惯例,行政机关仍然必须针对个案的具体情况进行判断选择并作出最终处理决定。但在当下的行政执法实践中,固守惯例、漠视个案特殊情形的裁量怠惰现象却十分突出。以"上海钓鱼执法事件"为例,纵使行政执法机关内部已经形成认定"非法营运"的习惯性做法,在个案处理时仍然需要考虑具体情形,如车主好心搭载有紧急需求的求助者、春运期间临时调度车辆组成"学生归乡团"等互助行为等。撇开执法部门利用"倒钩钓鱼"方式谋取经济利益不论,仅就其机械固守惯例、放弃对个案特殊情形的考量而言,就已经构成"不履行法定裁量权"的裁量瑕疵。在行政国家时代,裁量怠惰与裁量滥用实则具有同样危害。

第三,诱发行政僵化,致使行政裁量无法应对社会现实需求。在三种国家权力中,惟有行政权对社会关系的变化最为敏感。正是由于行政裁量的存在,才使得行政权行使能够不断回应社会的现实需求。虽然行政惯例是在长期的行政管理实践中形成的习惯性做法,但如同成文法律规范一样,不可能完全预测到未来的社会变化。一旦行政惯例赖以生存的外部条件发生变化,先前所形成的习惯性做法自然就会被淘汰。如果行政机关依旧抱残守缺,则会导致行政僵化,无法使行政活动满足社会新需求。例如,在 20 世纪 90 年代我国水务行业市场化改革的进程中,一些地方政府为了消除投资方的疑虑达到招商引资的目的,逐渐形成了在合资协议中加入"固定投资回报率"条款的习惯做法,借助外资"办水"一时间成为风潮。后来,基于对公私方风险极不对称和消费者利益受损的考虑,国务院办公厅发文紧急叫停了这一做法。① 因此,在目前的公用事业特许经营改革中,公私双方都贯彻了"风险共担、利益共享"的基本合作理念,固定投资回报率单方承诺的习惯性做法自然消失。行政机关机械固守旧例会加剧行政僵化,使得个案裁量无法保持应有的社会回应性。

4. 行政裁量过程中行政惯例的规范路径

行政惯例导入行政裁量过程具有正反两个方面的效应。基于行政活动的延续性和行政裁量对个案正义的追求,必须通过一系列相关法律机制的建立,使得行政惯例对行政裁量的引导作用能够置身于法律可控范围之内。对行政裁量中行政惯例的规范,可从事前发布、事中说理和事后审查三重机制的建构入手。

第一,建立完备的典型案例发布制度,规范行政惯例的生成。作为行政执法中的习惯性做法,行政惯例的生成需要一个相对较长的时期。鉴于"行为有据"是现代行政法对行政活动的基本要求,行政惯例也必须以一种"看得见的方式"为行政机关特别是行政相对人所感知。行政执法中的习惯性做法不仅要在反复适用过程中为行政执法人员所熟稔,而且还应当借助一定的形式向社会公开,以便行政相对人同样能够知悉惯例的存在。在这方面,我国司法系统积极推行的"典型案例指导"制度值得借鉴。尽管我国尚未建立起真正意义上的判例制度,但最高人民法院公开的典型案例对法院的审判工作产生了重要指导作用。近年来,我国行政系统开始关注典型案例发布制度的建立。作为我国行政程序法制建设"排头兵"的湖南省已经率先迈开步伐,《湖南省规范行政裁量权办法》将"发布案例"与"控制源头、建立规则、完善程序和制定基准"一起视为对行政裁量权行使进行综合控制的手段之一。县级以上人民政府应当选择本行政区域内行政机关行使行政裁量权的典型案例向社会公开发布,指导行政机关行使行政裁量权;行政机关处理相同的行政事务,除法律依据和客观情况变化外,应当参照本级人民政府发布的典型案例。县级以上人民政府应当每年至少组织一次典型案例发布,典型案例发布应当遵守政府信息公开的有关规定;县级以上人民政府工作部门应当按照要求及时向本级人民政府报送案例。上述规定已经涉及典型案例报送及发布的主体、时间、效力等核心问题,其实施经验值得进一步关注。

---

① 参见黄河:《外资水务的"中国华尔兹"》,载《南方周末》2010年1月21日。

第二,健全行政裁量说明理由制度,规范行政惯例的适用。"有充分的理由认为给予决定理由是行政正义的一个基本要素,因为给予决定的理由是正常人的正义感所要求的,这也是所有对他人行使权力的人一条健康的戒律。"①当一项行政惯例正式生成并对外公布之后,行政执法机关在处理类似案件时是否因循惯例便成为检验行政惯例实效的标尺。无论是从行政法源角度还是从行政自我拘束原则角度来说,行政惯例得到适用都具有充分的理论依据。问题在于,作为现代行政法的"精髓",行政裁量存在本身就预示着立法者对个案正义的期待,即通过授权行政机关"自由"裁量最大限度地实现个案正义。因此,个案裁量就不仅仅是一个依据法律规范、因循行政惯例的机械活动,公共政策的考量、个案特殊情形的把握都将自然融入执法者的裁量之中。于是,说明理由便成为裁量过程中行政惯例适用与否最为重要的程序支撑。大体上来说,包括两类情形的说理:一是适用惯例的理由说明,主要是"比对"本案与先例之间的同一性,为惯例适用奠定基础;二是逃逸惯例的理由说明,主要是"比对"本案与先例之间的差异性,或者"论证"当下客观情势与惯例生成时期的差异性。就遏制行政裁量权的滥用而言,后种形式的说明理由更具现实意义。《湖南省规范行政裁量权办法》第68条将"无正当理由,不参照本级人民政府发布的典型案例"作为认定行政裁量权"违法"行使的情形之一,并明确规定应予以撤销。从维护行政惯例的实效上看,这一规定无疑是我国行政立法中的一大创举。通过说明理由制度的贯彻落实,行政惯例遏制行政裁量滥用的功能将得到有效发挥。

第三,建立行政惯例三重审查制度,消除行政恶例的影响。行政惯例的适用与否究竟能否实现裁量活动对个案正义的追求,行政惯例在社会的变迁中是否已经滞后甚至蜕变为恶例,乃至一项刚刚生成的行政惯例本身是否缺失正当性,都有赖司法机关的审慎审查。司法机关对行政惯例的审查是建立在行政相对人已对行政行为提起行政诉讼的基础之上的,这种审查的对象就是作为具体行政行为依据的行政惯例是否得到适用。理想的行政惯例司法审查模式应坚持三重标准,即行政惯例的合目的性审查、合法性审查及合理性审查。其中,合目的性审查指的是法院对某项行政惯例是否有助于行政任务的实现、是否合乎相关立法的目的所进行的审查;合法性审查指的是法院对某项行政惯例是否符合相关法律规范的规定所进行的审查;合理性审查指的是法院对某项行政惯例

---

① 〔英〕威廉·韦德:《行政法》,徐炳等译,中国大百科全书出版社1997年版,第193页。

是否符合当下社会情理所进行的审查。以"钓鱼执法"惯例的审查为例,这种习惯性做法不仅已经异化为行政机关谋求经济利益的工具,而且手段本身也直接违反了有关行政程序证据制度的法律规定,因而此项恶例无疑应当通过合目的性审查和合法性审查予以彻底废除。此外,在很多工伤认定行政案件的审理中,一些用人单位对人社部门所执行的上下班绕路接送孩子或买菜途中发生的事故伤害属工伤认定的惯例颇为不满。法院则往往立足《工伤保险条例》对劳动者权益倾斜性保护的立法目的,并结合生活情理,支持行政机关对工伤认定条件从宽操作的惯例。很明显,法院对此项惯例的审查即坚持了合目的性及合理性双重标准。"一个具有正当性的行政惯例不能违背国家宪法确定的基本原则,不能违背公序良俗,不能损害国家正常的法律秩序。"[①]通过行政惯例三重司法审查基准的建立,行政惯例的正当性就能够获得客观公正的评判,实现行政惯例对个案裁量的正确引导。

【扩展阅读】

1. 周佑勇:《行政裁量治理研究:一种功能主义的立场》,法律出版社2008年版。

2. 〔美〕肯尼斯·卡尔普·戴维斯:《裁量正义——一项初步的研究》,毕洪海译,商务印书馆2009年版。

3. 余凌云:《行政自由裁量论》(第三版),中国人民公安大学出版社2013年版。

【延伸思考】

1. 如何评价行政裁量基准制度在行政裁量治理中的作用?
2. 如何评价执法案例指导制度在行政裁量治理中的作用?
3. 如何有效规制行政裁量对公共政策、行政惯例等因素的考量?

[①] 章剑生:《行政行为说明理由判解》,武汉大学出版社2000年版,第132页。

第十五章　行政程序论

1993年年初,季卫东教授在《中国社会科学》上发表长文《法律程序的意义——对中国法制建设的另一种思考》,开启了国内法学界法律程序研究的序幕。近三十年来,行政程序一直是我国行政法学研究中的热门课题,相关著述可谓汗牛充栋;在行政程序立法领域,尽管统一的行政程序法典尚未制定,但行政程序的单行立法和地方立法不断推进,对于提高行政机关的程序法治意识发挥了重要作用。本章拟在论述行政程序法基本理论的基础上,就行政程序法的基本结构和行政程序法重要制度之一的价格听证制度加以分析,以此管窥我国行政程序法的未来走向。

一、行政程序法基本理论

(一) 行政程序的内涵

行政程序就是行政主体实施行政活动所应当遵循的步骤、顺序、方式和时限等要求。对这一概念的理解应当着重把握以下两点:

第一,行政程序存在于行政主体实施行政活动的过程之中。任何行政活动都有结果和过程两个方面。行政活动的结果就是"实体",行政活动的过程就是"程序",程序是行政活动不可或缺的组成部分之一。行政程序依附于行政活动而存在。没有行政权力的实际行使,行政程序便无从谈起。因此,行政程序的规制对象就是行政权力。当然,这并不排除行政相对人对行政活动过程的参与。

第二,行政程序由步骤、顺序、方式和时限等基本要素构成。行政程序是行政活动的时空表现形式,具体由步骤、顺序、方式和时限等要素所构成。步骤是指完成某一行政活动的若干必经阶段,如行政处罚一般程序由立案、调查、决定及执行四个步骤组成;顺序是指行政活动各个步骤的先后,任何行政活动的各个步骤既不能颠倒,也不能缺损,如任何行政执法活动都应当遵循"先取证、后裁决"的基本顺序;方式是指行政活动相应的方法和表现形式,如口头形式、书面形式、动作形式等;时限是指行政活动必须在限定的时间内完成。

按照相应的标准,可以将行政程序划分为不同的种类。例如,以行政程序的适用范围为标准,可将行政程序划分为内部行政程序和外部行政程序。其中,前者是指行政主体实施内部行政活动所遵循的程序,如行政机关对其公务员实施行政处分的程序;后者是指行政主体实施外部行政活动所遵循的程序,如行政机关对行政相对人的违法行为进行行政处罚的程序。以行政程序是否为法律所明确规定为标准,可将行政程序划分为法定行政程序和任意行政程序。其中,前者是指由法律规范所明确规定和要求的,行政主体在实施行政活动时必须严格遵循的程序,如责令停产停业处罚作出之前必须要告知被处罚人享有听证的权利;后者是指行政主体在实施行政活动时可依裁量适用的程序,如对违法事实确凿、有法定依据且罚款数额较小的处罚,是否当场作出行政处罚就可由行政主体裁量决定。

(二) 行政程序法的功能

行政程序法是规范行政法律关系主体在行政活动过程中应遵守的步骤、顺序、方式及时限的法律规范。作为现代行政法的重要组成部分,行政程序法的基本功能体现在如下三个方面:

第一,行政程序法通过吸收行政相对人的直接参与,促进民主政治的实现。现代政治是民主政治。在我国,民主政治的另一生动表述就是"人民当家作主"。民主政治是参与政治,只有吸收人民广泛地参与国家事务和社会事务的治理,民主政治方能真正得以实现。囿于各种原因,现代民主政治都是通过代议制民主的形式实现的。代议制民主在本质上是一种间接民主制,即人民通过选举代表组成议事机关,然后由人民代表实际行使管理国家和社会事务的权力。然而,这种间接民主制本身却存在某些先天不足,如代表的民意基础比较薄弱、代表的议政能力有限等。因此,为了克服间接民主制的局限性,就必须通过各种行之有效的机制吸收公民直接参加国家事务和社会事务的治理,行政程序就是其中重要的参与机制之一。如果说传统的行政权仅仅是由行政主体单方面行使的话,那么现代社会行政权的行使便融入了行政相对人的直接参与。以行政程序法的核心制度——听证为例,无论是作为行政决策型听证的行政立法听证和价格听证,还是作为行政处理型听证的行政处罚听证和行政许可听证,在本质上都是公民直接参与行政管理事务的体现。行政程序法的兴起拓宽了公民参与国家治理的渠道,从而推动着民主政治的实现。

第二,行政程序法通过限制行政权的恣意行使,维护行政相对人的合法权益。在现代社会,行政权在国家权力结构体系中居于事实上的中心地位,其发生作用的广度和强度都是立法权和司法权所无法企及的。在三种国家机关之间,公民与行政机关接触的机会最多。一个人终其一生可以不同权力机关或司法机关发生关系,但公民个人从出生到死亡无时无刻都要同政府打交道。因此,公民权利最有可能遭到行政权的不法侵犯,行政权的行使也最需要受到相应的制约。虽然立法权可以在事前为行政权的行使设定规则,司法权可以在事后对行政权的行使进行审查,但这两种制约机制都因为没有伴随行政权行使的全过程而致使其效果大打折扣。相比之下,如果对行政相对人的程序权利加以确认,就能够将行政权行使的全过程置于行政相对人的制约之下,行政相对人可以据此及时抗衡行政主体违法或者不当行使权力之举,从而驱使行政主体认真对待行政相对人的意见。因此,通过严密的事前程序规定能够有效驱使行政权力运作的理性化,切实维护行政相对人的合法权益。

第三,行政程序法通过权利与权力之间的对话、沟通与合作,减少摩擦、增进互信,不断提高行政效率。在传统的行政法律关系中,行政主体与行政相对人之间的地位往往具有明显的不对等性:前者享有更多的实体权力,后者则负有服从的义务。在行政主体的视野中,行政相对人只不过是行政管理的客体,只要有利于提高行政管理的效率,行政相对人权利保障与否并不重要。这种专横武断的结果只能引起行政相对人的不满,加剧行政相对人与行政主体之间的紧张对立局面,最终也无助于行政效率的提高。相反地,只有承认行政相对人能够实际参与行政程序的运作过程,行政相对人才能从根本上摆脱管理客体的地位。行政相对人的程序参与在本质上就是一个权利与权力之间的对话和沟通过程,通过这种面对面的交涉,权利与权力之间能够达成更多共识,从而增进合作,减少对抗和摩擦,其结果反而是能够不断提高行政效率。

(三) 行政程序法的模式

在行政法的发展进程中,各国行政程序立法表现出风格各异的模式。总的来说,行政程序法的立法模式包括统一法典模式和单行立法模式两种类型。统一法典模式是指一个国家的立法机关以一部统一的、完整的法典的形式来规范行政活动所应当遵循的基本程序。这种模式的优点在于能够为行政活动提供一整套明确的程序法律规范,从而有效地规范行政权力的行使。不过,这种高级的立法模式需要具备很多必要的前提条件,如立法技术的娴熟、行政法学理的高度发达等。因此,到目前为止,只有部分国家和地区实现了行政程序法的法典化。单行立法模式是指一个国家的立法机关分别就特定领域或特定事项先期制定出单行的行政程序法。这种模式是行政程序立法的初级形式,其优点在于各个击破,能够对不同种类的行政活动分别作出相应的程序性规定。我国目前的行政程序立法就是这一模式。

除了从形式上理解行政程序法的立法模式外,还可以从内容上解读行政程序法的目标模式。行政程序法的目标模式是指立法者根据自己的需要和对行政程序法固有属性的认识,预先设计的关于行政程序法体系和内容的理想结果。一般来说,一个国家或地区行政程序法目标模式的选择受制于行政权力的实际运行状况、公民权利意识的强弱、公法理论的发达程度、社会整体的价值观念等多种因素。从各国制定行政程序法的实践来看,行政程序法的目标模式大致有权利模式、效率模式及并重模式三种类型。权利模式下的行政程序立法出发点是以权利制约权力,通过规定行政相对人在行政程序中的权利,达到防止和控制行政权滥用的目的,从而保护行政相对人的合法权益免受行政权任意行使的侵犯。权利模式的基本特点是:注重对影响公民权利义务的行政行为的程序控制;注重对行政相对人参与权的有效维护,如突出听证、公开等制度建设。美国1946年《联邦行政程序法》是权利模式的典型代表。效率模式下的行政程序立法出发点是规范行政权力的运作、提高行政活动的效率。效率模式的基本特点是:行政程序的设置比较简易、紧凑,如重视时效等制度建设;行政机关对行政程序的适用具有较大的裁量余地。德国1976年《联邦行政程序法》所体现的就是效率模式。并重模式也可称为中间模式或混合模式,其意指行政程序立法应当以公正和效率的并重为出发点,既不能忽视对行政权力的控制和公民权益的维护,也不能完全不考虑行政效率的提高和行政秩序的维护,在对各种程序制度和规范的设计上尽可能做到二者兼顾。从各国行政程序立法的趋势上看,并重模式日益为更多国家所采纳。西班牙1992年《行政程序法》、日本1993年《行政程序法》即属于这种模式。

二、行政程序法基本结构

我国行政程序法法典化虽然还未最终实现,但其条件已经日渐成熟。一部结构合理、内容丰富、理念先进的行政程序法,是国家治理体系和治理能力现代化的重要标志和保障。鉴于调整对象和范围是立法必须解决的首要问题,以下将就行政程序法的基本结构进行论述。总的来说,我国行政程序法典的基本结构需要处理好如下三个方面的关系:

(一)程序与实体:程序与实体并存、以程序规定为主

在不同国家,行政程序法法典化的具体做法有所不同。就法典化的程度而言,主要差异集中在两个方面:一是就全部行政事项还是仅就各种行政的共通事项进行法典化;二是就行政实体与程序同时法典化还是仅就行政程序进行法典化。我国台湾地区学者叶俊荣教授曾以这两个主要变项为基础,把各国行政程序法法典化区分为四个类型:一是包容所有行政权的行使而涉及的实体和程序的"最完全的法典化";二是仅对所有行政事项的程序进行"最完全的法典化";三是兼顾实体和程序,仅对各种行政管制事项共通适用部分进行行政程序法的法典化,亦称"总则立法";四是仅对几种重要行政类型规定其适用程序,实体问题则留待其他法律作具体规范,属于"最低程度的法典化",亦称"纲架立法"。[①]

显然,"最完全的实体与行政事项法典化"与"最完全的程序法典化"都只是美妙的理想,囿于情况的复杂性和认知的有限性而无法实现。因此,目前世界上已有行政程序法典的国家大都采用的是第三种或第四种类型。其中,第四种类型以美国为典型,仅对行政裁决和规则制定立下程序规范;第三种类型比较常见,如德国、奥地利、西班牙、葡萄牙、荷兰、意大利等,所坚持的都是程序与实

---

① 参见叶俊荣:《面对行政程序法》,元照出版有限公司2002年版,第60—61页。

体并存型的立法模式。以德国《联邦行政程序法》为例,该法第三章为"行政行为",分为行政行为的成立、存续力、时效三节,其中大多涉及实体法内容,如规定违反善良风俗的行政行为为无效行政行为;受益人以欺诈、胁迫或行贿取得某一行政行为,受益人不得以信赖为其依据,该违法行为应予撤销等,均属实体法内容。该法第四章为"公法契约",其中也规定了不少实体法内容。

在我国行政程序法法典化的讨论中,学者们对程序法"夹带"实体法的做法也从不同角度表示认同。例如,有学者认为:"各国(各地区)立法实践有侧重实体和程序之分(尚不见纯粹的程序立法),但哪种模式的探索也不可能只立实体法或只规范程序,而是两者兼而有之而已。"①有学者指出:"在大陆法系国家,基本上都以行政程序法的制定作为行政法法典化的契机,没有将行政程序法的内容限定为纯粹的程序法,而是在行政程序法中规定了有关行政组织和行为效力等实体内容,形成实体与程序并存的立法模式,与美国的纯粹程序性规定形成鲜明的对比。"②行政程序法典既然以"程序法典"命名,就应该以程序原则、程序规范的内容为主,但必要时也需要兼顾实体性规定。一方面,行政程序规定与实体规定"粘连"在一起,不易剥离,甚至无法完全剥离;另一方面,将行政法实体法原则、实体法一般规定等有机纳入行政程序法典,可以使其发挥更大作用。为此,未来的行政程序法典应当对行政主体、行政相对人、行政行为及其效力等实体性问题作出规定。

(二) 外部与内部:外部与内部兼顾、以外部程序为主

从域外行政程序法法典化的实践来看,目前只有少数国家仅规定了行政机关的外部行政程序。例如,美国《联邦行政程序法》从正当法律程序观念出发,通过规定公民在行政程序中的权利制约行政权力,其核心在于规范行政机关与公民之间的权利义务关系。相比之下,采用既规范外部行政程序又规范内部行政程序的国家则较多,如西班牙《行政程序法》即包括大量行政组织法的内容,不仅规定了中央与地方行政机关以及地方行政机关之间的关系,而且规定了行政部门的设立及其职能,并规范了领导机构的内部规程。

一般来说,行政组织法可能会与行政程序法发生交叉,行政程序法当然应

---

① 朱维究:《行政程序法与行政法法典化——兼行政法律规范的制定规则》,载《法制日报》2001年7月22日。
② 王万华:《行政程序法的内容分析及中国立法的选择》,载《行政法学研究》2002年第2期。

以规范行政主体外部行政程序为主,但部分内部行政程序与外部行政程序又会发生密切联系,如公务人员的回避不仅会影响到行政相对人的合法权益,而且也涉及行政机关内部报告、决定程序等。尤其是在我国行政组织法空缺较多的情况下,行政程序法典可以对授权、委托、行政协助、管辖、内部会议制度、报告制度、公文处理制度等与外部行政程序密切相关的内部行政程序作出必要规定。

(三) 共通与特别:共通与特别并存、以共通规定为主

从域外行政程序法法典化的立法主线上看,有关行政程序立法框架的分类如下:一是以行政行为的分类为主线,针对不同的行政行为规定不同的程序。例如,美国行政程序法典将行政行为分为"规则制定"和"行政裁决",分别对这两种行为规定了正式程序与非正式程序;日本行政程序法典则将行政处分分为"对申请的处分"和"不利益的处分",分别规定不同的程序。这一立法框架的优点是针对性强,对各种行政行为规定其独特的程序;缺点则是区别太大,不能达到程序统一性要求。二是以行政过程为主线,将行政行为分解为不同的阶段并规定相应的程序。例如,奥地利行政程序法典将行政行为的过程分为调查程序、裁决程序和法律保护程序;意大利行政程序法典则将程序分解为开始、发展、终结三个阶段,并分别规定相应的程序。这一类型亦可称为一般规定型,其优点是化繁为简、简洁明了、易于执行,但这种安排有时不能概括某些特定行政行为的程序特点。因此,在上述两种类型的基础上又产生了兼顾型的第三种类型,即一般程序规定与特定行为程序规定并存型,既对共通的行政程序作出统一规定,又对特殊行政行为作出特别规定。例如,德国《联邦行政程序法》第二章为"行政程序一般规定",包括行政程序意义,行政程序参与人,代理人,程序的开始、调查、咨询、告知、证明、听证,参与人对档案的查阅以及期间、期日等规定;第三、四章分别为"行政行为"和"公法契约";第五章则为"特别程序规定",对要式行政程序、许可程序的加快以及确定规划程序等作出了专门规定。荷兰《基本行政法典》中行政程序法部分的主要内容是关于命令的规定,把命令程序规定分为"命令的一般规定"和"命令的特殊规定"两部分。不过,这种并存型法典框架如果处理不好,可能给人过于繁琐、叠床架屋之感。

我国行政程序法法典化可采取第三种框架结构形式,即采用行政程序一般规定在先、特殊行政行为程序特别规定在后的做法。不过,这种体例安排必须

下大功夫协调好内在的结构关系。在内容上可以借鉴德国、葡萄牙等国的做法,先对行政程序作出一般规定,然后在"行政活动"中按照行政行为、行政规范、行政合同、行政指导、行政计划等分类,分别作出相应规定。当然,我国行政程序法典在形式上也可以借鉴美国、荷兰等国采取开放式立法的做法。美国《联邦行政程序法》于 1946 年公布施行,1966 年作为第五章编入美国法典第五编;同时,美国国会修改了该法中关于政府文件公开的规定,制定了《情报自由法》,即构成现行法的第 552 条;1974 年将《隐私权法》列为第 552 条之 1,1976 年又将《阳光下的政府法》列为第 552 条之 2。这显然是一种开放式的立法体系。荷兰《行政法通则》并非一次性制定的,其特点是"框架式、分阶段"立法,在大框架下留下一些空置的章、节、条留待未来的立法进行补充,从而为行政法的发展、成熟做准备,这同样是又一种形式的开放式立法体系。我国行政程序法法典化既面临基本框架、基本要求已基本成熟以及行政行为迫切需要加以程序规范的现实,同时也面临对某些行政行为研究不透彻、立法时机未完全成熟的情况。因此,我国行政程序法的法典化不可能毕其功于一役,循序渐进、保持适度的开放性不失为一种合乎时宜的选择。

三、行政程序法基本制度

从我国单行行政程序法的实践上看,告知、说明理由、听取意见等程序制度的运作对于行政程序公开、公正原则的贯彻发挥了重要作用;时效、简易程序等制度的运作促进了行政效率的提高。鉴于听证制度在尊重行政相对人主体地位、保障行政决定可接受性上的特殊作用,往往被视为一国行政程序法的核心制度。自《行政处罚法》首度引入听证制度以来,行政立法、行政许可、行政决策等诸多领域都相继确立了听证程序。以往的行政法学研究较为关注行政听证的一般原理和行政处罚听证制度的运作,对价格听证这一决策型听证关注较少。为此,以下将就价格听证制度的运作进行论述,希冀推进行政程序法基本制度的深入研究。

(一) 价格听证制度实施情况令人担忧

自 1998 年 5 月《中华人民共和国价格法》(以下简称《价格法》)实施以来,作为公众参与公共政策制定的一种重要机制——价格听证制度在我国正式建立。全国各地举行了数以万计的价格听证会,内容涉及水电气、交通、景点门票、教育、电信等诸多领域。从宏观上看,价格听证会不仅确立了一种崭新的由政府、垄断行业经营者和消费者三方共同参与论证、相互制约的价格形成机制,而且唤醒了广大消费者和公民的民主参与意识。从微观上看,一些价格听证会还取得了相当丰硕的成果。例如,2002年1月全国铁路部分旅客列车政府指导价方案听证会经中央电视台现场直播以后,在全国引起了强烈反响,这种"过程正义"对打造阳光政府起到了重要的推动作用。又如,2000年6月青岛市中小学教育收费听证会由于大多数听证会代表的反对而不得不协调申请人调整方案,并于同年8月重新召开听证会直至取得各方都满意的效果,这种"结果正义"既体现了政府对民意的充分尊重,也有力地限制了价格决策权的恣意行使。然而,价格听证制度在实践中也暴露出各种问题,甚至出现诸多异化现象。价格听证制度实施的实际效果与人们对其美好的价值期望之间形成了巨大落差,价格听证时常被讥讽为"涨价听证"。[1] 如果深入观察价格听证制度的实践运作,不难发现价格听证制度几乎完全陷入困境之中。

困境的表现之一在于普通民众甚至听证会代表对价格听证会的热情与日俱减。多年前,一份来自广州社情民意研究中心的调查结果就显示,听证会的价值正在广州市民的心目中滑落,认为听证会对公民参与政府决策"没有作用""作用不大"和"是形式主义"的受访者三项合计竟有62.5%,其中15.5%的人认为听证会是"形式主义"或"听令"的摆设。[2] 另一份对北京市1998—2000年间四次价格听证会应到代表和实到代表的比例统计显示,随着时间的推移,实到代表的数量和比例呈现出逐年递减的趋势,甚至一度下滑到53.3%。[3]

困境的表现之二在于大量的"听话"代表、"糊涂"代表和"哑巴"代表充斥于各种价格听证会,致使价格听证会犹如一场精心组织的彩排。综观当下的价格听证,很多与会代表都有着明显的"近亲化"倾向,这些与价格主管部门关系亲密的代表往往对定价方案表现出高度一致的"理解"和"支持"。例如,2002年9月举行的兰州市公交车调价听证会的全部31名代表都是由市物价局选定的,除5名普通的消费者代表以外,其余26名都是鲜以公交车为代步工具的专家学者、人大代表、政协委员、公务员、校长及高级工程师等"有身份"的人士。在

---

[1] 参见王乐:《北京出租车调价听证会上涨价成大势所趋》,载《文汇报》2013年5月24日。
[2] 参见赵燕华等:《听而不证 流于形式——广州市民直言听证会贬值》,载《报刊文摘》2002年10月27日。
[3] 参见彭宗超等:《听证制度:透明决策与公共治理》,清华大学出版社2004年版,第67页。

大多数代表都不是真正的买方的情况下,出现"各界代表达成共识,公交车票价调整方案顺利通过"的结果就顺理成章了。① 听证会代表遴选标准的不明确、产生方式的不公开和组成结构的不合理,必然导致价格听证会"充分听取各方意见"的良好初衷丧失了实现的可能。

困境的表现之三在于听证会代表难以对定价方案提出实质性的抗辩意见,价格听证会几乎成为垄断行业经营者单方面的信息发布会。从实践来看,价格听证过程中的信息不对称问题十分突出,即普通消费者代表往往因处于信息劣势地位而无法与经营者就实质问题展开辩论。从经济学角度来看,价格听证在增进社会总福利的同时往往会触动垄断行业经营者的即期利益,因而是一种典型的"非帕累托改进"性质的制度变革。由此,垄断行业经营者就会本能地利用其所固有的技术优势和信息优势干扰价格听证的实际运作。组织化程度极低的消费者代表天然处于信息劣势地位,加之相关制度安排的缺失,致使他们在听证会上无法就定价方案提出富有说服力的抗辩理由。正因为听证会代表不能与申请方形成真正的"高手过招",因而价格听证会就只能沦为垄断行业经营者单方发布信息的"独角戏"。

困境的表现之四在于听证案卷对价格决策机关缺乏明确的拘束作用,价格听证会往往演变为"提价听证会"。听证案卷是价格听证会举行前后所形成的各种记录、证据和文书的集合。其中,作为记载听证会实况及各种意见总结的法律文书——听证笔录和听证纪要是最为重要的听证案卷。听证笔录和听证纪要对价格决策机关的最终定价行为是否具有拘束力往往是衡量一场价格听证会有无用处的"试金石"。在实践中,价格决策机关时常不顾广大消费者的反对之声而照样提价,有时甚至还无视听证笔录、听证纪要而径行作出涨价决定。听证案卷法律效力的不明确,弱化了民意对权力的限制功能,使得价格听证背离了其制度设计公正、客观的初衷。

价格听证制度的实施状况令人担忧已经成为一个不争的事实。究其原因,既与制度建立之初所固有的不规范因素相关,也与现行法律规定的不合理、不明确相关,更与处在行政法治建构过程之中的当下中国的整体社会环境息息相关。价格听证制度可以被视为社会转型时期中国政治民主和经济民主的一个微缩舞台,透过这个窗口,人们能够洞悉中国公共管理体制改革和理念重塑的艰难历程和未来动向。

---

① 参见农夫:《听证会代表的共识》,载《南方周末》2002年10月17日。

(二) 健全听证代表遴选机制是摆脱价格听证困境的前提

与行政处罚听证等"行政处理型"听证所不同的是,作为"公共决策型"听证的价格听证的事项往往涉及多方利益群体。各方均需参与和不能人人参与的现实矛盾,使得听证代表的遴选成为价格听证制度实际运作的首要问题。以行政过程论的观点审视之,造成价格听证制度梗阻的首要原因就出在听证代表的遴选上,因而摆脱价格听证制度困境的首要之道也在于此。

关于价格听证代表的属类问题,作为现行价格听证重要制度依据的《政府制定价格听证办法》(自2019年1月10日起施行,以下简称《价格听证办法》)第10条规定:"听证会参加人由下列人员构成:(一)消费者;(二)经营者;(三)与定价听证项目有关的其他利益相关方;(四)相关领域的专家、学者;(五)政府价格主管部门认为有必要参加听证会的政府部门、社会组织和其他人员。鼓励消费者组织参加听证会。听证会参加人的人数和人员的构成比例由政府价格主管部门根据听证项目的实际情况确定,其中消费者人数不得少于听证会参加人总数的2/5。"关于价格听证代表的产生问题,《价格听证办法》第11条则规定:"听证会参加人由下列方式产生:(一)消费者采取自愿报名、随机选取和消费者组织或者其他群众组织推荐相结合的方式;(二)经营者、与定价听证项目有关的其他利益相关方采取自愿报名、随机选取方式,也可以由政府价格主管部门委托行业组织、政府主管部门推荐;(三)专家、学者、政府部门、社会组织和其他人员由政府价格主管部门聘请。随机选取可以结合定价听证项目的特点,根据不同职业、行业、地域等,合理设置类别并分配名额。政府价格主管部门可以根据听证项目的实际情况规定听证会参加人条件。定价机关、听证组织部门的工作人员及其近亲属不得担任听证会参加人。"这些粗线条的规定难以保障所有的利益集团都能取得平等的代表权,也难以保证所遴选的代表能够独立自主地表达所代表利益集团的诉求。

价格听证代表问题的解决之道在于两个方面,即通过什么方式让什么样的人参加听证会。其中,前者关涉价格听证代表的遴选方式问题,属于程序正义的范畴;后者则关涉价格听证代表的遴选标准问题,属于实体正义的范畴。关于听证代表的遴选方式,存在着是"自上而下"还是"自下而上"产生、是"单一化"还是"多元化"产生的选择问题;听证代表的遴选标准则关乎代表的具体资格条件,至少应当考虑到代表的广泛性(结构布局)、代表性(民意基础)、专业性

(代表能力)和独立性(立场取向)四项内容。为此,应当通过以下四个转变来健全价格听证代表的遴选机制:

1. 由"政府化"到"去政府化"

目前,我国价格听证代表的遴选呈现出明显的"政府化"倾向,其具体表现就在于政府掌握着听证代表选择的主导权,代表如何选定、代表人数如何确定、代表比例如何分配都由政府价格主管部门决定。这种自上而下的遴选方式固然能够节约成本、提高效率,但其公正性会大打折扣。政府在骨子里对垄断性国有企业就有一种无法割舍的"父爱"情结,两者之间常常是事实上的利益同盟。由价格主管部门主持价格听证会本就有"自己作为自己案件法官"的嫌疑,如果再由其主宰听证代表的遴选,那么听证会对价格政策的制定就几乎不可能产生实质性影响。由价格主管部门按照自己的意志所"邀请"或"圈定"的代表,既不可能拥有广泛的民意基础和高涨的参与热情,更不可能站在超然的立场上独立发表见解。缺乏对峙的听证会就只能流于形式,甚至是故意"作秀",价格听证所追求的民主、公正与理性就永远只能是镜花水月。

可见,由谁来掌握听证代表遴选的主导权就不仅仅是一个纯粹的技术问题,更是一个关系到听证代表独立性维护的根本性问题。因此,改革的必由之路就是"去政府化",即打破政府对听证代表遴选的垄断格局,建立一种由各利益集团、社会中介组织等与政府双向互动、共同协商遴选听证代表的机制,从而实现以社会自治有效制约国家公权恣意行使的目的。这种新的遴选机制主要考虑到了当下中国社会自治组织发育不全但又正在生长的现实。新机制的具体运作有赖于双方角色的正确定位:就政府而言,其职责应当回归到"定规则、当裁判"上来,不应该直接插手具体的遴选事务;就各利益集团而言,其职责就是严格按照事先公布的听证代表遴选规则具体组织实施遴选事务,并及时将自行产生的能够代表本集团利益的合适人选报政府部门进行资格审查。通过这种"各司其职"的遴选机制的实际运作,价格主管部门的超脱性、中立性将更加凸显,而听证代表的广泛性、代表性和独立性也将获得坚实保障。

2. 由"单一化"到"类型化"

价格听证为多元利益群体之间的博弈提供了一个有效的制度平台。为此,出席价格听证会的代表就能够根据其利益的不同被相应地划分为不同的类型。一般来说,价格听证会代表由经营者代表、消费者代表、专家代表和相关部门代表四部分组成。在当下价格听证制度的实践中,这些代表往往都是按照自愿报名或单位推荐的方式产生的。例如,全国铁路票价听证会的正式代表就是通过推荐和报名相结合的方式产生的。其中,以推荐方式遴选的代表有 21 名,占 63.6%;以推荐加报名方式遴选的代表有 12 名,占 36.4%。在这里,价格听证代表遴选的方式表现出明显的单一化倾向。这种方式没有考虑到不同类别的代表之间性质、使命的差异,因而难以达到价格听证制度的目的。以出席全国铁路票价听证会的 5 名专家代表为例,经济、法律方面的专家是由听证会组织者原国家计委商中消协指定的,而铁路运输技术方面的专家是由听证会申请人铁道部推荐的。实践证明,这种由政府价格主管部门以及垄断行业经营者的主管部门"请"来的专家代表极有可能被邀请方所"俘虏",从而影响到专家话语权的公正行使。[1]

因此,改革的必由之路应当是"类型化",即针对不同利益集团的代表分别采取不同的遴选方式。具体做法为:(1)经营者代表和相关部门代表由所在行业或单位负责推荐。这两个利益集团与价格决策息息相关,且其内部不乏专业知识扎实、平时训练有素的经营、管理人员,因而其自身完全能够遴选出一流的代表。(2)专家代表的产生应当逐步过渡到从专家库中随机抽取的方式。与其他代表所不同的是,专家代表参与价格听证会的主要使命是运用其专业知识对价格方案进行专业性、权威性的解读,因而专家代表的学术水准和人格独立是其赢得社会信赖的两个关键因素。有鉴于此,必须杜绝临时随意指定专家代表的做法。可以模仿《中华人民共和国仲裁法》关于仲裁委员会委员聘任的做法,分别在经济、法律及相关专业领域建立听证代表专家库,通过随机抽取的方式确保专家代表客观公正地行使话语权。(3)消费者代表应由中国消费者协会及地方消费者协会负责遴选。具体的操作过程是:首先,在消费者自愿报名的基础上根据既定的标准确定正式的代表候选人;其次,将正式的代表候选人按照阶层进行分类,在保证每一阶层都有代表出席听证会的基础上,适当照顾社会困难群体所占比例;最后,在保证代表应有的广泛性和代表性前提下,尽力遴选有一定专业水准和参政能力的人士作为正式代表出席听证会。

---

[1] 统计结果显示,参加铁路票价听证会的 5 名专家代表中就有 4 人同经营者代表一样,赞成政府指导价和票价上浮,占全部专家代表的 80%;只有 1 名代表反对实行政府指导价和票价上浮,仅占全部专家代表的 20%。这一耐人寻味的比例表明了推荐、指定方式对专家代表公正行使话语权的负面影响。参见湛中乐、邓姝珠:《价格听证制度的确立及成功实践——2002 年 1 月铁路客运列车调价听证会透视》,载《价格理论与实践》2003 年第 5 期。

3. 由结构"失衡"到结构"均衡"

"人们奋斗所争取的一切,都同他们的利益相关。"[①]所有利益可能受到价格决策影响的群体,都应当有自己的代表参加价格听证会。这就要求听证代表要覆盖与价格决策有利害关系的各方利益集团,尤其是那些与价格决策具有最密切、最直接联系的利益集团更应当享有优先参加权。但是,实践中的情形往往与此相反。例如,作为与春运关系最为密切的两大群体——外来务工人员和高校学生无疑应当拥有自己的代表出席各类春运价格听证会,但在全国铁路票价听证会上就没有高校学生代表。价格听证代表的整体性均衡仍然有待落实。

听证代表的结构"均衡"还应当体现在各方代表相互之间及其各自内部组成人员之间比例的协调上。既然价格决策关系到利益直接对立的集团,那么一旦出现各方听证代表比例的失调,必然会引发某一方的"话语霸权",从而影响其他利益集团话语权的平等行使。如果利益集团内部代表的比例也出现失衡,那么代表的代表性就无从谈起。在实践中,这两种比例失衡的现象都十分常见。例如,在出席全国铁路票价听证会的代表中,社会上层和中上层的代表有24名,占所有代表的72.7%;中层代表仅有2名,占6.1%;下层代表7名,占21.2%。[②] 价格听证代表的遴选必须尽快实现由结构失衡向均衡的转变,在听证会代表总数确定的前提下,对消费者代表、经营者代表、相关部门代表及专家代表分别按照2∶1∶1∶1的比例进行遴选。只有这样,才能保证各种真实意见在听证会上得以充分表达。

4. 由"身份化"到"专业化"

从经济学意义上来说,缺乏竞争的垄断行为不仅不可能有效配置社会资源,而且会损害消费者的利益和社会整体效益,因而需要政府对存在垄断的领域进行适度干预,价格听证正是其中的重要干预方式之一。要想通过听证会形式真正实现对垄断行业的有效规制进而提高社会的总福利,无论是政府价格主管部门还是听证会代表,都必须直面垄断行业经营成本核算、利润统计、市场需求、定价方案等智识挑战。尤其是对于广大消费者代表来说,如果没有一定的专业知识和技能作为基础,其结果不仅不能针对垄断行业经营者的定价方案提出有力反驳,甚至连能否看懂垄断行业经营者所提供的相关材料都不无疑问。

[①] 《马克思恩格斯全集》(第一卷),人民出版社1972年版,第82页。
[②] 参见湛中乐、邓姝珠:《价格听证制度的确立及成功实践——2002年1月铁路客运列车调价听证会透视》,载《价格理论与实践》2003年第5期。

由此可见,听证代表的专业素质往往对听证会的成功与否起到决定性作用。美国历史上著名的肯尼迪听证会之所以取得巨大成功,并直接启动了美国民航业的放松规制改革,其主要原因就在听证会参加人上。这些参加人主要来自政府机关和学术界,包括交通部长与助理部长、总统经济顾问委员会成员、总统工资与价格稳定委员会办公厅主任、司法部反垄断局局长、联邦贸易委员会主席以及一些从事管制改革研究的著名学者。这些人参加听证会,不仅能够保证听证会的专业水准和权威性,而且能够通过公开听证的压力,迫使其亮出真实的想法,从而形成真正的"高手过招"格局。[①]

反观我国当下价格听证会的实际运作,却少有上述针锋相对的局面出现,其中的一个重要原因就是"身份"往往成为听证会代表遴选的实质标准。这种"身份化"倾向的典型表现就是人大代表、政协委员、劳动模范、政府高级公务员等社会精英往往成为听证会代表的首选对象。根据对我国 11 个地方价格听证制度规定的听证参加人员的属类统计,明确规定人大代表出席的有 8 个,明确规定政协委员出席的也有 7 个。[②] 人大代表、政协委员固然具有一定的参政议政能力,劳动模范、政府高级公务员等社会精英则大多是事业成功者,但这些都不能代表他们对价格听证事项的熟悉程度。过分强调听证代表的"身份",很容易将出席价格听证会视为一种政治荣誉,这与价格听证主要倚赖专业较量的基点已经偏离。在价格听证代表的遴选中,当务之急要变"身份"标准为"专业"标准,着力提升听证代表尤其是消费者代表的专业水准,避免消费者群体在价格听证的力量博弈中处于劣势地位。只有逐步实现消费者代表的专业化,消费者群体才有望在价格决策过程中真正发挥应有的作用。

(三) 消弭价格信息的不对称是摆脱价格听证困境的关键

如果说听证代表遴选机制的健全主要解决的是"人"的问题,那么接下来的问题就是这些代表怎样才能更加有效地参与价格听证会。价格听证会的过程就是各方代表利用其所掌握的信息、围绕定价方案进行充分辩论的过程,因而信息把握是否全面、真实和对称就成为听证代表能否履行好职责的关键,也成为价格听证会能否取得实际效果的决定性因素。价格听证制度的实践显示,信息的不对称已经成为听证话语权平等行使的极大障碍,因而摆脱价格听证制度

---

① 参见周汉华:《对我国听证会制度发展方向的若干思考》,载《南方周末》2003 年 5 月 8 日。
② 参见彭宗超等:《听证制度:透明决策与公共治理》,清华大学出版社 2004 年版,第 58 页。

困境的另一重要之道即在于消弭这种信息的不对称。

关于价格听证过程中的信息问题,《价格听证办法》中有一些零星的规定,如第 22 条关于"政府价格主管部门应当在听证会举行 15 日前向听证会参加人送达材料"的规定等。这些粗略规定难以消除价格听证过程中的信息不对称,甚至还在客观上加剧了本已存在的信息鸿沟。尽管价格听证过程中的信息完全对称无法实现,但通过合理的制度设计能够改变这种信息的不对称。具体的做法就是进一步科学、合理地配置价格听证各方主体的权利和义务,通过加重价格听证申请人的义务和价格主管部门的职责、赋予听证会代表更多的权利来扭转双方信息不对称的局面。

1. 听证申请人:信息披露与专业帮助

作为听证申请人的垄断行业经营者或其主管部门,其自身天然地具有强大的市场垄断力量,一旦提价申请最终获得批准,就意味着巨大的利润回报。对于广大消费者来说,则意味着支出的增加。基于诚实信用的法理,处于信息劣势一方的消费者可以"合理地期待"处于信息优势一方的垄断行业经营者披露其与提价申请相关的所有信息。立法上首先必须明确规定听证申请人负有信息披露的义务。信息披露不仅仅是听证申请人针对听证的组织者所作的,更应当是针对广大消费者所作的。一旦申请人向政府价格主管部门提交价格听证申请报告,就必须同时将申请报告中所有与定价相关的信息尤其是申请方的经营成本核算报表向全社会公布,以便广大消费者尽早了解定价方案,从而运用这些有价值的基础性信息提出有针对性的反驳意见。信息的真实性和全面性应当成为衡量听证申请人是否认真履行义务的基本标准。

然而,就信息的广大受众——普通消费者而言,几乎都不是懂行的专业人员,因此,提供专业帮助应当成为申请人信息披露的一项附随性义务。在以往的价格听证实践中,常常由于听证申请人所提供的信息不全、不清,又不及时地进行解释、说明,使得听证代表尤其是普通消费者代表很难弄懂这些充斥着浓厚专业色彩的信息。在信息严重不对称的情况下,消费者代表往往比较被动,无法提出有说服力的反对意见。为此,必须改变《价格听证办法》第 24 条将申请人的解释、说明义务放置于听证会举行当天的做法。为了充分满足听证会代表的知情权,切实改变听证过程中的信息不对称,应当将申请人的解释、说明义务提前到听证会举行之前听证代表名单正式公布之时。一旦听证会代表正式产生,申请人就有义务利用其专业上的优势随时解答听证会代表提出的咨询。

2. 听证会代表：充分知情与平等表达

只有利益的实际拥有者才能够真正体会到利益受侵害的切肤之痛，因而利益必须要由利益的拥有者自己主张。为了有效维护其所代表的群体利益，真正对政府价格决策产生实质性影响，听证会代表必须尽可能多地占有充分的信息，并享有在听证会上充分表达其意见的机会。由此可见，立法上对听证会代表权利的配置应当围绕"充分知情"与"平等表达"展开。

听证代表职能的实现取决于代表的理性化程度和信息占有程度，理性是果、信息是因，充分知情是听证代表践行职责的前提。在这里，有关各方包括听证申请人、价格主管部门以及其他相关部门都应当积极协助，使得听证代表能够对听证事项有全方位了解。在行使知情权的过程中，听证代表有权查阅、复制、摘抄相关文件材料，有权要求相关各方对特定问题作出解释、说明，所有的机构都不能随意拒绝。为了实现对消费者群体利益的特殊保护，立法上还应当赋予消费者代表对评估机构的选择权，确保其对定价方案的合理性作出科学判断。即便听证会申请人所提供的信息是真实而全面的，普通消费者仍然无法对定价的必要性作出明确判断。解决这一问题的关键在于，委托独立的审计部门对申请材料的合理性进行审查。比较可行的做法是，由消费者协会在出席价格听证会的消费者代表中随机挑选，再由被选中的消费者代表委托评估机构。当然，消费者代表获取信息需要很高的成本，如调研费用、评审费用等。对于消费者代表这些必要的经常性支出是否属于《价格听证办法》第39条"听证经费申请纳入同级财政预算"的范畴，实际上并无明确依据，实践中的做法也各不相同，有的由行政机关承担，有的由听证申请人支付，还有的地方则由听证代表自付。为公平起见，这一问题的解决应遵循如下思路：消费者的调研费用由消费者协会承担；消费者委托评审机构的评审费用最终由申请人承担。

当听证代表获取充分的信息之后，接下来的重要使命就是要在听证会上"畅所欲言"。在实践中，情况往往是很多消费者代表的言行受到了不同程度的歧视，要么是没有机会发言，要么是时间太短以至于不能充分表达意见。发言时间的安排并不仅是一个纯粹技术性的程序设计问题，而是一个牵涉价格听证制度正义能否实现的大问题。为此，立法上应明确规定听证代表的平等表达权，即对每一位与会听证代表的发言都要给予同等尊重，即便是有所限制也应当是一视同仁。

3. 听证组织者:惩罚机制与程序安排

作为听证的组织者,价格主管部门是价格听证程序的指挥者和推动者。无论是听证申请人信息披露义务的履行,还是听证会代表平等表达权的落实,都离不开听证组织者的督促与保障。因此,应当在《价格听证办法》规定的基础之上,围绕听证申请人义务的履行和听证会代表权利的行使增设听证组织者相关职权职责的规定,为价格听证过程中信息不对称的消弭提供进一步的制度保障。

听证申请人所供材料的真实性和合理性是价格听证信息对称的基础。原国家发展计划委员会2002年11月22日发布的《政府价格决策听证办法》曾经要求"申请人对所供材料的真实性负责",且在第31条规定了申请人违反此项义务所应当承担的责任,即"政府主管部门应当责令改正,并建议有关机关依法追究其相应责任"。遗憾的是,《价格听证办法》删除了这些虽不完美却多少有些宣示作用的规定,价格听证中的信息不对称问题依旧没有获得根本解决。

综观《价格听证办法》的规定,听证组织者在听证程序的具体安排上具有很大的裁量空间。"程序的实质是管理和决定的非人情化,其一切布置都是为了限制恣意、专断和过度的裁量。"①对于行政程序的核心制度——听证制度的程序运作而言,行政机关本不该享有过多的裁量余地。事实上,听证组织者的某些自由裁量正在日益演变为加剧信息不对称的重要诱因。例如,根据《价格听证办法》第22条的规定,听证会代表通常只能在听证会举行15日前获得相关材料。对于都有本职工作的听证代表来说,要在如此短暂的时间内阅读、理解数百页的专业资料并进行充分调研直至准备好会上的发言内容,显然是力不从心的。为了保障听证会代表权利和使命的实现,必须对听证会程序作出更加合理的安排,进一步限制听证组织者自由裁量的空间。具体做法包括:第一,将向听证会代表送达材料的时间提前到"至少在举行听证会的30日前",以便代表能够为出席听证会进行充分准备;第二,增设"价格听证会预备会"制度,规定听证组织者应在听证会正式召开的前一天举行由申请人和正式代表参加的听证会预备会,再次确认先前公布的价格听证会发言顺序及注意事项,并由申请人对定价方案及有关说明材料中的专业问题直接向代表进行解释和答疑。

---

① 季卫东:《法治秩序的建构》,中国政法大学出版社1999年版,第57页。

(四) 提升听证案卷法律效力是摆脱价格听证困境的核心

让利益真正受到影响的人在充分掌握相关信息的基础上自由地表达其所代表的利益群体的意见——这是当下摆脱价格听证制度困境的基础和关键。听证代表所发表的意见能否为价格决策机关所真正听取、作为记载听证会代表意见陈述的重要法律文件——听证笔录能否作为价格决策机关最终定价行为的重要依据甚至唯一依据，直接关系到价格听证制度根本目的的实现。从法律角度来说，听证案卷具有多大的法律效力将直接决定价格听证会的实际效果。价格听证制度的实践显示，听证案卷法律效力的不明确已经成为价格听证流于形式的"罪魁祸首"，不从根本上解决听证案卷对价格决策机关的拘束作用，价格听证制度的困境就无法彻底摆脱。

1. 现行规定：制度创新抑或悖论

作为我国价格听证制度最高法律依据的《价格法》仅粗略规定了价格听证的适用范围，对价格听证笔录只字未提。2002年《政府价格决策听证办法》曾经有过一次尝试性突破，其第25条规定："价格决策部门定价时应当充分考虑听证会提出的意见。听证会代表多数不同意定价方案或者对定价方案有较大分歧时，价格决策部门应当协调申请人调整方案，必要时由政府价格主管部门再次组织听证……"如果说此处的"应当充分考虑"尚属无实质性约束力的说教，那么有关"多数不同意或分歧较大"的规定则隐约表达出对听证会代表意见的重视，即价格决策机关必须"认真对待"多数人的意见——或者动员听证申请人"另起炉灶"或者重新组织听证。

不过，"多数不同意"的规定也存在争议。如果承认这一规定具有约束力，那么在价格听证会结束之前就必须要核对赞成或反对的代表人数，甚至还要进行最终票决。但是，一旦实行少数服从多数的简单民主制原则，势必又有可能混淆价格听证会程序与现行价格决策程序。"尽管听证会体现了政府决策的民主化，但是，听证会本身并不等同于民主。民主是建立在一人一票、机会均等、多数决定原则之上的决策程序，而听证会只是政府机关决策前的一种征求意见程序，听证会本身并不决策。正因为如此，听证会的运作过程与民主的运作过程存在着很大的差别……民主必须根据多数人的意见决策，而听证会完全有可能采纳少数派的意见。"①如果不计算赞成或反对的代表人数,或者最终不付诸表决,如何体现出"多数不同意"?

遗憾的是,《价格听证办法》第 28 条删除了上述"多数不同意"的规定,在保留"定价机关作出定价决定时应当充分考虑听证会的意见"的笼统规定的同时,新增了"定价机关根据听证会的意见,对定价方案作出修改后,如有必要,可以再次举行听证会,或者采取其他方式征求社会意见"的规定。这一规定使得听证记录的法律效力更趋模糊,弱化了听证会代表意见对定价决定的约束力。从价格听证笔录规定的演变上看,听证会民主性与价格决策行政性之间的冲突尤为明显。

2. 问题症结:正式抑或非正式听证

按照《价格法》第 23 条的规定,价格听证会制度的目的在于"征求消费者、经营者和有关方面的意见,论证定价的必要性和可行性"。可见,《价格法》所宣示的听证会制度仅仅是政府在制定价格过程中的一个环节而已,这个环节对政府最终的定价行为并无多少决定性作用。从《价格听证办法》对价格听证功能定位的调整和听证程序的细致安排上可以看出,价格听证是一种比较严格的听证,一种"少而精"的听证。

上述推论可以从当下学界对价格听证属性不同的分析中得出。自王名扬教授在《美国行政法》一书中提出听证可以划分为正式听证和非正式听证以来,这一对范畴已经成为我国行政法学界通用的分析工具。② 一般认为,正式听证与非正式听证的划分标准是环节的繁简或者公众参与的方式和程度。其中,正式听证又称"审判型听证",意指"行政机关在制定法规和作出行政决定时,举行正式的听证会,使当事人得以提出证据、质证、询问证人,行政机关基于听证笔录作出决定的程序";非正式听证又称"辨明型听证",意指"行政机关在制定法规或作出行政裁决时,只须给予当事人口头或书面陈述意见的机会,以供行政机关参考,行政机关无须基于笔录作出决定的程序"。③ 运用这一分析工具,国内学者对价格听证会的归属作出了两种截然不同的定位:一种观点认为,价格听证具有准立法性质,是一种立法性听证,在种类上归属于正式听证;④另一种

---

① 周汉华:《对我国听证会制度发展方向的若干思考》,载《南方周末》2003 年 5 月 8 日。
② 参见王名扬:《美国行政法》(上),中国法制出版社 1995 年版,第 418 页。
③ 参见应松年主编:《行政程序法立法研究》,中国法制出版社 2001 年版,第 518—519 页。
④ 参见张娟:《透析听证制度——兼对我国价格听证制度的思考》,载《安徽大学法律评论》2002 年第 1 期。

观点则认为,正式听证具有司法化特征,价格法中的听证会非严格意义上的正式听证,而是听取意见的方式,属咨询型听证。①

按照上述逻辑,如果我们选择的是作为正式听证的价格听证,那么价格决策就必须基于听证笔录作出,多数听证代表的意见将直接决定最终的定价行为;反之,如果我们选择的是作为非正式听证的价格听证,那么价格决策就不需要按照听证笔录作出,即便多数听证代表表示异议,价格决策机关照样可以作出定价决定。选择前者,意味着价格决策权享有主体上的分化,即价格听证会的代表能够实际分享价格主管部门所拥有的价格决策权;选择后者,则意味着价格决策权仍然为价格主管部门所垄断,价格听证几乎没有任何存在的必要。

3. 解决之道:案卷排他规则的引入

解铃还需系铃人,解决上述矛盾的关键在于澄清正式听证与非正式听证绝对划分的误区。诚然,在西方行政法治发达国家如美国,在经历了广泛的听证实践之后,按照社会公正与行政效能相平衡的原则对听证进行细致区分无疑是必要的。但对于行政程序法治尚不健全的当下中国而言,谈论正式听证与非正式听证的划分为时尚早。大力推行严格而规范的行政听证制度,尽快培育全体社会成员尤其是行政权力行使者的程序法观念才是第一要务。

当下流行的正式听证与非正式听证的划分,已经给人以"听证笔录排他是正式听证专有制度"的误导。无论是正式听证还是非正式听证,充其量只有程序繁简方面的差别,本质上都应当体现正当程序的基本要求——事前告知、说明理由、听取意见。"随着程序的展开,人们的操作越来越受到限制……经过程序认定的事实关系和法律关系,都被一一贴上封条,成为无可动摇的真正的过去。"②因此,只要是经过既定行政程序的过滤,行政案卷所记载的各种事实、证据材料都应当具有排他性的法律效力,任何未经行政程序认定的事实及证据都不能作为行政决定作出的依据。

当我们将目光投向域外行政程序法典的规定时,不难看出,无论是英美法系还是大陆法系国家或地区,无不确立了案卷排他性规则。美国《联邦行政程序法》第556条(e)款规定:"证言的记录、证物连同裁决程序中提出的全部文书和申请书,构成按照本编第557节规定作出裁决的唯一案卷。"这便是美国行政程序法中著名的"案卷排他性原则"。"如果行政机关的裁决不以案卷为根据,

---

① 参见程雁雷:《对划分正式听证和非正式听证标准的思考》,载《行政法学研究》2002年第4期。
② 季卫东:《法治秩序的建构》,中国政法大学出版社1999年版,第19页。

则听证程序只是一种欺骗行为,毫无实际意义。"①奥地利《普通行政程序法》第15条规定,听证笔录对听证过程与标的有充分的证据力,除非有相反的证明。德国、日本的行政程序法虽然只是规定行政机关"斟酌"听证笔录作出行政决定,但行政机关在听证程序之外获取的事实、证据材料同样必须经过相对人的质证之后才能作为行政决定作出的依据。例如,日本《行政程序法》第25条即规定:"行政机关鉴于听证终结后所发生之情事,认有必要时,得退回主持人再开听证。"上述规定既是案卷排他规则必然的延伸性要求,也是其自身实现的必要保障。案卷排他性的精髓,恰恰在于"行政机关裁决所依据的事实证据必须是当事人知晓并经过辩论的,行政机关不得以当事人不知晓和未论证的事实作为裁决的依据"②。可见,在对待听证案卷法律效力问题上,各国、各地区规定殊途同归。

在我国行政法上确立"案卷排他性"规则具有深远意义。从我国《行政许可法》关于许可听证笔录法律效力规定的数度变迁中,可以"读出"立法者确立我国行政案卷排他规则的巨大努力。从"征求意见稿"的"不作任何规定",到"草案"的"应当充分考虑",最后到正式法律文本的"应当根据听证笔录作出行政许可决定",这其中蕴涵着惊心动魄的权力博弈,代表了案卷排他规则在我国局部行政领域的实现。毋庸置疑,这一成功的立法经验值得在价格听证领域推广。为此,可将《价格听证办法》第28条中的"应当充分考虑"直接修改为"听证案卷所记载的意见应当作为价格决策部门定价的主要依据"。同时,要恢复并进一步细化"多数不同意"的规定,确保案卷排他规则的落实。如果价格听证代表遴选机制能够真正实现前文所述的四大转变,就完全可以通过票决来确定是否属于"多数不同意"。鉴于专家代表与价格事项并无直接利害关系,因而不应参加最终票决,只要其他与会听证代表有一半以上对申请人的定价方案不同意,价格决策部门就应协调申请人调整方案,或者再次组织听证。

此外,为了切实保障价格听证制度功能的实现,还应当关注与案卷排他规则相匹配的善后制度建设。其中,尤以说明理由和法律救济制度最为重要。一方面,政府价格主管部门在向社会公布定价的最终结果时,必须同时说明其定价的决策过程和依据考量,以便增强价格决策的透明度,彰显其决策的正当性。另一方面,当听证代表或其他与价格决策事项有利害关系的人对最终的定价方

---

① 王名扬:《美国行政法》(上),中国法制出版社1995年版,第493页。
② 刘勉义、蒋勇:《行政听证程序研究与适用》,警官教育出版社1997年版,第211页。

案不服时,有权提出行政复议或者行政诉讼。只有承载真实民意表达的听证记录对定价者形成有力制约,价格听证才不至于沦为形式主义的代名词。

【扩展阅读】

  1. 季卫东:《法律程序的意义——对中国法制建设的另一种思考》,载《中国社会科学》1993年第1期。
  2. 应松年主编:《行政程序法立法研究》,中国法制出版社2001年版。
  3. 章剑生:《行政听证制度研究》,浙江大学出版社2010年版。

【延伸思考】

  1. 中国行政程序法的法典化面临哪些现实挑战?
  2. 中国行政程序法的法典化应当采取何种模式?
  3. 如何进一步激活我国行政法上的听证制度?

第十六章　行政信访制度改造论

在当代中国社会转型的过程中,信访已经成为全社会关注的热点和敏感话题。如何妥善应对汹涌而来的"信访潮",如何科学重建我国行政争议多元化解决体系,如何满足人民群众日益增长的权利诉求,都是事关法治国家建设的重大命题。本章拟就社会转型时期信访潮的涌现、信访制度改革方案的合理性述评及信访法治化中的关系处理三个问题加以论述,希冀对我国信访制度改革有所助益。

一、社会转型时期的信访潮

对当代中国某一法律现象的观察必须置于特殊的社会背景之中,因为任何法律现象的发生都不是孤立的,都必然具有特殊的经济、社会和文化背景。就信访而言,其"井喷"局面的出现亦非偶然,实是社会急速转型造成基层治理失序的必然结果。

(一)当下中国正处于急速的社会转型时期

站在历史的特殊时点上重新审视当代中国所走过的道路,不难看出,1982年之后的中国正经历着几千年所未有的变革局面:在经济体制上,逐渐实现计划经济体制向市场经济体制的过渡;在文明类型上,逐渐实现农业文明向工业文明的过渡;在治理模式上,逐渐实现人治模式向法治模式的过渡。可以说,整个中国社会正处于一个艰难的转型时期。社会转型一方面为经济发展、民生改善、政治昌明乃至道德重建提供了宝贵契机,另一方面也造成了社会阶层分化重组、利益诉求错综复杂乃至社会矛盾激增。"信访潮"在21世纪中国的涌现即是这一时期社会发展的缩影。由于基层政府治理能力的孱弱和司法纠纷解决功能的受挫,一些社会困难群体只能诉诸非理性的渠道表达自身的愿求。

城乡二元结构的断裂是当下中国社会急速转型的首要表征。尽管现行《宪法》并没有明确赋予公民的迁徙自由,尽管不合理的户籍制度依然存在,但这些都没有能够阻止人们追求幸福生活的脚步。四十多年的改革开放,在某种意义上就是一次人口的频繁流动之旅。大量的农村"富余"劳动力转移到城市,造就了极具中国特色的"农民工"群体。在中国广大的中西部农村地区,已然呈现出"386199"现象,亦即青壮年男性劳动力大多转移到城市,留守乡村的都是妇女、儿童和老人;在中国东部沿海发达地区,已然实现了城乡一体化的发展格局,传统意义上的农村和农民已经不复存在。即便同属农民工群体,代际之间的差异同样非常明显。对于20世纪八九十年代进城的谋生者而言,赚点钱回到农村过上相对富足的生活几乎成为那个年代所有农民工简单而真实的梦想;但对于21世纪进城谋生的"第二代"农民工而言,留在城市已经成为不可逆转的人生理想。

利益主体与利益诉求的多元化是当下中国社会急速转型的次要表征。宪法文本中的"工人阶级""农民阶级"已经难以解释当下中国正在发生的社会分层现象。除了传统的产业工人、农民之外,大量新兴的社会阶层开始涌现。即便是在同一社会阶层内部,基于各种复杂的现实原因也会发生分化与重组。例如,伴随着乡村的土地开发,失地农民与村委会干部之间日渐对立,而失地农民中也出现了"钉子户"与"老实户"的分化。又如,同样隶属社会精英阶层的知识分子,在巨大的利益诱惑面前,也不断分化为不同的群体,有的被特殊利益集团俘获沦为"砖家",有的追逐权力谋取资源,有的洞悉世事自甘平庸,有的坚守职业伦理日渐边缘。四十多年的改革开放,在某种意义上就是一次社会阶层的加速分化之旅。与利益主体多元化相伴而来的就是利益诉求的多元化格局日渐形成,社会管理的难度空前增加。于是,当利益表达不畅、利益分配不均、利益保护不力时,各种非理性的维权抗争方式便会登场。

社会矛盾的激增是当下中国社会急速转型的重要表征。城乡二元结构的断裂和社会分层的加剧乃至固化,直接导致当前社会矛盾的增加。当下中国的社会矛盾呈现出群体性和复杂性的时代特征。一方面,群体性事件不断发生,对社会稳定与社会和谐构成了挑战。近十几年来,"数量急剧增加、规模不断扩大、处理难度不断增大"已经成为转型中国群体性事件发展的基本态势。另一方面,社会矛盾日渐复杂,普通的民事纠纷如果不能获得及时公正化解,极易成为群体性事件的诱因。重庆"万州事件"、安徽"池州事件"、浙江"瑞安事件"、四川"大竹事件"、贵州"瓮安事件"和湖北"石首事件"都是普通民事纠纷最终演变成大规模群体性事件的典型例证。当然,群体性和复杂性并不能掩盖当下社会矛盾总体上的人民内部性和可控性。无论是群体性事件还是信访案件,大多数情况下都是对个体或特定群体利益的表达与抗争,并没有对现有政权执政的合法性提出质疑。正是基于对社会矛盾内部性的深刻理解,当前应当对信访潮保有清醒的认识,坚守"维权就是维稳"的基本理念。

(二)信访潮在急速社会转型中的涌现

面对急速的社会转型以及相伴而生的官民矛盾,行政复议及行政诉讼这两项正统的行政纠纷解决方式捉襟见肘。一些行政相对人宁愿奔赴省城、京城通过信访讨要说法,也不愿意在当地通过正常的行政救济渠道寻求问题的解决。在信访案件中,大多数都是因为官与民之间的纠纷没有通过正常的救济渠道得到化解。信访救济一度呈现五个方面的异象:一是信访主体呈现多样化的态势,除了失地农民、下岗职工、拆迁户等困难群体之外,体制内的法官、公务员、教师信访的报道也时有出现;二是信访频率呈现递增的态势,当事人"缠访""闹访"的情形不断增加;三是信访时机呈现节日化的态势,当事人往往选择重大、敏感节日期间信访;四是信访人呈现群体化的态势,当事人往往通过"抱团"信访达到"大闹大解决"的效果;五是信访地点呈现越级化的态势,当事人动辄奔赴省城或京城,希望通过影响"上面"而寻求问题的解决。上述异象的频繁出现,正是社会转型时期中国信访潮涌现的现实写照。

信访潮的涌现具有复杂的成因。首先,就中央政府而言,除了通过关注信访彰显亲民作风之外,还在于通过信访保持对地方的有效控制。尽管我国实行的是单一制国家结构形式,但信息的不对称使得中央对地方的控制并非易事。除了人事、财政控制之外,中央政府需要借助信访这一特殊管道加强对地方的控制。如果某个地区的访民不断进京上访,某种程度上意味着地方社会治理状况存在问题,影响到中央对地方治理绩效的评价。可见,中央政府在客观上是需要信访制度的。但是,当数以千万计的访民都纷纷涌向京城时,中央事实上也不堪重负。于是，在重视信访之外，努力把社会矛盾纠纷就地化解在基层也不得不成为中央的期许。其次，就地方政府而言，在中央双重精神的指引下，对访民采取软硬兼施的两手策略。要么花钱买平安，要么以暴力摆平，这种极端做法的恶果自然暴露出来。最后，就访民而言，除了对国家正式行政争议解决机制不信任之外，还在于当下信访政策一定程度上的激励。地方政府越害怕信访就越要去信访，等到事情闹大后自然就有了获得解决的筹码。正是由于在维权与安定价值之间的不断摇摆，中央政府、地方政府与访民围绕信访进行着激烈博弈，最终都陷入了信访的泥潭。

面对汹涌而来的信访潮，全社会都分外关注。客观论之，身处急速社会转型时期的当下中国，正面临着诸多风险挑战，整个社会对稳定价值的追求空前强烈。与此同时，全面依法治国的方略正在推进之中，社会稳定的实现断然不能以牺牲法治作为代价。维权实际上就是维稳，如果公民权利遭到公权力侵犯时得不到及时、有效救济，整个社会就会失去稳定的根基。信访量的高位运行产生了显性恶果和隐性恶果。显性恶果就是社会成本的无端耗费，包括访民为寻求问题解决"用脚投票"所支付的成本、各级信访机构的运行成本以及全体纳税人为维稳所支付的开支；隐性恶果就是与法治的理想渐行渐远。信访救济本质上是一种人治手段，过度依赖信访将使得整个社会的治理模式离法治越来越远。

二、信访制度改革思路评析

面对信访潮的涌现，官方和学界提出了诸多不同的改革主张。从总体上看，目前有关信访制度的改革思路有"废除论""强化论""还原论""改造论"等四种，以下就各种不同的改革思路略加评析。

（一）废除论

信访"废除论"的代表者是于建嵘教授。2004年下半年，于建嵘教授主持的课题组发表了题为"信访的制度性缺失及其政治后果"的调查报告。这份报告指出，信访制度作为一项具有中国特色的政治参与和权利救济制度，虽在计划经济时代起到过一定作用，但由于这一制度存在诸多缺陷，已不适应目前的市场经济环境，在客观上成了国家政治认同性流失的重要渠道，如不进行彻底改革,将会产生严重的政治后果。这一观点引发了一场有关信访制度何去何从的争论。① 论者认为,现行信访制度最大的问题在于"功能错位":信访制度本来应该是收集和传达老百姓民意的一种制度设计,却成了老百姓最后一种救济方式,而且被视为优于行政救济和司法救济的最后一根救命稻草。为此,应当弱化甚至撤销信访。老百姓可以提意见和建议,把信访视为公民政治参与的渠道,但一定要把公民权利救济方面功能从信访制度分离出去,以确定司法救济的权威性。②

废除论的核心思想是废除作为权利救济方式的信访,保留作为公民政治参与渠道的信访。自中华人民共和国成立以来,信访制度已历经七十多年,在不同的历史时期分别承载了不同使命。如果说在20世纪五六十年代交通、通讯都极为不便的条件下需要信访充当传声筒的作用,那么在交通、通讯极为发达的今天,这种固定的传声筒是否还有必要继续存在就值得讨论。面对纷至沓来的社会纠纷和公信力日渐萎缩的正式纠纷解决机制,信访在事实上已经担负起纠纷化解功能,并成为游离于规范之外的救济通道,简单废除信访恐非良策。

(二) 强化论

信访"强化论"是信访系统内部的主流观点,《信访条例》修订就坚持了强化信访机构职权的导向。有学者认为,信访是公民的基本政治权利,只有不断加强不能弱化;中国目前的权利救济方式不是太多而是严重不足,不能仅依赖司法救济这一条路。还有学者认为,在一个行政主导型国家,需要一个没有门槛的反馈系统来了解社会存在的问题和民众的需要。③

强化论的核心思想在于扩充信访机构的权力,使其真正能够担负"为民做主"的重任。如果单从信访洪峰的现实来看,这种主张似乎有一定的合理性。但是,强化论还是一种"头痛治头、脚痛治脚"的权宜之计。从长远来看,信访权威与司法权威是此消彼长的关系,强化信访的结果必然会进一步损伤司法,使其地位更加脆弱。信访案件千差万别,分类处理方为正途。片面强化的做法不仅不能缓解信访压力,甚至还可能引发更大的信访洪峰,摧毁全社会对法治的信仰。

---

① 参见于建嵘:《信访的制度性缺失及其政治后果》,载《凤凰周刊》2004年第32期;《对信访制度改革争论的反思》,载《中国党政干部论坛》2005年第5期。
② 参见赵凌:《信访改革引发争议》,载《南方周末》2004年11月18日。
③ 同上。

（三）还原论

信访"还原论"的代表者是周永坤教授。论者认为，信访制度本身是人治社会的产物，它是在单位社会下人治的导向所形成的，不利于纠纷的解决与人权的保障。对于信访潮的破解，既不能在人治的纠纷解决机制中予以强化，也不能无视公民的宪法性权利而予以撤销。"目前强化信访制度是一个建立在错误的理论之上的错误的制度选择，唯一正确的选择是强化法院的功能，将信访机构还原为一个下情上达的信息传递机构。"[①]

还原论的核心思想在于消解信访的纠纷解决功能，使其恢复到建立之初时的状态。站在法治理想主义者的立场，笔者认同有关信访在纠纷解决上存在的非规范性、非程序性、非专业性、缺乏交往理性、结果的高度或然性以及成本高昂等诸多弊病。不过，目前如果立即剥离信访的纠纷解决功能，是否能够实现中国社会转型的"软着陆"并非没有疑问。法院化解纠纷固然符合法治，法院之外的力量化解纠纷也并非就是绝对的人治。纠纷产生具有复杂的社会政治经济文化背景，行政纠纷的产生及其化解更是社会系统工程。在当代中国，将社会矛盾纠纷的及时有效化解完全冀望于法院并不现实，动员体制内外的一切有利资源参与行政争议化解方为比较务实的选择。

（四）改造论

信访"改造论"的代表者是应星教授和杨小军教授。应星教授认为，信访具有行政诉讼所不及的显著优势：可以节省经济成本或至少让行政相对人感觉成本较低；更有利于冲破关系网的束缚，增强裁定的相对独立性；救济的实效更为明显。同时，信访还具有行政复议所不及的显著优势：可以越级上访，增加纠纷获得解决的概率；可以广泛适用调解，纠纷解决更加灵活。因此，信访制度的出路既不是通过立法消除其自身的弊端，也不是简单取消。在信访救济未来的制度创新中，应该发挥信访救济的独特优势，集中矫正其不讲程序、缺乏规范、充满恣意的根本弊端，将信访救济规范和改造为行政诉讼救济与行政复议救济的"过滤机制""补充机制""疑难处理机制"。[②] 杨小军教授指出，要破解当前信访制度的困境，"法治化"是改革的必然选择。要从功能、范围、规则、手段、处理程

[①] 周永坤：《信访潮与中国纠纷解决机制的路径选择》，载《暨南学报》2006 年第 1 期。
[②] 参见应星：《作为特殊行政救济的信访救济》，载《法学研究》2004 年第 3 期。

序及法律依据等方面实现信访法治化的改造,即调整信访的功能定位、限制信访事项的受理范围、更加注重是非标准、程序契合司法最终原则、完善信访法律依据。其中,信访困境的破除首先必须明确功能定位,重新强化信访的意见表达和综合功能,具体体现在"反映民意民情""政策制度的调整""解决非法律性质的诉求"上。①

无论是"特殊行政救济论"还是"法治化论",信访改造论的核心思想都在于正视信访作为纠纷解决机制的利弊。在改革、发展与稳定已经成为时代主旋律的背景之下,这种立足系统论和整体观的改革主张不仅坚守了法治理想,而且充分顾及了当代中国的现实,是目前有关信访制度最具建设性的改革方案。十八届三中全会决定明确指出:"改革信访工作制度,实行网上受理信访制度,健全及时就地解决群众合理诉求机制。把涉法涉诉信访纳入法治轨道解决,建立涉法涉诉信访依法终结制度。"当然,在一个多元化的行政争议解决体系中,信访作为"特殊行政救济"的空间以及同其他"一般行政救济"机制之间的衔接关系,仍然需要深入研究。

三、信访法治化中的辩证关系

《全面依法治国决定》指出:"把信访纳入法治化轨道,保障合理合法诉求依照法律规定和程序就能得到合理合法的结果。"在历经动员型信访、平冤型信访和安定型信访的历史变迁之后,法治型信访的路线图日益清晰。当前,信访制度改革的争论已从"取消论""弱化论""强化论"之争转入法治化路径之议,信访法治化应当处理好如下三组基础性关系:

(一)传统与现代的关系

作为一项中国本土化的制度,信访是党和政府密切联系群众的桥梁和了解社情民意的窗口。在不同历史时期,群众路线始终是执政党一以贯之的根本工作路线。党的十八大以来,以习近平同志为核心的党中央自觉将"人民"作为治国理政的核心价值,强调"人民对美好生活的向往,就是我们的奋斗目标"。无论是群众路线教育实践活动的开展,还是系列讲话中敬民意识的彰显,无不体

---

① 参见杨小军:《信访法治化改革与完善研究》,载《中国法学》2013年第5期。

现出"人心就是最大的政治"的时代主旋律。2016年年初,习近平总书记有关"了解群众期盼、总结为政得失"的信访工作批示,进一步凸显了信访制度发扬优良传统的战略定位。

在全面推进依法治国的当下,作为群众路线载体的信访制度法治化存在某种传统与现代之间的张力。现代法治追求普遍正义和程序正义,强调行为规则的透明性、稳定性和可预期性;传统信访则追求个案正义和实体正义,偏重工作作风的亲民性、大众性和可接受性。如何将政治观念主导的群众路线和法律观念主导的诉求解决统合于信访法治化的框架之中,如何在保持信访传统制度优势的基础上实现信访的现代转型,都是当下信访制度改革无法绕开的议题。

从历史的眼光来看,作为本土化传统制度的信访完全可以纳入现代法治体系之中。例如,被誉为"东方明珠"的调解制度同样是中国传统的宝贵制度资源,对于消弭纷争、维护稳定、促进和谐都发挥了重要作用。在几经政策调整之后,调解已经融入当代中国的法治体系之中,成为社会纠纷多元化解决机制的重要组成部分。从党和国家关于信访制度定位的最新表述上看,一方面,人民群众对自身既往利益保护的"期盼"当然应该得到回应,对未来利益保护的"期盼"也应当获得关注;另一方面,为政"所得"固然需要及时总结并发扬光大,而为政"所失"更需深刻检讨并防患未然。如果说既往利益期盼和为政所得属于信访传统面相的话,那么未来利益期盼和为政所失则属于信访的现代面相。统筹兼顾信访的群众工作属性和法治工作属性、信访的传统面相和现代面相,应当成为信访法治化的基本指导思想。

(二) 局部与整体的关系

信访是我国国家治理体系的重要组成部分,是提升国家治理能力的重要制度安排。因此,信访法治化必须置于国家治理法治化的整体框架下去谋划。面对社会运行各类风险的叠加,国家治理法治化注定是复杂而艰巨的系统工程。制度变革必须坚持协同推进,避免单兵突进式的改革损伤国家治理有机体的正常运行。检视《信访条例》修订以来信访领域的改革,微观技术层面工作机制的改进举措居多。一些地方所进行的改革探索虽然不乏信访理念更新的身影,但因未及推广还没有自下而上地形成更加稳健、成熟的方案。从信访制度的传统优势和现实需求上看,作为政治动员机制的信访和作为社会治理手段的信访"二元结构"并存的局面仍将长期存在。为此,信访法治化改革就应从国家治理体系的整体视角去设计具体的改革路线图。

通过信访了解真实的社情民意、监督权力的运行、密切与群众的联系,仍然是新时期必须坚持的基础性信访功能。就这种政治动员和民主参与意义上的信访而言,必须处理好与人民代表大会制度、政治协商制度以及其他法定的公众参与、民意征集制度之间的衔接关系,充分发挥信访汲取民意民智功能,为国家治理良好政策的形成提供精准的信息资源。从当下中国政治参与实践来看,广开言路、简化流程和有效互动是信访法治化的基本着力点。通过信访与其他政治动员机制的密切合作,凝聚官方与民间的社会共识,真正提高国家有机体的自我净化能力。

通过信访了解群众的利益诉求、化解社会矛盾、实现社会长治久安,是当下无法回避也不容回避的衍生性信访功能。就这种权益维护和纠纷解决意义上的信访而言,必须处理好与行政诉讼、行政复议等国家正式行政争议化解机制之间的衔接关系,发挥信访自身所具有的补充和兜底作用,实现公民权利的无漏洞且有效法律救济。如何协调好信访救济与复议救济、诉讼救济在范围和程序上的关系,进而形成"大复议—中诉讼—小信访"的救济格局,是信访法治化必须直面的课题。通过信访补充性救济功能的发挥,能够从整体上有效化解行政争议,尽力消解社会运行的风险。

(三)封闭与开放的关系

受制于各种主客观因素的影响,信访制度运作总体上仍然处于较为封闭的状态。除了接访场所的热闹景观外,信访制度内部运作的真实状况仍然未能被社会广泛认知。国家治理现代化的进程本身就是国家动员各种社会力量进行多元主体共治的过程,开放与合作既是其内在要求,也是其实效保障。就信访法治化的顺利推行而言,必须破除简单而机械的"维稳"思维,确立源头治理、系统治理的"开放"思维。近年来,各级信访机关大力推行"阳光信访"、吸收律师参与信访积案化解、充分运用调解方式化解信访矛盾的做法,都在一定程度上改变了信访制度封闭运行的模式,既积极有效解决了信访问题,也让公众近距离地真实感受到信访制度的运行。

随着互联网技术的飞速发展,社会治理模式也应及时进行更新。特别是信访大数据的合理开发与有效利用问题,应当成为信访法治化进程中认真对待的时代课题。近年来,司法系统依托裁判文书上网改革形成了有效的司法大数据资源，经过官方与社会的有效开发利用，不仅对法院案件审理本身发挥了积极作用，而且对总结司法审判经验、有效管控社会运行风险也起到了推动作用。随着行政复议决定公开改革的推进，未来复议大数据也将得到有效开发利用。这些同类信息开放的有益实践，倒逼着信访大数据的适度开放。事实上，长期形成的"大信访—中诉讼—小复议"的救济格局，使得信访大数据的开放利用更具潜在价值。相比司法大数据和复议大数据而言，信访大数据数量更加庞大、分布更加广泛，有助于在信息整合的基础上实现社会矛盾的有效防控、保障公共政策的科学理性。有理由相信，在合理、有序开放利用信访大数据的基础上，信访制度的运行更能够获得社会的普遍认可，使得信访制度"了解群众期盼、总结为政得失"的"镜子"作用充分彰显，进而实现传统信访制度在国家治理法治化进程中的涅槃重生。

【扩展阅读】

1. 应星:《作为特殊行政救济的信访救济》，载《法学研究》2004年第3期。
2. 杨小军:《信访法治化改革与完善研究》，载《中国法学》2013年第5期。
3. 张宗林、郑广淼主编:《中国信访：新视角 新思维 新理念》，中国民主法制出版社2013年版。

【延伸思考】

1. 如何理解我国社会发展不同时期信访制度功能的演变？
2. 如何进一步发挥信访制度的政治功能？
3. 如何理解作为非正式行政救济机制的信访的运作空间？

第十七章　行政复议制度发展论

　　作为一种传统的行政争议解决方式,行政复议制度在我国行政法治进程中的重要作用日渐显现。1999年4月29日,九届全国人大常委会第九次会议审议通过《行政复议法》。该法的颁布,不仅使我国行政复议制度的规范依据"升格",还通过一系列的制度创新使行政复议成为一种独立的行政争议解决机制。2007年5月29日,国务院公布《中华人民共和国行政复议法实施条例》(以下简称《行政复议法实施条例》),我国行政复议制度进入了新的发展阶段。2020年2月5日,中央全面依法治国委员会召开第三次会议,习近平总书记明确指出:"要落实行政复议体制改革方案,优化行政复议资源配置,推进相关法律法规修订工作,发挥行政复议公正高效、便民为民的制度优势和化解行政争议的主渠道作用。"[1]2020年11月24日,司法部官方网站正式发布《行政复议法(修订)(征求意见稿)》,标志着行政复议法修改开始步入快车道。与此同时,行政法学界聚焦行政复议法修改议题进行了密集探讨。[2] 本章拟就行政复议制度的基本法理、与行政诉讼的程序衔接以及行政复议制度的未来发展进行论述,希冀通过行政复议制度的变革实现我国行政争议解决体系的重构。

---

[1]　习近平:《论坚持全面依法治国》,中央文献出版社2020年版,第274页。
[2]　《中国法律评论》2019年第5期、《行政法学研究》2019年第6期相继组稿发表了应松年、许安标、赵大程、莫于川、周佑勇、徐运凯等专家学者研究行政复议制度改革的论文,《法学》2021年第5、6期集中组稿发表了马怀德、叶必丰、余凌云、章剑生、周佑勇等专家学者研究《行政复议法(征求意见稿)》的论文;2020年,曹鎏教授的专著《中国特色行政复议制度的嬗变与演进》由法律出版社出版。这些研究成果的密集推出,体现出行政法学界对行政复议法修改的集体性学术关切。

一、行政复议制度的基本法理

在行政复议的基础理论中,法律属性和制度优势是两个最基本的问题,关系到对行政复议制度自身的特殊性及其在多元化行政纠纷解决体系中相应地位的认识。

(一) 行政复议制度的法律属性

"行政复议的性质是行政复议的根本问题,它关系到设置行政复议制度、程序的内容、方向与模式,只有明确而恰当的定性,才会有自成一体的而不是自相矛盾的、正确的而不是偏差的制度模式与制度内容。"[①]早在我国行政复议制度确立之初,理论界就对行政复议制度的法律性质存在激烈的争论,并形成了三种不同的观点:第一种是"行政说",认为行政复议就是一种具体行政行为;第二种是"司法说",认为行政复议就其内容而言是司法活动,行政复议机关解决行政纠纷的活动具有司法性质;第三种是"行政司法说"或"准司法说",认为行政复议兼有行政和司法的双重色彩,即由行政机关解决行政纠纷表明其行政性质,而解决纠纷则属于司法性质。其中,第三种观点得到多数学者的认可,一般都将行政复议作为一种更接近司法性质的准司法行政行为加以界定。[②]

过分纠缠于行政复议的行政性与司法性如同学界分析行政立法的行政性与立法性一样,并没有多少实际意义。以主体为标准,行政复议当然是行政性的;以程序为标准,行政复议又具有司法性。标准的不同表明了认识角度的不同,因而很难对行政性、司法性或行政司法性作出绝对的对错判断。如果硬要在三种理解中进行取舍,那么可以将行政复议视为一种具有司法程序特征的行政活动。对行政复议法律性质的认识还不能停留于此,必须将其置于整个行政法治的宏观背景中进行考察,才可能对其法律性质有较为全面的把握。总体而言,行政复议制度的法律属性体现在以下四个层面:

1. 公民权利的救济方式

行政复议制度的本质属性究竟是什么?或者说,人类社会选择行政复议最

[①] 杨小君:《我国行政复议制度研究》,法律出版社 2002 年版,第 1 页。
[②] 参见张尚鷟主编:《走出低谷的中国行政法学——中国行政法学综述与评价》,中国政法大学出版社 1991 年版,第 312—314 页。

基本的出发点是什么？对上述问题的回答必须从权利入手。无救济无权利，对权利的救济意义要远远超过权利的宣示本身。只有当公民权利遭到侵犯能够获取有效的救济时，"纸面上"的权利才能转化为"行动中"的权利。在现实生活中，当公民之间侵犯了彼此的权利时，可以通过调解、协商、仲裁或诉讼等多种方式寻求解决。当公权力侵犯到公民权利时，后者往往处于极为不利的地位，因而一国能否为公民提供有效的公法救济就成为衡量该国人权保障程度的重要标尺。行政复议制度的产生正是出于保护公民权利的现实需求。当个人依法享有的基本权利遭到行政机关的侵犯时，个人就可以通过申请行政复议来启动权利救济程序，进而使自身的合法权益得到切实维护。可见，行政复议制度最根本的目的是保护公民的合法权益。虽然我国现行《行政复议法》第1条将"纠正违法或不当行政、保护公民合法权益、保障和监督行政机关依法行使职权"都视为行政复议立法的目的，但与保护公民合法权益这一根本目的相比，无论是纠正违法或不当行政，还是保障和监督行政机关依法行使职权，都只是一种次要目的。行政复议制度在为公民权利提供有效救济的同时，还能够"附带地"起到监督和纠偏的效果。将行政复议制度定位于公民权利的一种救济方式，可以说是对行政复议制度本质属性的回归，它不仅能够使行政复议的制度设计更加合理，而且有助于实现行政复议与行政诉讼等其他权利救济制度之间的联动。

2. 行政争议的解决机制

行政复议是通过什么形式来救济公民权利的呢？也就是说，公民权利的救济是在什么样的过程中得到具体体现的呢？对上述问题的回答必须从争议的客观存在及其解决入手。法社会学的研究表明，有社会就有纠纷，纠纷是在特定的社会条件下，在特定的主体之间发生的。具体到行政法领域而言，行政相对人与行政主体之间的纠纷是最为典型的行政纠纷。行政纠纷起因于行政权力的实际行使，行政权力尤其是行政裁量权犹如一把"双面刃"：既有可能保障公民私益，促进社会公益，同时又存在侵犯私益、危及公益的负面效应。就行政主体与行政相对人双方而言，其各自的利益往往处于对立状态。行政主体同公民个人一样，都是理性的"经济人"，出于追求自身利益最大化的考虑，会对行政权力的行使作出利己的解释与判断。行政瑕疵的客观存在，又进一步加剧了行政纠纷存在的几率。在现代法治社会，希冀行政相对人对行政主体所作的任何行政行为都一味容忍，既不合乎道德要求亦不可能成为现实。为权利而斗争就是为正义而斗争。"拥有近代的人格主体性的人,不仅意识到为了对抗侵害权利而主张自己的权利是问心无愧的正当行为,甚至会感到只有主张权利和为权利而斗争才是肩负维护这种秩序的权利人为维护法律秩序所应尽的社会义务。所以对他们来说,默认侵害权利的行为,或对此置若罔闻是难以忍受的痛苦,而且甚至被当作不履行社会义务来意识。"①因此,当行政行为作出之后,行政相对人往往就会通过各种手段来表达其对该行为的异议,从而引发现实的行政纠纷。有行政纠纷,就需要化解行政纠纷的场所、机构及相关的程序规则。行政复议制度正是出于解决行政纠纷的现实需要而产生的。行政复议机关作为居中裁判者,按照既定的程序对行政相对人与行政主体之间的争议进行审理,并作出最终的处理决定。因此,整个行政复议的过程就是行政复议机关接受、审查和处理他人之间的行政纠纷的过程。没有这种特定的纠纷,也就没有解决这种纠纷的行政复议制度存在的必要,公民权利的救济也就失去了基本媒介。将行政复议制度定位于行政争议的一种解决机制,有助于实现行政复议程序的司法化和行政复议机构、人员的独立化,确保行政复议制度在解决行政争议上保持最低限度的公正性。

3. 行政系统内的层级监督制度

行政复议制度在解决行政纠纷、救济公民权利之余,还具有重要的监督意义。权力的不断扩张及对权力的严密监督,是政治学和公法学所共同面对的现象和承担的使命。在现代社会,行政权在国家权力结构中居于事实上的中心地位,其发生作用的广度和强度都是立法权和司法权所无法企及的。因此,现代行政法在授予政府权力之后,其主要任务就在于建构一套有效的机制监督行政权的行使。当今社会,对行政权的监督已经形成严密的网络:既有来自行政系统外部的"异体"监督,又有来自行政系统内部的"同体"监督;既有来自法律上的正式监督,又有来自其他制度外的非正式监督;既有来自专门监督机关的主动监督,又有来自普通机关的被动监督。行政复议制度就是一种行政系统内部上下级之间的被动监督制度,说其被动,就是因为这种监督并不是由行政复议机关所主动实施的。相反地,它是因行政相对人的申请而启动的。行政复议解决行政争议、救济公民权利的一个"副产品",就是监督下级行政机关依法行使职权。通过行政复议制度的运作,上级行政机关对下级行政机关的行政行为进

---

① 〔日〕川岛武宜:《现代化与法》,王志安等译,中国政法大学出版社1994年版,第56—57页。

行审查,如发现下级行政机关的行政行为存在违法或者不当的情形,有权作出相应的纠正决定。将行政复议定位为行政系统内部的层级监督制度,有助于强化行政复议机关的法律责任,促使其积极履行监督职责,进而保障国家法律、法规的正确实施。

4. 违法行政的责任追究形式

现代行政是一种责任行政。如果说公民权利与救济是一对孪生姊妹的话,那么国家权力与责任更应当形影不离。因此,违法行政、不当行政都必须承担相应的法律责任。问题在于,法律责任的追究必须由法定机关按照既定的程序来进行。无论是作为行政纠纷的一种解决机制,还是作为公民权利的一种救济方式,抑或是作为行政监督的一种形式,行政复议制度要想真正产生实效,都必须使得违法或不当行使行政权力的被申请人承担最终的法律责任。惟有如此,正义方能得到体现。行政复议机关通过审查被申请人所作出的行政行为,可以根据其违法或不当程度的大小,分别作出撤销、变更、确认违法、责令限期履行等行政复议决定,并可以依据申请人的申请或者直接依职权决定被申请人给予相应的赔偿。可见,行政复议的过程也是行政复议机关追究下级行政机关法律责任的过程。将行政复议制度定位为行政责任的一种追究形式,有助于落实有错必纠原则,促进法治行政理念的生长。

(二) 行政复议制度的比较优势

在现代社会,无论是公民权利的救济还是行政争议的解决,都日益呈现出多元化的发展态势。与申诉、信访、行政诉讼等类似制度相比,行政复议具有如下四个方面的比较优势:

1. 经济性

公民权利的救济和行政争议的解决,无不需要支付相应的成本。对于一个理性人来说,其所选择的任何行动方案都应当是"成本最小效益最大"。就行政复议与行政诉讼这两种最重要的权利救济方式而言,当事人总是希望能够以最小的投入而获得最大的收益。"无论审判能怎样完美地实现正义,如果付出的代价过于昂贵,则人们往往只能放弃通过审判来实现正义的希望。"[1]从这个角

---

[1] 〔日〕棚濑孝雄:《纠纷的解决与审判制度》,王亚新译,中国政法大学出版社1994年版,第266页。

度来看，人们更愿意选择行政复议作为维护权利的主要方式。根据《行政复议法》第39条的规定，行政复议机关不得向申请人收取任何费用。也就是说，申请人可以"免费"获得权利救济。申请人不但不用花钱就可以启动权利救济程序，而且由于实行就近管辖原则，在整个权利救济过程中，申请人也能够尽量减少支出。相比之下，公民如果通过行政诉讼途径寻求权利保护，不仅需要支付诉讼费用、律师代理费用，还要支付管辖改革带来的各种诉讼成本。可见，作为权利救济和争议解决方式的行政复议制度首先具有成本低廉、经济的比较优势。

2. 便利性

对于普通公民来说，是否便利也是其决定行使何种救济权的考虑因素。与行政诉讼相比，行政复议制度既没有繁琐的诉讼程序，更没有旷日持久的诉累，有的只是简便的程序规定、灵活的申请方式和便利的管辖机制。申请人除了通过正式的书面形式启动行政复议程序以外，还可以直接以口头形式提出复议请求；申请人可以就近向当地的人民政府而不是路途较远的上级主管部门提出复议请求；除非必要，行政复议机关可以直接通过书面审查方式作出决定。这些便利措施的推行，使得行政复议制度具有更大吸引力。

3. 快捷性

法谚曰："迟来的正义非正义。"相比较而言，行政复议原则上采取的是书面审查方式，免除了辩论、质证等较为繁琐的程序，能够及时、快捷地化解争议，从而保障申请人能够在比较短的时间内获得救济。尤其是在行政管理任务日渐复杂多样的行政国家时代，行政争议大量增加。如果将这些争议都诉诸法院来解决，非但法院不堪重负，就连争议各方当事人也会陷入遥遥无期的等待之中。在行政争议与日俱增的当代社会，行政复议将以其快捷的优点成为与行政诉讼并驾齐驱的权利救济制度。

4. 彻底性

对于当事人来说，能否彻底解决争议也是其在行使救济权时所关注的重点。如果某种方式不能彻底解决争议，那么当事人的努力就会"事倍功半"，甚至还要"另起炉灶"寻求新的救济。不仅当事人自己徒增烦恼，而且整个社会也将付出更大成本。与行政诉讼制度相比，行政复议在争议解决的彻底性上具有明显优势：其一，行政复议机关对争讼行政行为的审查广度与深度强于法院；其二，行政复议机关与被申请人之间存在上下级领导关系；其三，行政复议机关熟悉本地区、本部门、本领域的管理工作,能够有效解决专业性、技术性较强的行政争议。正是基于行政复议争议解决彻底性的优点,当事人更愿意选择行政复议作为维护其合法权益的手段。

二、行政复议与行政诉讼的程序衔接

"在复议程序和行政诉讼之间,存在着一种密切的功能上的联系。它们不仅共享重要的适法条件和法律标准,而且也服务于共同的目标:对行政的合法性进行审查,并化解公法上的冲突。此外,它们是同一个——从行政程序经复议程序和行政诉讼到执行的——裁判过程的两个阶段。"[①]作为行政法领域两种最重要的权利救济方式,行政复议与行政诉讼之间存在着极为密切的逻辑联系。其中,二者在程序上的衔接就是这种逻辑联系的重要表现。就行政相对人而言,当其不服行政机关所作出的行政行为寻求法律救济时,所面临的首要问题就是直接向法院起诉,还是先向行政复议机关提出复议然后再向法院起诉。这种选择不仅关系到行政相对人合法权益能否获得及时、有效维护,还涉及司法权与行政权之间的分工与协调,影响到行政复议与行政诉讼制度功能的实现与否。有必要从实证角度和比较法角度对二者之间的程序衔接展开深入分析,以期为相应制度的科学设计提供合理方案。

(一)我国行政复议与行政诉讼程序衔接的现状

在我国,根据现行《行政诉讼法》《行政复议法》及其他相关法律、法规的规定,行政复议与行政诉讼之间的程序衔接关系主要包括以下三种类型:

1. 自由选择型

所谓行政复议与行政诉讼自由选择型,意指行政相对人对行政机关所作出的行政行为不服,既可以直接向法院提起诉讼,也可以先向行政复议机关申请复议而后再向法院起诉。在这种情况下,行政诉讼的提起不需要以经过行政复议程序为前提条件。采取行政复议与行政诉讼自由选择型的主要理由包括:有助于克服行政复议解决行政纠纷公正性的不足;体现出对当事人选择权的充分

---

① 〔德〕弗里德赫尔穆·胡芬:《行政诉讼法》(第5版),莫光华译,法律出版社2003年版,第59—60页。

尊重;避免因程序的繁琐而延长了行政纠纷的解决时间。①

在我国,自由选择型是行政复议与行政诉讼程序衔接关系较为常见的形态。按照当事人的选择是否受到限制为标准,可将自由选择型进一步区分为两种不同情形,即选择受限制型和选择无限制型。

(1)选择受限制型。选择受限制型也可称为终局性选择型,是指行政相对人对行政机关所作出的行政行为不服,可以申请行政复议,也可以向法院提起行政诉讼,一旦选择了行政复议就由行政复议机关作出终局裁决,对行政复议决定不能再向法院提起行政诉讼。行政相对人虽然享有法律救济方式的选择权,但这种选择受到了严格限制,是一种强制性选择。例如,根据《中华人民共和国外国人入境出境管理法》第29条的规定,受公安机关罚款或者拘留处罚的外国人,对处罚不服的,可以向上一级公安机关提出申诉,由上一级公安机关作出最后的裁决,也可以直接向当地人民法院提起诉讼。

(2)选择无限制型。选择无限制型也可称为非终局性选择型,是指行政相对人对行政机关所作出的行政行为不服,既可以选择先申请行政复议,对行政复议决定不服再提起行政诉讼,也可以直接提起行政诉讼。也就是说,行政相对人享有绝对的选择权。选择无限制型最直接的法律依据就是《行政诉讼法》第44条的规定。该条第1款规定:"对属于人民法院受案范围的行政案件,公民、法人或者其他组织可以先向行政机关申请复议,对复议决定不服的,再向人民法院提起诉讼;也可以直接向人民法院提起诉讼。"

2. 复议前置型

所谓行政复议前置型,意指行政相对人对行政机关所作出的行政行为不服,必须先向行政复议机关申请复议,对行政复议决定不服才可以向法院起诉。在这种情况下,行政复议程序是提起行政诉讼的必经程序和前置阶段。采取行政复议前置型的主要理由包括:有利于发挥行政机关的专业优势和技术优势,迅速解决某些专业色彩较为浓厚的行政案件;有助于上级行政机关及时发现和纠正下级行政机关的错误,强化行政系统内部的监督机制;有助于减轻法院的工作压力。②

作为我国行政复议与行政诉讼程序衔接关系的又一典型形态,行政复议前

---

① 参见许崇德、皮纯协主编:《新中国行政法学研究综述(1949—1990)》,法律出版社1991年版,第697页。
② 同上。

置型最基本的法律依据是现行《行政诉讼法》第 44 条的规定。该条第 2 款规定:"法律、法规规定应当先向行政机关申请复议,对复议决定不服再向人民法院提起诉讼的,依照法律、法规的规定。"可见,行政复议是否为行政诉讼的必经程序必须由特殊的法律、法规加以规定。正是基于这种个别列举的特点,有学者将行政复议前置视为我国行政复议和行政诉讼关系的"例外"。[①]

在我国,一些单行法律、法规在复议与诉讼的程序衔接关系上都规定了复议前置的模式。例如,《行政复议法》第 30 条第 1 款规定:"公民、法人或者其他组织认为行政机关的具体行政行为侵犯其已经依法取得的土地、矿藏、水流、森林、山岭、草原、荒地、滩涂、海域等自然资源的所有权或者使用权的,应当先申请行政复议;对行政复议决定不服的,可以依法向人民法院提起行政诉讼。"有的法律甚至还对这种"前置"的行政复议施加进一步的"前置"限制。例如,《中华人民共和国税收征收管理法》第 88 条第 1 款规定:"纳税人、扣缴义务人、纳税担保人同税务机关在纳税上发生争议时,必须先依照税务机关的纳税决定缴纳或者解缴税款及滞纳金或者提供相应的担保,然后可以依法申请行政复议;对行政复议决定不服的,可以依法向人民法院起诉。"这一规定实际上是以实际履行作为申请行政复议的必要前提,可称之为行政复议的"履行前置"。

3. 复议终局型

所谓行政复议终局型,意指行政相对人对行政机关所作出的行政行为不服,只能通过行政复议的方式寻求救济,即使对行政复议决定不服,也不能提起行政诉讼。目前,行政复议终局型主要表现为两种情形:一是省级政府确权的复议决定。《行政复议法》第 30 条第 2 款规定:"根据国务院或者省、自治区、直辖市人民政府对行政区划的勘定、调整或者征用土地的决定,省、自治区、直辖市人民政府确认土地、矿藏、水流、森林、山岭、草原、荒地、滩涂、海域等自然资源的所有权或者使用权的行政复议决定为最终裁决。"二是行政相对人对侵犯其政治权利的行政行为只能通过行政复议途径寻求救济。《中华人民共和国集会游行示威法》第 13 条规定:"集会、游行、示威的负责人对主管机关不许可的决定不服的,可以自接到决定通知之日起三日内,向同级人民政府申请复议,人民政府应当自接到申请复议书之日起三日内作出决定。"至于对人民政府的复议决定不服是否可以继续向人民法院提起行政诉讼,该法没有作出进一步规

---

① 参见应松年主编:《行政诉讼法学》,中国政法大学出版社 1994 年版,第 201 页。

定。按照现行《行政诉讼法》第 12 条第 2 款的规定,侵犯人身权、财产权等合法权益之外的其他行政案件,只有在"法律、法规规定"的情况下,人民法院才能受理。因此,对侵犯公民政治权利的行政行为所作出的复议决定在事实上便成了终局裁决。

(二) 我国行政复议与行政诉讼程序衔接的缺陷

从理论上说,我国现行法律对行政复议与行政诉讼程序衔接关系多元化的处理具有一定的合理性,但从实践角度来看,上述制度设计还存在缺陷,具体表现在以下三个方面:

第一,设置标准不明确,无规律可循。鉴于行政复议与行政诉讼在程序上的衔接关系与行政相对人救济权的实际行使和最终实现息息相关,因而立法上必须对其作出明确规定。综观我国当下有关行政复议与行政诉讼衔接关系的规定,不难发现其内在标准的缺失。当事人如何启动法律救济程序(如是否需要先行提出行政复议)主要听凭于单行法律、法规的规定,并无一般规律可以遵循。不仅不同种类的法律法规之间规定的模式不同,而且同一种类的法律法规之间、同一类型或同一机关管辖的案件之间也不一致。例如,同样是属于自然资源保护方面的法律,《草原法》的规定就与《水法》和《野生动物保护法》的规定不同;同样是涉及水资源的法律,《水土保持法》的规定就与《水污染防治法》的规定不同。[①]

第二,设置不利于当事人合法权益的维护,影响到行政争议及时、公正处理。无论对行政复议与行政诉讼衔接关系作何种安排,其本意都不应该是为当事人寻求法律救济设置障碍,而应当是确保当事人的合法权益获得更为方便、有效的救济。就目前的程序衔接制度设计而言,既没有为行政复议行政争议解决主渠道地位的实现提供保障,也没有为人民法院实质性解决行政争议提供支撑。在目前的行政审判实践中,一些行政争议长期陷入行政复议、行政诉讼的程序空转之中,不仅无端耗费了有限的行政和司法资源,还难以实现行政争议的彻底解决。

第三,设置的正当性不足,行政权侵蚀司法权的问题较为严重。作为法律救济的具体方式之一,行政复议与行政诉讼在本质上具有"同价性"。"诉愿与

---

① 在列举法律名称时,为了清晰简洁,省略了"中华人民共和国"七字,下文出现类似情况亦采取该做法。

行政诉讼制度,均系用以救济人民受行政权之侵害,以求其复原,从其目的而言,均属相同,并不因前者为自律、后者为他律,前者欠缺独立性保障,而后者适用审判独立,在其救济价值有根本之差别。"①行政复议与行政诉讼之间的程序衔接关系,直接反映了行政权与司法权之间的分立与协调。如果设计不当,行政权与司法权之间就会出现相互侵蚀,导致行政救济体系的紊乱。例如,现行《行政诉讼法》第44条将行政复议前置型的规范依据下放至"法规",实践中行政相对人救济权行使的自由度就可能受到很大限制。尤其是在行政机关"官官相互"受到颇多质疑的当下,这种制度安排延缓了当事人合法权益的维护,加大了当事人维权的成本。同时,行政复议终局型的存在还否定了法治国家所公认的司法最终原则,造成了行政权对司法权的不当侵蚀。

(三) 域外行政复议与行政诉讼程序衔接的模式

从世界范围来看,行政复议与行政诉讼程序衔接关系的设置主要有以下三种代表性模式:

1. 以穷尽行政救济为原则的"美国模式"

美国在对待行政复议与行政诉讼的程序衔接关系上,采取的是"穷尽行政救济原则",即"相对人对其所受的损害,在可能通过任何行政程序途径取得救济以前,不能取得司法救济"②。行政救济是司法救济的必经阶段,只有当所有的行政救济手段都不能解决相对人与行政机关之间的纠纷时,相对人才能够寻求司法救济。美国联邦最高法院在1969年的"麦卡特诉美国案"的判决中,对坚持穷尽行政救济原则进行了详尽的理由列举:(1) 保证行政机关能够利用其专门知识和行使法律所授予的自由裁量权;(2) 让行政程序连续发展不受妨碍,法院只审查行政程序的结果,比在每一阶段允许司法干预更有效;(3) 行政机关不是司法系统的一部分,它们是由国会设立执行特定职务的实体,穷尽行政救济原则保护行政机关的自主性;(4) 没有穷尽行政救济时,司法审查可能受到妨碍,因为这时行政机关还没有搜集和分析有关的事实来说明采取行政的理由,作为司法审查的根据;(5) 穷尽行政救济原则使行政系统内部有自我改进错误的机会,减少司法审查的需要,使法院有限的人力和财力能更有效地使

---

① 蔡志方:《论诉愿与行政诉讼之关系》,载翁岳生教授祝寿论文集编辑委员会编:《当代公法理论》,月旦出版股份有限公司1993年版,第738页。
② 姜明安主编:《外国行政法教程》,法律出版社1993年版,第299页。

用;(6)如果不进行行政救济而直接进行司法审查,可能降低行政效率,鼓励当事人超越行政程序,增加行政机关工作的难度和经费。①

当然,穷尽行政救济原则的适用也有例外。尽管美国法律还没有一个概括性的规定,说明在哪些具体情况下不适用穷尽行政救济原则,但法院可以利用其享有的司法自由裁量权决定该原则的适用与否。大致来说,这些例外情形主要包括:纯粹的法律争议问题;涉及违宪问题;行政机关不适当地迟延;行政决定可能对相对人造成不可弥补的损害;问题涉及刑事处罚;行政机关无管辖权。②虽然存在这些可能突破穷尽行政救济原则的特殊情形,"但总的看来,法院一直努力避免承认用尽方法要求的例外,否则,那些例外最终将会取消这一规则"③。

美国模式的最大特色在于坚持了行政救济的独立性,将行政救济置于与司法救济同等重要的法律地位,并将行政救济程序前置作为司法审查的一项基本原则确立下来。当然,这一模式的确立是与美国宪法所奉行的严格的权力分立制衡原则以及高度发达的行政程序立法是分不开的。虽然作为一项原则的穷尽行政救济并没有被其他国家完全汲取,但该原则在美国行政法治实践中所发挥的作用是有目共睹的。

2. 与行政诉讼类型相勾连的"德国模式"

在德国,有关行政复议与行政诉讼程序衔接关系的主要法律依据就是该国的《行政法院法》。该法第68条规定:"提起撤销诉讼前,须于先行程序审查行政行为的合法性及合目的性。但法律有特别规定或有下列情形者,不需要该审查:(1)行政行为是由联邦最高行政机关或一个州的最高行政机关作出的,除非法律规定对此必须审查;(2)纠正性质的决定或复议决定首次包含了一个负担。申请行政机关为行政行为而遭拒绝的,所提起的义务之诉准用第一款的规定。"由此可见,德国的行政复议并不是在任何情况下都可以作为提起行政诉讼的必经程序,而只是在撤销之诉和义务之诉提起之前,原则上必须先经过行政复议程序,否则,不得请求行政诉讼救济。

自20世纪以来,行政诉讼类型化成为世界各国行政诉讼制度发展的重要

---

① 参见王名扬:《美国行政法》(下),中国法制出版社1995年版,第652—653页。
② 参见姜明安主编:《外国行政法教程》,法律出版社1993年版,第300—301页。
③ 〔美〕欧内斯特·盖尔霍恩、罗纳德·M. 利文:《行政法和行政程序概要》,黄列译,中国社会科学出版社1996年版,第233页。

趋势之一。在德国,对诉的类型的规范更是其《行政法院法》的重要内容。该法不仅对行政诉讼的基本类型进行了细致划分,而且诉讼程序设置在很大程度上也是建立在这一划分的基础之上。德国行政诉讼的基本类型包括撤销之诉、负义务之诉、确认之诉、一般给付之诉、规范审查之诉五种,其目的是"对于侵犯公民权利的每一种国家权力行为,都必须有一个适当的诉讼种类可供利用"①。作为提起诉讼的适法条件之一——是否必须以行政救济程序的适用为前提,并不直接取决于行政争议的标的,而是完全取决于其后续行政诉讼的类型。如果后续诉讼是撤销之诉及负义务之诉以外的其他类型的诉讼,则行政救济程序就是不必要的。

根据德国《行政法院法》第42条的规定,负义务之诉可以进一步区分为针对行政机关拒绝作为的"否定决定之诉"和行政机关根本没有任何作为的"不作为之诉"。对于后一种行政诉讼,当事人无须按照该法第68条的规定提起行政救济程序,而应当根据该法第75条的规定直接提起不作为之诉。此外,即便是当事人提起撤销之诉或者否定决定之诉,只要法律有例外规定或者行为(包括拒绝行为)的作出机关比较特殊以及决定首次包含了一个负担,就不需要首先申请行政救济。例如,根据德国《行政程序法》第70条的规定,对于以要式行政程序作出的行政行为为标的提起的行政诉讼,就不需通过前置程序进行审查。其中,防止行政程序的过度重复成了首要考虑。至于联邦及州最高行政机关所作出的行政行为,由于不存在更高的行政机关能够进行审查,为防止"自己审查"就应当免除这一不必要的复议程序;"首次包含了一个负担",则清楚地表明了二次复议程序的排除。

综上所述,德国模式的基本内容可以概括为两个方面:第一,撤销之诉、负义务之诉以"行政复议前置为原则、以直接提起行政诉讼为例外";第二,确认之诉、一般给付之诉及规范审查之诉则无需以行政复议为前置程序。罕见的例外是,根据德国《公务员权利框架法》第126条第3款的规定,在所有出于职务关系的诉讼(包括给付之诉和确认之诉)提起之前,都必须首先经过行政复议程序进行审查。与美国模式所不同的是,德国模式的最大特点就在于将是否复议前置与后续的诉讼类型直接勾连起来,不同类型的行政诉讼适用不同的审理规则。这一模式的确立,与德国行政诉讼类型化的高度发达和相对成熟的行政程

---

① 〔德〕弗里德赫尔穆·胡芬:《行政诉讼法》(第5版),莫光华译,法律出版社2003年版,第204页。

序立法密不可分。这种按照行政诉讼类型来决定行政复议与行政诉讼程序衔接关系的做法,为一些大陆法系国家和地区所沿用。例如,在奥地利,裁决诉讼采取诉愿前置主义,职务诉讼则不适用;在瑞士,以行政处分为标的的诉讼采取诉愿先行主义,其他诉讼则不适用。①

3. 以当事人自由选择为原则的"法、日模式"

在行政复议与行政诉讼程序衔接关系的设置上,法国和日本都经历了以"行政复议前置为原则"到以"行政复议前置为例外"的转变。② 在法国,1889年12月13日最高行政法院就"卡多案件"作出判决之前,当事人提起任何行政诉讼都必须首先经过行政救济,"人们一度认为,大臣们应当被视为有关行政事务的普通法法官,就像他们在复辟时期一样;最高行政法院只是上诉法官"③。在卡多案件中,最高行政法院认为当事人不服行政决定,可以直接提起行政诉讼,不再经过行政救济程序,从而确立了其直接受理诉讼案件的权能。自此以后,行政救济不再是行政诉讼的前置程序。

虽然行政救济前置作为一项原则已经在法国被否定,但在某些特殊情况下,当事人提起行政诉讼之前仍然需要先经过行政救济程序。这些情况主要包括两个方面:一是当事人请求行政主体赔偿损害时,除了公共工程赔偿之诉以外,都必须先向有关行政机关提出,当事人只有在仍然不服行政机关作出的决定或者行政机关不作决定时才能向法院起诉。二是在例外情况下,法律规定在提起行政诉讼之前必须先经过行政救济。例如,根据法国1978年《行政和公众关系法》成立的一个文件了解委员会,就有权在诉讼之前先行处理公民在查阅文件时遭拒绝的申诉。又如,根据法国1987年《行政诉讼改革法》第13条的规定,政府在咨询最高行政法院意见后可以制定条例,规定对于行政合同和行政

---

① 参见蔡志方:《论诉愿与行政诉讼之关系》,载翁岳生教授祝寿论文集编辑委员会编:《当代公法理论》,月旦出版股份有限公司1993年版,第729—730页。

② 韩国在行政复议与行政诉讼程序衔接关系上也经历了类似变迁,其1951年公布的《行政诉愿法》和《行政诉讼法》均将"诉愿前置"作为一项基本原则明确规定下来。参见胡建淼主编:《外国行政法规与案例评述》,中国法制出版社1997年版,第263—264页。但自20世纪80年代以来,韩国几乎同时发起了行政审判(即行政复议)和行政诉讼改革运动,其最终的结果之一便是"行政审判前置主义"的废止。依据韩国1994年7月14日修订的《行政诉讼法》,现行行政审判原则上变为选择程序;作为例外,公务员、税收相关事务规定了行政审判前置主义。参见〔韩〕金东熙:《行政法Ⅰ》,赵峰译,中国人民大学出版社2008年版,第437页。

③ 〔法〕古斯塔夫·佩泽尔:《法国行政法》(第十九版),廖坤明、周洁译,国家行政学院出版社2002年版,第235页。

主体的损害赔偿之诉,在提起任何诉讼之前必须先经过行政救济或者和解。①

日本明治时代制定的《行政裁判法》规定,对地方机关提出行政诉讼之前应当先提出诉愿;对各省或内阁或地方上级行政机关提出行政诉讼的,可以在直接起诉或者选择诉愿终局裁决之间进行选择。第二次世界大战结束之后,日本于1948年制定了《行政事件诉讼特例法》,该法进一步确立了"诉愿前置为原则、直接诉讼为例外"模式。此后,这一规定的合理性逐渐受到质疑,诉愿前置主义普遍被认为是救济障碍。于是,在1962年颁行的日本《行政案件诉讼法》中,诉愿前置主义原则为当事人自由选择主义所取代。新模式直接的法律依据就是该法第8条第1款的规定,即"取消处分的诉讼,即使就该处分依据法令规定可做审查请求时,也不妨立即提起"。

当然,在采取当事人自由选择主义为原则的同时,日本《行政案件诉讼法》第8条第1款的但书也预定了某些例外情况,即"非经过对于就该处分的审查请求的裁决之后,不得提起取消处分的诉讼"仍然需要采取审查请求前置主义原则。不过,该条第2款又规定,即使在采取审查请求前置的情况下,当事人仍然可以基于下列理由,不经裁决程序而直接提起撤销处分诉讼:(1)自有了审查请求之日起经过三个月也无裁决时;(2)为避免由于处分、执行处分或继续履行程序而产生显著损害、有紧急必要时;(3)其他就不经裁判一事有正当理由时。此外,在日本一些特别的法律中,采取行政上的审查请求前置主义的事例也并不少见,其理由主要有"对大量进行的处分有必要谋求行政的统一""属于具有专门技术性性质的处分""对审查请求的裁决应该由第三人机关作出的"②。

法国和日本模式的最大特点在于将是否先行请求行政救济的选择权直接赋予当事人,充分体现对公民权利行使自主性的尊重。也许这一模式的选择在早期是出于对行政的不信任,因为对于被管理者而言,"诉讼解决的方式更令人满意……在被交至更高级别的行政申诉中,这位上级人物不管怎样总是身兼法官和当事人两职,力图庇护他的下属,并出于集体精神应付他所在机构犯的错误,而法官可以免除这种集体精神,并在行政机构和被管理者之间做位真正公正的第三者"③。当下各国行政救济制度日益谋求司法化取向,诸如强化诉愿

---

① 参见王名扬:《法国行政法》,中国政法大学出版社1988年版,第539页。
② 〔日〕盐野宏:《行政法》,杨建顺译,法律出版社1999年版,第316页。
③ 〔法〕莫里斯·奥里乌:《行政法与公法精要》(上册),龚觅等译,辽海出版社、春风文艺出版社1999年版,第489页。

会之独立性和合议性、程序之相对公开、采证之确实、言词辩论之增加、心证之公开、增加诉愿种类及暂行权利保护等,从而成为行政诉讼之外保障公民权利最为重要的方式。① 因此,将行政复议作为与行政诉讼并驾齐驱的救济制度的同时赋予当事人自由选择,无疑适应了当今时代行政纠纷日益多样化、复杂化的发展走势。

(四) 域外行政复议与行政诉讼程序衔接的共性规律

上述比较法学的考察显示,受法律传统、政治体制、文化背景及具体国情等因素影响,各国立法有关行政复议与行政诉讼程序衔接关系的设置存在较大差别,在总体上形成了三种各具特色的模式。这三种模式本身并无优劣之分,各国在其行政法治演进的过程中始终都在努力寻找最契合本国国情的模式。总体来说,各国行政复议与行政诉讼程序衔接的制度安排呈现以下四个方面的共性规律:

1. 设置标准的明确

综观各国行政法有关行政复议与行政诉讼程序衔接关系的制度安排,无论是复议前置型还是自由选择型的设置,无不体现了内在标准的明确性。什么情况下当事人可以直接提起行政诉讼、什么情况下当事人必须先提出行政复议,都有比较明确的规定。在上述三种代表性模式中,德国模式所确立的标准最为直接、清晰,即复议是否必须前置取决于后续行政诉讼的类型。在崇尚当事人自由选择主义的法国和日本,法律上也对复议前置的例外情形作了明确列举。即便是在奉行穷尽行政救济原则的美国,虽然其成文法并未为该原则的例外提供十分具体而确切的标准,但在此项决定权最终归属于法院上是毋庸置疑的——"如果这个原则的理由不存在,法院会拒绝适用这个原则。"②行政复议与行政诉讼程序衔接关系设置标准的明确,能够有效克服当事人对规则缺失的无奈和对未来不可预知的恐惧。

2. 公民权利有效救济的基准

无论是采取复议前置主义还是自由选择主义,最终的出发点和落脚点都是公民权利的有效救济。对于某一具体的行政争议,究竟是直接通过司法途径解

---

① 参见蔡志方:《论诉愿与行政诉讼之关系》,载翁岳生教授祝寿论文集编辑委员会编:《当代公法理论》,月旦出版股份有限公司1993年版,第742页。

② 王名扬:《美国行政法》(下),中国法制出版社1995年版,第653页。

决还是先在行政系统内部解决,判断的基准就是哪种方式更能有效维护公民的合法权益。这一规律在上述三种代表性模式下都有充分体现。例如,美国虽然实行穷尽行政救济原则,但在特殊情况下,经过慎重的利益衡量之后,法院如果认为当事人由于这个原则受到的损害远远超过政府由于适用这个原则得到的利益时,就不会适用这一原则。穷尽行政救济原则的适用是以行政救济的有效性为前提的,即这一救济能够满足当事人的正当要求,救济的程度和损害的程度相称。如果行政机关不能提供适当的救济,履行这种救济程序对当事人没有好处,或者只是一种表面形式时,法院就不要求穷尽行政救济。① 在德国,通过考察拒绝作为之诉和不作为之诉是否需要复议前置不同的制度设计,也可以看出其内在的基准:前者适用复议前置,有助于当事人的合法权益在行政救济程序中获得及时的维护,即复议机关可以迅速地撤销该拒绝性决定甚至还可以亲自作出那个被申请的行政行为;后者不适用复议前置,因为复议程序难以及时有效地维护当事人的合法权益,只有行政法院才能够命令原行政机关作出被申请的行政行为。可见,给予当事人合法权益有效而无漏洞的救济,是各国处理行政复议与行政诉讼程序衔接关系共同的基准。

3. 司法与行政比较优势的发挥

一般来说,一方面,拥有精良技术装备和专业从业人员的行政机关是行政管理问题的专家,相比较而言,法院则不具备解决纯粹行政问题的知识优势,"由技术上文盲的法官对数学和科学证据所作的实体审查是危险和不可靠的"②。另一方面,法院拥有大量经过严格法律训练并具备丰富司法经验的法官,更能够胜任法律问题的解决。进行司法审查的法院既不能被完全排除在检验行政行为正确与否之外,也不能自由地从头裁断所有的争议而漠视行政机关的判断,正确的选择是:"第一,通过比较侵略式地检查机关的法律结论,确保机关并未超越特定授权的边缘界线;第二,通过持尊重态度地检查机关的有关事实和自由裁量的决定,确保机关以合理的方式行使其被授予的权力。"③在这方面,美国的穷尽行政救济原则即是典型代表。该原则的基本功能就是充分发挥行政机关解决行政争议的专业优势,保障行政机关的自主权,防止法院过早干

---

① 参见王名扬:《美国行政法》(下),中国法制出版社1995年版,第654页。
② 〔美〕欧内斯特·盖尔霍恩、罗纳德·M. 利文:《行政法和行政程序概要》,黄列译,中国社会科学出版社1996年版,第70页。
③ 同上书,第46—47页。

预行政权,以便为行政系统自我纠错提供机会。只有当问题发展成熟到适合法院审理时,司法审查程序才有可能开始运作。在日本,针对"具有专门技术性质的处分"提起的撤销之诉一般需要适用复议前置主义规定,也体现了行政问题优先适用行政救济的观念。可见,虽然各国有关行政复议与行政诉讼程序衔接关系的制度设计不尽相同,但在充分发挥行政与司法系统各自优势、通过二者之间的良性竞争实现公民权利全面有效救济方面是一致的。

4. 司法最终原则的贯彻

《世界人权宣言》第 8 条规定:"任何人当宪法或法律所赋予他的基本权利遭受侵害时,有权由合格的国家法庭对这种侵害行为作有效的补救。"这一规定既是对公民就一切法律纠纷诉诸司法机关寻求解决的权利的认可,也是对任何适用宪法和法律而引起的争议原则上只能由法院最终裁决的宣示。自近代以来,司法最终原则逐渐为世界各国广泛认可。司法最终原则在行政法领域的具体表现就是:行政机关所作行政行为都不当然地具有法律上的自足性,原则上都必须接受法院的司法审查。"国家与其成员或公民间产生的纠纷只能诉诸国家法庭。任何其他方案均既不合理,违反惯例,而亦不得体。"[①]之所以将一切法律纠纷的最终裁断权交由法院享有,原因在于司法既无强制也无意志,"法院与外界隔绝,具有专门知识,能够'冷静地重新考虑',从而可以表达出我们最基本的价值观念"[②]。各国行政法在对待行政复议与行政诉讼的程序衔接关系上,都无一例外地选择了司法最终原则。在美国,"一切行政行为都可以接受司法审查,无须法律明文规定。不能审查的行为只是例外,这种例外出现在两种情况:1. 法律规定不能进行司法审查;2. 问题本身的性质不宜由法院决定。在当代,例外的情况越来越少。行政行为原则上都假定属于能够审查的行为,这个原则称为可以审查的假定(presumption of reviewability)"[③]。在法国,"行政法院自成一个体系,对行政诉讼案件有最后的决定权力"[④]。正是由于各国行政法忠实地贯彻了司法最终原则,因此无论采取的是复议前置主义还是自由选择主义,其结果都不至于影响到公民权利的有效救济和对行政权的有力制约。

---

① 〔美〕汉密尔顿等:《联邦党人文集》,程逢如等译,商务印书馆 1980 年版,第 400 页。
② 〔美〕杰罗姆·巴伦、托马斯·迪恩斯:《美国宪法概论》,刘瑞祥等译,中国社会科学出版社 1995 年版,第 11 页。
③ 王名扬:《美国行政法》(下),中国法制出版社 1995 年版,第 604 页。
④ 王名扬:《法国行政法》,中国政法大学出版社 1988 年版,第 549 页。

(五) 我国行政复议与行政诉讼程序衔接的完善

时值《行政复议法》修改之际,可以在参酌域外有益经验的基础上,进一步完善我国行政复议与行政诉讼之间的程序衔接,促进行政争议实质性解决目标的实现。

1. 逐步取消行政复议终局型

具体方案如下:第一,对《公民出境入境管理法》第 15 条、《外国人入境出境管理法》第 29 条及《行政复议法》第 14 条进行修改,赋予当事人救济的自主选择权,废除所谓的终局性选择型。第二,仿效全国人大常委会对《商标法》《专利法》有关复审决定终局性规定的修改,废除《集会游行示威法》第 13 条及《行政复议法》第 30 条第 2 款的规定。第三,对《行政复议法》第 5 条规定进行严格限定,使法院对行政复议行为的合法性享有完全的司法审查权。除非法律有明确的排除性规定,当事人均可以行政复议机关为被告,请求法院对行政复议决定本身的合法性进行审查,加强司法权对行政复议权的制约,落实司法最终理念。

2. 重新设定行政复议前置型

我国目前行政复议前置所具有的减轻法院负担、加速救济程序等内在功能难以发挥,甚至还阻碍了当事人合法权益的及时维护,应当将行政复议前置引向那些真正能够发挥行政机关优势的事项之中。具体构想如下:第一,今后对《行政诉讼法》第 44 条第 2 款进一步修改,取消"法规"可以设置复议前置程序的规定,将此项权力仅赋予全国人大及其常委会所制定的"法律"。第二,将行政复议前置型限定于某些具有较强技术性、专业性案件,充分发挥行政机关的专业和技术优势。这些行政争议大致包括商标、专利、麻醉药品和精神药品管理、交通事故、税务、海关、商检、外汇等。第三,鉴于我国目前的行政诉讼主要还是合法性审查,对于涉及行政行为合理性问题的案件应以行政复议前置为原则,避免因法院判决驳回诉讼请求导致当事人无法再获得行政救济。如果行政相对人因无法辨认而直接向法院起诉,法院有义务在立案阶段进行释明,更好实现行政争议的多元化解。

3. 继续推行自由选择型

经过多年的制度实践,行政复议和行政诉讼自身的优劣逐渐被人们广泛认知。制度设计者应当相信,作为"理性人"的行政相对人为了维护自身权益完全能够作出理智选择。为此,我国应当继续推行不受限制的选择型模式,将救济程序的选择交给行政相对人自主行使。只有在行政相对人的自由选择中,行政复议与行政诉讼制度的优越性才能为行政相对人实际感知,行政复议与行政诉讼制度才能在彼此激烈的竞争中获得生长。

三、行政复议制度的未来发展

社会转型时期行政争议的多发局面难以完全避免,在行政争议解决机制供给侧结构改革的过程中,作为两类常规正式行政争议解决机制的行政复议与行政诉讼实际地位的形成,有赖"以人民为中心"政治理念主导下对行政争议当事人自由选择权的切实尊重。以客观的"实质性解决行政争议"取代主观的"行政争议解决主渠道"的功能定位,行政复议制度的变革才能够有望实现与行政诉讼之间"竞争中合作、差异中互补"的新型衔接关系,彰显行政复议制度的中国特色、实践特色和时代特色。

(一)行政复议在行政争议解决体系中地位的自然生成

梳理行政复议制度的发展演变和行政复议理论研究的主要历程,有关行政复议"解决行政争议主渠道"学术主张和改革建言的提出始于 2010—2011 年间。应松年教授最早提出:"在正常情况下,一个国家解决行政争议的体系中,行政复议应该是公民首选的最主要途径,受案数量应该数倍于行政诉讼。""完善我国的行政复议制度,充分发挥行政复议在机制、制度上的优势,使行政复议成为解决我国行政争议的主渠道。"[①]2011 年 3 月 28 日,时任中共中央总书记胡锦涛在主持十六届中央政治局第二十七次集体学习时强调指出,要完善行政复议制度,加大复议纠错力度,充分发挥行政复议作为化解行政争议主渠道的作用。2011 年 12 月 15 日,时任国务院法制办公室副主任郜风涛在行政复议年度工作上提出,要贯彻落实中央精神,把行政复议打造成为化解行政争议的主渠道。此后,全国范围内行政复议案件数量虽有所增长,但总体上未能超过人民法院一审行政案件数量,主渠道的作用并未显现。笔者认为,行政复议与行政诉讼在行政争议解决体系中的地位是法律制度自然演化的结果,行政复议

[①] 应松年:《行政复议应当成为解决行政争议的主渠道》,载《行政管理改革》2010 年第 12 期;《把行政复议制度建设成为我国解决行政争议的主渠道》,载《法学论坛》2011 年第 5 期。

制度变革的过程重于结果、行政复议法立法用语的精当重于宣示,是否直接将"发挥行政复议化解行政争议的主渠道作用"载入《行政复议法》立法目的条款还需研究。

第一,行政复议制度实效的形成实则自然的生长演化过程。尽管官方和学界并未就行政复议"主渠道"的确切内涵作出明确界定,但就文义而言,主渠道指的是行政相对人愿意首选行政复议来解决其与行政机关之间的行政争议,通过行政复议解决行政争议的案件数量也最多。"主渠道的逻辑就要求行政复议能够吸引大量行政争议,行政复议案件量应当数倍于行政诉讼案件量,且同时要大大超过信访案件量,行政复议应当成为解决多年来'信访不信法'难题的突破口。"[1]如果说在信访潮涌动的特殊社会历史时期亟需凸显行政复议纾解社会矛盾功能的话,那么在党的十八大以来信访法治化改革不断推进、运用法治思维化解矛盾深入人心的新时代,行政复议主渠道改革诉求的急迫性则已得到一定缓解。作为解决行政争议的两类正统制度,行政复议与行政诉讼各有所长,应当形成一种优势互补的良性合作关系。在1989年《行政诉讼法》颁布实施之时,立法机关和全社会都期待人民法院能够成为化解官民矛盾的中枢,但20世纪90年代的行政审判实践并未朝着预想的方向发展,1997年之后人民法院一审行政案件数量十年间一直徘徊在10万件门槛上下。同样地,在2014年《行政诉讼法》修改时,立法机关也希冀通过行政复议机关与原机关"双被告"的特殊制度设计进一步激活行政复议制度的纠纷解决功能,但实际效果不仅没有显现,反而滋生更多新的问题。反观法治建设先行示范区的上海,近十年来行政复议案件数量稳步上升,且与法院一审行政诉讼案件数量之间的差距日益扩大,事实上早已形成了行政复议化解行政争议主渠道的局面。[2] 这种区域法治政府建设的先进典型经验显示,不断优化行政审判环境、提升行政复议制度公信力,行政相对人在寻求行政争议解决时自然会作出理性的选择。在信访压力已经得到缓解、保障人民群众合理合法诉求得以解决之观念日益得到普及的当下,充分发挥行政复议的过滤器功能与行政诉讼的防护堤作用,应当成为行政争议解决体系构建的基本思路。

第二,行政复议制度改革的过程导向优于结果导向。行政复议"主渠道"的

---

[1] 曹鎏:《中国特色行政复议制度的嬗变与演进》,法律出版社2020年版,第21页。
[2] 参见中国法学会行政法学研究会、中国政法大学法治政府研究院编:《行政复议法实施二十周年研究报告》,中国法制出版社2019年版,第137页。

立法表达体现出明显的结果导向,即追求行政复议制度在行政争议解决体系中的主导性作用,把更多的行政争议吸引到行政复议中来。事实上,多年来行政复议制度之所以没有能够发挥应有的功能,主要原因还是其自身公信力的不足,难以消除公众对其"官官相护"的本能质疑。只有通过体制机制调整和审理程序完善,切实提升行政复议的公信力和权威性,才是打造具有中国特色的行政复议制度的必由之路。特别是2014年修订的《行政诉讼法》实施以来,既没有出现人民法院一审行政案件数量井喷的局面,也没有出现行政复议案件大幅增长、远超一审行政案件数量的势头。相反地,在经历2015—2018年短暂的"双增长"辉煌期后,2019年全国行政复议案件和一审行政诉讼案件数量却出现罕见的双双回落局面,与20世纪90年代初期《行政诉讼法》实施伊始时的境况甚为相似。可见,法律制定和修改的实际效果与预期之间还存在相当差距。究其原因,立法和修法工作都宜遵循过程优于结果的基本理念,在对行政复议和行政诉讼制度自身规律深刻认识的基础上,充分激活二者各自的潜能和优势,从整体上回应转型社会行政争议激增的现实需求。如果说信访制度主要化解现行法律框架内无法解决的重大历史遗留问题,那么行政复议和行政诉讼制度各自的内在优势就应当经由法律修改得以充分彰显。可见,尊重制度自身的运行规律、聚焦制度公信力的修复才是《行政复议法》的修改要义。至于最终能否产生行政复议主渠道的实效,只能留给行政争议当事人自己去进行理性选择了。

第三,行政复议立法目的条款表述的精当重于宣示。党的十八大以来,以习近平同志为核心的党中央站在党要管党、全面从严治党的高度,大力推进党内法规制度建设,形成了覆盖党的领导和党的建设各方面的党内法规制度体系,一种融国家法律与党内法规于一体的中国特色社会主义法治体系逐渐获得生长。党的十九大以来,加强党中央集中统一领导成为党的政治建设的首要任务,党的主张"入法"现象随之日渐增多。党内法规与国家法律之间如何保持衔接与协调,党的主张如何体现在国家法律之中,这些都是全面依法治国进程中全新的时代课题。"党言党语"与"法言法语"在目的和功能方面存在很大的差异性。作为马克思主义使命型政党,中国共产党始终能够勇立时代潮头提出新的理念和奋斗目标,国家法律的制定和修改也应当积极予以回应贯彻。例如,2018年修订的《中华人民共和国公务员法》(以下简称《公务员法》)第1条将"建设信念坚定、为民服务、勤政务实、敢于担当、清正廉洁的高素质专业化公务员队伍"作为新的立法目的,2019年制定的《重大行政决策程序暂行条例》第4

条明确规定"重大行政决策必须坚持和加强党的全面领导"。这些规定体现了"党管干部""党管决策"的基本原则,较好地处理了党的主张与国家法律规定之间的辩证统一关系。相比之下,行政复议制度的专业性和规范性更强。① 行政复议法的条文表述更要力求平实、精准、确当,尽量减少使用宣示性和表态性话语。在深化多元化纠纷解决机制改革、坚持把非诉讼纠纷解决机制挺在前面的观念深入全社会之际,特别是在多元化纠纷解决机制地方立法不断推进的当下,《行政复议法》修改的主要任务应当是为全面提升行政复议公正、及时、有效化解行政争议提供体制机制保障,从而为行政复议化解行政争议主渠道远景目标的实现奠定坚实基础。只有坚持这种"润物细无声"式的修法安排,行政复议与行政诉讼才能相向而行,在促进诉源治理局面实现的过程中发挥各自的制度优势。如果直接将主渠道这一理想愿景写入立法目的条款,则可能弱化法律文本的规范性,增加法律实施的风险性,这就未必是一种合理的选择了。

(二)行政复议实质性解决争议功能定位的逻辑证成

如果说行政复议解决行政争议主渠道的功能定位尚属主观愿景目标的话,那么实质性解决行政争议的功能定位则属于客观现实目标。源自我国本土行政审判实践的实质性解决行政争议理念,经由最高人民法院的积极倡导和各地法院的主动响应,已经形成一定的理论共识。"所谓行政争议的实质性解决,是指人民法院在审查行政行为合法性的基础上,围绕行政争议产生的基础事实和起诉人真实的诉讼目的,通过依法裁判、调解和协调化解相结合并辅以其他审判机制的灵活运用,对案涉争议进行整体性、彻底性的一揽子解决,实现对公民、法人和其他组织正当诉求的切实有效保护。"② 从行政复议自身的历史逻辑、制度逻辑、发展逻辑和理论逻辑上看,应当以修法为契机明确将"实质性解决行政争议"写入目的条款之中,把行政复议与行政诉讼的制度优势转化为治理效能,切实发挥二者在全面依法治国进程中应有的价值。

第一,就历史逻辑而言,行政复议与行政诉讼之间呈现相互学习与超越的常态,《行政复议法》应当率先完成实质性解决行政争议观的"入法"。从多年来

---

① 最高人民法院在"郴州饭垄堆矿业公司诉国土资源部国土资源行政复议决定"案的再审行政判决中指出:"行政复议决定时行政复议机关居中行使准司法权进行的裁决,且行使者上级行政机关专业判断权,人民法院对行政复议决定判断与裁量及理由说明,应当给予充分尊重。"参见最高人民法院行政判决书(2018)最高法行再6号。

② 章志远:《行政争议实质性解决的法理解读》,载《中国法学》2020年第6期。

行政复议与行政诉讼制度的历史发展进程上看,二者经历了"学习—超越—再学习—再超越"的竞赛式生长过程。20世纪90年代之初,行政复议是作为行政诉讼的配套性制度存在的,直到1999年《行政复议法》颁行时才正式成为与行政诉讼同台竞技的制度。2014年《行政诉讼法》修订吸收了行政复议解决行政争议、规范性文件一并审查、调解等规定,并围绕"起诉难""审理难""执行难"问题作出了一系列新的制度安排。最高人民法院近年来在年度工作报告、司法文件、裁判文书、领导讲话中频频使用"实质性解决行政争议"表述,引领全国各级法院践行实质性解决行政争议理念。从规范文本上看,作为立法目的的"解决行政争议"相继写入2007年的《行政复议法实施条例》和2014年修订的《行政诉讼法》第1条之中;从制度实践上看,实质性解决行政争议理念在行政审判领域实施多年,且于2019年正式写入《最高人民法院关于深化人民法院司法体制综合配套改革的意见——人民法院第五个五年改革纲要(2019—2023)》之中。为此,《行政复议法》修改有必要遵循历史逻辑,率先确定实质性解决行政争议的立法目的,实现与行政审判的同频共振。

第二,就制度逻辑而言,行政复议具有实质性解决行政争议的天然优势,应当在汲取行政审判有益经验的基础上予以推进。对典型样本案件的观察显示,人民法院在行政审判活动中为追求行政争议的实质性解决,不仅发挥了作为整体的法院的功效,而且还通过各种形式的府院互动积极寻求外部力量的支持;不仅注重通过依法裁判和调解实质性解决行政争议,而且通过大量协调工作的开展促成当事人之间达成和解。相比之下,行政复议制度本身具备更多的实质性解决行政争议的天然优势。一方面,行政复议机关与被申请人之间存在上下级隶属关系,科层制的权力结构使得行政复议机关具有与生俱来的组织优势,能够通过干部选拔任用、行政绩效考评、社会资源分配等多种有力手段影响到被申请人,行政机关所掌控的资源同样能够对行政复议申请人提出的合理诉求予以直接回应。换言之,行政复议机关不需要借助其他任何外部力量就可以仅凭行政系统的一己之力进行行政争议的实质性化解。另一方面,行政复议在行政行为的审查广度、深度和厚度方面都胜过行政诉讼,加之其固有的便利、快捷、免费等制度优势,客观上更能胜任行政争议的实质性解决。为此,在多元化社会矛盾解决体系的构建过程中,行政复议和行政诉讼制度都应当围绕实质性解决行政争议理念的践行加以完善。在行政审判制度积极推进行政争议实质性解决取得阶段性成果的当下,行政复议的后发优势更应通过修法得到彰显。

第三,就发展逻辑而言,在面向 2035 年基本实现社会主义现代化的新征程中,妥善化解行政争议已经成为维护社会稳定、创新社会治理的急迫需要。《中共中央关于制定国民经济和社会发展第十四个五年规划和二〇三五年远景目标的建议》指出,要统筹中华民族伟大复兴战略全局和世界百年未有之大变局,深刻认识我国社会主要矛盾变化带来的新特征新要求,准确识变、科学应变、主动求变。新时代社会主要矛盾已经转化为人民日益增长的美好生活需要和不平衡不充分发展之间的矛盾,特别是人民在民主、法治、公平、正义、安全和环境等方面的要求日益增长。在开启全面建设社会主义现代化国家新征程中,有效市场和有为政府双轮驱动的模式尚未成型,发展与稳定、创新与守成、获得与剥夺之间的张力依旧存在。与当下我国行政诉讼中的上诉率高、申诉率高、实体裁判率低、原告服判息诉率低现象相类似的是,行政复议中的高维持率和驳回率造成的程序空转更为突出。在国家治理体系和治理能力现代化的进程中,国家的纠纷化解、社会整合体系和能力现代化尤为迫切。为了积极回应新时代的社会期待,行政复议制度的发展亟待实现以实质性解决行政争议为取向的系统性改造。

第四,就理论逻辑而言,作为解决行政争议升级版的实质性解决行政争议更强调官民矛盾的"化于未发"和"止于未诉"。党的十八大以来,党中央及时提出创新社会治理的时代命题,不断完善社会治理体制机制。党的十九届四中全会通过的《中共中央关于坚持和完善中国特色社会主义制度、推进国家治理体系和治理能力现代化若干重大问题的决定》指出:"社会治理是国家治理的重要方面。必须加强和创新社会治理,完善党委领导、政府负责、民主协商、社会协同、公众参与、法治保障、科技支撑的社会治理体系,建设人人有责、人人尽责、人人享有的社会治理共同体,确保人民安居乐业、社会安定有序,建设更高水平的平安中国。"社会矛盾纠纷化解是社会治理的重要内容,也是维护社会稳定、促进社会和谐的关键环节。尤其是面对数量不断攀升的行政争议,如果不能从根源上得到彻底化解,就会陷入"按起葫芦浮起瓢"的窘境,司法资源和行政资源也会被大量耗费。行政争议的发生一般都具有复杂的社会经济发展背景,时常与党委政府的中心工作紧密相连,如果处理不及时不彻底,就会对经济社会发展造成负面影响。各级行政机关不仅承担着保持经济健康快速发展的重任,而且还肩负着从源头上预防化解行政争议的使命。从政府在社会治理体系中的角色定位上看,实质性解决行政争议也是行政复议制度在新时代的应有之义。

(三) 实质性解决争议功能定位下的行政复议制度创新

在确定行政复议制度实质性解决行政争议的功能定位之后,《行政复议法》修订时应通过一系列制度创新予以保障。总体来说,行政复议体制的"二元"结构设计、负面清单式的受案范围、简便快捷的受理机制和灵活高效的处理方式是其中四个较为关键的制度创新。

第一,行政复议体制的"二元"结构设计。一级政府集中行使行政复议权已经成为一项重要的复议体制安排,有望通过"集中力量办大事"的固有体制优势重塑行政复议制度的权威性。就这种行政系统内部权力结构的变迁而言,还需从两个方面进行完善。一方面,应当从法律上明确行政复议人员的身份保障,从人财物的充分供给上为行政复议权集中统一行使提供有力的组织支撑。为防止出现类似行政审判体制改革之后专业审判人员流失现象的发生,确保行政复议队伍的相对稳定性和精英化方向发展,必须从编制划转、待遇提升、物质保障等方面拿出实招予以匹配,确保行政复议工作人员的职业荣誉感和身份获得感。另一方面,应当改变省级人民政府和国务院部门自我复议的现行制度规定。这种模式不仅在理论逻辑上明显不顺,而且在现实逻辑上也不能解决问题。在全面推进依法治国的新时代,国务院作为中央人民政府不适宜处理具体行政复议案件的理由恐难令人信服。反观行政审判体制改革,最高人民法院审理的行政案件近年也成倍增长,案件审理压力虽大,但司法公信力明显提升。从目前行政复议委员会"提供咨询意见"的功能定位来看,同行政法学理论界及社会期待之间还有很大差距。与具有"内部造血功能"的相对集中行使行政复议权改革模式相比,行政复议委员会是一种具备"外部输血功能"的制度装置,理应将其作为"办理重大疑难行政复议案件的机构"置于《行政复议法》"总则篇"中加以规定,体现行政复议体制改革的权威性和严肃性。这种内外并举的二元体制结构设计,有望充分调动体制内外的有利资源,为行政争议实质性解决提供体制保障。

第二,负面清单式的受案范围规定。在行政诉讼中,实质性解决行政争议的要义之一是行政审判权的运用空间不局限于起诉人表面的诉讼请求,辐射到被诉行政行为合法性的全面审查。相比之下,行政复议权具备更多的组织优势和资源优势,应当能够吸纳处理更多的行政争议。就行政复议受案范围制度的完善而言,一方面要采取负面清单式的规范模式,除了有限的排除性规定外,应当确立"行政争议及相关联争议一并解决"的基本原则,实现行政复议受案范围的大幅度扩容,将大量潜在的行政争议引入到行政复议之中进行化解。另一方面要总结现有法律救济渠道不畅的教训,在特殊类型行政争议的化解方面勇于担当。例如,规范性文件附带审查的复议效果和诉讼效果一直不彰,需要下大气力予以改造;行政处分及其他人事处理决定的申诉解决往往流于形式,从行政争议实质性化解上看,也可以考虑一并纳入行政复议受案范围之中。此外,日渐增多的行政协议案件、行政与民事争议交织的案件因缺乏有效的化解通道屡屡陷入程序空转的境地,也需要统筹纳入行政复议中进行一揽子解决。只有直面行政争议高发、多发的社会现实,充分发挥行政复议的制度优势,才能实现运用法治思维法治方式化解矛盾、维护稳定的社会治理理念,进而通过过滤器作用的彰显减轻行政诉讼制度面临的巨大压力,促行政复议与行政诉讼合作互补局面的形成,更好实现行政争议的实质性解决。

第三,简便快捷的受理机制规定。方便、简洁、高效本来就是行政复议制度的固有优势。从目前有关行政复议申请和受理的具体规定来看,还存在简单照搬行政诉讼法相关规定的痕迹。这种同质化的处理方式非但不能显示行政复议制度的特有优势,反而可能加重行政相对人寻求法律救济的难度,实有必要进行适当的简化改造。择其要者而言,行政复议申请受理的程序优化机制包括三个方面:一是行政复议申请期限的适度延长。行政相对人是否及时行使法律救济权受制于很多现实因素影响,"任何人不能躺在权利上睡大觉"的观念尚待在全社会进一步普及。在当下行政争议解决的实践中,因期限超过被驳回的情形不在少数,很多行政相对人又涌向信访渠道试图寻求解决;检察机关"一手托两家",为督促实质性化解行政争议针对"过期之诉"进行的检察监督也呈现扩张之势。解铃还须系铃人,后续各种争端绵延不绝的发生需要从源头上加以预防和消解。可以将行政复议申请期限适度延长到一年时间,此举既体现与行政诉讼起诉期限规定的差异性,也与实质性化解行政争议理念相呼应。二是行政复议申请提出方式的简化。与现行法律有关行政复议书面申请与口头申请相结合规定所不同的是,行政复议法修改征求意见稿排除了行政复议的口头申请方式,赋予行政复议机关通知申请人到现场进行身份审核的裁量权,并对行政复议申请书规定了较多的形式和内容方面的要求。这些规定不仅与近年来法治政府建设中"放管服"改革的基本精神不相吻合,而且还有通过繁文缛节增加行政复议申请人难度之嫌。在行政证明事项大幅取消、"让数据多跑腿"改革日渐深入的当下,上述规定应当按照简化程序、方便使用的原则进一步修改,避免陷入名为追求行政争议实质性解决却又在申请环节设置过多实质性要求的尴尬境地。三是进一步降低行政复议的申请门槛。2014年《行政诉讼法》修改的亮点之一就是确立了立案登记制,力图解决当事人"起诉难"问题。反观行政复议法修改征求意见稿的规定,其中任何一项具体要求的不当解释都可能导致复议申请被拒之门外,实有加重行政复议申请人申请负担之嫌。身处信息化高度发达的社会,行政复议申请受理环节的程序性限制并无多少必要,应当进一步降低申请门槛,让人民群众在每一个行政复议案件中都能够感受到便利快捷。

第四,灵活高效的处理方式规定。行政审判权的运用方式从依法作出裁判扩及到灵活多样的协调化解,是行政诉讼实质性解决行政争议的基本路径。相比之下,行政复议具有更多的有利资源进行行政争议的实质性化解,应当在汲取近年来行政审判实践有益经验的基础上进一步通过修法予以固化。灵活多样的调解方式是实质性解决行政争议的"利器",应当进一步发挥行政复议调解结案的功效。为此,可以参照《民事诉讼法》第9条的规定,将行政复议调解作为一项基本原则写入《行政复议法》"总则篇"之中,通过行政复议调解优先于决定的宣示支撑行政争议的实质性解决。同时,还应当进一步扩展行政复议决定的类型,为行政争议实质性解决提供更多路径,如增设无效确认决定、扩大变更决定的适用范围等。此外,还应当激活行政复议意见书、行政复议建议书、行政复议白皮书等辅助性机制的作用,为行政争议实质性解决提供多层次的灵活高效保障措施。

【扩展阅读】

1. 周汉华主编:《行政复议司法化:理论、实践与改革》,北京大学出版社2005年版。

2. 王青斌:《行政复议制度的变革与重构——兼论〈行政复议法〉的修改》,中国政法大学出版社2013年版。

3. 曹鎏:《中国特色行政复议制度的嬗变与演进》,法律出版社2020年版。

【延伸思考】

1. 如何理解行政复议制度的法律属性?

2. 如何实现行政复议与行政诉讼之间科学的程序衔接?

3. 如何更好发挥行政复议制度在实质性解决行政争议中的作用?

第十八章　法治政府建设路径论

坚持依法治国、依法执政、依法行政共同推进,法治国家、法治政府、法治社会一体建设,是习近平法治思想的重要组成内容。就三者之间的关系而言,"法治国家是法治建设的目标,法治政府是建设法治国家的主体,法治社会是构筑法治国家的基础"[①]。作为全面依法治国的重点任务和主体工程,法治政府建设具有示范引领作用,应当率先突破。《法治政府纲要》为基本建成法治政府确定了明确的路线图和施工图。站在两个一百年历史交汇期的特殊时点,立足我国建成高质量法治政府的鲜活实践,探讨新时代中国特色社会主义法治政府的建设路径,对于法治国家建设具有重要的理论和现实指导意义。

一、法治政府建设的三重根基

(一) 思想根基:建成法治政府的观念保障

作为表征当代中国行政体制运行的基础性范畴,"法治政府"概念是行政法学理论界和实务界长期共同努力的结晶。[②] 不过,就规范意义而言,"法治政

[①] 习近平:《论坚持全面依法治国》,中央文献出版社2020年版,第230页。
[②] 有关"法治政府"概念的简明史叙述及在全面推进依法治国背景下的内涵新诠释,可参见杨海坤、樊响:《法治政府:一个概念的简明史》,载《法律科学》2016年第1期;关保英:《论法治政府的新内涵》,载《南京社会科学》2015年第1期。

府"一词最早则出现在《依法行政纲要》中,当时提出的任务是"经过十年左右坚持不懈的努力,基本实现建设法治政府的目标"。基于法治政府建设的艰巨性和复杂性,党的十八大将基本建成法治政府的时间节点推至 2020 年。从"全面推进依法行政"到"加快建设法治政府",社会环境和时代背景都发生了深刻变化,新一轮法治政府建设也必须及时实现观念更新。综观《法治政府纲要》的规定,建成法治政府的思想根基集中体现在三大观念转变上。

第一,法治政府建设并非单纯的政府任务,而是全党全社会的重任。与《依法行政纲要》及《国务院关于加强市县政府依法行政的决定》《国务院关于加强法治政府建设的意见》等其他法治政府建设纲领性文件仅由国务院印发相比,《法治政府纲要》则是首度由中共中央、国务院联合印发,这既是落实党的十八大和十八届三中、四中全会有关"把党的领导贯彻到依法治国全过程和各方面"精神的体现,也是法治政府建设上升为党和国家中心工作的标志。一段时间以来,究竟是"法大"还是"党大"的争论一度泛起。《全面依法治国决定》明确提出:"党的领导是全面推进依法治国、加快建设社会主义法治国家最根本的保证。必须加强和改进党对法治工作的领导,把党的领导贯彻到全面推进依法治国全过程。"这一论断为执政党主抓法治政府建设提供了坚实的理论依据和思想保障。党的十八大以来,中国共产党对"法治"的认知不断推进。《法治政府纲要》将法治政府建设纳入执政党治国安邦的视野,不仅体现出法治政府建设本身的系统性和复杂性,也彰显出执政党对人民的庄重承诺。"中国梦"就是"法治梦","法治梦就是法治政府梦"。只有法治政府真正建成了,法治国家建设的关键才能够得以实现,法治社会建设才有了根本保障。[①] 为此,作为长期以来"党委领导政法工作的组织形式"的党的各级政法委员会,就应当及时肩负起协调和服务法治政府建设的重任,努力当好各级党委推进法治政府建设的参谋和助手。

第二,法治政府建设并非封闭式的状态,而是开放式的结构。自《依法行政纲要》颁行以来,一种寄望于行政机关自我革新实现法治政府建设目标的"行政

---

① 有关"坚持法治国家、法治政府、法治社会一体建设"的学理诠释,可参见姜明安:《论法治国家、法治政府、法治社会建设的相互关系》,载《法学杂志》2013 年第 6 期。

自制"①理念逐渐兴起,行政处罚裁量基准、行政执法案例指导、行政问责、行政审批改革、权力清单等一系列源自行政系统内部的制度变革日渐盛行就是明证。这些融入行政自制元素的改革固然体现出行政系统的与时俱进,但其天然的封闭性也影响到改革的实际成效。例如,行政裁量基准的制定和实施对行政裁量治理确有裨益,但行政机关能否自我断臂、能否准确适用却不无疑问。一些行政裁量基准文件仍然"锁在行政机关的抽屉"中不敢示人,一些行政机关僵化地理解裁量基准甚至导致新的执法不公。② 权力清单梳理工作正如火如荼地进行,但"清单之外无权力""无责任即无权力"的铁律能否落实仍需观察。相比之下,《法治政府纲要》的规定则凸显了法治政府建设的开放性特质,通过借助市场、社会组织、公民和党委、人大、政协、司法的力量,在依法治国的大系统中合力推进法治政府子系统建设。除了在"强化对行政权力的制约和监督"篇中引入外部力量增进监督实效外,公众参与政府立法和重大行政决策、委托第三方起草草案、社会组织承担公共服务事项、政府向社会购买公共服务等规定,都体现出新一轮法治政府建设的开放式特点。

第三,法治政府建设并非抽象的存在,而是可测评的事业。相比较过去着重强调依法行政的基本要求和法治政府建设的目标而言,《法治政府纲要》首次提出了法治政府建设的七大"衡量标准",即政府职能依法全面履行、依法行政制度体系完备、行政决策科学民主合法、宪法法律严格公正实施、行政权力规范透明运行、人民权益切实有效保障、依法行政能力普遍提高。这七大标准不仅是套在法治政府建设者头上的"紧箍咒",而且也是人民群众衡量法治政府是否建成的"测试仪"。从行政法治的实践演进上看,法治政府衡量标准的提出,既是对近年来一些地方政府积极探索法治评估工作的认可,也是《中共中央关于全面深化改革若干重大问题的决定》有关"建立科学的法治建设指标体系和考核标准"和《全面依法治国决定》有关"把法治建设成效作为衡量各级领导班子

---

① 作为行政法治发展路径之一的行政自制的学理展开,可参见崔卓兰、于立深:《行政自制与中国行政法治发展》,载《法学研究》2010 年第 1 期。
② 山东泰安的"炸金花"案即暴露出基层执法机关对上级行政处罚裁量基准的机械适用。2015 年 6 月 7 日晚,8 名大学生在山东泰安游玩后,在宾馆内玩起了"炸金花",系一元一把的小筹码。因为吆喝声太大,其他房间的住客报了警。闻讯赶来的民警在房间内收缴赌资 920 元,给予了 8 人治安拘留 15 天、罚款 3000 元的"顶格处罚"。参见鲁千国等:《学生炸金花"顶格罚" 警方称无执法过当》,载《新京报》2015 年 6 月 11 日。

和领导干部工作实绩重要内容,纳入政绩考核指标体系"的自然延续。①《法治政府纲要》关于法治政府七大衡量标准和四十项具体措施的规定,表明法治政府建设并非刻意追求虚无缥缈的目标,其自身完全是一项鲜活的、可测评的事业。

(二) 制度根基:建成法治政府的结构保障

法治的要义在于良法善治,良法是善治的前提,善治是良法的延续。经过十余年的发展,我国法治政府建设取得了阶段性成就。同时,面对新的社会环境和发展挑战,建成高质量法治政府的任务还相当艰巨。《法治政府纲要》在凝练法治政府建设指导思想、总体目标、基本原则和衡量标准之外,还提出了法治政府建设的七大主要任务和四十项具体措施,为建成法治政府提供了结构性保障。综观《法治政府纲要》的规定,建成法治政府的制度根基集中体现在三大行动方向上。

第一,行政疆域的廓清。法治政府的首要之义就是"有限政府",精准定位行政权的核心功能、科学厘清行政权的运行边界应当继续成为法治政府建设的主攻方向。② 改革开放四十多年来,"转变政府职能""简政放权"逐渐成为时代强音,与此有关的行政管理体制改革也在不断推进。但是,"触动利益往往比触动灵魂还难",行政权肆意扩张的现象仍然存在。例如,深化行政审批制度改革已经进行了数轮之久,但审批事项过多过滥的势头很难说已经得到有效遏制,类似四川省通江县委、县政府办公室发布的《关于进一步规范国家公职人员和群众操办酒席的通知》所引发的争议即可佐证审批泛滥之实。③ 从现代行政法治的内在逻辑上看,应当全面贯彻"辅助性原则",除了行政保留的事项之外,更

---

① 早在2006年,浙江省杭州市余杭区委区政府提出"法治余杭"的目标,委托学者研究团队共同探索"法治量化考核评估体系",率先在国内进行法治指数实验,引发了量化法治的热潮。参见钱弘道:《法治指数:法治中国的探索和见证》,载《光明日报》2013年4月9日。近年来,以钱弘道教授为代表的一批学者,围绕"法治评估""法治指数""法治指标"进行了大量的实证研究和学理证成。相关论述可参见钱弘道等:《法治评估及其中国运用》,载《中国社会科学》2012年第4期;钱弘道、王朝霞:《论中国法治评估的转型》,载《中国社会科学》2015年第5期;姚建宗:《法治指数设计的思想维度》,载《光明日报》2013年4月9日;关保英:《法治体系形成指标的法理研究》,载《中国法学》2015年第5期。
② 《法治政府纲要》在论述法治政府建设的基本原则时,提出了"实行法治政府建设与创新政府、廉洁政府、服务型政府建设相结合"的命题,从而间接回答了法治政府概念的外延,对树立科学的法治政府观具有现实指导意义。
③ 胡建淼教授曾撰文深入剖析了通江操办酒席文件的违法性,参见胡建淼:《对现实中三种管理事例的法治思考》,载《行政管理改革》2015年第12期。

多社会治理任务都可以借助市场和社会力量,实现多元主体的合作共治。在我国这样的行政主导型国家,廓清行政疆域始终都是法治政府建设的首要任务。辅助性原则虽然还没有成为我国行政法上的主流原则,但其意旨一直存在于若干法律规范之中。从《行政许可法》第13条有关"公民、法人或者其他组织能够自主决定的""市场竞争机制能够有效调节的""行业组织或者中介机构能够自律管理的""行政机关采用事后监督等其他行政管理方式能够解决的"可以"不设行政许可"的规定,到《依法行政纲要》第6条有关"凡是公民、法人和其他组织能够自主解决的,市场竞争机制能够调节的,行业组织或者中介机构通过自律能够解决的事项,除法律另有规定的外,行政机关不要通过行政管理去解决"的规定,再到《法治政府纲要》"适合由社会组织提供的公共服务和解决的事项,交由社会组织承担""凡属事务性管理服务,原则上都要引入竞争机制向社会购买""确需政府参与的,实行政府和社会资本合作模式"的规定,标志着辅助性原则经行政许可、行政管理而扩大到公共服务和社会治理领域,使得"个人—市场—社会—国家"的行政任务履行逻辑得以生成。在加快法治政府建设的当下,借助辅助性原则内涵的诠释,对政府职能"依法履行"的实现弥足珍贵。

第二,合法最佳的统合。法治政府的二重要义就是"有为政府",有效实施法律规范、理性运用行政权力是法治政府建设的重要方向。一方面,一切行政权力的运用必须遵守法律、符合法律、不得与法律相抵触,满足行政权谦抑性的要求;另一方面,一切行政权力的运用必须理性正当、实现最佳治理,满足行政权能动性的要求。只有坚持合法性与最佳性的统合,法治政府建设才能适应社会转型时期的现实需要。"行政法的时代机能应当包括私人权益的司法保障和公共福祉的制度体现。将行政法定位为私人权益的司法保障,其背后的基本哲学是:行政机关在本质上倾向于滥权而侵害人民权益;容易滥权的行政机关必须受法律的拘束;不论是避免行政机关滥权或保障人民权益,都必须藉由独立公正并具有法律专业的法院进行。将行政法定位为公共福祉的制度体现,其背后的基本哲学是:行政机关在本质上应被定位为增进公共福祉;法律并非消极的用来拘束行政机关,而是藉由适当的制度设计,积极地促成公共福祉的增进;公共福祉的体现,并不能只靠独立公正并具有法律专业的法院,行政机关或政府整体所主导的程序,更是影响公共福祉体现的重要场域。"[①]面对信息化、民营化、全球化的时代挑战和社会运行风险的加剧,我国法治政府建设必须坚持

---

① 叶俊荣:《行政法案例分析与研究方法》,三民书局1999年版,第9—11页。

合法性与最佳性相统合的"二维结构",最大限度地实现社会善治。① 行政权运行的最佳性要求以行政任务的全面科学履行为导向,创新行政任务履行的组织形态和具体方式,在法治框架内寻求最为理想的治理模式。在加快法治政府建设的当下,借助最佳性原则内涵的诠释,对政府职能"全面履行"的实现弥足珍贵。

第三,内外结合的监控。法治政府的三重要义就是"有责政府",强化行政权力监督制约、严格依法追究行政责任是法治政府建设的努力方向。权力与责任如影随形。一方面,行政系统内部应当构建有效的问责机制,努力实现行政的自我拘束;另一方面,行政系统外部的监控体系亟待完善,努力形成倒逼政府的制度格局。只有坚持内外结合的监控模式,才能真正实现把行政权力关进笼子的构想。从这个意义上来说,行政系统内部自发形成的行政裁量基准改革、行政执法三项制度改革、行政问责改革等"自我断臂"之举值得继续推广,而源自行政系统外部的各种评估、监督机制更值得提倡。以"全面提高政府工作人员法治思维和依法行政能力"任务的实现为例,除了继续深入推进法治宣传教育、加强依法行政绩效考核等内部举措之外,类似行政机关负责人亲自出庭应诉的外部倒逼机制更显重要。行政机关负责人出庭应诉是其亲自参加法治实践活动的重要载体,有助于领导干部法治思维的锤炼,有助于行政争议的实质性化解,有助于社会共识的凝练。② 尽管社会争议不断,但这一中国本土化的制度创新仍然在《行政诉讼法》修改时得到了明确认可。在加快法治政府建设的当下,通过内外结合监控模式的推行,对锻造"守法型政府"和"责任型政府"弥足珍贵。

(三) 组织根基:建成法治政府的行动保障

《法治政府纲要》描绘了中国特色社会主义法治政府的美好蓝图,必须夯实各项保障措施,促使新时代高质量法治政府建设行稳致远。

第一,党政主要负责人是法治政府建设第一责任人。"老大难,老大重视就不难",法治政府建设的成败首先取决于"关键的少数",尤其是党政一把手是否真正予以重视。将党政主要负责人列为法治政府建设第一责任人是《法治政府

---

① 参见朱新力、唐明良:《法治政府建设的二维结构——合法性、最佳性及其互动》,载《浙江学刊》2009年第6期。
② 参见章志远:《行政机关负责人出庭应诉制度的法治意义解读》,载《中国法律评论》2014年第4期。

纲要》的重大创举,对于法治政府战略目标的实现具有极为重要的组织保障作用。《法治政府纲要》通过"党政同责"的新规定,将建设法治政府摆在工作全局的重要位置,有望唤醒全体国家公职人员厉行法治的信心和对法治的敬畏。党政同责主抓法治政府建设的规定虽有过分重视人的作用之嫌,却不失为针对中国国情所开具的一剂良药。《法治政府纲要》从消极层面对党政同责进一步作出规定:"对不认真履行第一责任人职责,本地区本部门一年内发生多起重大违法行政案件、造成严重社会后果的,依法追究主要负责人的责任。"相比之下,《全面依法治国决定》有关"在相同条件下,优先提拔使用法治素养好、依法办事能力强的干部"则更为积极。因此,在有关党政同责主抓法治政府建设精神的把握上,应将《法治政府纲要》和《全面依法治国决定》联系起来,避免片面理解而造成负面效应。

第二,法治政府建设年度报告。《法治政府纲要》的很多具体措施都有严格的时间节点,为各级党委和政府逐年推进法治政府建设提供了明确的考核依据。《法治政府纲要》规定:"县级以上地方各级政府每年第一季度要向同级党委、人大常委会和上一级政府报告上一年度法治政府建设情况,政府部门每年第一季度要向本级政府和上一级政府有关部门报告上一年度法治政府建设情况,报告要通过报刊、政府网站等向社会公开。"年度报告是本地区、本部门法治政府建设的"晴雨表",强制报告制度必将起到应有的倒逼作用。事实上,近年来我国一些群团组织和学术机构已经相继启动了类似的法治建设年度报告工作,如中国法学会自 2009 年开始组织撰写并向社会发布《中国法治建设年度报告》,中国政法大学法治政府研究院自 2013 年开始启动《法治政府评估报告》和《法治政府蓝皮书》撰写发布工作,中国社会科学院法学研究所自 2013 年开始启动《中国法治蓝皮书》撰写发布工作,这些由独立的第三方所发布的法治建设年度报告对推动法治建设起到了积极作用。当然,由各级政府自己对外发布法治建设白皮书更具现实意义,这种"亮家底"做法有助于倒逼各级政府真正按照《法治政府纲要》的目标任务和时间要求厉行行政法治。今后要把各级政府发布的法治政府建设年度报告与各级法院发布的行政审判白皮书、有关学术机构发布的法治政府评估报告和法治政府蓝皮书有机结合起来,形成相互竞争、相互印证、相互补充的局面,确保最终发布的报告与法治政府建设的实际状况相吻合,为建成高质量法治政府提供全面、客观而准确的信息。

第三,法治政府示范创建活动。中国特色社会主义法治政府建设必须立足中国本土国情,着眼中国本土问题的解决。根据以往的法治政府建设实践,通过示范创建活动培育典型并加以总结推广是法治政府建设过程中的一条有益经验。《法治政府纲要》规定要"充分发挥先进典型的示范带动作用",形成富有特色的法治政府建设模式。如果说年度报告尚属"规定动作"的话,那么"示范创建"无疑是"自选动作",更能够形成法治政府建设"你追我赶""你强我优"的新生态,进而加速法治政府建设的进程。作为一种独特法治现象的"地方法治",一直存在于我国法治建设进程之中。有学者还将地方法治试验中的成功经验归纳为以湖南为代表的"程序型法治"、以广东为代表的"自主性法治"和以浙江为代表的"市场型法治"模式。[①] 就法治政府建设实践而言,国家层面很多统一的制度设计都来源于地方的先行试验,示范创建活动应当成为我国自主型法治政府建设的重要抓手。

二、法治政府建设的理论创新

对中国行政法学而言,能否在深入观察行政法治本土实践经验的基础上,不断提出具有原创性的理论命题,不仅事关行政法学理论体系在社会变迁中的重构,而且关系到中国特色社会主义法治政府的精神气质。在行政法治实践快速发展的时代背景下,对实用主义研究进路保有警惕、重拾对基础理论研究的热情,或许是实现新时代行政法学大发展的必经之道。

(一)"问题导向型"行政法学研究进路的冷思考

伴随着法治政府建设事业的大力推进,近年来行政法学者参与法治实践的机会越来越多。除担任兼职律师亲自办理行政案件外,当下行政法学者介入法治政府建设实务主要有五种途径:一是承担法治宣讲。在中央紧抓"关键的少数"法治思维的刚性要求下,各级党委和政府高度重视法治教育培训工作,行政法学者的身影频繁出现在各种规格的法治讲堂。对于普遍缺乏法科背景的领导干部而言,授课通俗易懂、能接地气自然是其首要需求,同时也是讲者能否持续获得聘请的重要因素。二是起草法规草案。《立法法》修订之后,所有的地级市都拥有了地方立法权。基于立法需求的迫切和立法能力的不足,很多地方都采用"委托第三方起草法规草案"的做法,行政法学者当仁不让地成为地方政府

---

① 参见周尚君:《国家建设视角下的地方法治试验》,载《法商研究》2013年第1期。

的首选合作对象,进而以承担横向课题方式服务于地方立法质量的提高。三是决策咨询论证。《全面依法治国决定》提出"加强中国特色新型智库建设"的目标之后,各大高校及科研机构相继成立各种名目的智库,鼓励学者积极建言献策获得领导批示。行政法学者或依托智库或通过其他渠道,为各级党政机关提供各种决策咨询和论证意见。四是担任各类顾问。《全面依法治国决定》提出"积极推行政府法律顾问制度"的目标之后,中办、国办联合印发《关于推行法律顾问制度和公职律师公司律师制度的意见》,明确要求,到2017年年底前,中央和国家机关各部委、县级以上地方各级党政机关普遍设立法律顾问,乡镇党委和政府根据需要设立法律顾问。行政法学者受聘各级政府兼职法律顾问(包括立法咨询专家、行政复议委员会委员、行政执法监督员等),能够为法治政府建设提供全方位的智力支持。五是挂职锻炼。通过"双千计划"或其他渠道,行政法学者深入到党政机关、司法机关担任一定领导职务,在一到两年的固定周期内亲身参与所在部门的法治实践。

行政法学者无论是通过担任法治宣讲、起草法规草案、参与决策咨询等方式提供"一锤子"服务,还是通过担任政府顾问、挂职锻炼等方式提供"一揽子"服务,都能够助力法治政府建设事业的发展。随着法治政府建设的不断深入,实践对行政法学者的需求更加旺盛,学者参与实践的机会和舞台也更加宽广。不过,过度参与实践也会对学者自身带来某种负面效应。除了分散研究精力之外,最主要的还是对学者思维模式、话语体系和研究进路的影响。学者参与法治实践越深,越容易形成"实践依赖症"。如果以社会服务统称学者参与实践活动,那么学术研究与其之间的差异大体上表现在四个方面:一是时效性和持久性。社会服务活动强调时效性,要求服务提供者及时发声;学术研究活动则强调持久性,要求研究者能够积数年之功奉献成熟的作品。二是碎片性和整体性。社会服务活动往往聚焦于一个又一个具体问题的破解,"术"的技巧更为看重;学术研究活动则需要针对研究对象展开体系化的抽象思考,"学"的成分更为凸显。三是实战性和引领性。社会服务活动强调实战性,以提供具有可操作性的问题解决方案为旨趣;学术研究活动则强调引领性,以提供具有引领性的学术思想为依归。四是建设性和反思性。社会服务活动强调"顾客至上",要求为政府行动提供建设性的意见;学术研究活动更加强调"价值中立",要求研究者站在客观立场审视法治实践活动。经验观察显示,真正能够在社会服务和学术研究之间保持游刃有余的状态并非易事。

一种庸俗理解"问题导向型"研究进路的现象正在隐约呈现。除了排斥纯粹的"坐而论道式"研究进路外,"解决实际问题""接地气""影响法治实践"甚至"获得重要批示"被奉为圭臬。这种现象的滋生,除了社会转型时期法治政府建设急迫的客观需求外,也与学者过度参与实践、陷入自我迷失境地甚至被实践俘获有关。过分强调实用主义的"问题导向型"研究进路,可能会加剧行政法学研究的"体系焦虑"。① 近年来对"短、平、快"实务导向型研究的过分推崇,使得行政法学在知识增量、话语权和影响立法进程方面的作用并不乐观。例如,近年来我国法学研究阵营中出现了较为激烈的"社科法学"与"法教义学"之争。其中,法教义学是一种"法学内的法学",主张认真对待法律规范,坚信现行法律规范秩序的合理性、旨在将法律素材体系化和强调面向司法个案提供建议与答案;社科法学是一种"法学外的法学",主张认真对待社会事实,从现实出发、立足社会变迁,运用其他社会科学的知识和方法观察法律制度和法律现象。从论争参与者来看,基本上都是民法学者、刑法学者、法理学者和宪法学者,行政法学者鲜有涉及。② 又如,理论研究准备的总体不足,使得 2014 年《行政诉讼法》修改的问题导向被固化,"行政复议双被告""行政机关负责人出庭应诉""规范性文件一并审查"等很多新制度因规定过于仓促而引发实施困境,修法作业依旧只能是"一次未竟的制度转型"。③

面对当下社会转型时期的时代需要,行政法学者应当保持清醒。诚然,"书斋式"的空发议论乃至"书生气"的一味批判固不可取,但完全"迁就式"的实践需要更应反思。身处信息爆炸、浮躁盛行的时代,重拾经典、回归理论当是学人最重要的生活。真正的理论自信,需要从单向度的学习、借鉴西方法律制度和理论的"追仿型进路",迈向以适应中国具体国情、解决中国实际问题为目标的"自主型进路"。"自主型法治进路的实质,就是把解决中国实际问题、实现有效

---

① 参见本刊编辑部:《中国行政法学发展评价(2012—2013)》,载《中外法学》2015 年第 6 期。
② 《光明日报》和《中国社会科学报》均刊发"社科法学与法教义学之争"的学术笔谈,力图展现社科法学与法教义学的真实图景。参见王启梁:《中国需要社科法学吗》,雷磊:《什么是我们所认同的法教义学》,尤陈俊:《不在场的在场:社科法学和法教义学之争的背后》,载《光明日报》2014 年 8 月 13 日;泮伟江:《社科法学的贡献与局限》,孙少石:《另眼旁观——对社科法学的一个反思》,白斌:《方枘圆凿:社科法学对法教义学的攻击》,载《中国社会科学报》2015 年 5 月 20 日。另可参见陈兴良:《刑法教义学方法论》,载《法学研究》2005 年第 2 期;张翔:《宪法教义学初阶》,载《中外法学》2013 年第 5 期;许德风:《法教义学的应用》,载《中外法学》2013 年第 5 期;冯军:《刑法教义学的立场和方法》,载《中外法学》2014 年第 1 期;张明楷:《也论刑法教义学的立场:与冯军教授商榷》,载《中外法学》2014 年第 2 期;谢海定:《法学研究进路的分化与合作——基于社科法学与法教义学的考察》,载《法商研究》2014 年第 5 期;雷磊:《法教义学的基本立场》,载《中外法学》2015 年第 1 期。
③ 参见章志远:《论我国行政法学研究的转型:基于新〈行政诉讼法〉的视角》,载《山东大学学报》2016 年第 5 期。

的社会控制与治理的要求渗透到法律及其运作的整个过程之中,从而形成与中国国情相适应的法治体系。"① 为此,亲身观察实践而非完全融入实践、全面掌握经验事实而非片面摘取局部事实、提炼本土理论模式而非照搬西方固有模式,应当成为未来行政法学研究的基本立场。"从经验事实、问题、中国经验到基本概念和理论的提出,这是一种'惊心动魄的跳跃',也是社会科学研究所要达到的最高境界。"②

(二)建成法治政府与行政法学研究的创新

《法治政府纲要》既有总体目标和衡量标准,也有主要任务和具体措施,理应成为行政法学研究的"宝库"。《法治政府纲要》的实施,可以引导行政法学研究在如下三个层面进行创新:

1. 行政法制度研究创新

法治的精义在于良法善治,良法是善治的前提,善治是良法的延续。从《法治政府纲要》列举的法治政府建设七大主要任务和四十项具体措施上看,行政法学亟需从两方面对传统和新兴的制度展开深入研究。

一方面,行政法学需要继续关注若干传统的制度研究,包括行政审批制度、权力清单制度、行政组织制度、行政程序制度、市场监管制度、公众参与政府立法制度、重大行政决策制度、综合行政执法制度、行政裁量权基准制度、柔性执法制度、行政权力监督制度、政务公开制度、行政问责制度、行政复议制度、行政调解制度、行政裁决制度、信访制度等。《法治政府纲要》列举的这些制度都是行政法学研究的热点领域,仍然存在很多学术生长空间。例如,信访制度近年来备受法学界关注,在信访制度存在正当性、权利属性、功能、类型化、改革、信访立法等方面都取得了很多研究成果。③ 相比较法理学、宪法学而言,行政法学参与信访问题的讨论还不够充分,有关信访法治化的路径、目标等重大理论与现实问题,尤其是如何对待信访的矛盾化解和权利救济功能,还需要行政法学者立足中国国情和信访运作实践作出有力回应。又如,行政组织制度研究一直是行政法学研究中的"短板",今后应当从行政权力科学的纵向、横向配置角度出发,深入研究县改区/市的设置标准、各类管委会的去留、各类内设委员会

---

① 顾培东:《中国法治的自主型进路》,载《法学研究》2010年第1期。
② 陈瑞华:《论法学研究方法》,北京大学出版社2009年版,第142页。
③ 参见张宗林等:《中国信访理论的新发展(2005—2014年)》,人民出版社2016年版。

和督察机构的角色定位等重大现实问题。

另一方面,行政法学需要及时关注若干新兴的制度研究,包括事中事后监管制度、政府购买公共服务制度、委托第三方起草法律法规规章草案制度、重大决策社会稳定风险评估制度、重大决策终身责任追究及责任倒查制度、行政执法全过程记录制度、重大行政执法决定法制审核制度、行政执法公示制度、辅助行政执法制度等。这些新制度对于提高政府社会治理能力、促进政府依法全面履职都具有重要意义,需要在实践观察和经验总结基础上及时实现制度的成文化和规范化。例如,上述很多制度都体现了社会力量承担行政任务履行的要义,诸如行政任务私人履行的界限、方式、法律规制等议题就应纳入行政法学的分析视野。

2. 行政法学范畴研究创新

基本范畴的精细化和体系化是行政法学研究的基础性工作。尽管行政法制实践在不断推进,但行政法学基本范畴仍然需要精心提炼,《法治政府纲要》的实施为此提供了重要契机。例如,传统的"行政主体—行政相对人"二元结构的法律关系图谱已经模糊,"行政主体—承担行政任务履行的私人主体—行政相对人""行政主体—承担第三方审查义务的私人主体—提供服务的私人主体—行政相对人"等新类型的法律关系结构频繁出现;行政处罚、行政许可、行政强制、行政征收、行政检查等传统命令控制型行政手段在"执法必严"的引领下继续适用,行政合同、行政指导、行政奖励、行政和解、行政评估、行政约谈等新兴的协商激励型行政手段在"创新执法方式"的引领下不断涌现。这些游弋在传统与现代之间的组织方式和行政手段,对既有行政法学基础理论形成挑战,亟需在基本范畴的理论界定上迈开步伐。

3. 行政法学体系研究创新

《法治政府纲要》的实施不仅推动着行政法制度、行政法学范畴的微观研究,还催生了行政法学基本原则和理论体系的更新。面对法治国家、法治政府、法治社会一体建设的时代要求,特别是公私合作的全面推进,需要开发新的行政法基本原则,补强传统合法性原则和合理性原则的不足。作为传统行政法学的基石性概念,行政行为在构筑行政法学体系上曾经发挥过至关重要的作用,甚至可以说关于行政行为的理论是全部行政法学理论的精髓和柱石。"行政之行为形式理论乃基于法概念操作技术之方便性,就行政机关为达成一定行政目的或任务所实施之各种活动中,选定某一特定时点之行为,作为控制行政活动适法范围或界限时之审查对象(基本单元),以达成对行政机关进行适法性控制之目的。因此,行政行为形式理论之任务主要籍由厘清各种行政活动基本单元之概念内涵与外延、容许性与适法性要件以及法律效果等问题,以确保依法行政要求,并同时保障人民权利。"① 面对大量未型式化行政手段的涌现,尤其是各类新型规制工具的采用,行政行为形式论必须回应内部如何有效调适的挑战。同时,面对法律关系论和行政过程论"取而代之"的双重挤压,行政行为形式论必须作出有力的理论回应。《法治政府纲要》任务清单的实施,能够为行政法学理论体系的完善提供智识渊源。

三、法治政府建设的模式创新

(一) 法治政府建设央地互动型模式的生成

近年来,党中央、国务院围绕建设法治政府这一"全面推进依法治国的重点任务和主体工程"作出了一系列战略擘画。各地在坚持法制统一原则的前提下,开展了一系列示范创建活动,彰显出地方与中央之间的良性互动。

1. "法治浙江"的区域自主探索

浙江省近年推出的"最多跑一次"改革、行政裁量基准改革、行政诉讼管辖制度改革和行政复议体制改革等代表性举措,为管窥法治政府建设地方与中央之间的互动关系提供了重要样本。

"最多跑一次"改革始于 2016 年 12 月。这项改革是一场集简政放权、制度创新、政务协同、流程优化、技术革新和法治保障为一体的政府自身革新,上接中央"放管服"改革和优化营商环境的部署要求,下承解决人民群众办事难的痛点和堵点,赢得了全社会广泛好评。2018 年 5 月,中办、国办印发《关于深入推进审批服务便民化的指导意见》,将浙江省的改革作为第一项经验做法向全国复制推广;2018 年 10 月,这项改革获得第五届"中国法治政府奖"。② 2018 年 11 月,《浙江省保障"最多跑一次"改革规定》正式通过,率先在省级层面为"最多跑一次"改革提供规范样本;2019 年 10 月,国务院《优化营商环境条例》颁

---

① 赖恒盈:《行政法律关系论之研究——行政法学方法论评析》,元照出版有限公司 2003 年版,第 53 页。

② 参见中国政法大学法治政府研究院主编:《中国法治政府奖集萃(第五届)》,社会科学文献出版社 2018 年版,第 1—10 页。

行,浙江省改革的许多做法被吸收采纳。

2004年2月,金华市公安局在全国率先推出《关于推行行政处罚自由裁量基准制度的意见》;2005年8月,《治安管理处罚法》吸收了金华市公安局创造的分格分档裁量控制技术;2006年,金华市在全市范围内全面推行行政裁量基准制度,随后在全国各地各个领域迅速推开,一度形成了轰轰烈烈的裁量基准运动。2015年4月,我国首部规范行政处罚裁量基准的省级政府规章——《浙江省行政处罚裁量基准办法》正式通过;《法治政府纲要》明确提出"建立健全行政裁量权基准制度,细化、量化行政裁量基准,规范裁量范围、种类、幅度";2016年8月,公安部出台《关于实施公安行政处罚裁量基准制度的指导意见》,源自金华市公安局"自下而上"与"实践先行"的裁量基准改革得以开花结果。[1]

台州市中级人民法院2002年首倡异地交叉管辖改革,将大量有管辖权的基层法院不适宜审理的行政案件,通过指定方式交由本辖区内异地基层法院审判。自2002年7月至2005年12月,该市基层法院共审结一审异地管辖案件447件,其中被告败诉158件,败诉率达35.35%,为同期审结的非异地管辖案件的2.5倍,行政审判公信力明显增强。[2] 2008年1月,最高人民法院发布《关于行政案件管辖若干问题的规定》,吸收了台州改革经验,确立了"以指定异地法院管辖为主,尽可能将行政争议化解在基层"的原则。2007年9月,丽水市中级人民法院进一步探索行政诉讼相对集中指定管辖改革,取得了良好质效。在2008年集中指定管辖的56件案件中,被告败诉20件,败诉率达35.7%,远远高于全市一审行政案件被告的败诉率。[3] 2013年1月,最高人民法院下发《关于开展行政案件相对集中管辖试点工作的通知》,在部分中级人民法院辖区内开展行政案件相对集中管辖试点工作。

浙江省的行政复议局改革始于2015年9月。义乌市行政复议局是全国首个具有实体意义的行政复议局,担负着整合行政复议职能、集中行政复议职权、提升行政复议公信力的使命。2016年,义乌市行政复议局收到行政复议申请703件,较2015年同期增长234%,矛盾纠纷由信访、行政诉讼向行政复议渠道

---

[1] 参见周佑勇、钱卿:《裁量基准在中国的本土实践——浙江金华行政处罚裁量基准调查研究》,载《东南大学学报》2010年第4期。
[2] 参见浙江省高级人民法院:《推动制度创新,树立司法权威》,载最高人民法院行政审判庭编:《行政执法与行政审判参考》(2007年第2集·总第23集),人民法院出版社2008年版,第270页。
[3] 参见叶赞平、刘家库:《行政诉讼集中管辖制度的实证研究》,载《浙江大学学报》2011年第1期。

流入的趋势十分明显。① 2016年7月,浙江省行政复议局挂牌成立;2017年6月,浙江省人民政府发布《关于深化行政复议体制改革的意见》,明确提出全省行政复议体制改革的时间表和路线图。如今,源自浙江的"实行一级政府只设一个行政复议机构"的改革方案正向全国各地推广。

"法治浙江"区域自主探索之所以能够赢得中央认可,取决于三个方面原因:一是"浙江精神"的文化支撑。一方水土,孕育一方精神气质。浙江人的精神气质就是求真务实、诚信和谐、开放图强——"与时俱进的浙江精神"。② 正是得益于浙江精神的长期滋养,浙江省在经济社会文化和法治政府建设方面干在实处、走在前列、勇立潮头。二是法治痛点的精准把握。无论是加强放管服改革、优化营商环境的"最多跑一次"改革,还是回应行政执法公正社会呼唤的裁量基准改革,抑或是公正化解行政争议的诉讼管辖改革和复议体制改革,浙江法治改革创新的秘诀就在于对现实痛点的精准把握,进而能够迅速赢得中央层面的关注。三是改革举措的显著成效。浙江的自主探索型创新试验来自基层实践,取得成效后经由省级相应立法进行固化推广,为在全国范围内适用提供了范本。

2."边缘创新"的地方主动求变

法治建设的复杂性和艰巨性决定了地方多点试验和边缘创新的必要性。以1989年《行政诉讼法》的实施为例,文本上理想的行政诉讼制度与现实运作渐行渐远,一些具有"中药"性质的制度由边缘走向中心。这些源自地方自发形成的改革举措,经过实践检验逐步获得认可,在更大范围内得到适用,对本土行政法治理念的形塑发挥了重要作用。以下仅以行政机关负责人出庭应诉和行政审判白皮书的兴起为例,从另外一个侧面揭示法治政府建设进程中央地之间的有效互动。

自2004年以来,地方不断兴起的要求行政机关负责人出庭应诉的"创举",逐渐为国务院和最高人民法院所认可,成为加快法治政府建设和优化行政审判环境的抓手。特别是江苏"海安样本"的兴起,引起了最高人民法院的极大关注,被列为改革开放以来中国行政法发展的"大事"之一。③ 在各方合力的推动

---

① 参见中国政法大学法治政府研究院主编:《中国法治政府奖集萃(第一至四届)》,社会科学文献出版社2018年版,第242页。
② 参见习近平:《与时俱进的浙江精神》,载《浙江日报》2006年2月5日。
③ 参见何海波编著:《法治的脚步声——中国行政法大事记(1978—2014)》,中国政法大学出版社2015年版,第214—215页。

之下,行政机关负责人出庭应诉比例不断提高、实效逐渐增强,最终被 2014 年修订的《行政诉讼法》认可。获评第五届"中国法治政府奖提名奖"的"武汉市行政机关负责人出庭应诉"项目,仍然被视为"助推法治政府法治社会一体建设的重要抓手"。①

自 2004 年上海市高级人民法院首次发布行政审判白皮书以来,该项工作已经成为上海法院系统历年行政审判的"重头戏"。2009 年 1 月,最高人民法院下发《关于在全国法院开展行政审判"白皮书"活动的通知》,人民法院行政审判白皮书发布工作发展迅猛,逐步定型,已经在白皮书内容、形式和范围上形成了较为稳定的模式。② 2016 年 7 月,最高人民法院下发《关于行政诉讼应诉若干问题的通知》,明确提出"人民法院可以通过白皮书形式,及时就本地区行政机关出庭应诉工作和依法行政考核指标的实施情况、运行成效等向行政机关作出反馈、评价",标志着行政审判白皮书的发布进一步获得了最高人民法院的首肯,为其系统化、规范化和制度化奠定了基础。

行政机关负责人出庭应诉和行政审判白皮书之所以能够以边缘身份获得普遍认可,其秘诀在于两个方面:一方面,地方主动求变的策略与中央优化行政审判环境、倡导源头社会治理的目标高度契合。面对行政审判难的法治瓶颈,如何运用中国智慧加以有效化解始终是高层关注的议题。地处长三角的江苏和上海,原本就是国内行政审判的高地,行政机关负责人出庭应诉和行政审判白皮书的推行貌似"不务正业",实则蕴涵着延伸人民法院服务功能、主动参与社会治理的大智慧。另一方面,地方边缘创新的实践与区域行政审判特点高度契合。我国行政审判工作面临发展不均衡的现实矛盾,特别是在经济发达地区,发展诉求、政府强势对传统的封闭对抗型行政审判模式构成挑战,如何通过府院互动构建新型开放合作型行政审判模式,是地方和中央、司法机关和行政机关的共同关切。行政机关负责人出庭应诉和行政审判白皮书的地方试验,抓住了"互动"和"双赢"的关键,为央地互动型法治政府建设模式的生长提供了重要样本。

3. "试点创新"的指令地方探索

如果说法治浙江实践和江苏行政机关负责人出庭应诉实践、上海行政审判

---

① 参见中国政法大学法治政府研究院主编:《中国法治政府奖集萃(第五届)》,社会科学文献出版社 2018 年版,第 248 页。

② 参见章志远:《我国行政审判白皮书研究》,载《行政法学研究》2018 年第 4 期。

白皮书实践是一种地方主动求变模式的话,那么对法治政府建设助力甚大的行政公益诉讼与监察体制改革则是中央指令地方探索的另一模式。前者发端于地方,经中央认可后在更大范围内得到推广,直至成为国家正式的法律制度;后者发端于中央,在地方成功试点后经由立法固化而定型。

《全面依法治国决定》明确提出"探索建立检察机关提起公益诉讼制度"的任务。在中央全面深化改革领导小组、全国人大常委会的推动和最高人民法院、最高人民检察院的部署下,北京等13个省、自治区、直辖市检察机关提起公益诉讼的试点工作取得了积极成效。在两年试点期间,试点地区检察机关共办理公益诉讼案件9053件,包括诉前程序案件7903件、提起诉讼案件1150件。其中,行政公益诉讼案件8709件,包括诉前程序案件7676件、提起诉讼案件1031件,占据了压倒性多数。[①] 2017年6月,十二届全国人大常委会第二十八次会议对《民事诉讼法》和《行政诉讼法》进行修改,检察机关提起公益诉讼制度正式"入法"成为我国重要的诉讼法律制度。

深化国家监察体制改革是以习近平同志为核心的党中央作出的强化党和国家自我监督的重大决策部署。2016年12月,十二届全国人大常委会第二十五次会议通过了《关于在北京市、山西省、浙江省开展国家监察体制改革试点工作的决定》。经过一年多时间实践,监察体制改革在试点地区迈开坚实步伐。党的十九大对深化国家监察体制改革进一步作出战略部署,十二届全国人大常委会第三十次会议通过了《关于在全国各地推开国家监察体制改革试点工作的决定》。2018年3月,十三届全国人大一次会议通过了《中华人民共和国宪法修正案》,明确了国家监察委员会的宪法地位;同时通过了《中华人民共和国监察法》,最终完成了监察体制改革的法治化。

与地方主动求变不同的是,检察机关提起行政公益诉讼和监察委员会专门行使国家监察职能,都是党中央和习近平总书记亲自部署的重大改革举措,体现了中央主动指令地方探索的决心。这两项改革涉及国家机关之间权力关系的重大调整,必须由中央统一部署后才能交由地方进行有序试点。由于党中央的周密部署,试点地区能够在相对较短的时间内形成有益的试点经验,为国家及时立法正式确认提供了充分的实践支撑,构成了央地互动型法治政府建设模式的特殊样本。

制度经济学理论认为,诱致性制度变迁指的是一群(个)人在响应由制度不

[①] 参见戴哲哲:《检察机关提起公益诉讼制度全面实施》,载《人民日报》2017年7月3日。

均衡引致的获利机会时所进行的自发性变迁；强制性制度变迁指的是由政府法令引起的变迁。① 如果说改革开放之前的经济社会发展主要还是依靠政治精英主导设计，那么改革开放之后的经济社会发展则更多表现出对民间社会首创精神的尊重。特别是在建设社会主义法治国家的进程中，中央通盘考虑及时做好顶层设计进行战略部署，引领全国范围内的法治建设不断迈上新台阶；地方在坚持法制统一原则基础上大胆进行改革创新，为中央顶层设计提供样本原料。法治政府建设的目标提出以来，一种超越自上而下强制性制度变迁模式和自下而上诱致性制度变迁模式的新范式开始呈现。这种央地互动型模式吸收了二者的优点，既坚持党中央集中统一领导和整齐划一的顶层设计，又鼓励和尊重地方的首创精神和大胆试验，是我国单一制国家结构形式下推进法治政府建设的有益经验。无论是法治浙江的自主创新、其他地区的边缘创新还是中央遴选的试点创新，都体现了法治政府建设的央地有效互动。实践表明，中国特色央地互动型法治建构模式体现了坚持党中央对法治建设的领导和发挥地方积极性主动性的有机统一，完全契合中国特色社会主义法治体系建构的需要。

（二）法治政府建设央地互动型模式的逻辑

央地互动型法治政府建设模式的运作遵循了"地方试验—中央认可—稳步推广—法治固化"的逻辑，彰显了民主集中制原则下法治国家、法治政府、法治社会一体建设的特殊路径。从以往的实践经验来看，地方试验是前提和基础，试验效果的好坏、试验时间的长短、试验本身对合法性原则的恪守与否，都可能成为地方试验能否在更大范围内得到推广适用的条件；中央认可则是根本和关键，只有得到中央层面的默许和肯定，地方试验才有可能升格为全局性的制度创新；稳步推广是重心和方向，通过中央层面的政策性文件或相对低位阶的法律规范作为实施依托已成惯例；法治固化则是目标和归宿，在局部试点和全面推开取得实际成效的基础上，以法律形式正式确认试点经验是根本之策，也是对"重大改革必须于法有据"政治承诺的积极兑现。

---

① 参见林毅夫：《关于制度变迁的经济学理论：诱致性变迁与强制性变迁》，载〔美〕R.科斯等：《财产权利与制度变迁——产权学派与新制度学派译文集》，刘守英等译，上海三联书店、上海人民出版社1994年版，第374页。

1. 央地互动型模式的基础

作为央地互动型法治建构模式的起点,"地方试验"存在"主动型试验"(地方自主进行探索)和"被动型试验"(中央指令地方探索)两种形态。主动型地方试验具有时间长、耐性好的优点,能够形成公认的样板。以行政机关负责人出庭应诉制度的试验为例,虽然最早的规范性文件出现在陕西合阳,但江苏海安后来居上成为远近闻名的改革样本。在海安制度改革成功的背后,区域整体法治环境的优越、主事机关的担当是其脱颖而出的关键因素。[①] 被动型地方试验时间相对较短,更多体现了中央在特定领域厉行法治的意志和决心。以行政公益诉讼制度和监察体制改革为例,从中央决定在部分地区试点到法律明确予以成文规定不过两年时间,体现出中央对相关领域法治改革的周密部署和坚定自信。即便是中央指令式的被动型试验,承担地区本身所具有的各种优势显而易见,为制度创新试验的快速推进和最终成功奠定了基础。在这种地方"越有为就越有位""越有位就越有为"的竞争态势之下,央地互动型模式就有了广阔的生长空间。2019年8月,中共中央、国务院发布《关于支持深圳建设中国特色社会主义先行示范区的意见》,既为深圳大胆创新法治政府建设提供了充分保障,也是深圳长期改革积累和主动谋划的区域优势地位使然。2019年12月,《深圳建设先行示范区行动方案(2019—2025年)》正式印发,其生动实践必将成为我国央地互动型法治政府建设模式的又一典范。

2. 央地互动型模式的关键

作为央地互动型法治建构模式的关键,"中央认可"是地方法治试验能否获得全面推开的必备要素。一般来说,主动型地方试验要想赢得中央认可,必须同时符合"天时地利人和"的要求。一方面,试验地区的党政领导要高度重视,试验成果本身要合法、专业、科学;另一方面,试验项目还要主动对接国家战略急需,能够对相关领域的改革起到示范引领作用。以正在兴起的浙江全省范围内的行政复议局改革为例,之所以能够快速推进,既源于国家层面对行政复议制度在新时代行政争议化解中应有地位的日益重视,也与试点本身发挥出比传统的行政复议委员会审理模式更佳效果密切相关。2006年9月,中办、国办联合下发《关于预防和化解行政争议健全行政争议解决机制的意见》,明确提出要

[①] 参见张宽明:《江必新在推进行政机关负责人出庭应诉工作现场会上强调 大力弘扬社会主义法治精神积极推进负责人出庭应诉》,载《人民法院报》2011年5月17日。

积极探索符合行政复议工作特点的机制和方法,努力把行政争议主要化解在基层、化解在初发阶段、化解在行政系统内部。2008年10月,国务院原法制办下发《关于在部分省、直辖市开展行政复议委员会试点工作的通知》,确定北京、广东等8个省、直辖市为行政复议委员会试点单位。相对于类似"输血"功能的行政复议委员会模式而言,行政复议局更具"造血"功能。在"第四届中国法治政府奖"评选活动中,浙江省义乌市人民政府行政复议局申报的"设立实体复议机构行政复议局"的行政复议体制改革项目获得提名奖。除了领导高度重视、舆论持续宣传外,"行政复议解决行政争议主渠道功能进一步显现"是其最终胜出的关键。①

3. 央地互动型模式的重心

作为央地互动型法治建构模式的重心,"稳步推广"是法律制度创新和定型的根本。从以往的法治创新实践来看,依托权威性政策文件和相对低位阶的法律规范是其内在的二元规范依据。以行政机关负责人出庭应诉改革经验的推广为例,在作为一项正式制度写入行政诉讼法之前,国务院和最高人民法院的权威政策文件已经分别予以明确认可。随着党中央对法治政府建设的高度重视,加强党对法治建设工作的领导比以往任何时候更为凸显,越来越多的纲领性党政联合发文成为推进法治政府建设的重要依据。中办、国办联合下发的《关于推行法律顾问制度和公职律师公司律师制度的意见》《党政主要负责人履行推进法治建设第一责任人职责规定》《关于进一步把社会主义核心价值观融入法治建设的指导意见》《法治政府建设与责任落实督察工作规定》就是典型例证。从某种意义上来说,央地互动型法治政府建设模式也是中国特色社会主义法治体系运行的真实写照。

4. 央地互动型模式的归宿

作为央地互动型法治建构模式的目标,"法治固化"是制度演进的最终归宿,是对改革和法治"双轮驱动"时代二者辩证关系的精准适用。"摸着石头过河"式的改革创新试验,要想从根本上取得普适性实效,还必须通过法治固化完成最终的顶层设计。习近平总书记指出:"在研究改革方案和改革措施时,要同步考虑改革涉及的立法问题,及时提出立法需求和立法建议。实践条件还不成

---

① 参见中国政法大学法治政府研究院主编:《中国法治政府奖集萃(第一至四届)》,社会科学文献出版社2018年版,第248页。

熟、需要先行先试的,要按照法定程序作出授权。对不适应改革要求的法律法规,要及时修改和废止。"①以中央指令部分地区试行公益诉讼制度和监察体制改革为例,在做好试点方案的初步顶层设计和试点地区经验总结的基础上,国家层面修法和立法工作随即展开,一揽子解决了改革创新的法律依据问题。

(三) 法治政府建设央地互动型模式的驱动

从法治政府建设央地互动型模式的运作上看,地方改革创新试验是漫长征程的"首站"。以六项地方自主探索型试验为例,起因都源于地方的自我加压。例如,2015年8月,浙江省义乌市在全国率先成立首个县级市行政复议局,改革的直接背景就在于当地越来越严峻的复议工作形势。② 行政机关负责人出庭应诉之所以能够从边缘走向中心,形成全国独一无二的海安现象,就在于行政机关能够主动接受人民法院监督、自觉规范行政执法行为。③ 为此,如何从体制机制上激发地方改革创新的热情和动力,就成为法治政府建设央地互动型模式生长的重要支撑。只有通过正向激励和反向豁免机制的建立,才能彻底打消地方法治创新存在的顾虑,激活地方法治创新的动能。对于地方主动探索型试验而言,这些体制机制的保障尤为重要。至于中央指令地方的探索型试验,还需要把握好试点地区的遴选标准,使得最重要的国家改革试点任务能够与最具实力的地区相匹配。

党和国家近年来推出了一系列鼓励地方法治改革创新的举措,为法治政府建设央地互动型模式的生长提供了良好的外部环境。2019年4月,中办、国办印发《法治政府建设与责任落实督察工作规定》,强调要"努力形成从党政主要负责人到其他领导干部直至全体党政机关工作人员的闭环责任体系",不断把法治政府建设向纵深推进。2019年5月,中央依法治国办印发《关于开展法治政府建设示范创建活动的意见》(以下简称《意见》),明确指出开展法治政府建设示范创建活动,是不断把法治政府建设向纵深推进的"重要抓手"。《意见》将"以创建促提升""以示范带发展""以点带面、辐射全国""为基本建成法治政府提供典型引领""为建设社会主义法治国家作出积极探索"作为法治政府示范

---

① 《习近平关于全面依法治国论述摘编》,中央文献出版社2015年版,第51页。
② 参见中国政法大学法治政府研究院主编:《中国法治政府奖集萃(第一至四届)》,社会科学文献出版社2018年版,第240页。
③ 参见陈向东、顾建兵:《"海安现象"促进依法行政 单晓鸣当选"2012影响中国之年度法治人物"》,载《人民法院报》2012年12月20日。

创建活动的指导思想,以"鼓励大胆探索、先行先试""坚持改革引领""着力实现示范创建与深化改革的有效衔接"作为法治政府示范创建活动的基本原则。

我国目前法治政府建设央地互动型模式的创新驱动保障机制主要体现在四个方面:一是将"推进法治建设"明确列举为各级党政机关主要负责人的职责,其具体角色定位为"组织者""推动者""实践者";二是从正面明确鼓励地方大胆探索、先行先试,充分发挥先进典型的示范带动作用;三是从反面建立健全必要的容错纠错机制,对法治改革创新实践中出现的失误错误豁免问责;四是将法治建设成就纳入政绩考评指标体系,与干部选拔任用直接挂钩。这些极具中国本土特色的创新驱动保障机制,将"关键少数"的领导干部纳入重点激励对象,通过鼓励创新和容错纠错机制并用,有望最大限度地激发地方的改革创新热情,如愿实现法治政府建设的近期和远期目标。2019 年 12 月,中央依法治国办部署开展对云南、甘肃等八省份法治政府建设实地督察工作,法治政府督察手段的压力传导功能、全面体检功能初步显现。同时,中央依法治国办完成了首批法治政府建设示范创建评估认定工作。

在全面依法治国的进程中,党内法规同国家法律的衔接和协调是关乎社会主义法治体系构建的重大问题。就鼓励地方改革创新试验的法律依据而言,尚未形成与党内法规相互匹配、密切协调的局面。总体来看,地方改革创新试验的激励性法律依据明显不足。《立法法》第 13 条规定:"全国人民代表大会及其常务委员会可以根据改革发展的需要,决定就行政管理等领域的特定事项授权在一定期限内在部分地方暂时调整或者暂时停止适用法律的部分规定。"《行政许可法》第 21 条规定:"省、自治区、直辖市人民政府对行政法规设定的有关经济事务的行政许可,根据本行政区域经济和社会发展情况,认为通过本法第十三条所列方式能够解决的,报国务院批准后,可以在本行政区域内停止实施该行政许可。"这两条规定是目前地方先行先试最直接的法律依据,但其内容具有消极性特点,即地方可以"暂调或者暂停部分法律的适用""停止行政许可实施",远未达到鼓励地方积极创新的程度。有学者主张通过"取消对全国人大特别授权立法授权对象的限制""明确规定地方立法主体可以授权其他机关进行立法""扩大具体授权的适用范围",为地方改革创新包括制度突破提供更为广阔的空间;①有学者将行政改革试验授权定位为具有独立法律地位的"介于立法授权与行政授权之间的一种新型授权制度",主张从行为程序、形式及内容三个方面筑起应有的法律界限。② 从法治政府建设央地互动型模式的运作上看,授权扩大及其限制的学术主张更多体现在后续稳步推广阶段,而地方自主探索型试验激励机制的法律化、明确化则更为重要。就法治政府建设的痛点而言,必须着眼地方自主探索型试验的正向鼓励。建议通过《行政法总则》"创新保障性条款"的设置,鼓励坚守法治思维和底线思维基础上的法治政府示范创建活动,使央地互动型模式的创新驱动保障机制得以法律化。③

(四) 法治政府建设央地互动型模式的评估

从法治政府建设央地互动型模式的运作上看,中央认可是地方试验能否成为国家正式法律制度的关键环节。除了地方党政领导的重视和新闻媒体的宣传外,试验本身取得的成效和国家战略需求的对接也是重要因素。中央依法治国办《意见》的颁行,为央地互动型模式的评估提供了"制度平台"。《意见》绘制了一幅鼓励试点创新、发挥示范引领、促进协同推进的蓝图,集合了中央和地方、官方与民间的各种有利资源,对全面推进依法治国战略的顺利实现具有里程碑意义。《意见》附随的"市县法治政府建设示范指标体系"本身就是法治政府建设长期实践的成果,既是中央依法治国办开展示范创建活动的评估标准,也是全国各地建设法治政府的具体指引,特别是第9项"附加项"中的"加分项目",体现了对地方法治试验创新的应有尊重。

《意见》对法治政府建设示范地区评估认定活动设置了"第三方评估"程序,借此发挥行政法学理论界的参与和助推作用。中国法学会行政法学研究会自2010年至2020年连续开展了五届"中国法治政府奖"评选活动,在业界产生了广泛影响,对法治政府建设央地互动型模式的生长起到了推动作用。梳理其中的一些获奖项目,可以看出行政法学者心系法治政府建设实践、运用行政法学理论积极助推的身影。从中央依法治国办启动的首批法治政府建设示范创建评估认定工作进展情况来看,数百名行政法专家学者参与其中发挥了重要作

---

① 参见马怀德主编:《行政法前沿问题研究》,中国政法大学出版社2018年版,第47—48页。
② 参见杨登峰:《行政改革试验授权制度的法理分析》,载《中国社会科学》2018年第9期。
③ 参见章志远:《行政法总则行政保障篇起草的基本遵循》,载《江淮论坛》2019年第2期。

用。为此，在《意见》规定的基础上，实有必要建立官方与学界之间固定的良性互动机制，更好实现法治政府建设中地方与中央之间的互动。

作为主体工程的法治政府建设和基础工程的法治社会建设，在法治国家建设征程中犹如"车之两轮""鸟之两翼"，必须统筹推进、协调发展。除了既往那些较为成功且已成型的法律制度变革之外，对于一些还处于地方创新试验阶段或正在获得中央认可的改革举措，如何通过自身的进一步优化在全国范围内得到推广，都是行政法学理论界和实务界近期应该关注的话题。例如，一些地方和行业所推行的社会信用管理机制对于构建社会诚信体系发挥了重要作用，但作为社会信用体系核心的政务诚信却明显滞后。为此，必须站在法治政府与法治社会一体建设的高度，通过社会信用建设倒逼政务诚信改革，努力建成"守法诚信"的法治政府。又如，经由行政案件异地交叉管辖、相对集中管辖到跨行政区划管辖的制度变迁，铁路运输法院固定集中管辖行政案件渐成气候，预示着人民法院依法独立行使行政审判权的规范内涵不断得到充实。如何进一步凝聚改革共识，在国家层面推动行政审判体制改革迈出坚实步伐，都是行政法学理应当聚焦的重心。

相比较法治政府建设已经形成较为完备的指标体系而言，法治社会建设的指标体系尚在探索之中。《全面依法治国决定》第五部分"增强全民法治观念，推进法治社会建设"，提出了法治社会建设的四大任务；党的十九大报告第八部分"提高保障和改善民生水平，加强和创新社会治理"第六节，提出了"打造共建共治共享的社会治理格局"的法治社会建设目标；党的十九届四中全会《决定》第九部分"坚持和完善共建共治共享的社会治理制度，保持社会稳定、维护国家安全"，提出了创新社会治理的五大任务；2020年12月，中共中央印发《法治社会建设实施纲要（2020—2025年）》，提出了建设"信仰法治、公平正义、保障权利、守法诚信、充满活力、和谐有序"的社会主义法治社会目标。个别较为敏感的学者提出了"法治社会建设的目标指引"命题，并归纳为"引导公众有序参与社会治理""维护良性的物质文化生活秩序""调适基本公共服务资源的供求"和"界定社会组织的适当行为空间"四个方面。[①] 参酌法治政府建设指标体系要求，法治社会建设的一级指标可设计为"增强全社会法治观念""健全社会领域

---

① 参见陈柏峰：《中国法治社会的结构及其运行机制》，载《中国社会科学》2019年第1期。

制度规范""切实保障公民权利""推进社会治理法治化""依法治理网络社会"五个方面,经济发达地区可通过法治社会建设规划等载体率先试行,为国家层面法治社会建设提供可复制、可推广的经验。同时,中央依法治国办可适时推进法治社会建设示范创建活动,助力高质量法治一体建设目标在 2035 年如期实现。

【扩展阅读】

1. 马怀德:《论习近平法治思想中的法治政府理论》,载《政法论坛》2020 年第 6 期。

2. 马怀德:《习近平法治思想中法治政府理论的核心命题》,载《行政法学研究》2020 年第 6 期。

3. 杨海坤:《我国法治政府建设的历程、反思与展望》,载《法治研究》2015 年第 6 期。

【延伸思考】

1. 我国法治政府建设取得了哪些突出成就?
2. 当前我国法治政府建设存在哪些短板和不足?
3. 习近平法治思想中的法治政府理论有哪些要义?

第十九章　行政法法典化论

尽管"行政法难以实现法典化"几乎是各国行政法学理的普遍共识,但在我国行政法的发展进程中,制定一部统一的行政法典一直是无数行政法学人孜孜以求的梦想。早在1986年,在时任全国人大法律委员会顾问陶希晋先生的带领下,全国人大成立了"行政立法研究组",迅速展开了制定行政基本法的探索。后虽因种种原因最终搁浅,但先制定《行政诉讼法》、再逐项制定单行行政法律的发展路径被确立下来。① 经过多年努力,这种"成熟一个、制定一个"的分散型立法模式得以开花结果,《国家赔偿法》《行政处罚法》《行政复议法》《行政许可法》《行政强制法》等重要行政法律的颁布实施,使得行政法律规范体系初步形成。

1995年,杨海坤教授率先提出"行政程序法典化"命题,认为中国行政程序法典化是实现行政法治的关键,是中国法制现代化的重要组成部分,体现了许多国家行政法发展的共同进步趋向。② 自此以后,行政法学者二十余年间锲而

---

① 参见张维:《法学界一个战斗的团体——行政立法研究组成立三十周年掠影》,载《法制日报》2016年10月13日。
② 参见杨海坤:《行政程序法典化:中国法制现代化的重要课题》,载南京师范大学法制现代化研究中心编:《法制现代化研究》(第一卷),南京师范大学出版社1995年版,第267—286页。

不舍地为中国行政程序法法典化鼓与呼。① 在这期间,各种版本的行政程序法"专家试拟稿""专家建议稿"纷纷推出,湖南、山东、江苏、宁夏、浙江五省区先后制定了省级政府规章层面的《行政程序规定》,汕头、西安、海口、兰州等地则先后制定了市级政府规章层面的《行政程序规定》,制定全国统一行政程序法的呼声再次高涨。② 与此同时,少数学者也提出了"行政法法典化"的命题及其具体构想。③

2012年,有感于学界千呼万唤的行政程序法迟迟不能出台和行政法律体系建立的任重道远,江必新教授提出制定一部"规范所有行政行为,在行政法体系中起纲要性、通则性、基础性作用的行政基本法"的设想。④ 2017年12月27日,在中国政法大学举办的"行政法总则与行政法法典化"学术研讨会上,应松年教授提出:"制定行政法总则的时机已经成熟,我们有能力借鉴民法总则的立法技术,将我国行政法中共性的东西抽取出来,形成具有中国特色的行政法总则。在行政法总则的指引下进一步制定行政法的分则,最终形成一部体系完整的行政法法典。"这一观点引发了与会学者的热烈讨论,除了对行政法法典化的时代价值予以普遍认同外,学者们也对行政法法典化所面临的巨大困难表示担忧。⑤ 2020年11月16日至17日,习近平总书记在中央全面依法治国工作会议上发表重要讲话,明确指出:"民法典为其他领域立法法典化提供了很好的范例,要总结编纂民法典的经验,适时推动条件成熟的立法领域法典编纂工作。"⑥2021年4月,全国人大常委会公布2021年度立法工作计划,"研究启动环境法典、教育法典、行政基本法典等条件成熟的行政立法领域的法典编纂工作"成为重要目标之一。

---

① 参见章剑生:《认真对待行政程序法典化》,载《法制日报》2002年6月9日;应松年:《应尽快制定行政程序法》,载《人民政协报》2002年12月9日;马怀德:《行政程序法的价值与立法意义》,载《政法论坛》2004年第5期;王万华:《论我国尽早制定行政程序法典的必要性与可行性》,载《中国法学》2005年第3期;张春生:《行政程序应当法典化》,载《民主与法制时报》2010年11月22日;姜明安:《一代公法学人憧憬的"梦"——我为什么热衷于行政程序法典立法》,载《北京日报》2015年10月19日。

② 参见万静:《地方行政程序规定渐成燎原之势业界呼吁制定全国统一的行政程序法》,载《法制日报》2015年11月25日;张维:《学界建议尽快出台统一行政程序法》,载《法制日报》2016年11月19日。

③ 参见朱维究:《对我国行政法法典化的思考——兼论行政法实体规范与程序规范的统一》,载《中国行政管理》2001年第4期;王世涛:《行政法的法典化及其模式选择》,载《时代法学》2005年第4期;刘太刚:《中国行政法法典化的障碍、模式及立法技术》,载《甘肃行政学院学报》2008年第1期。

④ 参见江必新:《迈向统一的行政基本法》,载《清华法学》2012年第5期。

⑤ 参见万学忠:《学界首次提出构建中国行政法法典》,载《法制日报》2018年1月19日。

⑥ 习近平:《坚定不移走中国特色社会主义法治道路 为全面建设社会主义现代化国家提供有力法治保障》,载《求是》2021年第5期。

从 20 世纪 80 年代制定行政基本法梦的破碎,到 21 世纪初对行政程序法法典化的憧憬,再到新时代行政法法典梦的重燃,我国行政法发展始终贯穿了美丽的"法典梦"。对行政法统一法典的不懈追求,既体现了中国行政法学人强烈的使命担当,也彰显出中国行政法学理不断开拓创新的精神气质。当下中国为何需要再燃行政法法典梦?行政法法典化有无实现可能?中国特色行政法法典化的道路该如何选择?行政法学界亟待对这些涉及行政法法典化的基础理论问题作出回应。①

一、行政法法典化的时代背景

作为"制度文明显赫篇章"②的法典是成文法的一种表现形式。相比较单行法律而言,具有综合性、完整性特征的法典则是成文法的高级形式。法典化是指"对一国法律进行分科编制而形成具有公力的法律书面之事业,或者是指将既有法令进行整理编辑而形成法典的工作,或者是将新设法令归类编纂而形成一编的法典工作"③。就具体种类而言,法典既可以是针对一国所有法律的综合性法典,如《十二铜表法》,也可以是针对一国某一部门法律的综合性法典,如《拿破仑法典》。

与民法典和刑法典相比,行政法因其调整对象的广泛性和内容的易变性,使得法典化任务更为艰巨复杂。关于行政法法典化的具体内涵,学理上尚存在"行政法总则法典化""一般行政法法典化""部门行政法法典化"三种不同见解。姜明安教授曾指出:"统一的行政法典只是将一国行政法的一般原则和基本规范编纂在一起,形成一个统一的、有内在逻辑联系的法律规范体系,而并非将一国所有的具体行政法规范汇集成一部行政法大全(这样的法律规范大全并非法

---

① 《行政法学研究》2021 年第 1 期聚焦行政法法典化问题,集中刊发了五篇专题研究论文,代表了我国行政法学界有关行政法法典化的最新认识。这些论文分别是应松年:《关于行政法总则的期望与构想》,周佑勇:《行政法总则中基本原则体系的立法构建》,谭宗泽、付大峰:《从规范程序到程序规范:面向行政的行政程序及其展开》,章志远:《行政法治视野中的民法典》,刘绍宁:《论行政法法典化的路径选择——德国经验与我国探索》。与此同时,薛刚凌、李洪雷等学者也撰文探讨了行政法法典化的基础性问题。参见薛刚凌:《行政法法典化之基本问题研究——以行政法体系建构为视角》,载《现代法学》2020 年第 6 期;钟瑞华、李洪雷:《论我国行政法法典化的意义与路径——以民法典编纂为参照》,载《行政管理改革》2020 年第 12 期。

② 封丽霞:《法典编纂论——一个比较法的视角》,清华大学出版社 2002 年版,周旺生序"法典在制度文明中的位置"第 3 页。

③ 〔日〕穗积陈重:《法典论》,李求轶译,商务印书馆 2014 年版,第 5 页。

典,而是法规汇编)。在统一的行政法典下,各具体领域的局部行政法典以及其他单行行政法律、法规仍有存在的余地。"① 就其论述而言,所谓"统一的行政法典"指的就是行政法总则的法典化。刘太刚教授在论述我国行政法法典化可供选择的模式时,提倡一种"总法模式——一般行政法",即"行政法典既包括行政领域的一般法律原则(总则部分),也包括针对若干种不同的行政活动(不限于行政行为)的较为具体的实体规范和程序规范(分则部分)"②。还有学者主张借鉴美国法律编纂方法,按照具体行政领域编纂部门法典。例如,原海关总署政策法规司司长郑跃声提出:"《中国海关法典》将是海关执行的现行有效法律规范的汇总编纂。虽然其本身没有正式的法律效力,不能直接作为海关执法的依据对外援引适用,但是其中的每一条规范都将出自于现行有效的法律、行政法规、海关规章和规范性文件的规定,因此法典可以作为海关执法的重要参考。"③撇开行政法法典化与行政法总则的关系暂且不论,本章所言的行政法法典化绝非法律汇编意义上的部门行政法法典化。在历经步步为营的单行行政立法、由地方到中央循序渐进的统一行政程序立法之后,行政法学人缘何再次燃起法典梦?行政法法典化是否具有可能性?行政法学理对这些法典化的前提性问题必须予以及时回应。

(一) 我国行政法法典化的动因

新时代我国行政法法典梦的再燃,主要基于如下四个方面的现实动因:

1. 高质量建成法治政府的规范指引

坚持依法行政、建设法治政府,既是全面推进依法治国的重点和难点,也是世代中国人的梦想。《依法行政纲要》提出"经过十年左右坚持不懈的努力,基本实现建设法治政府的目标"。党的十八大报告将"基本建成法治政府"的时间节点推至2020年,并将其确立为全面建成小康社会的重要目标之一。2015年12月27日,中共中央、国务院印发《依法行政纲要》,为2020年基本建成法治政府确定了明确的路线图和施工图。党的十九大报告将2020年到2035年确立为从全面建成小康社会到基本实现现代化时期,法治国家、法治政府、法治社

---

① 姜明安主编:《行政法与行政诉讼法》,北京大学出版社、高等教育出版社1999年版,第27页。
② 刘太刚:《中国行政法法典化的障碍、模式及立法技术》,载《甘肃行政学院学报》2008年第1期。
③ 郑跃声:《关于编纂〈中国海关法典〉的初步设想》,载青锋、罗伟主编:《法律编纂研究》,中国法制出版社2005年版,第136页。

会基本建成则是重要目标之一。可以说,高质量建成法治政府已经成为新时代法治建设的重中之重。根据《依法行政纲要》规定,法治政府是否建成有七大"衡量标准",即政府职能依法全面履行、依法行政制度体系完备、行政决策科学民主合法、宪法法律严格公正实施、行政权力规范透明运行、人民权益切实有效保障、依法行政能力普遍提高。这些标准涉及法治政府建设的方方面面,都离不开相应规范的指引。无论是哪一个具体的行政管理领域,都需要积极对标落实。"行政法总论不仅仅是一个将行政行为形式、行政程序、行政组织法与国家责任法相互连结在一起之学术领域;行政法总论其实系一个秩序理念,指引着在个别行政法制度中,所涉及越来越复杂的相关事件或连续性的演变方向,以及其相称性的协助定位。"[①]《依法行政纲要》并不具有法律规范的刚性约束力,无法有力助推法治政府建设。可见,新时代行政法法典梦的重燃与我国法治政府建设事业自身的提档升级密切相关。

2. 碎片化行政立法的弊端日渐显现

"现代国家的立法越来越庞杂和迅速,符合现代社会的'对规范的渴求'。"[②]多年来,我国行政立法走过了一条分散型、碎片化的发展进路。虽然行政法律规范体系已初步成型,但其弊端日渐显现,具体表现为三个方面:一是法律制定和修改成本高,不利于立法资源的节约。以"行政三法"为例,设定、程序、实施等方面都存在很多共性之处,但每部法律的制定都耗费了大量立法资源。"任何社会中立法和随之而来的司法执法都是一种耗费资源的活动,而任何社会中资源一般说来都是有限的。"[③]碎片化的立法成本高昂、速度太慢,不利于行政法律规范体系的建构。二是法律规范之间的不一致甚至冲突现象很多,导致法律适用往往陷入困境之中。行政法律规范的冲突既存在于同一层级之间,也存在于不同层级之间。例如,裁执分离问题在《行政诉讼法》与《行政强制法》之间来回摇摆,行政复议机关双被告问题在《行政诉讼法》与《行政复议法》修改中相互掣肘,行政合同的正名问题在《行政诉讼法》与《中华人民共和国民法典》(以下简称《民法典》)之间形成断裂;对于政府采购合同,《中华人民共和国政府采购法》第43条规定适用原《中华人民共和国合同法》,《湖南省行政

---

① 〔德〕Eberhard Schmidt-Assmann:《行政法总论作为秩序理念:行政法体系建构的基础与任务》,林明锵等译,元照出版有限公司2009年版,第1页。
② 〔德〕N.霍恩:《法律科学与法哲学导论》,罗莉译,法律出版社2005年版,第21页。
③ 苏力:《法治及其本土资源》,中国政法大学出版社2004年版,第104页。

程序规定》第 93 条和《江苏省行政程序规定》第 77 条则将其明确列举为行政合同。由于缺乏有效的法律规范冲突解决机制,导致行政法律规范的适用呈现各自为政的分割局面。三是无法形成体系化、整体性的行政法认知模式,行政法律职业共同体难以维系。分散的立法模式造成了行政法律规范认知上的封闭性和垄断性,不同部门、不同地区、不同职业之间在同一问题上往往存在不同的理解,很难形成较为一致的认识。例如,在当下的行政审判实践中,特别是在信访积案的化解中,当事人、行政机关与法院之间对特定问题的理解就难以取得基本共识,往往造成行政案件上诉率过高和缠访、闹访现象滋生;在以往的行政审批制度改革和权力清单制度的推行中,不同部门、不同地区之间之所以出现数字上的盲目攀比现象,就与对行政法上基础性概念的理解存在偏差有关。为此,必须认真对待行政法的法典化,努力消弭碎片化立法模式对行政法治的负面影响。

3. 陷入停滞的行政程序法法典化

在分散式立法模式的推进过程中,行政法学界矢志不渝地呼吁行政程序法的法典化,在 2003 年甚至一度将其纳入了最高国家权力机关的议事日程。后来,行政法学界转而将目光投向地方,试图通过地方行政程序法的法典化"倒逼"统一行政程序法的出台。党的十八届四中全会《全面依法治国决定》提出,依法全面履行政府职能,完善行政组织和行政程序法律制度,推进机构、职能、权限、程序、责任法定化。此举再次激起行政法学者的行政程序法法典梦,呼吁将制定统一行政程序法提上立法日程。不过,时至今日,行政程序法仍未出现明显的法典化迹象。行政程序法法典化的受挫原因较为复杂,除了社会发展本位与立法限权理念、学者期许与官方诉求之间的巨大落差外,与其自身的名不副实也密切相关。综观域外行政程序立法和我国目前多部地方行政程序规章,虽然名称为行政程序法、行政程序规定,但其中的很多内容都属于行政实体法范畴。例如,我国台湾地区"行政程序法"就兼具实体与程序规范性质,甚至略具行政实体法总则的特质。学者认为,过度重视实体规范、过度轻视程序规范,实体规范与程序规范所占比例悬殊,显有法律名称与内容不符之嫌,毋宁称之为"行政实体及程序法"较符合内容,"假行政程序法之名、行行政实体法之实"的立法政策有检讨余地。① 姜明安教授指出:"许多名称叫行政程序法的行政

---

① 参见蔡秀卿:《现代国家与行政法》,学林文化事业有限公司 2003 年版,第 149—151 页。

程序法典实质上不仅是行政程序的统一法典,而且是行政实体基本法的法典,也许叫行政法通则或行政法典更合适,叫行政程序法只是习惯而已。"①这种以限制和规范行政权力行使为目的的行政程序法法典化的吁求,自然遭到了来自行政机关的本能抵触。在一个行政主导立法进程、崇尚自上而下推进行政法律规范体系形成的国家,所遭遇的阻力则愈加明显。为此,以名实相副的行政法法典化取代行政程序法的法典化或许是未来更为明智的选择。

4. 刑法民法法典化的外在刺激

在我国三大部门法中,刑法于1979年率先实现了初步的法典化,经由1997年的全面修订而实现了成熟的法典化。历经多年发展,我国的"刑法时代"仍未远去。在社会治理进程中,刑法思维依旧占据主导地位,入罪立法某种程度的泛滥即可佐证。随着社会形势的发展和刑事政策的调整,学者主张应当全面修订刑法典。"一方面,随着法治的发展和进步,刑法观念也不断更新,这对刑法的基本原则和制度都提出了许多新的要求,对此只能采取系统修订刑法典的方式。另一方面,从技术的角度看,当刑法典结构需要作重大调整时,系统修订刑法典是最有效、最全面的方式,否则既难以对刑法典的相关章节进行整合,更难以对其作章节顺序上的调整。"②编纂民法典是党的十八届四中全会明确提出的重大政治任务和立法任务,是以习近平同志为核心的党中央作出的重大法治建设部署。为了实现民法典编纂的科学有序,根据党中央的决策部署,十二届全国人大及其常委会将编纂民法典和制定民法总则作为立法工作的重点任务,确立了"两步走"的工作思路:第一步,制定民法总则,作为民法典的总则编;第二步,编纂民法典各分编,经全国人大常委会审议和修改完善后,再与民法总则合并为一部完整的民法典草案,经全国人大审议后形成统一的民法典。从2015年3月正式启动,到2017年3月《中华人民共和国民法总则》(以下简称《民法总则》)通过,再到2020年5月《民法典》通过,民法典编纂历经五年多时间的艰辛努力,终于完成了"两步走"的既定目标,实现了几代中国人的夙愿。在刑法法典化和民法法典化高歌猛进的当下,作为后发型部门法的行政法显得分外落寞。刑法和民法的快速发展对弱势的行政法构成了挑战,也在一定程度上挤压了行政法的生存空间。没有行政法的法典化,中国特色社会主义法治体系注定是不完整的,也是无法最终建成的。可见,行政法的法典化也是

---

① 姜明安:《制定行政程序法应正确处理的几对关系》,载《政法论坛》2004年第5期。
② 赵秉志:《当代中国刑法法典化研究》,载《法学研究》2014年第6期。

刑法民法法典化的外在刺激使然。

（二）我国行政法法典化的可能

长期以来，基于对行政法调整对象广泛性和易变性的体认，人们普遍认为行政法的法典化是一项不可能完成的任务。王名扬先生曾言："行政法的范围太广，每一类行政事项都很复杂，单就某类行政事项编成一个有系统的法典，已经很难，特别是关于经济事项。要想对全部行政采取一个整体观念，制定一部完整的协调一致的法典，像民法典和刑法典那样用一个总则概括起来，更加困难。"①从某种意义上来说，行政法发展时常纠结在适不适合法典化的道路之中。"现代管制国家的行政法一直挣扎于具体与抽象的抉择。若太抽象，则无法合理因应林林总总的管制形态，使得行政法的原理原则的勉强套用，成为对具体管制内容无知的最佳证明。若太具体，则将使行政法分裂成各个管制领域，等于架空了行政法。"②如果说20世纪80年代中国行政法尚处于"北大荒"时代，当下中国的行政法则已经接近"北大仓"状态，拥有法典化的必要社会条件和重要实践、理论资源。总体来说，我国行政法法典化的有利条件体现在如下四个方面：

1. 行政法律规范的基础可资利用

行政法法典化并非完全另起炉灶，而是通过对现有行政法律规范的集中整理和必要增补，形成一部系统化、体系化的法典，使处于分散状态的行政法律规范之间具有更为紧密的、内在的逻辑联系。经过多年分散式立法的摸索，一个结构相对合理、层次较为分明的行政法律规范体系已经初步成型。除了行政组织法制进展较为缓慢以外，行政活动及监督救济法制的发展相当迅速，已经形成了特色鲜明的规范体系。例如，"行政三法"的出台，构建了程序规定与实体规定融为一体的立法格局；《治安管理处罚法》与《海关行政处罚实施条例》等单项法律法规的颁布实施，构建了行政处罚法的规范体系；《海关事务担保条例》《行政和解试点实施办法》等新型行政活动方式部门立法的先行探索，为统一立法创造了条件；《法治政府纲要》《广州市依法行政条例》《合肥市推进依法行政办法》及其他地方行政程序规定的颁布实施，则为探索制定行政法总则提供了良好基础。同时，《国家赔偿法》《行政诉讼法》《行政处罚法》都已修改，《行政复

---

① 王名扬：《法国行政法》，中国政法大学出版社1988年版，第23页。
② 叶俊荣：《行政法案例分析与研究方法》，三民书局1999年版，第2页。

议法》也即将完成修改。这些已有的以及即将启动的法律制定和修改活动,从规范内容和立法技术上为行政法法典化提供了大量可资利用的资源。从节约立法成本、避免单行立法重复和冲突的角度上看,编纂行政法典不失为更加明智的选择。可见,行政法的法典化并非空中楼阁,完全可以从我国未来行政法律规范的立、改、废作业中获得充足的给养。

2. 行政改革的实践智慧可资提炼

"公共行政既是行政法学者研究的有效对象,也是他们需要保持回应性的事项。重要的是,行政法应与其行政背景同步。"① 回顾四十多年改革开放的历史进程,可以看出行政管理体制改革始终伴随其间。《法治政府纲要》不仅重视积极开展建设法治政府示范创建活动、大力培育建设法治政府先进典型,而且本身就是对各种典型制度创新的忠实记录,能够为行政法律规范的科学整合提供有益参考。特别是近年来深化行政审批制度改革进程中推出的各种新举措,对于厘清行政权边界、建构有限政府和服务政府具有重要指导价值,亟待通过成文法的形式予以确定。同时,我国行政审判实践中形成的司法与行政良性互动机制彰显出特有的本土智慧,对行政审判环境优化发挥了重要作用,可以及时总结提炼为正式的法律制度。② 翁岳生教授在界定行政法法典化的内涵时就曾指出:"所谓行政法之法典化,亦即将行政法规以及行政法院之判例,或行政机关之惯例中,具有各种行政行为之共同适用者,加以制订成为系统之成文法规,成立行政法之总则部分。"③ 可见,行政法法典化并非无源之水,完全可以从当下丰富的行政改革和行政审判实践中汲取智慧。

3. 行政法学理论的发展可资转化

相比较 20 世纪 80 年代初创时期而言,我国当下行政法学理论研究无论在成果数量还是质量上都有了长足进步。一方面,行政法学在基本概念、基本原

---

① 〔英〕卡罗尔·哈洛、理查德·罗林斯:《法律与行政》(上卷),杨伟东等译,商务印书馆 2004 年版,第 76 页。

② 例如,《广州市依法行政条例》第 55 条规定:"审判机关、检察机关对行政机关提出司法建议、检察建议的,行政机关应当及时将研究处理情况书面告知审判机关、检察机关。不予采纳的,应当说明理由。行政机关应当在收到本单位败诉的行政诉讼案件判决、裁定或者司法建议书、检察建议书之日起十个工作日内,将上述文书报市、区人民政府法制机构备案。市、区人民政府应当对行政机关负责人出庭应诉情况进行年度统计并向社会公开,对实施行政行为存在的问题及时整改,提高依法行政能力和水平。"此条规定被置于"依法行政的监督"篇章之下,体现出对司法行政互动的充分认可。

③ 翁岳生:《行政法与现代法治国家》,台湾大学法学丛书编辑委员会 1990 年版,第 186 页。

则及各个具体制度面上都有一系列重要的研究成果问世。有些问题虽然在理解上还存在分歧,但各种观点都已经充分展现,为通说的形成提供了某种可能;很多成果聚焦本土典型行政案例,在"个案—规范"的穿行中提炼具有现实解释力的学说,为行政法律规范的精准适用奠定了基础。另一方面,行政法学体系化、整体性的学术思考始终没有间断,早期以"平衡论""控权论""管理论""服务论"为代表的行政法哲学思考,近期以"软法论""行政自制论""公私合作论"为代表的中观行政法研究,都为行政法的法典化提供了充足的理论滋养。在法典化目标的统领之下,既有的行政法学理论成果可以进一步得到优化整合,进而转化为具体的法律规范。可见,行政法的法典化并非草率行事,完全可以从我国行政法学理论的发展中获得给养。

4. 域外立法的丰富素材可资借鉴

鉴于行政法法典化的现实困难,域外行政立法几乎都是围绕行政程序法法典化展开的。至于行政程序法的内容是仅仅止于程序规范还是包括实体规范,则存在差异。第二次世界大战之后,在行政程序立法模式上就有美国型和德国型的区分,前者凸显程序的独立价值,仅以程序规范为内容;① 后者则将程序视为实现实体权利或实体正当性的手段,除了程序规范外还包括与程序规范有密切关系的实体规范。为此,德国 1976 年《行政程序法》的颁布被视为"行政法总则的法典化",是"德国行政法学的总结晶"。② 除此以外,1994 年荷兰的《行政法通则》则是迄今为止世界上唯一的一部内容较为丰富、完整的行政法典,对我国制定统一的行政法典具有重要的借鉴意义。③ 无论是纯粹的行政程序法还是兼具实体内容的行政法总则,抑或是独树一帜的行政法法典化的通则,都体现了世界各国在行政法法典化进程中的不懈探索,这些丰富的素材能够为我国行政法法典化的道路选择提供借鉴。可见,行政法法典化并非无端妄想,完全可以从美国、德国、荷兰等域外不同法典化模式的优劣对比中获得有益启示。

---

① 美国前联邦最高法院大法官克拉克曾言:"行政程序法是目前及可预见未来,在法律领域中最重要的法律。"参见罗传贤:《行政程序法论》,五南图书出版公司 2004 年版,"自序"。当然,美国的联邦咨询委员会法、协商式规则制定法等其他法律也属于行政程序法,并在法典编纂时载入美国法典之中。
② 参见翁岳生:《行政法与现代法治国家》,台湾大学法学丛书编辑委员会 1990 年版,第 257 页。
③ 参见湛中乐、尹好鹏:《制定统一的行政法典既有必要亦有可能——〈荷兰行政法通则〉概述》,载罗豪才主编:《行政法论丛》(第 2 卷),法律出版社 1999 年版,第 279—311 页。

二、行政法法典化的模式选择

在中国特色社会主义进入新时代之际,行政法法典化的道路选择问题再次摆在世人面前。是继续坚持"成熟一个、制定一个"的传统立法思路,还是继续呼吁行政程序法的法典化,抑或是调整思路转而追求行政法的法典化?前文的论述显示,行政法的法典化不仅具有深刻的时代动因,而且具备相当程度的必要条件,可以考虑成为未来的发展模式。在成文法传统深厚的国家,法典化与其说是要不要的问题,毋宁说只是具体的进路和程度问题。

(一)我国行政法法典化的具体进路

我国当下行政法律规范体系的构造与民法典编纂前夜颇为相似。一方面,在"成熟一个、通过一个"传统立法思路的指引下,我国相继制定或修订了《行政诉讼法》《公务员法》《行政处罚法》《行政复议法》《立法法》《行政许可法》《行政强制法》等一大批行政法律,形成了由行政组织法、行政行为法和行政救济法三大板块构成的规范体系;另一方面,与坚持和完善中国特色社会主义制度、推进国家治理体系和治理能力现代化、回应人民群众美好生活新需求相比,行政法律规范还存在"规范缺位""规范分散""规范冲突""规范虚置"等突出问题,亟待开展行政法律规范的系统化作业。同时,行政法调整对象的广泛性和行政法律规范本身的易变性,又加剧了行政法法典化的现实困难,使其成为一项几乎无法实现的任务。为此,在民法典编纂任务已经完成的当下,是否需要开展行政法典编纂、如何开展行政法典编纂,便成为社会主义法治国家建设进程中必须直面的时代课题。

从目前行政法学理论发展的动态来看,多数学者还是认同要坚持行政法法典化的梦想,认为行政法法典化对推进中国特色社会主义法治政府最终建成、实现国家治理现代化、为人类行政法治文明发展进步贡献中国智慧和中国方案,都具有重要的理论价值和现实意义。总体来说,有关行政法典编纂的议题实际上是从四个维度上展开的。一是坚持行政程序法法典化的战略优先性。"中国行政程序法法典化"的理论命题自20世纪90年代中期提出以来,一直是行政法学人孜孜以求的目标。在"完善行政组织和行政程序法律制度"成为十八届四中全会明确提出的立法任务,行政程序法列为十三届全国人大常委会第三类立法项目之后,尽快制定行政程序法典依旧是行政法学者的梦想。① 二是尽快启动行政法总则的制定。以应松年教授为代表的行政法学者正紧锣密鼓地开展"行政法总则"(专家试拟稿)的起草工作,从其所涵盖的内容来看,已经超越了纯粹的行政程序法典。三是制定"浓缩版"行政法典的行政基本法。江必新教授曾经提出,要制定一部规范所有行政行为,在行政法体系中起纲要性、通则性、基础性作用的行政基本法。② 从其所设计的内容来看,与被誉为"小民法典"的民法通则比较接近。四是主张我国行政法法典化采行"制定行政法总则＋编纂行政法典各分编"的模式。有学者主张力争在2023年3月本届全国人大任期届满时率先通过《行政法总则》,完成编纂行政法典总则编工作;同时,进行各分编的整理工作,力争到2030年左右形成具有中国特色的统一的行政法典。③

上述四种不同的学术主张触及我国行政法典编纂的进路问题,即究竟坚持是"两步走"还是"三步走"? 从民法典编纂的历史进程上看,"两步走"的立法进路不仅具有必要性而且具有可行性。论法律规范系统整合的难度和复杂程度,民法典编纂并不亚于行政法典编纂。作为社会生活百科全书和市民社会基本法的民法典,涵盖从胎儿到亡者、从衣食住行到生存发展的方方面面的事务。在民法学界的共同努力之下,仅用五年多时间即实现了民法典编纂的百年梦想。我国目前的行政法学理论虽不够成熟厚重,但大量分散的行政法律规范、司法解释、权威文件和典型案例基本满足了行政法治实践的需要,行政法学的理论共识也日渐增多,这些都为行政法律规范的系统整合奠定了较好的制度基础、实践基础、理论基础和社会基础。因此,以行政法典编纂难度过大、世界上没有成功先例为由拒绝迈开探索步伐,也许并非明智之举。在选定行政法典编纂目标之后,超越行政程序法典制定、奋力推进行政法总则制定就成为当下行政立法工作的"首务"。也就是说,坚持"两步走"的立法进路策略更为经济。一方面,行政程序法典千呼万唤未能出台,个中原因值得深思。在我国改革、发展和稳定进入深水期,特别是面临百年未有之大变局的背景之下,单纯制定以规范、限制行政权行使为主要目标的行政程序法,未必就是当下中国法治政府建

---

① 参见姜明安:《〈法治日报〉是我40年行政法事业最给力支持者》,载《法治日报》2020年8月1日。
② 参见江必新:《迈向统一的行政基本法》,载《清华法学》2012年第5期。
③ 参见章志远:《中国特色行政法法典化的模式选择》,载《法学》2018年第9期。

设的理想选择。积极发挥行政权的能动性,兼顾有限行政和有为行政的辩证统一,制定具有普遍适用性和引领性的一般行政法规则更具现实意义。另一方面,我国《行政诉讼法》已经于 2014 年修订通过,《行政处罚法》已经于 2021 年修订通过。在 2020 年 6 月 28 日提请十三届全国人大常委会第二十次会议审议的《行政处罚法(修订草案)》的修订说明中,"把握通用性,从行政处罚法是行政处罚领域的通用规范出发"成为修法的基本遵循。作为一次重要的单行行政立法预演,"重申行政处罚总则的地位,对于行政法律规范和行政法学理论的体系化都具有十分特殊的意义。"[①]从节约立法资源角度看,制定简版行政法典的行政基本法也未必是合理选择。相反地,学习借鉴我国民法典编纂的本土智慧,根据我国法治政府基本建成的现实需求,通过适当调整行政立法的进程,及时启动作为行政法典开篇之作的行政法总则制定工作,就应当成为两个一百年交汇期我国法治建设的"头等大事"。

(二) 我国行政法法典化的内在结构

作为成文法的高级形式,法典较之单行法具有综合性、系统性和完整性特点。"民法典的制定乃基于法典化的理念,即将涉及民众生活的私法关系,在一定原则之下作通盘完整的规范。"[②]作为社会主义民法典的典范,我国民法典坚持以人民为中心的立法理念,回应时代之问和实践之问,采用七编制的全新结构,除了总则编以外,依次由物权编、合同编、人格权编、婚姻家庭编、继承编和侵权责任编构成,超越了大陆法系国家传统的"三编制"或"五编制"体系结构。相比之下,我国民法典编纂具有体例上的三大创新,即人格权独立成编、侵权责任独立成编及合同编通则发挥债法总则的功能,凸显了民法典的"权利法特质"。[③]

在我国"七编制"的民法典中,总则编规定了所有的民事活动必须遵循的基本原则和一般性规则,对各分编具有统领性作用;各分编在总则编的基础上对各项民事制度作出具体规定。总则编对各分编的"统辖"效力,意味着总则编是民法典整体的思想基础、规则效力基础和法理解读科学性基础,是理解民法典庞大体系的"金钥匙"。[④] 例如,作为我国民法典重大创新之一的绿色原则为总

---

① 章志远:《作为行政处罚总则的〈行政处罚法〉》,载《国家检察官学院学报》2020 年第 5 期。
② 王泽鉴:《民法总则》,中国政法大学出版社 2001 年版,第 22 页。
③ 参见王利明:《体系创新:中国民法典的特色与贡献》,载《比较法研究》2020 年第 3 期。
④ 参见孙宪忠:《中国民法典总则与分则之间的统辖遵从关系》,载《法学研究》2020 年第 3 期。

则编第 9 条所确认,突出了绿色发展的基本理念,应当成为各分编具体民事活动一体遵循的基本原则。① 民法典中除了存在整体意义上的总分结构外,各编内部都以"通则""一般规定""基本规定"等形式打头,同样起到了引领后续编章的统辖作用,使得民法典各分编逻辑结构严密、自成体系。这种总分的体例结构充分体现了民法典的科学性和系统性,对我国行政法典编纂具有重要的启示意义。

相比较民法典分则体例安排背后清晰的权利逻辑而言,行政法典分则编的设计则更为复杂。一方面,行政法律规范内容的变动性较强,与行政法典自身的稳定性存在紧张关系;另一方面,随着社会转型和国家任务的变迁,行政法的功能已经由"通过依法律行政原理和行政救济的保障机制来防止行政权侵犯个人自由"的"自由防御型行政法",逐步走向兼顾"规范行政权积极调整利害关系活动"的"利害调整型行政法"。② 面对具有复合功能的现代行政法的出现,以行政行为为核心的规范结构已经难以有效回应实践之需。同时,部门行政法律规范浩如烟海,类似《环境保护法》《食品安全法》《海关法》等部门基本法大量存在且内容千差万别,客观上难以一一整合进统一的行政法典之中。这既是行政法律规范体系化的现实难度之所在,也是行政法总论与分论相互协作共同支撑行政法治的魅力之所在。因此,行政法典编纂的过程依旧还是人类探索行政法治文明发展的过程,试图毕其功于一役的行政法典编纂并不存在。从这个意义上来说,我国行政法典编纂主要还是针对一般性行政法律规范的体系化,不涉及具体行政领域法律规范的系统集成。

在明确了行政法典分则编纂的基本方向之后,就需要框定行政法分则的大致体例安排。一部行政法的历史,既是一部人类规训行政权作恶的历史,也是一部人类激励行政权行善的历史。以行政权为行政法典分则体例安排的逻辑起点,不仅能够顺应行政法自身发展的历史规律,而且能够与民法典编纂的权利逻辑形成呼应,共同担负起捍卫以限制权力、保护权利为旨趣的宪法的历史使命。按照"权力来源—权力行使—权力监督"的运行逻辑,行政法典分则编可由"行政组织编""行政活动编""监督行政编"构成。其中,行政组织编聚焦行政权的合法来源,实现所有行使行政权的组织和个人均具有合法性的目标;行政

---

① 例如,《民法典》"合同编"第 509 条第 3 款就规定了合同履行应当"避免浪费资源、污染环境和破坏生态"。
② 参见王贵松:《作为利害调整法的行政法》,载《中国法学》2019 年第 2 期。

活动编聚焦行政权的运行方式,确保所有行政权的运行方式既能够有效完成行政任务也能够得到有效规范;监督行政编聚焦行政权的内外监控,确保违法行政、不当行政活动得到应有的矫正和救济。与民法典分则编内容的稳定性相比,行政法典分则编可采行开放式、框架性的立法结构,使得行政法典编纂与社会发展保持同步。在这方面,荷兰《行政法通则》的制定经验可资借鉴。单行立法的制定与行政法典的编纂能够相向而行,从根本上取决于行政法典总则对分则统辖关系的确立。只有建立类似民法典总则与分则间的统领遵从关系,才能妥善处理好单行行政立法(行政法分则编组成部分)与行政法典总则编之间存在的紧张关系,确保行政法典的体系化适用功能。

在行政法分则编纂中,行政组织法编的编纂任务最为艰巨和繁重。特别是2018年启动的党和国家机构改革范围大、力度强、影响深,涉及诸多法律的修改及制定,恰好可以填补行政机构设置和编制法的空白,形成行政组织法方面的规范群。① 具体来说,行政组织法编的编纂任务主要有三项:一是制定统一的《行政机关组织法》,通过立法及时将机构改革的成果固定下来,廓清不同行政机关之间的权力边界、隶属关系和运行规则,确保行政组织法定主义的实现;二是制定统一的《行政编制法》,通过立法彻底解决编制随意设定和匹配不当的痼疾;三是修改《公务员法》,将党的十八大以来全面从严治党的相关规定融入其中,体现"党管干部"的基本原则。就行政活动法编而言,可设置重大行政决策、行政规范制定、行政行为、特别行政活动四个姊妹编,分别进行相应的法律制定和修改活动。就行政救济法编而言,可设置行政申诉、行政复议和行政诉讼三个姊妹编。通过制定《行政申诉法》,充分发挥申诉制度对特殊群体、特殊行政争议解决的应有作用,构建起完整的行政救济法体系。

三、行政法总则制定的基本遵循

为了实现行政法总则的良法美意,真正发挥其在编纂行政法典中的统领性作用,行政法总则制定工作需要遵循如下三个方面的基本原则:

---

① 参见马怀德:《运用法治方式推进党和国家机构改革》,载《中国党政干部论坛》2018年第5期。

（一）规范整合与立法引领相结合原则

与民法总则直接吸收民法通则一般性规定并加以补充、完善和发展所不同的是，行政法总则制定并没有可以直接参照的类似文本。不过，这也并不意味着行政法总则的制定可以完全漠视现有碎片化的行政法律规范而一味去追求标新立异。事实上，行政法总则的制定首先就需要处理好继承与发展之间的关系，认真对待三十年多年来已经初步形成的行政法律规范体系。其中，如下三类规范在行政法总则制定过程中尤其需要得到相应的加工与整合：第一类是"地方版"的行政程序规定。虽然统一的行政程序法典梦始终未能实现，但数个省市已经率先制定了地方版的行政程序规定。仅以湖南、山东、宁夏、江苏、浙江五省区为例，除了条文数量不同以外，大多数是遵循"总则—行政程序中的主体—行政决策程序—行政执法程序—特别行政执法程序—监督和责任追究—附则"的模式进行设计的。就其内容而言，其实兼具实体与程序规范性质，与其名称未必完全吻合。正如德国 1976 年《行政程序法》所规定的内容不限于程序问题而与很多实体问题有关联一样，往往被视为"行政法总则的法典化"[①]，其直接意义就在于把一些重要的、不成文的行政法一般原则确定下来，促进了法的统一化。"而且有时为行政法的发展开辟了新的道路，因此联邦行政程序法不仅是现有法律原则的法典化。"[②] 很显然，这类"名不副实"的行政程序规定对于行政法总则制定具有重要的参考价值。第二类是《法治政府纲要》及其"地方实验版"。从《法治政府纲要》对法治政府建设主要任务和具体措施的规定上看，内容涉及行政活动的全过程，与行政法总则的调整范围相吻合。目前，广州和合肥两地已经相继对标《法治政府纲要》要求，进行了类似雏形意义上的行政法总则的立法探索。其中，《广州市依法行政条例》由总则、行政决策、行政执法、依法行政的监督、依法行政的保障、法律责任和附则七个部分组成；《合肥市推进依法行政办法》则由总则、依法全面履职、制度建设、行政决策、行政执法、矛盾纠纷化解、依法行政的监督、依法行政的保障、法律责任和附则十个部分组成。这种去除程序名称、融实体和程序规定于一体的做法，更加接近于行政法总则的旨趣，无疑应当认真汲取。第三类是最高人民法院发布的各类"典型案例"。除了通过《最高人民法院公报》刊载大量权威案例以

[①] 参见翁岳生：《行政法与现代法治国家》，台湾大学法学丛书编辑委员会 1990 年版，第 257 页。
[②] 〔德〕哈特穆特·毛雷尔：《行政法学总论》，高家伟译，法律出版社 2000 年版，第 91 页。

外,最高人民法院新近几年还不定期推出部分指导性案例,并通过新闻发布会形式先后发布了征收拆迁、政府信息公开、行政不作为、环境保护行政、经济行政、规范性文件附带审查、行政协议等若干类型的典型行政案例,对于统一裁判尺度、提炼行政法律规则发挥了重要作用,对行政法总则制定也有参考价值。

行政法总则的制定关乎完备的行政法律规范体系的形成、法治政府基本建成和民众合法权益保障目标的实现,自然更需要彰显其内在的权威性和前瞻性。为此,在以法典化方式巩固和确认三十多年来行政立法成果的基础上,行政法总则还必须与时俱进,从立法理念、立法结构和立法技术三个层次完善和发展我国行政法律规范,引领我国法治政府建设和人权保障事业。首先,就立法理念而言,行政法总则需要超越以纯粹限制行政权行使为旨趣的行政程序法法典化的主张,以有限政府和有为政府的双重面相为指引,充分处理好授权与限权、实体与程序、监管与救济、公正与效率之间的辨证关系。其次,就立法结构而言,行政法总则不宜简单套用民法总则的框架结构,而应遵循行政权自身的运行逻辑,在主体、权力、行为和程序等基本元素之外,将监督、救济和保障等延伸性元素吸纳其中,实现对法治政府建设诸环节的全覆盖规制。最后,就立法技术而言,行政法总则应当采行简约明了的风格,尽可能将行政法的普适性、共识性规则加以提炼明确,从源头上解决当下行政法治实践中普遍存在的因法律规定模糊而导致的法律随意适用和法律无从遵守的现象。在这方面,类似公民手册的1804年《法国民法典》的经验值得借鉴。① 总体而言,行政法总则制定要充分彰显立法引领作用,利用其后发优势达到形神兼具的效果。

(二) 问题导向与行政法理相结合原则

改革开放四十多年来,我国法治政府建设在社会变迁进程中取得了重要发展。面对新时代社会主要矛盾的变化,行政法治领域还存在大量短板,主要表现为政府依法全面履职尚不到位,行政不作为、行政乱作为、行政慢作为、行政冷作为现象还大量存在;行政立法质量不高,重大行政决策科学化、民主化、法

---

① "《法国民法典》是以简洁明了的、恰似格言警句式的简短文体书写而成;而《瑞士民法典》则类似法律谚语和口号,略显零乱。相比之下,《德国民法典》的文体和用语是抽象的、专门技术性的,以复杂的、拐弯抹角的行文写成。"参见〔日〕大木雅夫:《比较法》,范愉译,法律出版社1999年版,第207页。

治化程度尚待加强;行政执法的公正性和权威性不够,食品药品、生态环境等民生领域执法不力,人民群众反响强烈;行政权力运行尚未受到有效监督,行政问责时常流于形式;社会矛盾纠纷化解体系不够健全,行政复议、行政诉讼的权益保障功能还没有得到很好发挥。制定行政法总则必须直面这些重大现实问题的解决,努力回应全社会的关切。为此,应当立足我国现实国情,研究当下法治政府建设实践中存在的突出问题,以问题导向确定行政法总则立法的重点和难点。

当然,对"问题导向型"立法进路也不能作机械式、庸俗化理解,避免行政法总则沦为各种实践操作方案的简单汇总。就行政法总则的定位而言,应当是整个行政法典的开篇之作和行政法律体系的规范基础,需要最大限度地凝练法学界对行政法基本范畴、基本原则的理论共识和社会各界对法治政府目标追求、建设路径的共性认知。换言之,行政法总则制定不仅需要坚持问题导向,而且需要恪守行政法理,彰显法典所应有的理论品质和精神内涵。张文显教授在呼唤法学界聚焦"法理研究"时曾言:"在法治实践、政治生活和公共生活中,法理几乎无所不在,无时不有,无所不能。"[①]其中,民法总则草案的起草就充分体现出对法理的尊重和追求。时任全国人大常委会副委员长李建国在十二届全国人大五次会议上所作的《民法总则》草案说明中就指出:"既坚持问题导向,着力解决社会生活中纷繁复杂的问题,又尊重立法规律,讲法理、讲体系。"[②]从民法总则"基本规定""民事权利""民事法律行为"等章节的具体条款规定来看,法理元素已经融入其中。就我国很多单行行政法律文本规定而言,也蕴涵着丰富的法理提炼契机,需要通过制定行政法总则予以确认。例如,《行政处罚法》第5条有关"设定和实施行政处罚与违法行为的事实、性质、情节以及社会危害程度相当"的规定,《行政许可法》第19条有关"起草单位向制定机关说明设定行政许可的必要性、对经济和社会可能产生的影响"的规定,以及《行政强制法》第5条有关"行政强制的设定和实施应当适当"的规定,都折射出法律对各项行政权力运行适当性的关怀,应当在行政法总则中上升为一般原则。对行政法理的发掘整理,有助于向全社会开放立法过程的讨论,预防过于强调问题导向可能引发的"实践依赖症",真正制定出具有持久性、稳定性、权威性和引领性的行政法总则。

---

① 张文显:《法理:法理学的中心主题和法学的共同关注》,载《清华法学》2017年第4期。
② 李建国:《关于〈中华人民共和国民法总则〉(草案)的说明》,载《人民日报》2017年3月9日。

(三) 本土智慧与域外经验相结合原则

我国行政法治事业肇始于"民告官"制度的建立,在市场经济体制转型和政府职能转变的过程中不断发展,并在深化依法治国实践的新时代征程中继续前行,走出了一条从中国实际出发、立足解决中国实际问题、不断丰富中国本土法治智慧的道路。其中,"坚持和加强党的全面领导""重视基层实践创新""走符合国情的道路""坚持以人民为中心"就是多年累积形成的宝贵经验。① 可以说,"中国特色"始终贯穿于法治政府建设的伟大实践中,"中国元素"始终体现在法治政府建设的诸多环节上。例如,从立法论上看,以统一的《行政许可法》全面规范所有领域的审批行为世所罕见;从组织论上看,党政机关合并设立、合署办公充分彰显优化协调高效的价值追求;从执法论上看,综合执法体制改革对提升执法公信力助益良多;从救济论上看,多元化行政争议解决机制的合力作用和司法行政互动的积极效应正在凸显。总体上看,中国特色行政法治走的是一条自上而下的强制性制度变迁和自下而上的诱致性制度变迁相结合的道路。这些法治政府建设的实践探索和本土智慧值得深入总结,并应在行政法总则制定过程中加以吸收。

作为人类政治文明发展的共同成果,法治是全人类共同智慧的结晶。身处全球化时代,中国的法治建设特别是行政法治事业更要有世界眼光,善于吸收借鉴域外的先进经验。综观世界范围内行政法法典化的探索,尽管模式未必相同,但其实质并非是与不是的问题,仅仅是程度差异而已。"法典化的程度,决定于两个变项:究竟是就全部行政事项或仅就各种行政的共通事项进行法典化,以及究竟是就行政实体程序同时法典化或仅就行政程序进行法典化。"②行政法总则的法典化并非不可能实现的目标,只是时机成熟与否、条件具备与否的问题。相比之下,行政程序法的法典化难度略低、更易实现。这也正是第二次世界大战之后各国掀起行政程序法法典化浪潮的重要原因。当然,鉴于行政实体法与行政程序法之间的紧密关联性,部分行政实体法规定往往也被纳入行政程序法典之中,造成了一些国家和地区行政程序法名实不符的局面。大体上来说,除了"内容完整、框架式、分阶段推进"的荷兰《行政法通则》之外,美国的纯粹行政程序法典和德国实质意义上的行政法总则法典代表了两种不同的法

---

① 参见马怀德:《法治政府建设在改革开放中稳步推进》,载《人民日报》2018 年 7 月 25 日。
② 叶俊荣:《面对行政程序法》,元照出版有限公司 2002 年版,第 60 页。

典化模式。考虑到我国行政程序法法典化的理论主张、学术争鸣和实践推进已有二十余年之久,与一些国家和地区行政程序法起草酝酿的时间大致相当,恰好可以对域外行政法法典化不同模式的优劣及时进行研判,寻找到一条立足本土、借鉴域外的自主型行政法总则发展道路,为世界范围内行政法的法典化贡献中国智慧。

【扩展阅读】

1. 江必新:《迈向统一的行政基本法》,载《清华法学》2012年第5期。
2. 薛刚凌:《行政法法典化之基本问题研究——以行政法体系建构为视角》,载《现代法学》2020年第6期。
3. 应松年:《关于行政法总则的期望与构想》,载《行政法学研究》2021年第1期。

【延伸思考】

1. 我国行政法法典化的必要性体现在哪些方面?
2. 我国行政法法典化的可行性体现在哪些方面?
3. 我国行政法法典化应当采取什么样的模式?

第二十章 行政法学发展论

回顾各国行政法的发展历程,人们不难发现行政法宛如一面时代的魔镜,映照出它所规制的社会生活的全貌。我国行政法学同样在激烈的社会变迁中不断"找寻自我",已经成长为一门充满无限生机的学科。站在新的发展起点,我国行政法发展面临新的契机。本章拟以公私合作兴起、政府监管新政和民法典实施为切入点,探讨我国行政法学面临的挑战及其可能的回应,从中管窥行政法学的发展前景。

一、公私合作兴起与行政法学的回应

改革开放四十多年来,伴随着行政任务的持续更新和社会运行的风险叠加,人们对于政府的心理依赖普遍增强。然而,面对复杂多变的社会现实,政府垄断公共管理事务的传统模式积弊丛生。为缓解国家负担过重和治理绩效不佳的双重困境,在"转变政府职能"的政法话语引领下,一种政府借助私人力量履行行政任务的合作治理模式在我国逐渐兴起。公私合作的广泛推行,在一定程度上起到了消弭行政任务扩张与行政资源有限之间紧张关系的作用,同时也引发了"公私合谋""公法遁入私法"的巨大争议。

面对公私合作治理兴起的挑战,国内一些较为敏感的行政法学者参酌欧美行政任务民营化的制度实践和理论学说进行了初步回应,使公共行政民营化成为近十五年来我国行政法学聚焦的重要研究主题。① 不过，检视行政法学的既有相关成果，不难发现个中缺憾：其一，囿于语言翻译及法制传统的缘故，民营化、公私协力、私人行政、私有化、行政私法、公私伙伴关系等外来语汇相继登场，在很大程度上造成了概念使用的混乱和学术对话的不便；其二，对域外相关理论的介绍和套用居多，具有浓郁实证色彩和现实解释力的本土化研究较少；其三，十八大以来党和国家法治发展战略发生了重要变化，合作行政的样态也有了新的发展，行政法学立足整体性视角予以积极回应的论述亟待加强。

清晰的概念表述和相对统一的术语使用是一切科学研究的逻辑起点。发轫于公用事业市场化改革的"民营化"语汇偏重于产权的界定和对结果的追求，内涵具有极大的流动性，难以有效涵摄不同行政领域和行政过程中私人履行行政任务的复杂样态。相比之下，"公私合作治理"更加强调公共部门和私人部门相互合作的过程及其关系的塑造，能够因应各领域、多层次社会治理的现实需要，应被视作更具包容性和解释力的基本概念。② 公私合作治理指的是公共部门与私人部门为履行公共行政任务，经由特定的结构设计进行合作并由公共部门承担最终保障责任的制度安排。作为一种新兴的公共治理模式，公私合作实践在当代中国社会转型时期的涌现，使得传统行政法学面临整体性和结构性的挑战。如何建构富有中国本土特色的"合作行政法"③，如何实现"法治国模式

---

① 相关成果可参见敖双红：《公共行政民营化法律问题研究》，法律出版社2007年版；杨欣：《民营化的行政法研究》，知识产权出版社2008年版；刘飞：《试论民营化对中国行政法制之挑战——民营化浪潮下的行政法思考》，载《中国法学》2009年第2期；章志远：《行政任务民营化法制研究》，中国政法大学出版社2014年版；赵宏：《德国行政民营化的制度发展与学理演进》，载《国家检察官学院学报》2016年第5期；杨彬权：《后民营化时代的国家担保责任研究》，中国法制出版社2017年版。

② 在德国行政法上，"公私伙伴关系"正被改造为一个涵盖公共行政私有化领域中出现的各种模式的"桥梁概念"或者"纽带概念"。参见〔德〕汉斯·J.沃尔夫、奥托·巴霍夫、罗尔夫·施托贝尔：《行政法》（第三卷），高家伟译，商务印书馆2007年版，第453页。在美国行政法上，"合作治理"模式具有"以解决问题为导向""利害关系人与受影响者参与决定过程的所有阶段""临时性的解决方案""超越治理中传统公私角色的责任"和"灵活、投入的行政机关"等鲜明特征，能够超越传统以控制行政机关裁量权为旨趣的"利益代表"模式。参见〔美〕朱迪·弗里曼：《合作治理与新行政法》，毕洪海等译，商务印书馆2010年版，第13页以下。就术语使用的精准性而言，"公私合作治理"比"公私伙伴关系"和"合作治理"更为妥当。

③ "行政合作法"用语源自德国行政法学，是与传统由单一公权力主体以"命令—服从"为特质的"行政高权法"相对称的概念，其关注重心是"公私权利主体在责任分配下共同合作履行任务"，预期目标是"为各公私合作领域以概括方式进行法秩序的形塑"。参见李建良主编：《民营化时代的行政法新趋势》，新学林出版股份有限公司2012年版，第104页；詹镇荣：《公私协力与行政合作法》，新学林出版股份有限公司2014年版，第15页。考虑到"规制行政法""给付行政法""风险行政法"等部门行政法用语已为我国行政法学界广泛认可，本文将这种直面公私合作挑战应运而生的中观部门行政法称为"合作行政法"。

下的行政法学"转向"合作国模式下的行政法学",都是当下我国行政法学必须直面的前沿课题。

(一) 公私合作治理在当代中国行政实践中的兴起

当代中国正处于由计划经济向市场经济、农业文明向工业文明、人治社会向法治社会的嬗变过程之中,行政管理体制和社会结构形式都发生了极为深刻的变化,行政权力分散化与社会化、社会结构复杂化与多元化的发展趋势尤为明显,"合作国家"的图像日渐清晰。

1. 行政横轴:合作领域的拓宽

就具体的行政领域而言,公私合作实践在我国最早出现在基础设施和公用事业建设运营方面,如今正向更为广泛的公共服务领域推进。20 世纪 90 年代初期,一种内涵为"政府授予某一私人组织直接向公众出售其产品或服务权利"的特许经营制度在我国基础设施和公用事业领域逐渐兴起。就法律关系而言,公用事业特许经营是"政府的事情,通过合同的约定,交给企业去办"。[①] 近三十年来,尽管社会争议不断、立法几经周折,特许经营依旧是我国大力推行的基础设施和公用事业建设运营的基本模式。[②] 继 2015 年 4 月国家发展和改革委员会会同财政部等六部门联合发布《基础设施和公用事业特许经营管理办法》之后,2017 年 7 月国务院原法制办向社会公布《基础设施和公共服务领域政府和社会资本合作条例(征求意见稿)》,政府和社会资本合作的基本法呼之欲出。随后,公私合作模式以政府购买方式继续向公共服务进军。党的十八届三中全会决定指出,推广政府购买服务,凡属事务性管理服务,原则上都要引入竞争机制,通过合同、委托等方式向社会购买。2014 年 12 月,财政部会同民政部和原国家工商总局联合发布《政府购买服务管理办法(暂行)》;2020 年 1 月,财政部向社会公布《政府购买服务管理办法》,政府购买公共服务的法制框架基本成型。财政部政府和社会资本合作中心、国家发展和改革委员会固定资产投资司官方网站公布了全国各地大量 PPP 项目的典型案例,反映出政府和社会资本合作的广阔前景。

在公私合作逐步覆盖给付行政领域的同时,私人力量的身影也开始频繁出

[①] 参见徐宗威:《公权市场》,机械工业出版社 2009 年版,第 10 页以下。
[②] 早期有关公私合作制在我国公用事业领域整体实践的评析,可参见余晖、秦虹主编:《公私合作制的中国试验》,上海人民出版社 2005 年版。

现在秩序行政领域。以权力性行政最为典型的警察行政领域为例,治安承包、消防民营、警务辅助、社区戒毒、奖励拍违、社区矫正等私人参与执行警察任务现象不断涌现,标志着传统秩序行政领域向社会开放。① 尤其是大量警务辅助人员的出现,对缓解警力不足、维护社会秩序起到了积极作用,但其职责权限不清的问题也屡遭社会质疑。② 自 2012 年以来,警务辅助人员先后获得了不同层面法律规范的认可。除江苏省苏州市、无锡市和徐州市以及辽宁省大连市、湖北省武汉市相继出台警务辅助人员的政府规章外,首部专门规范警务辅助人员的地方性法规——《深圳经济特区警务辅助人员条例》于 2017 年 8 月通过,创造性地利用特区法规授权形式将辅警定位为"公安机关工作人员"。在国家层面,《法治政府纲要》明确提出要"规范执法辅助人员管理,明确其身份性质和职责权限";2016 年 11 月,国务院办公厅印发《关于规范公安机关警务辅助人员管理工作的意见》,推动了警务辅助人员管理的规范化和法治化。此外,在煤矿安全监管、环境污染治理等诸多秩序行政领域,主管行政机关通过选择与管辖企业之间签署各类"责任书"的形式建立了一种新型政企共治关系,有效促进了公共治理目标的实现。

2. 行政纵轴:合作流程的覆盖

公私合作除被广泛应用于各具体行政领域外,还覆盖了行政活动的各个流程,展现出强劲的发展势头。在行政立法阶段,为克服传统政府主导型立法模式过程封闭、部门本位的弊病,一种以"委托第三方起草法律法规规章草案"为载体的相对回避型立法模式正在形成。这一新模式的特质在于重塑行政部门、法制机构及外部第三方在行政立法过程中的关系,通过公共部门和私人部门各自禀赋优势的发挥,缓解行政立法科学性和民主性之间的张力,在消除部门利益法律化的同时推进行政立法科学化,促进良法善治局面的实现。在行政立法活动实践中,作为独立第三方的专家学者、教学科研单位和社会组织频繁接受政府委托,承担起行政立法前评估、立法后评估和法规草案起草任务,对提高政府立法质量发挥了重要作用。在 2015 年《立法法》赋予所有设区的市以地方立法权的背景下,行政立法主体扩张与立法能力不足紧张关系的消解,为行政立

---

① 参见章志远:《行政任务民营化法制研究》,中国政法大学出版社 2014 年版,第 21 页以下。
② 辽宁抚顺、陕西延安、湖南临武等地 2013 年发生的协管员、辅警、联防队员等执法"临时工"打人事件曾引起了社会的广泛关注。参见白靖利:《一次次,总是"临时工惹祸"?》,载《文汇报》2013 年 6 月 19 日;杨丁淼、姜刚:《执法"临时工"为何频出格》,载《文汇报》2013 年 7 月 25 日。

法相对回避模式奠定了重要的市场基础。

在行政执法阶段,公私合作的具体形态更多,至少有三类较为典型:其一,有奖举报。行政执法过程,实际上就是执法信息的收集、积蓄、利用和提供的过程。① 为了有效缓解行政执法资源的不足,我国食品安全、税收征管、环境保护、计划生育、交通运输、安全生产等诸多领域都在大力推广有奖举报制度,通过奖励私人举报提供案件线索来及时启动执法程序。尤其是生产经营企业内部人员的举报,往往更能起到精准执法的效果。作为一种补充性、辅助性的执法手段,有奖举报彰显出公私合作震慑违法者和助力执法者的双重功效。其二,行政担保。担保制度源于民事领域,近年来在我国海关监管、税收征管、治安管理、环境保护、安全生产、公共工程建设、行政许可等诸多领域得到了广泛运用,成为确保行政相对人履行义务和实现预期行政目标的重要手段。国务院2010年制定了《海关事务担保条例》,国家税务总局2005年颁发了《纳税担保试行办法》,初步实现了行政担保制度的法制化。与民事担保着眼于保障债权实现所不同的是,行政担保侧重于通过行政相对人或第三人提供的信用或财产保证行政管理目标的实现,体现了公私合作共治的基本理念。其三,执行和解。与行政执法过程中的和解不同,执行和解仅限在行政相对人履行行政决定的义务阶段。《行政强制法》第42条第1款规定:"实施行政强制执行,行政机关可以在不损害公共利益和他人合法权益的情况下,与当事人达成执行协议。执行协议可以约定分阶段履行;当事人采取补救措施的,可以减免加处的罚款或者滞纳金。"执行和解蕴涵着丰富的公私合作元素,增强了行政强制的谦抑色彩。

在行政纠纷解决阶段,公私合作的趋势也十分明显。《行政复议法实施条例》第40条明确规定,复议申请人与被申请人在行政复议决定作出之前可以自愿达成和解,进而提前终止行政复议程序。2014年修订后的《行政诉讼法》虽然继续坚持行政案件审理不适用调解原则,但同时也规定了调解结案的例外情形,并保留规定原告可以基于同意被告改变所作行政行为而撤诉结案。结合经当事人各方同意即可适用简易程序审理等其他规定,可以看出当事人合意解决行政纠纷已被认可。在信访领域,近年来各地纷纷尝试通过引入律师、专家等外部第三方力量参与信访积案化解,成效颇为明显。②

---

① 参见〔日〕盐野宏:《行政法总论》,杨建顺译,北京大学出版社2008年版,第216页。
② 相关典型经验介绍,可参见司晋丽:《引入"第三方"律师化解信访难题——为湖北恩施州"律师进村、法律便民"改革创新实践叫好》,载《人民政协报》2015年11月17日;何婷婷:《海宁首创"信访评议团"》,载《决策》2017年第1期。

综上所述,在我国社会转型时期的行政实践中,已然呈现出"全景式"的公私合作治理新动向。无论是处于横轴的具体行政领域,还是处于纵轴的相应行政过程,公私合作的基因都已深深嵌入其间。党的十九大报告指出,中国特色社会主义进入新时代,我国社会主要矛盾已经转化为人民日益增长的美好生活需要和不平衡不充分发展之间的矛盾。社会主要矛盾的变化对公共服务的提供和行政法治模式提出了新要求,共建共治共享社会治理格局的形成也需要实现政府负责和社会协同之间的良性互动。在更好完成既定行政任务目标的引领之下,行政机关在越来越广泛的行政领域和越来越多的行政环节,与形形色色的社会力量展开多种形式的合作,形成了超越域外行政任务民营化及公私协力框架,"以信任为基础、以多元合作主体间交织互动和共同担责为特征"[①]的合作行政新模式,摹绘出新时代行政法学发展的重要图景。

(二)合作行政模式下传统行政法学面临的挑战

合作行政模式的兴起,在"合作协定的复杂性和参与主体的多样性、政府控制管理的能力、治理形式的选择、私人部门组织可能的战略行为、使得评估更加困难的合同的时间跨度等方面",对公共行政的传统形式提出了挑战。[②] 与国家垄断行政事务模式下的私人消极参与不同,合作行政模式下的私人以伙伴身份与行政机关分享行政任务的履行,传统行政法学知识体系因之需要进行结构性调整。"此等挑战几乎难以组织法——例如行政受托人与行政助手——以及作用法上之传统理论加以克服。"[③]就当代中国合作行政的新发展而言,传统行政法学在理念、原则和结构上面临的整体性挑战更为明显。

1. 行政法观念与原则

长期以来,政府主导是我国经济社会发展的基本模式,行政权几乎渗透到社会生活的各个角落。在社会主义市场经济体制的建立过程中,虽然市场因素在社会资源配置中的作用不断增强,但行政权事实上的主导地位仍难撼动。尤其是在社会运行矛盾叠加、经济下行压力增大的背景下,社会稳定的现实需求陡增,"集中力量办大事"的体制优势时隐时现。我国的行政法正是在这样复杂

---

① 谢新水:《作为一种行为模式的合作行政》,中国社会科学出版社2013年版,第106页以下。
② 参见〔英〕斯蒂芬·奥斯本:《新公共治理?——公共治理理论和实践方面的新观点》,包国宪、赵晓军等译,科学出版社2016年版,第145页。
③ 詹镇荣:《公私协力与行政合作法》,新学林出版股份有限公司2014年版,第6页。

的社会转型过程中孕育生长的。在传统的行政法观念中,政府拥有广泛的社会资源和动员能力,完全可以通过自身力量获取足够的信息针对具体行政事务作出判断,行政相对人只需要配合和服从。在传统的"命令—服从"行政模式下,行政法的任务就在于将行政权力关进法律制度的笼子里,防止行政相对人的权利遭受行政机关的不法侵害。这种行政法观念立基于"人性恶"的前提预设,即行政机关在本质上倾向于滥用权力而侵害人民权益,法治国家的任务就是划定公共领域与私人领域的边界,将容易滥权的行政机关纳入法律拘束的轨道。

正是在公域与私域区分、公法与私法二元论的思想基础上,传统行政法的体系逐步形成。在我国,"立法机关预先授权—行政机关依法执行—司法机关事后审查"的流程设计成为行政法得以体系化的重要标志。除了依托行政组织法、行政行为法和行政救济法"三位一体"地实现对行政权力的驯化外,由法律保留和法律优位组成的依法行政原则也是行政权力行使的戒律。即便是晚近兴起并已逐步实现法教义化的比例原则和诚信原则,也是基于公私对立、有效规制行政权力行使而产生的。经过四十多年的法制累积和学说演进,以行政合法性控制和权利保障为取向、以司法审查为后盾的行政法释义学在我国逐步建成。

如果说行政任务仅仅局限于社会秩序的维护,上述传统行政法观念和原则尚可实现对干预行政的有效规制。然而,伴随着经济社会的快速发展,行政任务已日趋多元化和复杂化。从《法治政府纲要》的规定来看,"完善宏观调控""加强市场监管""创新社会治理""优化公共服务""强化生态环境保护"都是政府必须依法全面履行的职能。在这些新型的给付行政、规制行政和风险行政活动中,行政机关的"单打独斗"已经捉襟见肘,"协商—合作"的行政模式开始形成。伴随着行政机关与社会力量越来越多的合作,立基于公私对立的传统行政法观念和原则受到了前所未有的挑战。"严格公/私区分的消逝可能提供了我们期待已久的机会,使公法得以将其领地延伸到以前属'私'域而现在仍然很大程度上缺乏问责性的、有关社团利益的权力。"[①]可见,在公私合作治理兴起的背景下,行政法的观念与原则都亟待更新。

2. 行政法关系与主体

在国家垄断行政事务模式的支配下,行政机关是唯一的管理中心。行政机

[①] 〔新西兰〕迈克尔·塔格特编:《行政法的范围》,金自宁译,中国人民大学出版社2006年版,第48页以下。

关依托上下层级结构的组织安排,通过发号施令、制定和实施政策及作出具体处理决定,对社会公共事务实行单一向度的管理。在行政系统内部,权力的运行呈现自上而下的放射状结构,传达和落实上级指示是下级行政机关的最高使命;在行政系统外部,配合和服从行政机关的管理则成为行政相对人的天然义务。这种封闭的权力运行方式造成了传统行政法关系"行政主体—行政相对人"单一化的面相,公私对立的基础使得行政主体与行政相对人之间在主、客体地位上泾渭分明。即便是参与型行政的兴起,行政主体的主导性地位也始终未被撼动。于是,立基于行政一体化构造上的行政组织法在传统行政法中一直处于边缘地位。在我国行政法学上,甚至还出现了以行政主体理论直接替代行政组织法学研究的局面。①

伴随着合作行政模式的兴起,行政法关系和主体的形态都发生了深刻变化。合作治理是一个上下互动的管理过程,不同主体之间通过协商、合作共同完成行政任务的履行,从而形成了多中心、分散化的新结构。一方面,国家开始试图重新界定自己的角色,倡导一种"灵活、助成的政府观念",即"政府必须有能力在混合体制中扮演多重角色:经纪人、网络管理者、监督者、执行者与合作伙伴,政府在混合体制中的主要作用,就是促进混合主体的介入,这种混合能够将具体公私安排所带来的风险降到最低"②。另一方面,私人力量不再是纯粹的机械服从权力的客体,而是以辅助者、缔约者、供给者、交易者、受托者等多重灵活角色与行政机关一起分享公共治理任务。在公私合作的背景下,更多类似"行政主体—承担行政任务履行的私人部门—行政相对人"的三角关系不断涌现,传统的行政一体化构造被打破,多层级、扁平化的新构造开始形成,这对传统上着眼于静态描述的行政组织法构成了直接挑战。"合作导向的国家行政组织法不拘泥于公法的组织形式,相互融合的总体法律制度思想也适用于组织法,国家享有广泛的合作自由和组织选择自由。"③

---

① 综观我国当下林林总总的行政法学教科书,鲜有对行政组织法学基本原理展开详尽论述者,大多都直奔行政主体理论。有鉴于此,学者在分析行政组织法学研究的滞后时就曾指出:"由于我国的行政主体理论从诞生起就以取代对行政组织法的研究为要旨,因而该理论本能地排斥对行政组织法的全面研究。"参见周汉华主编:《行政法学的新发展》,中国社会科学出版社2013年版,第65页。

② 〔美〕朱迪·弗里曼:《合作治理与新行政法》,毕洪海、陈标冲译,商务印书馆2010年版,第189页以下。

③ 〔德〕汉斯·J.沃尔夫、奥托·巴霍夫、罗尔夫·施托贝尔:《行政法》(第三卷),高家伟译,商务印书馆2007年版,第367页。

3. 行政法行为与责任

传统行政法学理论的体系化紧紧围绕行政行为这个兼具行政诉讼法、行政程序法和行政实体法三重功能的精致概念展开,行政行为几乎是行政法学理论中"阿基米德支点"般的核心概念。行政行为形式论的任务,在于区分不同类型行政活动的特质,通过相应的程序性制度规范,确保依法行政目标的实现。行政行为以其概念的精致、构造的均衡和逻辑的严密而具有教义学上的"制度化功能""衔接性功能"和"储藏性功能",对行政法的体系化发挥了至关重要的作用。[①] 在我国行政法上,尽管行政行为几乎成了"最大的概念谜团和陷阱"[②],但其自身也是全部行政法学理论建构的基石。

合作行政模式的兴起,挑战了行政行为范畴的核心地位:其一,行政行为偏重"结果导向",对纷繁复杂的行政活动实施"瞬间掠影"式的裁剪处理;合作行政则强调"过程导向",关注最终决定作出之前的协助、沟通、协商、合作乃至让步。其二,行政行为的重心在已经定型化的行政处理,合作行政则更加倚赖行政契约手段,"契约取代了作为管制典范的命令与控制"[③]。其三,行政行为具有高度抽象性,试图通过行政机关机械运用型式化行政行为,实现形式合法性控制的目的;合作行政则具有高度灵活性,通过行政机关对未型式化行政行为的运用和行为形式的相对灵活选择(包括公法形式与私法形式之间的自由选择、型式化行为与未型式化行为之间的自由选择以及具体的型式化行为之间的自由选择等三个层次),实现行政任务最佳履行的目的。

2014年修正后的《行政诉讼法》将"具体行政行为"一律修改为"行政行为",行政行为学术概念与法律概念实现了形式上的统一,为发展以行政行为为中心的行政法教义学提供了新契机。同时,面对合作行政模式的兴起,行政行为理论的发展也面临着挑战,几乎成为一种学术"宿命"。原因在于,对于合作行政实践中大量援用的未型式化行为,出于行政合法性控制和权利救济的现实需要,不得不扩大既有行政行为形式的涵盖范围,将行政行为改造为无所不包

[①] 参见林明锵:《论型式化之行政行为与未型式化之行政行为》,载翁岳生教授祝寿论文集编辑委员会编:《当代公法理论:翁岳生教授六秩诞辰祝寿论文集》,月旦出版股份有限公司1993年版,第347页。

[②] 赵宏:《法治国下的目的性创设——德国行政行为理论与制度实践研究》,法律出版社2012年版,第50页。

[③] 〔新西兰〕迈克尔·塔格特编:《行政法的范围》,金自宁译,中国人民大学出版社2006年版,第27页。

的概念,从而维系既有行政合法性控制机制。这种无限拉张行政行为范围的做法,将使得行政行为的概念内涵负担加重,不得不更加追求抽象化,进而"有发生概念崩解的危险,且最终将使其丧失作为法治国家规律的工具性格"[①]。

与此同时,合作行政的兴起对传统的通过司法审查追究违法行政责任、维系依法行政原则的既有模式也构成了挑战。"私人主体愈来愈多地履行传统的公共职能却又摆脱了通常与公权力的运用相伴的严格审查,在这种情况下,私人的参与确实会引起对责任性的关注,使不受制约的行政机关裁量权相形见绌。"[②]尽管司法审查仍然是一种不可或缺的问责机制,但在解决合作行政和背离"命令与控制"行为的争议中已明显力不从心。一方面,在合作行政模式下的责任性追究中,司法审查的中心地位已被撼动,应当通过合作关系形态的梳理,勾勒出司法审查发挥作用的大致范围;另一方面,需要在行政过程中积极开发各种替代性的责任机制,既保障公共利益不因公私合作的推行而遭致损害,也避免行政任务履行因公共部门和私人部门责任分担不均而受到影响。

综上所述,合作行政模式的兴起对变迁中的中国行政法学理论体系提出了一系列挑战。无论是在行政法观念与原则等思想层面,还是在行政法关系与主体、行为与责任等制度层面,都面临着重整任务。同时,公私合作在我国局部行政领域和行政过程中的曲折实践,也加剧了行政法学理论回应的难度。"与政府治理中的契约'革命'相映成辉的公私权力交融的权力形态的存在,引发了对行政法的着重点和概念体系的基本怀疑。"[③]

(三) 合作行政法的新思维

从世界范围来看,在公私合作因子全面导入现代行政法之后,相关行政法律制度必然要随之作出变革,以便及时回应私人履行行政任务可能引发的责任性、合法性和确定性价值失落的难题。德国行政法上有关联邦行政程序法的研修和公私合作制促进法的制定,就体现出回应公私合作兴起的制度重构努

[①] 赖恒盈:《行政法律关系论之研究——行政法学方法论评析》,元照出版有限公司2003年版,第248页。

[②] 〔美〕朱迪·弗里曼:《合作治理与新行政法》,毕洪海、陈冲标译,商务印书馆2010年版,第142页。

[③] 〔英〕卡罗尔·哈洛、理查德·罗林斯:《法律与行政》(下卷),杨伟东等译,商务印书馆2004年版,第591页。

力。① 在这一过程中,围绕行政法学革新动力之一的民营化所展开的"新行政法"研究,以"基础建设行政法""民营化后处理法""行政公司法""行政合作法""担保行政法""招标行政法""管制行政法""服务行政法"等名义持续推进,并引发了有关德国行政法学总论更新的反思。② 在美国,面对混合行政的兴起,"国家是什么""国家与私人部门的关系应该如何定位"的追问挑战了传统的行政法观念,学者们普遍认为:"行政法首先必须有效地将自身重新定位,要研究体现当代管制特征的复杂公私安排。"③可以说,公私合作所催生的"新行政法"④研究正成为各国行政法方兴未艾的主题。

参酌德国公私合作法制建构的基本经验,我国除了继续在相关行政领域制定或修改特别的公私合作促进法外,还应当在行政法总则的制定中为公私合作的有序推行奠定法制基础。公私合作对传统行政法制的挑战是全方位的,需要行政组织法、行政程序法和行政救济法的协同推进。在此过程中,作为中观部门行政法的合作行政法的建构尤为重要。就其功能定位而言,合作行政法能够在微观的部门行政法与行政法总论之间架起交流沟通的新平台,最终反哺行政法总论知识体系的更新。鉴于中外公私合作的发展进程、表现形式和规制进路存在差异,我国合作行政法的建构需从新思维的形塑入手,致力于新原则的确立和新范畴的引入,为现代行政法学回应公私合作治理的兴起奠定法理基础。

1. 合作行政法的新原则

与追求行政合法性控制和权利保障为目标的传统行政法不同,合作行政法的使命在于促进行政任务的有效履行和公共福祉的增进。在合作行政兴起的诸多领域,伴随着行政任务的复杂化和专业化,"立法授权—行政实施—司法审查"的传统规制模式日渐"失灵":立法机关无法先知先觉地对社会生活预先作出整齐划一的安排,行政机关也难以依据既有的法制框架对社会变迁及时作出

---

① 参见程明修:《行政私法与私行政法》,新学林出版股份有限公司2016年版,第41页以下;李以所:《德国公私合作制促进法研究》,中国民主法制出版社2013年版。
② 参见李建良主编:《民营化时代的行政法新趋势》,新学林出版股份有限公司2012年版,第100页以下。
③ 〔美〕朱迪·弗里曼:《合作治理与新行政法》,毕洪海、陈标冲译,商务印书馆2010年版,第191页。
④ 诚如学者所言:"新行政法学对于行政法研究最主要的贡献在于创造介于总论与各论间的论述层次,借由分析行政履行任务之不同模式及其各该调整脉络,观察不同行政法各论面对类似问题情境之解决模式,并检验个别解决方案一般化的可能性。"参见李东颖:《行政法学作为调控科学——以公私部门伙伴关系为例》,载社团法人台湾地区行政法学会主编:《行政法学作为调控科学》,元照出版有限公司2018年版,第50页。

妥善的应对,司法机关更无力机械适用法律审查日渐扩张的行政裁量。"行政法体系的广度必须足以掌握当代行政任务的光谱。传统行政法学之所以受到批评,乃是因为它未能关注到行政任务,或将行政任务限缩在自由法治国危险预防的范围。"①因此,基于合作行政兴起的新行政法就应当超越传统的行政合法性控制导向,坚持行政任务有效履行的新导向,对公私合作作出更加缜密的行政法制度安排。"行政是一项以大量不同主体之间的相互依赖为特征的工作。政府和非政府主体的运作具有丰富的制度背景,彼此相互关联,而且具有法律规则、非正式惯行与共识的背景。这些公私安排形式不可能被简单地划分为纯粹公的与纯粹私的作用。"②在行政任务导向的新语境下,依法行政原则所追求的行政合法性目标将被行政正当性目标所超越。换言之,为了保障行政机关能够更加有效地完成预定的行政任务,法律上应当赋予其更大的行政自主决定空间,承认其在具体的行政组织形态和行政活动方式上的选择裁量。

在新的行政正当性理念的支配下,行政法学应当及时引入"辅助性原则"和"合作原则",作为传统依法行政原则的适用指引和有益补充。

首先,辅助性原则也被称作补充性原则,其原始理念在于建构不同社会层级之间任务分配的基准,通常被理解为个人与团体以及不同层级团体之间权限分配的原则。在行政法学上,辅助性原则揭示了个人相对于社会和国家,较小的下位组织相对于较大的上位组织所具有的事务处理优先权。具体来说,当公民个人或较小的下位组织能够胜任某项事务的处理时,社会、国家或较大的上位组织就不应介入,此即所谓的"消极面相的辅助性原则"。反之,当个人或较小的下位组织无法胜任某项事务的处理时,社会、国家或较大的上位组织才能够积极支援协助,必要时亲自接手完成相关任务,此即所谓的"积极面相的辅助性原则"。③ 作为行政事务管辖权界限原则,辅助性原则已经超越给付行政领域而成为现代行政法上一项重要的一般原则。从我国行政法制发展进程上看,辅助性原则的实质内涵已经在《行政许可法》第 13 条、《依法行政纲要》第 6 条及《法治政府纲要》有关"深化行政审批制度改革"和"优化公共服务"的若干规定中得以体现,可谓一项"呼之欲出"的行政法一般原则。辅助性原则的及时引

---

① 〔德〕Eberhard Schmidt-Assmann:《行政法总论作为秩序理念:行政法体系建构的基础与任务》,林明锵等译,元照出版有限公司 2009 年版,第 169 页。
② 〔美〕朱迪·弗里曼:《合作治理与新行政法》,毕洪海、陈标冲译,商务印书馆 2010 年版,第 193 页。
③ 参见詹镇荣:《民营化与管制革新》,元照出版有限公司 2005 年版,第 285 页。

入，不仅能够为公私合作的推行提供法理依据，而且也能够为公私合作的发展提供立法指引。

其次，合作原则的内涵是指行政任务并非仅仅属于国家的责任，也非仅仅依靠社会或市场等单方面的民间力量可以达成，而是需要国家、社会、个人等所有力量的共同合作才能完成。"在行政法实施过程中个人保护和全面考虑关系人利益的前提是行政对话和合作性的行政结构，惟由此才能建立因国家高权和权力垄断而很少产生的合作关系。明确行政的责任与公民的责任属于行政法的重要任务，这有助于将合作原则上升为一般的行政原则。"[①]从我国环境保护、食品安全等具体行政领域法制发展的进程上看，合作原则的实质内涵已经有所体现，亟待行政法学理予以总结提炼。[②] 合作原则的及时引入，能够为法律上课予行政机关、行业组织、企业及个人共同合作完成行政任务的义务提供规范依据，进而保障行政机关相对自主地选择具体的公私合作方式。

2. 合作行政法的新范畴

公私合作的推行预示着国家活动的"柔软化"，可能带来"削弱现行法的拘束力""危及国家活动的法安定性和预测可能性""损及法治国家规制的普遍性"的负面效应，面临着理论上的本能质疑。[③] 在美国，"大量的外包、权力下放与授权强化了对私人权力的不安。通过唤起下述担忧，即政府会不断将其责任转交给私人主体，而这些私人主体又通常不受与公共权力相伴的审查约束，这些趋向已促使某些行政法学者建议为私人权力规定更大的限制"[④]。在德国，"很长时期内人们认为，不能将警察行政委任给民间予以私化。但是，近期，即使在警察行政中，在承担该事务的州行政财政状况恶化、犯罪增加的背景之下，有人开始主张行政改革，特别是将能委任给民间的业务交给民间，将警察集中在不

[①] 〔德〕汉斯·J.沃尔夫、奥托·巴霍夫、罗尔夫·施托贝尔：《行政法》（第三卷），高家伟译，商务印书馆2007年版，第18页。

[②] 例如，《环境保护法》第6条规定："一切单位和个人都有保护环境的义务。地方各级人民政府应当对本行政区域的环境质量负责。企业事业单位和其他生产经营者应当防止、减少环境污染和生态破坏，对所造成的损害依法承担责任。公民应当增强环境保护意识，采取低碳、节俭的生活方式，自觉履行环境保护义务。"这一规定显示出合作原则不仅是国家所奉行的环境保护基本政策，而且也是环境基本法的一般原则。

[③] 参见刘宗德：《公私协力与自主规制之公法学理论》，载《月旦法学杂志》2013年第6期。

[④] 〔美〕朱迪·弗里曼：《合作治理与新行政法》，毕洪海、陈标冲译，商务印书馆2010年版，第356页。

可或缺的业务上"①。在我国,"国家本位"的固有传统天然地拷问着公私合作的正当性。公用事业特许经营改革的受挫、PPP领域的"政热社冷"、对警务辅助人员存在必要性的普遍质疑、治安事务能否承包的争论、行政强制执行和解从原则条款到程序条款的嬗变,无不折射出相关制度变迁背后私人目标与公共目标之间剧烈的利益冲突。"严格执法""公权力不可处分"等传统观念的流行,更成为公私合作深度推行的观念障碍。②

为了厘清公私合作的观念障碍、保障公私合作的顺利推行,我国合作行政法的建构应当秉承"界限论"和"责任论"的思想进路。其中,界限论的旨趣在于宣示公私合作的有限性,承认公私合作自身的功能局限;责任论的旨趣则在于彰显公私合作的有为性,消除公私合作引发的可追责性疑虑。为此,应当吸收"国家保留"和"国家担保"概念,作为建构合作行政法的新范畴。

一方面,需要引入"国家保留"概念,确立公私合作的界限,凸显国家自为行政任务实施的"履行责任",防止行政任务公共性的丧失。在传统行政模式下,行政机关承担了所有行政事务的执行责任。公私合作模式的推行并非简单地"去国家化"。从域外合作行政的实践上看,真正采取国家全部放弃行政任务执行责任的"完全民营化"极为鲜见,绝大多数公私合作方案都"采行游走在'单纯组织私法化'与'任务完全私人化'两个民营化光谱极点间之模式"。其中,"任务部分私人化"则成为各国普遍采行的合作模式。③就我国局部行政领域公私合作的实践而言,确实存在极端化之举。④尽管行政法学理上尚存争议,但鉴于我国既往公私合作的实践教训和社会转型的行政主导特质,仍然需要及时引入"国家保留"概念,为公私合作能否推行以及推行到何种程度划定相应的边界。换言之,在当下中国特殊的时空背景之下,应当对公私合作采行相对保守

---

① 〔日〕米丸恒治:《私人行政——法的统制的比较研究》,洪英等译,中国人民大学出版社2010年版,第151页以下。

② 有学者在反思目前较为混乱的行政委托现象时指出,行使公权力的组织原则上应当受民主统制——通过代议民主制和国家机构组织法特别是行政组织法等一系列法律制度,公权力的行使者接受民主统制,并在最终意义上向人民负责,"主权在民"原理由此也得到体现。公权力行使原则上不能委托给非行政机关组织,这是行政委托的内在边界。有鉴于此,论者认为我国的行政委托理论亟需正本清源,行政委托实践亟需适当收缩和明确界限。参见王天华:《行政委托与公权力行使——我国行政委托理论与实践的反思》,载《行政法学研究》2008年第4期。

③ 参见詹镇荣:《民营化与管制革新》,元照出版有限公司2005年版,第3页以下。

④ 媒体披露的"禹州式截访"事件中信访部门利用黑监狱、黑保安打压访民的做法发人深思。参见杨继斌、习宜豪、梁建强:《禹州式截访》,载《南方周末》2013年2月21日。

的立场,承认"绝对国家任务"①的客观存在。一般来说,"组成行政、立法、司法等国家机关的所谓国家的自我组织事项"和"以物理强制力为后盾的行政事务"属于较为典型的国家保留事项,原则上应当排除私人力量的介入。② 就实证法律规范而言,我国《行政强制法》第17条有关"行政强制措施权不得委托""行政强制措施应当由行政机关具备资格的行政执法人员实施,其他人员不得实施"和第18条有关"由两名以上行政执法人员实施行政强制措施"的规定,《行政处罚法》第18条有关"限制人身自由的行政处罚权只能由公安机关和法律规定的其他机关行使"的规定,都为国家排他性责任的保留提供了佐证。

另一方面,需要引入"国家担保"概念,规范公私合作的运行,凸显国家在合作行政时代下的"担保责任"和"兜底责任",防止国家责任的转嫁和逃逸。公私合作的兴起,预示着行政机关不再单方面地承担行政任务的履行责任,而是享有更为广泛的任务履行方式裁量空间。私人力量的引入在促进行政任务履行的同时,也使得公共福祉的增进和民众权利的保护面临新的威胁。为此,必须引入"国家担保"概念,区分不同层级的国家责任,确保国家"公益维护者"的角色不至于在合作行政的进程中丧失。担保责任指的是"特定任务虽由国家或其他公法人以外之私人与社会执行之,但国家或其他公法人必须负起担保私人与社会执行任务之合法性,尤其是积极促其符合一定公益与实现公共福祉之责任"③。相比较常态化的担保责任而言,"兜底责任"具有明显的备位性和补充性,只有在承担行政任务履行的私人一方出现重大危机或影响到公共利益时,行政机关才能够借助接管等措施予以应对。例如,公用事业特许经营严重不善时的临时接管、对严重违反社区戒毒协议的人员实施强制隔离戒毒等都属于"兜底责任"的具体体现。基于国家基本权利保障者角色满足的需要,担保责任的具体化将成为合作行政法建构的重要内容。应当根据合作行政具体领域、环节和方式的不同,对国家和私人之间的责任层级和责任分配加以框定,适应"从国家任务到行政责任"时代变迁的需要。在给付行政领域的公私合作中,我国台湾地区学者许宗力曾经归纳出行政任务后民营化阶段担保责任的五项内容,即"给付不中断的担保义务""维持与促进竞争的担保义务""持续性的合理价格

---

① 有关"绝对国家任务"与"相对国家任务"的区分,参见詹镇荣:《民营化与管制革新》,元照出版有限公司2005年版,第269页。
② 参见许宗力:《论行政任务民营化》,载翁岳生教授祝寿论文编辑委员会编:《当代公法新论》(中),元照出版有限公司2002年版,第595—596页。
③ 詹镇荣:《民营化与管制革新》,台湾元照出版有限公司2005年版,第125页。

与一定给付品质的担保义务""既有员工的安置担保义务"和"人权保障义务与国家赔偿责任之承担"。① 在以私人参与警察任务履行为代表的秩序行政领域的公私合作中,"准入监督"和"行为监督"是国家担保责任的基本内容,但在特殊的合作形态下尚有例外的责任形式,如对民营消防队需要给予财政扶持、对民间拖吊从业者需要进行价格管制、对治安承包需要按照协议进行监督等。② 可见,国家的担保责任和兜底责任是"浮动的",不同层次的保护需求决定了不同形式的保护机制。

(四) 合作行政法的逻辑展开

合作行政法的建构,并非要逃逸传统行政法学理论体系的束缚,毋宁说是对传统行政法学理论的某种补强和更新,而是主动因应"法治国家"脸谱下的行政法学转向"合作国家"脸谱下的行政法学的现实需要。"合作国家"概念的首倡者是德国学者利特尔,我国台湾地区学者张桐锐借鉴其学说,将合作国家模型的特征概括为五个方面:第一,在任务主体方面,不再强调国家的中心地位,而是分散、多中心的任务实现结构;第二,在管制模式上,不再拘泥于国家的公共权力或中心地位,而是考虑如何利用或搭配不同的政策工具或手段,进行所谓工具化的社会自我管制;第三,在法律理性层面,起支配作用的法律模式是实质理性,法律规定的典型模式是"目的模式";第四,在行为形式中,典型的是合意式的行政行为,包括行政契约等已型式化的行为形式和无法律拘束力的协定等尚未型式化的合意行为;第五,在国家任务方面,不再局限于履行责任,而是有包括建议责任、组织责任和担保责任在内的各种可能的责任形态。③ 合作国家形态的出现,暴露出法治国理念支配下的传统行政法学知识体系解释力和回应性的不足,但也远未达到需要予以整体性解构的程度。事实上,传统行政法学的总体框架大体上仍然能够适用于合作行政,但在基本概念的重述和规范框架的扩展方面尚待用力。"新行政法学并未挑战合法性在行政法学中的重要地位,其仅强调依法行政的观点不足以掌握行政法学的全貌,而应补充对其他行

---

① 参见许宗力:《论行政任务民营化》,载翁岳生教授祝寿论文编辑委员会编:《当代公法新论》(中),元照出版有限公司2002年版,第607页以下。
② 参见章志远:《行政任务民营化法制研究》,中国政法大学出版社2014年版,第98页。
③ 参见张桐锐:《合作国家》,载翁岳生教授祝寿论文编辑委员会编:《当代公法新论》(中),元照出版有限公司2002年版,第578页以下。

政法所规范之客体(行政部门)而言重要的观点。"①为此,合作行政法框架结构的形成将面临"重申"和"重述"的双重任务,具体表现在主体论、行为论和救济论的更新之中。

1. 合作行政法的主体论

在合作行政模式兴起的新时代,主体论面临着三项具体的重述任务。

首先,应当以"行政任务履行"置换"行政权力行使"作为认定行政主体的核心要素。"当代公共行政的有效实施,必须建立在中央和地方合理分权以及国家和社会合理分权的基础之上。"②合作行政现象的出现,本身就预示着国家和社会之间的某种分权。《国务院关于推进中央与地方财政事权和支出责任划分改革的指导意见》(国发〔2016〕49号)的实施,描绘了中央和地方事权划分的法治蓝图。在分权改革的进程中,行政主体的概念应当与现代行政分散化和多样化的发展趋势相适应。为此,在重申行政主体作为"行政所由出的主体"描述性概念的同时,可将"行政权力行使"置换为"行政任务履行",作为重述行政主体概念的核心要素。

其次,应当通过授权者、委托者、辅助者、举发者、监督者、和解者、私营者等相应角色的引入,在不同层次的合作法律关系中确定公私双方各自的法律地位。"法律关系理论的观察,特别重视整体生活现实中,作为法规范之规范对象的'所有法主体'之可能行为的特殊事实结构,强调对于具体法律关系的事实,不只局限于行政此一法主体的特定行为,而是针对所有法主体之行为为法的分配。"③一般来说,私人参与履行行政任务后,会在行政机关、履行任务的私人及第三人之间形成多种面向的法律关系。为此,需要及时引入行政任务取向的法律关系思维,在不同的法律关系语境下识别相应的法主体身份,避免陷入"行政主体—行政相对人"的单线结构。

最后,应当以多层级、扁平化的行政组织法教义学研究超越传统国家直接行政独步天下的单纯行政主体理论研究。合作行政的兴起已经催生了大量新的组织形态,私法形式的行政组织也成为行政组织法的表现形式之一。"公共行政部门不仅可以以私法方式活动,而且可以以私法组织的形式与公民打交

---

① 李东颖:《行政法学作为调控科学——以公私部门伙伴关系为例》,载社团法人台湾地区行政法学会主编:《行政法学作为调控科学》,元照出版有限公司2018年版。
② 沈岿:《重构行政主体范式的尝试》,载《法律科学》2000年第6期。
③ 张锟盛:《行政法学另一种典范之期待:法律关系理论》,载《月旦法学杂志》2005年第6期。

道,有人称之为国家组织的下位方式或者替代方式。"① 为此,新行政法学的一项重要任务就在于"探究如何使组织的存在形式能够与扩大了的行政任务的形态相适应"②。

2. 合作行政法的行为论

就行为论而言,面对合作行政兴起可能引发的行政法体系的典范转移,同样需要依次完成三项具体的重述任务。

首先,契约作为社会治理的崭新工具,正在诸多行政领域和具体环节获得广泛应用,现代行政国家因之逐渐演变为契约国家。行政机关寻找和培育私人合作伙伴,实现由"通过权力的治理"转向"通过契约的治理",已成为公共行政发展的大趋势。"就程度和光谱的一端为原始权力、另一端是合同而言,我们已经把治理的中心移向了合同。从权力转向合同并不意味着政府部门的终结。恰恰相反,它意味着需要建立一种制度和管理能力去迎接我们面临的许多新的挑战。"③ 为此,在行政活动大家族中,行政契约有望与行政行为形成双峰并峙的景观,行政契约法制将成为当代行政法的核心议题。

其次,合作行政的兴起衍生了大量未型式化的行政行为,"不断对未型式化的行政行为加以型式化"将成为行为论发展的新任务。④ 除了适度保留以命令控制为特质的行政处理行为、发展以协商合作为特质的行政契约行为外,还应当积极探索行政和解、行政评估、行政约谈等"中性"行政手段的运用,在行政行为内部体系构造上形成刚性行为、柔性行为和中性行为三足鼎立的格局。行政任务有效履行取向下的行为论将更加灵活,新型行政手段的运用也能够依据功能的不同而作出情境化的阐析和定位,避免陷入与传统行为形式一一对应的窘境。例如,公布违法事实手段近年来在我国食品安全监管、环境治理、交通整治、价格监管等诸多领域得到了广泛运用,并取得了十分明显的实施效果。立足功能主义的视角进行观察,可以看出其自身至少具有"声誉罚""行政强制执

---

① 〔德〕汉斯·J.沃尔夫、奥托·巴霍夫、罗尔夫·施托贝尔:《行政法》(第三卷),高家伟译,商务印书馆 2007 年版,第 412 页以下。
② 〔日〕大桥洋一:《行政法学的结构性变革》,吕艳滨译,中国人民大学出版社 2008 年版,第 52 页。
③ 〔美〕菲利普·库珀:《合同制治理——公共管理者面临的挑战与机遇》,竺乾威等译,复旦大学出版社 2007 年版,第 51 页。
④ 参见林明锵:《论型式化之行政行为与未型式化之行政行为》,载翁岳生教授祝寿论文集编辑委员会编:《当代公法理论:翁岳生教授六秩诞辰祝寿论文集》,月旦出版股份有限公司 1993 年版,第 357 页。

行""公共警告"和"行政处罚结果公开"的四重属性。

最后,需要有限度地承认行政机关的行为形式选择自由,以便更好地完成日渐扩张和复杂化的行政任务。行政的行为形式选择自由是指除非法律明确规定行政机关应采取特定形式的行为,否则行政机关为了适当履行公共行政任务,达成公共行政目的,得以选取适当的行政行为,甚至也可以在法所容许的范围内选择不同法律属性的行为。① 事实上,警务辅助、治安承包、执行和解等现象的涌现,就暗含着对行政机关行为形式选择自由的某种默认。同时,相关领域立法的跟进和规范也体现出对形式选择自由负面效果的矫正努力。行政机关行为形式的选择自由,是行政裁量权行使的表现,仍然需要受制于裁量的一般界限。总体而言,法律规范的强制性规定、干预行政与给付行政任务的区分、公法形式与私法形式绩效的对比影响着行为形式选择自由的行使,构成了行政机关合义务的裁量限度。

3. 合作行政法的救济论

就救济论而言,合作行政的兴起动摇了司法审查的中心地位,使得救济论面临着三项具体的重述任务。

首先,法律为行政提供的"目的模式"超越了传统的"条件模式",司法审查的用武之地明显受到限制。基于对行政合法性控制的不懈追求,传统行政法为行政机关提供了一种由"构成要件"和"法律效果"所组成的条件模式,即构成要件一旦被满足就会发生相应的法律效果。合作行政的兴起则衍生了更为灵活的目的模式,即法律并未规定明确的构成要件,仅规定法律所要达成的目的,至于达成目的的手段则由行政机关在个案中自主决定。② 条件模式既为行政行为提供了预设的程序规范,也为司法审查提供了直接的评判标准。目的模式的流行割裂了这种内在关联,使得司法审查在面对合作行政事项时力不从心,而面向行政的行政法学将逐渐取代面向司法的行政法学的中心地位。

其次,在救济体系的内部构造上,应当充分发挥行政复议的"主渠道"功能、行政调解的分流作用和协商谈判的补充作用,回应合作行政不同层面争议解决的现实需求。2014年修订后的《行政诉讼法》第12条将"行政机关不依法履

---

① 参见程明修:《行政法之行为与法律关系理论》,新学林出版股份有限公司2005年版,第290页。

② 参见张桐锐:《合作国家》,载翁岳生教授祝寿论文编辑委员会编:《当代公法新论》(中),元照出版有限公司2002年版,第569页以下。

行、未按照约定履行或者违法变更、解除政府特许经营协议"的纠纷纳入行政诉讼的受案范围之中,显示出新法对合作行政兴起的局部回应。不过,几年来的司法实践表明,这一仓促的制度安排并未取得预期成效。一方面,此类协议纠纷真正进入司法审查程序的非常罕见;另一方面,政府采购法、基础设施和公用事业特许经营管理办法等法律规范有关内容与此规定并不一致。面对更多行政领域和具体环节合作进程中的潜在争议,现行《行政诉讼法》未予回应。为此,在国家治理体系和治理能力现代化的语境中,应当充分发挥司法之外的多元化纠纷解决机制的作用。其中,除了寄望于公私合作双方自行协商谈判解决争议外,更应将行政复议制度建设成为我国行政纠纷解决的主渠道。同时,还应当发挥正在生长之中的行政调解制度的分流作用,使得合作行政引发的纠纷能够得到快速解决。

最后,就有限的司法审查而言,应当坚持行政纠纷实质性化解和预防行政纠纷发生的新理念。一方面,2014年修订后的《行政诉讼法》第1条已将"解决行政争议"明确列为行政审判的基本目的,需要更加注重协商和解式纠纷解决机制的运用,有效管控公私合作运行中的风险,推动公私合作的顺利进行;另一方面,"从源头上预防和减少行政争议发生"是我国和谐社会政治话语体系的重要组成内容,应当体现在司法解决合作行政争议的过程之中。"法院有必要提供原则上的灵活性以容纳公与私的新混合,而不作非此即彼的选择。"[①]为此,应当倡导合意的行政争议解决方式,充分保障公私合作的有效运转。

综上所述,面对合作行政模式的兴起,行政法学应当从新思维的塑造开始,通过新原则和新范畴的引入,实现主体论、行为论和救济论的全面更新。合作行政法的形塑,既非套用总论,也非另起炉灶,而是一项兼有重申和重述任务的事业。合作行政模式并未完全颠覆传统行政法学的知识体系和思维方式,甚至在某些问题的处理上还有新瓶装旧酒的意蕴,重申传统行政法学的范畴和原则仍有必要。同时,合作行政模式也的确为传统行政及行政法的理念更新和制度建构带来了新的推动力,在若干问题的处理上必须有新的思维和技术,重述行政法学的范畴和原则相当迫切。"行政合作法将是行政任务民营化潮流中现代行政法之不可或缺部分,其主要结构特征应是在宪法框架下,连接组织、程序、

---

① 〔新西兰〕迈克尔·塔格特编:《行政法的范围》,金自宁译,中国人民大学出版社2006年版,第141页。

行为形式以及争讼、赔偿权利救济途径等各个行政法领域所形成的整体法规网络。"①

二、政府监管新政与行政法学的回应

改革开放四十多年来,特别是在社会主义市场经济体制的建立和完善过程中,我国政府职能不断转变,政府与市场之间的关系逐渐得到理顺。从"全能政府"到"有限政府"再到"有为政府",伴随着公共行政的变迁,我国的行政法学也获得了长足发展。作为"以解决市场失灵、维持市场经济秩序为目的""基于规则对市场主体的经济活动以及伴随其经济活动产生的社会问题进行干预和控制"②的政府活动,监管不仅成为"依法全面履行政府职能"的重要组成内容,而且成为我国行政法学重要的研究对象。从研究成果的载体来看,既有大量的学术论文,也有相对体系化的著作;从研究成果的内容来看,既聚焦食品监管、药品监管、环境监管、公用事业监管、金融监管等具体监管领域的微观实践,也关注监管体制、监管原则、监管手段、监管程序等具有共性的问题。

党的十九大提出,我国社会主要矛盾已经转化为人民日益增长的美好生活需要和不平衡不充分的发展之间的矛盾。人民对物质文化生活的更高要求,对民主、法治、公平、正义、安全、环境等方面日益增长的要求,都对政府的依法监管、科学监管和高效监管提出了许多新要求。党的十九届四中全会进一步提出,要构建职责明确、依法行政的政府治理体系,建设人民满意的服务型政府。事实上,在优化营商环境、推动经济高质量发展、建设法治政府的全新时代背景下,党和国家仅在 2019 年就相继出台了《关于在市场监管领域全面推行部门联合"双随机、一公开"监管的意见》《关于深化改革加强食品安全工作的意见》《关于加强和规范事中事后监管的指导意见》《关于营造更好发展环境支持民营企业改革发展的意见》等多项政策性文件,一个监管理念、监管原则和监管手段不断推陈出新的"监管新政"时代已经来临。

(一) 监管新政与行政法理念的变迁

考察近年来诸多行政领域的政府监管实践,可以看出监管主体和监管对象

---

① 詹镇荣:《民营化与管制革新》,元照出版有限公司 2005 年版,第 39 页。
② 马英娟:《政府监管机构研究》,北京大学出版社 2007 年版,第 22 页。

的多元化、差异化趋势日益明显,个中蕴涵着对党与政、政与社、政与企、政与事、政与民之间关系的重新定位。这些监管领域的深刻变化,预示着传统行政法治理念的更新。

1. 党政联合治理

党的十八大以来,加强党对国家和社会各项事务的全面领导、把党的领导落实到治国理政的各个领域各个方面各个环节,已经成为坚持和完善中国特色社会主义制度的首要任务。作为一个肩负特殊历史使命、具有广泛社会动员能力的马克思主义政党,中国共产党本身已经成为嵌入当代中国政治结构、具有与国家机构相对应的科层制结构的组织,形成了一种"有效实现执政党政治领导权与政府机构行政权相平衡"的极具中国本土特色的"党政体制"。① 除了思想、政治和组织领导外,党对国家和社会事务的领导还呈现出多元化的样态。以监管为例,至少表现为四种形态:一是组建新的党政融合式的监管机构,如宣传部统一管理新闻出版、电影工作,统战部统一管理民族、宗教、侨务工作,优化中央网络安全和信息化委员会办公室在维护国家网络安全方面的职责;二是通过党政联合发文的形式高位推动重点领域的监管,如在食品安全、生态保护等重点领域以中共中央、国务院或者中共中央办公厅、国务院办公厅名义联合发文强势推进;三是以党内法规或党内规范性文件形式补充、细化、调整国家法律的有关规定,如中共中央办公厅 2015 年 12 月印发《生态环境损害赔偿制度改革试点方案》,填补了《环境保护法》在这方面的空白;四是强化党内问责和党政同责机制,如《中国共产党问责条例》第 7 条将监管不力和民生重点领域的不作为、乱作为、慢作为、假作为悉数纳入党内问责范围,并在食品安全、安全生产、生态保护、扶贫脱贫、粮食安全等重点领域实行党政同责、一岗双责,倒逼这些领域监管实效的提升。党政联合治理现象的涌现,打破了传统的政府监管模式,开辟了中国特色政府监管的新纪元。

监管领域党政联合治理现象的兴起具有内在的正当性。以《中共中央、国务院关于深化改革加强食品安全工作的意见》(以下简称《食品安全意见》)为例,食品安全监管是近年来国家治理中的明显短板,虽然"史上最严"的《食品安全法》修订实施,但食品安全监管的实效仍然无法适应人民日益增长的美好生活需要。《食品安全意见》将"安全第一"作为食品安全监管的首要原则、将"四

---

① 参见景跃进等主编:《当代中国政府与政治》,中国人民大学出版社 2016 年版,第 27 页。

个最严"作为提振食品安全监管士气的主要抓手,体现了中国共产党以人民为中心的执政理念和永远把人民对美好生活的向往作为奋斗目标的使命初心。作为党政联合发文的《食品安全意见》,上承中国共产党的政策主张,中补国家法律留下的空白,下引行政执法的严格推行,其制定和实施生动地擘画出食品安全监管领域政党法治与国家法治之间的互联互通。[①] 党的力量在政府监管领域的呈现,对以公共行政为调整对象的传统行政法学观念更新提供了难得的历史机遇,也对行政法学者的智识带来了挑战。在"行政法治国"走向"政党法治国"[②]的进程中,如何阐释党政联合治理的空间、依据和方式,如何把握党内法规、党内规范性文件和国家法律之间的衔接协调,如何以行政法的理论视角准确定位党在行政法治秩序建构中的作用,这些问题都亟待法学理论界作出系统回应。可以预见的是,作为小切口的政府监管领域党政关系的新变化,将深刻影响到行政法理念的变迁,进而成为中国本土行政法建构新的逻辑起点。

2. 多元主体共治

与传统的政府独享监管权模式所不同的是,新时代的监管越来越强调协同性和集成性,越来越离不开政府之外的社会组织、行业协会、第三方专业机构和市场主体的积极参与、支持和配合。以《国务院关于加强和规范事中事后监管的指导意见》(以下简称《事中事后监管指导意见》)为例,可谓拉开了新一轮多元主体共治的大幕。作为事中事后监管的纲领性文件,《事中事后监管指导意见》明确提出了构建"市场自律、政府监管、社会监督互为支撑的协同监管格局"的目标。除了行政系统内部纵向和横向协同监管外,还需要充分发挥市场主体、行业协会和社会公众的作用。就市场主体而言,实际上是质量监管、安全监管的第一责任人,应当通过完善内部质量安全控制、生产经营过程控制机制实现最严格的自我规制;就行业协会而言,实际上担负着行业自治的重要责任,应当通过完善自治规范、行业标准等措施提升行业自治水准;就社会公众而言,实际上承载着自律、参与和监督的多重使命,应当通过培养公民意识、落实举报奖励和第三方评估等机制发挥社会监督作用。《事中事后监管指导意见》也将"坚持共治共享"作为食品安全监管的基本原则之一,努力形成市场主体自我规制、

---

① 较为敏感的学者已经关注到我国生态环境领域政党法治的生成与运作逻辑。参见陈海嵩:《中国环境法治中的政党、国家与社会》,载《法学研究》2018年第3期;《生态环境政党法治的生成及其规范化》,载《法学》2019年第5期。

② 强世功:《从行政法治国到政党法治国——党法和国法关系的法理学思考》,载《中国法律评论》2016年第3期。

政府加强监管和公众积极参与社会监督的合力共治的工作新格局。在这种多元主体合作共治的"混合体制"中,政府实际上担负了召集人、经纪人、助成者、执行者、监督者、保障者等多种角色。"政府在混合体制中的主要作用,就是促进混合主体的介入,这种混合能够将具体公私安排所带来的风险降到最低。"①

监管领域多元主体共治局面的出现,既与中国共产党所倡导的源头治理、系统治理理念和打造共建共治共享社会治理格局的主张相契合,也与国际上"规制治理"②的规制新动向相向而行,更是近年来党和国家践行的"放管服"改革的胜利成果。多元主体共治为重新审视政府和市场、政府和社会的关系提供了契机,也为传统行政法理念的更新创造了条件。无论是市场主体的自我规制、行业协会的内部自治,还是第三方专业机构的参与、吹哨人的启动执法,都改变了政府单中心的管理模式,重塑了政府与市场和社会之间的共生关系。当然,政企和政社关系的新变化并非意味着国家的逐渐消亡,毋宁说需要一个更有活力、更加强大的理想政府,需要在"一个庞大的但软弱无力的政府"和"把自己局限于决策和指导从而把'实干'让给他人去做的强有力的政府"③之间作出理性选择。在政府与市场、社会的关系由对立走向合作的进程中,如何廓清政府行政权的边界,如何激发市场和社会的活力,如何实现多元主体治理的有序对接,如何构建亲清型政商关系防止政府被围猎,这些都是摆在行政法学者面前亟待解决的课题,行政法理念变迁的时机也蕴涵其中。

3. 分级分类监管

与传统的人盯人、普遍撒网式的无限监管模式所不同的是,新时代的监管越来越强调科学性和精准性,越来越离不开对被监管对象的精细化分类和量体裁衣式的差异化安排。《事中事后监管指导意见》突出了科学监管、精准监管和有效监管的理念,明确将"分级分类"列为监管的基本原则之一,并提出了领域特点、风险程度和信用等级相结合的分类标准,一方面,对重点领域进行重点监管,对新兴产业实行包容审慎监管;另一方面,以信用监管为抓手,根据信用等

---

① 〔美〕朱迪·弗里曼:《合作治理与新行政法》,毕洪海、陈标冲译,商务印书馆2010年版,第190页。

② 所谓"规制治理",是强调利用多元的治理主体和治理工具,通过更好、更公平、更有效率、更有参与性的治理体系完成规制任务。参见宋华琳:《迈向规制与治理的法律前沿——评科林·斯科特新著〈规制、治理与法律:前沿问题研究〉》,载《法治现代化研究》2017年第6期。

③ 〔美〕戴维·奥斯本、特德·盖布勒:《改革政府:企业家精神如何改革公共部门》,周敦仁等译,上海译文出版社2006年版,第20页。

级的高低采取差异化的监管,并将"双随机、一公开"监管与信用等级相挂钩。这种通过优化监管成本、提升监管效能、减少干扰市场的"靶向性监管"模式,极大地改变了过往监管机关疲于奔命却又吃力不讨好的局面。综观近两年来的监管实践,已经形成了五种梯度的监管方略:对归属新产业、新业态的市场主体,坚持审慎监管的原则,甚至可以采行设置"观察期"的私人定制式的监管;①对信用好、风险低的市场主体,合理降低监管方式和频次,减少对其正常生产经营活动的不当介入;对信用风险一般的市场主体,按照常规进行抽查监管;对严重失信、风险较高的市场主体,提高抽查监管频次;对敏感时期、重点领域的违法市场主体,则采取最严厉的处罚和最严厉的监管。②

分级分类监管模式的推行,因应了监管简约性和靶向性的发展之道,体现了鲜明的问题导向和效果导向,与中国共产党倡导的法治国家、法治政府、法治社会一体建设的战略目标完全契合。就其本质而言,分级分类监管折射出监管主体与监管对象之间关系的重塑,即普遍奉行"更多依赖市场,减少依赖政府"的基本理念,采取"先君子、后小人"的监管策略。对于守信的市场主体尽可能减少监管的频次和强度,努力为其创造公平竞争的市场环境和优质高效的公共服务,实现市场和政府的双赢共进;对于失信的市场主体则及时增加监管的频次和强度,通过有力的监管矫正市场的失灵,为全民守法的实现奠定基础。就其法治意蕴而言,分级分类监管彰显了科学施政和精准施策精神,对于提升行政法治的科学水准具有重要启示。在繁苛监管走向简约监管的进程中,如何将信用监管、自我规制和智慧监管融为一体,如何在自治与他治、德治与法治之间寻找平衡,如何兼顾监管的公平性与差异性,这些都是监管国家时代亟需回应的课题,也是类型化思维在行政法学理念变迁中引入的契机。

(二)监管新政与行政法原则的发展

行政法原则对于成文行政法律规范局限性的弥补、行政法律规范实施的指引和行政法治观念的传播都具有特殊的意义。传统行政法上的法律保留、法律

---

① 例如,在受社会广泛关注的中国"专车第一案"中,受案法院虽然认定原告的行为违反了现行法律规定,但又以网约车属于共享经济新业态需要予以适度宽容对待为由,作出了撤销2万元处罚的行政判决。有关"陈超诉济南市城市公共客运管理服务中心行政处罚一案",参见《最高人民法院公报》2018年第2期。

② 例如,在2020年1月举国上下展开的抗击新冠肺炎疫情阻击战中,全国各地的市场监管部门对"口罩抬价""蔬菜抬价"等不良商家扰乱市场秩序的行为从严从快进行了重罚,有力地为疫情防控工作提供了坚强保证。

优位、比例和信赖保护原则,无不体现出对行政权的警惕与规训,具有明显的消极性。当然,在主流学说之外,也有学者从"现代法治国家之行政与法的关系要求"和"宪治精神具体化"的双重基点出发,提出了行政法定、行政均衡和行政正当的"三原则说";① 还有学者从"有效率的行政权"和"有限制的行政权"的双重基点出发,分别提出了行政效力推定、行政裁量合理和司法审查有限三大原则以及行政职权法定、行政程序正当和司法审查必要三大原则。② 监管新政的兴起,展现了行政积极性的面相,为行政法原则的发展提供了全新的素材。从积极行政和消极行政相结合的基点出发,行政法的原则可依次分为辅助性原则、合作性原则、效能性原则和传统的合法性原则。

1. 辅助性原则

监管新政是一个不断推进简政放权、放管结合和优化服务的过程,也是一个逐渐厘清政府和市场、社会关系的过程。就行政法原则的重构而言,监管新政所带来的最大启示就是有必要引入旨在划定行政权行使边界的辅助性原则。作为"私人自由优先代名词"③的辅助性原则,其原初意义是建构不同层级社会主体任务配置的标准,揭示出个人或者小的单元在整体的国家、社会结构中具有行为的优先性。消极意义上的辅助性原则具有"权限防堵"功能,表明个人相对国家的自我规制优先性,只要个人能够胜任特定事项的处理,就不需要动用国家公权力;积极意义上的辅助性原则具有"援助"功能,表明国家之于个人的接续补充性,当个人无力胜任特定事项的处理时,国家基于公益保护就需要积极出手。④ 我国监管新政的实施,体现出对市场规律的遵循、对社会自治的尊重和对社会创新的鼓励,为辅助性原则的适用提供了生动的注脚。从我国行政法治的演进上看,已经有《行政许可法》《优化营商环境条例》《依法行政纲要》《法治政府纲要》等法律、行政法规和权威性文件表达了辅助性原则的内涵。一种"个人自主—市场调节—社会自治—事中事后监管—事前行政审批"的经济社会事务介入顺位模式在我国逐步形成,辅助性原则的核心内涵得以初步呈现。就行政法原则体系的内在逻辑而言,作为宣示行政权行使空间和时机的辅助性原则应当成为监管国家时代的首要原则。

---

① 参见周佑勇:《行政法基本原则研究》(第二版),法律出版社 2019 年版,第 106—134 页。
② 参见章剑生:《现代行政法基本理论》(上卷·第二版),法律出版社 2014 年版,第 90—108 页。
③ 〔德〕罗尔夫·斯特博:《德国经济行政法》,苏颖霞、陈少康译,中国政法大学出版社 1999 年版,第 114 页。
④ 参见詹镇荣:《民营化与管制革新》,元照出版有限公司 2005 年版,第 285 页。

2. 合作性原则

监管新政本身也是一个政府不断"借力"和"接力"的过程，通过借助政府之外的多种主体和力量更好地完成监管任务。在既往的监管实践中，政府习惯于采取大包大揽的方式，通过人海战术、现身现场实施集中的运动式监管。这种单中心、封闭式的监管模式，造成了"政府急、企业不急""消费者无奈、经营者无惧"的恶性循环。近年来，监管新政的基本动向之一就是强调"合作治理"，更多依赖社会主体的参与、企业责任的践行、行业协会的自我规制以及规制治理中的公众参与。① 从对象上看，政府在监管过程中广泛调动了包括各类市场主体、行业协会、第三方专业机构、普通消费者、举报人、新闻媒体在内的多样化的社会组织，形成了严密的监管网络；从层次上看，政府在监管过程中动用了包括标准监管、信用监管、智慧监管、随机抽检在内的多元化的治理工具，形成了丰富的监管弹仓。多中心、多主体、多层次监管网络结构的形成，有助于充分发挥公私部门各自的禀赋，更好地完成监管目标。就行政法基本原则的发展而言，监管新政中合作治理新动向的启示主要在于合作性原则的确立。

考察现有的法律规范文本和监管政策性文件，可以看出合作性原则的核心内涵已经得到了展现。首先，党代会报告和全会决定中的"共建共治共享社会治理"新话语，为合作性原则的确立奠定了充分的政治基础；其次，《环境保护法》《食品安全法》《药品管理法》等重点监管领域基本法"总则"中的"社会共治""行业自律""奖励有功"条款，体现了合作性原则的具体要求；最后，具有具体化和填补性功能的权威监管政策性文件细化了社会共治的要求，丰富了合作性原则的内容。这些规定勾勒出行政法上合作性原则的雏形，表明社会公众并不是游离于监管之外的旁观者，而是置身监管全过程的参与者、助力者和见证者。从行政法基本原则的内在逻辑关系上看，合作性原则是紧随辅助性原则之后的第二顺位的原则，表明了合作治理在政府治理体系中的优先性。

3. 效能性原则

监管新政的推行，无论是监管目标的设定、监管体制的改革还是监管手段的配置，都彰显了对效能的追求。长期以来，人盯人式的传统监管模式成本投入高、监管效能低，已经成为监管领域的一大痛点。近年来的监管新政直面问题，以提高市场主体和公众的幸福感、获得感和安全感为导向，着力破解监管体

---

① 参见宋华琳：《论政府规制中的合作治理》，载《政治与法律》2016年第8期。

制机制方面的沉疴。在监管体制改革方面,2018年党和国家机构改革所遵循的原则之一就是"坚持优化协同高效",多个监管机构的改革都要求做到履职到位、流程通畅,旨在全面提高监管执法效能和行政效率。在监管目标设定方面,国务院《"十三五"市场监管规划》直接将"激发市场活力""提高监管效率"作为监管的指导思想,要求监管机构实现从"管住企业"到"激发企业"的思维转变。通过成本意识的强化和效能观念的增强,切实提高监管效率。党的十九届四中全会则进一步将"提高行政效能"作为坚持和完善中国特色社会主义行政体制的重要方向之一。在监管方式创新方面,《事中事后监管指导意见》坚持"管出公平、管出效率、管出活力"的结果导向,开出了包括"互联网+监管""双随机、一公开""信用监管""包容审慎监管"在内的众多监管新"药方",其目的就在于实现监管效能的最大化。就行政法基本原则的发展而言,监管新政中效能观兴起的启示就在于效能性原则的确立。在行政法规范的适用维度上,行政效能原则包含了"行政手段有效实现目标原则"和"行政手段效益最大化原则"的双重规范内涵。①

在"行政法有必要与行政学再度结合"②的时代,监管领域效能观的兴起应当辐射到行政法的各个领域,真正成长为行政法的基本原则。事实上,除了新近监管领域效能意识的觉醒和规范化改造之外,行政法治其他领域的一些制度变革也为效能性原则的确立提供了素材。在行政诉讼领域,"实质性解决行政争议观"的倡导和以"简案快审、难案精审"为导向的行政案件繁简分流机制的完善,都体现了对行政纠纷解决过程中成本与收益关系的考量;在行政复议领域,相对集中行政复议权模式的推行和行政复议程序的改革,彰显了对行政复议实效的青睐;在行政立法和重大行政决策领域,成本收益分析报告和风险评估等相关制度的设计,折射出行政法学对政策目标及其相匹配的政策工具的关注。这些多领域、多层次的制度创新,蕴藏着行政效能性原则构建的契机。在理想的行政法基本原则谱系中,行政效能性原则位居辅助性原则和合作性原则之后,体现出实质法治主义时代对积极行政和行政效能的现实需求。相比之下,以防范行政权恣意行使为目的的传统合法性原则,则在行政法基本原则体系中扮演了兜底的角色。

---

① 参见沈岿:《论行政法上的效能原则》,载《清华法学》2019年第4期。
② 廖义铭:《行政法基本理论之改革》,翰芦图书出版公司2002年版,第23页。

(三) 监管新政与行政行为法的拓展

与监管新政对行政法理念和行政法原则"润物细无声"式的影响所不同的是,监管新政对行政法手段的影响直接、深远。作为指引监管的最新权威政策性文件,《事中事后监管指导意见》可谓监管工具的"百宝箱"。在"创新和完善监管方式"思想的指导下,大量监管措施走上前台,"监管执法"甚至成为新的法律术语。与此相对照的是,行政法学理尝试以"行政活动方式的两幅理论图景"加以阐释,即传统法解释学框架之下的行政行为形式论和法政策学脸谱之下的规制工具理论,认为二者"一个都不能少"。[①] 从积极意义上来看,新型监管工具的涌现为行政行为的型式化提供了新的素材,行政行为法拓展的契机也正蕴涵其中。换言之,政府规制研究与行政行为研究之间并非水火不容的关系,二者理应相辅相成、相得益彰。综观新一轮监管实践,行政行为法未来的拓展表现在刚性手段硬化、柔性手段软化和中性手段精化三个方面。

1. 硬化的刚性手段

基于分级分类监管的思路,《事中事后监管指导意见》《食品安全意见》在史上最严《食品安全法》《环保法》《广告法》等行业基本法的基础上,继续推行了"最严格的监管""最严厉的处罚"策略,使得行政法上的若干刚性手段趋于硬化。概而论之,日益硬化的刚性行政活动手段包括:第一,失信联合惩戒。在构建以信用为基础的新型监管体系的过程中,对于重点领域的严重失信市场主体列入"黑名单"予以公布,并构建跨部门、跨行业、跨领域的失信联合惩戒机制,通过行政性、市场性、行业性和社会性约束惩戒机制的综合运用,达到"一次失信、处处受限"的特殊监管效果。其中,公布黑名单、一定期限内的市场和行业禁入措施、终身禁入等具有明显制裁性质的监管方式就有不断硬化刚性行政手段的属性。第二,巨额罚款。在"按日连续罚款""最高30倍罚款"等已有严厉制裁措施的基础上,《事中事后监管指导意见》提出建立完善违法严惩制度、惩罚性赔偿和巨额罚款制度,让严重的违法者付出高昂成本;《食品安全意见》则提出"处罚到人"要求,对违法企业及其各类直接负责人员进行严厉处罚,大幅度提高违法的成本。第三,多样态的行政检查。在保持日常监督检查全覆盖的基础上,实行按比例的"双随机"抽查、重点检查和飞行检查等灵活多样的行政

---

① 参见朱新力、唐明良:《现代行政活动方式的开放性研究》,载《中国法学》2007年第2期。

检查,倒逼市场主体切实履行好首要责任人职责。第四,重奖保护"吹哨人"。为弥补行政执法资源短缺,通过物质上重奖和人身上严格保护措施的并举激励吹哨人举报,实现对严重违法违规行为的靶向性监管。

上述硬化监管措施的推行,为传统行政行为法的拓展性研究提供了丰富素材。就行政处罚研究而言,要抓住《行政处罚法》修订和实施的契机,将黑名单公布、终身禁入等失信联合惩戒措施中明显具有处罚属性的手段纳入法律规范的调整之中,尽早消除其形式合法性和实质合法性的危机;①重新研究行政处罚的分类,将信用监管中的声誉罚和资格罚剥离出来,成为申诫罚、财产罚、行为罚和人身罚之外的两类新型行政处罚;重新审视行政治理手段与刑事治理手段之间的衔接,继续开发包括行政制裁在内的更多行政法上的治理手段。就行政许可研究而言,要深入总结近些年来包括"放管服""加强事中事后监管""互联网+政务服务""智慧政府"在内的行政审批制度改革新成果新经验,为《行政许可法》全面修改做好充分的理论准备。就行政检查研究而言,要聚焦"双随机""飞行检查"等新型检查方式的研究,在增强监管实效的同时注意对市场主体正常生产经营活动的保护。就行政执法研究而言,要关注吹哨人制度的实施效果,探索"举报—查处"的新型行政执法模式的系统构建。

2. 软化的柔性手段

不断推进柔性行政执法本身就是我国行政法治发展的重要方向,行政指导、行政合同、行政奖励等多种非强制手段的兴起,造就了行政管理领域"刚柔并济"的格局。基于对包容审慎监管、简约监管和精准监管理念的施行,一些协商式、激励式乃至私人定制式监管方式走上前台。概而论之,日益软化的柔性行政活动手段包括:第一,守信联合激励。按照"褒扬诚信、惩戒失信"的原则,信用监管贯穿市场主体的全生命周期,衔接事前、事中、事后监管的各个环节。通过信用承诺、诚信教育等柔性方式培育市场主体的诚信意识,对于守信市场主体给予列入"红名单"树立诚信典型予以公布、享受行政审批便利服务、优先提供公共服务便利等一系列行政优惠待遇,充分释放"让守信者受益"的红利。第二,多元协商监管。《事中事后监管指导意见》针对新产业、新业态的市场主体采行鼓励创新的理念,专门设置了极具个性化和人性化的监管举措,包括分类量身定制监管标准、设置一定的观察期等。这些举措一改过去命令服从式的

---

① 参见张晓莹:《行政处罚视域下的失信惩戒规制》,载《行政法学研究》2019年第5期。

威慑性监管策略,通过软化方式过渡到协商合作式的顺从性监管策略。

上述软化监管措施的推行,对行政行为法研究的深化具有重要启示。就方法论而言,行政行为研究不仅需要精准的形式论导向,而且应当承认行政机关享有相对的行为形式选择自由权。特别是对于行政许可研究而言,告知承诺制、容缺受理制等软化措施的推行,使得行政许可流程得以再造,开阔了行政审批类型化研究的视野。就资源论而言,行政行为研究不仅需要植根政府监管实践,而且还可以从监管对象本身的管理模式中获得启发。其中,差异化的公共服务便利享有举措就与市场主体对其客户等级评定有异曲同工之效,即优质客户、金牌客户享有更多的市场实惠和服务便利。这种依据市场主体自身信用等级对行政给付、公共服务乃至监管标准进行私人定制的个性化制度安排,体现了行政主体与行政相对人之间的深层互动,消解了二者之间的紧张对立关系,真正促进了法治一体化建设的进程。未来的行政行为法理论不仅要继续重视单一化的柔性手段的型式化研究,而且要透过多样化的柔性手段软化把握行政行为方法论的更新,进一步实现政府规制研究与行政行为研究的融合。

3. 精化的中性手段

无论是硬化的刚性手段还是软化的柔性手段,都是行政活动方式"软"与"硬"光谱两极的一端,更多的行政活动方式则介于软硬两极之间。"如果人都是天使,就不需要任何政府了。如果是天使统治人,就不需要对政府有任何外来的或内在的控制了。"①正是基于对市场理性和公权理性的客观判断,《事中事后监管指导意见》《食品安全意见》开列了中性监管手段的清单,试图提升监管的科学性、精准性和靶向性。概而论之,不断精化的中性行政活动手段包括:第一,标准。标准化监管是提高监管有效性和精准性的前提,也是防范监管风险的根本保障。在标准化国家时代,强化标准体系建设已经成为监管新政的重中之重。从监管标准的功能承载来看,有产品标准、服务标准、管理标准、安全标准、技术标准、质量标准等;从监管标准的制定主体来看,有国家标准、地方标准、行业标准、团体标准、企业标准;从监管标准的效力强度来看,有强制性标准、推荐性标准。第二,约谈。作为一种典型的介于软硬之间的中性监管手段,约谈被广泛运用于食品安全、生态保护、安全生产等领域,对督促市场主体及时整改、防范重大风险起到了重要的过滤作用。监管新政中的约谈日益灵活,提

---

① 〔美〕汉密尔顿等:《联邦党人文集》,程逢如等译,商务印书馆1980年版,第264页。

示性、协商性、警示性约谈方式推陈出新,与其他硬性监管手段互相配合,大大提升了监管的实效性。第三,评估。信用评级、风险评估、产品认证等形式多样的评估手段在监管新政中被频繁使用,为进一步的风险管控、差异化监管实施提供了可靠依据。

上述中性监管手段的运用,为更大范围内行政行为的型式化提供了可能。就各类标准的精细化研究而言,能够促进行政规范的具象化研究,在功能意义上把握不同类型行政规范性文件在国家治理进程中的地位。就作为"一种以遵从理论为基础、以促成守法为目标的规制方式"[1]的行政约谈研究而言,也可以在尝试约谈类型化分析的基础上把握其行为属性。就落实分级分类监管原则的评估手段研究而言,既可以聚焦行政评级等具体类型的评估活动,也可以抽象出行政评估行为的一般原理。鉴于中性监管手段尚在不断开发、渐次精化过程之中,大量非型式化的行政活动方式有待进一步归纳提炼,应当成为未来行政行为形式论研究的重要方向。

三、民法典的实施与行政法学的回应

在以习近平同志为核心的党中央的高度重视下,经过各方面的共同努力,《民法典》于2020年5月28日经十三届全国人大三次会议正式审议通过。这是中华人民共和国成立七十年来第一部以"法典"命名的法律,是新时代我国社会主义法治建设的重大成果,标志着我国已经进入"民法典时代"。"《民法典》的出台强化了我们的制度优势,但制度优势如何转化为治理效能,取决于该制度的实施效果。"[2]作为"社会生活的百科全书",民法典是全体中国人的盛事;作为现行民事法律规范的系统整合,民法典是中国民法学界的盛事;作为推进国家治理体系和治理能力现代化的制度重器,民法典更是中国法学界的盛事。习近平总书记在主持中央政治局就"切实实施民法典"举行的第二十次集体学习时强调指出三个"要讲清楚",即实施好民法典"是坚持以人民为中心、保障人民权益实现和发展的必然要求""是发展社会主义市场经济、巩固社会主义基本经济制度的必然要求""是提高我们党治国理政水平的必然要求"。同时,他还

---

[1] 朱新力、唐明良:《行政约谈的功能定位与制度建构》,载《国家行政学院学报》2018年第4期。
[2] 王利明:《民法典:国家治理体系现代化的保障》,载《中外法学》2020年第4期。

指出:"严格规范公正文明执法,提高司法公信力,是维护民法典权威的有效手段。"①《民法典》颁布伊始,刑法学者就提出"人性民法与物性刑法融合发展、共同完成国家治理重任"的时代命题;②民事诉讼法学者则提出,研究民事诉讼法与民法典的"协调与对接"是当下最重要的任务之一。③ 鉴于民法典中有 160 多个条款与行政机关直接有关,如何认识民法典中的行政法规范、行政法发展如何回应民法典的要求,自然就成为民法典有效实施无法绕开的话题。行政法只有主动适应对接民法典,通过"法法衔接"才能保障民法典的有效实施,进而以此为契机大力推进法治政府建设。④ 立足行政法治发展的宏观视角,可以得出"作为拓展依法行政之法属性的民法典""作为公民权利行政保护依据的民法典""作为行政法法典化直接参照系的民法典"的三重理论命题,以此为指导能够进一步推动新时代行政法与民法更好融合发展。

(一) 作为拓展"依法行政"之法属性的民法典

在人类法治文明的演化进程中,"公法和私法的区别实可称为现代国法的基本原则"⑤。20 世纪以来,公法与私法之间的相互渗透和融合现象虽日渐明显,但所谓的"公法私法化"和"私法公法化"并未完全区隔公法与私法之间固有的界限。"公法则采取了一种与私法完全不同的观念。在公法范围内,完全否定私权自治的思想,政府的作用决不限于保护私权,相反,公法所特别关注的是国家行为在实现公共利益上的作用。"⑥就狭义公法组成内容的行政法而言,无论是消极意义层面依法行政的法律优先原则,还是积极意义层面依法行政的法律保留原则,个中的"法律"在外延和密度的理解上也许还存在争议,但就其性质而言,主要指的还是行政法律规范。按照"主体—行为—救济"的法律适用逻辑,行政主体根据行政法律规范的内在要求实施相应的行政行为,行政相对人的权益因此造成损害的,可以提起行政法上的救济。

行政法与民法之间的应然区隔,并不代表现实法律世界中二者能够做到完

---

① 习近平:《充分认识颁布实施民法典重大意义 依法更好保障人民合法权益》,载《求是》2020 年第 12 期。
② 参见刘艳红:《人性民法与物性刑法的融合发展》,载《中国社会科学》2020 年第 4 期。
③ 参见张卫平:《民法典的实施与民事诉讼法的协调和对接》,载《中外法学》2020 年第 4 期。
④ 参见马怀德:《民法典时代行政法的发展与完善》,载《光明日报》2020 年 6 月 3 日。
⑤ 〔日〕美浓部达吉:《公法与私法》,黄冯明译,中国政法大学出版社 2003 年版,第 3 页。
⑥ 〔美〕约翰·亨利·梅利曼:《大陆法系》(第二版),顾培东、禄正平译,法律出版社 2004 年版,第 98 页。

全切割。一方面,人类有限的理性无法实现不同属性法律规范与相应法律部门之间的"一一对应";另一方面,公法与私法的相互工具化趋势日甚。在私法关系的形成、发展和消灭过程中,国家所扮演的越来越不是完全无关的旁观者角色。"从民法典到外于民法典的民事规范,国家的强制处处可见,只是强制的性格、目的和效果不尽相同而已。"①相比之下,兼顾自治与管制的混合民事立法比纯粹的民法典更能适应现代社会的需要,"民法典里该不该放进行政法规定"已经为"民法典里该放进多少行政法规定"所替代。作为全世界最新的民法典,我国民法典顺应社会发展变化,体现时代精神,满足时代需求,解决时代问题,"充分彰显时代性"成为其最鲜明的特色。② 从这个意义上来说,"加塞"规定大量具有行政法律规范属性的条款是我国民法典的"亮点"之一,在今后一段时间内甚至还将代行行政法典的部分功能。③

民法典中涉行政法规范性质条款的出现,体现了民法典自身的开放性和包容性,为公法进入私法架设了必要的管线通道。正是这些连结常态民事关系与前置于民事关系或以民事关系为前置事实的公法关系的"界面规范"的存在,才使得民法典在整个法律体系中的运作游刃有余。④ 民法典中行政法规范的存在,是私法公法化的一种表征,使民法典具有相应的"溢出效应",理应成为行政执法和行政审判活动的直接依据。⑤ 从民法典涉行政法规范的内容上看,大体上是从三个方面拓展"依法行政"之法属性的。

首先,民法典直接为行政机关新设了职权行使的依据。按照法律保留原则的基本要求,行政机关只有在取得法律授权的情况下才能实施相应的行为。"在法律出现缺位时,优先原则并不禁止行政活动,而保留原则排除任何行政活动。"⑥作为积极意义的依法行政原则,法律保留原则旨在为行政权力行使提供合法的来源。在以往的行政法观念中,行政机关的职权主要源自行政组织法律

---

① 苏永钦:《走入新世纪的私法自治》,中国政法大学出版社2002年版,第4页。
② 参见王利明:《彰显时代性:中国民法典的鲜明特色》,载《东方法学》2020年第4期。
③ 以"行政法规""登记""批准""征收""征用"为关键词对民法典正文进行检索,可分别得出55、182、13、15、7个结果。这些条款的准确理解与适用,不仅会影响到民法典自身的实施效果,而且还会影响到法治政府建设的进程。
④ 参见苏永钦:《民事立法与公私法的接轨》,北京大学出版社2005年版,第15页。
⑤ 习近平总书记指出:"各级政府要以保证民法典有效实施为重点抓手推进法治政府建设,把民法典作为行政决策、行政管理、行政监督的重要标尺,不得违背法律法规随意作出减损公民、法人和其他组织合法权益或增加其义务的决定。"参见习近平:《充分认识颁布实施民法典重大意义 依法更好保障人民合法权益》,载《求是》2020年第12期。
⑥ 〔德〕哈特穆特·毛雷尔:《行政法学总论》,高家伟译,法律出版社2000年版,第104页。

规范和行政行为法律规范。例如,公安机关的行政执法权既来自作为行政组织法的《人民警察法》第二章"职权"的规定,也来自作为行政行为法的《治安管理处罚法》《道路交通安全法》《出境入境管理法》等行政法律规范的具体规定。从民法典的规定来看,部分条款在行政法律规范之外直接为特定的行政机关新设了某项职权或职责。例如,《民法典》第 1254 条第 3 款为公安等机关设定了"依法及时调查、查清责任人"的职责;第 1008 条为相关主管部门设定了"批准"的职权;第 1105 条第 4 款为民政部门设定了"依法进行收养评估"的职责;第 534 条为市场监管等行政主管部门设定了"监督处理"的职责;第 277 条第 2 款为地方政府有关部门设定了"给予指导和协助"的职责;第 34 条第 4 款为民政部门设定了突发事件应急处置中为被监护人"安排必要的临时生活照料措施"的职责。就这些民法典新设行政机关职权职责条款的性质而言,涵盖了从刚性的行政审批、行政监管到中性的行政调查、行政评估和柔性的行政指导、行政给付等多类型的行政活动方式,事实上起到了填补行政法典空白的作用。

其次,民法典直接划定了行政机关职权行使的边界。在传统行政法学理论上,法律优先原则指的是"行政应受现行法律的约束,不得采取任何违反法律的措施"[①]。一般认为,行政活动不得违反法律指的是行政法律规范,如行政机关的处罚行为不得违反《行政处罚法》、强制行为不得违反《行政强制法》。民法典的部分条款则为特定行政机关的职权行使活动划定了相应的边界,提出了明确的要求。例如,《民法典》第 212、213 条分别从积极和消极两个方面对不动产登记机构的登记行为作出了明确限定,特别是第 213 条直接排除了所谓的"评估""年检"等变相登记行为,堵住了不动产登记机构可能利用的异化通道。《民法典》第 117 条和第 243、245 条分别从民事权利的一般保护和所有权的必要限制角度,对行政征收权力和行政征用权力行使的边界作出了明确规定。行政征收、征用权的发动必须同时满足三项条件,即"公共利益需要""遵守法定权限和程序""公平合理补偿"。同时,将行政征收的补偿原则调整为"及时足额"、补偿范围新增"农村村民住宅""被征地农民社会保障费用",增强了对所有权的保护力度;将行政征用条件之一的"公共利益需要"限缩为"抢险救灾、疫情防控等紧急需要",遏制了行政机关任意发动征用权的冲动。在《行政征收法》《行政征用法》尚未制定的背景下,民法典的这些规定实际担负了规训行政权、保护财产权的使命。

---

① 〔德〕哈特穆特·毛雷尔:《行政法学总论》,高家伟译,法律出版社 2000 年版,第 103 页。

最后，民法典为人民法院开展行政审判活动提供了新的准据。民法典对依法行政之法属性的拓展功能，同样影响到人民法院行政审判活动的开展。在公私法严格区分的法制框架下，行政审判的规范依据主要出自行政法律规范。人民法院通过对行政法律规范的解释适用，实现公正及时审理行政案件、解决行政争议、保护行政相对人合法权益、监督行政机关依法行使职权的目标。相比之下，人民法院"类推适用"单行民事法律规范进行行政审判的情形较为罕见。[1] 民法典中大量涉行政性法律规范的出现则改变了这一状况，人民法院的行政审判活动将迎来新的发展契机。民法典的若干规定将成为新的权利救济请求权的规范基础，一批新类型的行政争议可能涌向人民法院。前述民法典新设行政机关职权行使依据的条款，可能成为行政不作为案件新的爆发点；民法典对征收征用和不动产登记权力边界划定的新设条款，将进一步增加这类案件的数量；民法典通过管制性法规引进兼顾控制民事行为和保留自治空间的"转介条款"的出现，有可能引发更多因"公私法接轨"引发的争议。[2] 在我国民法学界，学者们围绕"行政审批与合同效力"(《民法典》第 502 条)、"违反强制性规定法律行为的效力"(《民法典》第 143 条)等典型转介条款展开了热烈讨论，有关民事诉讼与行政诉讼冲突与消解的问题可能再度爆发。[3] 在 2014 年修订的《行政诉讼法》所搭建的行政诉权保护制度框架的基础上，民法典实施有望进一步助推行政诉讼案件数量的增长，更好发挥行政审判制度在国家治理体系中应有的作用。民法典的若干规定还能够成为人民法院审查行政行为合法性的直接依据，行政诉讼法的相关制度安排也将因民法典实施被激活。在行政法尚未实现法典化的当下，人民法院可以直接援引民法典的若干规定对行政行为的合法性进行评价。例如，《民法典》第 1015 条就自然人姓氏的选取方式作了具体规定，在《姓名法》或《姓名登记条例》缺位时就起到了代行行为法的功能，人民法院可

---

[1] 最高人民法院在"周士贵诉荆州市荆州区人民政府行政侵权案"的裁定中指出："一般给付之诉被称为'诉讼上的多用途武器'，当事人不仅可以行使金钱给付和事实行为请求权，也可以行使不当得利返还和后果消除请求权。这些请求权既可能出自行政法律、法规的规定，也可能出自行政行为、行政承诺、行政协议，还可能出自对于民法规范的类推适用。就本案而言，《中华人民共和国物权法》第 35 条(《民法典》第 236 条——作者注)关于'妨害物权或者可能妨害物权的，权利人可以请求排除妨害或者消除危险'的规定，可以类推适用为再审申请人'请求依法判令荆州区政府立即拆除其在原告房屋旁边搭建的围墙，停止妨碍对商铺的正常经营使用'的请求权基础。"参见最高人民法院(2018)最高法行申 7470 号行政裁定书。

[2] 参见苏永钦：《民事立法与公私法的接轨》，北京大学出版社 2005 年版，第 83—103 页。

[3] 参见王轶：《行政许可的民法意义》，载《中国社会科学》2020 年第 5 期；杨代雄：《〈民法典〉第 153 条第 1 款评注》，载《法治研究》2020 年第 5 期。

以援引该条规定作为判断姓名登记行为合法性的依据。《民法典》第 7 条规定了民事活动应当遵循的诚信原则，在行政法总则缺位时同样能够起到准用规范行政行为的功能，人民法院可以援引该条规定作为判断行政允诺行为合法性的依据。① "依法调解""一并解决相关民事争议"等旨在实质性解决行政争议的机制，有望在民法典实施过程中被进一步激活。

综上所述，民法典之于行政法治的首要意义就在于拓展了传统依法行政观念中法的属性，使民法典同行政法律规范一样成为行政执法和行政审判活动的直接依据。大量具有行政法属性的规范"寄居"在民法典中，表明了公私法之间多层交错的关系。"作为管制与自治工具的公私法规范，还因为两种理念的辩证发展而相互工具化，乃至相互提供'避难所'。这都使得公法和私法间的接轨问题变得越来越复杂。"② 伴随着《民法典》的正式实施，行政法与民法在更高层次的融合发展将成为我国"整体法学"建构的重要面向，也会为法治政府与法治社会一体建设提供更加坚实的制度支撑。

（二）作为民事权利行政保护依据的民法典

以保护民事权利为出发点和落脚点，使民法典成为新时代保护人民民事权利的好法典，正是我国民法典编纂遵循的基本原则之一。③ 作为公民权利保障的宣言书，我国民法典以民事权利为红线构建了逻辑严密的权利保护体系：总则编以提取公因式的方式，将民事权利的主体、客体、行使及保护基本规则予以提炼；分则编分别针对物权、合同债权、人格权、婚姻家庭中的权利、继承权以及各项权利保护展开。这种特殊的七编制结构安排，凸显了民法典"权利法""私权保障法"的特质。④

民事权利保护可以通过权利人的自助救济实现，也可以通过向人民法院提起私法请求权而实现，但归根结底还需要获得公权力尤其是行政权的保护。有

---

① 江苏省高级人民法院在"崔龙书诉丰县人民政府行政允诺案"的终审判决中指出："法治政府应当是诚信政府。诚实信用原则不仅是契约法中的帝王条款，也是行政允诺各方当事人应当共同遵守的基本行为准则。对丰县政府相关行为的审查，既要审查合法性，也要审查合约性。不仅要审查丰县政府的行为有无违反行政法的规定，也要审查其行为有无违反准用的民事法律规范所确定的基本原则。"参见《最高人民法院公报》2017 年第 11 期。
② 苏永钦：《民事立法与公私法的接轨》，北京大学出版社 2005 年版，第 74 页。
③ 参见全国人大常委会副委员长王晨 2020 年 5 月 22 日在第十三届全国人民代表大会第三次会议上所作的《关于〈中华人民共和国民法典（草案）〉的说明》。
④ 参见王利明：《体系创新：中国民法典的特色与贡献》，载《比较法研究》2020 年第 4 期。

些民事权利的实际获得需要经过行政机关的确认,如不动产登记、婚姻登记、收养登记行为对物权、婚姻权、收养权的享有具有至关重要的作用。行政机关拥有广泛的执法资源和快速的反应能力,能够有效弥补自助救济和司法救济的不足。例如,《民法典》第 286 条系对业主建筑物区分所有权的保护条款,目前的规定删除了原《中华人民共和国物权法》第 83 条有关"业主对侵害自己合法权益的行为可以依法向人民法院提起诉讼"的表述,增加规定"有关当事人可以向有关行政主管部门报告或者投诉,有关行政主管部门应当依法处理"。以"请求行政介入"条款取代"向法院起诉"条款,表明了民事权利行政保护的制度优势。又如,《民法典》第 1177 条系对受害人自助行为的新增规定,赋予了自然人在特定条件下(情况紧迫、不能及时获得国家机关保护、不立即采取措施损害难以弥补)的自我保护权利,对切实保护自然人的人身权财产权具有现实意义。不过,自助救济本身也面临着很大的法律风险,因而该条又以但书形式规定"应当立即请求有关国家机关处理",构筑起自助救济与行政介入的权利一体化保护之网。

民法典私权保护法的特质,要求行政法与之相互配合、彼此协同,共同实现对权利有效且无漏洞的保护,这也是落实"尊重和保障人权"宪法条款的题中应有之义。随着社会转型和国家任务的变迁,行政法的功能也在悄然变化之中。行政机关越来越多地与行政相对人、利害关系人之间形成更多三方、多方行政法律关系,需要就其中的个人利益、集体利益和公共利益进行调整。行政法的制度构造既要防止行政权力对行政相对人的过度规制与侵害,又要防止对第三人利益保护的不足,现代行政法已经发展成为兼具"自由防御"和"利害调整"功能的复合型行政法。[①] 从这个意义上来说,民法典对行政法治的又一启示就是作为民事权利行政保护的依据。为此,行政法治未来的建设重点就不仅仅限于公共利益的维护,更要对权利进行公私法一体化的有效保护。就民法典的规定而言,民事权利的行政保护有赖"三层次保护结构"的建立。

首先,民法典向行政机关提出了权利不得侵犯的消极性保护义务。民法典编纂坚持以权利为中心的体系化进路,总则编以专章形式规定了各项民事权利,既明确了该章在整个民法典中的核心地位,也为广义上民事权利的法律发展提供了法律根据,使其成为最能体现法典体系性逻辑的"核心支点"。[②] 在民

---

① 参见王贵松:《作为利害调整法的行政法》,载《中国法学》2019 年第 2 期。
② 参见孙宪忠:《中国民法典总则与分则之间的统辖遵从关系》,载《法学研究》2020 年第 3 期。

法典中,"任何组织或者个人不得"的禁止性表述出现过 17 次,充分体现出民法典对权利不得侵犯的庄严宣告。例如,《民法典》第 3 条规定:"民事主体的人身权利、财产权利以及其他合法权益受法律保护,任何组织或者个人不得侵犯。"此处的"任何组织或者个人"当然包括行政机关在内。鉴于民法典总则与分则之间统辖遵从的逻辑关系,该条规定对任何行政机关都具有法律上的约束力,彰显的是私权所具有的防御公权力功能。因此,不侵犯民事主体的各项权利既是行政机关遵守民法典的底线,也是依法行政的红线。以 2021 年修订的《行政处罚法》具体实施为例,一些规定就需要对标民法典不得侵犯私权的限制性规定进行必要的限缩性解释,切实守住公权消极保护私权的底线。例如,《行政处罚法》第 48 条有关"具有一定社会影响的行政处罚决定应当依法公开"的规定就值得认真讨论。根据《民法典》第 1039 条的规定,行政机关对于履行职责过程中知悉的自然人的隐私和个人信息负有保密的义务。很显然,二者之间存在紧张关系和冲突可能。行政处罚决定向全社会公开,涉及当事人的隐私保护、公众知情权的满足和社会监督等多重目标,应当坚持"适度区分"理念,按照自然人公开与法人公开、全文公开与摘要公开、显名公开与隐名公开、外部公开与内部公开的基本要求,对"有一定社会影响"予以必要的限制。否则,行政处罚决定的一味公开不仅可能与处罚公正原则、处罚与教育相结合原则相冲突,而且还存在不当侵犯民事主体名誉权、隐私权和个人信息保护的嫌疑。

其次,民法典向行政机关提出了介入权利侵犯的积极性保护义务。自愿平等、意志自由是民法典追求的核心价值,但民事主体的民事活动同样必须遵守法律、不得违背公序良俗。在民法典中,对民事权利行使的必要管制并不少见,如第 86 条有关营利法人经营活动"接受政府和社会监督、承担社会责任"的规定,第 132 条有关民事主体"不得滥用民事权利损害国家利益、社会公共利益或者他人合法权益"的规定,第 291 条有关不动产权利人"对相邻权利人通行提供必要的便利"的规定,等等。这些规定表明,在纷繁复杂的社会生活中,权利的行使会经常性发生冲突,必须充分利用各种社会资源加以消解。其中,行政机关对权利遭受侵犯的积极介入就是一种重要方式。"在很大程度上,政府作用的发挥与民事权利的自由行使是此消彼长的对立关系。但是,在捍卫和保障私权或民事权利的背景下,行政法与民法之间,或者说公法与私法之间,却非对立而是一种相得益彰、协同融合的关系。"① 无论从行政机关在创新社会治理中担

---

① 杨寅、罗文廷:《我国城市不动产登记制度的行政法分析》,载《法学评论》2008 年第 1 期。

负的角色还是社会矛盾纠纷诉源治理的要求上看,拥有组织人员优势和专业技术优势的行政机关都应当在民事权利遭受侵犯时及时依法出手,实现对民事权利的积极性保护。以《民法典》第 1010 条"防制性骚扰"条款的适用为例,一方面,该条第 1 款赋予受害人"依法请求实施性骚扰行为人承担民事责任"的权利,承认受害人自我保护和自助优先的地位;另一方面,该条第 2 款规定机关、企业、学校等单位负有"采取合理的预防、受理投诉、调查处置等措施,防止和制止利用职权、从属关系等实施性骚扰"的义务,为职场受害人提供了特殊的预防性和止损性保护通道。具体来说,《民法典》第 1010 条第 2 款的规定实际上为行政机关确立了两类不同性质的义务:一是作为民事主体的采取合理预防措施的义务。此时的行政机关如同企业、学校等其他单位一样,可以在办公场所设置、内部工作岗位调配等方面采取积极有效的预防性措施,从时间和空间上最大限度减少性骚扰发生的可能。二是作为公权力介入者的采取受理投诉、调查处置措施的义务。此时的行政机关是以行政权力行使者的身份出现在性骚扰行为介入处理过程之中的,可以依据《中华人民共和国妇女权益保障法》《治安管理处罚法》等特别法的规定,对性骚扰实施者开展调查并作出行政处罚。在城镇化进程不断加快、社会阶层不断分化、利益格局不断重整的时代背景下,民事主体之间的权利冲突日甚,行政机关的积极介入性保护尤为重要。

最后,民法典向行政机关提出了促成权利实现的创造性保护义务。如果说权利的消极性保护和积极性保护是面向现实世界的话,那么权利的创造性保护则是面向未来世界的方式。人权法学理论根据人权的实现和存在形态不同,将人权分为应有权利、法定权利和实有权利三种形态,一国人权状况的好坏在一定程度上取决于法定权利能否得到全面有效的实现。"从应有权利转化为法定权利,再从法定权利转化为实有权利,这是人权在社会生活中得到实现的基本形式。"[1] 法定权利的更好实现,有赖国家给付行政的充分发展。"给付行政是指行政机关所采取照顾社会成员的生存机会与改善其生活的行动,而透过给付行政给予的保障,直接有助于社会成员追寻其利益。"[2] 无论是各类民事主体共同享有的权利,还是某类特殊群体享有的民事权利,其实现都离不开以行政给付活动为媒介的创造性保护。以《民法典》第 207 条"物权平等保护"条款的适

---

[1] 李步云:《论人权的三种存在形态》,载《法学研究》1991 年第 4 期。
[2] 〔德〕Eberhard Schmidt-Abmann:《行政法总论作为秩序理念——行政法体系建构的基础与任务》,林明锵等译,元照出版有限公司 2009 年版,第 183 页。

用为例,行政机关既要履行不得侵犯的消极性保护义务和介入权利侵犯的积极性保护义务,为物权平等保护保驾护航,也要不断优化营商环境、构建亲清政商关系,通过提供更多优质公共服务、完善公平竞争的法治环境,促进物权平等保护的真正实现。再以《民法典》第 26 条"父母对未成年子女负有抚养、教育和保护的义务""成年子女对父母负有赡养、扶助和保护的义务"的适用为例,两款规定并不意味着养老完全是个人及家庭的私事。面对老龄化社会的到来,国家更应积极创造各种条件,促进"老有所养、老有所靠、老有所乐"局面的实现。就行政机关而言,投资兴办养老院、资助民办养老院、支持各种形式的社区养老和居家养老,都是积极履行给付职责、为老年人权利实现提供创造性保护的集中体现。

综上所述,民法典之于行政法治的又一要义就在于为公民权利的行政保护提供了直接的规范依据,构筑起行政机关不得侵犯权利的消极性保护、介入权利侵犯的积极性保护和促成权利实现的创造性保护的三层次义务结构。民法典有关权利公私法保护条款的解释适用,能够促进权利自救与他救、私法保护请求权与公法保护请求权的有机统一,实现民法典作为"权利宣示法""私权保障法"的梦想,并为行政法上公法权利的生成提供空间。

(三) 作为行政法法典化直接参照系的民法典

《民法典》的颁布实施进一步激发了行政法学者心中的法典梦。2020 年 5 月 26 日,中国法学会行政法学研究会主办"民法典时代的行政法回应"学术研讨会。应松年教授认为:"要汲取民法典制定过程中的经验与智慧,早日制定行政法法典,助力国家法治事业发展",并提出"制定行政法总则的条件和时机已经成熟,我们有机会成为世界上第一个制定行政法总则的国家"。[1] 不过,行政法学界对于行政法法典化有无必要和可能仍然存在分歧。有学者指出:"行政法不能、不宜制定统一、完整的行政法典,这是由行政法自身的规律性和人们认识的局限性所决定的,也是由世界各国的历史经验所证明了的。"[2]有学者则认为,行政法典总则制定的相关背景客观存在且无法回避,对行政法典制定的有利条件给予肯定。[3]

---

[1] 参见《民法典时代的行政法回应学术研讨会观点精编》,http://fzzfyjy.cupl.edu.cn/info/1021/11823.htm,2020 年 12 月 17 日访问。
[2] 杨建顺:《为什么行政法不能有统一的法典?》,载《检察日报》2020 年 6 月 3 日。
[3] 参见关保英:《民法典颁布后对行政法典总则的展望》,载《法治日报》2020 年 8 月 14 日。

客观上看,行政法法典化的难度远大于民法典编纂,但这并不能成为阻碍行政法律规范系统化前进步伐的理由。诚如苏永钦教授所言,民法典编纂最主要也是唯一的意义就是"构建一个好用的体系",便于找法、储法、立法和传法。① 无论是作为"总法模式"的行政法法典编纂还是作为行政法典开篇之作的行政法总则制定,都需要充分借鉴民法典编纂抽象化、类型化和体系化的智慧,创造人类行政法治文明史上的奇迹。作为行政法法典化直接参照系的民法典,至少能够提供三个方面的有益启示。

首先,法律概念的清晰界定是行政法法典化的前提。民法典条款众多、内容丰富、覆盖面广,但提取公因式的立法技术同样使得民法典自身有章可循。从民法典总则编的规定上看,实则提取了民法基本原则、民事主体、民事权利、民事法律行为、民事责任等最基本的法律概念,对此逐一作出一般性规定,从而形成了民事法律制度的基本框架,为各分编制定提供了依据。以民法典核心概念"民事法律行为"为例,《民法典》第133条有关民事法律行为是"民事主体通过意思表示设立、变更、终止民事法律关系的行为"的界定,删除了原《民法通则》第54条中的"合法"一语,增加了"通过意思表示"的表述,使得民事法律行为的内涵得以扩充至合法的法律行为之外的无效、可撤销和效力待定的法律行为。这一规定既体现了对民事主体意愿的尊重,又强调民事主体需对自己的行为负责,能够提升民事主体的规则意识和责任意识。作为基础概念的民事法律行为内涵的清晰界定,为效力规则的建立和各类具体民事法律行为的运行提供了可能。反观行政法法典化的艰难,首先就表现在行政法上诸多概念的不确定性。就研究范式而言,近年来我国行政法学研究偏重热点问题、实践问题和立法问题,基础理论研究一直较为薄弱,行政法上的诸多重要概念迟迟难以形成通说,既无法进行有效的学术对话,也难以对实践发展形成有效的指导。如果说2014年《行政诉讼法》修改曾经掀起第一波行政法基本范畴研究热的话,那么《民法典》实施有望掀起第二波行政法基础理论研究热。只有回归基本范畴,回到基础理论,新时代中国特色行政法释义学才能够逐步建立,行政法法典化才具备讨论前提,行政法总则制定才可能提上议事日程。

其次,法律概念的科学分类是行政法法典化的基础。我国民法典编纂之所

---

① 参见苏永钦、方流芳:《寻找新民法——苏永钦、方流芳对话中国民法法典化》,元照出版有限公司2019年版,第134页。

以能够在五年多时间内完成,除了固有的后发优势外,还与法律概念的科学分类息息相关。以民事主体的分类为例,《民法典》采行"自然人—法人—非法人组织"三分法,对法人则采行"营利法人—非营利法人—特别法人"的三分法,取代了原《民法通则》有关企业法人、机关法人、事业单位法人和社会团体法人的四分法。这一新的分类既顺应了我国经济社会发展的现实需求,也符合法人制度设立的目的与功能定位,从行为规范和裁判规范的角度抓住了法人分类的本质,具有更为显著的实践价值。① 同时,有关民事权利的分类及各种具体权利的分类也较为科学,如一般人格权与具体人格权的区分,前者为《民法典》第109条、第990条第2款所确认,后者为《民法典》第110条、第990条第1款所规定。这种科学的人格权分类,既列举了具体权利,又保持了权益的开放性。②反观行政法法典化所面临的困境,基本概念分类的不确定、不科学就是主要的"拦路虎"之一。例如,传统的职权行政主体与授权行政主体的划分,已经无法回应当下正在进行的行政管理体制改革;行政行为内部的类型划分,就存在行政处理与行政规范、行政处理与行政协议、强制性行为与非强制性行为以及刚性行为、柔性行为与中性行为等多种不同的区分模式,至今尚未取得相对一致的认识。2021年修订的《行政处罚法》在界定行政处罚概念、优化行政处罚分类方面进行了有益尝试,一定程度上彰显了行政处罚教义学的成熟。只有通过类似立法活动的不断积累,才能逐步实现行政法概念体系的精细化,为行政法法典化奠定扎实的基础。

最后,篇章结构的逻辑严密是行政法法典化的灵魂。"体系是民法典的生命,缺乏体系性与逻辑性的'民法典'只能称为'民事法律的汇编',而不能称为民法典。"③作为一项重大的立法系统工程,民法典编纂是对现行民事法律规范的系统整合、编订纂修,最终形成一部适应新时代中国特色社会主义发展要求,符合我国国情和实际,体例科学、结构严谨、规范合理、内容完整并协调一致的法典。④ 民法典编纂在继承中有创新、在发展中有守成,能够成为权利宣言书的秘诀在于篇章结构之间严密的逻辑。从民法典七编的逻辑关系上看,总则编

---

① 参见孙宪忠:《中国民法典总则与分则之间的统辖遵从关系》,载《法学研究》2020年第3期。
② 参见王利明:《民法典人格权编的亮点与创新》,载《中国法学》2020年第4期。
③ 王利明:《体系创新:中国民法典的特色与贡献》,载《比较法研究》2020年第4期。
④ 参见全国人大常委会副委员长王晨2020年5月22日在第十三届全国人民代表大会第三次会议上所作的《关于〈中华人民共和国民法典(草案)〉的说明》。

与物权编、合同编、人格权编、婚姻家庭编、继承编和侵权责任编之间是一种"总分式"的统辖关系。总则编采取提取公因式的策略,紧紧围绕开篇第一句"保护民事主体合法权益"的规范目的,通过"民事主体(权利主体)—民事权利(权利内容)—民事法律行为(权利行使)—民事责任(权利救济)"内在逻辑的遵循,完成了民事法律制度的宏观架构。从民法典各分编的结构设计来看,无论是继续采行分编的物权编和合同编,还是直接采行章的形式规定的人格权、婚姻家庭、继承和侵权责任编,同样坚持了"总分式"的立法策略,以"通则—具体类别""一般规定—具体类别"的形式完成了分编编纂。这种一以贯之的逻辑严密的制度设计,保障了法典的简约性和体系性。相比之下,行政法法典化的体系化设计更为复杂艰巨。除了行政法自身与生俱来的易变性和开放性之外,还与最大公因数和最小公倍数的择取有关。例如,行政法法典化的目的是权利保障优先还是公益维护优先,是立基行政权力控制还是行政任务履行;行政法法典化的红线是行政权还是行政相对人权利,是以行政行为还是行政活动为中心。与有限的特别民法相比,具体领域的特别行政法门类众多、规范庞杂,如何处理好行政法典与特别行政法之间的关系,同样考验着行政法法典化体系性的成熟度。从这个意义上来说,我国行政法学界当下有关行政法要否、能否法典化之争,实质上代表了对行政法学自身理性化、系统化能力的不同判断,类似19世纪之初德国法学史上的"蒂堡与萨维尼有关民法典之争"。[①] 构建概念清晰、分类科学、逻辑严密的行政法释义学远非一日之功,与其仓促进行立法,不如退而冷静研究,为行政法法典化做好充分的理论准备。

综上所述,民法典之于行政法治的核心要义就在于为行政法典编纂提供参照系,从民法典编纂的过程中汲取养分。民法学基本概念的清晰精致、理论体系的博大精深、内在逻辑的严密精当,都是行政法学努力的坐标。民法典时代的行政法学研究,应当回归理论、回归基础,在对中国特色社会主义法治实践成果深入观察的基础上,通过基本概念、基本原则、基本制度通说的逐步形成,构建起新时代中国特色行政法释义学,为法治国家重器行政法典编纂奠基。

---

① 参见〔德〕蒂堡、萨维尼:《论统一民法对于德意志的必要性:蒂堡与萨维尼论战文选》,朱虎译,中国法制出版社2009年版。

【扩展阅读】

  1. 〔美〕朱迪·弗里曼:《合作治理与新行政法》,毕洪海、朱标冲译,商务印书馆 2010 年版。

  2. 詹镇荣:《民营化与管制革新》,元照出版有限公司 2005 年版。

  3. 苏永钦:《民事立法与公私法的接轨》,北京大学出版社 2005 年版。

【延伸思考】

  1. 行政任务民营化对行政法学理论提出了哪些挑战?

  2. 政府监管的革新为行政法学研究提供了哪些启示?

  3. 民法典时代我国行政法学研究面临哪些新的契机?

后 记

《行政法学总论》是对自己十八年来研习行政法的一个小结。从接受邀请到最终定稿,已近两年之久。在此期间,除了完成单位教学任务、在家照料孩子以及偶尔外出参加学术活动之外,大部分时间我都用于本书的撰写。在书稿完成之时,内心由衷的谢意需要献给那些助我圆梦的人们:

感谢引领我、关怀我步入行政法学殿堂的杨海坤老师!与恩师相识十五年来,时常能够获得恩师春风化雨般的教诲,使我在陌生异乡感受到慈父般的温情。今年时逢恩师七十华诞,谨以此书献给恩师,愿他永远健康、永远年轻!

感谢启蒙我、提携我的程雁雷老师和薛刚凌老师!有缘在人生的不同时期成为两位巾帼教授的学生,倍感荣幸之至。她们的谆谆教诲和热情勉励都将激励我在学术研究事业中不断进取。谨以此书献给两位老师,愿她们桃李满天下!

感谢《法学研究》《中国法学》《法商研究》《法制与社会发展》《法学家》《当代法学》《行政法学研究》《浙江学刊》《浙江社会科学》《江苏社会科学》等刊物及相关编辑老师!书稿若干章节的部分内容曾经以专题论文的形式在上述刊物发表。得益于这些刊物和编辑老师的支持和帮助,我的学术信心才慢慢增强。感谢北京大学出版社及李铎编辑!正是由于他们的厚爱,我多年的学术梦想才得以实现。

感谢行政法学界的诸多前辈!正是通过对他(她)们著作的研读,我才得以进入行政法学之门。感谢行政法学界的诸多同辈!正是通过与他(她)们多形式的交流,我才感受到自身严重的不足并更加努力前行。在撰写本书的过程中,我参考了行政法学界诸多前辈和同辈的著述并一一作了引注,如有疏漏之处,还请各位前辈和同辈谅解。同时,也恳请读者诸君指教。

感谢我的女儿楠楠!她是我自然生命的延续。在悉心照料她、陪伴她的三千两百多个日子里,我见证了她的成长,也见证了自己作为一个父亲的成长。谨以此书献给女儿,愿她拥有一个灿烂辉煌的人生!

时光匆匆。当本书即将划上句号之时,我已开始步入不惑之年。青春渐远,韶华易逝。为了我爱的人,也为了爱我的人,我将怀着感恩的心,在平凡的岁月里继续努力,争取向社会、向读者奉献更多、更好的作品!

章志远
2014年初春时节于姑苏城外新景苑寓所

二版后记

《行政法学总论》的修订既是对自己转会沪上七年来学术研究的盘点,也是对自己二十五年来研习行政法学的总结。从庚子年初夏时节接受修订任务到辛丑年盛夏之时最终定稿,转眼之间又是一年。在修订稿提交出版之际,有必要就修订内容和心路历程略作说明。

与初版相比,第二版的修订工作主要表现为四个方面:一是删除原书中的第十一章"行政不作为论"和第十八章"行政诉讼模式转换论",新增第十八章"法治政府建设路径论"和第十九章"行政法法典化论",重写了第二十章"行政法学发展论",增强了行政法学总论的本土性和时代性;二是对部分章节进行增补和替换,主要包括第二章"行政法学方法论"新增"面向行政的行政法学研究"、第九章"行政行为概念论"新增"行政行为理论的发展任务"、第十二章"行政规范论"第三部分替换为"行政规范的相对回避模式"、第十六章"行政信访制度改造论"新增"信访法治化中的辩证关系";三是对部分章节的内容进行改写,主要包括第七章"行政主体论"第三部分"行政主体理论的发展展望"、第九章"行政行为概念论"第一部分"行政行为概念的理论争议"、第十一章"行政行为形式论"第一部分"行政处罚论"、第十七章"行政复议制度发展论"第三部分"行政复议制度的未来发展";四是补充了2014年以来各主题研究的权威文献,并参酌国家法律修订和最高人民法院相关典型案例要旨,对全书表述进行必要调整。就篇幅和内容而言,全书修订部分已经超过一半之多。

本书初版时,责任编辑李铎见证了我由苏到沪的场景转换;本书再版时,我则见证了李铎由编辑到律师的华丽转身。一本书的出版和修订,居然同时记录了编辑和作者的人生转折,可谓成就了一段出版佳话。所幸的是,2018年8月下旬在我应北京大学出版社之邀赴山东烟台为全国高校行政法专业高级师资研修班学员授课期间,与初版编辑李铎、再版编辑徐音相聚,彼时相谈甚欢场景犹在眼前。借此机会,向两位编辑的玉成表示由衷的感谢。"饮其流者怀其源,学其成时念吾师。"没有启蒙恩师程雁雷教授的鼓励和点拨,没有授业恩师杨海坤教授的指导和提携,很难想象我的人生会与行政法学研究紧密相连,一并向两位老师的辛勤教诲表示衷心的感谢。

2021年1月初,我正式到最高人民法院报到,全脱产挂职担任行政审判庭副庭长。生活环境的变化,身份角色的转换,突如其来的人生变故,令我几度想中断修订工作。好在几经挣扎,终于在盛夏季节圆满完成了预定的修订任务。本书的修订,既是一次半生回顾,也是一次心灵救赎。应当感谢自己,虽已人到中年,仍然不敢懈怠,依旧初心坚守。

章志远

2021年盛夏时节于京城东交民巷